它不合手 何罪之有 | 辛普森案实录

许卫原 著

I 日落城摧

人民日报出版社

图书在版编目（CIP）数据

它不合手　何罪之有：辛普森案实录 / 许卫原著.
-- 北京：人民日报出版社，2018.11
ISBN 978-7-5115-5691-2

Ⅰ．①它… Ⅱ．①许… Ⅲ．①刑事犯罪－案例－美国
Ⅳ．① D971.24

中国版本图书馆 CIP 数据核字（2018）第 233930 号

书　　名	它不合手　何罪之有——辛普森案实录
作　　者	许卫原
出 版 人	董　伟
责任编辑	马苏娜
封面设计	主语设计
出版发行	人民日报出版社
社　　址	北京金台西路 2 号
邮政编码	100733
发行热线	（010）65369527　65369512　65369509　65369510
邮购热线	（010）65369530
编辑热线	（010）65369522
网　　址	www.peopledailypress.com
经　　销	新华书店
印　　刷	大厂回族自治县彩虹印刷有限公司
开　　本	710mm×1000mm　　1/16
字　　数	840 千字
印　　张	66.25
印　　次	2019 年 6 月第 1 版　　2019 年 6 月第 1 次印刷
书　　号	ISBN 978-7-5115-5691-2
定　　价	168.00 元（全四册）

作者自述

五　律

我在九嶷巅，萧然境界宽。
天高得气古，岁晚入风残。
伐野桑田起，移山沧海还。
大椿秋色里，一瞬八千年。

这首旧诗摘自小原诗，也许能吻合本书即将出版的心境。

这首诗源自一场"比赛"。天涯网有一个网友名诗狂客。睥睨天下，自诩第一。他出了一道题难为各位网友。网友们纷纷应征。我也随兴写了一首。这件事近乎玩笑不足挂齿。

但是就诗而言，应说不坏！

这种"比赛"曾经还经历过一次。1983年首届春节晚会向全国征联。某上联为："碧野田间牛得草"。以文化名人为限征下联。那时年轻好事，也就随兴对了一联："金山林里马识途"。

当时不假思索，封入信封，寄出了事。事后才坐下细细斟酌。结论很简单：无可挑剔，没有更好，必定最佳，一副绝对。即使如此，晚会宣布结果时仍然吃了一惊。我本以为即使最佳，也应有若干所见略同者。毕竟应征下联者，十万有余，二十万不足。

没想到这副下联竟是"唯一"。

三十余年过去，风雨如磐，区区七个字不算什么。留在记忆中不过是敝帚自珍。

此书应是又一个"唯一"。但是这两个"唯一"，境遇竟是如此不同。一个仅用了二十分钟，另一个却耗去二十余年。

这份辛普森双杀审判实录，全过程，全方位，全时空。警检律庭，陪审团证人媒体嫌犯，还有深喉。全过程不难，全方位不易。

这本书的规模此前未有，此后不必。虽然仅是异国的某一重大事件，却是20世纪美国的"清明上河图"。

无须夸海口，无须妙笔生花，无须渲染粉饰。上百个人聚在一起，刀枪剑戟，斧钺钩叉。历时一年半，将一场超级真人秀倒腾摆弄得轰轰烈烈，烈烈轰轰。把细处演绎得荒唐诡异，有如冬逢伏暑，夏临九寒。又把大局营造得气势磅礴，有如大漠瀚海、珠穆朗玛。我辛苦了一下，去伪存真，去粗取精，由此及彼，由表及里。做一回唐僧，经历了孤独的纸上长征。

它起于一个念头。仅仅是一个念头。筚路蓝缕，以启山林。它如汩汩清流，出山林下岩壑入江河终归大海。

自当年全程追逐辛普森双杀案始，我收集了上千个小时的审判录像和媒体报道。还有纷杂如林的回忆、评论和法庭记录。仅法庭记录就两万三千页不止。整理归纳，布局谋篇，前前后后，差不多用去五年。

落笔后又是五年。中间得一场大病，生死在一分一毫间。当时最大的不甘心就是这本书面临夭折。病后继续，完工时已是十年开外。

此后又是忽忽十年。风停云峙，呼神告鬼，八方奔走，四面碰壁，终不能使众编辑读一字。个中辛苦曲折可写一部小说。

| 作者自述 |

幸有发小斡旋。终遇慧眼。

我做过农民,做过工人,出了学校就入行电视。一千三十四年直至退休。

——2016 年

目录 | Contents

作者自述 …………………………………………………… 01

（一）辛普森夜飞芝加哥 ………………………………… 001
（二）凶杀现场的发现 …………………………………… 002
（三）桌上信封来自辛普森 ……………………………… 003
（四）生命沉睡死亡凝固 ………………………………… 005
（五）一通电话招来了世纪证人 ………………………… 006
（六）处长恭请品咖啡 …………………………………… 007
（七）四探长奉命赴辛宅 ………………………………… 009
（八）妈妈好像出事了 …………………………………… 010
（九）我想我发现了血 …………………………………… 011
（十）佛曼翻入辛宅 ……………………………………… 013
（十一）这是OJ干的 ……………………………………… 016
（十二）枯叶僻巷发现手套 ……………………………… 018
（十三）邦迪和辛宅的血手套同色同款 ………………… 019
（十四）玛莎，我刚拿到了双杀案 ……………………… 020
（十五）警侦、采证、验尸三方到位 …………………… 022
（十六）OJ不知去向，警察在他家中 …………………… 023
（十七）探长范纳特补办搜查证 ………………………… 024
（十八）OJ现身 …………………………………………… 025
（十九）我们需要这副手铐吗？ ………………………… 028
（二十）辛普森去帕克中心 ……………………………… 029
（二十一）克拉克初遇佛曼 ……………………………… 030
（二十二）辛普森：头号嫌犯吧？ ……………………… 033

1

（二十三）波拉，我需要你 …………………… 035
（二十四）我的上帝，我不相信 …………………… 037
（二十五）他们待我像嫌犯 …………………… 039
（二十六）罗格·金举荐夏皮若 …………………… 040
（二十七）夏皮若明白这是正式邀请 …………………… 041
（二十八）此事是你干的吗？ …………………… 044
（二十九）勾登博士解剖尸体 …………………… 045
（三十）克拉克对警察颇有微词 …………………… 047
（三十一）辛普森测谎 …………………… 048
（三十二）勾德曼父女重临荣的公寓 …………………… 050
（三十三）辛普森近来买过匕首 …………………… 052
（三十四）巴登脱口而出：亨利·李（李昌钰）…………………… 052
（三十五）夏皮若早有条件：有我无他 …………………… 054
（三十六）夏皮若发现辛普森的名字如此好使 …………………… 056
（三十七）夏皮若感觉真是好极了 …………………… 058
（三十八）此案将提交大陪审团 …………………… 059
（三十九）夏皮若对测谎唱起了空城计 …………………… 061
（四十）波拉斩断情丝赴洛杉矶 …………………… 063
（四十一）波拉眼中的风中残烛 …………………… 064
（四十二）辛普森参加妮蔻葬礼 …………………… 064
（四十三）克拉克负责，但不是一个人 …………………… 066
（四十四）李昌钰现身洛杉矶 …………………… 068
（四十五）探长兰令辛普森投案自首 …………………… 069
（四十六）这是一去不返的口吻 …………………… 070
（四十七）你的当事人已被大陪审团传唤 …………………… 072
（四十八）处长大吼：立刻带他来 …………………… 074
（四十九）答应我，嫁给那个家伙 …………………… 075
（五十）辛普森不知去向 …………………… 076
（五十一）凯伦抗拒做证 …………………… 078
（五十二）辛普森跑了 …………………… 080
（五十三）杰森的怨恨恐惧 …………………… 081
（五十四）电话是辛普森打来的 …………………… 082
（五十五）众人的结论：这是遗书 …………………… 084
（五十六）卡达辛读辛普森的信 …………………… 085
（五十七）辛普森在我车里 …………………… 088
（五十八）有人醒悟：OJ和AC在电视上 …………………… 090
（五十九）探长们轰然一声夺门而出 …………………… 091

（六十）OJ，这是鲍伯 …………………………… 092
（六十一）辛普森一跑，佛曼又回到局中 ………… 094
（六十二）探长兰隔空对辛普森喊话 ……………… 095
（六十三）夏皮若对野马追捕一无所知 …………… 097
（六十四）我绝不离开 ……………………………… 098
（六十五）辛普森把枪放入口中 …………………… 100
（六十六）OJ，你爽约了 …………………………… 103
（六十七）夏皮若邀盟卡达辛 ……………………… 104
（六十八）辛普森形销骨立 ………………………… 106
（六十九）什么时候真正的律师进来接手？ ……… 108
（七十）检察长在电视上放言有罪 ………………… 110
（七十一）辛普森回答法庭：无罪 ………………… 112
（七十二）克拉克的唯一凶手说 …………………… 114
（七十三）辛普森的"无罪"把控方计划打乱 …… 115
（七十四）克拉克大陪审团向凯伦取证 …………… 117
（七十五）空调后面的巨响 ………………………… 120
（七十六）勾登博士救了"唯一凶手论" ………… 125
（七十七）"我看到了OJ" ………………………… 126
（七十八）辛普森买了一把匕首 …………………… 129
（七十九）礼车司机：我又看到黑人男子 ………… 131
（八十）电视上的传票 ……………………………… 138
（八十一）夏皮若要关掉大陪审团 ………………… 140
（八十二）克拉克对史佛丽大动恻隐 ……………… 142
（八十三）贝雷拔刀相助，翻出尘封的杰作 ……… 144
（八十四）一旦定罪，我们将以此上诉 …………… 145
（八十五）独肩大局，克拉克渐感吃力 …………… 147
（八十六）豪格曼一笑：我早就不耐烦了 ………… 148
（八十七）两个一级谋杀 …………………………… 150
（八十八）李昌钰走犯罪现场 ……………………… 154
（八十九）辛宅又被翻了个底朝天 ………………… 156
（九十）预审听证正式开庭 ………………………… 157
（九十一）克拉克眼中的辛普森 …………………… 160
（九十二）明星证人惴惴不安 ……………………… 162
（九十三）戴尔伯特·王法官奉派取匕首 ………… 165
（九十四）你们在浪费我的时间！ ………………… 167
（九十五）卡达辛坐在法庭上，算哪路神仙？ …… 168
（九十六）克拉克初走邦迪现场 …………………… 170

（九十七）贝雷豪言：辛案有我一份 …………… 172
（九十八）巴登女儿的观感 …………………… 173
（九十九）佛曼背景，麻烦多多 ………………… 176
（一百）众人哄堂大笑，尤曼全无章法 ………… 178
（一百零一）佛曼：我只能告诉你一个人 ……… 179
（一百零二）克拉克询证警员们 ………………… 181
（一百零三）夏皮若质证尸检专家勾登 ………… 183
（一百零四）勾登污言秽语怒骂夏皮若 ………… 184
（一百零五）预审女法官的判决 ………………… 185

（一）辛普森夜飞芝加哥

1994 年 6 月 12 日，晚上 11 点 45 分，洛杉矶 LAX 国际机场。

美国航空 668 航班轻轻滑出停机坪。一上跑道，迅即加速，风驰电掣中，机头一举，跃入空中。座舱内，顿觉大地倾覆。飞机掠过树梢，渐行渐高，树影中迷离的灯光，顿时幻化成无边的灯海，银白橙黄，绵亘舒展，将天与地分得清清楚楚。在天地交汇处，流动着片片幽光，那就是西海岸，太平洋的东端。机身逐渐向右倾斜，一边爬高，一边转向。飞机越过 405 公路，又越过 605 公路，贯穿洛杉矶，连接西海岸的南北大动脉。这是一个令人激动的时刻，在空中俯瞰，蔚为壮观，远去的是红色的灯河，流来的是白色的瀑布，再加上街灯和霓虹广告，为茫茫黑夜生发出迷人的活力。

时交午夜，美国的天空变得十分冷清，除去值班的军机外，就只有往返大城市间的末班航机，这种航班被称为红眼班机。飞机升入云层，飘浮在无尽的黑暗中，目力所及，只有翼端的标志灯。在微茫的灯光里，可以看见片片气云流过机翼。

机长将自动导航仪打开，然后，拿起飞行记录，走进机舱。头等舱中，有两个乘客，似乎相识，正在低头交谈。机长轻轻走到跟前，俯身问道："辛普森先生，你能为我签个名吗？"

（二）凶杀现场的发现

6月13日，凌晨，布兰伍德地区。

沿着邦迪路，散落着豪华公寓，随着山势蜿蜒盘踞。棕榈树下花草斑斓，后面则掩映着粉墙赤瓦。布兰伍德属西好莱坞，是个超富豪地区。邦迪路距比佛利山只有一箭之遥。这里不仅赏心悦目，而且也是万般宁静。这种宁静沁人肌骨，与它的美丽一样，是当地居民的一大财富。

0点10分，街角的树影中，闪出一对年轻夫妇。他们随着一只高大的白狗，走走停停。橙黄的路灯映着他们的脸，透着几分惶惑，几分兴奋。15分钟以前，他们在路上遇到一个熟人。他牵着两只狗，一只是本人的。另一只则极为高大，双耳直立，毛色鲜亮，显然是只有悠久家世的纯种狗。这只狗似曾相识，只是想不起是谁家的。那人扬扬手中的缰绳："这是我在邦迪路上捡到的，能不能让它在你家过夜，等天亮再说？"此话半为卸责，半为人情。言外之意，日后处理，悉听尊便。二人不置可否，接过缰绳，继续行路。

一路上，狗显得疲惫彷徨，喉中呜呜有声，每遇巷口或甬道，都会停住，对着暗处低吼。

回到家中，就着灯光，这对夫妇开始细细观察。此狗毛色纯白，但腹部足部又有红斑，仿佛是血迹。尤其是四爪的血迹，红色已接近乌黑。这只狗不肯进门，只是用嘴抵住门框，前爪不停抓刨，一副极度焦躁的样子。

心中大感不祥，再加上好奇心大炽，二人又随着狗回到路上。

这次，他们信狗由缰，让狗牵着他们走。此狗一路又演起先前的戏码：每遇暗巷就停下来，细细辨认，然后低吼。一接近邦迪路875号，此狗突然加速，把牵狗人拉得奔跑起来。一到门口，骤然停住，然后又倒退几步，对着一条红砖铺就的步道高声吠叫，声音既愤怒，又悲伤。

二人循声望去，顿然心神崩溃，四肢无法控制，定在当地。

五米开外，仅仅五米，铁门半开，铁栅下卧着一个人，金发覆面，似乎是个女性。身下一片稠稠的血泊。她那双赤足插在铁栏下，在灯光下白得发亮。再收目足下，自己竟然就站在血泊之中。

二人顿觉欲呕。丈夫先自震惊中收束回来，用冰凉的手拉开妻子："快，先找个电话，打911报警。"然后拉着狗，越过马路，跳上一户人家的台阶，疯狂地擂起门来。

门内的老太太自梦中惊醒，惊慌失措，抓起电话就拨911。电话一通，就在黑暗中大叫："快，快派警察来，我家门外有强盗！"

（三）桌上信封来自辛普森

零点17分。邦迪路875号。

首先到达的是警官罗伯特·雷斯克和米盖尔·泰勒萨斯。透过车窗，他们看到一对男女站在报警人家的台阶上，全然不像什么强盗。他们是典型的好莱坞居民，衣着时尚，还牵着一条纯种狗。他们站在那里，仓皇四顾，一副无助的样子。

他们看到黑白警车开到，就迎面跑上去，指着街对面，邦迪路875号："那边，那个墙后，有个死尸，是个女的。"他们又指着身边的狗，声音颤抖，语无伦次，讲起他们的故事。警官们方才明白，眼前是个凶杀案。他们顾不得上门去安慰那个报警人，随着这对夫妇来到875号门前。

雷斯克站在甬道前，打开手电，向内观察。五米的距离相当近，却被血泊挡住。既要过去，又不能破坏现场，还真需要十二分的小心。他掏出步话器，呼叫指挥中心，请求增援，并派一辆救护车过来。泰勒萨斯已经自左边绕过草坪，就近观察。

他们确认这是一个女性白人。她身着黑色短裙，赤肩赤膊赤足，左侧在下，俯卧在血泊中。她左腿半蜷，右腿直插在铁栏下。随着手电光的移动，又赫然发现一具男尸，距她两米，半坐半躺，靠在铁栏杆与一个矮木桩之间。他的套头衫被撩至胸前，满身伤痕，血肉模糊。睹之触目惊心。

雷斯克仔细选好落脚点，绕过大门，跨过女尸，踏上门前的台阶。房门几乎全开。一进入室内，当门照壁挂着OJ.辛普森的画像，再进去是个厨房，台面上有把厨刀，还有一个信封。发信人是辛普森。事情很清楚，屋主与OJ.辛普森有着某种关系。他随手拿起台上的电话，向上级报告所见所闻。

雷斯克又绕过走道，站在对面的铁栏下。现在，他可以观察男性死者了。他也是白人，双眼一睁一合。雷斯克用手电直射那只未合之眼，毫无反应。他又掏出一支笔，轻轻接触死者的眼球，依然如此。这就可以确认他已经死亡了。至于女性死者，已无确认的必要。她的头颅已自颈部割断，与躯干只连着一层皮而已。

后续警员赶到，迅速用黄胶带隔离现场。

这是个不成文的规定，在犯罪现场，第一个到达的警员负有相当的责任。不管阶级高低，首要任务是救生，尽一切手段挽救生命。其次是擒拿罪犯，遇有可疑人等，可以先行拘拿。待人手够了，再行分辨。最后就是保护现场。在保护现场时，首要之务，是建立一条进出的路线。一经建立，就是戒律，任何人都得遵守。即使是局长、检察官或法官亦无例外。

0点45分，救护车到达。只是例行公事，施救或宣告死亡。只有这个宣布方为官方的正式宣告，在这个手续后，死亡通知书方能签出，侦检也才能据此立案。

（四）生命沉睡死亡凝固

看到搭档已在后门警戒，雷斯克再次进入公寓。公寓内，灯火通明。没有外人强行闯入的迹象，更没有带血的足印。走下几个台阶，是起居室。这里陈设简单，似乎着意反衬空间宽大。高保真音箱中，一种新世纪系列的爵士乐正在浅转低回，充满着对尘世欢乐的感恩。这是一幅残酷的图画。室内流动着生命，院中却凝固着死亡。

雷斯克收住心神，穿过起居室，再下几个台阶。下面是车库。楼梯扶手上，有一杯冰激凌，是本杰瑞连锁店的。雷斯克知道，在街角上就有一家。冰激凌看上去尚未融化。

进入车库，里面停着一辆白色的法拉利。外面还停着一辆大切诺基。雷斯克仔细观察了内外，未见异常。

他反身爬上二楼。上面有三个卧室。主卧室中电视大开。双人床上，被子堆在中间。右侧有个卫生间。浴缸中灌满了水。缸边点着三支蜡烛。

对面是两个小卧室，门都半掩着。雷斯克打开电灯，竟然不敢相信，每个房间里都有一个小小的生命。这一对小儿女，女长男幼，正在熟睡。对外面发生的事情全然不知。

到达现场已有十三人，但仍觉人手不够。雷斯克只好再次求援。

1点10分。

巡警琼安·瓦斯奎斯和搭档奉命到达。他们负责照顾这对姐弟，并找到他们的近亲。半哄半骗地，琼安帮他们穿好衣服，然后领着他们，经过车库，出了后门。

这时，调查四邻的警员带回肯定的消息：这个屋的屋主是妮蔻·辛普森，OJ.辛普森的前妻。这对小姐弟是他们的子女。姐姐西德妮，九岁。弟弟佳斯廷，六岁。

在去警局的路上，西德妮清醒过来："妈咪在哪里？"她几乎是在哭了，声音中充满恐惧，"我很困，我要妈咪……"

（五）一通电话招来了世纪证人

1点05分。

探长马克·佛曼被电话铃吵醒。他拿起话筒立刻听出是荣·菲利普斯，他的上司和哥们。"嘿，马克，咱们有个凶杀案，被害人可能是OJ.辛普森的老婆。"马克立刻睡意全消。今夜不该他轮值，现在却把他叫醒。这自然是上司的器重和哥们的美意了。

就是这么个电话，不经意间将佛曼送上了世纪证人的宝座。

2点左右，马克赶到西洛杉矶分局。菲利普斯已坐在车中等他。2点10分，二人到达案发现场，邦迪路875号。在二人到达前，已有十五名制服警员签到。这些制服警员只管警戒，不问侦破。只有当探长们到达以后，侦破程序才算正式启动。在路上，菲利普斯已指派佛曼主持侦办。因此，佛曼将是本案的首席探长。

按照规定，最先到达的雷斯克向他们通报本案发现的经过，然后带他们走进现场。三人绕至后门，经车库、起居室，来到前门台阶上。在这里才能就近观察现场。佛曼首先注意到，血迹仍未凝结，主要来自女性死者。现场有搏斗的迹象和散落的物品，能辨认的有帽子、手套和一个信封。两位死者的装束，并不匹配，也引起他的注意。男性死者身着夹克、长裤和布靴，完全是户外装束。而女性死者却只着短衣短裙，显然刚刚从室内出来。再探查室内，蜡烛仍未熄灭，音乐有点罗曼蒂克。可以断定，在遇害之前，女主人至少在室内待过。前门大开，后门和车库门也是开着的。他同意雷斯克的结论，没有外力强行闯入。再勘查院内，看到许多狗爪血迹。在北边过道上有血脚印，西行至后门外消失。雷斯克指出，在脚印旁边还有几滴血……

走完现场，佛曼回到屋内，坐在沙发上，就初步观察做起侦查记录。

2点30分，佛曼的搭档布莱德·罗伯茨也到了。佛曼又带他走了一遍现场。在后门之内，有个小铁门。他们二人又在上面发现了两处血污。于是，两人就上上下下仔细检查。终于，又有了新的斩获。在门内的插销上，清清楚楚显示出血指纹。二人办案无数，所见指纹逾千。这个指纹的质量不错，肉眼即可分辨。

走完现场，罗伯茨绕到前门去找菲利普斯，佛曼则回到沙发上，继续做他的侦查记录。行将完成时，菲利普斯走了进来说："我刚向局长做了汇报，他已将本案分派给抢劫凶杀处侦办。"

（六）处长恭请品咖啡

3点整。

探长兰和范纳特家的电话先后响起。兰推被而起，全无困意。凌晨3点钟的电话是探长特权的代价。探长这一行远比制服警员自由。所谓二十四小时待命，有时候比神仙还要闲。范纳特更是不以为苦。几个小时前，刚和太太讨论了去留问题。资历早已够了，可以提前退休，有一笔优厚的退休金等在那里。只是眼下亟须翻修房子，这笔钱就显得有点菲薄。因此，还需再干一年。讨论有了结果，心也就安定下来。他已经看到隧道尽头的光明。这种电话不会太多了。

"处长请你们喝咖啡,"电话那头说,"我们拿到一个双杀案。"

兰和范纳特搭档已届四年。二人隶属洛杉矶警局抢劫凶杀处的特别凶杀科。该处专司跨管区的重大恶性案件。凶杀特科则是其精英部门,人手不过十几人。部门虽小,却是洛杉矶警局几千个探长的梦。

听完处长的简报,二人立即到邦迪路875号报到。

4点05分。

范纳特首先到达,签到簿上已有二十五名警员。邦迪路的交通已被完全切断。与其相交的多诺西路,也停满了警车。见到范纳特,菲利普斯迎了上来。他已等候多时。当两只手握在一起时,就意味着权力的交接。现在,范纳特和兰对现场拥有最高指挥权。

菲利普斯通报时,范纳特已在观察眼前的建筑。这是个三层的共有公寓,外墙材料是一种特殊的水泥。这种水泥外观极为高贵,是英国都铎时期房屋的专用材料。都铎式房子的特点是用料考究,不惜工本,在美国市场上十分抢手。

范纳特初听通报时,已有了一个基本判断。该地址处在布兰伍德的低端。所谓低端是指价位,并非地势。房屋是美国人身份的第一个符号,地址能说明一切。住在这个地区的人,即使不拥有房产,也是极其富有的人物。这里的租金高得惊人。

美国人拥有房屋有三种形式:独自拥有、共同拥有和合作拥有。前两种形式区别不大,屋主有出售和出租的处置权,只是共同拥有往往有些设施不属屋主,需要共同管理和维修。而合作拥有实际是公司拥有,屋主只持有该公司的股票,由股份决定居住面积的大小,买卖则必须获得公司的批准,公司有权否决交易,无须公布理由。在同样的地区,房价往往是独自拥有最贵,共同拥有次之，而合作拥有的价格相对便宜。

通报完毕，他们又走了一遍现场。所见大致相同，范纳特又发现了一串钥匙。

（七）四探长奉命赴辛宅

范纳特知道，在这个时刻，即使拥有全权，也是什么事都不能做。收集证据由罪证实验室负责。再大的探长这时也只能看，不能碰。尤其是在女性死者的子女被发现以后。女性死者已可确定为妮蔻·辛普森。但是，男性死者为谁，却是个谜。最简单的方法是打开他的钱包，看看他的驾驶证。如此简单的事情，在此刻也是咫尺天涯。

法有明文，在验尸官抵达之前，任何人不得触碰尸体。警官雷斯克是个例外，他有责任救死扶伤。在加利福尼亚州，尸检部门与警察局不相隶属，是平起平坐的。这种设置可以有效地防止对死因进行人为操纵，是个很不错的牵制手段。

回到前门，他们遇见马克·佛曼。菲利普斯为他们做了介绍。范纳特从未见过佛曼，但在几个月前看篮球赛时，听上司霍尔提到过。他说特别凶杀科要调入一个探长，也是篮球高手，名叫马克·佛曼。现在这个探长就在眼前。四十多岁，个子高高，边幅齐整。佛曼似乎不苟言笑，只是点点头，握握手，并无半点寒暄。

4点25分。

兰也赶到了。还是例行公事，去走现场。几分钟后，兰回来了。他满面震惊，声音极为愤怒："这是典型的残杀，绝不是谋财害命。凶手太疯狂了，还将喉咙割开。这是报复,是出于愤怒。"

待兰平静以后,菲利普斯自佛曼手中要过侦办笔记,再转交给兰。这样,所有的交接宣告完毕。兰与范纳特搭档日久,彼此早已默契。兰一向主内,负责现场搜证,与死东西打交道。范纳特则主外,负责调查审问,与活人周旋。兰和范纳特知道几位探长很快就会离开。他们手上还有很多案子,不可能再回来了。这个案子是专人专案。这种奢侈只有特别凶杀科才有特权享受。

因此,他们开始征询探长们的意见,借重他们的判断。交谈未几,有探长打断话题,传达洛西分局指挥长的命令:立即找到辛普森,当面通知他妮蔻的死讯,并把孩子交给他。范纳特大感踌躇:"他家在哪儿?"菲利普斯说:"佛曼说他奉命去过一次,为了什么家庭纠纷。他家距这里大约两英里。"兰的脑子很快,立即行使指挥权:"我们四人一起去,我们可以当面通知他,还可以请他合作,收集背景材料。然后,你们二位留在那边,帮助他去接孩子,我们再回来处理现场。"

(八)妈妈好像出事了

大夜班被美国人戏称为墓场班。西洛分局的大厅内,值班警员半坐半躺,望着天花板发愣。今天这里异乎寻常,十分冷清。平时此刻,总有几个醉鬼游民在这里与警员周旋,或者有各色嫌犯,在这里被搜身落案。总之,大厅一向是个热闹的地方。

同样,沿右边走下去,还有另一个热闹所在,警员休息室。平时彻夜灯火的办公室,此刻也大门深锁,人迹全无。走到尽头,只有出口标志闪着幽光。售货机旁有个小办公室,西德妮和佳斯廷正坐在地板上,懵懵怔怔的。

"警察在咱们家干什么呢？"佳斯廷陡然冒出一句。警员琼安心中一紧，麻烦终于来了。处心积虑地把他们哄出家门，就是为了避开那个血淋淋的场面，没想到还是被他们看到了。琼安不置可否，希望蒙混过去。六岁的孩子好对付。"我妈妈在哪里？"西德妮警醒起来，"她出了什么事？"琼安大为紧张。九岁的孩子就不一样了。看到没有回答，西德妮就追问不已。琼安只好说："我不知道。"尽量显得足够诚实，然后反守为攻。四处打岔，分散他们的注意力。"你们最喜欢什么节目啊？""大力士。"佳斯廷抢先回答。他正在学习柔道，已升至绿带。"妈妈要送我去练习了。"西德妮也抢进来："我喜欢舞蹈，今天妈妈爸爸看我的表演了。我不喜欢跳那种舞。那是牛仔舞，我喜欢爵士舞……"琼安刚松口气，西德妮又泪汪汪了："妈妈在哪里？"琼安穷于应付，只好又去找一些纸盘纸杯，充作道具，哄他们玩游戏。不过十几分钟。西德妮的话来了，不过这次是对着佳斯廷："你知道吗，妈妈一定出了什么事，她早该来接我们了。"佳斯廷并不在意。"佳斯廷，我听到妈妈好朋友的声音，我还听到妈妈在哭，你听到了吗？"琼安听到了，但不愿意加入谈话，水够浑了，不能再蹚了。一个重要的线索，也许是破案之关键，就这样从琼安手中漏过。

5点30分，琼安终于想起问他们近亲的电话号码。孩子们给了她阿纳丽·辛普森的号码，阿纳丽是他们同父异母的姐姐。

（九）我想我发现了血

5点整，范纳特一行四人离开邦迪现场，沿南邦迪路北行。五分钟后，到达北罗金汉路。这里道路渐行渐狭，多为弯路。路旁皆是深宅大院，占地极广。

两辆警车停在罗金汉和阿什佛德路的街角。兰在黑暗中观察眼前的建筑。这是一个街角上的院落，内有一组都铎式豪宅，沿街为齐人高的石墙。在铁栅门旁有一辆越野车。一路行来，路边停车极少，因此，这辆车就显得很扎眼。兰还注意到，车停得有些古怪。车尾甩向路心，离路边很远。

范纳特绕过街角，停在阿什佛德路上。这里还有一个铁门，只是尺寸略小，但是，视野不错。可以看到豪宅楼上仍有灯光。院内车道上停着两辆车。大门左侧有对讲机。佛曼走上去，按了几下按钮，没有任何反应。菲利普斯上去，也按了几下，依然如故。一时兴起，兰和范纳特也加入进来。就这样你来我往，忙了好一阵子。对讲机仍无回应。

正无计可施时，来了一辆私人保安车。这是例行巡逻，保安不曾接到公司的指示，因此拒绝向警察透露屋主的姓名和电话号码。交涉陷入僵局。

佛曼对那辆越野车的停车角度产生兴趣。在众人争执之际，他踱到车前，借助手电观察车内。须臾，他大呼范纳特，将其叫到车后。在后厢里有一个口袋，上面印着"奥兰索制造"。奥兰索是辛普森的名字，就是OJ中的O。这辆车已可确定属于辛普森。在阿什佛德路的门旁还停着一辆尼桑。为确保判断无误，范纳特让佛曼核查这两辆车的车主资料。

阿什佛德路上的争执已有结局。老板命令保安无条件服从警察。他不仅交出辛宅的电话，还告诉探长们，辛普森在家，家中还有一个常住的管家。

佛曼的查证也有了结果。越野车是福特野马牌，属于赫兹租车公司。这就足够了。在赫兹的广告中，辛普森为赶飞机，在机场中奔进奔出，气急败坏的形象早已家喻户晓。那辆尼桑300ZX则属于凯托·布莱恩·凯伦。此人的地址不在这个地区。

报告完毕，佛曼又回到车旁，继续观察。俄而，他又大叫起来，听起来更加兴奋："嘿，我想我发现了血。"兰闻声趋前，也大为惊叹。在手电光中，一块红斑，位于司机车门把手的上部，比一毛硬币略小。范纳特也应声而至。他掏出老花镜，就近观察："啊，耶稣基督，这真像是血。"

这个意外发现，让探长们兴奋莫名。菲利普斯看了一下表，5 点 36 分。

他打开警用电话，拨通了辛普森的号码。此时正值黎明前最黑暗的那一刻，除去幽暗的街灯，周遭静如止水。电话中的铃声在寂静中显得格外悠长。

然而，仍然毫无反应。

（十）佛曼翻入辛宅

不久，又有警车开来。车内是制服警员，被派来听候差遣。范纳特要他们速去找现场采证人员，过来检验这块红斑。"我们推测一下。房间的灯亮着，院内车停着，保安说辛普森在家，还有管家也在，可是无人应门或接电话。现在又有血迹，车也停得滑稽。离此不远，两英里开外，有一个双杀现场，死者之一又是辛普森的前妻。我们是否有彼此相关的两个犯罪现场？"范纳特问道。

兰沉吟片刻："是有些不对。难道说辛普森和管家身陷险境，遇到麻烦？"探长们本来心有顾虑：没有搜查证，越墙而入，可是一大忌讳。现在，兰的意见有如夜空中的闪电，振聋发聩：遇到紧急状况，为了救人，可以先斩后奏，不受搜查证的限制。

眼前墙高五英尺，藤萝覆盖，翻墙并不困难。佛曼自告奋勇，去做过河卒。四人中，他最年轻，衔级最低，本该先行。"好，上吧。"范纳特欣然同意。

5 点 45 分。

佛曼翻过墙，打开门。四位探长进入了罗金汉路 350 号。

在车道上，他们又遇到一条狼狗。与邦迪的形貌相似，不过这次是黑的。范纳特伸出手，让它嗅嗅，然后，轻轻地揉揉头捋捋毛。此狗居然摇摇尾巴，不吠不叫。按响门廊上的门铃，仍是毫无反应。菲利普斯建议："我们先去后面查查。"

探长们绕到巨宅北面，经过一个游泳池。他们看到有一排平房，呈东南走向连着巨宅。

佛曼贴着窗户观察："里面好像有个人。"菲利普斯上前敲门。很快，门内伸出一个头。蓬发垂肩，芜杂戟张。"出什么事了？"那双睡眼依然迷迷怔怔的。

"你是谁？"菲利普斯问道。

"我是凯托·凯伦，我住在这里。到底出了什么事？"答话人三十出头，话中透着孩童般的稚气。

"请问辛普森先生在哪里？"菲利普斯单刀直入。

凯伦似乎仍在梦游，对问题全不理会。

"昨天夜里有什么事不对吗？"菲利普斯又追问一句。

"我整夜都待在家里。"所答非所问。

佛曼插进来："你昨晚喝酒了？"凯伦摇摇头，很认真的样子。

"那你看着我的手指，眼睛跟着动。"佛曼竖起一个手指。

凯伦非常顺从。这是测毒试验。在毒品的影响下，眼珠一触眼角就会跳动，正常人则不会。凯伦通过了测试，他也明白了眼前四位的来路。

佛曼又表示要看看他昨晚穿的衣服鞋子。凯伦将房门一推，让在一边。探长们看到室内只有一床一椅。椅上堆满衣物，地上立着一双鞋。佛曼翻了一遍，并未发现血迹。

"这里还有别人吗？"兰问道。

"有，阿纳丽，OJ 的女儿，她就住在隔壁。"

兰和菲利普斯就去敲隔壁的门。范纳特则踱到院中，寻寻觅觅。只有佛曼留下来，继续询问凯伦。

阿纳丽打开门，先是困惑，继而警觉，最后大惊失色了："出了什么事？"

"OJ. 辛普森是你父亲？"兰把警徽举在空中。"你认识那个人？"兰又指着凯伦问道。

"对，那是凯托，他住在这里。"

不等阿纳丽重复那个问题，兰又抢住话头："外面的那辆白色野马车是谁开的？"

"多数时候是我爹，那是他的车。"阿纳丽仍是一脸疑问。

"我们正在找你父亲，"范纳特插了进来，"能告诉我们他在哪里吗？"

"他不在那里？"阿纳丽指着豪宅。

"你有钥匙吗？我们能进去吗？"范纳特就势而入。

阿纳丽在院中转起来。院中的清凉让她清醒了，她不肯就范，坚持要知道父亲出了什么事。兰说明有紧急情况，需要见辛普森。阿纳丽还是让步了。带他们自后门进入豪宅。室内无人，也没有外人闯入的迹象。

范纳特反身出来，正碰上佛曼和凯伦。"你应该听听这家伙的故事。"佛曼指着凯伦。

"好，就让我们听听。"范纳特和凯伦面对面坐下，佛曼则退到室外。

凯伦变得很从容了。他回忆起昨晚两人曾一起去过麦当劳。回来后，辛普森独自进了豪宅。凯伦回到屋里，就和女友通话。大约在 10 点 45 分时。他听到平房背后有三声巨响。他以为是地震，就拿起手电到后面去查看……

与此同时，另一场谈话也在进行。阿纳丽继续保持压力，追问出了什么事。菲利普斯闪烁其词，要阿纳丽给凯西·兰达打个电话，问问辛普森在哪里。

兰达是辛普森的秘书。

阿纳丽拨通了电话:"啊,好……我爹现在在芝加哥。这就好了。"她大舒一口气。转过身来,递给菲利普斯一张纸条,上面有辛普森所住饭店的电话号码。原来,辛普森昨晚已飞往芝加哥。

但是,阿纳丽并未停止,非要知道出了什么事。兰无可奈何,终于叹了一口气:"走,我们到外面谈谈。"两人来到室外,站在车道上。"这与妮蔻有关。我非常遗憾,不得不告诉你。昨晚,她在家中被谋杀了。"

阿纳丽如遭电击。初则尖声大叫,继而,号啕大哭。最后又一遍遍重复:"我必须告诉AC,我必须给他打电话。"AC是阿尔·柯林斯,辛普森几十年的老友。

趁着阿纳丽稍稍平复之际,兰要到了妮蔻·辛普森父母的电话号码和地址。老两口住在达纳点,属于橘县。

(十一)这是OJ干的

在厨房里,菲利普斯拨通了芝加哥奥海尔大酒店。接线生不合作:"辛普森已经留言,不接任何电话。"菲利普斯只好亮明身份,要求紧急处理。一分钟后,电话那头传来了声音:"哈喽,请问尊姓大名?"

"我是洛杉矶警察局的探长菲利普斯。首先,我想让你知道,你的孩子平安无事。但是,我有个坏消息,你的前妻在她家中遭到谋杀。"

"啊,我的上帝。妮蔻被谋杀了?我的上帝,她死了?"电话那头传出痛苦的声音。

"辛普森,请尽量克制。你的孩子现在在西洛分局。我们需要谈谈此事。"

菲利普斯打断他的话头。

"你是什么意思，为什么他们在警察局？"

"我们无处安置他们。放在那里只是为了安全。我想知道如何安置他们。"

"好吧，我搭最早的班机回洛杉矶。阿纳丽在哪里？"

菲利普斯将电话交给阿纳丽，她仍在歇斯底里。通完话，她告诉探长，柯林斯将和她去警察局把妹妹弟弟接回来，然后送到妮蔻父母家去。

现在，轮到兰了。他拿出了妮蔻父母布朗夫妇的电话号码，心中十分踌躇。在他的警察生涯中，最痛苦的事就是通知死者家属。那撕心裂肺的痛哭，常常叫他彻夜难眠。他通常派制服警员或低级探长去完成这个任务。为此，他只好自我解嘲：我也是从基层干起的。用这个理由来冲淡推卸责任的罪恶感。

今天，有点不同，布朗家，距此地一个半小时的路程。派警员去，若在未到达前，此事被媒体抢报，让死者家属在新闻中得到噩耗，那就是重大失职。而那个男性死者，身份不明，只好放放。

一念至此，就拨通了电话。几声铃响后。妮蔻的爸爸，路·布朗拿起电话。

"这是洛杉矶警察局探长汤姆·兰，请问那边是妮蔻·辛普森的父母家吗？"

"是，你找对了。"老人的回答有点疑惑。

"我十分遗憾地通知你，布朗先生，你的女儿在家中被谋杀了。"

出乎意料，一个女子的声音在那端尖叫起来："我知道他要干的。我知道这个×娘×的会杀了她！我知道！我知道！这是OJ干的，OJ杀了她。这个狗儿子……"这是她妹妹德尼丝。

几秒钟后，妮蔻的母亲朱蒂莎·布朗加入进来，她已经泣不成声。

兰沉重地放下电话，脑中还回旋着德尼丝的尖叫怒骂，电话又响了。这次是辛普森："我正在路上。"兰简单地回答："好吧。"

（十二）枯叶僻巷发现手套

范纳特正在与凯伦交谈，佛曼又出现在面前。他俯身对范纳特说："你最好看看，我发现了什么？"佛曼带范纳特自正门出来，左转过车房，来到一个铁栅门前。门已打开。门后是一条水泥小道，通往凯伦那排房子的后面。小道上覆盖着陈年积叶。路边树上则有繁枝茂叶悬在头顶。可以想见这里白天必是浓荫蔽日。再走几步，又是一个小门，也是开着。

佛曼把范纳特带到一个空调前。此时已是拂晓。东方微明，但这里仍是黑影憧憧，深浅莫辨。佛曼打开手电，照在一个物体上。这是一只手套，一只右手的手套，一只棕色的手套，一只血迹斑斑的手套。在手电光下，血迹未干，仍显得潮湿。上面没有落叶，没有灰尘，说明留在此处时间不长。离此不远。在墙边还有一个蓝色的塑料口袋。

两人相对无言，退了出来。回到正门，范纳特打破沉默："我命令你回邦迪，看看那只手套。然后请摄影师拍下来，再把他带来拍这一只。"此前，佛曼已经带菲利普斯来看过。在去邦迪前，佛曼又带兰走了一遭儿。

佛曼和菲利普斯离开后，兰和范纳特站在车道上。"这里和邦迪现场有某种联系。"范纳特推测着。

"我同意。"兰沉默了一会儿说。

"我们不得不把这里视为第二现场。这里没有搏斗的痕迹……汤姆，我认为OJ.辛普森是我们的嫌犯。"范纳特面色阴沉地说。

"死者的妹妹也这样认为。"兰又想起刚才那一幕。

"你一定是开玩笑!"范纳特不敢相信自己的耳朵,"从现在起,辛普森是我们的人了。"

"在邦迪,有左手手套,"兰进一步分析,"它可能是在搏斗中被抓下来的。凶手的左边某处受了伤,所以,脚印左边有血迹。"

范纳特迫不及待地插进来:"所以,我们有两个犯罪现场。邦迪和罗金汉。"

兰转身走向大门:"我带一个警员回邦迪,你负责这边。"

此时正是6点40分,洛杉矶的破晓时刻。曙光流过豪宅的巨顶,整个庄园染上了一层血色。此刻,范纳特备感焦躁。一种求战的渴望在胸中升腾。为了平复这种焦躁,他开始在院中徘徊。天光逐渐转亮,暗影已退到墙脚。范纳特踱到院内本特利车附近,蓦然发现,地上有红斑,很像血迹。这些红斑把他带到野马车前。他再循迹返回,竟又把他带到豪宅门口。范纳特不禁惊呼起来:"我的上帝,果真是OJ干的!"

(十三)邦迪和辛宅的血手套同色同款

6点49分,菲利普斯拨通了尸检局的电话,此时,距发现双尸已过去六个半小时。距探长们报到,也有四个半小时。尸检局人手不够,没有二十四小时待命的责任。菲利普斯敦促对方:"我们是有点不守规矩。我们希望你们能行个方便。否则,天一大亮,消息会传遍四方。这个案子涉及一个名人的前妻。"调度坚持先报其名,再谈其事。菲利普斯只好让步:"她是OJ.辛普森的前妻。"

7点钟刚过,佛曼与搭档罗伯茨带着摄影师来了。佛曼一脸喜色,他告诉范纳特，手套是一对，同色同款。范纳特把领带一松："我也有点东西给你们看。"他指着野马车边的红斑，命令摄影留证。

7点10分，罪证鉴识专家冯丹尼带着助手玛珠拉赶到，二人来自罪证检验室。冯首先对野马门把上的红斑做了血迹鉴定试验，证明确为血迹。然后，在旁边放上标签，在上面写上一号。搜证工作由此开始。范纳特舒了一口气，对佛曼二人说："立即封锁现场。我去申请搜查证。"

阿纳丽和柯林斯刚刚把小姐弟接回来，正站在院中，惶惶不安的。范纳特迎上去，柯林斯说："我是这家人的朋友。"范纳特不假辞色，"你们必须离开，这里是犯罪现场……"

（十四）玛莎，我刚拿到了双杀案

到了洛西分局，范纳特随便找了个地方，就开始起草搜查证。文字力求清楚，理由力求充分。范纳特处理这种文案驾轻就熟，毕竟已办过二百多个案子了。在润色时，进来一个警长，把一份卷宗放在他的手边："我刚查过辛普森的记录。1989年1月1日，他曾卷入一场家庭暴力。"范纳特拿起文件，上面写着：凌晨3点30分，妮蔻·辛普森曾拨911，控告辛普森对其施行肢体虐待。

看看差不多了，他就拿起电话："嘿，玛莎，能腾出一分钟吗？"

"行，一分钟，或者两分钟……"那边没个正经，半开玩笑，"先生，有何贵干？"

"玛莎，我刚拿到了个双杀案。"

这个玛莎姓克拉克。此刻，她有几分惊奇。最近，不曾听说有什么大案啊？她来不及细想，电话那头如雷霆滚过："OJ.辛普森的前妻，还有一个男性白人。嫌犯是辛普森。"

克拉克是检察官，两人合作办过两个案子。一侦一控，配合甚好，相处甚欢。范纳特身为精英部门的探长，在选择检察官时颇有些特权。他们最怕案子侦办得极好，却让检察官给控飞了。自选检察官虽无成文，但主管总是乐观其成的。在洛杉矶警察局和检察院合作的历史上，中途反目，或事后抱怨，甚至形同陌路的事太多了，更何况克拉克是个极为出色的人物，也许比范纳特更为精英。她的部门是特案处，只有五个检察官，比范纳特们更稀更贵。

"好。"玛莎·克拉克抽出笔记本。

范纳特听出克拉克有点不知所云，因为她没有一丝兴奋，倒有几分公事公办："你知道他是谁？"

克拉克犹豫了一下，不得不在脑子里搜索印象："他好像在《裸枪》里演过点什么？或者是个过气的体育名人？"范纳特不想讨论这个问题，就单刀直入："别管它，这个案子肯定有彩。现在，媒体已经包围了现场。我刚拟好了搜查证，念给你听听？"

他一板一眼念完以后，克拉克立即发问："物证是什么？"

当然是血，到处都是。

克拉克立刻亢奋起来。还有手套、头套、BB机……她的胸中也奔腾起求战的欲望。

"听起来极好。"她的话既似肯定，又似自言自语。

"那我还需要做点什么？"

"足够了。"玛莎几乎可以断定，范纳特绝非只是咨询，这是在邀请自己第三度合作。

"我希望在搜证时，你能到场。"这才是正式邀请。一个莫大的人情。这种案子，名人杀妻，百年不遇，检察官们求之难得也。

"好。搜查证一签好，来个电话。"

（十五）警侦、采证、验尸三方到位

8点过后，天已透亮，验尸员仍无踪影，兰要菲利普斯再催一催。此时现场对面的高地上，已有一支军队正在安营扎寨，摄像机话筒林立，居高临下，直指875号。妮蔻的尸体正暴露在众目睽睽之下。兰命令警员找来一条床单，盖在妮蔻身上。

9点10分，验尸员终于驾临。这是一位女士，身边还有一个助手。兰先把他们带到楼上，找出妮蔻的钱包。辨明死者的身份乃是验尸员第一任务。钱包内有一个驾照，还有一个德国公民证明。妮蔻出生在德国的法兰克福。

在加州，尸检部门是老大，警检法只能屈居其后。他们不接触尸体，任何人都只能束手旁观。尸检部门被称为法医局亦无不可，只是法医通常隶属警察局。这里另授其名，权称尸检部门，以示区别。

10点15分，罪证鉴识专家冯丹尼和玛珠拉来到邦迪现场，兰请验尸员稍事休息，带着冯又走了遍现场。此时的兰，已对现场的证物烂熟于心。他把任务一一交代后，才回来招呼验尸员。至此，警侦、采证、验尸三方才各自到位，可说是万事齐备了。

验尸员开始移动妮蔻的尸体，翻找伤痕，兰则随着她记录测量，尤其是物证与尸体间的空间关系。这套数据与照片对照，方能重建现场。在尸体放入尸袋前，又指示冯丹尼和玛珠拉在尸体上尽量取样，免得日后生悔。在最终运走之前，验尸员测试了尸体的温度，华氏八十二度，相当于摄氏二十八度。

处理完妮蔻的尸体，就是那个无名男尸了。男尸双眼一睁一合，死不瞑目，距妮蔻尸体不足一英尺，两手背皆有伤痕，表明他不曾束手就擒，实实在在是做过一番生死搏斗的。

伏尸处空间狭小，面积不足十五平方米。兰帮助验尸员，付了十分的小心，用了十倍的力气，才把男尸移入车中，因为他的体形极为高大。在车中，验尸员才找出死者的钱包。上有兰期待已久的记录。

死者名字是荣·雷利·勾德曼，六英尺一英寸，二十五岁。他的体温也是华氏八十二度，可以判断二人死于同时。

接近11点时，勾德曼的传呼机哔啵作响，兰记下电话号码，然后命令一个警官速去查找。几分钟后，回音来了，呼叫来自一家餐馆的调酒师。餐馆名叫玛萨卢纳，距此不过百米，与现场隔街相望。

（十六）OJ不知去向，警察在他家中

10点左右，洛杉矶郊区英西诺。罗伯特·卡达辛坐在办公桌前，看着阳光四射的窗户。他是一只早起的鸟，文件堆了一桌子。他的生意经年有成，第一个百万已经到手，现在正为第二个百万奋斗。卡达辛是个虔诚的基督徒，喜欢循规蹈矩，唯圣经是从。

电话铃声骤然响起，电话那头是生意伙伴的妻子。

"我刚听说妮蔻的事。你知道吗？"对方颇为惊慌。

"知道什么？"卡达辛大惑不解。

"我听说妮蔻遭到枪击，已经罹难。"

卡达辛根本不信："从哪里听到的？"

消息竟然来自一个美容师,还是个有名的长舌妇。不过卡达辛有点好奇,就给自己的老秘书,辛普森的新总管凯西·兰达打了一个电话。对方回答,凯西正在开会,恕不接听。卡达辛知道这不是凯西的习惯,大概真有什么大事。他与辛普森睽违已有半年,辛普森一向行商途旅,是个空中飞人。

他又拨通了辛普森的私宅电话。

对方一声哈喽,声音全然陌生。

"请问是哪位?"卡达辛心知有异。

"你是哪位?"口气很硬,顶了回来。

"这是罗伯特·卡达辛,OJ 的朋友,他在吗?"

"他不在家,或许也不在城里。"

"那么,你是谁?"卡达辛又问了一遍。

"我是洛杉矶警局的探长佛曼。"对方客气了一些。

"也许你能告诉我,我听说妮蔻遭枪击致死?"

"她已经被杀了。"对方的声音公事公办。

卡达辛把话筒举在半空,僵立在桌前。妮蔻被杀了,OJ 不知去向,警察在他家中。

(十七)探长范纳特补办搜查证

范纳特走后,佛曼留在罗金汉,受命警戒。在搜查证拿到之前,他什么事都不能做,坐在起居室里倒是接了许多电话。卡达辛的不过是其中之一。致电者中有不少名字如雷贯耳,或者是如雷贯耳们的夫人、情人。不过,也有巧的,这其中竟有自己的熟人。

这个电话一开始就宣布："我是 OJ 的好朋友，我的名字是荣·石普。"

"荣，我是佛曼。"佛曼很高兴，这是无聊等待中的一点慰藉。佛曼认识他，这是一个退休警察，两人九年前就相识了。

"马克，发生了什么事？"石普的声音热络起来，"那边安然无恙？OJ 一定没有伤害妮蔻吧？"

"荣，这不是我的案子。"

"马克，你可以相信我，你清楚的。"对方显然自恃有几分交情。

"这不是我的案子，抱歉，哥们。"他哪里想到几个月后，这个荣会和他一样，成为控方的明星证人。

此刻，范纳特正在法官面前，法官将他的申请扫了一遍："啊！老天，你有那么多血证！"

"是啊，应有尽有！"看着她离去的背影，范纳特得意地追了一句。范纳特知道按照自己的陈述，法官自会掂出此案的分量。她绝不会独自承担责任的，她需要同事们的支持。

二十分钟后，法官回来了，显然是和其他法官推敲了一番，也许还有请示。她当着范纳特的面签了字。

范纳特立刻致电克拉克："玛莎，搜查证签好了。我先去邦迪见兰，然后去罗金汉。"

"好，我随后就来。"克拉克也迫不及待了。

（十八）OJ 现身

与佛曼谈话以后，卡达辛实在坐不住，身不由己地钻进了自己那辆双座奔驰跑车。405公路就像一个流动的停车场,他只好绕小路过去。路上,他突然想起,为何不给前妻克莉丝打个电话,她是妮蔻的闺中密友,也许她知道什么细节。

"我刚刚听说妮蔻被害。"卡达辛劈头就说。

"我知道,这实在可怕。朱蒂莎·布朗刚来过电话。昨晚十一点左右,她还与妮蔻通过话呢。"

"她通过话?"仅仅十二个小时以前,妮蔻还是一个青春美貌的生命。这个念头像一束闪电把卡达辛自震惊中唤回。这个死亡骤然变得活生生,血淋淋。这不再是个概念,更不仅仅是个消息。

"我今天十一点半和妮蔻还有个饭局呢。"几十分钟以后,如果妮蔻还活着……卡达辛不能不回忆起:他与克莉丝、OJ与妮蔻,曾是两对亲密的情侣。辛普森曾为自己证婚,自己也眼看着他们自恋人而成眷属。此后,这两对虽然都劳燕分飞,但他们仍保持着亲密的友谊。

蓦然,一个念头袭上心来,随口就说:"上帝,我希望这不是OJ干的。"

电话那头只有沉默。

11点整,卡达辛终于到了罗金汉。辛普森的豪宅前,罗金汉路口,已被人群包围。人群后面是林立的摄像机,巨宅四周布满了警探。

大门口,站着一个警察,高高的,犹如一尊黑金刚。

"我是OJ的朋友,我能进去吗?"卡达辛仰着头问。

"你不能进去。"黑金刚面无表情。

"我是他最好的朋友。"

"抱歉,你还是不能进去。他并不在这里。"

卡达辛觉得自己就像个傻瓜,在众目睽睽之下。卡达辛退入人群中,成为沉默好奇的一分子。

十五分钟后，卡达辛备觉无趣，正欲离开，一辆路虎开过来。车中有人向他招手，这是哈沃德·威兹曼，旁边是他的妻子玛格丽特。威兹曼与卡达辛是中学密友，玛格丽特曾是卡达辛的情侣，后来看到威兹曼太痴情，就拱手相让了。

威兹曼成名已久，眼下的客户都是富贾明星。他原是刑辩律师。十年前，他曾将FBI摄像记录在案的贩毒案，一举推翻。十年过去，物换星移，他在好莱坞一带名满秋山，是个大受欢迎的人物。好莱坞的人物鲜有杀人放火的，充其量不过是"色毒"二字。庭上庭下，料理起来并不困难。最近，他正在帮助麦可·杰克森，周旋那个变童的案子。

二人拥抱为礼。过去的美好时光又在眼前。卡达辛知道他也代表辛普森，就迫不及待，书归正传，极欲探出内情。威兹曼立即将律师的面具挂上：并不知情，恕难奉告。

威兹曼旋即驱车入内。黑金刚显然知道他的身份，未加拦阻。

卡达辛在人群中枯立良久，再次决定离开，却看见五十英尺开外，停下一辆凯迪拉克。又是一个老朋友，斯基普·塔夫茨。车停稳后，塔夫茨第一个下来。接着是凯西·兰达，卡达辛的老秘书，辛普森的新总管。再下来，竟然是OJ.辛普森。他一身便装，风尘仆仆，手中提着一个旅行袋。他面色阴沉，径直穿过人群。围观的人们与卡达辛一样，对辛普森的出现毫无准备。吃惊之余，不知如何是好。期盼戏剧场面的人们更为失望。辛普森的行止似在意料之中，又在寻常之外，真有点无可名状。更出奇的是那些记者也呆在那里，并未一拥而上。只有摄像师们，把住镜头，齐刷刷地摇向辛普森。

他们终于有活干了。

（十九）我们需要这副手铐吗？

范纳特拿到搜查证后，搜查即行开始。抢劫凶杀处又增援了几位探长。佛曼与罗伯茨搭档立时由骨干转为枝节，由负责沦为协助。在罗金汉的地位渐次以降，有些无足轻重了。

12点左右，佛曼发现门口突然骚动。OJ.辛普森居然现身了，把门的那个黑金刚似乎猝不及防，让辛普森闯了进来。罗伯茨迎上去，而黑金刚在后面追。二人将辛普森堵在儿童游戏场边，并将他铐了起来。

"这是为什么？"辛普森有点激动。

"什么为什么？"罗伯茨针锋相对。

"就是，在我的院子里布满警察。"

"OJ，你接过一个电话，告诉你你的前妻遇害，不是吗？"

"对，我知道，但是这是为什么？"辛普森抗议道。

"我不是主管探长，我无权回答。"罗伯茨隐忍了一下，但是，实在按捺不住，"让我告诉你，你前妻遇害的现场有一道血迹，把我们引到了这里。"

"一道血迹？"辛普森的口气不无诧异。

范纳特看到这一幕时，辛普森已经被铐了起来。范纳特绕出正厅，去处理此事。一个警官告知，威兹曼和塔夫茨求见。其实，在进门之初，他已经与威兹曼交谈过几句。威兹曼通知他，自己是应辛普森的要求来到此处。范纳特心中一惊：辛普森动作真快。

"让他们进来。"范纳特发出邀请。

"我们需要这副手铐吗？"威兹曼的话绵里藏针。

"不，不需要。"范纳特取出钥匙，"让我来打开它。"

范纳特开锁时，一眼瞥见辛普森左手中指贴着胶布。他心中一动，且是大为激动。但是，他只能不露声色：现在逮捕，为时尚早。临时拘管，警察只有四十八小时的权限。两处现场，自搜证至鉴定，至少需要一个星期。万一哪个环节出错，演出个捉放曹，就不太好看了。

"OJ，你愿意随我们进城吗？我们可以坐下来慢慢谈。"范纳特随口一问，仿佛漫不经心。

"好！"辛普森并无半点犹豫。

范纳特又转向威兹曼："我已邀请你的当事人去帕克中心。"帕克中心是警察总部。

"好，"威兹曼看看辛普森，表示会意，"我能同去吗？"

"当然。"范纳特真有些惊讶了，威兹曼竟然没有出言制止，把辛普森带到警局竟是如此容易，要知道自己并没有相关手续。

"我们在抢劫凶杀处会面，你知道在哪里。"说完与辛普森同车离去。

（二十）辛普森去帕克中心

看到辛普森被铐住，遭到如此羞辱，不禁触动了卡达辛的侠肝义胆，真想即刻进去，施以援手。门外只剩下凯西·兰达。她手中提着一个LV牌的西装袋。卡达辛心生一计，向她走去。兰达也看见了他。卡达辛伸出手："让我来拿吧。"

卡达辛提着西装袋，走近门口，向当值警官提议："这是辛普森先生的行李，我能进去吗？"

"不能进去。"警官斩钉截铁。

无可奈何，卡达辛只好和兰达踱到一边。卡达辛把兰达拥抱在怀里，舒缓她的紧张。

几分钟后，二人看到辛普森随着一位警官钻进警车，手上已无手铐。

威兹曼和塔夫茨也走出大门，向二人打了个招呼："我们去帕克中心。"说完钻进塔夫茨的凯迪拉克，尾随而去。

（二十一）克拉克初遇佛曼

克拉克放下电话，走下司法大楼，按她的话说就是去"看孩子"，意指前往现场监督警员，按照搜查证的权限，去搜索证物。其实她是先占住这个位置，免得他人染指。

在美国刑事诉讼中，一案初始，警察拥有极大的权力。搜证捕疑，拘嫌缉凶，只要在授权之内，即使铐错捕错，只需释放改正，绝不会麻烦上身。有时拘捕之疑犯，在肢体上稍有不合作，就可安上一个妨碍公务，先压制一下。而被铐之人，也会息事宁人。只要没有指控，不上法庭，无不良记录，依旧籍册良民，便会欢天喜地，愿意接受那个误会。

而警察的工作总要有个结果。逢凶捕之，遇罪罚之，工作才有意义。因此，依靠检察官立案，方为正宗。检察官的妙用还不止于此。一旦警察闹得动静太大，失察搞错对象，检察官就是救生门。一句不予起诉，可以让他们体体面面地收场。因此，警方对检察部门依赖甚深。反之，却不一样，检方可以自己立案指控。他们有自己的调查班底，可以自侦自控。另外，检方也可根本不接案子，无须直接否决警察侦办的结果。这更显出检重于警的局面。

检察官的资格要求也很高，必须是有执照之律师。因此，也可称作检控律师。检察院内部虽有等级，但那只是区分资历，决定工资而已。检察长是民选职务，而下属检察官则被称为 Deputy Attorney，可以译作代表律师。即使是最低等的检察官，只要一案在手，就有完整的授权。检察长有如千手千眼佛。检察官就是他的手和眼。一旦获得授权，就是他的代表，以他的名义行事。将在外，君命有所不受的戏码更是常常看到。再有检察长是民选之政客，花开自有花谢时，而检察官是事务官，职位相对稳定。论身份，警局探长无法与之相比。

克拉克到达辛宅时，场面不似预期的那样热闹。一辆警车当街停住，警员正在指挥车辆绕行。行人在隔街张望，几个记者模样的家伙正在街角逡巡。克拉克知道好戏已经过去，目下应是曲终人散的时刻。

克拉克看到那辆白色野马，想起范纳特的形容，就开始审视地面。果然有血迹，红极转黑。血迹沿着车道，把克拉克带到院内，辛宅正门洞开，门廊上亦有血渍。克拉克身着便装，并无任何执法标志。一路行来，无人过问，顺利非常，与卡达辛的遭遇大不相同。

一入门，是一个宽大的起居室，白色厚重的家具充塞四壁。水晶器皿，灼人眼目。名贵地毯极其气派、极其奢华，摄人心魄。再进去是厨房，门窗橱柜皆为上好橡木，摩登雍容，浑然一体，实在是持家女人的梦。吧台边上坐着一个熟人，鲁波探长。

"汤姆（兰）和费尔（范纳特）在这边吗？"克拉克笑容嫣然。

"OJ 刚在这里露面，是从芝加哥回来的，"鲁波一脸泰然，全无兴奋，"费尔已将他控制住。带到帕克中心调查去了。"

克拉克环顾四周，并无搜查迹象："那么搜证的人们呢？"

"他们去了邦迪。这边已经对车道和门厅做了初步取证。下午，他们还会回来的。"

克拉克正在犹豫，是走还是留。门外进来两位探长。他们一看到克拉克，就猜出她的来历。年长者伸出手：探长荣·菲利普斯。克拉克握住他们的手，也自报家门。这时外面又进来一位。菲利普斯介绍：探长佛曼。

菲利普斯扼要做了通报，接下来是佛曼。他显然更熟悉情况，边说边分析，已将两个现场吃透，烂熟在心。佛曼条理分明，不仅叙事状物，绘形绘色，不吝细节，而且，在冷静分析之外，并无哗众取宠之意。克拉克对此颇有好感。几年后，克拉克回忆初见的印象：佛曼似乎深知自己的禀赋，颇为矜持，仿佛有那么一点屈尊纡贵的意思。

佛曼带着克拉克自凯托·凯伦和阿纳丽的平房起，绕了整整一个圈，来到平房后面的夹道。克拉克注意到，这里阴气湿重，与院中的六月艳阳完全是两个世界。

"我就是在这里发现的手套。"此处距墙式空调仅有一两英尺。

"这就是说，是你发现的手套？"克拉克不无赞赏。

"是，它就掉在那里。我推测他一定撞上了空调，而且并未觉察掉了这只手套。"

克拉克离开罗金汉，又去了邦迪。范纳特和兰仍是不见踪影。邦迪看管甚严，克拉克即使亮出范纳特的牌子，也无济于事。她只好悻悻然，打道回府。

上到十八楼，克拉克直扑戴维·康的办公室。康是特别检控处五位精英律师之首。

听完克拉克的汇报，戴维·康兴趣盎然，克拉克大受鼓舞，佛曼的发现价值连城，他对案情的判断，也使自己受益良多。戴维·康的反应即是明证。

"听起来不错。"他故弄玄虚，想了一想，"你愿意接这个案子吗？"

"当然，"克拉克迫不及待地，"我手上没有什么案子。"

"你已经拿到它了。"康一锤定音。

（二十二）辛普森：头号嫌犯吧？

范纳特把车停稳后，转过身来，对后座上的辛普森说："OJ，我们要去抢劫凶杀处，我的搭档兰也将在那里。我们要了解你前妻的死因。威兹曼先生也将在场。"辛普森只是点点头，一言未发。

一路上，辛普森不曾就范纳特的意图，或前妻的死亡，有过任何发问。在中途，范纳特用无线电话通知调度员："请与兰联系，我现在前往抢劫凶杀处，一号证人在车上。"辛普森插入一句，语带嘲讽："头号嫌犯吧。"范纳特使用"证人"一词，是规避媒体的监听。这个谨慎，实在多余。早在范纳特离开罗金汉的那一刻，记者们就紧追不舍，直至帕克中心。

兰到达中心时，威兹曼和塔夫茨已在那里。彼此握过手后，转入正题。威兹曼首先发问："你们能否给我们一点时间？我们要与辛普森先生谈一谈。"

"当然，悉听尊便。"范纳特十分痛快。

二十分钟后，威兹曼和塔夫茨走出来，辛普森仍留在里面。

"我们能约谈你们的当事人吗？"范纳特问道。他并不抱任何希望，对方有权拒绝。

"当然，你们可以。"威兹曼的回答让二位探长大感意外，"我只需要你们做两件事，一是全程录音，二是向我的当事人宣读他的宪法权利。"

"没问题，"范纳特喜上眉梢。不可能的事情发生了。"你打算在场吗？"

"我们要去吃午饭，他是你们的了。"

如此轻而易举？令人难以置信。

二位探长回到室内，辛普森扫了他们一眼，继续望着墙出神。他的面色平静，无一丝焦躁。室内只有一张铁桌，四张铁椅，四壁无窗。

范纳特搬来一个录音机，按下录音键："我们在帕克中心的一个讯问室，日期是 1994 年 6 月 13 日，时间是 13 点 35 分。"

三十二分钟后，讯问结束，可是威兹曼们尚无踪影。二人决定由范纳特留守，等待律师。兰则领着辛普森上四楼去复制留存他的指纹样本。在那里，辛普森左手中指上的胶布被揭开。兰终于有机会就近观察伤口。在第三个关节上，呈水平状，略带弧形，约有半英寸长。第一个关节上，还有一个小伤口，约四分之一英寸。兰指挥摄影师，将伤口拍照留证。

回到楼下，律师们仍未现身。二人又带辛普森去市监狱的医疗中心。这个部门也在帕克中心。

护士帕拉蒂斯自辛普森的手臂上，抽出一管血，再将血压入一个试管内，封好口，贴上标签，转手交给范纳特。范纳特也将存证表格填写好，交给护士。至此，手续完毕，只差立档存证了。

再次下楼，二位律师已等在那里。辛普森和律师们离开以后，二位探长走进处长办公室。听完简报以后，处长问兰："你的看法？"

兰留了一点余地："我有百分之九十的把握是他杀的。"

"那么你呢，费尔？"

"是他杀的。我深信不疑。"

此刻任何证据都尚未鉴定，收集取证仍在进行时。

其实，自从探长们带辛普森来帕克中心讯问起，就已经超出常规，因为探长们并未正式宣布辛普森是嫌犯，亦无任何相关文件。后面的指模、拍照和留血样都是非拘审不能进行的。探长们敢如此逾矩，正是因为他们已经吃定，杀人者非辛氏莫属。

（二十三）波拉，我需要你

波拉·芭比艾瑞瘫在沙发上，失魂落魄，望着前方。苏珊妮则坐在另一端。苏珊妮的男朋友马克·帕克正在与洛杉矶联系。电话通了，帕克出口便是："我这里有个人要和你说话。"说完，硬把手机塞入波拉手中。动作虽猛，眼中却是恳求。波拉努力保持平时的语调："你现在怎么样？"

"我需要你。"辛普森直截了当。二人谈了几句，简单到旁人无法意会。

波拉眼中充满泪水，双手紧握，非如此不能使自己好受：刚刚离开洛杉矶，刚刚尝试开始一段新生活，命运却如此死死纠缠。

波拉·芭比艾瑞现在在拉斯维加斯。她此行意在斩断情丝，开辟新篇。虽然不曾当面知会辛普森，但波拉已是慧剑在手：结束两年恋情的时机到了。

几个月前，波拉与麦可·波顿相遇。在一部音乐片中，做他的对手，扮演一个痴情淑女。二人合作甚欢，不仅惺惺相惜，而且两情相悦。波拉此行作为波顿新唱盘试听会的嘉宾。波拉知道，波顿对她倾慕已久，名为邀请，实为约会。

13日下午2点钟。因为波顿正在忙他的准备工作，波拉无所事事，就踱进一家美容院。甫一进门，就不由得大叹世界之小。自己的闺中密友苏珊妮正在其中。旁边竟是她的新情郎，辛普森的哥们马克·帕克。面对帕克，波拉有些困窘，勉强告知辛普森并未同来。保养完指甲，三人相携去游泳池戏水。

4点30分，正在快乐得忘乎所以时，波拉的手机响了，是经纪人汤姆。他的声音极度紧张："妮蔻遭难了！"

"你这是什么意思？"波拉心中一紧。

"回你的房间，我把电话打过去。快，快。"

看到波拉张皇失措的样子，苏珊妮也跳上岸，疾步追去。刚进走廊，房中的电话已经响成一片，仿佛在追命。

波拉刚抓起电话，汤姆已在命令："打开电视！"

电视一打开，是新闻。第一句竟是："妮蔻·布朗·辛普森和荣·雷利·勾德曼被谋杀，双双陈尸在妮蔻家的门廊下。"

波拉如遭重击，全身瘫软，双膝跪地，然后抱住头埋在胸前："请，请，请，原谅我……"

苏珊妮惊讶得双目圆睁：波拉与妮蔻几乎素未谋面，这是所为何来？

手指也不听使唤了，波拉强撑着拨通自己的答录机，留言如潮涌至。凯西·兰达的，辛普森的，辛普森朋友的，个个都在问：你在哪里？个个都紧张得有如弹在膛上，扳机在手。

电话又响了，是妈妈自佛罗里达打来的，听起来欲哭无泪："波拉，不管你做什么，答应我，绝不回洛杉矶。"

苏珊妮去而复回，带来了帕克。两人围住电视，满脸的不可置信，满脸的五味杂陈。

电话响了，是波顿的朋友舍曼。只是简单的问候，一声你好而已。波拉想起，波顿仅仅知道她刚斩断情丝，却不知道其人是 O.J. 辛普森。将此消息披露以后，舍曼找上门来，手中一台笔记本电脑。波拉眼中仍是泪水涟涟。透过泪幕，看着电视：辛普森回到罗金汉，警察把他铐住。他坐在车中，被警察带到帕克中心。在帕克中心，警员出出进进，却无辛普森的踪影。

舍曼是个律师，而且是个刑辩律师。他坐到波拉身边："首先，你不要和辛普森通话，电话记录可能使你入罪，给你带来无可挽回的厄运。"

他叹了口气又说："请你告诉我，OJ 是否打过你？"

"没有，从来没有。"波拉清楚，二人的恋情历时两年，常常高潮低谷。有时也有争吵，骤如暴风急雨，但她从不认为辛普森是个暴力型的男人。他偶尔愤怒至极,摔桌子扔板凳,却从未实际碰过她。

舍曼走后,波拉拨通波顿的电话,强迫自己开口:"记得我告诉过你,我的旧情人,"她吸了一口气,停顿片刻,"那就是 OJ. 辛普森。"

舍曼的警告言犹在耳,但波拉无法抑制与辛普森通话的欲望。帕克也在一边催促:"波拉,你应该和他通话,你应该支持他。你是他需要的第一个人。"

接下来,就是飞回洛杉矶,回到旧情人身边。与波顿间的星星之火,未及燎原,就被腥风血雨一举浇熄。

(二十四)我的上帝,我不相信

也是下午 4 点 30 分。帕蒂·勾德曼下班回家。一入家门,先将宠物放出,猫儿狗儿欢天喜地,跳入院中。再上二楼,检查留言。答录机上红灯不停闪烁,看来有不少留言。

第一个留言是个陌生的声音:"哈喽,这是杜比洛自玛萨卢纳打来,不管是谁在家,请立即回个电话。"

口气听来如此焦虑,迫得帕蒂立刻回电:"我是帕蒂·勾德曼,你刚来过电话?"

"你知道荣在哪里吗?"

帕蒂有些恼火,荣并不住在这里:"为什么问我他在哪里?"

"因为他没来上班。"杜比洛吞吞吐吐。

"你们为什么把电话打到这里?他不住在这里,他住在布兰伍德。"

"嗯……这个电话是他留在履历表上的。"

这显然是个托词。帕蒂未及细想,勃然大怒:"我不知道他在哪里,你们怎么敢把电话打到这里，而且把话留得这么紧急？我以为荣出了什么事，请你下不为例。"

杜比洛口不择言，赶快道歉。帕蒂不想再听，砰的一声，把电话挂上，然后，踱到窗边，望着外面。天空碧蓝，花草繁盛，如此美丽的初夏时光，竟被这个电话搅得兴致全无。

怒气未平，电话又来了。这次是个女人："哈喽，请问是勾德曼夫人吗？"

"是的。"

"我是罗迪亚·莱特克丽芙，从尸检局打来。"不等帕蒂醒悟这个"尸检局"含义为何，这个女人又加了一句，"如果你对我的话有任何怀疑，我给你一个电话号码，你可打回来核实。"

"你在说些什么？"帕蒂有如堕入五里雾中。

"你是否听说妮蔻·布朗·辛普森，就是OJ.辛普森的前妻，遭到谋杀？"

"不，我不知道你在说些什么。"帕蒂由诧异转为愤怒，声音也随之升高。

佛莱德·勾德曼把车开上车道。今天有些不平常。客户都是心不在焉的，绝对不是推销的好时机。他不愿枯坐在办公室里，就提前下班。

刚踏上台阶，就看到帕蒂手举电话，大声在喊："佛莱德！快，快！拿电话，荣出事了。"

佛莱德上前抢过电话，恍惚中有人说："你今天可曾听到妮蔻·布朗·辛普森遭到谋杀的事情？"

"是的。"上班时，确实有人提及。别人一说，佛莱德一听。大千世界，何事不有。

"你的儿子是另一个死者。"

佛莱德·勾德曼胸口一紧，满目金星。他不能相信，也绝不相信："我的上帝！你们确定吗？你们百分之百确定吗？"

"是的，我们确定。"

"如何确定？"

"根据他的驾照。"

佛莱德一颗心突然堕入无底深渊。在那无尽的黑暗中翻腾着无边的痛苦。帕蒂搂着他的腰，两人颤抖作一团。时间停止了。佛莱德不知自己身在何处，也不知自己还有躯壳，还有灵魂。

"到底发生什么事了？"帕蒂方始问起。

"荣被人杀害了。"佛莱德哽咽在喉。

"他们确定？噢，我的上帝，我不相信……"

"他们确定！"佛莱德终于老泪纵横，泣不成声了。

（二十五）他们待我像嫌犯

辛普森三人离开帕克中心后，先来到奥兰索制作公司，辛普森的办公室。自从警察带辛普森离开后，卡达辛一直在这里和兰达接听电话。和卡达辛拥抱后，辛普森就深陷在沙发中。有人打开电视。中午的情景又在眼前。在场诸君居然人人有份，在电视屏幕上翻来覆去地出现。两个小时中，辛普森间或会直起腰板，激愤大叫："他们待我像个嫌犯，好像这是我干的……"其他人则无言以对。场面十分尴尬。最后，应辛普森的要求，卡达辛开车送他回家。

6点30分。辛普森返回罗金汉，尚未下车，已被辛宅前的景象震慑住。转播车首尾相接，天线直指苍穹，几百架摄像机比肩而立，闲常人等根本无法接近，只能在几个街口外瞭望。记者密如飞蝗，将两边门口挤得几无立锥之地。

记者一见辛普森一行，立即将其围住。辛普森仍是铁青着脸，一言不发，拨开人墙，向前移动。门卫已知辛普森抵达，拉开一道门缝，让他们挤入。

院里的景象也不好看。到处都是警员。兰正站在台阶上，望着他们。入得门来，辛普森脸上立刻恢复生气。他拉着卡达辛来到主卧室："我要看看他们是否偷了我的东西。"他告诉卡达辛他在壁橱里有八千美元，可是钱居然不在那里。辛普森恨恨有声，在那里翻箱倒柜。

卡达辛在一个壁橱里，看到一支乌兹冲锋枪。另一个盒子里，还躺着几支枪，长短都有。这些都是辛普森的收藏。辛普森看到它们，又是愤愤不平："我不能相信，他们竟会把这种东西留下。"

辛普森走到楼下，对着兰质问："你们的人发现了我的钱，把它拿走了？"

"没有，"兰十分肯定，"我们会给你一个清单，上面记录着我们带走的东西。"

接下来，兰反攻了："你昨晚穿的是什么衣服和裤子？"

"都在卫生间。"

"那么，鞋呢？"

辛普森走进壁橱，提出一双锐跑鞋。

"你介意我把它带走吗？"

没问题。

（二十六）罗格·金举荐夏皮若

警探撤围后，亲朋纷纷涌入。人们拥抱哭泣，轻轻交谈。辛普森则仍陷在沙发中，盯着电视，口中还念念有词，与电视中的记者辩论不休。

凯西·兰达走过来，通报他有个电话。辛普森要她走开，她却不肯退让："有个叫罗格·金的打了三四次电话，坚持要你请罗伯特·夏皮若。他说，你必须请他，你必须请最好的。他还说，他愿意出钱。"

罗格·金是电视巨子，拥有王朝制作公司。他制作的节目经年累月地在三大广播网中播放。此君是个呼风唤雨的人物。辛普森认识他，却从无来往。他的建议如此慷慨，令辛普森难以置信。

9点钟，罗伯特·夏皮若正在看演出。一个门卫凑过来："夏皮若先生，你有紧急电话。"

夏皮若心中一惊：别是两个儿子出了什么事。

电话里，是个全然陌生的声音："你不认识我，"这个男子开门见山，"我叫罗格·金，是王朝的董事长。我和O.J.辛普森先生是至交，他现在亟须一个好律师。我希望你能代表他，我愿意以他的名义与你交涉。"

夏皮若惊魂始定："金先生，你的请求使我受宠若惊。但是，我了解他已经有律师。再有，此刻甚晚，在与他交谈前，我不能有任何承诺。"

回到家中，夏皮若往东岸纽约打了个电话，他要征求老友史沃兹的意见。史沃兹不仅与夏皮若相知已久，与辛普森也过从甚密。史沃兹似乎知悉此事，暗示他："明天早上，在办公室静候回音。"

（二十七）夏皮若明白这是正式邀请

卡达辛几乎彻夜未眠。看到辛宅周围的情景，他大动恻隐，打算把辛普森接到自己家里，避开那个新闻兵团。

刚刚把车倒出车库，德尼丝自后面追来，手里提着那个LV旅行袋。卡达辛把这袋子忘得干干净净。

进辛宅以后,碰见威兹曼。他行色匆匆,正欲离开。卡达辛只打了个招呼,就直扑楼上。辛普森正坐在床上,写着什么。临窗的沙发上,坐着他的姐姐和姐夫,满面倦容,默默看着。昨晚一夜,两人轮流看守,防备辛普森轻生。

见到卡达辛,辛普森开始抱怨,昨天威兹曼不该西装笔挺,不该跟着自己去帕克中心,不该总是告诉他,这些都是警察例行公事。

望着辛普森佝偻的侧影,卡达辛心生怜悯:"起床吧。"

辛普森下了床,走进卫生间,里面响起了水声。突然,辛普森在里面大叫。卡达辛闻声进去,也惊作一团。辛普森赤足而立,满面悸怖。水龙头中的水,直接从盆底流到地面。原来警察把下水管拆掉了。

他们在寻找血。昨天不敢深问的问题,今天有了答案。警察把辛普森带到帕克中心,不是例行公事。辛普森着意回避的东西,骤然成真。辛普森大梦初醒,拔下水管,面色转而愤愤不平:"我无法相信这是他们干的。我无法相信,这些警察走得这么远……"

卡达辛脑中升起一幅掘地三尺的图画。

辛普森接受卡达辛的建议,自后院的小路逸出。卡达辛则自正门把车开出,绕到后面,把辛普森接走。新闻兵团不疑有他,仍在正门守株待兔。

上路后,卡达辛提醒辛普森,该给夏皮若打个电话。辛普森几乎忘了此事:"我见过他,听说他相当棒。我们应该给他打个电话,看看我们的应对是否得当。"主意一定,二人拐到辛普森的办公室。他们再没有提起威兹曼。二人心照不宣:威兹曼近年来,都是处理场面上的事,刑辩上的功夫有点撂荒了。既然警察的意图已如此明显,那么现在需要一个刑辩大师了。

夏皮若这边黎明即起,早早到了办公室。他先看了早间新闻,再批阅报纸,很快做好了必要的功课,坐等辛普森的电话了。

电话到了。"鲍伯,这是OJ。我相信你已经知道发生了什么。我想与你谈谈。是罗格·金推荐了你。"

"你现在正忙什么？"

"我和斯基普·塔夫茨,还有我的朋友卡达辛坐在一起。我们想与你见面。"

夏皮若明白这是正式邀请："OJ,请你原地不动。我立即过去。不要去任何地方,不要和任何人交谈。"

坐入车中,夏皮若开始审时度势：说起来,威兹曼也是老朋友了。辛普森邀请自己,其实是阵前换将。此事照此发展,将使威兹曼颜面尽失,使多年的交情蒙上阴影。不过交情是交情,商务归商务。律师归根结底是商务。说得冠冕堂皇,就是唯顾客是听。交情再深,也不能挡住别人发财。

既然是商务,各家商号的方针也有不同。有的律师宁肯做鸵鸟。委托人做了什么,无关紧要。你不说,我不问。知道了反成累赘。有的律师却有足够的好奇。事情的本末要一清二楚。但是,做何种辩护,悉听尊便。你要将有罪辩作无辜,绝对照办。花钱买服务,是你应有的权利。

夏皮若则介乎两者之间：事实一定要清楚。你先告诉我发生了什么,我再告诉你发生了什么。你认为自己罪无可逭,这可未必。你开了枪,动了刀子,也许是神经失控,也许是正当防卫,也许只是失手。此类情势,绝不是非白即黑。死了人,就一定送你上电椅,然后合闸了事。这就是夏皮若的原则。眼下,他费神的是：OJ一旦承认杀人,自己如何应对。

（二十八）此事是你干的吗？

夏皮若一入门，就看见辛普森三人正襟危坐，静待他的到来。塔夫茨看上去愁容满面，卡达辛也心神不宁。辛普森则相反，昨天电视中的沮丧、悲哀和消沉，一概不见了。眼下的OJ脸上刮得精光滑亮，两眼直视来者，毫无怯意，仿佛十分坦荡，毫无隐藏。夏皮若不由得大为赞赏：此君遭此变故，却能控制如此良好。此君能为公众所宠爱，绝非一时讨巧。

夏皮若也很快获得辛普森一方的好感。他应对切题，直指要害，迅速控制了谈话的局面。他那精熟老到的风范，尤其让卡达辛倾倒。说起来，卡达辛本人也是个律师。他有个法律学位，也通过了律师公会的考试，拿到了律师执照。只因过于醉心自己的唱片事业，居然不曾实践过一天，实为形式上的"律师"。

将三十六小时以来的种种情势一一问过以后，夏皮若要求卡达辛和塔夫茨暂时离开，容他与辛普森单独面谈。卡达辛提起，是否把威兹曼约来，一起会谈。夏皮若答得斩钉截铁：不！

待到二人单独面对的时候，夏皮若先解释了律师与委托人的保密特权，即二人的谈话得到百分之百的保护，政府不能用公权力强行获得。即使某方无意泄露，也不允许呈堂。因此，辛普森与他交谈可以毫无顾忌。

他悠悠地开始了问话："OJ，我来此并非为了审判你。你可以对塔夫茨一种措辞，对卡达辛换成另外一套。但是，你如果需要我，你就应该告诉我真相。"

停顿片刻，夏皮若放慢速度，一字一顿："OJ，此——事——是——你——干——的——吗？"

辛普森直视夏皮若，双目不瞬："此——事——不——是——我——

干——的！"继而他又语调沉稳地说："妮蔻和我生活了很长的时间，鲍伯，我们有我们的问题，这是千真万确的。但是，我们拥有一对小儿女。她是一个出色的母亲。此外，我拥有一个美好的生活，有四个了不起的儿女。还有名望、财富和赤诚的朋友。我怎么会将其摧毁？我无意，无力，也绝未做过此事！"

谈话结束后，二人达成三项决定：首先，夏皮若任首席辩护律师，威兹曼必须离开。其次，与控方展开平行调查。抢时间，争取掌握尽可能多的证据。最后，要在抗辩的方方面面，找最好的专家，在全国范围内搜寻。对他们的待遇不计代价：头等舱，五星酒店，高级餐厅，要让待遇绝对符合这些人的声望。

（二十九）勾登博士解剖尸体

14日早上，范纳特和兰先后到达帕克中心。范纳特有四个报告要料理。两个现场报告，两个死亡报告。兰则带着锐跑鞋，前往血样处，鉴定鞋上的红斑。结果是否定的。这个证据归入存证。

兰回到办公室与范纳特讨论案情。未及坐稳，桌上的电话开始热闹起来。都是自称知情者。在过去的一天，抢劫凶杀处共接到518个举报，却是百分之百的匿名。其中，有五十多条听起来有点意思，但都指向另有其人：

线索92号：妮蔻死于跨种族婚姻，亲纳粹组织声称。

线索170号：玛萨卢纳餐馆是毒品中心，勾德曼参与其中。

线索177号：是OJ的儿子杰森干的。

线索280号：妮蔻洗钱，被黑手党杀一儆百。

线索 510 号：佛曼和凯伦悬赏十万元，杀死妮蔻。

……

其中，佛曼和凯伦这一条最为奇特。两人间的故事是预审后，才为公众熟知。可是，在案发两天后，就有人把两者连在一起，检举人的身份实在不凡。

8 点 30 分。二人依约到达尸检局，观看厄文·勾登博士解剖尸体。勾登博士坐四望五，经他手的尸体已经超过一万五千具。

妮蔻·辛普森此时正躺在解剖台上。血污已被清洗，在聚光灯下，惨青的躯体，伤势毕露。二位探长侦案逾千，如此恐怖的伤口，却不曾见过：妮蔻的头颅几乎完全割下，只靠脊椎和颈部的皮连着。

勾登博士信手画了一张简图，一面测量伤口，一面标注。她的头部和手部遍布许多外伤。头部还有钝器击伤的痕迹。手部有防卫形的伤势，说明妮蔻曾试图反抗。尸体没有性侵犯的迹象。

随后，勾登博士开始解剖，摘取脏器。这些脏器被一一测量衡重。最后摘取的是胃。其中的意大利面条和菠菜还可辨出，说明她死亡的时间离饭后不远。

接下来，是勾德曼。他脑部也有钝器重击的痕迹。看上去凶手夺命之前，曾折磨过他。还有部分伤口未见血迹，显出凶手在勾德曼命毙血尽后，仍然刺击。

根据检测，勾登博士推测：凶器是六英寸，单刃，厚度三十二分之一英寸。再与仅有一套血脚印相印证。三人的共同结论是：只有一名凶手。

解剖时还取出乳房的硅胶。日后有关佛曼的传闻，也涉及妮蔻的隆乳。这是后话。

（三十）克拉克对警察颇有微词

早上，克拉克一直在看电视新闻。媒体报道的案情极为丰富。这些报道竟成了自己的唯一情报来源。一念至此，克拉克又气又愤：自己还像个总览全局的检察官吗？

刚到检察院门口，新闻秘书正在等她："你给范纳特或兰打过电话吗？"

"何止一次，他们根本不回！"

检察长的办公室里，各方大员已经到齐。看到克拉克进来，检察长嘎塞提站起来，双臂撑在桌上，望着她。克拉克无可奉告，除了闲扯几句，权作敷衍。

"搜查进行得怎么样？"嘎塞提直奔要害，"我们有没有找到凶器？"

无人能够回答。

"警察那边有什么说法？"嘎塞提又逼问了一句。

"我正等着呢。"克拉克模棱两可。

会议再无任何话题，只好休息。克拉克压着怒火，又拨了几个电话。终于，范纳特打了回来。

"费尔，发生了什么事？"克拉克怨气十足。

那边显然很为难："这是上面，玛莎，他们不许我们与你们通话。"

克拉克知道，警方持此态度，并非全无道理。双方合作办案，已经积下不少怨怼。检方权重于警方，造成许多检察官恃权成骄，颐指气使。这种作风常使警察侧目。而范纳特送个人情给她，正是希望合作愉快，有个尊重。

但是，克拉克并不知道。对范纳特选她，兰持有异议。兰与克拉克有过节。兰曾在十年辛苦的侦破中，说服了一个污点证人，指证杀人凶犯。此案归到克拉克手下，几经反复，竟是不予起诉。证人未能立功，因此无法换来政府保护。凶手不能归案，让这个证人惶惶不可终日。而受害人家属也以为看到隧道的尽头。冤魂十年，终于可以安息了。不承想半途而废，对兰也是恶言相加。因此，兰视此为背信弃义。颇不能原谅自己，更不能原谅克拉克。

不过警方上层态度暧昧另有原因。近几年来，几个大案，把警检双方搞到互不信任，矛盾丛生。尤其是最近的麦可·杰克森的娈童案，警方得讯后，侦讯布置，十分谨慎。正在紧锣密鼓时，检方突然杀出，匆匆立案，贸然刑控。这一下无异于打草惊蛇。小童的父亲本意为财。一旦立案，很可能鸡飞蛋打，还要家丑外扬。杰克森一方也权衡利弊，不甘蹈险。双方一拍即合，庭外和解，欢欢喜喜下堂去也。警检突然没了苦主，被晾在了一边。警方的怨气能不大吗？

复会后，克拉克将范纳特的电话，通报大家。盛怒之下，激烈主张，找上门去，看警方能挡住检方的道？其他人听了大为赞同。只有嘎塞提极为冷静："不要躁进，如果证据真如警方所说，应有尽有。几个小时后，他们将不得不逮捕他。"

（三十一）辛普森测谎

听到辛普森要去机场取回高尔夫球杆，夏皮若立刻警告："你的妻子刚刚被谋杀。你却在惦念高尔夫球杆，这看起来大错特错。让别人去，你自己去是愚蠢的。"

夏皮若一离去，辛普森就自作主张，坚持要去。卡达辛并不反对，便驱车前往。洛杉矶 LAX 机场如常照旧。旅客匆匆来，匆匆去，无人注意辛普森二人。一个女服务员把他们带到行李区。高尔夫球杆仍在那里。行李一共三件。

高尔夫球杆袋、LV旅行袋和一个黑呢料口袋。

四十分钟后，二人抵达卡达辛的家。

卡达辛的房子巨大无比，比辛宅还要大。十五个卧室，占地九千平方英尺。一入门，看见西德妮和佳斯廷正在浴室中嬉戏。阿尔·柯林斯把他们带来，为的是见辛普森一面。辛普森把他们一手一个搂在怀中："穿好衣服，爸爸有话要说。"看到这个场面，卡达辛悄然隐去。

下午3点，夏皮若打来电话："准备一下，把辛普森带过来。我们做个测谎试验。斯基普·塔夫茨也将到场。"

关于测谎，警察有过提议。辛普森表示事件刚发生，心绪不定，未作承诺。现在，夏皮若做了安排，心中不免好奇，也就没有反对。

这是一家私人测谎中心，辛普森和卡达辛先抵达。秘书递过一张表格。辛普森拿过来就填。卡达辛心中无数，主张不填。恰好，夏皮若和塔夫茨也到了。他同意卡达辛的主张："不要填！"

测谎本身是件奇怪的事情。美国多数州级法院不承认它的效力，不允许呈堂作为证据。而多数人却相信它。警方常用此术去排除嫌犯。可是它的不可靠也是案有实例，嫌犯顺利通过测试，却因其他证据仍被定罪。

测谎仪看上去很小，与打字机大小相仿。测谎之初，先问一些有确定答案的问题，借此获得受测人正常反应的数据。以此为参照，再将关键问题混杂在其他问题中。大约三十个关键问题，即可获得测谎结果。

辛普森被请了进去。其他三人则留在外面。三人互相对视，觉得有些滑稽。夏皮若西装笔挺，一本正经。塔夫茨宽衫肥裤，富态有余。卡达辛则是一身牛仔，瘦骨嶙峋。再加上那个女秘书，一脸公事，冷若冰霜。还有四面空墙。自然生出一种诡异的氛围。

半小时后，辛普森出来了，一脸挫伤，口中不停抱怨：一听到妮蔻的名字，心就狂跳。测试太困难了，绝对无法通过……

又过一会儿，里面把三人请进去，只留辛普森一人在外面。

"辛普森先生的测试结果是负22！"

卡达辛和塔夫茨不了解这个数据的意义，只好望着夏皮若。

"不可能再低了。"夏皮若面无表情，就事论事。

测谎专家接着说："但是，有一些因素要考虑。测谎离事件发生的时间太近，受测人极易激动，情绪的激动会影响测试结果。"

辛普森又被请了进来。测谎师则将结论重复一遍。辛普森大为激愤，发作起来："你们这些家伙必须明白，我没有干这件事。"随后又转入绝望："这个结果，我一点都不惊讶。我要再做测谎。我没有干这件事。"

夏皮若把结果放入一个信封。说声谢谢，就领着众人离去。走到外面，他转向众人："此事到此为止。"

（三十二）勾德曼父女重临荣的公寓

太阳升起时刻，佛莱德·勾德曼被电话惊醒。一夜噩梦，翻来覆去都是儿子。眼前，阳光满目，他实在无法面对。现实世界，一夕之隔，却是天人永诀。他的痛锥心刺骨。

电话是探长提平和卡尔打来的。他们要求和勾德曼在荣的公寓见面。金姆也要去。她是荣的妹妹。她从旧金山连夜赶来，一路上泪流不止，双眼已肿得如杏核一般大。

两个朋友自告奋勇，陪他们父女来到高汉姆路1163号。因为没有钥匙，四人只好在门外默默踱步。

金姆突发感想:"好像荣出去度假了。"

一闻此言,老勾德曼泪飞如雨。

二位探长到了,见到四人,欲言又止。直到房东太太现身,他们才敢面对勾德曼。

门打开后,探长先进入室内。勾德曼走到门口,举步维艰。金姆等站在一旁,静等他下决心。终于,他迈出了第一步。

一入室内,荣仿佛无所不在。他的衣物,他的食物,他的家具,无不引起物是人非之悲。房间里仍保有活力。一杯清水,半包糖果,仍立在桌上。一张彩色的营养表,仍贴在冰箱上。一套侍者的服装,仍挂在浴室门上。这显然是他临出门前换下的。

金姆拿起掌上电子记事本,查起荣的通信录。出人意料,妮蔻·辛普森的电话号码蹦了出来。

关于荣的死已有许多流言。其中之一就是他死时是赤足。这个传闻困扰着金姆。她知道荣从不赤足。这个传闻有暧昧的暗示。金姆踌躇再三,终于启齿:"我哥哥当时是穿着鞋子?"

"是的。"卡尔探长说。

佛莱德打开答录机,里面的留言个个充满友情,令在场的人无不动容。

"荣,这是杰佛瑞,如果你死了,你将在天上听到我的留言。我爱你,荣。我刚刚听到新闻。我只好勾起手指,希望不是你!"

"荣,这是大卫。我不知道你能否听到这个留言。请回个电话,让我知道这只是同名同姓。"

"哈喽,荣,我只是想再听到你的声音……"

（三十三）辛普森近来买过匕首

妮蔻和荣的关系是探长们心中的谜。他们打了几个电话，问了死者的亲朋。有了一点轮廓：妮蔻比荣大十岁。两人认识仅一个月。没有迹象显示，他们比普通朋友更亲密。

有一个电话引起他们的注意。有人报告，辛普森近来曾在洛杉矶闹市买过一把匕首。范纳特派人前往核实。调查很快有了回音：5月3日，辛普森在那边出外景。他从一家刀具店中买了一把德国制造的匕首，全长十五英寸，刃长六英寸。付款后，辛普森还要店员开刃，方为满意。范纳特立即要人买回一把同样的匕首。

检察院这边并未听从嘎塞提的决策而少安毋躁。克拉克和同事们一人一个电话，向着自己的关系伸出触角。

时近黄昏，罪证实验室传来消息。最简单的 DNA 试验——DQ Alpha 的结果已经出来。现场血样与辛普森的相符。克拉克闻讯大喜：和了。这次警方有足够的理由逮捕辛普森。她笑逐颜开，转向两位上司，嘎塞提和戴维·康，双手平伸，并在一起，做出一个上铐的姿势。她的思路也在飞驰：此时此刻，洛杉矶警局的警车，正鸣着警笛，直扑罗金汉辛宅。

（三十四）巴登脱口而出：亨利·李（李昌钰）

洛杉矶晚10点，也就是纽约时间凌晨一点。

夏皮若拨通了麦可·巴登博士的电话："麦可，我需要你立即到洛杉矶来。"夏皮若无意浪费时间。

巴登是病理学家。他曾任过纽约警察局的首席法医,如今仍兼职为纽约州警察厅服务。他曾主持过约翰·肯尼迪、马丁·路德·金和马尔康·X 的验尸工作。这几个人的名字足以让他在法医界荣耀终生。

巴登和夏皮若合作过多次。这可以追溯到克里斯丁·白兰度的杀人案。克里斯丁是马龙·白兰度的儿子。他在争吵中,将妹妹的情人射杀。检方检控他蓄意害命,夏皮若则做过失杀人的辩护。荒唐的是警方多方努力,却未找到夺命的弹头。夏皮若只好求助巴登,做第二次尸检。结果也是一样,无法在尸体中找到弹头。巴登只好要求去现场看看。两人根据当事人的陈述,比比画画,重建现场。结果,巴登在地毯下发现了这颗弹头。

此后两人又多次合作,成为挚友。这次夏皮若一声招呼,也是一个关照。辛普森如今的麻烦,已是尽人皆知。此案必定列入世纪大案。

巴登一口答应下来,还介绍了一位同事芭芭拉·沃尔夫。芭芭拉·沃尔夫是纽约州警察厅解剖病理室主任,是个 DNA 专家。

夏皮若第二个问题是:"谁是世界上最好的罪证鉴识专家?这个最好必须是绝对的,百分之百的。"

巴登不假思索,脱口而出:"亨利·李!"亨利·李就是李昌钰。

"那么,你认识他吗?"

"当然!"

"你有他的电话吗?"

"让我先打一个。"

巴登想先探探口气,免得李昌钰一口拒绝,扫了老朋友的兴。李昌钰是康涅狄格州警察厅罪证中心主任,康州警界的一块宝。巴登自己是兼职,接个案子,不是问题。李昌钰有自己的工作,不仅时间难协调,康州警方也未必愿意让他蹚浑水。巴登深谙警察文化。其中黑白分明,只有好汉和罪犯。

让警察为嫌犯工作,只怕难获批准。

不出巴登所料,李昌钰毫无兴致。但姑且听听,也是不妨。"让他打过来吧。"

巴登在夏皮若心中已是人中吕布。他口中的最好,自然就是一百二十分的好。夏皮若的崇敬油然而生。在谈话中执礼甚恭。人非草木,李昌钰也颇为感动,加上,夏皮若将自己所知,推诚相告,全无保留。李昌钰凭着直觉,就知道此案并不单纯。仅此一点,就足以令他技痒。现在要让他说个"不"字,反倒难了。

十五分钟后,李昌钰接通巴登的电话:"只要康州方面不反对,我可以飞到洛杉矶去。"

(三十五)夏皮若早有条件:有我无他

6月15日。早上,卡达辛又是黎明即起。未及漱洗完毕,电话就追着响起,是威兹曼。他愤怒异常:"早上塔夫茨来电话说,OJ打算换人。他要用夏皮若?你是老朋友。为什么让我如此难堪?你不好开口,也该告诉我。我自己来处理。"

老朋友的指责让卡达辛无地自容。这两天变故重重,身不由己,深陷其中。OJ也是好朋友,他的利益也不能不顾。

威兹曼仍在喋喋不休:我的刑辩阅历,有目共睹。夏氏如何比得了我?OJ为什么不阻止此事?

卡达辛只好解释:此事出自罗格·金……千不该,万不该,让你老兄蒙在鼓里。此事还有转圜,你们可以共事吗?

威兹曼发完脾气，心中的恶气有了宣泄，也就平静下来："我想此事对我而言，已经结束。我将置身事外。"

这是冷冷宣告：他与辛普森的友谊也是一个了结。不过，卡达辛也有几分庆幸：威兹曼迁怒自己，表明还没有见外。无非要借自己之口，向辛普森表达他的不满。这虽是一个难题，却也是一个小小的安慰。

其实建议威兹曼与夏皮若共事，也是一时情急，权宜之计。夏皮若那边早有条件：有我无他，威兹曼必须出局。若论辈分，夏皮若差得很远。且不说威兹曼成名甚早，就是他现在的地位，夏皮若也无法企及。威兹曼是数家影视公司的首席律师，但是，夏皮若近年来，也是声名鹊起。自从为马龙·白兰度的儿子做了成功的误杀辩护，深得老白兰度的欣赏。老白兰度不遗余力地向圈内人士推荐援引，使夏皮若在好莱坞圈子里，也算是那么一号人物。

在接辛普森案之前，夏皮若把费南德斯兄弟杀亲案搅成悬判，使自己超越好莱坞，超越洛杉矶，成为全美法律界的享誉人物。

费南德斯兄弟案，也是震惊全美的大案。关于此案夏皮若不愿多提。此案反映了在物欲横流的社会中，人心可以沦丧到何种地步。费南德斯兄弟出生在亿万富豪之家，一向锦衣玉食，极尽享乐。然而，父母健在，不能尽情挥霍。于是，兄弟二人有志一同将父母枪杀在家中。

夏皮若为兄弟二人做的是正当防卫——无罪辩护。一战下来，控方小挫。现在，控方仍然发话，要重提指控。虽然夏皮若因此而身价飙升，但他不敢沾沾自喜。

（三十六）夏皮若发现辛普森的名字如此好使

夏皮若一起床，又向东岸打了一个电话。这次是佛罗里达，西棕榈滩。接话人叫 F. 李·贝雷，一个久已被公众遗忘的人物。此君成名甚早，时当二十七岁。

在这个年纪里，多数律师只能给人打工，做助理，而贝雷已在法庭上单打独斗，卓有佳绩，而后整整风光了十几年，享尽能言善辩的声望。他的若干案子，已成为经典，是法学院必教的案例。

他是第一个享誉全美的明星律师。1954 年，他为萨姆·舍帕德医生案在联邦最高法院激辩，成功地拿下上诉案。而后，在重审中，又为他脱罪。这是第一个被称为世纪大案的案子。日后以此为蓝本的电视剧《逃犯》，自 1964 年起，整整播了四年。1993 年同名电影就在这个电话之前，刚刚杀青。

但是，成也大案，败也大案。1973 年到 1975 年，加州出现了一个城市游击队组织，简称 SLA。这个组织模仿南美游击队的模式，结合左翼激进革命、黑人民权运动和南亚宗教哲学，鼓吹城市暴力革命。他们抢劫银行，暗杀和绑架。他们的杰作是侵入报业大王赫斯特继承人帕蒂·赫斯特的住处，成功将其绑架，并使她公开宣布加入该组织。而后，有人看到她参与了多次暴力行动。

贝雷就是在为她做无罪辩护时，一败涂地。法律界对此案失利的批评甚苛，认为贝雷的结辩既短且浮，是失利的关键。而帕蒂·赫斯特本人甚至怀疑在结辩时贝雷处在毒品或酒精的影响之下。

自此之后，贝雷一蹶不振，离开波士顿，去了佛罗里达。他曾试图东山再起，但时不我予。除了小小的民事案子，再也无人问津，算是一个跟头栽到了底。

好在此人颇为超脱。失之东隅，收之桑榆，大张旗鼓地做起翻新游艇的生意，成绩不错，足够维持一份优裕的生活。

夏皮若与 F. 李·贝雷相遇在 20 世纪 70 年代。两人在夏威夷合作过一个案子。事毕，彼此遂成莫逆，你中有我，我中有你。1983 年，贝雷在洛杉矶酒后驾车，由夏皮若辩护，成功脱罪。贝雷还出借自己的大旗，为夏皮若作虎皮，允许他将自己的大名印在公文信笺上。夏皮若对贝雷则执师礼，贝雷还是夏皮若儿子的教父。

夏皮若向贝雷通报了自己接辛普森案一事。贝雷自然为老友高兴，能接此案，不论成败，都是一时之选。夏皮若的运气真是让人羡慕，恨妒交加。

贝雷估计检方会在辛普森在血案前后的行为举止上做一些文章，就建议夏皮若调查辛普森芝加哥之行的行为举止。

夏皮若欣然接受建议，并张口要调查人手。贝雷介绍了帕特·麦坎南。麦坎南曾在芝加哥干过假释警察，在当地，黑白两道皆有人脉，是个十分适当的人选。

夏皮若又一个电话打到麦坎南的家："你一定知道，我代表 OJ. 辛普森。我自贝雷那里听到了你。"

"我万分感激！"麦坎南受宠若惊。

"我要你做我的摄像机，去芝加哥记录 OJ 的行止，事无巨细，分分秒秒。自下飞机始，至上飞机止。"

夏皮若立刻发现辛普森的名字，如此好使。电话结束，对方已经欣然就道。

（三十七）夏皮若感觉真是好极了

中午时分，夏皮若驱车南下，单枪匹马驶向帕克中心——洛杉矶警察总部。这里虽有值班警员，人们却从四面八方涌进大楼，如入无人之境。

夏皮若爬台阶，乘电梯，一路顺风，来到抢劫凶杀处。看到夏皮若现身，兰和范纳特真有些吃惊。律师单身造访警察局，从无先例，因为律师有传唤警探的权利。

二位探长听闻夏皮若的名字，正是克里斯丁·白兰度的案子。这是让警方极丢面子的案子。动员了那么多警力，却无法在起居室里找到那颗小小的弹头。就是这么一个小小的弹头，遂使竖子成名。

"我现在代表OJ.辛普森先生。"夏皮若庄重宣布。

三人握手之际，处长和总探长也闻讯赶到。四人围成弧形，面对夏皮若："我们能为你做点什么？"

"从现在起，你们要和辛普森先生接触，必须先通过我。我个人保证，OJ会随叫随到，只要提前一个小时通知我。"

在探长们的眼里，夏皮若的神情颇为自负。他的确有理由自负。他的保证在警局内有很高的信誉。他执业二十五年，所有的案子，都是他指挥当事人自动投案。费南德斯兄弟就是他从以色列带回来的。

"我愿意提供病理解剖专家麦可·巴登和罪证专家亨利·李的服务。"夏皮若继续宣布。

"所为何来？"范纳特当头截住。

"帮助你们调查，"夏皮若从容不迫，"他们二位是全国公认的权威。"

"这好像早了一点，"范纳特不无嘲讽，"你的当事人还没有被指控任何罪名！"

"我仅仅是提供帮助，"夏皮若并不退让，"我们希望对受害者二次解剖。"

"我们的专家有自己的工作。我们也无法左右尸检局。你想做二次解剖，应该去找他们。"

这是实情。夏皮若只好自圆其说："我希望你们能动用你们的影响，向尸检局和家属做做工作。"

兰突然插进来："如果你真想帮助我们，请你问问辛普森，他是否愿意测谎？"

"我一定转告。"

然后，他又问起调查何时有结果。无人回答。

一番折冲以后，夏皮若离去。甫出大门，不由得一惊，接着又是一喜。台阶下，不知何时聚集了一群记者，个个都是作势欲上。夏皮若居高临下，拾阶以降，感觉真是好极了。

（三十八）此案将提交大陪审团

一反常例，克拉克早早来到办公室。OJ. 辛普森仍是逍遥法外。可是报纸却是传闻满天，有声有色。《洛杉矶时报》已在暗示，血样结果不利于辛普森。可是检察院里依然如故，听不到警方的只言片语。嘎塞提也坐不住了，认为摊牌的时机已到。他与警察约好，下午过去讨论案情。

嘎塞提刚放下电话，克拉克就发问了："是什么结果？他们准备逮捕辛普森吗？"

"我没这么说，"嘎塞提十分审慎，"仅仅过去，与他们会商。"

检察院距帕克中心只有两个街口。一上路，克拉克就开始抱怨："他们早该把他监管起来,我们也该立案了。我想我们应该告诉他们,我们将考虑大陪审团。"

这是一个极端的做法,也是合法的选择。检察院可以不待警方逮捕嫌犯,自行单方展开调查。做法之一是把案子交付大陪审团,由他们决定是否起诉。审理时,检察官可以传唤警探们。在大陪审团面前,警探们绝不敢藏私。如此这般,警方自不能对检方封锁消息。一旦大陪审团决定起诉,警方就必须逮捕嫌犯。大陪审团不与检方配合的情形极为少见。不过,这个方法固然有效,却是十分危险。危险来自两方面。一是警方确实没有足够的证据,而大陪审团偏要立案,就会造成自相残杀、两败俱伤的局面。二是证据足够,大陪审团同意立案,就会造成撕破脸的局面。

嘎塞提一行来到抢劫凶杀处。当面一个大厅,十对桌子拼在一起,探长们面对面办案。无遮无拦,一览无余。克拉克早就听过探长们抱怨,这里无密可保,是直通报纸通讯社的。经人指引,他们被带入一间小办公室。探长们已等候多时,除去兰和范纳特,还有总探长,处长和罪证鉴识室的两位主管。警官们端坐一边,另一边则留给检察官。这是一个正式的双边会议。

检察官那边,放着几个卷宗,被强力皮筋套住,个个厚实饱满。克拉克见猎心喜,不由自主伸出手去,意识到有点失礼,只好打住。就在一举一收之间,兰开口了:"这是截至目前的报告。"他的口吻无嗔无喜,颇为平淡,"还有很多事情要做,这只是帮助你开始。"

会议很快转入血样分析。这才是双方关注的焦点。警方尚未见到完整的报告。血样室主任开始唱主角,他告诉众人:血样室已就罗金汉的手套做了检验。四处血迹中,有两处呈抗原性反应,说明有两人以上血液混合在一起。"根据今早自15日探长处收到的辛普森血样,"这个主管郑重宣布,"经过分析后,辛普森的血无法被排除。"

"能确定到什么程度?"兰问道。

"这是最初级的检验,因为时间太短。但是,比较了邦迪现场的五滴血。三滴吻合,第四滴难作结论,第五滴全无反应。"主管说。

"这说明什么?"兰紧追不舍。

"我们利用 DQ Alpha 次级分类,可以显示,辛普森的血被排除的可能性只有百分之七。我要再次强调,这只是初步检验。"

这句话有如一石击入春波,喜色在人们的脸上荡漾开来。

会议行将结束,克拉克终于发现,桌子那一端,无意提出逮捕的问题。她只好当面一击了:"你们计划什么时候立案?"言外之意,什么时候拘人。

"我们希望约谈更多的证人。"兰慢条斯理地,"也许下周初。"

桌子这一端,检察官这边,陷入沉默。警官们知道他们不爱听。

"当然,坦白地说,"克拉克终于打破沉默,"拖得那么长,我们有几分担忧。"

她停了片刻,观察对方的反应:"我们已在考虑将此案提交大陪审团。"

这是开弓一箭,发下战表了。

"当然,这是你们的特权,我们无法阻止你们。但是,我们宁愿再等一段时间。"兰的态度绵里藏针,没有让步的意思。

(三十九)夏皮若对测谎唱起了空城计

检察官刚一离去,罪证鉴识室的主管就开始发飙。她虽然在会中一言不发,此刻却是不平之鸣:"她在违反程序。"她指的是,克拉克绕过两位探长,直接向她追问检验结果,"对此,我深为不满。是谁主管这个案子,是你们,还是她?"这个问题她问得有些晚了。其实,自会议结束起,主导权已在克拉克手中。

兰扫了范纳特一眼,仿佛在说:我早就提醒过你。然后说:"在我们向检察院移案前这是我们的案子。我们再早,也早不过星期五。下次,她再打电话,请告诉她,让她先打给我们。"

回到办公桌前,兰看到一沓传真,都是夏皮若发来的,重申愿意提供两位专家的服务:"我认为在葬礼之前,做二次解剖至为必要,它将有助于发现谋杀证据。"

夏皮若还对测谎做出承诺:"我们愿意让OJ.辛普森测谎,条件是测试结果可以呈堂。"

夏皮若的胆量真真不小,他竟然唱起了空城计。

测谎一事,在美国的刑事诉讼中,充满着争议。其实,每一个执法机构都有测谎仪。FBI使用这种设备已超过三十年,并且在不断地升级换代。CIA和军队也视此为常备装置。洛杉矶警察局不仅有仪器,而且有全职专家,主要用于内部整肃。

测谎的结果表现为图形。不同的专家会有不同的解读。结果受到挑战,来自四面八方。从提问不当,到故布疑阵,意图构陷,再到数据的曲解,在在都有空子可钻。一旦呈堂,必是一场无意义的纠缠。检察官在传统上视此为畏途,一向是不赞成的。事实上,加州的法律也禁止呈堂,除非双方事先约定可以呈堂。

这封信也同时传给克拉克。夏皮若显然已知道,未来的对手是谁。不出所料,检方不反对测谎。但不肯约定结果可以呈堂。夏皮若一计诓走司马懿。他不在乎对方的答复,只是将此议记录在案,然后束之高阁。

（四十）波拉斩断情丝赴洛杉矶

早上 7 点。波拉·芭比艾瑞搭上飞机，取道洛杉矶。推迟两天回洛杉矶，是因为麦可·波顿的音乐会。既是嘉宾，就要有始有终。

临别的拥抱被波拉挣脱。一双大眼，流露出宿命的哀怨。

在 LAX 机场，波拉轻装简携，跨出行李区的大门。路旁一辆加长礼车，窗上贴着波拉的名字。一位娃娃脸司机，彬彬有礼地拉开车门。这个司机有一副诚实无比的面孔。

路上，司机做了自我介绍：帕克·艾伦。原来就是他，在星期天晚上，把 OJ. 辛普森接到机场。波拉完全不会想到，不出一个星期，这个年轻人会成为全美家喻户晓的人物。

半小时后，抵达卡达辛的家。凯西·兰达站在那里。波拉跳下车，两人抱在一起。几天的千惊万怨，汇成一片泪海。待二人止住悲泣，那辆礼车已经远去。

波拉到达时，辛普森和卡达辛正在路上。此行目的是去见私人医生，裸身检查，拍照留证。

波拉被安排在一间小书房。内中杂物甚多，只有那个棕色的 LV 旅行袋是波拉熟悉的。睹物思人，波拉百感交集。

楼下起居室电视大开着。蜚短流长传来，实在难以抵御。电视中已在谈论：星期六晚上（6 月 11 日）OJ. 辛普森出席慈善晚会，他的身边有个神秘的女人……

波拉开始担心妈妈。她拨通了巴拿马城，妈妈听起来筋疲力尽。连日来，媒体围攻不分昼夜，若不是等女儿的电话，妈妈早把电话线扯断了。

妈妈那边哀求："回来吧。他能杀了她，也会杀了你。"

（四十一）波拉眼中的风中残烛

下午5点整。辛普森三人抵达殡仪馆。大门外，聚满了亲朋，记者也夹杂其中。夏皮若领头，目不斜视，长驱直入。

妮蔻躺在灵柩中，鲜花覆体，只露出一张脸，苍白如纸。妈妈朱蒂莎·布朗站在灵柩前，状极哀痛。辛普森身后跟着阿纳丽和杰森。他们走走停停，与朋友们拥抱。到达灵柩前，阿纳丽已是悲泣有声。辛普森俯身下去，亲吻前妻。然后，低眉肃立，望着妮蔻。人们似有默契，悄悄离去。最后一人将门带上。

二十分钟后，朱蒂莎·布朗复入灵堂。人们自虚掩的门后，听到二人在哭泣。辛普森不停地说："我太爱她了。"

华灯初放时分，波拉听到楼下有人声，将她自纷乱的思绪中唤回。她翻身下楼，与辛普森相会在门口。仅别三日，恍如隔世。眼前进来了一具活尸。他面颊深陷，肩膀佝偻。上上下下小了整整一圈。看到波拉，他目中浮出一丝欣慰。他把手搭在波拉肩上，权作拥抱。波拉仿佛看到一摊将尽的蜡烛，在风中挣扎，就不由自主，双手承力，防备他瘫倒。

安顿好辛普森，凯西把她叫到厨房。心理医生费尔斯汀正等在那里，他递过一瓶镇静剂："小心他一次服掉。"

（四十二）辛普森参加妮蔻葬礼

6月16日早上。卡达辛和女友德尼丝坐在罗尔斯·罗伊斯车中，盯着405公路出口。辛普森仰坐在后座上，沉沉入睡。他仍受到镇静剂的影响。

远处传来轰轰的马达声，卡达辛立刻辨出：这是直升机。很快几架直升机飞临头顶。三辆加长礼车也冲出 405 公路出口，后面紧随着一个庞大的车队。卫星转播车竟占了多数。各大广播网的标志，在阳光下争奇斗艳，招摇过市。

五分钟后，车队进入圣马丁教堂。停车场一端，有一条长长的步道，直指教堂钟楼。教堂四周树海茫茫。钟楼尖顶，逆着阳光，浮在树海之上。步道上早已布满两列摄像机队。人们从中穿过，真好似宋景诗入清营，只差大刀一挥，荡开一条通道了。

辛普森和卡达辛自侧门进入教堂。卡达辛目光一扫，多数是亲朋旧识。看到辛普森进来，众人目光风刀霜剑，齐刷刷射来。满场气氛酷如严冬。面对此景，卡达辛并不惊讶。今日昨日，态度否变，完全源于昨夜的新闻报道，众口一词地说：血样测试已有结果，辛普森已确定与现场有牵连。有的评论已直斥辛普森为凶手。他们已开始讨论逮捕、落案和起诉。昨天人们的态度还是将信将疑，希望不是他，又担心是他。今天的态度则变为愤怒憎恨。

妮蔻·辛普森的灵柩放在走道中间。也许是仍在镇静剂的功效下，辛普森经过棺木时，平静哀然。他带着三个儿女坐在第二排，布朗家则坐在第一排。

仪式结束后，车队又载着灵柩，联翩南下。新闻兵团仍是紧紧追随。辛普森的车内气氛阴沉，窗外直升机轰轰作响，卡达辛探身车外数了数，一共九架。

到达墓场。新闻兵团被挡在外面，人们方能从容举行葬礼。只是，一群铁鸟高悬空中，逡巡往复，肆无忌惮。现场马达轰轰，风声猎猎，气氛仍让人焦躁不安。

临着墓穴，搭起凉棚。在墓地人员的引导下，辛普森随着布朗家族落座，全无半点犹豫。下葬前，辛普森在棺木前伫立良久，神色哀戚。

葬礼结束，车队旋即北返。纷纷扰扰两个半小时，方回到布朗家。至此，妮蔻的葬礼，自晨而午，南来北往。新闻兵团紧追不舍，俨然演成一场盛大的游行。各路电视频道不断插播，即使是国家首脑离世也未曾享受过如此哀荣。

一路上，卡达辛费尽心思，寻找办法，他可不愿把新闻兵团带到自家门口去。

在布朗家门口，他看到柯林斯，计上心来。让柯林斯换上辛普森的行头，再戴上墨镜，头一低，钻入加长礼车。阿纳丽和杰森扈从左右，仿佛向父亲告别。然后，保镖也进入车中。加长礼车驶出后，天上铁鸟也轰然离去。又是一路尾追，消失在天边。

辛普森一行则驾着柯林斯的野马车，返回卡达辛家中。但是，他们何曾想到，就是眼下这辆野马，会在一夕之间，风头直追辛普森的那一辆，成为世纪大案小小的一部分。

（四十三）克拉克负责，但不是一个人

下午，兰将上午的电话记录整理出来，准备写一份案情进展报告。这些电话来自血样检验室，对每一步测试结果都做了即时的通报：1994年6月16日，血样室数次来电报告，罗金汉现场的手套，经进一步的DNA测试，显示为两位死者的混合血渍，也不排除还有辛普森的血……

兰不待报告收笔，就抢先通知了范纳特。范纳特更是大喜过望："你介意我打电话告知克拉克吗？"

兰忘记了最早星期五的说法："这个结果也足够了。打吧，她拿到这个案子了。"

克拉克接到电话，立刻手舞足蹈起来。整整一天，克拉克一面读报告，一面盯着电视。葬礼曲终人散，她突然感到了寂寞：O.J. 辛普森现在何处？再联络探长们，答案令人担心。原来他们也只是看电视。他们的理由：人手不够啊！而辛普森又能跑到哪里去？到处都是摄像机。言外之意，自有媒体替他们看着。

现在，轮到嘎塞提着急了。他连夜召开紧急会议，一个全员的高阶会议。待各方大员到齐后，他首先发问："我们是立即诉诸大陪审团，还是静待警方移案？"大员们人人主张，静待已经太晚。

克拉克最为担忧。她不能让这个案子飞了："辛普森要是玩一次波兰斯基，怎么办？"所谓波兰斯基是检察官的口头禅。此君曾是好莱坞的著名导演，因诱奸幼女而遭指控。他趁法网尚未收紧，买了一张机票，逃到法国。从此逸去无踪，人间蒸发。

"我还有一个担心，那个叫凯伦的家伙也可能会失踪。这个家伙极不可靠。我们需要他的证词，刻不容缓。"

克拉克的话击中要害。嘎塞提当即下令："通知瓦特，召集大陪审团，明天下午，传唤凯伦做证。"瓦特是检察院大陪审团协调长。

会议结束，人们起立，纷纷离去。不知何人冒出一句："这就是说此案归克拉克主控？"这正是克拉克耿耿于怀的。目前为止，妾身不明。

"克拉克负责，但不是一个人。她需要和另一个人合作。"嘎塞提显然也在等这一句话。

克拉克看上去坦然受命，其实内心备受伤害。回来的路上，她满腹委屈："为什么，他认为我需要另一个人？"

处长戴维·康旁观者清。他指出嘎塞提任内的几个大案，件件不顺手。麦可·杰克森案，费南德斯兄弟案，还有罗德尼·金案，居然引起一场大暴动。

洛杉矶检察院早已颜面尽失。这一役只许成功,不许失败。

(四十四)李昌钰现身洛杉矶

今天,夏皮若决定不参加妮蔻的葬礼。辛普森的命运已悬于一线。警方已将长弓拉满,只差脱弦一箭了。

一进办公室,夏皮若就致电杰拉德·尤曼。尤曼是桑塔·克拉克法学院的院长。他的法律生涯发端于检察院,而后转入民间做刑辩律师,最终,去了大学,拿起教鞭,由教授而院长,算得上资历极为完整。尤曼须发皆白,颇似邻家大伯。鼻梁上悬个大眼镜,骨子里透着大学者大教授的风范。他说起话来,款款有致,绝无律师特有的乖戾之气。他的慈眉善目常使对手放松戒备。时机一来,他抓住错处,猝然出击,因此人称眼镜蛇。尤曼博闻强识,俨然一本活法典。美国法律以案例为主,尤曼尤其擅长州高级法院的案子,被公认为高级法院学者。

尤曼在克里斯丁·白兰度的案子中,曾经将警方初审记录阻击在法庭之外,使之无由呈堂。

夏皮若开门见山:"你愿意加入此案吗?"

"你的时机掐得真准!"尤曼大为赞叹。在他的日程表上,院长行将卸任,近期再无大事。

征召尤曼以后,夏皮若又开始追踪艾伦·德休威兹。电话从东岸一直打到以色列。德休威兹是哈佛大学法学院的资深教授。专攻宪法,擅长上诉。夏皮若已在预留后路,一旦辩护失利,他需要一个上诉律师。此案涉及双杀,按律是可以判定死刑的。德休威兹的功底足够让他一路缠讼,打到联邦最高法院去。

下午，巴登博士抵达洛杉矶。巴登素负盛名，亦为盛名所累。一年五十二个星期，每星期都有旅行。到处去检验尸体，到处去做证。夏皮若的接待一向是他最欣赏的，最好的座舱，最好的礼车，最好的酒店，最好的套房，最好的酒菜，还有最符合身份的报酬。夏皮若是典型的好莱坞律师，深明名与实的分际。

安顿好以后，巴登下楼依约与李昌钰会餐。李昌钰比巴登早到达一个小时。他刚一入住，就被记者认出。李昌钰本应在东岸，却于此刻出现在西岸。记者们猜出定有文章。他们鬼鬼祟祟，移樽就教，意在打探李此行的目的。他们三言两语，就把问题引入辛普森的案子。李昌钰小心应付，但也探到了重要的消息。他告诉巴登，死者尸体已经移交家属，第二次解剖显然是无望了。

（四十五）探长兰令辛普森投案自首

6月17日，早上7点20分，兰和范纳特来到洛杉矶检察院。正式将邦迪双杀案移交。案件的序号是BA097211。现在案子已归在克拉克的名下。探长们与克拉克的地位不再平等，被克拉克呼来唤去的日子到来了。

三人坐在一起，先将案子过了一遍。克拉克望着满案文牍，发出头一道命令："好了，让我们先完成逮捕令。你们可以缉拿嫌犯归案了。"

这次，兰合作得如臂使手，如手使指，一探身将电话抄起，接通了夏皮若："夏皮若先生，我们正在准备辛普森先生的逮捕证，请你在上午10点带他来投案。和你们一样，我们不希望惊动媒体。我们会尽量把辛普森自后门送入监狱。"

这个消息太突然,夏皮若在另一端沉默了片刻。他急忙整理思绪:平行调查的时机已经消失,眼下只有争取一点时间,把辛普森的体检完成。方针确定,他才向兰建议,把时间定在11点。

兰看看克拉克和范纳特,二人似无异议,也就顺水推舟:"好,11点钟带他到抢劫凶杀处来。"

(四十六)这是一去不返的口吻

早上8点30分,OJ.辛普森在床上看电视。卡达辛在楼下,夏皮若的电话来了:"我有个坏消息。他们已经签出逮捕证。OJ必须在11点自动投案。"

卡达辛心中一沉:"你要我转告他?"

"不,等我过去。"

卡达辛手持电话僵在那里。脑中如万马奔腾,乱至极处。女友德尼丝是个聪明的女人,立刻想到了阿尔·柯林斯。"你最好赶快通知AC。"

"呃……"卡达辛未解其意。

"他是OJ的铁哥们,他比OJ块儿大。OJ一旦发狂,也只有AC能制伏他。"

卡达辛向下扫视了自己的躯干。是呀,自己的五短身材,确是难题。

德尼丝不仅心细如发,而且思路敏捷。她又有了新的担忧:"找个人把家里的枪拿走。"

这又说到点上。卡达辛有五把枪,必须赶快转移,不仅可以防止OJ发狂,警察来了,也是麻烦。卡达辛叫来邻居阮迪,不由分说,将枪硬塞入他的车中。阮迪满脸狐疑,欲言又止。卡达辛佯装不觉:"你把这些东西带走,我很快就会取回来。"阮迪是好朋友,只好硬着头皮将车开走。

阮迪刚走，柯林斯和夏皮若接踵而至。波拉·芭比艾瑞穿着睡袍，走下楼来。一入厨房，蓦然看见夏皮若一行进来。世界之小又见一桩。波拉年轻时，就认识夏皮若。他曾是波拉亲戚的律师。

夏皮若一向待波拉如兄长，这次却十分生硬："你先在楼下等几分钟。我要上去和 OJ 单独谈话。"说是单独，其实还有卡达辛。两人一路上去了。

波拉何等聪明，一下就料到形势已到尽头，接下来也许是生离死别。柯林斯等也留在楼下，厨房的空气已凝成坚冰。波拉越想越悲，又是泪飞如雨，几至失声："我不明白，我不明白……"

夏皮若二人敲开房门，辛普森正拥被而坐，卡达辛在床边坐下，夏皮若则在沙发上正襟危坐。"OJ，"夏皮若的声音变得异常温和，"警察刚来过电话，你必须在今天自动投案。"

辛普森面无表情，两眼望着虚空。

"他们将要指控你预谋双杀。"夏皮若语调变了，流露出一种希冀。"如果你还有任何事想告诉我们，现在正是最后的时刻。你可以与律师畅所欲言，而不被监听。现在是最后的机会，你必须言无不尽。"

辛普森沉默片刻，终于无力地说："我早已告诉你所有的事。我已竭尽所能。我没有什么可隐瞒的。"

然后，辛普森又开始抱怨。夏皮若二人早已耳熟能详。"他们为什么不寻找别的人？两个人才能干这个事。我不懂，他们为什么指控我？这好像是陷害……"

有如突然惊醒。辛普森又亢奋起来："我必须打几个电话，我必须照顾孩子。"明白辛普森需要独处一会儿。夏皮若二人下楼而去。

辛普森并没有打电话，反而打开录音机，开始录音。他听到自己在哀号："呃……孩子，我不知为何落到这个下场……我自以为有过一个完美的生活，我自以为已尽力使所有的人幸福满足。近年来，我感到十分的孤独。我有一个爱我的波拉，还有爱我的孩子，所有的人都爱我。可是有些事困扰着我。呃……我现在甚至不知道在说些什么……"他已经气喘吁吁了，"请记住我是OJ，请记住我是个好人。希望在你们的记忆中，我不是个反面人物……"

波拉回到楼上，看见辛普森满面恓惶，不由得怒从心起："好了，没有时间怨天尤人了。你必须面对法律上的麻烦，才谈得上养儿育女。"

无论波拉如何斥责，辛普森都是一具活尸。他直望着波拉，仿佛是面对一片云烟。这是一对死亡的眼睛。

直到辛普森表示有事向柯林斯交代，波拉才放下一半心。她知道柯林斯是唯一的救星。波拉再进入书房时，看见辛普森在打电话。一连打了几个，都是讨论遗嘱，安排财务，最后就是千叮万嘱，要人家好好看顾自己的儿女。

最让波拉震惊的是他打给妮蔻父母的电话。他正式把西德妮和佳斯廷的监护权托付给他们，并希望他们不要只用白人文化教养孩子，要带他们去黑人教堂。

这是一去不返的口吻。柯林斯和波拉上去与辛普森相拥而泣。

（四十七）你的当事人已被大陪审团传唤

早上9点，克拉克发出第二道命令：请二位探长去传唤凯托·凯伦，然后关起门和嘎塞提讨论此后的方略。

不久，探长的电话来了："凯伦正和我们在一起，但他拒绝回答问题，说除非他的律师在场。"

克拉克有些光火："又没涉嫌，要什么律师。不管他，带进来！"

凯伦跟着探长露面了，满头乱发，暗黄无光，衣着邋遢，一副嬉皮笑脸的样子。

"嘿，兄弟！"克拉克有意显得很随便。

凯伦伸出手，犹豫地握握克拉克的手。克拉克先问一些小问题。昨夜睡得可好？大陪审团传唤有什么想法？等等，等等。凯伦战战兢兢，连个完整的句子都没有。克拉克突然单刀直入："听到墙上巨响时，你在干什么？"

"我正和拉谢尔在电话上。"

"你是否告诉她，你听到了什么？"

"我确实，不。呃……你知道，在我律师到来前，我实在不能说。"凯伦突然醒悟过来。

"凯托，我不明白，"克拉克尽量放缓语气，"你为什么自认为需要一个律师？就我所知，你与此事无关。如果，你有什么隐情，给我一句话。在你律师到来前，我绝不问你一句。"

"不，不，不是那样！"凯伦跳起来，像火烫了屁股，"这仅仅是我的律师要求的。"

9点半，凯伦的律师赶到了。三十啷当，与凯伦一样年轻。在克拉克眼里，不过是个乳臭未干的家伙。他要求停止任何问话，直到他读过凯托与警察的谈话记录。

戴维·康进来，建议他们二人在办公室研究记录。不，凯伦的律师拒绝了。他需要整个周末。戴维·康不由得怒上心来："你的当事人已被大陪审团传唤。时间是下午1点半。你必须保证他到场。"

（四十八）处长大吼：立刻带他来

波拉坐在一边，默默望着眼前的一切。辛普森坐在中间，溜肩弓背，只穿着一条短裤。四个D字头的人物，两个医生，两个博士，巴登和李，还有两个护士，正围着他检查身体。屋角有个摄影师在做全程记录。

时近11点，夏皮若冲进来，急如星火。他刚放下电话。警察那边已经发怒了。他担心警察失去耐性，不请自来。一旦如此，辛普森只好双手加铐，被人塞入警车了。众人对他的话置若罔闻，仍在紧张工作着。夏皮若一看无奈，只好叹口气：现在即使出发，也已经晚了。他又拿起电话硬塞到费尔斯汀医生手中，请他向警察解释为何无法立即成行。医生的身份毕竟讨巧，警察不会对他们太粗暴的。

帕克中心，大员云集。一色警服，气氛极为森严，有如城下献俘仪式。卫星转播车已将楼前广场占满，头上还悬着几架直升机。彼此间颇能礼让，在不同的高度来往盘旋。周围高层楼顶上，狙击手架着大口径步枪，白色钢盔在艳阳下寒意逼人。

处长办公室里，人人都拉着个脸，处长更是怒不可遏。他正在和夏皮若交涉。夏皮若千保证，万保证，只求再宽限一刻，耗到将近十二点。处长怒吼一声："嘿，这小子必须立即归案。立刻送他来，否则我们去！"

三十分钟过去，夏皮若一行仍无踪影。

总指挥瓦特一把夺过电话，又拨通夏皮若，要他交出地址。到目前为止，警方并不知道辛普森在哪里。夏皮若仍是期期艾艾，极力争取自动投案。

"不要动，"瓦特不再让步，"如果你不告诉我，让我提醒你，你正在窝藏嫌犯。我们不再等待。你正在犯法。夏皮若先生，你，现在何处？"

事已至此，夏皮若反而平静下来，把电话交给卡达辛，让他去告知地址。

警察自己来,也算是因祸得福。至少又多了三十分钟。这段时间足够让辛普森处理余下的事情。只是英雄投案的大戏,未及开场,已经落幕了。

检查开始收摊,巴登仍在观察辛普森。他表面上强作撑持,其实已无生趣,他的灵魂正从躯壳中丝丝逸出。巴登警告费尔斯汀医生:"我们必须通知监狱,对他实施自杀监管。"

(四十九)答应我,嫁给那个家伙

人们渐渐消失在门后。客厅复归死寂。只有波拉仍坐在一边,表情落寞。辛普森走过去,轻轻挽住她,二人双双步出门外。

门外碧空如洗,树影婆娑,夏日的阳光无所不在。辛普森腰板骤然一直,望着波拉:"摄影师也会跟来。你不应在场。你该回家了。收拾行装,走吧。"

波拉昂起头,眼中秋水汪汪:"我要看着你离去。"她的余意是,只有这样你才不能自杀。

"不要和我争,把东西收好,叫汤姆带你走。"汤姆是波拉的经纪人。

波拉为人,性格柔软。每逢争执,都是首先让步。这次也不例外。她顺从地上楼,给汤姆打了电话。待她回身下楼,一股悲哀,不可遏止,袭上心来。辛普森搭住她的肩膀,半推半搂,送出门外。

"答应我,让我能再见到你。请,请不要伤害你自己。答应我,你要看到结局。"

后门有个小湖,汤姆已经等在那里。辛普森放开波拉:"我要和汤姆说句话,AC 也有话和你说。"

柯林斯手里拿着一沓百元钞票,约有两千美元:"OJ 要我把钱给你,这样你可以搭飞机回家了。"说完护送她走向汤姆的车。

辛普森把车门拉开，把她扶进去，然后，轻轻一推。这一拉一推，在波拉看来是无声的永诀。她反身扑在窗上，十指平张，压在玻璃上："我爱你，我爱你，让我和你在一起。"

辛普森举起双手，隔着玻璃，十指相对："现在该你答应我，离开加利福尼亚，回巴拿马城，嫁给那个家伙。"

辛普森曾经宣称，所有男人，有一是一，皆不忠诚。波拉从不苟同，总是用她的高中同学，一个痴情小伙，作为例子反驳。现在，辛普森口中的"家伙"，就是指他。

汤姆把车滑下坡道。透过车窗，波拉的泪影中，辛普森佝偻的身影，越来越远，越来越小。

（五十）辛普森不知去向

12点50分，西峡分局的指挥调出两辆黑白警车，宣布进入二级警戒状态。然后，一路风驰电掣，直指英西诺峡谷，卡达辛的家。所谓二级警戒状态，指所有执勤警员立即通过步话向指挥中心报到，听候调遣。一旦被派遣，应立即悬灯鸣笛，忘掉一切交通规则，可高速，可逆行，可闯红灯。而路上的车辆，必须停车让道。

卡达辛回到楼上，医生们已收拾完毕，正在静待事态发展。卡达辛把门关上，众人才注意到他。夏皮若看到只有他一人，不免生疑："OJ在哪里？"

"他在准备，我把他留给AC了。"人人知道，把辛普森留给柯林斯，是上上策。他比辛普森高大，是职业美式足球的防守擒抱员，在球场上专门对付辛普森这样的跑锋。两人的友谊就是在球场上建立的。

巴登站在窗前,那是最好的地点,可以俯视大门。二十分钟后,门铃响了。巴登回过身,向大家点点头,表示警察到了。人们纷纷下楼,然后分散坐在楼梯上。

卡达辛打开门,四个警察闪进来。警服笔挺,严眉肃目,颇有盛大仪式之派头:"我们是来接辛普森先生的。"

卡达辛一旋踵,向着楼上喊道:"警察来了,OJ,现在该走了。"

楼上无人回答。

"OJ,该走了!"

仍是无人回答。卡达辛心中一紧,对警察说:"他的房间在那边,也许听不到。跟我来。"

卡达辛站在门口,敲敲门,仍无反应。他再轻轻一推,门户洞开,里面空无一人。卡达辛顿觉手脚冰凉。警察也是如此。

一名警察推开卡达辛,双手持枪,腾身入内。房间甚小,一目了然。另一警察掏出步话机,喊了两声,门外立即涌入很多警察,开始逐间搜索。全楼一片门开门合,乒乒乓乓。几轮下来,已可断定,辛普森不知去向。

卡达辛突然有个发现:"我没看到AC的车,这可能……"他突然变得口吃起来,"这可能是AC把辛普森带走了。"

众人一听,神色大变。领头的警察做了一个手势,把众人引入一个大房间。命令警察用黄带将门拦腰封起。不许进,不许出。

巴登和李昌钰两位博士,久经阵仗,好整以暇,只待辛普森一押上警车,就束装就道,搭晚班航机飞回东部。现在,黄带子一拉,已是软禁。两人顿时哭笑不得。要知道,他们虽着便装,却仍在警察编制,而且是不折不扣的大警察,眼下实在是个滑天下之大稽的局面。

（五十一）凯伦抗拒做证

下午1点30分，大陪审团准时开庭。

所谓大陪审团通常由十二到二十三名平民组成，经抽签选定。资格只要求是有投票权的美国公民。性别，种族，信仰，教育，党派无任何限制。通常任期一年，专司审核立案。审案期间，由法庭随叫随到，雇主必须照开工资，更不准以此为借口解雇。大陪审团有一个自选的主席，另有一个检方的协调长，其实大局由此人掌握。

检方只需传唤几个证人，无须质询，即可由大陪审团裁定，以多数决为据。大陪审团是关门听证。被控方无任何机会置喙，事后也不允许调阅记录。大陪审团的记录是国家机密，事中事后都不准透露。联邦刑事诉讼程序法有规定："检察官和调查人员不能把大陪审团的资料用于协助政府律师以外的任何目的。"所谓政府律师其实还是检察官。

克拉克对着大陪审团，露出一个灿烂的微笑，仿佛面前是久违的朋友。这是一个轻松的开始。克拉克用眼睛环视，找到了主席。一个中年妇女，有着不怒自威的气质。

"现在，主席夫人，我希望传唤布莱恩·凯伦先生到证人席做证。"

女主席转向凯伦："布莱恩·凯伦，请举起你的右手，在洛杉矶郡大陪审团面前郑重保证，你提供的证词是事实，仅仅是事实，别无其他……"

凯伦犹豫了一下："我保证。"

核实了证人的名字以后，女主席转向克拉克："克拉克女士，你可以提问了。"

克拉克点点头："凯伦先生，你是否认识一位女士，名叫妮蔻·辛普森？"

凯伦如坐针毡，低头读起一个文件，好像稚童在背诗歌："在我的律师建议下，我必须遵嘱拒绝回答问题，并且行使我的宪法权利，保持沉默。"

"你看起来在读什么？在那张黄纸上有什么文字？你在读那些文字？"

"是。"

"这是早上，你的律师写的吗？"克拉克试图诱他回答问题。

"在我律师建议下……"凯伦不上当，又将开场白重复一遍。

"在1994年6月12日晚上，你是否和辛普森在一起？"

凯伦又将纸条念了一遍。陪审员席上，有人侧目而视，有人仰望虚空，有人俯首埋膝，显然是忍俊不禁了。

克拉克暗骂一声，简直不敢相信这个傻瓜竟会行使第五宪法修正案的权利。不得已，还要耐心周旋："你是否在1994年6月12日晚上9点，与OJ.辛普森一起，驾着罗尔斯·罗伊斯去麦当劳？"

"在我的律师建议下……"

"你今天的回答是意味着你将拒绝讨论任何1994年6月12日晚上9点发生的事情？"

"在我的律师……"

"同时，你也拒绝讨论你与辛普森夫妇的关系？"

"在我的……"

这个局面极其荒唐，检方协调长不得不出面了："主席夫人，请你命令证人向一二二处报到，在那里辩论他是否有权行使这项权利。"

女主席立即发布命令："凯伦先生，你的拒答毫无法律根据。如果你坚持不合作，你将被控蔑视法庭。我将命令你向洛杉矶郡高级法院一二二处报到，听候处理。我还要进一步告诫你，本陪审团是全权法律机构，在本团面前拒答，即为蔑视，根据州法，你将被送进监狱。"

凯伦要求与律师商量，但回来后，依然如故。女主席只好宣布休庭，请法警把他押至一二二处法庭。出乎克拉克的意料，当值法官，前检察官朱利戈一面同意凯伦无权行使保持沉默的权利，一面又认为凯伦的律师要求合理：为什么不能让他们在周末研究侦讯记录？

克拉克无法如愿。牛刀小试，却让鸡骨头伤了刃。

（五十二）辛普森跑了

下午1点40分。兰和范纳特正在观察楼下形势，一个探长高声大叫："电话来了，辛普森不见了。他跑了，和他一起的是柯林斯。"

妈×的！范纳特一声怒吼，满座皆惊。

电话又传来更多的情报：出逃的工具是柯林斯的野马越野车。白色，与辛普森的几乎一模一样，只是年份不同。柯林斯的是1993年的，辛普森的是1994年的。辛普森着黄色高尔夫衫，水洗蓝牛仔裤，白色锐跑鞋。柯林斯则是黑衣黑裤黑鞋。

范纳特剑及履及，立刻从电脑中调出柯林斯的资料：全名艾伦·戈登·柯林斯，身高六英尺五寸，体重二百三十五磅。年纪四十七岁，无犯罪记录。

克拉克离开法庭，回到检察院。刚出电梯，楼道里电话响作一片。推开办公室的门，自己的电话也在桌上跳舞。克拉克料到不是好事。

"辛普森跑了！"范纳特在电话那头大叫。

消息瞬间传遍全楼，有如一把野火扫过荒原。楼道里人员尽出，有如倾巢之蜂，涌到嘎塞提的办公室。嘎塞提面色铁青，状甚复杂。不知何人打开收音机，很多频道已经接到消息，连传闻都不用，十分自信。

下午2点整。洛杉矶警察局召开辛案的第一个记者招待会。发言人出现在全国电视广播中："我代表洛杉矶警察局正式宣布。今晨，经过全面调查，包括询问证人，分析检验洛杉矶和芝加哥两地的物证。洛杉矶警察局的探长们取得扣押辛普森的逮捕证。在嫌犯律师的认可下，辛普森先生被安排于今天上午自动投案。初定为上午 11 点，后又改为 11 点 45 分，但是，辛普森先生并未露面。洛杉矶警察局现在开始正式追捕。他是杀人通缉犯。我们将抓到他！"

这一通缉令已发往全国的机场、港口、边防巡警、海关、联邦调查局，还有墨西哥国际刑警局。开始实行海陆空三维搜捕。

（五十三）杰森的怨恨恐惧

在回汤姆家的路上，波拉脑中在天人交战。她始则怀疑辛普森涉案，继而相信他无辜。如此往复冲突，搅得五内俱焚。汤姆开车是个快手，一路疾上疾下，急转急停，使波拉备感煎熬。到了汤姆家，波拉已经周身是汗，瘫在车中。

坐在沙发上，波拉心境很苦，一颗心半悬在空中。她相信经此一别，辛普森必死无疑，而且是死不瞑目。她双耳竖起，随时准备听电话铃响，传来噩耗。她的精神几近崩溃。

无意间，她打开电视，正好是警察局发言人那一幕。仍是无意识的，她拨通了布兰伍德辛宅的电话。

电话那端是杰森·辛普森。他听出波拉的声音后，愤然大叫："爹地不见了，谁也找不到他。你必须告诉我，他在哪里？"

"我不能，"波拉急忙申辩，"我不知道。"

"打住吧,这事非常重要,如果你不告诉我,最坏的事情就会发生。"杰森的话里充满怨恨,充满恐惧。

波拉再次申辩,话头又被打断:"听着,警察在这里,他们要和你谈话。"

波拉的心狂跳不止,砰的一声,把电话挂上。来不及喘息,电话又响了。这次是警察:"我们需要与你谈话。"

"我一无所知,我离开那里有一会儿了。我的的确确不知道。"

"留在原处,不要动,我们立刻过去。"

不及十分钟,头上巨响临空,猎猎成风。波拉和汤姆冲出门外,眼看着三架直升机高悬头顶,正在择地降落。汤姆家地处高冈,一眼望去,又有一队黑白警车,高速冲上山来。两人不知所措,躲在车房后面。汤姆冷汗淋漓,奋力大叫:"波拉,山那边有路,你赶快离开。"

波拉反而镇静下来,心中虽然害怕,却知道绝不能逃跑。

警察终于明白,波拉确实什么也不知道。警察在汤姆家奔进奔出,彻底搜查。仅几分钟,又匆匆离去。又是一路烟尘,比来时还快。

(五十四)电话是辛普森打来的

面对眼前的局面,夏皮若是怨声不绝,卡达辛则绕室彷徨。其实,辛普森的失踪,对他而言,不是不可想象的事情。在他离开辛普森和柯林斯之前,他和辛普森着实周旋了一番。辛普森持一把手枪,顶住胸口,几次要自杀。令卡达辛吃惊的是,他几经防范,还是百密一疏。辛普森的手枪竟然藏在那个状似提琴的盒子中。在离开布兰伍德辛宅时,正是他应辛普森的请求取出来的。

面对辛普森的自杀，卡达辛心中万分矛盾。基于友谊，他不能眼看辛普森自裁。但从另一面看，媒体的报道令人不能不信。如果此事真是辛普森所为，也许自杀是最好的出路。即使不是他，与其不清不白，被送入监狱，了此残生，也未见得比一路黄泉更好。两人毕竟相知甚久。卡达辛知道没有公众的崇拜，辛普森一定比死还难受。此刻，卡达辛痛恨自己优柔寡断，也痛恨自己近乎残忍。他知道如果柯林斯不能阻止辛普森自杀，在这个世界上将不会有第二个人能够阻止。

正在煎熬之际，他的助手悄悄过来，低声说道："电话。"她的声音不似往常。

"我不能和任何人说话。"卡达辛断然拒绝。

"是你妹妹。"助手一改平时顺从的态度，话中自有一股力量。

他离开房间接电话，警察居然没有阻止，电话是辛普森打来的："我刚才对头部开枪，可是我没死。"听起来好像玩笑。辛普森再次明确，他扣了扳机，枪却没响，卡达辛才相信。

"你在哪里？"卡达辛低声问道。

"我在拜尔·艾尔教堂。"那是辛普森与妮蔻成婚大礼的地方。

"你要在那里办这事？"

"不，这里太乱。"

"警察在这里。"卡达辛回头看看，悄声告诉他。

"好。我准备去妮蔻的住处。"辛普森不关心警察在何处。

"好。我们再谈。"卡达辛不能再继续了，只是又绝望地加了一句："我爱你。"

（五十五）众人的结论：这是遗书

自下午2点起，警察宣布卡达辛家为犯罪现场，因此这里的人们对外界发生的事一无所知，尤其是警方的新闻发布会。

下午3点，嘎塞提把电话打过来，指名要夏皮若："我们实在不解，你如何解释一个杀人嫌犯竟会在稠人广众之前无端消失？"

夏皮若张口结舌，十分尴尬。夏皮若与嘎塞提是老相识，他常在法庭上与检察院抗衡，那只是角色不同，绝不涉及个人恩怨。相反，夏皮若曾为嘎塞提再次当选检察长，募过捐，出过力，而嘎塞提也投桃报李，任命夏皮若为他的顾问团成员。在夏皮若五十大寿时，嘎塞提更是亲临致贺，面子十足。

夏皮若既要克服辛普森已经自杀的恐惧，又要平复老友的愤怒："你看，我答应你劝他自动投案，现在仍然有效。别忘记，我曾保证带艾瑞克·费南德斯投案，我不仅做到了，而且亲自从以色列把他带回。如果OJ还活着的话，我将竭尽所能将他带来。"

电话刚放下，妻子的电话又进来了："你们那里发生了什么事，电视里说OJ失踪了。"

"我知道的不比你多。我们正准备带他投案，然后……有一封信，十分可怕。我们确信辛普森将要自杀。"夏皮若不知如何解释眼前的窘境。

他提到的那封信，在卡达辛手里。在探讨辛普森去向时，夏皮若曾向警察提起。卡达辛拒绝交给警方："此信尚未开封，要读，应该我先读。"在警察的命令下，卡达辛大声读起来。读完后，众人得出一致的结论：这是一封遗书。

妻子又说："警察还说，凡是与OJ失踪有关的人，都将视为罪犯。"夏皮若不禁寒意彻骨。其实，他妻子搞错了。宣布此事的正是嘎塞提，就在与他通话之前。

"F. 李·贝雷也打过电话,他要你立即回他电话。"

在迈阿密,李·贝雷一直守着电话,铃声一响,他开口便是:"鲍伯,你必须立即反应。他们正在电视上攻击你,肆无忌惮,暗示你参与了 OJ 的出逃,说你有意延误他的投案。"

"李,等等,这是百分之百的荒谬。我们有他的遗书。"

"不,不,"李·贝雷性急如沸,"你必须公开表达,立刻就做,不要待事态恶化。"

贝雷的话有如巨雷,让夏皮若顿时开窍:以其人之道,还治其人之身。他立刻布置秘书,广邀媒体,召开辩方的第一次记者招待会。时间定在五点,正好赶上新闻时间,是个反击的良机。

外面的事情底定。夏皮若转向警探:"我们下午 5 点召开记者招待会,请你们立刻讯问我和卡达辛。"

讯问未及过半,夏皮若一抬手,把手表伸到探长面前:"我们必须走,记者在等我们,记者招待会将准时在 5 点向全国广播。"

夏皮若说完,拉着卡达辛扬长而去,警探们愣在当地,竟无一人出手拦阻。

(五十六)卡达辛读辛普森的信

在路上,夏皮若宣布了他的计划:自己向辛普森呼吁,要他主动投案。卡达辛则宣读那封遗书。卡达辛十分惶惑:"鲍伯,在记者面前,我无能为力。"

其实,他另有隐衷。他初读此信时,已是悲凄满怀,不能自已。在公众面前,他怕失去控制,声泪俱下。真是如此,日后让他如何上街,如何见人。

可是，他又有什么选择？信是辛普森留给他的，两人已有默契。这是好朋友的最后委托。现在，这个时刻到了。

卡达辛只好硬下头皮，向夏皮若讨教，怎样才能在摄像机前沉稳自信，把此事圆满完成。

夏皮若在接白兰度儿子的案子时，已经开始精心研究这门技术。他开过几次记者招待会，都不满意。后来他经演艺界的前辈指点，才知道竟是十分简单。现在他传授给卡达辛："声调放低，速度放慢，越低越好，越慢越好。要比你想象的还要低，还要慢！"

记者招待会设在办公楼的入口大厅。一入门，银光刺目一片雪白，几百名记者挤满大厅，几百双眼睛一起射来。下午5点，记者招待会准时召开。这是最佳时刻，整个美国大陆都已下班，东岸纽约也不过8点，而成千上万的观众正坐在家中，观看NBA的冠军赛。

这是NBA极其诡异的一年。乔丹忽发奇想，把球衣高高挂起，改行去打棒球。公牛王朝立时倾覆，真正气喘如牛了。与乔丹并称四大天王的尤英、巴克利和阿拉朱万，才第一次真正看到了率队夺冠的希望。此刻正是纽约尼克斯对休斯敦火箭的冠军赛。

此刻，除去NBC在转播球赛，其他所有的频道都在直播夏皮若的记者招待会，而NBC的观众也在广告间隙中，发现了这一事件。

夏皮若先介绍自己：OJ.辛普森的首席律师，再介绍卡达辛：律师，OJ.辛普森的朋友。夏皮若对记者招待会并不生疏，但此时此景却大异寻常。大厅内强光炫目，高温使人挥汗如雨，可是全场气氛却是冰寒石冷，死如墓地。

夏皮若凑近麦克风，行起他的低字诀和慢字诀："OJ，不管你在哪里。为了你的家庭，为了你的儿女，请你立刻投案，到任何警察局，向任何执法人员投案。请你立刻行动！"他又扼要介绍了辛普森失踪前的情形，然后将麦克风让给卡达辛。

卡达辛一张口，才发现在躯壳中另有一个自己：沉稳、严肃、自信、平静。在水银灯后面，仿佛有千千万万个朋友：

"致任何关心此事的朋友：首先，所有人应该理解，我与妮蔻的死毫无关联。我爱她。过去如此，将来亦如此。如果我们曾经有过问题，那是因为我爱她至极。

"不久前，我们达成一致：目前，我们彼此不适合，至少是目前。尽管相爱，我们却彼此相异。这就是为什么我们决定劳燕分飞。这是第二次痛苦的分离。但我们信念一致，自认为是最佳出路。

"在内心中，我毫不怀疑，在将来，我们仍会是好朋友。也许更多。并非如媒体所言，在我们的共同生活中，绝大多数时间是相濡以沫。像任何长期婚姻一样，我们也曾有过冲突起伏。我就1989年新年事件承担责任，只因为这是我应该做的。我采取不抗辩立场，仅因为要保护隐私，非如此不能结束媒体的窥测。

"我无意攻击媒体。但我无法苟同他们的报道。绝大多数纯属臆造。然而，作为最后的愿望，请，请，请远离我的儿女，他们的将来会无比艰辛……

"我有过完美的生命，我为此自豪，我妈妈教育我，己所不欲，勿施于人。我以己度人，将心比心，总是力图有益于人。然而，此事为什么会发生？我为勾德曼家人而难过。我理解此事伤害至深……

"……所有她的朋友会证实，我已经施与挚爱，并理解她的一切。在当时，我感到自己是遍体鳞伤的丈夫或男友。但我仍然爱她，我忍辱负重，力图维持。

"不必为我难过……请记住真正的OJ，而非眼前的失败者……"

卡达辛读完信，盯着信尾，双眼紧紧锁住，情不自禁。在OJ的O字中，口眼鼻俱全。那张嘴咧到耳根，是一个大大的微笑，是一个幸福无比的脸。

在场的人大受感染。他们虽不知道信尾有一个微笑的脸,但是卡达辛的表情让他们为之动容。据次日的媒体报道,观众们也作如是的反应。卡达辛在不自觉中,和夏皮若成为辛普森案的第一对明星人物。

(五十七)辛普森在我车里

兰望着电视,绝望至极:"他将杀了自己,这是一份绝命书。这家伙实际要自杀。"

"骗人的,"范纳特不表同意,深信这是恶人先告状,"他甚至欺骗自己人,辛普森只爱他自己,他不会的。"

"你不认为这是绝命书?"

"不,这是认罪。"范纳特十分自信,铁口直断,"他从未表达对前妻之死的哀悼。他只为自己抱怨。此人自私到极点。他永远不会自杀。"

在讨论中,进来一个电话,是某无线电话公司的主管。他告诉探长们,辛普森打了几个电话。通话范围沿着405公路。地点忽南忽北,状若周游,漫无目的。

探长们立刻向各路警员做了通报。橘县执法局也立刻有了回音:下午,5点46分,在Y字地区,监听到一通电话,来自柯林斯的车,他们已发出红色警报。

下午5点55分,洛杉矶警察局测出三通电话,来自同一地区。巡逻直升机已经兼程飞去,警力也在向那个地区集结。

在此之前,洛杉矶警察局曾接到两个相关的电话。一通来自妮蔻的父亲,报告辛普森曾致电说要去妮蔻的住处。警察已经前去守株待兔,但他们并未现踪。另一通来自辛普森的密友胡佛。他报告曾与辛普森在电话上共温了一段圣经。之后，辛普森谈到了死。和卡达辛一样，他觉得既无力阻止，又不明确反对。直到在广播中听到通缉令，才意识到事态严重。

一分钟后，警察收到了第一个目击者的报告。报告者是加州州立大学的学生。她和男友正沿着I-5公路南行，车后突然蹿出一辆白色野马车。两人刚自广播中听到通缉令，因此对这种车分外注意。她男友放慢车速让过此车，仔细核对了车牌。3DHY503，就是它！她男友加速与野马车并行。她看到柯林斯，一柱黑色巨塔，完全符合通缉令的表述。柯林斯将车窗全部摇下，左手垂在车外，面色甚为平静。及至他发现有车疾速并行，就狠狠投来一瞥。

几分钟后，橘县法院执法长普尔正在驾车搜寻，忽见前面入口，驶入一辆白色野马车。普尔跟上，核对车牌。不错，就是它！他立即用嘴压住对讲机，一字一顿："104，我正在它的后面。"嘈杂纷乱的空中对讲，立即归于死寂。好像过了很长时间，无线调度才自震惊中清醒。她要普尔再次确认他的报告，继而又是一片死寂。

发现普尔跟在车后，AC不由得回望，对着警车挤出一丝强笑。须臾，另一辆警车赶到，对野马车形成夹击的形势。

行至十字路口，红灯截住了交通。两位警员跳下车，掩至车后。一个骑马蹲裆，双手持枪，命令柯林斯下车。

柯林斯双目圆睁，放声怒吼："不！不！"同时，挥拳狠击车门，擂得车子砰砰作响。人行道上的行人纷纷走避，绿灯方向的车辆也纷纷停车。无数双眼睛望着两支手枪一辆车，不知有多少颗心要跳出胸口。绿灯复亮，柯林斯一踏油门，不顾而去。两名警官只好复上警车，开始追击。

车中，柯林斯开始打911："这是柯林斯，辛普森在我车中。请你们告诉他们，离我们远一点。他仍活着。他正用枪顶着头，让我开回他家去。"

（五十八）有人醒悟：OJ 和 AC 在电视上

经过四十五分钟的煎熬，记者们终于相信，再也榨不出什么了，也就各作鸟兽散，加入搜捕大军。卡达辛则去了罗金汉辛宅，他还有责任：知会辛普森家人。

到达辛宅时，一个警官把卡达辛挡在门外。卡达辛急中生智："我是辛普森的家庭医生。"这是弥天大谎。如果这个警官刚刚看过记者招待会，立刻就可以戳穿。好在警官不疑有他，放他进了院子。

院内布满警察。辛普森家人见到卡达辛，亲热非常。卡达辛一个手势，把众人带到楼上。他们鱼贯而入，各自坐下后，就陷入难堪的沉默。看来他们并不知道刚开过的记者招待会。阿纳丽和杰森坐在床边，战战兢兢的。卡达辛站在他们旁边，话是对着他们说，眼睛却望着窗外："OJ 爱你们，他希望你们的未来有保证。他希望你们不至于为金钱而苦恼，"卡达辛开始转入正题，"我感到你们的父亲会自杀。"这是最困难的一句，"他不愿意入狱，我猜他已经自杀了……"

话音甫落，杰森愤然起身，肆意发泄心中的痛苦："噢—— 我的上帝，噢——我的上帝。"他的拳头到处飞舞，逢物便摇。镜子、门、墙、地板。所过之处，地上是玻璃，墙上是裂洞。然后，冲入卫生间，放声大哭。阿纳丽仍坐在床上，望着卡达辛，一双大眼，泪如泉涌。

卡达辛痛恨自己报丧的角色，可是又无可奈何。受人之托，忠人之事。

不知是谁，打开电视，希望看看新闻。人们立刻发现，电视画面里，高速公路上跑着一辆白色野马车，看起来那样熟悉。后面还跟着一排警车，呈梯形配置，将其他车辆隔在后面。

有人突然醒悟，对着卡达辛，一声大叫："你在说些什么？OJ 和 AC 在车里,他们在电视上。"电视中,记者正在报道:辛普森坐在后排,正持枪顶住自己的头部。AC 则在前面驾驶,他们向布兰伍德方向开来。卡达辛顿觉哭笑难当,只觉青红皂白,脸上百色俱全。

杰森冲出卫生间,挡在电视前,挥拳对着电视大叫:"快!爹地,快!"阿纳丽两拳合一,闭目祈祷。满楼响起一片一片的欢呼。

(五十九)探长们轰然一声夺门而出

克拉克回到家中,整栋房子空无一人。她陷在躺椅中,身心却无法放松:这个案子恐怕是飞了。失望疲惫,再加上愤怒,今晚注定难有好觉。

范纳特的电话又来了:"玛莎,快打开电视!"克拉克打开一看,全身不适顿时烟消云散。电视上,AC 正驾着他的野马车在高速路上行驶,数队警车紧随其后。直升机飞得极低,正在夕阳与白车之间。直升机的黑影投射在路上,真是如影随形。直升机上的摄像机全力推上,镜头中,AC 的圆脸上,夕阳晚照,金光四溢。他牙关紧锁,面色阴沉。

克拉克好奇心大炽。在频道间不停转换,看来所有的频道都在直播。她一边看,一边与范纳特交谈。两人决定,立即致电加州高级法院,申请柯林斯的逮捕证。高级法院有一个专线,二十四小时对执法人员开放。遇紧急情况,法官会立即批准,相关文件可以事后补齐。申请十分顺利,柯林斯的罪名是窝藏逃犯。逮捕后,准以二十五万元交保候审。

6点30分,兰致电橘县,询问进展。大厅中,有人突发一喊:"嘿!OJ 在电视上。"探长们扔下手中的活,挤在电视前。兰不敢相信:"那是辛普森?"

"就是他!"探长们异口同声。电视里,横跨公路的桥上,人头涌涌,附近的人们自家中跑来，看电视转播已不过瘾。车队自下驶过，人们立即涌向另一边，有如潮水。高速路逆行一侧，车行如蜗。无数的人甚至弃车而出，跳上隔离墩，大声欢呼："快跑，OJ，快跑！"

更有甚者，有人竟然搬来海滩椅，沿着高速公路的斜坡架起，好整以暇，等待OJ的现身。整个公路一路望去，五颜六色，成了球场的看台。

这是警察的噩梦，面对一个涉嫌双杀的逃犯，公众竟是如此无是无非，如此无法无天，兼又如此无惧无畏。兰备感挫折。满室的探长望着电视，在那里发愣。又有人一声大喊："他是向我们这边来了。OJ向洛杉矶开来了！"有如一石击破沉潭，探长们轰然一声，抓起枪支装备，夺门而出。顷刻间，风卷残云，人去楼空。只剩下兰和几个高阶官员在那里相对无言。透过落地长窗，望到楼下广场，又是一阵纷乱景象：黑白警车，左奔右突，警灯高悬，警笛长鸣。

兰看着电视屏幕，野马车紧急灯大开，时速只有四十英里。这显然是无意逃脱，事实上也无法逃脱。橘县的电话进来了，向他们通报："我们的巡警紧追不舍。他们可以看到车内。OJ正手持一枪，顶住自己的头。"

兰大吃一惊："他有枪？告诉你们的人，保持距离。不要试图逮捕他。不要试图逮捕他。一入洛杉矶境内，我们自会接管。"警察局局长也立即调来防暴警察，向布兰伍德地区部署。

（六十）OJ，这是鲍伯

卡达辛望着屏幕，心中正在翻江倒海。一个电话伸在面前，是弟弟汤姆的。二十年前，就是这对卡达辛兄弟在网球场上与辛普森订交，友谊至今不渝。

汤姆说："AC 刚刚来过电话，他们将会回洛杉矶。问你在哪里？"

卡达辛突然醒悟，车中有电话。可是号码呢？辛普森的家人都说不知道。卡达辛想起自己曾打过。好像是 613-3232。似有神助，电话通了。

"OJ，这是卡达辛。"

室内的众人立刻鸦雀无声，齐把目光转向卡达辛。为听清谈话，有人关掉了电视声音。画面与卡达辛的通话成为绝妙的配合。

"我想去看她，他们不让。我想在墓地做那件事。"辛普森的声调出奇的平静。

"你是什么意思，他们不让？"卡达辛佯装不解。

"有警车守在那里。"电话背景声中，柯林斯在哀求："把那个东西放下。得了，OJ，把它放下……"

一个探长走上楼来，听到卡达辛的谈话，伸手就要电话。卡达辛把手一推，断然拒绝。他知道要挽救辛普森的生命，只有不断地谈话。又有探长命令说："让我和他谈。"这次，卡达辛不得不出言拒绝："不。"

辛普森显然听到这边的情景，就开始信口开河了："我只想和妮蔻在一起，这是我唯一的愿望。我怎样才能办到？"

"快回来。"卡达辛也随之胡扯，"在这里你的愿望可以满足。"

不知何时，电话转入柯林斯手中。柯林斯开始和卡达辛商量办法。卡达辛别无良策，只好鼓气："你必须把他带回来，加油。"

电话断了，几次重拨，皆无效果。室内一片死寂，但众人脸上浮出希望。

（六十一）辛普森一跑，佛曼又回到局中

早在中午，马克·佛曼已经知道逮捕辛普森之后，将有一个记者招待会。只是自己已经出局，就在朋友家聚餐，聊以排遣。可是，又有消息传来，说记者招待会推迟了。职业直觉告诉他情况有变。他急忙告辞，驱车回分局。

刚到分局，就见菲利普斯和自己的搭档罗伯茨冲出大门，迎面疾呼："快！辛普森没露面。他们让他跑了。抢劫凶杀处让我们去他家，他也许会回那里。"

罗伯茨跳进佛曼的车，两辆车直扑布兰伍德。佛曼记起，辛宅后院有一个秘密小道。几天前，辛普森离开去卡达辛家，就是经此道躲过了媒体。他和罗伯茨就守在那里，等待辛普森现身。

二人在那里，并非枯坐。消息不断传来：警察总监尕斯康的记者招待会，检察长嘎塞提的记者招待会，接下来是夏皮若和卡达辛的。一下午，有声有色，颇不寂寞。

时近7点，已是夏日黄昏，最重要的消息传来了。辛普森和柯林斯已进入洛杉矶境内，目的地正是布兰伍德。自从兰和范纳特接管此案，佛曼颇有几分愤懑。原以为就此出局，不想辛普森一跑，自己居然又回到局中，而且能参加追捕，真是造化弄人，也算是一个小小的安慰。

在布兰伍德现场，菲利普斯官阶最高。佛曼和罗伯茨次之。三人商量了一下：既然辛普森手中有枪，疏散人员即为第一要义。佛曼和罗伯茨立刻指挥警员上到二楼，命令所有的人离开。辛普森的家人非常合作。关上电视，低眉顺目，下楼入院，然后渐次散到街上。

只有杰森站在楼梯口，大耍赖皮。几经劝告，温言软语，仍是无效。罗伯茨只好出言警告，准备动粗，抓他下来，杰森才悻悻然蹭下楼去。

接下来是布置逮捕。如果辛普森先于防暴警察到达，逮捕的责任就是他们的。辛普森既然有枪，动枪也许在所难免。佛曼的枪法最好，是运动员级的好手。罗伯茨也不遑多让，与他的差别，只在毫厘之间。因此两人分据车道两侧，提供火力支持，逮捕则由菲利普斯负责。

（六十二）探长兰隔空对辛普森喊话

　　柯林斯的车终于进入洛杉矶境内。洛杉矶警局的直升机飞临上空，即行接管。在飞航管制下，警用直升机的管辖范围有严格的限制。因此，橘县的警用直升机很自然地拱手让贤。

　　地面上的情景就不同了。辛普森的行踪首先被橘县的执法局发现，因此，他们没有理由中途退下。而高速公路的治安归州警负责，自从发现辛普森的行踪后，他们也加入战团。一入洛杉矶境内，洛警局即行接管。通缉令本是他们发出，又在他们的地盘上，主角自然应该让他们唱。

　　因此，柯林斯的车一入洛杉矶地区，局面反而有些混乱。自电视画面上看都是警车。可是局外人不解，为何一队不够，竟是三队。浩浩荡荡，有如大检阅。这个场面，看在观众眼里就更是荒诞不经：AC 的车一马当先，从从容容，时速不过三四十英里。后面警车呈梯级队形，重重复复。不仅众寡悬殊，而且欲速还止，不像追捕，倒像护送。即使是总统车队也不能如此风光。这实在是美利坚合众国建国二百年以来不曾有过的奇观，难怪公众会不辨是非，手舞足蹈，为之疯狂。

　　兰和范纳特身在作战中心，也就是抢劫凶杀处，心急如焚。同僚们早已星散，奔赴现场，在场的都是高阶官员。二位探长虽称首席，其实在他们面前，不过是小兵两个。这些官员不仅有主张，而且有管辖，早在那里各自调度起来。公路上三龙抢珠。罗金汉是菲利普斯和佛曼那一队。虽然立案以来，合作尚好，但二位探长知道，那几位心中极为不快。再加上防暴警察业已上道，前去接管。真正是婆婆又多，媳妇也不少。

范纳特变得焦躁起来，急于夺回主导权："总监，我们必须终止这个乱象。我们应该把他们截停。这家伙有枪，有人会因此而丧生。"

总监回答得很技巧："我有同感，可是他们已经要求回罗金汉，那里我们已经警戒好了。"

兰的想法正相反。正因为辛普森有枪，才不能截停。试想天上地上，那么多物件，那么多人。枪声一响，仅人们自相践踏，就是个大灾难。

兰正在无计可施，忽然想起自己有辛普森无线电话的号码，也许可以试试。他拨了两次，居然通了。此时正是卡达辛那边电话刚断，兰这边接续上来。

"OJ，OJ，这是汤姆·兰。还记得我吗？"

"呀，哥们。"辛普森听起来疲惫不堪。

兰身边立刻围满了人。几张纸条摆在桌上，写满了提示，希望兰有足够的话题，控制住局面。这个消息不胫而走。楼上的语音分析室立刻送下一套录音设备，按下录音键，立时警笛满室，人人置身高速公路上了。

辛普森："让我回家，拜托！"

兰："好，我们照办。只是请你把枪扔出窗外。"

辛普森："这东西只是为我自己，不是防备你们的。"

兰："我知道，为了孩子，把枪扔掉，不行吗？"

……

辛普森："我是唯一的人，应该得到——"

兰："你不应该得到那个（伤害）。"

辛普森："所有我做的是爱妮蔻，所有我做的是爱妮蔻。"

兰："一切都会好的，明天你会感觉更好，相信我……"

电话突然中断了，兰与辛普森失去了联系。

（六十三）夏皮若对野马追捕一无所知

为了躲避记者，夏皮若决定晚点回家。窗外虽然艳阳高照，但是已近黄昏。夏皮若的心情也随之消沉。这是怎么样的一天啊。从早到晚，粒米未进。回想短短四天，自嘉年华晚会，一个陌生人的电话起，至辛普森骤然失踪，留下一封遗书止。接案时，雄心万丈，结局却是镜花水月，噩梦一场。

回到家里，妻子一见，大惊小怪："鲍伯，到底怎么了？你去哪里了？"

"唉，这只是时间问题。OJ一定自杀了。接下来，只是如何找到他的尸体。"

妻子双目圆睁，简直难以置信："你发疯了？刚才你在哪儿？他在电视上。他和AC在高速公路上，开来开去，已经一个多小时了。"

夏皮若站在电视前，呆若木鸡。他看到了兰、克拉克和卡达辛看到的场景，只是晚了一步。三大广播网正在全程直播。转到CNN，更是惊讶：巴登博士竟然也在电话上和赖瑞·金交谈，为观众做着讲解。

下午，夏皮若和卡达辛离开后，警察也觉得无趣，简单地问了两句，就让巴登和李昌钰自行离去。巴登悻悻然回到酒店，正好赶上夏皮若的记者招待会。转播结束后，他开始与儿子在电话上交谈。交谈之间，服务员送过三条电话留言。巴登毫无兴致，看都不看。突然，电话总机直接切入，声称赖瑞·金在电话上等待。巴登是赖瑞·金节目的常客，自不能怠慢。及至话一接通，才知道是直播。两人的交谈已经同步送入千家万户。赖瑞·金问他对高速路追捕的观感。他莫名其妙，不知所云。原来，眼前的电视开着，声音却是关着的。AC 的野马车已在他面前跑了一个多小时，他都不曾留意。

赖瑞·金是采访高手，不动声色，就把巴登一天的见闻，抽丝剥茧，都问了出来。巴登告诉观众，辛普森已经濒临崩溃，饮弹自尽随时都有可能。

根据方向，夏皮若判断野马车的目的地是罗金汉。"我的上帝，希望警察不要一时兴起，向他们开枪。"夏皮若已自震惊中缓解过来。

"你最好立刻去罗金汉。"妻子的建议正中夏皮若的下怀，真是知夫莫如妻。

夏皮若急如星火，登车上路。一入车流，就打911："我是罗伯特·夏皮若，辛普森的律师。我必须去布兰伍德他的家。我知道警察封锁了那里。我需要警察的帮助。"

两分钟后，一名摩托骑警自斜侧插入，向夏皮若招招手，然后警笛警灯，在前面开道。一路逆行，不仅顺利，而且威风。夏皮若开始享受自己的名气了。

（六十四）我绝不离开

应警察的要求，卡达辛随众人下了楼。不过，警察允许他使用楼下的电话，继续与辛普森联系。楼下已经辟为作战室。卡达辛注意到，不仅辛普森家人，连制服警察和便衣探长也被一并赶走，取而代之的是防暴警察。自动枪、钢盔、防弹衣、迷彩服一应俱全。他们在屋里院外穿梭。有的枪手甚至身披青枝繁叶，藏在树丛里。

卡达辛又接通了电话。他压低了声音："这里有很多警察。"

突然，一只手抓住他的肩膀。他回头一看：一个防暴警察，面色铁青，口气威严，命令他出去。卡达辛身子一拧："我绝不离开，我是他的医生。"

防暴警察仍然坚持。"绝不！"卡达辛自觉躯壳中怒气充盈，随时都会爆发，"我正在和辛普森通话。我正在劝他回来。我绝不离开。"防暴警察不再坚持："好吧，医生。"就轻身离去了。

卡达辛继续与辛普森交谈，希望他能保持注意力。须臾，又进来几个防暴警察。卡达辛不由得退后一步，双手护住电话，准备拼力抗拒。不料为首的年长者，伸出手："我是皮特·威莱特，人质谈判专家。"他转而介绍另一个人：防暴警察司令。威莱特天生一张笑脸，而司令则是满脸官司。

"医生，他已经转上日落大道，"威莱特指着大门说，"我们需要你和我们在一起。"

"他希望看到我，我已经和他谈了一个半小时，只有让他看到我，他才有安全感。"

"没有问题，医生。"

卡达辛站在门口，旁边簇拥着防暴警察。他们训练有素，外弛内张，手中的步话器在持续报着辛普森的行踪。天上，几架直升机已经飞临上空。马达轰鸣，震耳欲聋。街上警笛也响成一片，预示柯林斯的野马车已经到来。

威莱特简单交代了步骤。他将首先与辛普森交谈，劝他放下武器。他向卡达辛保证："我希望你了解，我们将尽力不使用武器。这是压倒一切的目标。"

"尽力让他能看到我。如果你把我带走，他会理解为有威胁有危机。"

"医生，你将始终留在前面。"

（六十五）辛普森把枪放入口中

时近8点，暮色渐沉。柯林斯的野马车自西而东，驶近辛宅。车后的警车，数量逾百，一眼望去，警灯如海，蔚为壮观。而福特野马车是四轮驱动越野车，车高型大，平时在车阵中行驶，就有鹤立鸡群的感觉，再加上通体白色，在暮色中颇为突出。野马车未进大门，路边媒体的几百架照明灯一起打亮，将辛宅门前照得耀如白昼。空中的直升机也来助兴。六道高强光柱把辛宅罩住，院内的景致，纤毫毕见。

卡达辛站在当面，只觉得强光后面，人影憧憧，众目睽睽。自己仿佛被通体剥光，十分的不自在。

野马驶上院内车道，一辆高速路巡警车紧随其后，将大门堵住。车门一开，跳下一个巡警，持枪作势欲扑，动作极其鲁莽。一名防暴警察不知从何处蹿出，一把揪住他。三拳两脚，不由分说，把他拖出大门。州警状极狼狈，悻悻然有不服之意，但是防暴警察的权威至高无上，绝对不容挑战。

柯林斯把车停好，紧急灯仍然开着。他又把车内的灯都打开，使警察对车内的形势一目了然：辛普森仰靠在后座上。左手一个镜框，抱在胸前。右手则持一把手枪，顶住面颊。

与罗金汉相交的阿什福德街上一阵骚动，一个黑影蹿出人群，奋不顾身。警戒线上一片呐喊，场面突然大乱。还是卡达辛的眼尖，立刻认出是杰森。杰森也是一个巨无霸，与柯林斯相比，不遑多让。他拼力疾冲，警探们猝不及防，他一举闯过。他冲到野马车前，将整个身子压在车窗上："爹地，你不能这样做，爹地，你把枪放下。我们爱你……"

柯林斯怒不可遏，对着杰森大吼："滚开，你他妈×滚开。"两名警员自后追上，强力将杰森拖入屋中。待杰森消失以后，人质谈判专家慢慢踱到车前，态度极其从容。直升机发出的巨大噪声,淹没了他和柯林斯的谈话。柯林斯的态度极为激烈,声音大到卡达辛都能听见。威莱特几次试图与辛普森直接对话,都被柯林斯挡在那里。威莱特只好另想办法,退回屋里,拨通辛普森的电话。刚刚接通,未及转入正题,辛普森的电话没电了,眼看又成了僵局。

有人递出一个警用电话。卡达辛自告奋勇,要送上去。可是,一只手抓住他的腰带:"我们不能让你冒险。"柯林斯在车中看到,大叫愿意来取。他跳下车,趋前和卡达辛紧紧拥抱。卡达辛趁机面授机宜:"AC,把他弄出来。"

"他一会儿发疯,一会儿清醒,早就不是你认识的OJ了。"

"把电话给他,这些家伙没有恶意。他是安全的。"

威莱特就势把电话向卡达辛递了过去:"拿好,医生。"听到这个称呼,柯林斯大笑:"哈,医生。"卡达辛递出一个眼色。柯林斯貌似憨直,其实冰雪聪明,立即意会出卡达辛的用意。

电话转到辛普森的手里,未及一分钟,也没电了。正在警察寻找电池,遑遑急急时,卡达辛看到辛普森在车中改变了姿势。他把镜框放在胸前,腾出左手,与右手并握,把枪管送入口中。卡达辛顿觉脑中一片空白,没想到会亲眼看到这一幕。他欲喊无声,只能等待那一声枪响。

不期然,辛普森又将枪管拔出,恢复原有姿势。卡达辛这边已是凉汗透脊,倒像自己去鬼门关走了一遭。

备用电池传入院中,又一站一站传至辛普森手中。这次他拒绝再与威莱特交谈,只是点名要卡达辛。僵局至此,威莱特也是无奈,只好顺水推舟,让卡达辛试试。

卡达辛接过电话,情重意长:"OJ,你知道我们都爱你,放下枪,过来吧。"卡达辛的语调中有一种深切的痛。这是发自内心的痛。

透过车窗,卡达辛看到辛普森那边有了变化。僵挺的肢体有了点松动,直仰的姿势有了点曲线,透出一丝活力。"他们说话算话,不会伤害你。"卡达辛加重语气,"只要过来就行了。"

辛普森放弃了支撑,软软地瘫在那里。威莱特知道时机成熟,就和柯林斯商量出一个办法。请他先下车,无须举手,也不会当着辛普森的面上铐。只需径直入门,给辛普森让出一条路。

柯林斯遵嘱步向门内。真是难为这个巨灵神了,不吃不喝,也是一天。精力和情感已近枯竭,还要勉力控制,强作轻松,不露出狼狈蹒跚的样子。进得门后,咔嚓一铐,立刻带离现场。

威莱特接过电话,开始最后的谈判。辛普森也是筋疲力尽,声若游蚊:"不满足我三个条件,我绝不出来。"三个条件是:他要和母亲通个电话。他要和卡达辛独处一会儿。他要在屋内上铐,保存一点颜面。

三个条件皆不过分。威莱特无须请示,只提出了一个反建议:把枪留在车里。辛普森同意了。大功随之告成。

野马车是两门车。因此,辛普森只能越过前座,才能出来。他是个长身大汉,即使是平时,进出也不太方便,更何况疯狂了一天。待他将身体挪过椅背,滑入前座,已是气喘如牛了。

院中警察只好耐住性子,静观他的移动。突然,他的怀中亮光一闪,像是金属反光,哄的一片呐喊,所有人都在奔跑疏散,只剩卡达辛被晾在院中,纯然像个傻瓜。

"不,不。"卡达辛看清楚那是镜框,不由得大喊,"那不是枪,他手里的东西是照片,是镜框。"

卡达辛的呼喊起了作用。人们都停在原处,不再奔跑。威莱特出声鼓励:"别急,让脚先出来。向左转,放腿……"

辛普森终于站到了地上。他向着卡达辛跟跄跑来,有如身陷泥沼,一步一摇,终于跌到卡达辛的怀中。卡达辛几乎被撞倒在地,正在勉力维持时,辛普森已是双膝着地,瘫若烂泥。众警察立时抢进,连提带抱把他架入屋内。

卡达辛俯身在上,对着辛普森的耳朵,十分欣慰:"OJ,感谢上帝,你还活着。一切会好的,一切会好的。"

辛普森面色焦赤,羞至极点:"对不起,哥们,对不起,我怎么也下不了手。"

(六十六)OJ,你爽约了

时交9点。户外的景物沉入暮色之中。兰和范纳特关上门,正式关闭了这个前敌指挥部。二人匆匆就道赶往洛杉矶市监狱。电梯上,楼道里,无数的手伸过来。不管面孔生熟,一律是交相赞誉。十分钟的路,恭喜道乏之声不绝于途。

市监狱门前,警备森严。警车首尾相接,把四面围得如铁桶一般。所有的人员皆着警服,意在区隔记者平民,使其无由混入。

兰和范纳特守在门口,腰板挺直。俯瞰台阶下的广场,享受那高高在上的快感。

押解的车队终于抵达。首先下车的是谈判专家威莱特。接下来的就是一号目标,全国海陆空三维通缉的要犯OJ.辛普森。

辛普森仍着蓝色夹克和牛仔裤,还是从芝加哥归来的那一身。只是双手加铐,平添了一份穷途末路的霉气。这位一号目标,面色沉冷。几天前的怨怼惶惶之色已不复存在,相反换上了一副生死随他、破罐破摔的模样。

范纳特迎在当面,大声背诵起米兰达权利。即允许被捕者保持沉默,以免因言入罪的权利。这是例行公事,是每天在全美境内被千百个警察重复过千百遍的例行公事。

范纳特宣示完毕,才直视辛普森,语带嘲讽道:"OJ,今天是多好的日子。你——爽约了。"

至此,O.J.辛普森在光荣的路上,走到了尽头。

(六十七)夏皮若邀盟卡达辛

这一夜,卡达辛初则辗转反侧,继则噩梦连连,梦后又是冷汗淋漓。如此这般,睡了个死去活来。

清晨,床边电话响起。是个女人的声音,声称有人要打对方付费电话。"接过来吧。"卡达辛自觉仍在梦中。"嘿,我在这边快发疯了。"这是辛普森。

"睡得可好?"卡达辛顺口问道。

"彻夜未眠。他们给了我一点药,没用。"声音虽然喑哑,但还算平稳。

"你哪来的电话?"卡达辛不明就里,"你的牢房里有别人吗?"

"没有。光杆一个。我这一排牢房里只有一个家伙。艾瑞克·费南德斯,你能想象我的运气吗?"

这个费南德斯就是夏皮若自以色列带回来的那一位。夏皮若为他辩了个悬判。目前,正等着重审。

卡达辛已经完全清醒,心中兴起见见辛普森的念头,而且有些迫不及待:"迟一会儿,我去看你,还有夏皮若、斯基普。"

这个安排正是夏皮若求之不得的。昨天他赶到现场,却发现警察全无用处。除去防暴警察,所有的人都只能站在一边看热闹。现在他的确需要让世人重温他的身份，也需要和卡达辛推心置腹，切磋机密。

夏皮若有一肚子苦经。接手此案不过几天，周遭已被搅了个沸反盈天。几个月前，也就是费南德斯案前后，他获邀加盟，进入一家顶尖的律师楼，成为合伙人。这是他职业生涯的一个高峰。他可以使用律师楼的任何资源，但他宁肯独立行事，不蔓不枝。他有四个助手，四个私人侦探，应付日常生意，绰绰有余。

可是自他代表辛普森的消息宣布以来，信件立即如潮涌至。始则为律师、私人侦探，还有罪证专家。无非都是毛遂自荐。接下来的人物开始形形色色，内容也光怪陆离。邮件不再是成捆成包，而是一车车运来。不得已，亲朋故旧，施以援手。各路义勇军自动成班，读信建档，乱到无法收拾的地步。更难的是电话。办公室里铃声不断，几条线路全部被占满，而且有进无出，一挂即响。不仅如此，铃声还响遍全楼，害得其他合伙人无法办案。遇有急事，就不得不屈尊下楼，去打公用电话。迫不得已，只好加设 800 号免费电话，再加上留言信箱。一个星期内，就录下五万条留言。差不多一分钟一个。

出去打公用电话者，更其不幸。光天化日之下，记者多如飞蝗，盯住每一个进出的人，不问身份，不问背景，不问青红皂白，一律采访。更妙的是，有人刚接通公用电话，就会发现采访话筒已经送到嘴边。一时间瞠目结舌，不知该对谁张口。如此纷纷扰扰，把同事害得公事不成，隐私尽失。那脸色在夏皮若的眼里就难看得很了。

夏皮若大大抱怨一番以后，就把话锋转到卡达辛身上："你看，你已经卷入这个案子，而且是自始至终。没有你的帮助，我无法继续。你什么时候向律师公会备案，开始启用你的执照？执照生效后，你就可以随时访问 OJ。我们之间的谈话也有特权，无人能够过问。"

"我正在办。"卡达辛只能把话说到此。他取得律师资格已是十几年前的事了。但说起执业,那只是童子鸡一只,一天经验都没有。

夏皮若如此劝说卡达辛,自是别有用心。此案之大,能超出任何人的想象。尤其是昨天,辛普森一跑,警察一追,这个局面真是足够刺激。就规模说一句"空前",绝不过分。这样的大案,会引来无数的大牌律师,试图插足染指。这些人早就不图稻粱之谋,他们心痒难熬,大有不给钱也会白干的意思。一个星期来,那么多人毛遂自荐,就是明证。

夏皮若能获得此案,实属无意,也许还有误会。因此,他一面需要人手,一面又要有良好的控制,来保护自己这个首席的地位。当事人临阵换将的事情多得很。这是莫大的压力,每念及此,连晚上做梦都不安稳。

眼前的卡达辛,生性腼腆,似乎不喜欢出风头。几天接触下来,可以看出他为人忠诚,颇有几分义气。他在辛普森的圈子里也是个人物。人脉广,而且颇为扎实,是个很讨人喜欢的人物。他虽然内向,却办事扎实有担当,很有几分道行。千妙万妙的是,他还有一张加州的律师执照。让他主导公关,自己可以腾出身手,全力应付案子。

如果仅是这个打算,就是小看了夏皮若,夏皮若还有深一步的打算。卡达辛是他预布的一步活棋。在局势危殆时,也许只有卡达辛能把事情办好。卡达辛对辛普森的影响力,才是夏皮若更看重的地方。

(六十八)辛普森形销骨立

说话间,到了郡监狱。昨天辛普森是在市监狱落的案,那只是例行公事,也是一种酬庸。既然逮捕辛普森是防暴警察的功劳,就要给足他们的面子。范纳特们不旋踵就把辛普森押回郡监狱。

车一停稳,记者就围上来。夏皮若又即时向卡达辛传授秘诀:"讲得慢一点,走得慢一点。永远不要说无可奉告。随便给他们一点什么,让他们可以交差。"

想起昨天的情景,卡达辛如同宿醉未醒,索性推个一干二净:"这是你的事,你说吧。"

夏皮若想起昨天被防暴警察拦在门外的腌臜气,也就当仁不让了:"我们来这里是与我们的当事人会面的。"

卡达辛随着夏皮若一路行来,颇受刺激。监狱的走廊深长,左曲右折,曲折处必有钢门会自动开合。打开时,前途不明,合上时,绝无退路。一路下去,一而再,再而三。把卡达辛搞得不是贼也心虚,精神高度亢奋。

斯基普和医生费尔斯汀已经先到了。四人会齐,就进入会见大厅。辛普森身着囚服,已经等在那里。卡达辛乍见辛普森,不由得一惊。前几天太紧张,不曾注意,辛普森看起来竟是如此形销骨立。被两个执法长的膀大腰圆一衬,就像个纸糊的风筝。

辛普森一落座,就开始抱怨。四个人都练起向壁之功。待他大大发泄以后,才转入正题。夏皮若先通报即将来临的法庭程序。交代完毕,夏皮若问起辛普森在狱中的起居。

"不好,"辛普森摇摇头,"在家里都用两个枕头,这里一个都没有。监狱没有窗户,只有一个送饭的小口。过道里有个黑白电视。我可以站在那里,透过那个小口看。马桶无盖,床也太小。不过,除此之外也没有什么不好。"

"不过,"辛普森眉毛一扬,语带调侃,"还有解闷的,早上我和艾瑞克·费南德斯还隔墙聊了一会儿。"

"不许与任何人交谈你的案子。"夏皮若立即抢进,语气十分凌厉,"里面的人会为了一个枕头出卖你。你现在处在二十四小时监视下。这也包括电话。

你说的每一个字都会被录下来。OJ，里面的日子和外面的完全不一样。你必须知道这点！"

（六十九）什么时候真正的律师进来接手？

星期六，玛莎·克拉克一觉醒来，日已当中。真是一个好觉。昨晚得知辛普森已经归案，不由得额手称庆，总算捉回来一个活的。对警察的不满，也算打消了一半。

闲闲地漱洗一番。再吃完早饭，就双脚一架，盘踞在沙发中，开始舒舒服服地看昨天的录像：夏皮若和卡达辛的记者招待会。

看了一遍又一遍，关键处，还要一句句琢磨。本来，辛普森一失踪，克拉克就已有了结论：此君必是真凶。在克拉克的检察官生涯中，一遇到真凶，胃就会痉挛。这次也不例外。她对这个征兆一向深信不疑。

看了录像带，第一印象也好，第二印象也好，都认为这不是真正的自杀遗书。信中遍布反社会特质。与其他恶性罪犯一样，通篇都是天下人如何如何负我，我不过是个受害者。

次日早上，她开始准备备忘录。就在心境充实、捷思方浓之际，电话一响，打破了宁静。电话那头是夏皮若。真是意料之外，情理之中。克拉克知道夏皮若要耍什么花样。这些律师在开庭之前，总会四处去拜码头，摆出一副先礼后兵阵而后战的姿态。无非是宣告，今后各为其主，不必真的去撕破脸皮。

夏皮若首先向她通报了昨日的监狱之行，算是为对手关系扎下一个善意的平台。克拉克估计夏皮若接下来定有试探辩方的意图，就单刀直入，当面阻击："嘿，鲍伯，什么时候，真正的律师会进来接手？"

这"真正"二字有两层意思。

第一层是：局面发展到如此混乱的地步，夏皮若难辞其咎。要挽救之，只有换将，让真大牌真有实力的律师来接手。这言外之意是：阁下不是对手。

第二层意思不足为外人道。只有夏皮若自己心里明白。随着案子迁延日久，这一层就浮上表面，成为夏皮若的负担，带来相当的麻烦。克拉克虽然此时能逞一时口舌之快，事态发展也不出她的预料。但日后证明，夏皮若这个对手其实更为理想。

"我会留在这个案子里，玛莎。"夏皮若的口气不温不火，颇有几分轻描淡写，"我会奉陪到底！"

"打住吧，你在要我的命。"玛莎加重语气，以示郑重，"行了，谁是真正的律师？"

"我的意思很清楚，我与此案共进退。"夏皮若可不像克拉克认为的那样轻量级。

斗嘴已成僵局，克拉克退让一步，转入公事："行了，我们明天到法庭立案。你们会申请延期吗？"

"有此考虑。"夏皮若就事论事。其实不说也罢，延期一向对辩方有好处。这是通行的策略，只是还要服从当事人的意志。

谈话到此为止，但夏皮若的观感却不能止于此。克拉克之于夏皮若，并不是陌生人。早在二十年前，夏皮若即与克拉克的老师称兄道弟，那时的克拉克不过是个黄毛丫头。夏皮若是眼看她自克勒克夫人，而哈罗威兹夫人，而成为眼下的克拉克夫人的。而且，今后还不知道该如何称呼她。因为不久前，她又离了第三次婚。这二十年来，克拉克十分努力，早已成了顶尖的检察官，在洛杉矶法律界，也是个有名有腕儿的人物。尤其是近十年，克拉克屡诉屡胜，予取予夺。按她的话说，就是十战十捷。

在接手此案前，二人曾有幸短兵相接过。一个年轻人被控凶杀。克拉克主控，夏皮若主辩。五天下来，一级谋杀不成立，抢劫也不成立。二级谋杀，还有误杀，陪审团无法达成一致，成为悬判。此役克拉克未赢，夏皮若未输，但优势在夏皮若一边。发回重审后，克拉克扳回一城，把这个年轻人送进监狱，关了一年多。

因此，论渊源，论资望，克拉克不该如此，有浮躁失敬之嫌。

（七十）检察长在电视上放言有罪

野马追捕刚一落幕，嘎塞提就出现在 ABC 的夜线节目上，对着全国的观众大发感慨："我们刚刚捕获一位先生。他企图逃离法网，仅此一事，即在我们脑中刻下'有罪'二字。"

次日，星期六。他又在记者的集体采访中，对辛普森的过去赞不绝口："毫无疑问，O.J. 辛普森之英雄迷人的一面，令人无法忘怀。我的意思是，他是一个堂堂正正的人，一个完美的化身，一个仁慈的化身，一个天才的化身。他是个成功者，虽然历经困难，仍至化境。他的善行不胜枚举。"待他把铺垫的功夫做足以后，再把包袱一抖："非常不幸，我们现在掌握的情况，大大改变了那幅图画。"

晚上，嘎塞提又在 CBS 上露面，批评一位地方法官："1989 年，辛普森施暴妮蔻。这家伙未做任何惩治，却将此事了了。"这是观众第一次自检察当局的口中获知：辛普森打老婆。

星期天，嘎塞提又来到 NBC，告诉观众："辛普森一案并不特殊。洛杉矶检察院起诉谋杀案，平均每九天就有一起与家庭暴力有关。"

在洛杉矶，都市治安日坏，检察长这个位置很难善始善终。近几届长官你来我往，有如飞蛾扑火。不论做得如何努力，如何辛苦，一个大案处置失当，就会失掉前途，被选民抛弃。嘎塞提的前任，就是因为罗德·金警察暴力一案，让施暴警察无罪开释，引起黑人大暴动，而输掉连任选战。眼下，基尔·嘎塞提面临同样的难局。也许更难。麦可·杰克森原在掌握之中，不期然让他脱缰而去。费南德斯兄弟对枪杀父母供认不讳，却落了个悬判，无法定罪。检察长先生实在太需要一个大案子，轰轰烈烈一番。不如此不能洗脱自己无能的公论。现在辛普森一案已入高潮，检方把握十足，嘎塞提的态度自然十分张扬进取。

自从得知克拉克和夏皮若的通话以后，嘎塞提心中更加有数。在接受ABC的专访时，他又放言无忌，语出惊人："今后一段日子，也许几天，也许几个月。如果OJ说：好吧，是我干的，但是我并没有过失。我绝不惊讶。我们已在费南德斯兄弟案中见过。我深信，一旦这些律师仔细审查过我们的证据，他们将做同样的辩护。我们等着瞧。"

双方还未过招，嘎塞提就已经划下道来。更何况费南德斯兄弟案，就是由夏皮若担纲。这让夏皮若大怒。

这几天，只要打开电视，一定会见到这位老兄。不知他如何练的分身术，ABC、NBC、CBS、PBS，他仿佛是踏着风火轮，往来穿梭。全国的，地方的，所有媒体都有他的声音。他的风头之健，无远弗届。如今，一个"等着瞧"，把夏皮若刺激得忍无可忍。一个电话招来一个电视新闻采访，就在办公室，对着摄像机猛烈抨击："嘎塞提先生的谈话考虑欠周，极不公正。他走得太远了。审判尚未开始，他已经签字封卷了。他在法庭外，恣意评论。这已经侵犯了OJ.辛普森的宪法权利。"

他的话到此为止。新闻播过，全无反响。媒体无兴致，公众无兴趣。言者汹汹，闻者藐藐矣。

（七十一）辛普森回答法庭：无罪

6月20日，市法院初审庭里人满为患。克拉克正在埋首整理文件。戴维·康则正襟危坐，对周围的纷乱视若无睹。法庭背后架着两台摄像机。因场地有限，众媒体自发达成协议，共享新闻素材，成为日后媒体大协作的肇端。

夏皮若、卡达辛和斯基普步入禁闭室。这是一个名副其实的囚笼，四壁皆为铁网筑就。辛普森枯坐其中，神色迷离。夏皮若拍拍他的肩膀："我们只需要三四分钟，一切有我。你只要站在那里，不必担心。"一副慈父的口吻。

一个法警走过来，当门一站。夏皮若知道法庭传唤了，就伸手将辛普森一托，带他离座。此时的辛普森仍是懵懵懂懂。楼道已经肃清，沿墙一排法警，严眉肃目，注视着夏皮若一行。

法庭内人声大作。克拉克不必抬头，就知道人犯解到。先进来的是法警，然后，是夏皮若、卡达辛，最后才是辛普森。这是克拉克第一次面对这位谋杀凶嫌。

辛普森仿佛宿醉未醒，仍在梦游，一步三摇，如在云端。夏皮若伸手一揽，把他带到被告席。克拉克冷眼旁观，看着夏皮若的表演。辛普森着一件质地高级的西装，衬衫领口袖口浆得笔挺，反衬上面那张黑脸，更加了无生意。裤子松松地拖在胯间。无领带无皮带也无鞋带，只因他仍在自杀监管下。

在克拉克的眼里，辛普森不过是一个嫌犯。一样的自命不凡，一样的不可一世，也是一样的面目可憎，一样的猥琐。

女法官四五十岁，头上已浮出片片银丝。待辛普森一坐稳，就向克拉克领首示意。克拉克侧过身子,面对辛普森:"奥兰索·詹姆斯·辛普森,这是你的名字吗?"

辛普森双眼微闭,摇了两下。夏皮若见状,轻轻捏了他的肩膀一下,他才突然惊醒:"是的。"

克拉克开始宣读起诉书。辛普森则向椅背上一靠,发出哀鸣:"噢,只要让我出去,干什么都行。"克拉克刚结束,有人趋身向前,传给法官一张纸条。原来辛普森的哀鸣,已与画面同步,传播出去。法官立即喊停,把电视摄像机请出法庭,害得主持人在演播室里频频道歉,让观众大失所望。此后的过程,只有法庭里的人才能看到了。

待摄像机移出后,法官才问道:"阁下,你是否与你的律师讨论过这些指控?"

"是的。"辛普森仍是有声无气。

"那么,你是否准备回答这些指控?"法官问道。

夏皮若不待他回答,俯身面授机宜。克拉克则抽出日历,准备在夏皮若提出延期以后,再选一天作为初审的日子。这是闭眼都能应付的事。律师通常都会要求延期,争取时间评估证据,法官也一定照准。

"是的。"辛普森的回答让克拉克大吃一惊。

"那么,你的回答是哪一项?有罪,还是无罪?"

"无罪。"辛普森声音一抖,费尽力气。

克拉克心中怒骂:这个老狐狸,这个狗儿子。昨天,他还说有此考虑,原来是欺人之谈。生生让他摆了一道。

夏皮若并未就此罢休,又开口要求法官特准辛普森再回答一遍。法官点点头:"有罪还是无罪?"

这次,辛普森眉毛一扬,头一摆:"无罪。"百分之百不服气的架势。夏皮若用手拍拍他的肩膀以示祝贺。克拉克则腰板笔直，满眼怒火，心里恨得痒痒的。

（七十二）克拉克的唯一凶手说

克拉克尚在生气，而且气得有点发昏。新闻秘书苏珊妮闯进来，一把拉起她："玛莎，你非下楼不可。戴维和基尔也得去。记者都在等你们。"

这也难怪记者。自法官把摄像机请出法庭以后，公众怒火万丈，把电话打得如海啸一般，迁怒电视台。因此，各台主管都给记者下了严令，非采访出个子丑寅卯不可。记者们无奈，索性在场外逼宫。

克拉克不是卡达辛，绝非生手，而且她有越战越勇的性格。摄像机越多，她就越口若悬河，越言辞激烈。可是楼下的这个记者招待会有些不同。刚才夏皮若老奸巨猾，神出鬼没的那一出，使克拉克有受辱的感觉。再则，这个记者招待会，克拉克不知用什么身份面对。她仍视自己妾身未明，名分是共同首席检察官，但是另一个首席是谁，两人之间谁唱 A 角？克拉克心里还是很在意的。

楼下大厅里人气蒸腾，记者们摩肩接踵，地上铺满电缆，克拉克们只好低首择路。就在用脚尖跳来跳去时，克拉克自觉已经尘虑尽消，自信如百泉争涌，顷刻间溢满全身。

几个问题问下来，克拉克周身放松，自觉快不可言。所有的记者都对自己发问，其他人则被晾在一边，克拉克喜欢这个局面，形势比人强。嘎塞提纵然有保留，也不得不面对自己的人气。

有记者问道："检方是否考虑过，此案的凶杀动机，只是一时激愤导致情绪失控？"

克拉克摇摇头："这是有预谋的，又经过精心策划的。这就是我们对他的指控，不多也不少。我们将证明给你们看。"

又有记者问："你们是否准备起诉其他的人？"

"辛普森是唯一被指控的人。"克拉克的口气不容置疑，"因为他是唯一的凶手。"

话一出口，克拉克心中立刻叫声不好，回答失之武断。记者们也显然意识到，当场一片哑然，冷场片刻。克拉克十分后悔，自恨不该使用"凶手"一词。案子尚未开审，就使用这个词，实在是对司法和公众的不敬。

虽然意识到这个错误，她也只好硬撑门面：大检察官一言，驷马难追。好在随后，嘎塞提在做结论时更是气壮山河："我们已经目睹一位美国英雄的垮台。"

夏皮若几人一离开法庭，也遭到记者的阻击。路上，临时架着话筒，一伸手请上前来，开了一个小型记者招待会。两个会场相距不远，记者们声气相通，很快就有记者向夏皮若传达了"唯一凶手"说。夏皮若大为光火，大加鞭挞，批评检方无意全面调查，就锁定辛普森为凶手。

（七十三）辛普森的"无罪"把控方计划打乱

记者会一散。克拉克拉着戴维·康直奔十八楼。大陪审团还在等着他们。原以为上预审庭不会太复杂，无非是换个日子而已。可是辛普森一个"无罪"，把整个计划打乱。

按加州法律规定：被控者若宣称无罪，则需在十日内，进入预审程序。预审与大陪审团的调查完全不同。大陪审团是检方自家的事。检方传唤证人，过程不公开，证据不公开。辩方也无由置喙。大陪审团只是协助检方评估。事实上大陪审团鲜少有与检方相悖的裁决。

预审则是整个刑事诉讼的一环。自警方侦办后，交检察院起诉。起诉第一步，就是上预审庭。如被告在预审庭认罪，一切归于简单，只是刑期而已。若是不认罪，就正式进入预审。由检方举证，辩方质证，而后由法官裁决是否正式开审。预审举证标准不高。只要让法官相信，检控搜证合法，而且，证据使被告看起来可疑，即可赢得判决。

大陪审团的裁决与法官的裁决在理论上完全平等。谁的结果先出来，就以谁为准。另一程序自动停止。克拉克的难题是：大陪审团若不能在预审开始前结束，预审就实际上压倒了大陪审团。这不仅因为预审是被告的程序权利，而且因为预审由法官控制。法官有权命令检察官出庭举证。届时，克拉克不能将自己和证人劈作两半。一半在这里出庭，一半在十八楼大陪审团调查。即使能够，她也绝不情愿。她不能让案子一开始就脱离自己的掌握，她必须事必躬亲。因此，大陪审团在实际上将退而居其次。

克拉克在开大陪审团之初，虽有要挟警方早早移案之意，但实在是为了掌握调查之主动，不完全是与警察较劲。这个主动是针对辩方，好占尽大陪审团暗箱操作之先机。

原以为可以从容不迫的事情变成限时作业，克拉克不免心急火燎，叫苦不迭起来。

赶到十八层，传唤的证人早已到齐，正坐在沿墙的长凳上。紧张不堪、恓恓惶惶的是平民证人。若无其事、无精打采的是警方证人。这样的场面克拉克见的多了。可是今天却觉得人数众多，有不胜负荷之感。

（七十四）克拉克大陪审团向凯伦取证

第一个证人是凯托·凯伦。这家伙此刻恭顺多了，在主席的指示下，他坐上证人席。

"凯托先生，你与妮蔻·辛普森很熟吗？"克拉克开始提问。

"是的。"

"你是怎么认识她的？"

"在阿斯平，通过朋友的介绍。"阿斯平是个旅游胜地。

"相识之后，你们一直保持联系？"

"是的。"

"你们之间是否有罗曼蒂克的关系？"

"没有。"

就在有和没有，是和不是的回答中。凯伦谈到他和辛普森夫妇之间的关系：他们相识的时候，妮蔻和OJ已经离异。当时，妮蔻住在格莱特纳·格林街，身边只有西德妮和佳斯廷。院中有一个客房空着，凯伦就住了进去，每月交房租。后来，妮蔻搬入邦迪的新宅。初则要凯伦另找住处。后来又建议凯伦仍随他们住。可是，辛普森同时建议凯伦住到布兰伍德去。因为辛普森认为凯伦和妮蔻住在同一栋房子里不太合适。那时，辛普森和妮蔻仍然常相往来，试图重归于好，再谱第二春。凯伦接受了邀请，搬入布兰伍德的辛宅，这次是白住。

克拉克挂起一张辛宅平面图，让凯伦介绍该房间的位置，借他的口将辛宅做一详尽的介绍。然后剥去茧丝，急转直下："让我们谈谈，1994年6月12日这一天，你仍然住在那间客房里。"

"是的。"

"你还记得那天与O.J.辛普森的接触吗?"

"是的,我想是晚上7点。"

"什么样的接触?"

"我们在厨房里聊天,我问起他女儿西德妮的舞蹈表演。"

"那天晚上有他女儿的舞蹈表演?"

"是下午5点。"

"他告诉你什么?"

"他说,她棒极了,漂亮极了。他十分得意。"

"告诉我他的举止。他看起来有点恼怒?有点气急败坏?有点神经紧张?"

"不,完全不。"

"轻松适意?"

"是的。"

"他曾提到妮蔻?"

"是的。"

"是什么?"

"口气很轻松。他提到妮蔻和女友们在一起。我相信没提具体名字。他想知道等他们老了,能否举止庄重。这是有关服装的事。"

"你还记得他的话?"

"是关于紧身衣,好像是等你老了,你不能如此穿着,好像是关于将做祖母的话题。"

"当你说轻松适意,这是他的举止?"

"是的。"

"他在笑吗?"

"是的。开玩笑,在笑。"

"他看起来愤怒?"

"不。"

克拉克用尽力气,仍不能让凯伦承认辛普森举止有不正常之处。接下来,克拉克又问出,厨房谈话后,凯伦洗澡忘记关水龙头。辛普森曾去他的房间,确认他已经洗完,然后帮他关上水龙头,时间是7点半到8点半。这段时间意义不大。克拉克知道妮蔻尚未遇难,只是有枣无枣打一竿:"当时,他的举止有什么不正常?"回答仍是没有。

"接下来,你干了什么?"

"我打了一个电话。"

"你有过……在打电话时,你与辛普森有过任何接触?"

"他又来到我的房间。"

"他说什么?"

"他说,凯托。这是我的绰号。"凯托实为妮蔻那条狗的名字。只因凯伦常常为妮蔻遛狗,孩子们开玩笑给他起的。"我对朋友说,等等。OJ 在叫我。辛普森对我说,真不好意思,不得不向我借点钱。他告诉我。他需要五元钱准备去机场付小费,还有他需要买汉堡包。"

"你怎么说?"

"我打开抽屉,找出 45 元。我也不请自往与他同行,因为我也很饿。"

"你们开的是什么车?"

"他的罗尔斯·罗伊斯。"

克拉克又详细追问了辛普森的衣着,细到从头至脚,连质地颜色都不放过,然后立刻回到举止:"你能形容辛普森在路上的行为举止吗?"

"沉默,我问了一个关于航班的问题,但他看起来很疲倦。"

"他看起来很不愉快?"

"不。"

"很压抑?"克拉克仍是追问,非要问出愤怒不高兴一类的结果。

"不。很疲倦。"凯伦还是不能让她如愿。

"在途中,你们是否提及妮蔻·辛普森?"

"没有。我曾提及要打一篇文章。我那个房间里正好有一台。我问辛普森我是否能用,他的口气是:那是妮蔻的打字机,但是你可以用。就是这样的口气。"

克拉克又问起买汉堡包前后的细节,自然是少不了行为举止。凯伦的回答照旧:没有不寻常之处。

"你们的分手时间?"

"我想是9点45、9点40或45。"

(七十五)空调后面的巨响

凯伦回房后的事情,事无巨细都是克拉克调查的目标:打了个电话,发现打字机不工作。

"此后,又发生了什么事?"

"我打了另一个电话。"

"给——"

"瑞切尔·菲拉拉。"她是时装模特,有报纸指称是凯伦的女朋友。

"在打电话时,有什么不寻常的事发生了?"

"是的,我们正在聊天。我听到后墙有怪响。有点像三声巨响……"

"请为大陪审团表演一下。"

"就像这样。"凯伦示范了一下。

"请记录在案,证人用拳头捶击三次。"克拉克转向书记员,一字一顿做出指示,然后继续问,"撞击发生在什么地方?"凯伦将墙后的结构描述一番:墙上有一个墙式空调,墙后有一条窄道,有一个篱笆与邻居隔开。

"你听到的那几声巨响,是在空调附近?"

"是的,墙上的画也晃动了。"

"你是说墙上的画也移动了?"

"在电话上方有一幅画。这幅画像是震歪了,我以为发生了地震。"

"所以,你以为发生了地震?"

"是的,我在电话上问瑞切尔:'咱们又有地震了?'她说:'没有,我不觉得。'"

"不要告诉我她说了什么。"克拉克立刻打断他。证人做证时只能叙述亲身见闻,不能复述他人的话,法庭术语称为"听说"。使用听说入证轻则违规,重则成为辩方推翻庭审的武器,常会导致控方满盘皆输。

"然后,我对她说:'我们一定有了地震。'我非常害怕。因为,我从未经历过这种事。如此巨响,画像也移动了,我吓坏了,心想一定有什么事发生,或者有什么人在那里。"

"你随后做了什么?"

"我告诉瑞切尔,我要去探查一下。在抽屉里有一个手电筒。我告诉她,用开玩笑的口气:'十分钟内,我要不回来,你就可以开始担心了。'"

"到了外面,又发生了什么事?"

应克拉克的要求,凯伦用一支激光笔,在挂图上描述了自己的行程:豪宅坐东朝西,他的小屋在豪宅的左后方,坐南朝北。他沿着小路经过一个游泳池,

| 它不合手 | 辛普森案 |
| 何罪之有 | 实录 |

绕到豪宅的右边。豪宅的右边是阿什福德街。豪宅的正面是罗金汉路。在豪宅正面有一条车道，自北而南与罗金汉路平行。另有车道与这个主车道呈丁字形与罗金汉路接通。因此，通向罗金汉路有一道门，通向阿什福德街也有一道门。当凯伦自豪宅的右边走上主车道时，他看见阿什福德街的门外，停着一辆白色礼车。

"天很黑，我没有看到任何人在车里。OJ的狗恰奇在车道上，我打着手电，光极为微弱。这是一种袖珍手电，无法聚光。我十分害怕，又退了回来。我注意到门未打开，就按电动开关，把门打开，让礼车进来。

"在你接近阿什福德街的门时，你能告诉我们，是否有一辆罗尔斯·罗伊斯停在那里？"

"我走过去时，确有一辆罗尔斯·罗伊斯停在那里。"

"你是否无意中注意到有什么提包在车道上？"

"有一个高尔夫球包，在房子的正门前。"

"你看到其他的包了吗？"

"在那时，没有。但是等我再次去查看巨响的地方时，我看到了另一个包。"

"然后，你让司机进来了？"

"是。"

"他把车停在哪里？"

"我可以在图上做标记吗？"

根据他的标记，克拉克指示书记员："记录在案，证人指出在房子的正门和高尔夫球包附近。"

而后，凯伦和司机交谈了几句。他特意提到地震，司机说在车中毫无感觉。克拉克立刻又出言警告，她不需要"听说"："在某一个时刻，你们中止了谈话？"

"是的，我再次去查看巨响的地方，因为我觉得胆壮起来了。"

凯伦指出沿主车道向南行，过了车房就是他房后的小道，一入小道就等于从他的房间出发，绕了豪宅整整一圈。小道有两道铁门，他到达第二道门，就退回来了。自回来的路上，他发现了第二个包。

"你能形容一下那个包吗？"克拉克显然认为这个包很重要。

"在我印象中，有点像学生用的包。"

克拉克又就大小颜色质地做了一番盘问。但是，凯伦无法给出确切的答案。

克拉克只好换一个题目："在你回到前院时，你看见辛普森先生走出房子的正门了？"

"没有。"

"你看见他在什么地方？"

"我只是知道他在院子里，在礼车旁边。"

"他正在和司机说话？"

"是的。"

"你说你看到门前有一个高尔夫球包？你能形容一下吗？"

"是一个瑞士军用包，已经装好了。礼车一开进来。我就把它放进后厢了。"

"你再次回到前院，你和辛普森先生有过一场谈话？"

"是的，我告诉他在房间后面有巨响。我告诉他我的手电筒不好。我想知道他也许有好的。"

"在你听到巨响时，你认为是什么？"

"在我的脑子里？"

"对！"

"可能是有人企图闯入。"

"在你提到需要一个好手电筒时，他的反应如何？"

"他说：有，我想我有。我们一起走进厨房。我听到他说：噢，有那么晚吗？这时间对吗？"

"然后，发生了什么？"

"他转身出来，并没有拿手电。"

"在他说有那么晚后，他跑上车了？"

"是的。"

"你记得那时他穿什么？"

"套头衫，深色的。"

"你认为是原来那件？"

"我不知道。"

"接下来，又发生了什么？"

"我继续和瑞切尔通话。一个电话插进来，是 OJ 的。他说他忘记把报警器打开，他要求我打开。我说不知道密码，他就告诉了我密码。"

三个半小时下来，凯伦还算合作，看上去有问必答。其实比起警察调查，一分不多，一分不少。在克拉克的心中，绝对算不上满意。他的做证足够大陪审团使用。首先，他证实自 9 点 45 分以后，直至礼车到达，他才见到辛普森，前后一个小时有余。其次，后墙砰然巨响，为警察做证发现手套留下铺垫。最后，他还证实除去高尔夫包，尚有一个学生包。这个包现在下落不明。

大陪审团裁决与日后法庭的陪审团的判决，任务不同，标准也不同。前者只决定调查对象是否可疑，是否立案有据。后者则是有罪无罪，定其一生，决人生死。因此，大陪审团只需多数，即可裁决，而陪审团则需无人持有异议，是百分之百的原则。一旦不能达成一致，就是悬判。是否再审，则由检方决定。有不少案子就是到此为止。

克拉克心有不甘。她希望凯伦有吃重的承担，在日后的正式审判中派上大用场。因此，才反反复复，事无巨细，把已问过的问题问了又问。可是，凯伦的态度，令她看在眼里，恼在心头。凯伦的回答看去有形，触之无骨，有如镜花水月，让克拉克无从着力，有一种痛痒难耐的感受。

（七十六）勾登博士救了"唯一凶手论"

召唤尸检官员做证，本来可有可无。平时起诉，控辩双方都会同意，只将验尸报告列入记录，不需费时将其请来做证。这次却是临时起意，连简单的谈话都没有，就把勾登博士请上了证人席。戴维·康主持这个调查。验尸报告由勾登博士随身带来。克拉克和戴维·康连扫一眼的机会都没有。好在戴维·康早将现场照片准备出来，挂在黑板上。这些照片令人触目惊心。戴维·康就根据照片，以此发问，倒也颇为得法。两人一问一答，要言不烦，很快将所有的伤口都过了一遍。戴维·康自认为水到渠成，可以寻求答案了。

"现在，根据你的看法，还有所有伤口的检验，两具尸体上的所有伤口都来自同一个凶器？"

"是的。"

"而且，所有伤口都是单刃武器所致？"

"是的。"

"我这里有四张照片，是同一个武器的。其中三张有量尺放在旁边，你能认出这些照片上的武器吗？"

"是的。"

"而且,你曾见过实物,这个实物是由调查人员出示给你的。"

"是的。"

在一连串的"是的"中,戴维·康建立了伤口与凶器的联系:一个凶器,单刃,与照片上的武器相符。

勾登博士的做证,让克拉克大大松了一口气。自己的"唯一凶手论"虽然言之过早,但调查的结论无疑是雪中送炭,大旱甘霖。不仅如此,他的结论也将与另一个证人的证词互相印证,可谓珠联璧合了。

(七十七)"我看到了OJ"

6月21日,星期二。

克拉克相信今天是个好日子。她对今天的证人寄予厚望,尤其是姬尔·史佛丽。史佛丽是一家电影器材公司的职员,她的气质既庄重又精干。这种人是检察官的上选证人,一出庭就可先声夺人,让寻证工作事半功倍。

史佛丽依照常规先自报家门。克拉克不事耽搁,开门见山:"1994年6月12日,你曾在晚上出门?"

"是的。"

"什么时间出的门?"

"大约10点45分。"

"你确定?"

"是的,我很确定。"

"你何以如此确定?"

"因为我赶到商店买东西吃,那个商店 11 点关门。"

"你是否路过圣文森特大道和邦迪大道相交的十字路口?"

"是的。"

"你到达那里是 10 点 45 到 10 点 50 分?"

"正确。"

克拉克在时间上做足文章后,把史佛丽请到黑板前,让她画好地形图,交代现场的地貌。然后,克拉克顺势利导:"现在,你能告诉我们你的车行方向吗?"

"我的车沿着圣文森特路东行,同时,一辆白色的野马车正沿着邦迪路北行。车灯关着。我到达十字路口时,正是绿灯。可是这个野马车并不减速,直闯红灯。我急忙向这边猛打方向盘。它则向另一方向急转,使我们幸免于祸。"

"在你到达路口时,是否有第三辆车卷入这场危机?"

"是的,有一辆尼桑,在它挡住野马车去路前,我并没有看到它。它正沿着圣文森特西行。这辆尼桑急刹车,避开野马车,但它停车时挡住了野马车北行的去路。野马车中的那个男子对着尼桑大吼,逼他挪车。"

"这个时候,野马车停下了?"

"他非停不可,因为尼桑挡住去路,但是他们都向前移动。野马车试图从尼桑车后面绕过去,尼桑又退了回来。这样重复有三次之多。最后,野马车从尼桑车后面绕过去开走了。"

"野马车的司机一面的窗户是开着的?"

"是开着的。"

"你能看到野马车中的司机?"

"是的,我能够。"

"你是如何看到的？"

"在他几乎撞到我时，他快速地扫了我一眼。然后才大声呵斥尼桑的司机。"

"他对尼桑司机说了什么？"

"他只是不断呵斥：让开路，挪车，让开路。他喊得越凶，尼桑司机越慌。"

克拉克不胜其烦，将整个经过反复问过几遍，才又继续："现在，你刚才谈到的地方，包括整个十字路口是很暗，还是有良好的照明？"

"有良好的照明，不仅有路灯，还有加油站的照明。"

"因此，你可以把司机看得很清楚？"

"是的，我立刻就认出他是谁了。"

"那么，他是谁？"

"我看到了OJ.辛普森。"

"你曾见过他？"

"在公园，在商店，还有邮局。他在那一带无所不在，他是公众人物。"

"当你听到他大声呵斥，他的声音是否很熟悉？"

"是的，我立刻认出是他，百分之百是他。"

史佛丽又描述了尼桑车：灰色，双门。还有司机的外貌：年轻，十八岁至二十五岁，看上去像个大学生。但是，克拉克意犹未尽："你记得辛普森先生的穿着吗？"

"我记得是深色的，除此以外，说不出什么。"

"你记得是长袖还是短袖？"

"我想是短袖。"

史佛丽的证词岂止是"满意"二字可以形容，在克拉克的眼里是天造地设的擎天柱，有了它天都塌不下来。但是，好事要成双，她还有一枚重磅炸弹，可以把案子办得更加轰轰烈烈。

（七十八）辛普森买了一把匕首

稍事喘息，克拉克又转入另一波调查。证人宙斯·卡马丘是精品刀具的推销员。克拉克自文件夹中抽出一张照片，出示给卡马丘："你认得照片上的这个人吗？"

"当然，我认得。"

"你眼前的这个人是谁？"

"他是OJ.辛普森。"

"你以前见过他？"

"没有，我只见过一次。"

"你说见过一次，指的是什么？"

"就是那天，他们在我们店门口拍电影或广告。"

"大约什么时候？"

"记不清楚了，应该是六七个星期以前，或者说两个月以前。"

"你当时和他有过交道？"

"是的，他进店里要求看刀具。"

"你还记得你们的谈话吗？"

"我问他是否需要帮助，他说只想看看短刀匕首。"

"你是怎么为他选择的？"

"我给他看了一些，他说很喜欢，只是没带钱。然后，一小时或四十五分钟后，他又回来了。"

"他喜欢的那把刀是他自己看中的，还是你推荐的？"

"当他告诉我他还会回来后，在出门时，他发现橱窗里有一把，我想他很喜欢。"

"他返回后是否买了一把匕首？"

"是的，他买了一把。"

"他买的那把是什么样子的？"

"是可折叠的，人称薄刃匕首。"

然后，卡马丘又证实这种刀有两种尺寸，但是外观都是一样的。上个星期二或星期三，警察也来店里买了同样的刀。

"让我们仔细过一下。"克拉克举起一张照片，正是戴维·康出示给勾登博士的那一张，"你卖的这把匕首，让我们看看上面是否有字。这字是'斯迪莱托'，即薄刃之意。下面是德国制造。"

克拉克又问道："警察来了以后，是否要你竭尽所能，回忆出尺寸？"

"是的。"

"在你的印象中，你卖给辛普森的是哪一种尺寸？"

"当然是大的。因为他喜欢那个尺寸。"

"当你做成生意时，还有谁在场？"

"艾伦中途加入了，并和他谈了一会儿。然后，他问我们是否能开刃。我们按他的要求做了。"

"谁为他开的刃？"

"艾伦。"

"艾伦？"

"对，他是我的老板。"

克拉克问完，戴维·康又问了几个小问题，得知：辛普森进出两次，并无任何摄制组人员相随。这虽是小小的补遗，却也是十分的重要。

除刀具推销员外，克拉克和戴维·康还传唤了发现尸体的夫妇、勾德曼的同事，还有听到狗叫的邻居。这些证词都是就事论事，与指控辛普森并无直接关系。他们相信辩方也不会大做文章，也就点到为止，不做深究。

（七十九）礼车司机：我又看到黑人男子

最引人注意的证人是司机帕克·艾伦。在传唤之前，克拉克只是简单问过几句。她早已自警察的报告中知之甚详。此人的重要性绝不在凯伦之下。但是克拉克万万没有想到，这个帕克与凯伦正好相反，回答问题简单直接，问下来竟有如水面清风，明白流畅，毫不费力。观察大陪审团的反应也是如此。这也难怪，小伙子相貌英俊，满面诚恳，与凯伦的嬉皮风格绝对泾渭分明。他又与辛普森无恩无怨，不相信他，还能相信谁？

克拉克准备好一个辛宅地形图，然后引导帕克步步为营："在1994年6月12日，你是否接到指示去布兰伍德某地？"

"是的，我接到了这个指示。"

"地址？"

"罗金汉路360号，OJ.辛普森的家。"

"时间？"

"我的指示是10点45分接他去机场。"

"你什么时间到的那里？"

"我10点25分到达。我早到是为了能找到地方，我从未到过那个地区。"

"你到达时，把车停在哪里？"

"我停在阿什福德街。我自罗金汉右转,看到大门,把车掉头停在大门对面。"然后,他下车在马路上抽了一根烟,大约在10点30分回到车上,"在车中,我坐到10点40分,然后我把车开到门口。"

"在你回到车上以后,你是否驾车在附近转过?"

"在我把车自阿什福德街开进院子以前,我曾开到罗金汉路上。"

"多远?"

"直到罗金汉门口。"

"你注意到有任何车停在那里吗?"

"不,我没有看到。"

"没有任何车停在那里?"

"没有。"

"那是什么时间?"

"10点40分以前。"

"10点35分左右?"

"差不多。"

"转回到阿什福德街以后,你把车停在哪里?"

"我把车头对准车道,可以直接望到房子。"

"然后,你做了什么?"

"我下了车,按了门铃,没有任何反应。我一试再试,仍无反应。然后我给老板打电话让他知道家里无人。我首先传呼他,他回了电话。"

"你打电话时,你能看到通罗金汉路的车道。你能看到多少?"

"可以看到车房那一带。"

"你打电话时是几点?"

"第一个电话是10点50到10点55分。老板回电话是10点55分。我告诉他辛普森不在家，楼下没有灯光，楼上只有一盏灯亮着。"

"告诉我们，你通话后又做了什么？"

"在某一个时刻，我看到了人。我看到了两个人。"

"告诉我们，你先看到谁？"

"我先看到那个白人男子。"

"他在哪里？"

"他从后院来，绕到前院车道上。"

"你能描述他吗？"

"金发披肩，五英尺十寸，一百六十磅，牛仔裤，T恤，手拿一个手电筒。他站在那里，给我一个招呼，表示已看到了我。然后，也就是几秒间隔，我又看到黑人男子，六英尺一寸，一百八十磅。"

"他移动的快慢？"

"他移动很快，直入房子的前门。"

"他身上穿什么？"

"深色衣服。"

"当这个黑人男子进入房门后发生了什么？"

"楼下的灯亮了。但是，那个白人男子仍未来开门。我又自车中下来按门铃。OJ这次通过对讲机回答我。"

"你怎么知道是他的声音？"

"与他在电视上的声音一样。我立刻辨认出来了。"

"他说了什么？"

"他说，对不起，我睡过头了。我刚冲完澡，我立刻下来。"

"你和辛普森交谈后，又发生了什么？"

"那个白人男子又站在那里有一分钟。我站在那里，他也站在原地。然后他走过来，为我开了门。"

"你就把车开了进去？"

"在通往正门的道上，你看到了什么？"

"有两个黑色提包。"

"达佛包（圆形束口包）。"

"在这一刻，辛普森出来了吗？"

"没有。"

"当这位白人男子自房子的阿什福德街一侧出来（房子的北侧或右侧），你看到那黑人自车道上走出？"

"几秒钟间隔。"

"几乎是同时？"

"不是也差不多。"

"你还在车道上看到其他的包了吗？"

"有一个，朝着罗金汉大门，靠近那辆罗尔斯·罗伊斯。"

"外观如何？"

"不过是另一个深色包。"

克拉克拿出凯伦标过的图。帕克承认标得很精确。

"你接触过那些包吗？"

"是的。我问辛普森他想把包放在哪里，车上，还是后厢，他要我放在车内。"

"此刻，你和那个白人男子有过什么交谈？"

"你什么时候和他交谈的？"克拉克又加上一句。

"他把我放进去以后，我自车中把后厢盖打开，然后我钻出车外。他走上来问我按门铃按了多长时间，我说我在那里有十五分钟了。"

"谈话时,辛普森是否在场?"

"不,他不在。"

"在你们谈话中,辛普森出现了?"

"是的,他出现了。"

"你曾和那个白人男子讨论过地震?"

"是的,我们讨论过。"

"他说什么?"

"他用疑问的口气:噢,我们这里发生了地震?"

"接下来,又发生了什么?"

"在那一刻,我把另一个包放进车里,这包是他从——或者从房间里拿出来的。样子很蠢,看上去好像是装衣服的包。他把包交给我。我把包放入后厢。此后,辛普森先生与那个白人男子走进房间。他们站在门廊那里,说了什么,我不知道,我也听不见。我只是站在车旁。"

"罗尔斯·罗伊斯边上的包呢?"

"那个白人要帮他拿。辛普森先生说:不,不,我能拿它,没有关系。"

"辛普森拿了那个包?"

"对,他拿了。"

"你看到他把包放在哪里?"

"放在后厢里。"

"他是在和那个白人男子进房以前,还是以后,放的那个包?"

"进房之前。"

"当你驾车进院后,你开始往车上装包,同时,你与白人男子交谈。然后,辛普森自房中出来。这期间,他去罗尔斯·罗伊斯那里拿包?"

"是的,他拿了那个包。他又去了一趟,拿了另一个包。我不知道他是从那辆车中取出来的。"

"把包装上车以后，发生了什么事？"

"他们出来后，我已把车厢关好。他说我们必须出发了。"

"他对那个白人男子说了什么？"

"他们谈及要一起去查看院子。他说你走这边，我走那边。在那一刻，我已将车关好。在准备启程时听到这话。我猜这里有什么麻烦。我准备和他们一起去，但辛普森并未跟上。他只是走回车边说：我们必须出发。随后，他就跳上了车。"

"这时你注意到辛普森先生有什么不寻常的举止？"

"在我看来，没有什么不寻常的。"

"让我问得具体一点。"

"他看起来像吸过毒？"

"不。"

"他看上去不快或者愤怒，看上去很紧张？"帕克的回答都是不。

"他穿着什么？"

"他穿着白衬衫、短袖、蓝色牛仔裤。就这样。不记得穿什么鞋。"

"那天的天气如何？"

"适中。有点热，并不太热，是个好天气。"

"你当时在出汗？"

"不，没有。"

"你注意到什么？"

"他坐在后面，唠叨了几次：哎哟，我热；哎哟，哥们，我热。"

"他看上去在出汗？"

"我看不见，但他确实把车窗都摇了下来。"

"你们到机场后,发生了什么事?"

帕克简单叙述了他帮助拿行李的经过。

克拉克又重新问起在车上的情景:"他打开车上的灯了吗?"

"是的,他打开了。"

"你能从后视镜里看到后面吗?"

"是的。"

"他在做什么?"

"他在检查他的包,我想是那两个在车上的黑包。"

"你开车离开辛宅时,出的是哪个门?"

"罗金汉。"

"你出门时能看到外面停着车吗?"

"在我左边有一辆车。"

"在开出后?"

"我开出门时,必须左右环顾,看到一辆车,但不知道是什么牌子的。"

"你说这车在你左边?"

"是的。"

"你出门时要向左拐,所以你左右环顾,观察来往车辆?"

"是的,左右环顾。"

"你是否观察发现在门的右侧停着一辆车?"

"那里没有车。"

"你确定?"

"我十分确定。"

"那里有可能有一辆车,只是你未看见?"

"正确。"

（八十）电视上的传票

一夜好觉，使克拉克自觉意气风发，一路上仔细盘算：凯伦 9 点 45 分见辛普森最后一面，史佛丽夫人 10 点 45 分在邦迪见到辛普森，而帕克直至 10 点 55 分还未见到辛普森。凯伦听到巨响，先看见帕克的车，而帕克在看到凯伦之后，又看见黑人男子出现。一切竟是那样严丝合缝。辛普森不可能有不在场证明，相反，他在邦迪路被史佛丽看到，却几乎是等同在现场被人看到……若是日程紧凑，星期四应能传讯完毕。星期五或下星期一应能拿到大陪审团的结果，届时就不必有什么预审听证了。

还有个好兆头：电梯也是顺畅无比，一站直达十八层。

电梯门一开，一群人即将克拉克堵在门口。这些人是记者，争相在她耳边鼓噪："玛莎，玛莎……"

克拉克挤出人群，然后转过身来，听记者们的提问。"玛莎，昨天晚上你看《实录》了吗？"记者们是异口同声。《实录》是 ABC 的新闻专题节目。

克拉克很有兴趣，摇了摇头。一位男记者抢在前面："史佛丽夫人昨晚在电视中说，她看见辛普森在邦迪，此事确实？"

克拉克顿生警觉，大陪审团的一切是不公开的，这个分际必须遵守。她摇摇头："无可奉告。"

"可是她什么都说了，我们还在电视上看到那张传票。"另一个女记者穷追不舍。

克拉克一听怒火攻心，只是面上仍不改色。

一入办公室，看到桌上有一份传真，标签上注明十万火急。克拉克坐下一读，又不得不站起来。这是一位电视明星，名叫布莱恩·帕崔克·克拉克伊。在他的传真中，史佛丽夫人是另一副嘴脸。克拉克伊也看了昨天的《实录》，发现与史佛丽夫人有过交道，而且是极不愉快的交道。这位史佛丽夫人曾谎称是电视剧作者，要求他读一本专为他量身度造的剧本。她说一家制作公司已用二十五万美元买下版权。她声称希望克拉克伊担任主角。克拉克伊虽然成名经年，却仍是不谙世事，何曾见过如此胆大妄为的骗局。史佛丽夫人又趁势向他告贷六千美元。克拉克伊面不改色，慷慨解囊。谁知不久，真相毕露。这个剧本原来是电影剧本，如假包换，只是早已进入前期拍摄，男女主角也另有其人。克拉克伊只好告到小额赔偿法庭，追回两千美元。这是小额赔偿法庭授权之极限。若进入正式的民事法庭，克拉克伊的律师费都要超出六千美元这个数。克拉克伊明白告知：史佛丽夫人是个经济骗子。

昨天，史佛丽夫人在电视里说了一些什么，唯有向戴维·康求证。他想必已经知道。克拉克来到他的办公室，范纳特也在这里。克拉克立下命令："把那个女人带到这里来！"

戴维·康已知详情：在节目中，史佛丽接受访问，将那晚巧遇辛普森之事绘声绘色，大事渲染一番。为证明所言不虚，又将大陪审团的传票在摄像机前大肆炫耀。

史佛丽被带来时，判若两人，满面恓惶，手足无措。两位检察官严厉诘问，她只能极力狡辩：这个节目是在做证前一天录制的，又是在做证后播出的。她认为算不上什么问题。她在做证前彻夜未眠，十分紧张，所以忘了这回事，云云。最后，她不得不承认自电视台拿了五千美元的酬劳。

克拉克固然生气但也有几分庆幸。在做证完毕，大陪审团主席均会警告证人，不得与任何人讨论做证之事。此节目既是做证前录制，就不算违法，否则真是有点投鼠忌器，罚她个藐视大陪审团，就无异于承认自己闹了个大笑话。眼下无话可说，只好砍掉这个擎天柱。

这个决定实在聪明，克拉克并不知道，此刻，另一份传真正躺在夏皮若的办公桌上。

诘问完毕，克拉克又开始在大陪审团传唤证人。今天传唤了几个警官，内容是搜证、采证、鉴证。几位警官是汤姆·兰、费尔·范纳特、山若姆·帕拉蒂斯和丹尼斯·冯。

（八十一）夏皮若要关掉大陪审团

嘎塞提在媒体上放话之初，夏皮若念及旧日的交情，仍心存幻想，认为不过是辛普森一跑，有失颜面。因此，耀武扬威，出口恶气罢了。

几日下来，各种消息灵通人士纷纷出笼，把内部消息搞得满国风雨。到了星期三晚上，形势急转直下，一卷911录音带掀起轩然大波。夏皮若确信控方放话不再是泄愤，而是经过策划周密部署，意在先声夺人，打一场法庭外的公关战。

这个911电话是妮蔻在1993年10月25日打的。录音中，妮蔻的声音惊恐万状，又似愤怒焦急："你能立刻派个人过来吗？我的前夫刚刚破门而入。他在狂喊乱叫……格莱特纳·格林街。他回来了，快！"这是她一分钟内的第二个电话。

"他的外貌？"调度员训练有素，立刻索取人物的特征。

"他是OJ.辛普森。我想你知道他的记录。你能派人来这里吗？"

"他在那边干什么了？"

"他砸开后门进来了。"背景声中，OJ.辛普森在那里咆哮，很难分辨其中的内容。

"等一下，我们将派警察过去。他在做什么？他在威吓你？"

"他在发狂,在对着我的室友大叫,是关于我的熟人,还有拉皮条的人。这都是我的错。现在我能做什么?我只是不愿意让孩子们看到这些。"录音中,妮蔻又转向辛普森,"求求你,你冷静一点。"辛普森则在背景中大骂:"×娘×的,我绝不走。"

广播媒体立即展开了大比赛,全国上下,不分大小,一遍一遍地比着播这一段,有的台甚至频密到十分钟一次。

夏皮若听到这段录音,既怒且惧,立刻召集尤曼和德休威兹商量对策。他开宗明义,提出主张:"大陪审团不可能再独立判断。我们应该提出动议,排除这个大陪审团。关掉它,理由是检方渎职。"

尤曼反对,德休威兹赞成,二人各执一端。尤曼铁口直断:这样的机会绝不会有。而德休威兹则认为值得一试。他分析了利弊:打掉大陪审团,检方只剩下预审听证。在短短一周内,检方很难有效地组织起来。血液分析并非几日之功。还有几个重要的证人尚未面谈。在预审听证中,辩方可以交叉质证,此乃大陪审团调查所无的便利。这样可以尽早锁定证人的证词,不给检方任何机会去锻炼证人的证词。因此,必须阻断阳关道,让控方过预审听证的独木桥。辩方只要稍做阻击,就可让控方断手跛足。辩方只要不申请延期,时间就在辩方一边。德休威兹甚至断定,预审听证应会现场实况转播。但是,从短期看,检方证人将会排着队来指控辛普森。而除去质证,辩方却无法用自己的证人对抗。形势必然一面倒,形成舆论上的先入之见,对未来的审判定然有影响。因此,必须有心理准备:短期的形势一定是雪上加霜,十分痛苦。

夏皮若不为短期痛苦所动,强硬坚持:"我非要试试不可。"

（八十二）克拉克对史佛丽大动恻隐

6月23日，星期四。克拉克将传唤最后一个证人考林·雅马乌齐。屈指算来，进度完全在控制中，看来与预审听证的赛跑可以见分晓了。

不过，克拉克尚有一件事要做。两位检察官进入会议室后，二十位大陪审团成员已然到齐。

"现在人民要再次传唤姬尔·史佛丽。"检察官自称人民皆因他们代表人民起诉罪犯。

克拉克看着史佛丽夫人又出现在证人席上。

"史佛丽夫人，6月21日，你曾在这个大陪审团面前做证？"

"正确。"史佛丽脸色灰白，一副大难临头的样子。

克拉克核实了史佛丽向警方自荐的经过。史佛丽用一串"正确"作答，然后克拉克言归正传："此后，你又接受了一个采访。新闻节目《实录》采访了你。在采访中，你对着摄像机出示了传票？"

"正确，我是这样做的。"然后史佛丽夫人向大陪审团承认她因此获得五千美元酬劳。

"星期二的早上，6月21日，你即将为大陪审团做证的早上，你和我，还有戴维·康才初次会面，对吗？"

"是，确实如此。"

"在此之前，我们之间不曾有过任何接触。即使是电话也没有，对吗？"

"是的。"

"仅在你做证前一刻，我和戴维·康询问了你？"

"确实如此。"

"在6月22日，就是你接受《实录》采访的次日，对不起，是采访播出的次日，我们把你唤回检察院，又询问了你。这正确吗？"

"确实如此。"

"当康先生问你，为什么你告诉我们，你只和母亲谈过将要做证的内容。而事实上，你已接受了采访。你回答说你并未意识到这包括母亲和朋友以外的人。这是实情吗？"

"我——这是实情。"史佛丽开始了一轮语无伦次的解释。

"不管怎样，史佛丽夫人，当康先生问你和什么人曾谈及此事时，你并未告诉我们，在我们谈话之前，你已经接受了采访。这是否正确？"

"正确。"

克拉克把这些细节像车轱辘滚一遍，不仅是辨清责任，使自己无懈可击，她有更深一层的意思：防止史佛丽向外界散布内情。这个人已经无法信任。把每一个细节都记录在案，可以像紧箍咒一样约束她，无法再次胡说八道。毕竟大陪审团的规矩在那里，她绝不能向外界吐露任何细节。对这个人的封杀必须从里到外，让她永远不能再出现在公众的视野，此事才能真正到此为止。

克拉克目送法警将史佛丽夫人请到外面以后，又转向大陪审团："本大陪审团的先生和女士们，只因身为检察官，我们有责任向你们提供百分之一百一十确定的证据。所以，我们必须要求你们完全摈弃史佛丽夫人的证词。虽然她不曾如实回答我们的问题，这并不意味她在做伪证。只是我们无法在此刻核实她的证词……你们绝不能允许她的证词成为你们决定的一部分。如果你们无法排除她的证词，请以公平和正义的原则，自我引退，离开此案。"

其实，这也是政治正确的套话，只为记录在案，免得日后生出麻烦。

大陪审团的人个个正襟危坐，毫无表示。克拉克转向主席："主席夫人，我注意到无人要自我引退。"

至此，克拉克和史佛丽的关系，瓜是瓜，葛是葛，分得清清楚楚。不过想起史佛丽的羞辱，她也不免恻然。史佛丽毕竟是友非敌，原不该相煎太急。

（八十三）贝雷拔刀相助，翻出尘封的杰作

夏皮若把撰写动议的任务交给了德休威兹。德休威兹在开篇之初，先列了一个清单，指陈嘎塞提和克拉克的言论，历数控方与媒体相互勾结，违法披露案情：

6月17日，《旧金山观察报》报道，据某探长透露：豪华礼车司机说晚10点45分，他到达辛宅时，并无辛普森的踪影。晚11点以后，辛氏方才现身，看上去汗流浃背，愤恨难平。

6月19日，《洛杉矶时报》报道，一位匿名警官告诉他们：一道血迹留在辛宅的车道上，其血型与辛氏的血型吻合。在辛宅卫生间的下水道中发现血迹，与妮蔻·辛普森的血型吻合。辛宅外面发现一只手套，与邦迪现场的手套实为一对。

同日，该报另文报道，另一匿名探长透露：野马车中的血迹已检验完毕。警方相信辛普森与妮蔻复合失败是辛氏行凶的动机。

6月21日，《洛杉矶时报》报道：检方拒绝就化验结果评论，但是据可靠来源称，初级DNA检验证实辛氏涉案。

6月22日，911录音解密。媒体还披露1989年的警方报告，记录了辛普森殴打妮蔻。

6月24日，《洛杉矶时报》报道，虽然媒体追踪这两份记录，但是它们的面世，乃是经过检方精心安排，恰好在晚新闻之前。

还有诸多报道，信誓旦旦，来自某警官某探长某检察官，只是日后未见

检方提起，或无从证实：警方在辛宅发现血污的滑雪帽。警方发现锋利的掘壕工具，相信即凶器。在飞往芝加哥的飞机上，辛普森始终把手藏在包中。辛氏的高尔夫包中发现致命证据。一个加油站的工人报警，看到辛氏在下榻的酒店外的树林里游荡。芝加哥警方在树林中发现墨镜、背包和一双袜子。

这类证据俯拾即是，德休威兹只选择了加州的几家媒体的报道。

法例部分，以哈佛教授德休威兹的功力，自非难事。只是引经据典，不能不大费周章。夏皮若却有个取巧的法门。他记得二十年前，F.李·贝雷的成名作山姆·舍帕德（电影 Fugitive 的原型）一案，有着同样的情节。贝雷曾下足功夫，不仅上诉得直，而且在重审后又赢了此案，成就了他一世之英名。与其耗时费力查找案例，不如把贝雷的东西拿来移花接木。贝雷得知夏皮若的困境，当然拔刀相助，将尘封三十年的杰作，自箱底翻出，从佛罗里达传真给夏皮若。德休威兹就将贝雷的东西三拼两拆，略加修饰，做出一篇通体透彻的大文章。

（八十四）一旦定罪，我们将以此上诉

次日早晨，尤曼和夏皮若带着动议，前往州高级法院。这情景犹如堂吉诃德向风车发起冲锋。一路上，尤曼仍持悲观态度："提动议绝对正确，但是绝无胜算。"

夏皮若却是气粗得很："我们会赢，即使输了，也是记录在案。一旦 OJ 定罪，我们可以以此为据上诉翻案。"

接下动议的是法官伊藤，他是州高级法院刑庭的助理主管。辩方的动议立刻在警检方面引起震动。披露 911 录音是赢了面子，输了里子。这件事曲

在本方。记者固然可以援引公共档案法要求公布，但检方已决定将其列为呈堂证据，而且是重要的证据，检方自有责任将其保护到开庭呈堂，更何况这还牵涉到被告的宪法权利。

嘎塞提首先发难，批评市检察长杰姆斯·汉将录音解密。杰姆斯·汉反击说，他披露录音是因为洛杉矶警察局已经获得郡检察院的批准。警察局则声称他们根本就反对披露这个录音，只是检察院不支持他们的立场。最后责任落在戴维·康的身上。原来警察确实请示过检察院能否根据州法解密。康的回答是：按你们的惯例办。这个回答也无大错。指责一圈，回到原点。嘎塞提仍不输口："我非常自信。我们能够找到十二个陪审团员。他们对此事一无所知。"

在尤曼向伊藤法官宣读动议的同时，高院刑庭主管法官赛舍玛·米尔斯正在约谈大陪审团的成员。据说是应嘎塞提的建议。结果不言而喻。早上，10 点 30 分，米尔斯约见了检辩双方，宣读了他的裁决："根据要求，本庭发现 1993 届、1994 届大陪审团面临极为特殊的形势，导致非预期的结局。有关成员已经知晓造成偏见的情节。这些情节来自郡检察院，本庭因此终止大陪审团对此案调查的授权，以保护辛普森的程序权利，保护大陪审团进程的完整。"

辩方不仅因此赢得裁决，而且创造了历史。终止大陪审团的调查在美国历史上从无仅有。不仅如此，德休威兹曾在动议中附议一条，竟也获得批准：允许审阅大陪审团的记录。这样，大陪审团的记录成为公共档案，人人可以阅之。这也只怕是绝无仅有的事情。

辩方在最后一刻才知道，大陪审团的表决定在下午 2 点，也就是三个半小时以后。

克拉克为山九仞，功亏一篑。

（八十五）独肩大局，克拉克渐感吃力

　　大陪审团之役犹如棋局。截断阳关道，未见得真把克拉克逼上独木桥。夏皮若是棋先一着，占了一些便宜，但并未真正占了多大的上风。

　　若是认为克拉克对大陪审团寄予厚望，就是小看了她。克拉克生性泼辣好斗，颇有男子之风。因此，靠着暗箱操作，攫取优势，未见得合她的脾性。她喜欢强弓硬弩，披坚执锐，自诩是个攻城拔寨，斩将搴旗的角色。她看待预审听证倒是与德休威兹英雄所见略同：预审听证并不坏，是开审前的实战操练。运用得当，可以制敌机先，在法庭内外都可以占住优势。若运气好，可以不战屈敌，逼被告认罪，以求轻判，更何况辩方已拿到大陪审团的记录，反而造成敌暗我明的局面，现在，克拉克反有必要，当面接触一下，摸摸夏家军的实力了。

　　然而，克拉克又是一个女人，一个极其聪明的女人，对独肩大局渐有不胜负荷的感觉。她对"共同首席"向有怨言，但此时却发现它也有长处。此案越滚越大，要在一周内再重演一出，有个搭档，共同磋商，分担任务是绝对必要的。康虽是上司，但友情多过阶级。他的为人，善解人情世故，与他工作极其舒服。在大陪审团期间，二人合作足够默契，锋头多在自己一边。康的确是个谦谦君子，是个女士优先的超级模范。

　　可是，终止大陪审团的当晚，嘎塞提将二人召至办公室："玛莎，你必须选好搭档。我将尽力满足你。我希望你选择的人必须与你同样能干。"这意味嘎塞提不许她选择中低级检察官搭档，以防造成一头独大的局面。

　　克拉克将头一偏，向着戴维·康的方向一挑。

　　"不。"嘎塞提立即打了回票，"我需要戴维主持费南德斯的案子。"这也是关乎嘎塞提前程的大案。

克拉克顿觉信心大失，发现自己对康依赖甚深，超出想象。上哪里去另找一个康呢？

（八十六）豪格曼一笑：我早就不耐烦了

其实，这样一个人并不难找。有那么一个人物，天造地设，就在身边，只是克拉克一时情急，不曾想到。

此人名叫比尔·豪格曼，是检察院中心办公室的主任，也就是嘎塞提的大内总管。

豪格曼的检察官生涯起自长滩分院。当地居民以白人为主，循规蹈矩，民风十分保守，一向是法律与秩序的拥护者。因此，任何一桩罪案在这里起诉，都很容易定谳。尽管如此，豪格曼的成绩也仍是超人一等。他曾成功地起诉了四十件谋杀案，在账面上是克拉克的两倍。但是因为地区不同，很难相比。只因洛杉矶下城的案子，起诉起来很难。这里居民成分非常复杂，非洲裔占着相当一部分。虽然从选民登记看，非裔选民仍是少数，但是一遴选陪审团，非裔候选人不仅占多数，而且数倍于其他族裔的现象也常常发生。不同的族裔对案件的视角也往往不同。非裔成员对警察搜证，控方举证也甚为挑剔。这也决非非裔成员天生有偏见，只为美国警察公平对待非裔国民的记录实在无法恭维。因此，下城检察官的工作也甚为吃重。稍微料理不当，不是悬判，就是输掉。在下城检察官眼中，郊区的检控只能算轻量级，久而久之，他们产生了一种职业上的优越感，不怎么看得起郊区的检察官。

九年前，豪格曼转入下城，与下城检察官的风格格格不入。虽然，检控工作戾气很重，豪格曼却因长年在白人富裕区工作，把法庭风范练得温文尔雅，喜怒不形于色，反衬出下城的检察官粗野如丛林中的陆战队，嗜杀成性，摸爬滚打，样样都来。在法庭上，尖酸刻薄，牙眼并用，是那种不问手段，只问结果的货色。

豪格曼转入以后，即接手指控一个储贷公司的主管。这是一个涉及几个亿的诈骗案。豪格曼办得漂漂亮亮，把这个家伙送入监狱。仅此一案，让豪格曼在下城站住脚，成为嘎塞提的爱将，很快又被提拔为大内总管。

克拉克与豪格曼的关系，较之康更早，而且也曾搭档过一段。豪格曼调入中枢后，克拉克也被嘎塞提看中，将她调来做豪格曼的副手。这是一个六位数薪水的职位。一个妇女，又是两个孩子的娘，长期在一线辛苦，能转入这样一个位置，实在是个求之难得的出路。

豪格曼方正沉稳，克拉克泼辣干练，可以借长补短。事实上，两人配合得珠联璧合，全无窒碍。但是，很快克拉克变得不安其位。这种朝九晚五的工作，即使是权力在手，也不如一刀一枪的日子痛快。克拉克又上下活动，转到特别检控处。这个处里，连康算上也只有五个律师，是专门起诉大案的，只是薪水也随之退到五位数。克拉克将成就视为生命，把金钱看得如此之淡，这在美国人中间，实不多见。

把同事想过一圈后，克拉克终于想到了豪格曼，看来这个"共同首席"非他莫属。

豪格曼的办公室在楼上。克拉克上来时，房门大开。看过去高窗皮椅，秘书当门，十分气派。这也是克拉克的故地。克拉克把头向里一探，毫不客套："有时间吗？"克拉克也曾是这里的老首长了，所以，秘书连头也没抬，继续自己的工作。

"当然，老搭档，快进来。"

"比尔，还记得我们经常谈起，要一起办个大案子吗？"

豪格曼点点头，在等她的下文。

"你愿意和我一起办辛普森的案子吗？"

豪格曼会心一笑："我早就不耐烦了，真想早日回到法庭上去。"

他又停了一下，有些不确定："让我和老婆通通气，看她怎么说。"

谈话到此为止。

次日一早，豪格曼走进克拉克的办公室，双拳紧握，挑起两个大拇指，向克拉克眼前一推：行了！克拉克舒了一口气，拉着豪格曼，就下楼去见嘎塞提。

嘎塞提不仅首肯，而且立即下令："你们的职权一样轻重，没有首席次席之分。"

克拉克一听，不快顿时写在脸上。嘎塞提如此专门强调，既伤面子又伤心，更何况这双首长制也不合理，一人说了不算，只会贻误时机，不利办案。

豪格曼见状，把克拉克拉出门外："玛莎，这是你的案子，我知道进退的分寸。"

克拉克夫复何言，这岂止是另一个谦谦君子，简直是更加超级的模范。

（八十七）两个一级谋杀

人事底定，嘎塞提立即召开一个大型会议。参加者除去两个副手，有各部门主管，还有克拉克点名的检察官。

6月25日，星期五的清晨，到会者十五人。克拉克身着一袭时装，典雅庄重，与周围的牛仔裤T恤成强烈对照。她那郑重其事的态度增益会场上的临战气氛。

"开始吧，玛莎，"嘎塞提发话了，"先简报一下我们的进度如何？"

克拉克先自血样开始。这是全案的关键。她相信仅凭这一项，就可以将辛普森放进监狱。

"先让我逐项简报，"克拉克打开笔记，"在邦迪，离开现场的几滴血，经警察罪证化验室做的DNA试验，已指向辛普森。这些血迹右侧的鞋印是十二码，这正是辛普森的尺寸。罗金汉手套上的血似乎是妮蔻和勾德曼的混合，也许还有辛普森的。我们已邀塞尔马克实验室做更高级复杂的检测，测试血样已经送出。"

克拉克观察了同事的反应，似乎尚好。

"还有更多的检测会出来。野马车上司机一侧的血脚印，在做血样检测之前，已经就鞋形做了取样。因此两项检测互不干扰。另外，滑雪帽要做毛发检测……"

如此这般，克拉克把调查进度做了详尽的交代。讨论到辛普森到机场前后，麻烦变得多了。几乎每个人的意见都不同。克拉克知道此环节十分薄弱，就将同事的疑问判断一一记下，留待深入推敲。

最后讨论的是罪名。这才是本会议的压轴戏。克拉克面临三个选择：一级谋杀，二级谋杀，还有凶杀。谋杀者顾名思义，即心中已有剥夺对方生命的意愿。一级和二级的区别，只在一级经过周密准备，二级则是临时起意。凶杀则是一时冲动，失去自我控制，因激愤而动手，因动手而过当而夺命。凶杀这一级涵盖甚广，只要造成死亡都可纳入这个范畴起诉。有些地区醉酒驾车导致死亡也可纳入其中。因此，凶杀一级范围模糊，灰色地带较多，只能就事论事。在量刑上，绝无死刑之可能，随后的假释也有伸缩之余地。

克拉克首先说出自己的主张。这个主张她自己从未有过任何疑义："我准备用两个一级谋杀起诉他！"

全场为之一震。这下招致的反对可大了。

地区行动部主管首先提出异议:"你等于是在仰攻。要求陪审团定罪,却不留一点余地。"

在加州一级谋杀按律可定死罪。凡是面临死刑,陪审团都会格外慎重,对证据也会加倍挑剔。谁会为了一念之差,而杀掉一个不该杀掉的生命。若是日后发现另有真凶,或是别有隐情,被证明是误判,那将是连做梦都不能原谅自己的事情。

"可是,我们应有原则。忘掉辛普森的名人身份,这与罪名指控无关。"克拉克大表反对,力唱高调。她一向反感名人这个称谓,更何况自己名气上升,直追辛普森,也不过是一夕之间。彼一时也,此一时也。他一时也,我一时也。

凯尔伯格在一旁插话:"我看他的模式应为二级谋杀。这属于怒从心头起,恶向胆边生。我看他去那里,并无杀人的计划。"

这个凯尔伯格是克拉克最欣赏的人,也可说是最佩服的人。在克拉克心中,他是一个天才,判断主张一向是一流的。他本是克拉克最先想到的合作人选,只是此君自有哲学:案子无分大小,一人检控足矣。他根本不愿与任何人合作。他的原则其实与克拉克一样。任何案子,不接则已,接了就必须能够自作主张。嘎塞提非要玩共同首席这个花样。克拉克虽然无奈,也不能专找一个人来和自己作对。没找他看来是对了。否则,一路作对下去,那可如何是好?

克拉克也是刚强性格,怎能退让:"那怎么解释,他带着匕首、手套还有滑雪帽,更不用提在不久之后,他又要飞往外地。"

"我想他去那里,只是意图恫吓。"凯尔伯格幽幽地说出新的见解,"而且,当他看到勾德曼进来,他才因激愤,而失去控制杀人。"

"你是说,辛普森带个匕首五英寸之长,一副手套羊毛为里,还有滑雪帽遮住面部，在这仲夏之夜，只是为了吓唬吓唬？这显然是意图谋杀。不仅如此，我看辛普森和凯伦去买快餐，也不过是障眼法。记得吗？凯托说过，辛普森从未与他出去买过快餐。这看起来是预先设计出一个不在场证明。"为了加强自己的主张，克拉克隐去一个重要事实，即这次买快餐，是凯伦自我邀请，并非辛普森的本意。

克拉克的话不无道理，至少嘎塞提的眉头已经舒展。他把头偏向两边，看看两个副手。佛兰克心宽体胖，像个泰迪熊。他驭下一向以推恩为主："首先——至少像是那么回事。"

众人又将目光扫向珊蒂。她是检察官总监，最高官阶的女性。她的意见在专业上一言九鼎。

"我认为是一级谋杀。"她的话疾徐有致。

嘎塞提眉头大开。虽然仍无一语，大家都明白最高决策是3：0。

还有一个问题，克拉克要澄清。勾德曼的情况略有不同。其实杀他的罪名在一级二级之间，可是克拉克仍要按一级起诉："记住，他的伤势质与量，都显示是有计划的。"这话在常人耳里很难理解。可是克拉克相信同事的专业素养，无须做进一步解释。这是一个灰色地带。所谓预谋，无法以时间长短来界定。一年以前可以"预谋"，一分钟以前也可以"预谋"。勾德曼身上挨的不是一刀，而是不可计数。这就意味有明显致死意图。

"还有，这样界定自有道理。勾德曼之死并非出自嫉妒成性的前夫一时冲动，而是经过精心计算的灭口行为。"这个出新的诠释虽然已挑战众人的直觉，你还真要佩服克拉克的聪明：一时冲动，自然应是二级。只有上升到灭口，才能与预谋挂钩。这已有为结论制造根据之嫌，但众人再无提出异议。

嘎塞提仍是一言未发，似是首肯，似是苦思，也似是在默默庆祝：一个重大而又困难的决定终于做出了。

（八十八）李昌钰走犯罪现场

一连数日，夏皮若一行泡在邦迪现场。李昌钰自上周末离开，这是再次返回洛杉矶。这三天专为李昌钰和巴登安排，夏皮若们不过是陪同而已。

星期五下午，他们初到现场，看到犯罪现场如此狭小，真是出乎意料。勾德曼陈尸处，大不过一个大壁橱。可以想象，在搏斗中，一出拳，一飞足都会碰到障碍。被堵在里面真是无路可逃。而妮蔻陈尸处，更为局促，不必说什么厮打，将一个人横卧塞在那里都困难。

李昌钰四处拍照，异常繁忙，任何可疑之处都不放过。现场已经清洗过，因此，可着力处大为减少。夏皮若们下午6点30分到达，可是一露面，警察就先警告：他们在7点钟，离开。其实，当时正值仲夏，六七点钟仍是天光大亮，只是飞霞满天，暮色渐近而已。

次日下午，李昌钰一行重返现场。这次，他们有充裕的时间观察讨论，重建现场。与昨日不同，兰和范纳特都到场了。夏皮若一行这次进入了公寓。卡达辛和妮蔻是十几年的老朋友。可是，妮蔻搬来并不久，所以卡达辛从未到过此地。他的观感是面积狭小。夏皮若一行在后面的小卧室内，发现了一顶针织滑雪帽，看上去与现场的是一对，可是警方并没有采集。

在走现场前，夏皮若几人曾聚在一起，过目控方送来的现场证据。几个大箱子，既无分类，亦无时间顺序。有的有标签，有的没有，让他们开始了猜谜游戏。在夏皮若眼里，还未过招，对方就开始耍花样了。

这些可难不倒李昌钰。他抽出几组照片，摊在桌上，为众人讲解：从地形看，院子高于街面，因此现场的血流向大街。现场用血流成河形容，绝不过分，只是很难发现脚印。有些血迹状似脚印，但应为两种不同的脚印。

妮蔻身上腿上均有血迹，但这并非是她的。凶手是右手，伤口走势自左而右，血迹喷出的方向也是自左而右。在背部有八至十一滴血，在腿部有十二至十四滴血，这一定是来自他人。

妮蔻是赤足，但我们没有警察的照片，不知是否有血迹。这极为重要。妮蔻可能让凶手进了前门，在她转身入房之际，凶手抓住她。这一切都发生得极快。在她喉咙被割时，她是跪姿。她的背部有狗毛，树丛几乎被踏平。狗是不会的，一定有人藏在那里。

李昌钰的分析只是信手拈来，已让众人倾倒。各位都在心中暗自庆幸，抢先一步，请到李博士，真是有如天助。

谈起勾德曼也是有声有色：刀伤集中在左边，刀刺方向来自凶手的右边。勾德曼被堵在角落里，看这张放大的照片。他周身是伤，显然有过一场殊死搏斗。潜入者一定也带伤。这里是一个双斗指纹，是谁的？

还有罗金汉现场，也颇具玩味。一滴血在院外，四滴在门内。它们的距离是均等的吗？不是！这里有一个烟头，是在辛宅。妮蔻家有三个。他们有没有做 DNA 检测？凯托的后窗，你能爬进爬出吗？你能将手套扔到那个地方吗？

第三日下午，也就是星期天。夏皮若一行又继续勘查罗金汉现场。凯托·凯伦的故事是他们要解的谜。

在凯托的房子里，他们把墙擂得砰砰响。墙上的镜框却是纹丝不动。他们又绕到后面，轮流冲撞后墙，仍是纹丝不动。再打开窗户，探身在外，发现手套处距此五米。凯伦或警察能从这里把手套扔到那里吗？可能，但是角度太偏，极为困难。

在辛宅门廊入口，李昌钰又发现了三滴血。在警察记录中，无从查考。在众人眼中，它们如此明显，竟会被警察漏掉。夏皮若的长期私人侦探帕佛里克大发议论："你们谁曾见过这样的案子，手套明显是来自另一个地方？"

这句话触动了巴登。他办案逾千,倒是从来不曾见过,所有关键证据皆来得如此方便容易,能在一夕之间尽入掌握之中。

(八十九)辛宅又被翻了个底朝天

预审听证在即,克拉克自觉要做得太多。但是,何为第一要务?目前要推凶器了。卡马丘的证词开了头,勾登博士也有十足的支持,若是寻到那个凶器,则大局底定。

因此,克拉克决定二入罗金汉,将辛宅再仔细搜一遍。为慎重其事,克拉克在搜查证上很费了一番功夫。她先读了一遍范纳特此前的搜查证申请书,不由得暗暗心惊。辩方可以对此做出很多文章,日后将有一番恶战。经过推敲,克拉克将搜查严格限制为三项:凶器,行凶时的黑衣,还有罗尔斯·罗伊斯车内。

6月28日一早,克拉克、豪格曼、康、兰和范纳特五人一组驱车罗金汉。甫一登路,几架直升机临空而至。飞桨声、马达声,噗噗砰砰,周天响彻。克拉克大为不满,向兰问道:"这是你们干的?"

"这就是媒体!"兰四两拨千斤,答得近乎玩世不恭。

克拉克随身带了一个摄影师,以帕克·艾伦等人的证词为脚本,将他们的视觉发掘出来。既可佐证他们的证词,也可保留资料,防备时序环境变化。

在院中,克拉克看到范纳特与马克·佛曼站在一起,就决定抓住机会再谈一下,把初探罗金汉前前后后再梳理一遍,上次佛曼给克拉克留下了很不错的印象。

未谈几句,直升机各霸一方,高高盘踞,三人只好对着耳朵大声喊。一位着装警员过来警告他们,直升机上有麦克风。克拉克就拿出纸笔,进行笔谈,又有人提醒天上有摄像机,克拉克只好避入屋内。

起居室内,电视正在直播,画面中正是辛宅。克拉克一时时空错乱,不知谁在看谁。

辛宅又被翻了个底朝天。结果好坏参半。无凶器无黑衣,罗尔斯·罗伊斯车中也无血迹。最后一项是好消息,证明辛普森自汉堡王归来,与凯伦分手之前,并无受伤。

克拉克看看再无收获,就步出辛宅。一个警察自后追上:"玛莎,我发现了他的离婚档案。"这是一封信,抬头印着OJ.辛普森企业,日期是1994年,6月6日,也就是妮蔻遇害的六天以前。信的内容让克拉克振奋不已:"妮蔻,你无权把罗金汉360号作为你的永久地址,或邮寄地址,不管你如何使用。这也包括税务报告。你的行为会有意或无意误导税务局……我不想牵涉其中。"

克拉克心中暗喜:辛普森坚称与妮蔻关系和睦友好。这封短信证明他所言不实。康看到信,陷入沉思。这是心照不宣的事。克拉克申请搜查证,精心筛选,只列三项,竟是作茧自缚,没有为其他证据留下余地。扣下这封信,没有授权,将可能成为日后呈堂的障碍。

"我相信法律站在我们一边。"康终于发话了,"我认为可以扣押。"

(九十)预审听证正式开庭

6月23日,星期四,预审听证正式开庭。

夏皮若率领全队人马,早早抵达。一跨出电梯,就看到OJ.辛普森仍在那个笼子里,画圈踱步。他的神情紧张兴奋,让人看起来耳目一新。他上身仍着那身西装，却与上次不同，合身挺括，显出体重已经恢复。一条朱红领带，杂有白色圆点，与深色西装一配，平添了几分英气。几天前，监狱已解除自杀监管。因此，领带已不在禁止之列。在众人眼中，旧日的 OJ 仿佛回来了，而且状况很是不坏。

法院外，路人、警察和记者将广场塞得满坑满谷。辛普森的律师早已习以为常了，只是今天多了一道奇观：许多贩夫行商也来报到。他们把货车与卫星转播车挤在一起。自高处望去，万国旗飞扬，有如夏日市场，艳阳下花枝招展。一个跳蚤市场在这里安营扎寨，叫卖的物品皆与 OJ. 辛普森有关，其中多为 T 恤。还有许多自制的纪念品，颇为独出心裁。从这一天起，它成为洛杉矶的一道大景观，春华秋实，夏霖冬雪，伴着这个世纪大审判，整整兴旺了一年有余。

其中一条 T 恤颇为瞩目。它的正面印着：请勿榨制橘汁。此话一语双关。因为橘汁的缩写，也是 OJ。有果汁厂家曾请辛普森代言，就是取这个巧。

夏皮若抓紧时间，开个小会，通报一下程序。辛普森一改任人操纵的态度，开始提出问题。许多问题颇为切要，显见有过深思熟虑。

夏皮若问卡达辛和塔夫茨是否有意坐在律师席上。两人敬谢不敏，宁愿坐在听众席第一排。法庭被一道栏杆分为两半，前部为审判区，后部为听众席。栏杆后面的第一排专为家属和律师随员而设。剩下三十五席，有二十五席已发给媒体，只有十席留给公众。

预审听证是地方初级法院的权责，没有陪审团参与，唯一的裁判是法官。因此，只有传唤的证人与法官一起背壁高坐，面向律师和听众。只是一个高高在上，一个偏居一隅。

夏皮若告诉众人，早上 8 点半，本应有个辩论，只因控方借口刚刚收到动议，拒绝立时应战。经过折冲，法官已将日期定在 7 月 5 日。

这个动议源自帕佛里克。他曾是洛杉矶的资深警察，他研究了范纳特的那个搜查证，认为其中充满谎言，是典型的先斩后奏。尤曼据此拟了一个动议，要求将警察自罗金汉获得的证据判为无效。本来这种动议在所有的刑讼案中都有，早已成为惯例。哪个案子，要是辩方律师没有做这个文章，倒会成为怪事。只是公众听闻此事，常常萌生臆测：既然自称无罪，为何惧怕证据？这种观感常会伤害辩方，这是警检方所乐见的。

对辩方而言，这种动议有两个作用。首先，是有枣无枣，先打它一竿。有时，法官会站在辩方一边，虽然此种事情少之又少。其次，辩方必须在此事上做足文章。这也是为日后一旦定罪，可以据此动议上诉。此举只为记录在案，为余下的棋局，先布下一劫。

可是，这一案的情形略有不同。尤曼认为警察在搜查证上违法太多、太明显，力主在预审听证之初，就发动攻击，以期收到先发制人之功。

这种做法是个异数，多数律师不会赞同。加州法律规定，辩方提出此类动议只能一次。若在预审提出，以后就不准再提。而在预审提出，风险最大。有哪个初级法院的法官敢把如此大案的证据，阻击在法庭之外？

正式审判虽然机会也不那么大。但是辩方已经大致掌握控方的底细，对此事的取舍多了几分把握。甚至可以选择放弃这种做法，另辟蹊径。例如，留在质证时提出，这同样可以记录在案，也等于直接诉诸陪审团，进而影响他们的判决。

同样一步棋，仅因先后次序不同，就会有不同的结果。

尤曼写出动议后，夏皮若大力支持，虽然他知道此举智者不为。其实，也是因为辛普森催得紧，希望能在万圣节前结案。多数律师提出这种动议，只是做战术上的牵制，为后路做个安排。夏皮若却是期以重望，希望能收终止大陪审团那样的奇效。

尤曼起草的动议，对警方指控极为严厉，共有八大款：

自称造访辛普森，通报他前妻的死讯，却以救死扶伤为由越墙而入。

搜查证没有搜查项目。

无证搜查讯问凯托·凯伦，却并未问是否有人受伤。

唤醒阿纳丽，却不告诉她为何而来，随她进入辛宅，也并未搜寻伤者。

与辛普森通话后，已知他在何处，任务已经达成，却仍留在当地，不肯离去。

径自宣布罗金汉为犯罪现场，将阿纳丽赶走。

直至上午10点45分，也就是到达罗金汉六个小时后，才申请搜查证。其实，搜查证可随时申请。如遇紧急情况，可通过电话申请。法院自有法官二十四小时全天候值班。

在申请中，谎称辛普森搭机去芝加哥为不期之旅。写搜捕证申请时，范纳特已经知道辛普森去芝加哥，为早就计划好的商业旅行。

这个动议举证周详，超出克拉克的意料，比她估计的更为棘手。所以，她只好施以拖字诀，先把动议打住。

（九十一）克拉克眼中的辛普森

上午9点10分，女法官凯瑟琳·肯尼迪·鲍威尔正式升堂。她先道声早安，然后慢慢环顾四周。法庭内座无虚席，控辩双方各据一方。说来有趣，两边皆有旧识，控方的克拉克，女法官与她共事过一段，她也是检察官出身。辩方一端，则是老教授尤曼，女法官修过他的课，因此，先执弟子礼，给老师道个乏，说声别来无恙。

法庭静穆片刻，等待法警将辛普森带入。他乍一露面，连克拉克也是一惊，观感与他的律师相仿，眼前的辛氏居然面目一新。半是平民英雄的姿态，半是无端受屈的神色。克拉克不由得心中大叹，再出色的莎剧演员也只能望其项背。

控方反对即席辩论尤曼动议，却不反对辩论另一个议题。这是首次在公众面前实况直播。克拉克和夏皮若表演得十分卖力，有如在大戏前的跳加官。二人你来我往，唇枪舌剑，把场面渲染得十分热闹，为日后大戏的戏路定下一个基调。

辩论的题目是头发。克拉克首先发难，要求法庭准许自辛普森头上取一百根头发，为的是与现场滑雪帽上的头发做对比检测。夏皮若站起来反对，声称李昌钰博士建议，三根头发足矣。控方不示弱，也搬出一个博士，克斯特勒博士，她是洛杉矶警局中心实验室主任。这样，这位女博士有幸成为这个世纪大案的头名证人。她支持克拉克的要求，认为应为七十五至一百根。

轮到夏皮若质证，他有如研墨，在那里细细研磨。自她的专业起，她的履历，她的训练，被夏皮若问得不胜其烦。如此蜗行龟步，把克拉克气得柳眉倒竖，好不容易转入正题："你听说过亨利·李（李昌钰）博士吗？"

"当然。"

"你最近是否读过一本他的 50 页的教科书？"言外之意，书中有支持自己的说法，"你同意七十五至一百根所持的依据是什么？"

克斯特勒的反应极具戏剧性。她掏出一本书，将它立在桌子上，让封面对着所有的人，然后望着夏皮若一语不发。这本书就是李昌钰与人合著，后又经过几次修订的。

看到这一幕，法官肯尼迪·鲍威尔不禁莞尔一笑，顺水推舟就准了拿辛普森一百根头发。

夏皮若虽然闹了个笑话，却仍是面无愧色，继续盘问克斯特勒。他手中有一份清单，问题有六十个之多，其实早已与头发无关。这些问题都是血样检测的进程，是辩方急于打探的。克拉克当然不能迁就。她跟在夏皮若后面，一问一个"反对"，一时间反对之声不绝于耳。法官也在两人之间，有的批准，有的拒绝，忙个不停。

克拉克终于按捺不住，发作起来："照这样下去，阁下的法庭进程恐怕需要一整天。"

夏皮若则对着法官说："尊敬的法官，我正在代表一个人。他被指控两个一级谋杀罪，他可能面临死刑！"

克拉克反唇相讥："我只是帮阁下提高效率。"

夏皮若这盏灯更加不省油："我们当然感恩不尽，如果没有更多的干扰和阻挠，我们早就结束了。"

不到12点，法官宣布休庭，只为夏皮若要去参加一个葬礼。第一天开庭仅历时两个半小时，就草草收场，但是，已把今后的基调定下。从今而后，直至判决，这个审判的局面将是旷日持久，焦土抗战。

（九十二）明星证人惴惴不安

6月24日，星期五。控方首先传唤刀店老板艾伦·瓦滕博格，随后是伙计卡马丘。这本应是一对明星证人，克拉克看上去却都是惴惴不安。瓦滕博格不曾在大陪审团面前做证。眼下如此安排，实为无奈之举。

此事应回到两天前。克拉克与嘎塞提有个会，克拉克一路兴冲冲赶到会场，只为给众人带来好消息。现场血迹的血型鉴定已出结果，这种血型二百个人中才有一个,是超常血型,而辛普森的血型恰恰与此吻合。

可是一入会场,却迎来满室凝霜。人人是圆脸变方,长脸愈长,愤怒沮丧,将克拉克的满脸春风,扫了个无影无踪。

"我们刚得到一个倒霉的消息,"豪格曼语带失望,"那个卖刀的推销员已将他的故事卖给了《国家征询报》。"

那个刀具推销员?他看上去挺老实的啊!克拉克实在不能相信。其实她忘记了。此人能推销匕首,为什么就不能推销新闻?

《国家征询报》对克拉克是个大大的羞辱。此报乃坊间下流小报,发行量极大。正统名门媒体耻于与它为伍,多数报摊也不视其为新闻产品,总是把它与成人杂志放在一起。这个报纸遍布美国的超级市场,供性喜猎奇的民众一睹为快。其内容专事收集名人隐私,什么下流不堪的事都登得出来。此报财源丰厚,出手极其豪阔,买得到任何脏事丑闻。它能如此有钱,自然靠读者支撑。可是十人中会有九人,绝不承认爱读此报。这就是美国,一面把保护个人隐私的调子高唱入云,一面又把民众的偷窥癖培育得超人一等。

控方的面子还是小事。卡马丘出卖证词,却成为辩方的利器。他是另一个史佛丽夫人。史佛丽出卖故事在先,到大陪审团做证在后,大陪审团的警告管不着她,无法治她个蔑视法庭。她的故事流传甚广,可是,从来没有人站出来说,我就是那晚与辛普森相遇的年轻人。她的说法并未得到印证,因此放弃她绝对不是错误。

卡马丘的情形大为不同。他的证词应无大错,他的老板可以证明。在场还有另一个推销员,也陪着辛普森说了几句话。再有,那天辛普森在店前拍片,也可查证。而这个卡马丘胆大包天,竟敢在大陪审团主席警告之后,将证词泄露,更遑论还卷入金钱交易。如此这般,告他十遍蔑视法庭都绰绰有余。

克拉克备感压力,只好自我了断:"那我看,就不要传唤他了。"

它不合手　辛普森案
何罪之有　实录

　　满场鬼冷阴清，无人接话。嘎塞提仍是那张扑克脸，喜怒哀乐，无从判断。多数人将目光射向天花板，并无附和之意。

　　终于，还是有人说话了："离正式审判还有一段时间。到选陪审团的时候，他的故事也就是过眼云烟了。如果我们能在这段时间里找到匕首，卡马丘的证词就是无比重要。我想应该保留他，以备大用。"看来众人还是舍不得放弃他，而此人的话也不幸言中了：这个匕首还真被找到了，只是结果却是大出意外。

　　克拉克本来就是言不由衷，此刻有人拿出理由，当然乐得扯起顺风旗。嘎塞提心情也是一样："那么，我们就传唤他。"于是，卡马丘一场蔑视法庭之祸消弭于无形。

　　为证明卡马丘所言不虚，众人才决定把瓦滕博格加进来，以为旁证。

　　克拉克们这面惴惴不安，夏皮若们那边十分沉静，并没有人站出来"反对"。

　　这对明星证人由豪格曼出面询证。为此，克拉克心存感激。她提出要求时，豪格曼慨然应允，确有拔刀相助的伟丈夫之风。

　　豪格曼询证时，步步为营，力求扎实，将这段小故事梳理得简单明白，然后再指引二人互相印证，把证词本身搞得滴水不漏，最后，才提出《国家征询报》的问题。卡马丘倒是大言不惭，自称该报出价一万二千五百美元，而《实录》的出价不过是颗花生米。出乎克拉克们的意料，店主瓦滕博格也跟着分润了一些。让这个旁证先生的力道大为减弱。

　　辩方仍是表现得十分沉静，自始至终不置一词。豪格曼真是有福。谦谦君子，的确令人心生好感，刮目相看。

　　在询证卡马丘中间，门外有人召唤。女法官暂时中断询证，掩至门后。一分钟后，她回到法官席，手中握着一个橙黄的信封。

询证一结束，女法官拿起信封准备开封。夏皮若见状一声大叫，与尤曼同时自座位中弹出，在冲至法官席之前，已连呼了几声"反对"。更奇的是克拉克也高声反对，厉色呼应，力阻法官开封。

当场的听众一时莫名其妙，怎么也理不出头绪。如此敌对的双方，怎么会通同一气？这到底演的是哪一出？

（九十三）戴尔伯特·王法官奉派取匕首

这也要追溯到几天前。辩方自大陪审团记录中，知道有卡马丘这个证人。"愚蠢至极，"辛普森自夏皮若口中得知后，"他们在缘木求鱼，那把匕首还在家里。"

其时，卡达辛正在辛宅，陪尤曼和帕佛里克熟悉现场。辛普森自狱中将电话打过来："我在下城买的那把匕首，是否还在那里？"

"我不知道，"卡达辛不明就里，"它在哪里？"

辛普森用电话将卡达辛自楼下引到二楼主卧室。在卧室一隅，有个梳妆台。梳妆台上有三片衣镜。两侧的衣镜实为暗门，后面是珍宝柜。卡达辛打开右边的镜门，发现了那把匕首。可是他不敢碰，生怕自己也坐上证人席。

卡达辛证实确有此刀后，夏皮若和尤曼造访高级法院，要求与法官作私人会晤。当值法官是伊藤。二人提出动议，要求伊藤法官任命一名特使，去辛宅取回那把匕首。他们明确要求排除控方，取得的证物也无须知会控方或法庭。因为任何证物只要对辩方有利，即可在辩方正式驳诉前，享有知会豁免权。据此，辩方可将匕首一直隐瞒到控方举证结束之后。到时，这把匕首一现身，可使控方手足无措，大失颜面。

所谓特使,系指由法庭任命,专门执行取证任务。这种特使在执行任务前,必须宣誓,保证独立行事,不与警检法任何一方有瓜葛。取证时,也保证不取无关之物。这些特使通常为法官或律师。一旦所取物证有争议,特使需将证据取回,另请与本案无涉的法官裁决。

伊藤法官批准了夏皮若的动议,任命退休法官戴尔伯特·王为特使。

下午,卡达辛把王法官迎到辛宅,又把他引到梳妆台前:"我们讨论过的那个物件就在这里。"

王法官拿到刀盒后,卡达辛又问:"你同意打开吗?"

王法官点点头。

卡达辛抽出一张纸巾,放在王法官的掌中,然后请他打开这柄可折叠的匕首。这匕首刀刃新开,烤蓝犹著,而且涂有一层厚厚的黄油,显然从未使用,更妙的是价格标签还在上头。

王法官复命后,伊藤法官将证物束之高阁,静待辩方的驳诉来临。

首席法官米尔斯闻讯后,对伊藤的做法并不赞同。就在伊藤离城去度长周末时,径自拿到这个信封,交给了女法官,因此而引出前面发生的那一幕。

辩方原以为此事万无一失,足可坐收暴利,看控方一个大笑话。不想米尔斯法官多此一举,彻底打碎了这个迷梦。难怪夏皮若们要气急败坏,全力阻止。

听完夏皮若的解释,女法官从善如流,停止拆封。

至此,法庭内外,只要头脑健全,就不难猜到。只是无人知道,信封中的那把匕首,其实比卡马丘所证的小了一号。

夏皮若也是为山九仞,功亏一篑,不过效果仍有一些。到了正式审判,这个信封再未现身。克拉克也从此不提一字,而卡马丘也如史佛丽夫人一样永远消失。

（九十四）你们在浪费我的时间！

加入辛普森律师战团后，卡达辛很快确定了自己的角色：虽有律师执照，无奈生姜一块，技不如人，绝不能在公众面前出笑话。因此，守住分际，凡涉及法律，一概三缄其口。除此而外，就是个闲不住的角色。与辛普森为友二十年，早已是他的圈内人。因此，公关事务，不用他主动，事情会自己找上门来。

预审听证后，一切步入正轨。夏皮若和尤曼在法庭上忙，外场自然交给卡达辛和塔夫茨。塔夫茨是辛普森的商业律师，专管辛普森公司的事务。因此，他无法全职卷入此案。他只能在掌管辛普森财产之余，兼管为他筹措法庭开销。

律师团内人人都知道有个罗格·金，曾许诺支付夏皮若的费用。现在，该是兑现的时候了。此事自然落在卡达辛身上。夏皮若与辛普森有协议，此案总付一笔，不多不少，一百万整。议价之初，辛普森急于求成，加之有人解囊，也就不曾还价。夏皮若要什么，就给他什么。

7月2日，星期六。卡达辛一早把电话打到东岸，找到了罗格·金。无须通报姓名，罗格·金就知道卡达辛何许人也，听口气很有些不胜荣幸的意思。卡达辛提醒他，他们曾通过话，讨论过聘请夏皮若之事。

"那么，多少呢？"罗格·金听起来很痛快。

"一百万，这是聘请夏皮若的总费用。"卡达辛把数字报得结结实实。

"好，和我弟弟麦可谈。他和他的律师在洛杉矶。"罗格·金全无半分迟疑。

麦可·金的律师一接电话，就是迫不及待的口吻。显然已等待多时。他那边喜出望外，坚持立即会见，一分钟也不能等待。电话挂断不久，人已在夏皮若办公室门口。麦可·金和他在一起，后面是一队白衣侍者，捧着锅碗盘杯，还有奇珍美味，声称只是一个工作午餐。其实，食物之丰，足够办个嘉年华。

卡达辛一方只好主随客便，将所有的工作人员赶到院中，享受这顿佳肴。卡达辛、夏皮若、麦可·金和那个律师则辟室密谈。

麦可·金首先介绍"王朝公司"的营运，事业如何如日中天，现金如何流如江河。几个名牌节目都是最大最好。其中温芙瑞·奥普拉节目是铁打的招牌。还有《内部消息》，常年霸在NBC，与ABC的《实录》同为新闻杂志片的双雄。

卡达辛耐住性子，听麦可·金大吹大擂。好不容易，才轮到他插话："你们有如此充裕的资金，你们可以实实在在地为OJ.辛普森辩护基金捐上一笔。"

麦可·金摇摇头，叹口气："我们是上市公司，未经股东同意，不能捐助，也不能放贷。但是，我们可以给你们五百万，做个有条件交换。只要你们允许《内部消息》和《美洲纪录》享有独家采访权，这也包括采访辛普森。"

卡达辛一听，双眼一翻，直挺挺地，从椅中站起来："你们在浪费我的时间！"

说完，又直挺挺地，走出院外，再无回头。

（九十五）卡达辛坐在法庭上，算哪路神仙？

城的另一端，一位贵宾正在造访监狱，探视OJ.辛普森。韦恩·休斯，辛普森在大学美式足球队的哥们，在辛普森面前说话极有分量。他指明要塔夫茨陪同，其他人一律回避，显然是有话要说。休斯为人直言不讳，行事有王者之风，辛普森对他既敬且惧。

两人一见面，休斯即开始大肆批评。他对夏皮若全无好感，直言辛普森和柯林斯驾车出奔，夏皮若应负主要责任。

"此人精于表演，在法庭上搔首弄姿，粉墨气太重。他一举手一投足，都是为了摄像机。攻击警察，等于自杀。"

这是辛普森第一次听到有人攻击夏皮若，但绝非最后一次。至于攻击警察，日后的律师团则使眼下的夏皮若不过是小巫见大巫而已。其实，不攻击警察，辛普森的辩护就是一个零。

休斯又转向塔夫茨："你不在场，我不批评你。如果我被控谋杀罪，这个世界上的人都死光了，我才会雇你。"

"还有卡达辛，"休斯与他一向不和，"如果你雇他做律师，我愿听听理由。如果没有，他坐在法庭上，算哪路神仙？"

休斯嘲笑他，已让塔夫茨不满，现在又攻击卡达辛，则让他更为不快，一句话就顶了回去："他已经被雇下了。"

"他的酬金多少？"眼看着一针见血。

塔夫茨无意回答，可是辛普森也想知道。自入狱以来，有关财务安排早就交给塔夫茨全权处理。

"一天三千。"塔夫茨的数字让休斯大吃一惊：那一年岂不是一百多万？

但是，实际情况是辛普森律师的费用从未真正敲定。与此同时，卡达辛刚刚与麦可·金谈判夏皮若的酬金。一切都在未定之中。薪资刚刚进入议程。

辛普森手上并无现钱，他的财富集中在房地产和实业中，还有就是他的名气。眼下名气已是负资产。塔夫茨的方针是且挪且欠。好在律师们把能接此案看得比报酬重要，这是一个值得赔本的案子。

如此乱象，让辛普森大皱其眉："韦恩，你能否将此事摆平？"休斯犹豫半天，勉强允诺，为辛普森重整旗鼓。

不过，休斯已有定见。他喜欢怀俄明的盖瑞·思本斯。一个行侠仗义的牛仔律师，但是，也提起应有一个洛杉矶本土的律师。

"强尼·考克兰？"辛普森问道。

"对，强尼·考克兰。"

"我想和他谈谈，你能做个安排吗？"

"当然！"

休斯的目的达到了。他此行的目的就是和夏皮若作对。

（九十六）克拉克初走邦迪现场

7月3日，星期日。克拉克自认为下周开庭，已有充分准备，诸事大致底定，只有一个念头，久在心头盘踞，此时也该还债了。

辛普森归来那天，克拉克对被堵在邦迪现场之外，一直耿耿于怀。大检察官让一个小小的制服警员挡住，至今想起，仍是不快。自此之后，克拉克再不曾踏足邦迪现场。她毕竟已在罗金汉现场两进两出了。再不去邦迪现场，日后如何交代？更何况，邦迪的物证更为吃重。自己眼看要就物证传唤证人了，对那里没有了解，会出大笑话的。一个黄信封已经够了，不能再有第二个。

一念既定，克拉克立即约齐两位探长和其他警官，同赴邦迪，初涉现场。

也许是临时邀约之功。一路极其平静，再无媒体的追踪。克拉克和警官们自后门进入邦迪现场。探长罗杰斯首先停在后门前，仿佛有了重大发现：后门上有几滴血。可是克拉克全无印象，她并不曾在证物目录中见到此项。她很快有了结论，这一定是采证疏忽，才将这些血迹漏掉。罗杰斯急急发出命令：

速召采证专家至邦迪现场。

这时距案发已近二十天了。

走在过道上，地面仍是血迹斑驳，经过近二十天的风吹日晒，颜色已经由褐入黑。这些部分，克拉克早有足够的存证。

走至陈尸的前门，克拉克登上台阶，回身俯望，与照片相较，又是一番感受。她转身对范纳特说："陪审团必须到这里看看。只有看到现场如此狭小，才能体会两个杀手挤在这里是绝不可能的。"

"是啊，这不是开玩笑，我们应该提出动议，安排他们到这里来。"范纳特的建议正中克拉克的下怀。

克拉克又想起，妮蔻的朋友提及，前门的电锁已经失灵。如有访客，妮蔻都是亲自下楼，开门延入。由是，克拉克发展出一个推测：辛普森动手之初，必是妮蔻为荣·勾德曼开门之时。他可以先行攻击妮蔻，将其击倒，使其昏迷，然后再去收拾勾德曼。

这不是唯一的推测。克拉克还有更多更好的：辛普森潜伏时发出异响，妮蔻听到后，就下楼查看，在转身回房时，正撞见辛普森。其时，辛普森正着一袭夜行服，即黑色衣裤，滑雪帽皮手套。辛普森见状立即出手。无巧无不巧，勾德曼突然出现，打乱辛普森的算盘，辛普森只好暂时放下妮蔻，转而攻击勾德曼。至于辛普森见到第三者时为何不跑，克拉克也有解释：二人离得太近，逃亦难逃。更有可能，勾德曼挺身向前，英雄救美。如此这般，辛普森不必同时对付二人。这是舆论中一直持有的疑问。剩下的难题是：辛普森用了多长时间，先杀一人，再杀一人，还有狗叫，尚需要有个合理的解释。

在公寓内部，克拉克看到四壁萧然，墙色白中泛蓝。这是一种追求宁静的品位。室内除去清寂，便无其他。那些蜡烛仍在，只是炬泪冰冷，死气森然。

妮蔻的卧室也是同样色调，床上被毯乱作一堆。舆论一再猜测：妮蔻也许要营造气氛，等待勾德曼的到来。同为女性，以己度人，克拉克不相信妮蔻会如此邋遢，去扫爱人的兴。

（九十七）贝雷豪言：辛案有我一份

克拉克在邦迪准备功课的时候，又有一个客人造访辛普森。这次是F. 李·贝雷，那位传奇律师。贝雷虽为夏皮若的备位顾问，但一直没有机会与辛普森见面。辛普森对他亦是仰慕已久，加之有如溺水之人，对一根稻草都尚存希望，更何况这位魔高一丈的人物。

"见到阁下，我的幸福无词形容。我只希望你能知道，我与我妻子还有另一个人的死毫无关系。"辛普森此刻仍称妮蔻为妻子。

贝雷是卡达辛陪着来的。辛普森的欢迎词，在卡达辛耳中早就是陈词滥调了，只是辛普森说得热情十倍百倍而已。贝雷将座椅向后一推，与辛普森之间腾出一点距离，然后舒舒服服地坐下，静望着辛普森在对面大吐苦水。

辛普森照旧大呼冤枉，抱怨这抱怨那，在那里喋喋不休，对贝雷的仔细观察似乎全不在意。贝雷只是间或一词，把谈话的方向导正，免得辛普森车轱辘话翻来覆去。

贝雷极其自信，自认为阅人无数。尤其是杀人犯，此生已亲自讯问过几百人。这些人绝大多数是死不认账。贝雷自信能一眼看穿有罪无罪。贝雷在择案上十分谨慎，从不打无把握之仗。谈话持续了三个小时，贝雷渐渐得出结论：此人若不是超级演员，正在演艺巅峰，把戏演到事我一体，就是自然流露，确有冤情。克拉克那边早有结论，自是前者。而贝雷这边也有结论，却是后者。三个小时下来，两人早已不是外人，很有些推心置腹的意思了。

一出监狱门,贝雷向卡达辛宣布:辛普森绝无可能犯下如此滔天大罪。他是无辜的!

卡达辛闻言,周身舒畅,欢喜得热泪盈眶:证言满天,千夫所指,可是这位大师却是反其道而行之。身为辛普森的好友,夫复何求?

克拉克在邦迪那边安安静静,贝雷这边却是热热闹闹。媒体早已闻风尾随,守株良久了。贝雷一见记者,面色一正,豪气干云:"辛普森的案子有我一份!"

记者中年长者一闻此言,先是一凛,继之一振。那份喜悦,顿上眉梢。克拉克和夏皮若固是丰餐大肴,锋头犹健,但是你来我往日久,也难免有些乏味。眼下 F. 李·贝雷一现身,有如天上美味,稀世遗珍,今后的文字该不会寂寞了。

年轻者虽不识其人,但见他神老质厚,周身是戏,加上卡达辛在一旁执礼甚恭,再听他口气之大,猜也能猜出他是个天王级的人物,也就摩拳擦掌,四处打探,恨不得立即钻入故纸堆,把他的神话发掘出来。做一篇大文章,方能显出十二分的色彩。

(九十八)巴登女儿的观感

7月4日,星期一。首先为预审做证的是妮蔻的邻居。一组三人,在克拉克的指引下,快上快下。各自叙述当晚见闻,大致将案发时间锁定在晚上10点至11点。夏皮若一方并未认真应战,虚晃两枪,就放证人下台。这实在是因为辩方目前对这个题目尚无什么掌握,有无从着力之苦。

时将过午。马克·佛曼正在用午餐,一个电话打过来,传唤他下午到庭做证。佛曼看看窗外，所有的警车都已出勤，只好找到一辆赃车，吱吱嘎嘎，开往法院。

大陪审团期间，佛曼已被征召入列。他终日和范纳特泡在走廊上，等候传唤，但直至调查终止，也不曾有人光顾。

佛曼一入法庭，克拉克首先迎上来："还有几分钟，我将传唤你做证。"

佛曼未料到如此之快，心中不免惶悚。不是为了即将到来的做证，而是为自己的仪表：穿着随便，头发横七竖八。烦恼尚未消失，夏皮若出现在眼前："今天是你的幸运日！"

佛曼眉毛一扬："当真？愿洗耳恭听。"他对付这些律师可不是生手。

"只为不是我来质证你，"夏皮若调侃道，"是尤曼。"

法庭肃静后，佛曼被传入。一坐上证人席，他就忘记了恼人的仪表。克拉克的提问围绕进入罗金汉前后，并不局限在搜证本身。她问得环环相扣，要言不烦。佛曼答得细致入微，颇为生动。一个小时下来，二人默契十足，把那天的情景交代得清清楚楚。

尤曼接手后，大打太极拳，带着佛曼在去罗金汉的路上转来转去，始终不肯放他进院子。

佛曼知道，尤曼如此这般，只是为了"动机"二字。因此，也就耐心周旋。首先他一口咬定，此事起自那辆野马车。车尾向外，不合停车常规。这显示，车主离车甚为仓促。继而又在车身上发现类似血迹的红斑，由此才兴起有第三个受害者的怀疑。因此在跨越栏杆的那一刻，是绝对有理由的：救死扶伤，天经地义。

夏皮若在旁边冷眼旁观，看着尤曼的操作。尤曼追逐"动机"，是二人精心设计的。这是尤曼为夏皮若打前站火力侦察。待到正式审判，夏皮若才会登场。他知道质证佛曼是场大戏，他决不会假手他人。

尤曼迟迟不肯进院子，就是要问出探长们在离开邦迪现场之初，就已锁定辛普森为嫌犯。翻墙入院仅是为了取证。未经法院核准，径行取证，自然是非法的。什么车的角度，车身上的红斑，都不过是借口托词而已。

佛曼这边滴水不漏，尤曼那边落力穿凿。只可惜动机这种东西，若本人不认，极难证明。因此在旁观者眼里，尤曼十分吃力。

佛曼做证时，巴登博士正在读验尸报告。他的女儿莎拉则在一边处理邮件，一边看着电视直播。莎拉是普林斯顿大学法学院的预科生，自然不会放过这一幕。凭着直觉，她认为佛曼这个人甚为可疑，就对父亲大叫："这家伙有些东西需要查一查。"

巴登听到女儿批评，就把注意力移到电视上。一点不错，佛曼的证词天衣无缝，表述精练细致，前因后果晓畅贯通。巴登同意女儿的观察：这个家伙滑得很。

F. 李·贝雷也在追踪这一场戏。贝雷自夏皮若接案之初，就有闻此案，却从未听说过佛曼这个名字。现下听他的证词，竟然是个定乾坤的人物：他步入黑巷调查异响，却不着防弹衣，也不要同伙支援，显得毫无惧意。他说手电光微弱，却立刻发现手套。他只是低级探长，却发现了所有的证据。是他先走近野马车，是他先跳过墙。贝雷不由得自语道："我已号出他的脉了。"

"这个证人大有问题。"贝雷通过电话警告夏皮若，鼓动他改变尤曼的质证方向，直接质疑佛曼的诚实，"尤曼是超级学者，可他对刑警一无所知。这些刑警会为了定罪，锻炼证词，他们会撒谎，会做伪证，会面不改色。"

夏皮若不为所动，仍是抱定宗旨，对事对物不对人。

（九十九）佛曼背景，麻烦多多

看到佛曼出场，帕佛里克比任何人都惊讶。当听说手套是他发现的时候，他更不敢相信自己的耳朵。帕佛里克现在是辩方的首席侦探，贝雷介绍了两个私人侦探辅佐他的工作。他早将所有证据归档，输入电脑，发现人和报告也都对号入座。那是一套高效率的资料库。

打开电脑，调出现场日志。那天早上，罗金汉现场并没有佛曼，若相信日志，他就不曾发现车上红斑，不曾越墙而入，不曾讯问凯伦，更不曾发现手套。从日志上看，他在下午 5 点 15 分来过罗金汉，7 点 10 分离去。不仅如此，所有的重要事件都与他无关。逮捕辛普森和柯林斯的档案中无他，证据报告上无他，法医报告也没有提及他。等等，等等。

发现这些漏洞，帕佛里克立即整理报告，为尤曼提供武器，可以大大为难警察一番了。

报告未就，电话铃响。电话那头是个极其兴奋的声音："你认出这个佛曼是谁了吗？"

这是帕佛里克的熟人，一位辩护律师。

"我猜不出来。"帕佛里克只觉得答案并不遥远。

"还记得布瑞藤那个案子吗？"

帕佛里克当然记得。布瑞藤是个非裔，专在自动提款机前抢劫。一日，他正在胁迫路人取款时，被特别巡警队撞见。他扔下匕首就跑。警察只追几步，即行开枪，一共六枪，多数来自佛曼。

布瑞藤为此入狱。事后，他反诉警察滥用警力。他指控佛曼捡起匕首，扔在他的脚边，冷眼嘲讽："你还活着？黑鬼（Nigger）？"

警察则另有说辞，指控布瑞藤挥舞匕首，威胁在先。警察开枪，防卫在后。这个案子就胶着在警方开枪时，他是否持有武器威胁警方。如果他威胁了，就是开枪有理。反之就是滥用警力。最后案子了结，市里因此赔了十万美元。

一经提醒，帕佛里克发现佛曼的名字并不陌生。岂止不陌生，此人故事极多，根本不是省油的灯。帕佛里克想起来他曾遍查特别巡警队干员的背景。佛曼麻烦多多，高居榜首。

1981年9月，佛曼曾申请过伤残年金，希冀提前退休，离开警察局。他的理由很简单：工作压力造成心理异常。在他的申请档案中，佛曼向心理医生抱怨，指低层次的西语裔和非洲裔的帮派分子惹得他愤怒日增。他的愤怒已达顶点，随时可能拔枪击毙他们。此后佛曼又看了不止一位心理医生，其中一位报告，佛曼曾使用"黑鬼"一词。

1982年，劳工赔偿上诉委员会批准佛曼离队休养。一年之后，却拒绝了他的提前退休申请，只因心理医生的结论南辕北辙。有人相信他有心理疾病，建议禁止他带枪。有人则认为他不过是夸大其词，意在取得伤残年金。这种事情在洛杉矶警局司空见惯，一年三百六十五天，天天都有人闹这种事情。洛杉矶警局的政策也是一以贯之：要走可以，要钱没有，统统拒绝。

多数人闹到此处为止，或走或留，自己决定。可是佛曼志在必得。他又向高等法院上诉，结局很惨，高院没有理由和警察局作对。佛曼的案子一入高等法院，就等于放弃隐私权利。他的档案成为公共财产，任何人可索而查之。佛曼若不上诉，心理医生的诊疗记录，就会受到严密保护。法律不仅禁止查阅，禁止披露，甚至禁止呈堂作为证据。

"好，我需要他的文件。请立刻传真给夏皮若。"帕佛里克向朋友建议。

电话那头，一诺有声，更加兴高采烈了。

（一百）众人哄堂大笑，尤曼全无章法

尤曼的质证仍在继续，但在同行眼中，场面十分难看。

"此刻，你相信这些红斑是血迹？"尤曼要挑战佛曼初见红斑的感觉。

"是的。"佛曼漫不经心，因为这几乎不是个问题。

"你能解释如何得出那个结论吗？"尤曼希望发现漏洞，证明佛曼贸下结论。

"只凭外观，看上去半明半暗，就像是血迹。"佛曼更不在乎，反正检测报告已经出炉，怎么问都无法改变事实。

"那么，干血迹和番茄酱有何不同？"尤曼简直是在作困兽之斗。

"我从不注意番茄酱，所以，我不知道。"

法庭上的人哄堂大笑。在旁观者的眼中，尤曼仿佛对调查过程一无所知。问来问去，有如盲人瞎马，乱打瞎撞，全无章法。而马克·佛曼好整以暇，妙语连珠，在那里逗着尤曼玩。

佛曼的质证暂告休庭，法庭要用剩余时间，辩论辩方压制罗金汉证据的动议。

克拉克亲自把佛曼送到电梯口，在等待时，克拉克突然转向佛曼，粲然一笑："你是我见过的最佳证人。"

法庭复庭后，尤曼首先出列。辩论这个动议，非他莫属。他抨击探长们并非去通知辛普森，或者去救溺扶伤，他们仅仅是进行了一场非法搜查。他引经据典援引史密斯案的判决：警方认为有立即搜查的必要，必须基于对事实的掌握，或者直接来自警方的目击，而绝不能基于推测怀疑，作为无证搜索的根据。

他又进而把此事与宪法第四修正案捆绑在一起："如果我们允许在宪法第

四修正案的权利以外，存有例外，我们等于把该权利颠倒过来：你知道得越少，就越有权利搜查。"

美国宪法修正案原有十款，如今已扩展到二十七款之多。其中第四款专门规范证据的搜查和扣押。该修正案有两层限制。首先，不许无证搜查；其次，不准扣押搜查证未列的证据。其程序是执法警员须先使法官相信，搜查的目的是获取证据。搜查证上必须注明地址，还有要扣押证物的清单。无证搜查所得的证物不能呈堂。搜查证未列的证物也不能呈堂。这就是克拉克不敢扣押辛普森那封信的缘由。

从字面上看，冠冕堂皇，尤曼的胜算应是百分之百。但是世事如磐，几百年的纸面文章，岂能管得了执法环境的千变万化，尤其管不到生命受到威胁千钧一发的情景。这尺寸宽严完全掌握在法官手中。全美国五十个州，无时无地不在为此缠讼。第四修正案一向是辩方的兵刃。人命关天，保护证据则永远是控方的盾甲。而辩论的结果，总是辩方百战百负。这也是戴维·康敢违规扣押辛普森那封信的根据。

尤曼之后，是克拉克出列，她把佛曼的证词又重复一遍，算是辩护。法官并未立时做出判决，仿佛要做一番认真的斟酌。其实三方心知肚明。答案已经在那里了。这个悬念是挂起来给公众看的。

（一百零一）佛曼：我只能告诉你一个人

次日，尤曼继续质证佛曼。

"你可记得，案发凌晨，你曾记过笔记？你愿意再看一遍，唤回记忆吗？"

"不，我不需要。"

其实,昨天佛曼离开法庭,经过辩方席时,在尤曼桌上,他一眼扫到自己的现场记录,就断定尤曼要对此大做文章。回家后,翻出记录,仔细复习,做到了烂熟于心。

尤曼见佛曼有备而来,只好放弃这个题目,另辟蹊径。就这样,从这个题目,跳到那个题目,既无铺垫,亦无关联。在旁观者眼中,佛曼有如一大块肉,盘踞在砧板中央。而尤曼手持一把钝刀,在板边蹭来蹭去,不知应在何处下手。看着招数使老,对方仍无破绽,尤曼只好收兵。结束质证。

法庭外,记者一见佛曼露面,就将他包围起来,你扛我挤,求他开口。克拉克被堵在一边,不得其路。佛曼在人群中,穷于招架。他看到克拉克,就不由分说,搡开一条路,冲到她的身边。

走廊上,沿墙有两排凳子。佛曼把克拉克引到一边:"我必须和你谈谈,"他的口气十分急迫,"但是,这必须绝对保密,我只能告诉你一个人。"

克拉克满腹狐疑,又不愿长留:"非要现在吗?"

"不能等,我必须立即告诉你!"

克拉克只好坐下,听听佛曼要说什么。

"玛莎,你必须知道此事,媒体分分秒秒都会发现的。很久以前,我想离开警队。当时,我正在办理离婚,自觉心力交瘁。我就申请残废年金。几个心理医生诊断后,集成一份档案。他们声称我说过的话。我从来没说过。我曾试着把这些东西从档案中撤出,但是,一直未成功。媒体一旦获得这份档案,他们会给我抹黑的。"

"那么,你究竟说了什么,或者他们说你说了什么?"克拉克觉得佛曼有些小题大做,"不管如何,我不知道人们如何能取得医生诊断。我想这些材料是受法律保护的。"

"我不知道,但我知道他们能拿到。"就是那么一层窗户纸,佛曼怯于捅破,"我只是想让你早做准备。"

克拉克不以为然,并不认为这是什么了不起的事情。但她仍想确定一件事:"马克,那个档案中的任何事,会影响你证词的真实性?"

"呃,绝不会,那事与此事无关,发生在很多年以前。"佛曼终于未把那件事和盘托出。克拉克也终于因没有深究,而在日后付出了代价。大到满盘皆输,那是后话。

(一百零二)克拉克询证警员们

下午复庭后,克拉克首先询证范纳特。她三言两语,极快地收了场。这不仅因为佛曼已经抢尽风头,把前前后后,说得干干净净,而且是怕范纳特言多必失,与佛曼的证词不一致,会徒增麻烦。

夏皮若也是同样心思,他质证范纳特,就是走这个路子。他让范纳特将前后经过细细复述,并就每个细节反复盘问。几番冲锋下来,终于被他抓住三个明显矛盾之处。

首先,发现血迹的顺序不同。佛曼称自己先看到车门上的血斑,再看到车门下的血痕,而后,才仔细观察内部,得出此车属辛氏的结论。而范纳特却称,佛曼发现此车属辛普森在先,看到车门上的血斑于后。

其次,佛曼是一眼发现血斑,似乎并不困难。而范纳特承认街上照明不足,自己需戴上眼镜,才勉强辨出。至于门下的血痕,范纳特则表示一无所知。

最后,佛曼自称他加入小组,仅仅因为曾到过罗金汉,纯是为兰和范纳特引路。而范纳特则说他极其熟悉该地区,完全能找到那里。

范纳特最后说:"我想见到血斑,是促使我决定翻墙的契机。我决定看看是否有人受伤。我们刚离开一个血腥屠场不过五分钟。我担心这是第二现场,也许有人同时跟踪妮蔻和辛普森。在那一刻,我们无法确定要寻找什么。"

生怕范纳特的"无法确定"会捅出娄子,克拉克立即接手,加入辩论:"他们必须确证院内的人处境安全。如果他们不曾入内,我们自会批评他们未尽职责。这个搜查为着保护生命,因此绝对有理。"

克拉克的举止几近荒唐:不经法官允许擅自介入,乃是第一大错。替证人辩论,越俎代庖,乃是第二大错。

可是夏皮若不事纠缠,却暗度陈仓:"如果勾德曼先生是唯一的死者,你们还会如此调查吗?"

克拉克立即出言"反对"。法官批准。夏皮若便不再重复,只是面有得色。他相信公众听懂了他的意思。

继而尤曼询证阿纳丽,这是辩方的唯一证人。过程十分简单,只是两句话:"你曾经允许探长们入内搜查取证?"

"不,我没有。"

"而这些探长问过你,如果他们可以搜查取证?"

"不,也没有。"

控方没有质证,不置一词。

最后一位证人是丹尼斯·冯(冯丹尼),他是罪证专家。尤曼在质证中发现,他是凌晨5点30分接到探长的电话,取证地点不是邦迪,而是罗金汉,而且仅仅是为了车门上的那块血斑。

休庭前,女法官肯尼迪·鲍威尔宣读了关于辩方动议的判决。不出所料,女法官宣布四位探长进入罗金汉辛宅,完全合法。而且,她还判决四位探长离开邦迪之初,就是职责所在,行所应行。

（一百零三）夏皮若质证尸检专家勾登

7月8日，尸检专家勾登坐上证人席。

他的角色极为吃重。需要为克拉克解决死因死时，还有武器的难题。他的做证，无论是照片还是图表，都是血淋淋的，令人望之欲呕。这情景对死者家属真是困难到了极点。一进入细节，勾德曼夫妇不得不退出法庭，泪汪汪地，在走廊上徘徊。勾德曼的妹妹虽然留在法庭内，却用双手压住腹部，强抑着不使自己呕吐。妮蔻的父亲则坐在旁边，面无表情，深不可测。

轮到夏皮若质证，气氛否变。他这次态度十分进取，咄咄逼人，大有毕其功于一役的意思。

在开庭前，夏皮若已与巴登博士做过充分讨论，有着十二分的准备。在巴登眼里，勾登的验尸报告有懈可击，错误有十六处之多。举其大要：一是不曾做过阴道取样，以分辨死者生前是否有过性行为或遭到性侵犯。二是将妮蔻的体液贴错标签。三是丢弃妮蔻胃中食物，却保留了勾德曼的。四是接受范纳特和兰的推测，先入为主，证明伤口与辛普森的那个匕首吻合。等等，等等。

在克拉克询证时，勾登宣称，他只能将死时界定在晚上9点到午夜12点。这并不完全符合控方的要求。毕竟11点以后，辛普森就有了不在场的证明。这个估计使控辩双方各有所得。夏皮若则先将他的错误一一揭露，意在扫掉他的威风，挫折他的信心，然后空手夺刃，零剐碎割，迫使他承认，在判断死时的四项标准中，有三项指向11点以后。这样，勾登博士的证词，几乎为辩方独占。

继之，就是匕首或凶杀武器。在夏皮若的严厉质证中，勾登被迫承认："死者身上有两种不同的伤，有些伤口显示是单刃武器，有些伤口却显示为双刀武器或叉型武器。"这段证词更对控方不利。这直接与控方一凶一刀的理论冲突。

夏皮若并未就此罢手，他还要蹬鼻子上脸，收到宣传实效："首席探长带来一把匕首，同时他告诉你，这把匕首可能与那把凶器类似。有那么回事吗？"

"有。"

"他还要求你进一步核查，可是你却告诉我们，你不认为他要你仔细评估。"

"嗯，我不认为这需要我检查每一处伤口，来排除那种匕首。这种检查可在以后某个时候做出。"

"你明白有一个人正坐在监牢里，面对着双杀的指控，你不如此认为吗？"

"我明白。"

"好，什么时候你打算仔细评估，以保护他的权利？"

"现在。"

"我的问话到此为止。"夏皮若鸣锣收兵，满面飞金，得胜回朝。

（一百零四）勾登污言秽语怒骂夏皮若

夏皮若的质证让 F. 李·贝雷大摇其头。夏皮若的质证近乎残忍，简直是一场凌迟。尸检部门并非控方，它是一个独立的部门，中立的机构。他们虽然有时也会投警检所好，但他们还是有原则的。勾登博士的尸检不能算好，但也确实尽了力。这两具尸首伤痕累累，的确不能期待他检查每一处伤口。更何况，尸检的工作不是仅为此案，他们一天要解剖几十个尸体。夏皮若如此斩尽杀绝，不分敌我，不知网开一面。这其实是为渊驱鱼，为丛驱雀。预审听证的裁判者是法官,她将如何裁决,闭着眼睛都能知道。勾登博士的证词只为克拉克提供了死因,而对死亡时间和武器,他的证词相当客观,足堪大用,应该留给日后的陪审团。只可惜,夏皮若的动作过于粗暴,为逗一时痛快,将劫材左提右提,用个精光。如此不讲谋略,只会激起尸检部门的敌忾之心,在日后的做证中,更加附会控方的需要。

贝雷的看法真是老到。夏皮若的质证提醒了克拉克:勾登博士不是一个理想的证人。从此,勾登博士和史佛丽夫人、刀具推销员卡马丘一样,永远从证人名单上消失。这是后话。

巴登博士也有同感,只是多了一份愧疚。说起专业,勾登博士的尸检还算差强人意。若论错误,肯尼迪的尸检远比他的多。

勾登博士离开法庭,埋首疾走,然后一头扎入电梯。纽约《新闻时报》的记者也尾随跟入。勾登不等电梯门关上,就开始发狂,将四壁擂得咚咚作响,状极痛苦。他一面口中骂着夏皮若,用尽污言秽语,一面大声自语:"为什么他要问这个问题?为什么他要问这个问题?"这是对夏皮若最后一个问题的抗议。

翌日,纽约《新闻时报》刊出该记者的见闻。勾登话题成为一日之选,为新闻主播们津津乐道。

(一百零五)预审女法官的判决

7月8日,法庭传唤最后一个证人,罪证专家马特桑。马特桑证实,洛杉矶警察局已经做了常规血型鉴定。妮蔻的血型是A。勾德曼的血型是O。辛普森的血型是A。而辛氏的A型血又与常规A型血不同,大约二百人中才有一个。而邦迪现场的血也是这种血型。

辩方是尤曼质证他。尤曼问得十分客气,皆因此人在刑侦界小有名气,技术精湛,为人也方正。凭着这一条,尤曼先敬了他三分。

再者,辩方似乎对这个题目也不太在乎。二百人之一,也就是0.5%。这意味着在洛杉矶这样的城市,也有四万到八万人呢。而究其实,无论尤曼,还是夏皮若,都对科技的事情知之甚少。取如此态度,也是趋轻避重,先喘一口气再说。

预审听证终于听到了尾声。

女法官肯尼迪·鲍威尔直起身板,双目直视OJ.辛普森,然后手心向上,轻轻一抬,示意辛普森站起来。她的判决非常简单:"本庭慎重审查了证据,还有两造的辩论,认为有足够的证据怀疑被告涉案。被告将交付审判,不准交保,在正式开审前,还押狱中。"

听完判决,勾德曼一家雀跃而起,相拥庆祝。他们看见克拉克也是喜形于色,就上前祝贺。克拉克的回答雄心万丈:"此局虽胜,尚有一役!"

它不合手何罪之有 | 辛普森案实录

许卫原 著

II 甲光垓下

人民日报出版社

图书在版编目（CIP）数据

它不合手　何罪之有：辛普森案实录 / 许卫原著.
-- 北京：人民日报出版社，2018.11
ISBN 978-7-5115-5691-2

Ⅰ．①它… Ⅱ．①许… Ⅲ．①刑事犯罪－案例－美国
Ⅳ．① D971.24

中国版本图书馆 CIP 数据核字（2018）第 233930 号

书　　名	它不合手　何罪之有——辛普森案实录
作　　者	许卫原
出 版 人	董　伟
责任编辑	马苏娜
封面设计	主语设计

出版发行：人民日报出版社
社　　址：北京金台西路 2 号
邮政编码：100733
发行热线：（010）65369527　65369512　65369509　65369510
邮购热线：（010）65369530
编辑热线：（010）65369522
网　　址：www.peopledailypress.com
经　　销：新华书店
印　　刷：大厂回族自治县彩虹印刷有限公司

开　　本：710mm×1000mm　1/16
字　　数：840 千字
印　　张：66.25
印　　次：2019 年 6 月第 1 版　2019 年 6 月第 1 次印刷

书　　号：ISBN 978-7-5115-5691-2
定　　价：168.00 元（全四册）

| 目录 | Contents |

（一）考克兰！克拉克心中叫好 …………………… 001
（二）法庭任命伊藤主审 …………………… 002
（三）我的当事人说他无罪 …………………… 003
（四）考克兰宣誓就职之后 …………………… 005
（五）他手中拿着一枚金质法徽 …………………… 008
（六）考克兰在电视上公开唱反调 …………………… 009
（七）强尼，我是无辜的 …………………… 010
（八）要是他干的，我立刻打道回府 …………………… 012
（九）考克兰强买强卖：你们怎么付我 …………………… 013
（十）夏皮若：他们走我辞职 …………………… 016
（十一）考克兰面见歌星麦可·杰克森 …………………… 017
（十二）达顿查阅佛曼旧档 …………………… 017
（十三）克拉克脑中灵光一闪：克里斯！ …………………… 019
（十四）李昌钰心中也是天人交战 …………………… 020
（十五）辛普森的狱外代表 …………………… 022
（十六）他们声称，手套是你带到罗金汉的 …………………… 024
（十七）命令下来：免开尊口 …………………… 025
（十八）我不是种族主义者 …………………… 026
（十九）佛曼出行躲媒体 …………………… 028
（二十）佛曼自觉像个鲁滨孙 …………………… 030
（二十一）谁认为辛普森有罪？请举手 …………………… 031
（二十二）克拉克觉出警察甚为不满 …………………… 033
（二十三）贝雷染指之心越来越盛 …………………… 035
（二十四）达顿正式走马上任 …………………… 037
（二十五）腾白丽小姐号在等辛普森 …………………… 038
（二十六）作家辛格勒千里插一脚 …………………… 039
（二十七）和"深喉"谈过后的冲动 …………………… 040
（二十八）辛格勒与道格拉斯矛盾来盾举 …………………… 042

（二十九）为抗衡考克兰，夏皮若引入贝雷 ·················· 043
（三十）那一夜佛曼去了辛宅两趟？ ·················· 045
（三十一）血样中的防腐剂 ·················· 048
（三十二）你借我的名望，推销自己 ·················· 051
（三十三）帕佛里克挖到了金矿 ·················· 052
（三十四）辛普森跟踪妮蔻 ·················· 053
（三十五）提起夏皮若，人人都有苦水 ·················· 055
（三十六）道格拉斯的羞辱 ·················· 056
（三十七）达顿搜查辛普森的办公室 ·················· 058
（三十八）卡达辛家中的枪不翼而飞 ·················· 059
（三十九）达顿的胃口不止柯林斯 ·················· 060
（四十）不是我，是他 ·················· 062
（四十一）辩方召开全员会讨论方略 ·················· 063
（四十二）沙克当机立断：你已被征召了 ·················· 064
（四十三）那个搬运工把枪巧妙送还 ·················· 066
（四十四）私探约谈女管家洛佩兹 ·················· 067
（四十五）文森希望建立模拟陪审团 ·················· 068
（四十六）五分钟后，咱们新闻上见 ·················· 070
（四十七）克拉克呢？母狗！ ·················· 072
（四十八）你的情报来源一定是个警察 ·················· 073
（四十九）道格拉斯在电话那头笑了 ·················· 075
（五十）47号和48号血样 ·················· 077
（五十一）法官伊藤台阶下得极为漂亮 ·················· 079
（五十二）波拉被达顿传证 ·················· 081
（五十三）寡女孤男的干柴烈火 ·················· 083
（五十四）如果你真爱我，就应让我离开 ·················· 085
（五十五）波拉如是说，已将大门打开 ·················· 088
（五十六）三个模拟陪审团同时开锣 ·················· 089
（五十七）这就是典型的伊藤风格 ·················· 090
（五十八）卡达辛坐上证人席 ·················· 091
（五十九）我居然会嫁了你这个黑鬼 ·················· 093
（六十）嘎塞提坐不住了：你不能放松一点？ ·················· 095
（六十一）妮蔻与辛普森的六次冲突 ·················· 096
（六十二）考克兰：辛普森测过谎，他失败了 ·················· 098
（六十三）辛格勒发现三处明显破绽 ·················· 100
（六十四）袜子还没有送出去检测 ·················· 101
（六十五）遴选陪审团上路 ·················· 103

目 录

(六十六）两个陪审团专家，冰火两重天 …………… 105
(六十七）克拉克和豪格曼捉对排阵 …………… 107
(六十八）这不是出师未捷身先死吗？ …………… 109
(六十九）辩方主旋律是草率侦办仓促定案 …………… 110
(七十）夏皮若：非常确定，十分确定 …………… 112
(七十一）沙克带来了样本血失踪的细节 …………… 114
(七十二）我没做，我绝不认罪 …………… 115
(七十三）问与答，去与留 …………… 117
(七十四）抽到32号的候选人选择自我了断 …………… 120
(七十五）费耶来到了克拉克的办公室 …………… 121
(七十六）费耶的书是畅销书大全 …………… 123
(七十七）为了费耶的书，两造在法庭碰头 …………… 124
(七十八）法官，你不能公开 …………… 126
(七十九）你那"深喉"肯帮忙吗？ …………… 127
(八十）辛格勒飞往洛杉矶 …………… 129
(八十一）考克兰的警告 …………… 131
(八十二）妮蔻和马克斯的床事 …………… 136
(八十三）大爷勃然大怒：就像是我受审 …………… 137
(八十四）达顿入围 …………… 138
(八十五）费耶不再是小女人了 …………… 140
(八十六）辛普森的狠话 …………… 141
(八十七）伽薇：妮蔻像以往那样快乐 …………… 143
(八十八）血斑是后来有人抹的？ …………… 144
(八十九）在美国你应该知道，种族永远是个角色 …………… 147
(九十）陪审团只有一名白人！ …………… 149
(九十一）天上掉下个黑弟弟 …………… 152
(九十二）道格拉斯：我们之间结束了！ …………… 154
(九十三）约克的证词似有实无 …………… 157
(九十四）佛曼对与约克的冲突并不隐讳 …………… 159
(九十五）卡达辛之怒 …………… 160
(九十六）媒体众口一词：辛普森已经坦白 …………… 162
(九十七）OJ的牢房 …………… 163
(九十八）辩方再开全员会 …………… 164
(九十九）我们不能说，对吗？ …………… 166
(一百）心理专家的预测 …………… 167
(一百零一）布朗家与克拉克之间有一堵墙 …………… 169
(一百零二）克拉克访布朗家 …………… 171

（一百零三）道格拉斯没想到消息自媒体传来 ………… 173
（一百零四）克拉克扣押新证据 ………………………… 174
（一百零五）布莱希尔没想到沙克这么"坏"…………… 175
（一百零六）考克兰：我会全心全意 …………………… 178
（一百零七）布莱希尔的到来 …………………………… 179
（一百零八）葛莱尔进法庭 ……………………………… 181
（一百零九）夏皮若的奇论 ……………………………… 182
（一百一十）嗜战斗士 …………………………………… 184
（一百一十一）贝雷：箭在弦上 ………………………… 186
（一百一十二）考克兰要的就是这支令箭 ……………… 187
（一百一十三）辩方的内讧已成超级娱乐节目 ………… 189
（一百一十四）会见室上演三国演义 …………………… 190
（一百一十五）夏皮若要血染四壁 ……………………… 193
（一百一十六）沙克这招够损够阴够高明 ……………… 194
（一百一十七）谁去知会伊藤？ ………………………… 196
（一百一十八）贝雷的去留：老九不能走！ …………… 196
（一百一十九）达顿的两个证人 ………………………… 199
（一百二十）达顿手中有一封信 ………………………… 201
（一百二十一）拜尔的证人资格 ………………………… 204
（一百二十二）考克兰与达顿：亦友亦敌 ……………… 208
（一百二十三）达顿和豪格曼互换角色 ………………… 209
（一百二十四）佛曼是你的了 …………………………… 211
（一百二十五）伊藤法官的最后裁决 …………………… 212

（一）考克兰！克拉克心中叫好

半个月后，两造再次聚首。

7月22日，洛杉矶高等法院开庭，此乃法定程序。自嫌犯落案后，应有两次开庭。上次是预审之后，由法庭查明被控者的立场。辛普森已声明无罪。

此次则有两项公事。

一是再给双方一次机会，重申或者调整自己的立场。控方已控两个一级谋杀罪，若是调整，只有降等或者撤诉。而辩方亦可借此机会认罪。然后，双方谈判条件和刑期，可省去一场耗财耗时又无胜算的审判。

二是宣布主审法官。

一入法庭，克拉克看见辩护席上多了一张面孔：深栗色皮肤，一双大眼，算得上好看。"强尼·考克兰！"克拉克心中暗暗叫好。多日传闻终成现实。她早就撂下狠话，夏皮若不是对手，现在对手来了。

考克兰衣着光鲜。服色透紫泛红，领带呈霓彩光色，灼人眼目。他坐在那里，满面于思，十分安静，与服饰适形成对比。夏皮若则左顾右盼，坐在当中，仍是主持大局的派头。

高高在上的是米勒法官，洛杉矶郡高院刑庭的首席法官。

人们落座以后。被控嫌犯终于现身。两个法警一左一右，将辛普森夹在中间。他身着昂贵的西服，衬衫领带，规规矩矩。人一露面，全场又是一震。与预审相比，更加沉稳，更加内敛。旧日的OJ回来了，亲和且有魅力。但在克拉克的记忆中，仍是一个月以前的样子，当时虽然振作，却也委屈。眼下,他那委屈已一扫而空。他那脸上的镇定自信,在克拉克的眼中就是气焰嚣张了。

米勒把辛普森传到面前。考克兰也立即起身站在旁边。

"辛普森先生,你理解对你的指控吗?"米勒一副公事面孔。

"理解,尊敬的法官。"

"那么,你的立场?"又是例行的腔调。

辛普森停顿片刻,腰板一直,鼓足了气:"绝对的,百分之百的,无罪!"他底气十足,更让人们耳目一新。

克拉克心中暗骂:你个屁眼子,怙恶不悛的蛇蝎。她因此有了结论:这是考克兰的调教。他一来就气象一新。不过她也有怀疑,此君是否肯雌伏夏皮若,去坐那第二把交椅。如此这般,她又仿佛看到了夏皮若的不安。

(二)法庭任命伊藤主审

例行公事完毕,米勒才放下扑克脸。扫了全场一眼:"现在我宣布此案交由伊藤法官主审。"

克拉克看了豪格曼一眼。他似乎颇有保留。

伊藤是刑庭的2号人物,助理首席法官。他早已转掌行政,不需接案主审了。这个提名自然出乎意料。

克拉克曾拉过一张单子。够资格主审大案的法官,有6个至9个。他们多数有检察官的履历。其中两位与克拉克一向不和。若与这二位同堂,就是克拉克的噩梦。按规定,控辩双方各有一次否决机会,无须任何理由。但是,对随后的提名就需无条件接受。既然她的噩梦不在其中,克拉克也就无可无不可了。

辩方这边也有些惊讶。夏皮若早就打探过。主审法官是佛兰。不想冒出一个伊藤，也有些措手不及。夏皮若和考克兰埋下头，商量起来。看来大有一番斟酌。

考克兰和伊藤是几十年的旧识。对他的背景自然了解。伊藤曾经做过考克兰的部下。彼此相处尚好，并无过节。只是伊藤的妻子是个问题。她是洛杉矶警察总局的高阶主管。伊藤会不会因此偏向警方，导致利益冲突。这在考克兰心中大有疑问。但是，考克兰承认伊藤一向公正，也能控制局面，是个聪明的法官。他在公事之外，还是个嬉皮笑脸的角色，极好相处。他与考克兰的脾气很投合，在同事中也大有人缘。还有，伊藤是日本后裔，全家在"二战"中住过美国的集中营，对种族问题应有痛彻的认识。这对辩方也是利好。权衡之下，可以接受。

夏皮若站起来说："我们接受。"

公事完毕，既无意外，也无惊喜。辛普森也就被带了下去。临到门口，他突然转身，双手平端，一对大拇指高高竖起，示起威来。

辛普森的变化只有现场的人才能感受。多数媒体只是泛泛报道。唯有美联社注意到这个变化：

"这是一个重生的辛普森。月前那段时间，他目色迷茫，只能吃力地念出自己的名字。现在那个受公众宠爱的人物又回来了。"

（三）我的当事人说他无罪

在回办公室的路上，考克兰想起昨天与嘎塞提的通话。电话是嘎塞提主动打过来的。考克兰与嘎塞提私交甚笃。两人在洛郡检察院共事过一段时间。考克兰自立门户后,虽然常与之在法庭上交锋,但丝毫不损双方的私谊。嘎塞提竞选检察长时,考克兰在非裔社区中为之筹款助选,是出过大力的。

未及寒暄,嘎塞提单刀直入:"强尼,当真把此案送入审判?没有必要吧。我们何不做个交易,把案子了了?"

"你的想法?"考克兰先做个试探。

"我们让你那位家伙认个二级谋杀?"

"二级?"考克兰有意摸摸对方底线。看他们对案子有多大的信心。

"凶杀如何?"两者相比,前者预谋,后者一时冲动,"你看我们已经大大让了一步。不过你愿意过来。我们可以谈,事情总好商量。"

"基尔,"考克兰不再敷衍,"此事,我们无话可谈。我的当事人说他是无罪的。除非你们撤诉。任何会谈都无意义!"

此刻,考克兰在猜测,这个电话,克拉克们是否知道?

考克兰的律师楼里,人们正在忙碌。道格拉斯和查普曼已确定跟随考克兰,加盟辛案。他们手中的案子只好由他人分摊。光查普曼手上的案子就有四十多个。二人满面春风,而同事们则是又妒又恨,一片愁云惨雾。

考克兰的律师楼在下城。楼高十层,周围街区散漫,景物萧瑟,是典型的低收入社区。办公室进出的大多是非裔。偶有几张白面孔,都是年纪轻轻,做不了多长时间,混点经验就另谋高就了。

景物虽然破败,考克兰的事业却不差,就近服务非裔社区,也是独沽一味。至少肥水不会外流。考克兰的业务一年可以做到 7 位数以上。好歹也能养活几十口人。

见到老板归来,人们放下手中的活儿,列队鼓掌欢呼,庆祝老板胜利加盟世纪大案。考克兰未入门时,已是熏熏然飘飘然。一见此状,更是腾云驾雾,当众报告好消息：今天 OJ 底气倍儿足。这个气是我打的！

（四）考克兰宣誓就职之后

考克兰的话不算满。

案起之初，考克兰就已经是媒体追踪的对象。当时，每天都有几十个司法界的神嘴在电视上评论。众人竞相预测辛普森有罪。媒体需要有人出来为辛普森打抱不平，否则，何来平衡报道。只可惜无人愿意出面。

考克兰是上佳人选，论资历，他是洛杉矶法律界的闻人，在黑人民权运动中是个敢言的人物。他的性格刚硬，又巧言善辩。他和辛普森也算得上是朋友，都是非裔社区中有成就的人物。在报道中，担当这个角色，足够矣。因此，他的电话录音中，满是记者的留言。但是，他一直保持沉默。

威兹曼是他的老朋友，可是，考克兰对他让辛普森单身坐警车去警察局，大有看法。而后，辛普森又阴错阳差，抛弃威兹曼，选了夏皮若。虽然外界盛传，夏皮若团队对他有意，但并没有人与他接触。考克兰骨子里很骄傲，只有当事人找他，他不会毛遂自荐。毕竟，他在洛杉矶法律界的身份，也不允许他这样做。

入行之初，考克兰在洛杉矶市做检察官。其时正是马丁·路德·金民权运动风起云涌之时。他的公家身份使他不能参与其中。那时，洛杉矶的检察官中只有三个非裔。他们只能检控小偷小摸，或者交通违规。然而他们的检控对象大部分是非裔兄弟。这对他刺激极大。他看到在民权游行中，许多白人与兄弟们站在一起。他感到羞愧难当，感到寝食难安，感到无地自容。就在那一刻，他决定放弃。放弃高薪职务，放弃升入主流社会。他转作辩护律师。

这次，是为兄弟，代表他们与政府对抗。

刚创业时，他和另一位前任检察官搭伙，租了间小办公室。客户都是非裔兄弟，常常有头破血流者，坐在他面前。他知道这是为什么，但只能利用旧日在检察院的人脉，为他们减罪降罚，消灾弭祸。

1965 年，洛杉矶爆发沃兹大骚乱。起因很简单：两个年轻人被巡警拦住，控以疯狂驾驶。其中一人母亲赶到，与警方发生争执。巡警随即将母子二人一并逮捕。围观者皆是非裔，早就对白人巡警专找非裔麻烦大为不满。他们先是鼓噪，后是对骂。接下来，砖石齐上。白人巡警招来同事，大肆逮捕，血腥镇压，导致洛杉矶非裔社区全面暴动。烧杀抢掠，死亡三十五人，受伤几千人。整片整片的街区被烧毁。历时几天，损失高达两亿美元。那时的两亿美元与今天的两亿美元不可同日而语。

骚乱平息后，警察局长帕克向媒体夸耀：我们占尽优势，高高在上，他们又回到底层去了。这种双关表达，寓意明显，大大刺激了考克兰。他的辩护风格变得强悍起来。他开始做无罪辩护。这是他心目中的最高境界。他也代表客户，在民事上起诉警察暴力，向政府发难求偿。

考克兰因此成为两栖律师，刑事民事兼攻。在美国，绝大多数律师是法有专攻，律有专精。考克兰执业范围之广，实为凤毛麟角。不过，无论他如何跨行执业，他都是为了兄弟，与政府对抗。很快，考克兰得到社区的敬重，成为非裔民权运动的中坚分子。

1978 年某天，考克兰接到一个电话，来自约翰·坎普。坎普是南加州的名门望族。这个家族拥有豪宅、名马、游艇、私人海滩、农场、商业、企业。可是约翰·坎普本人却是民主党自由派，决心投身政治，服务公众。那时，坎普是洛杉矶郡民选的检察长。

坎普邀请考克兰加入他的团队，出任助理检察长，在检察院位列第三。

考克兰并未当即接受，他在家人和朋友间征询意见。多数人乐观其成，认为这是非裔律师前所未有的荣耀。到主流社会内部施行改革与在体制外抗争同等重要。只有一人反对，而且是坚决反对，那就是他的妻子。对放弃年入30万美元的事业，去换取一个49000美元的职位，她不能接受。

考克兰最终接受了这个职位。就在宣誓就职时，他接到邻居的电话，说他家门口停着搬家公司的车，有人在搬家。等他赶到家中时，已是人去楼空，家徒四壁。妻子将两个儿女带走，两人共同账户里也是一文不剩。这就是他接受新职的代价。

考克兰主管4个处。手下有600个检察官。其中有个特调处，专门检控司法系统中腐败违纪案件。这是坎普借重他的地方。当时，该处主管就是当今检察长嘎塞提。

考克兰熟悉非裔社区，深知那里犯罪渊源来自毒品，来自帮派，来自有组织犯罪。他又和嘎塞提合作，在特调处里加设了有组织犯罪科。两人选了一批精英骨干，伊藤和豪格曼都在其中。

谁能想到，十四年后，这四位先生会在这个世纪大案中，人人有份，扮演一个分量极为吃重的角色。

在三年任期中，考克兰锐意执事，对警察恶行，毫不姑息。嘎塞提也是执法进取，二人配合很好。可是检察院内部，保守政治势力仍是主流。对总找自己人麻烦的检控，他们不能接受。他们对考克兰的工作大有怨言。

1980年，考克兰一个旧日的当事人，面临最后的审判。考克兰向司法局写了一封信，坚称此人无罪。此事立即在检察院内部激起猛烈抨击。坎普也出面干预：你怎么能和检察院作对？检察院的立场是此人有罪，而且审判过程公正。考克兰毫不妥协："你可以让我走人。但是，他仍然无罪。在进检察院前，我说他无罪。在我走了以后，仍然要说他无罪。"他的强硬态度让坎普无可奈何，此事也就不了了之。然而，考克兰已经厌倦这里，萌生退意。

（五）他手中拿着一枚金质法徽

三年任期很快过去。坎普面临再次竞选。一日，坎普在好莱坞开招待会筹款。来宾皆是演艺界名流。考克兰也是盛装赴会，鼎力襄助。归途中，他驾着自己的罗尔斯·罗伊斯，刚刚进入辅道。一声警笛突然长鸣，一辆警车蓦然驶出，自后贴近。考克兰未及停稳，迎面又是三辆，将他团团围住。车中跳出几名巡警，双手执枪，骑马蹲裆，命令他下车。考克兰遵照命令，双手抱头，走向路边。这些巡警又冲向他的车，把枪对准车内。他的一对小儿女正在后座。一个十岁，一个七岁。两人吓得大哭起来："爹地，救救我们，救救我们。"

一个巡警冷冷一笑："爹地有麻烦了。"

领头的巡警，头发已经花白。他打开前门，开始搜索。考克兰的证件放在前座的皮包里。这位老兄把皮包彻翻一遍。他的动作突然迟滞起来。然后，犹豫着，转身，脸上疑惑不解。他手中拿着一枚金质法徽，号码是3号，其他巡警看到此物，也是目瞪口呆。

考克兰转过身来，把手放下："叫你们的上司来，立刻！我需要一份警事报告。说清楚，为什么拦我？为什么搜查我？"

巡警们慌作一团，迟疑片刻才说，是因为他的车与一辆报失的车很像。考克兰发作了："你们以为车是偷来的？看看车牌，这是我名字的缩写，JCJR。你们拦我，就因为我是黑人，驾着一辆豪华车。把你们的主管叫来，立刻！"

坎普知道了，大发雷霆。市长也知道了，同样生气。警察局长更是惊动了，打来电话，为驭下管理不严而道歉。

事情虽然抹平了，但是考克兰对这个司法体制，已是心灰意懒，去志甚坚。三年任期终了时，他选择离开，回到民间，重操旧业。

至此，考克兰两进两出，成为洛杉矶法律界的传奇。

（六）考克兰在电视上公开唱反调

辛普森选择夏皮若的消息传来。律师圈里一片哗然。圈内人判断，自有因循。只因夏皮若专攻认罪谈判，被人称为交易律师。这也是为何后来嘎塞提心存幻想，试图谈判交易。闻之夏皮若入局，媒体也立即改变声调，措辞全部用过去时。"×××曾是海兹曼奖获得者。""×××曾是NBC美式足球评论员。""×××曾是公众崇敬的人物。"听闻这些，考克兰心头发紧，按捺不住，自觉挺身而出的时刻到了。他把电话留言过了一遍。最后选择了《夜线》和《赖瑞·金》节目。

《夜线》在美东时间晚11点播出。洛杉矶与东海岸有三个小时的时差，来宾需在傍晚前到达。因此，考克兰就是在这里，看完了野马车追捕全程。

演播室里，来宾们兴致勃勃：罪犯归案，得胜回朝。他们冷嘲热讽，言论亢奋。话里行间都是辛普森有罪。

轮到考克兰，主持人介绍："这是洛杉矶律师，也是辛普森的朋友。"然后他问道："你对这样一个结局，将会如何应对？"

"极为极为小心。"考克兰答道，"检察院宣称他跑了，说明他有罪。但事实上他主动投案了。"他的脸色骤然冷峻，言辞激愤起来："他不曾被捕过，也不曾见过拘捕证。他甚至不明白为何要如此对待他。他的精神状况扮演了重要角色。他困惑,他恐惧,他极其脆弱。或许他打算自杀。"

考克兰力排众议,独树一帜。由此放弃了旁观的态度。露出辩护律师的刚硬本色。

在 CNN 直播室里,赖瑞·金的第一句话是:"强尼,如果你是辛普森的律师,你会怎么做?"

这似乎是冥冥中的暗示。

(七)强尼,我是无辜的

次日晚上,考克兰应邀参加《花花公子》的爵士乐招待会。主持者考斯比,亦是非裔中大有成就者。他的情景喜剧《考斯比老爹》连播数载,长盛不衰。在演艺界,算得上独霸一方。晚会中,考斯比把考克兰拉至角落,悄声警告:"强尼,别碰他。即使是间接介入,也不要!"

临近午夜,考克兰回到家中。老父亲仍然坐在客厅里。一看脸色,考克兰就知道,辛普森来过电话了。在重大问题上,父子间有足够的默契。囚犯在牢里,只能打对方付费电话。接话方若是拒绝付费,此人就只能徒呼奈何。父亲不仅与他通了话,还允许他给考克兰留言。

答录机中,辛普森不断重复:"强尼,我是无辜的,过来看看我,我要和你谈!"

"你打算介入吗?"父亲的口吻是乐观其成。

"你说呢?"考克兰想听确切的意见。

"他需要你的帮助吗?如果是别人,你又有能力帮助,你会怎么决定?"父亲的态度摆在那里,但是,考克兰仍然未做任何决定。

几日后，考克兰飞到华盛顿特区。应老朋友商业部长布朗之邀，参加白宫夏季音乐会。总统夫人希拉里站在门口亲迎嘉宾，一见考克兰就握住他的手说："哈，今天早上，我们在电视上看到你了。"然后就与他长谈此案。很显然，律师出身的希拉里在密切追踪案情的发展。

考克兰继续保持沉默有三个原因。（1）他的民事案子积压太多，而且还在源源不断进来。面对如此重大之案子，他无法厚此薄彼。（2）他与辛普森是朋友，感情是处理案子的天敌。随着案情之发展，他的心境难免会大起大落。他没有把握自己会置身感情之外。（3）他已经与NBC签约，做辛案的评论员。

辛普森的电话如影随形。考克兰去芝加哥开会，他的电话也跟到了那里。这次总机把电话接通了。辛普森张口就说："你应该来看我。"这是他当天第七个电话。

考克兰不能再保持沉默。他只让了一步："在我做最后决定前，我要和夏皮若谈。"

辛普森毫不气馁，仍在留言。在预审开庭之前，答录机中多了一条新的留言："强尼，我是卡达辛。我们遇到了麻烦。我需要和你谈谈。这极为重要，如果你能回个电话。"考克兰注意到这次是"我们"，是说明信号来自夏皮若团队内部。

十天的预审，考克兰的评价不高。圈内的舆论亦是如此。尤其预审是在初级法院。辩方过早提出警方不该非法进入罗金汉辛宅。考克兰对此持严厉批评态度。认为这个做法鲁莽轻率，平白浪费一个筹码。显示夏皮若团队，对大局并没有周全的掌握。这也难怪，夏皮若主攻减罪交易，很难指望他战斗到底。而尤曼，一个法学院院长，高级法学者，并无法庭实际经验，更没有辩护律师的强悍。真正是律师不足，学者有余，这就是卡达辛的所谓麻烦。

（八）要是他干的，我立刻打道回府

夏皮若身边并非没有刑辩律师。F. 李·贝雷就是一个。夏皮若把他供在克林山庄里钟鸣鼎食，却绝不肯让他走到前台。名为顾问，其实不顾不问，只是借他的招牌而已。贝雷这边洞若观火，他知道夏皮若在组织一个超豪华阵容。可是他不相信夏皮若有足够分量来领导它。他认为夏皮若是利用这个阵容去威慑控方，以求达成减罪交易。对此，他大不赞同。尤其是他见过辛普森之后，就坚信辛普森无罪。他在夏皮若面前自称老哥大叔，大摆资深前辈之谱："我辩过无数的案子，可以说是阅人无数。这个案子要是他干的，我立刻打道回府。"说说而已，夏皮若对老朋友很清楚：为了回到水银灯下，他绝不会走，此人虽然傲物，却也嗜名。

自从休斯、塔夫茨相携访问之后，辛普森又记住了另一个名字：盖瑞·思本斯。此人也与威兹曼过从甚密。他的资历与贝雷相当，同样有天才律师的美誉。此人住在怀俄明，是小地方的大律师。在法庭上，他的形象甚为特殊。一顶宽檐牛仔帽，一副龟颈脖套，一身鹿皮劲装，上面还挂着流苏。他驾着皮卡往返穷乡僻壤，边城小镇。为穷人辩护，一律免费。为了生计，他也接一些豪门的案子，偶一为之。但是，非常挑剔，而且收费极高。可谓是三年不收费，收费吃三年。他就用劫富济贫的方法，代表下层贫民与政府对抗，真正是个现代版的西部好汉。他最近的大案子是代表伊梅尔达·马科斯与美国联邦政府对簿公堂。

辛普森如法炮制，一个电话打过去。不待对方开口，先是诉苦，大呼无罪，接下来，就是邀请思本斯为自己辩护。思本斯很痛快，一口应承。他认为这是刑辩律师的梦，要打一场世纪大案的超级杯。为了表示郑重，思本斯甚至将标志服装留在家里，西装革履，再配一条彩虹领带，应夏皮若之约飞往洛杉矶。

思本斯与夏皮若亦算旧识。十五年前,他为洛杉矶律师协会讲课,夏皮若就坐在台下,不过夏皮若那时是个籍籍无名的小律师。他也曾应夏皮若之邀,登过夏家的门。此后,再无认真来往。而夏皮若这边,则是人前人后,导师导师地叫得山响,难免有点借重高名,狐假虎威的意思。

(九)考克兰强买强卖:你们怎么付我

为了保密,夏皮若把思本斯约入克林山庄,就是那个把贝雷高高供起的地方。一入门,思本斯不免失悔。他这边衣冠楚楚,夏皮若却是牛仔裤一条,斜纹衫一件,居然还不系扣,敞着怀,露出密密的胸毛。夏皮若满不在乎,上来就是一个拥抱。很有点好莱坞明星的风范。

"我刚从体育馆过来,和一个中量级的家伙打了三局。"夏皮若酷爱拳击,这就是他的欢迎词。思本斯只好言不由衷:"印象深刻!"夏皮若再无多话,直奔主题:"你将如何辩护此案?"

"我不知道,我和辛普森通过几次电话。每次他都重复同样的故事。我们不曾讨论过细节。"思本斯如是说。

夏皮若又说:"我已经网罗了行内高手,像德休威兹,像贝雷。不过我还需要一个刑辩高手。"

"为什么?"思本斯明知故问,借机恭维一下,"OJ已经有了你。"

夏皮若似乎无动于衷:"这是大案子,太大了。一个人应付不了。"

接下来,夏皮若问他辩护过多少个案子。好像两人是初识。

思本斯并未认真统计过:"二三十件吧。"

"听说从来没输过一件刑事案子?"

"嗯,那倒是真的。不过边疆航空吹牛,说它历史上从无死人记录,我就不敢坐了。因为,我猜死人的事该发生了。"

夏皮若哈哈大笑,又转了个话题:"OJ让人头大,他被宠坏了,他需要一个保姆哄他。不管我用谁,都必须能哄他。"

思本斯立刻申明,他能明白夏皮若的潜台词,但他并不认为夏皮若是出难题。

夏皮若话锋一转:"我正在考虑强尼·考克兰。你对他有什么看法?"

千里迢迢把思本斯从怀俄明约到洛杉矶,就是为了这个?思本斯只好继续言不由衷:"我在电视上看到过他。我看他巧言善道。"

他开始为话题找出口了:"另外,我能理解这个案子涉及种族。"

话说到这里,去留已经分明。思本斯也在考虑买单程票飞回去了。可是,夏皮若意犹未尽:"这家伙很棒。专精和黑人打交道,他知道怎么说服黑人。你曾经和黑人陪审团打过交道吗?"

"那还用说?我在芝加哥诉讼麦当劳时,陪审团里有很多黑人。"

"那是民事案子,盖瑞。"夏皮若对他的回答并不满意。

"在纽约马科斯夫人的案子,也有许多黑人。"思本斯力图挽回面子。

"那不是杀人案。"夏皮若一锤定音,"但是,考克兰能够与黑人打交道。洛杉矶下城有许多黑人。"

话说到此,思本斯只好替他敛场子,揭谜底了:"那你就请考克兰加盟吧。"

夏皮若仍没有结束的意思,还要说点什么:"你永远是我的导师。你能告诉我,你是如何与别人搭班子的?我有一个团队,它是最好的。"

现在该思本斯说点什么了:"嗯,我是应该告诉你怎么办。我想你的律师太多了。如果这是我的案子，我必须一言九鼎，必须说了算。"

这次，夏皮若选择了沉默。

思本斯站起身，准备告辞。夏皮若自沉默中回过神来："嘿，其实我们已经赢了，不需要锦上添花。我们搞定了佛曼，就是那个发现手套的家伙。"

思本斯打起精神："你们是怎么做的？"

夏皮若倒是口无遮拦："我们把他抓个正着。他用手套栽赃。这家伙恨黑人。总说要杀黑人，他想退休，只因终日要与黑人打交道。"

然后，他压下嗓子，仿佛周围有人："这个报道就要在《纽约客》上登出来了，这个案子结束了。等着吧，看看考克兰怎么收拾他。"

思本斯已经挪步了。夏皮若又把他拦了下来："等等，我希望你和OJ说两句。"他接通电话："OJ，思本斯在这里。"然后，把电话递给思本斯，"盖瑞，对OJ说声哈喽。"

这一天是7月15日，思本斯并不知道，7月11日，夏皮若已经和考克兰谈过了。夏皮若对思本斯开场的那一套，已经练过一次了。"这是我们面对的问题，这是一个团队合作。我正在和思本斯谈，打算邀他入伙。"

考克兰可不那么好打发："这是OJ要求我来的。"

夏皮若却又答非所问："你是我们重要的财富。但是，我要先和思本斯谈。"

考克兰可不吃这一套，强买强卖："你们怎么付我？"

夏皮若方才醒过味来："钱，可不宽裕。"

（十）夏皮若：他们走我辞职

就是在昨天，夏皮若刚刚和休斯谈过钱的事。休斯是辛普森的球友，曾答应过为案子筹款。夏皮若登门，见休斯的小儿子在身边，就要求他回避，辟室密谈。休斯认为这是冒犯，大为光火，会谈以争吵告终。

下午回到办公室，夏皮若仍是余怒未消，满脑门子的官司："我刚和休斯有个可怕的会面。我们本来要谈大家的财务，结果，本人拂袖而去。我从未见过如此自我中心，如此野心勃勃的家伙。休斯不喜欢塔夫茨，说他是糊涂蛋。他也不要卡达辛，认为他不是刑事律师。如果，他们二位走，我就辞职。"

"韦恩·休斯要的是全盘掌控。他要把案子变成他的。他如此羞辱人，我不如主动告退。"人们尚来不及消化他的意思，他又话锋一转，"我正好有个游轮，要去欧洲。我去见OJ，告诉他我与此案无关了。我希望你们继续。你们干得很好。不必因我走而离开。"

经夏皮若解释，人们才知道争执与众人的费用有关。休斯显然有紧缩预算，撙节开支的打算。尤其是削减罪证专家，也就是李昌钰、巴登的费用。夏皮若一向奉行，请最好的律师，付最高的费用。

贝雷和巴登见得多了：不就是花费宽松的分歧吗？何至于辞职。律师们为控制权，一向不择手段，这只是个小把戏。塔夫茨和卡达辛却慌了神："别急，你并不想辞职。休斯不合适，我们另找人就是了。"此二人并无野心，只是因缘际会，被卷了进来。他们只担心案子本身。其他人也都表态。如果夏皮若不干了，大家也会共进退。

这才是夏皮若要的：认清此案的本尊，是他应该随时提醒众人的节目。他松了一口气："我去见OJ，就只有我自己。"

（十一）考克兰面见歌星麦可·杰克森

考克兰加入战团的事还差一步。麦可·杰克森亵童案的主辩律师也是考克兰。洛杉矶检察院本已立案指控，但在辩方的运作下，事主的父亲同意庭外私了。事主一退，加州检察院顿无凭依，力道全失，眼看着事主在台下数钞票。当然，检察院心有不甘，很难说不会卷土重来，再开诉案。

考克兰专程飞往纽约，面见麦可·杰克森。杰克森并未留难，只说："我希望一旦有事，你会在场。如果你能保证这一点，我没问题，告诉OJ，我爱他。"

最后就是告诉NBC，他不能做评论员了。

次日晚上，辛普森的电话又来了，还是那套车轱辘话。考克兰把他生生打断："兄弟，我是你的了。"

（十二）达顿查阅佛曼旧档

一出电梯，克里斯·达顿就看到克拉克的背影。身材娇小，那双高跟鞋敲得地板砰砰作响。一转弯，就在深远的走廊中消失了。这个背影，达顿太熟悉了：扬着头，直着腰，颇有几分须眉气。也难怪，任何女性，一入法律这个圈子，都难免染上男人气，争强好胜，寸土不让。而克拉克在这个圈子打滚了十几年，不是巾帼英雄，也是女中丈夫。

克拉克办公室门上挂个牌子：别敲门，别进来，请致电琼！琼是秘书。这牌子的口气很有几分傲慢。下面还有一个牌子：女人只有失败，才能得到男人的表扬。门后，显然是个女权主义者。

克拉克的习性，达顿再熟悉不过：一烟一酒，是工作中必不可少的。此刻，门后必是烟雾腾腾，在烟雾中必是那个超大的班椅。她那娇小的身躯必是蜷缩其中。嘴上也必是叼着一支烟。这才是人后的克拉克。

十四年前，两人先后进入洛杉矶郡检察院。年纪相当，三十不到。都是长枪大戟的作风。先在初级法庭，行事毫不留情，有几分聪明，就拿出几分。有几分力气，就用尽几分。工作之余，也是现代人性格，爱交际，爱疯侃。一人一杯酒，全是烈性的。和其他年轻律师在一起，插科打诨，酒足方停，兴尽始归。

八年前，两人各自升迁。开始有助手，有文员，能够独当一面了。克拉克来到特控处，该处是检察院的精英部门。其间克拉克也一度转入行政，任高级助理。她当时辅佐的正是豪格曼，这可不合克拉克的志趣，她又放弃高薪回来。而达顿专事内部检控，专控渎职的法界人士，多数案子是针对滥权的警察。

近日，达顿接到一份申请，来自《洛杉矶时报》。他们要求查阅一个旧案，此案指向佛曼。达顿查阅了档案旧档，决定通报克拉克。因为这个档案对公众开放，不久定会成为一个话题。

佛曼这个名字，达顿并不陌生。早就听同事提过他。其中汉克·勾德伯格控过一个案子，侦破的探长是佛曼，他早就耳闻。此佛曼是种族主义者，专门收藏纳粹勋章。因此，他有两个绰号：一为元首曼，因佛字发音近似元首；一为德国人曼。现在，辛普森案的辩方欲重点打击佛曼的企图已浮出表面。达顿深觉兹事体大，让克拉克知道，越早越好。

达顿与克拉克的办公室只隔一层楼。但是两人各自升迁以后，只是偶有来往。达顿深知克拉克的脾性，独来独往，从不造访他人的办公室。所以，只好自己登门。

（十三）克拉克脑中灵光一闪：克里斯！

门上的牌子是唬外人的。真有事，克拉克还能不见？更何况是达顿，楼上楼下，十四年的交情。达顿把门一敲，里面问了："哪位？"

达顿随手把门一推："达顿。"克拉克果然在烟雾中当神仙呢，"嘿，能给工薪阶级匀点时间吗？"

克拉克对着达顿的光头愣了片刻："克里斯？进来，哥们！"

达顿找了一把椅子坐下，却只把眼睛看着地面。克拉克了解他。这是他的毛病，羞于与人对视，即使是熟人也是如此。一个爷们，却有点羞羞答答，这在众人眼中透着古怪。

达顿停了一会儿，才抬起眼："诸事如何？大顺大利？"

克拉克摆摆手，叹口气。一双杏眼又大又圆，加上一张瓜子脸，一只精巧的鼻子，实在是个美貌的人物。她若再张口，伶牙俐齿，难怪媒体要为之疯狂。

"我知道你很忙，但是这件事你必须知道。"达顿一欠起身，把一个卷宗推到克拉克的眼前，"《洛杉矶时报》要求查阅佛曼的记录。"

"你们手上有他什么东西？"克拉克不免有几分懊丧。这个佛曼的事真多。她刚刚收到佛曼告市政府不批他残退年金的文件。

"算你幸运。这是枪击案。我们已经否了，不予起诉。"达顿介绍了案情。此案发生在1987年。一个抢劫嫌犯涉嫌在银行取款机抢劫。事败逃跑，被警察乱枪击伤。他事后控告警察，也就是佛曼，骂他黑鬼，对他栽赃。"

"那么，他那个申请残退年金的案子呢？"克拉克始终以为他对心理医生的自白夸大其词，旨在争取批准。

"《洛杉矶时报》有权在十天内获得记录。我恐怕得九天半才会给他们。"

两人哈哈一笑，了却这桩公事。

克拉克知道达顿与自己的社区关系密切，又问了一句："所有人都为栽赃一事发狂。你怎么看？"

达顿沉吟片刻，答得有些犹豫："我们那边的人认为辛普森是被陷害的。"

"那你呢？"克拉克其实更想知道达顿的看法。

"我对此存疑。"他又停了一下。这是他的另一个毛病，在回答问题时，忽然停止，常常让人误以为他没有听见，"黑人不希望他被定罪。但是，你如果证据充足，他们也会被说服。"

达顿刚关门离去，克拉克脑中突然灵光一闪。不由得大呼起来："我的上帝，克里斯，我以前怎么没有想到？调查柯林斯，非他莫属。"

自从野马车追捕后，嘎塞提决定起诉柯林斯协助逃跑。柯林斯的案子将与辛普森案分开，另案兴控。人选一时难定。达顿的现身，让克拉克认为达顿才是不二人选。

（十四）李昌钰心中也是天人交战

李昌钰是罪证专家，一向重科学，轻人事，为谁工作都一样。他只追逐证据，追逐事实。夏皮若演了一出辞职剧，着实让他大开眼界。他不仅表示了共进退，还希望夏皮若玩真的。这样，他可以全身而退。毕竟，他对这个团队是有承诺的。李昌钰知道自己的分量，他无法毫无缘由，突然退出。这不合他做人的道理，他又是重义气的人。夏皮若辞职的理由是休斯打算压缩专家的费用。金钱对李昌钰而言，绝无影响。他提供服务不为钱，即使人家为他的服务付费，钱也会归入康涅狄格州警察总局罪证实验室，这是他一手拉起来的心肝宝贝。因此，他还是个轻物欲，重事业的人。

洛警局罪证实验室的态度极不友善。他们全无职业道德，时时设障，处处为敌。不提供设备，态度极为傲慢粗鲁。交出来的证据既无分类，也无顺序，显然是在为难他。

团队内部也使他不安。同事们轻视DNA的价值，轻视化验所得的科学数据。在加盟之初，他就警告过夏皮若："DNA不能挑战，也别指望我会称其无用，不能入证。如果你坚持如此，不妨另请高明。"

在预审时，警方的罪证专家提供了BGM血型化验结果，虽不如DNA准确，但也确实指向辛普森。这使李昌钰备感困惑。他分析现场照片，又觉得可疑之处甚多。

李昌钰需要面对辛普森，直接观察他。如果无法确信他是无辜的，李昌钰将选择退出。

麦坎南也是如此，他在案发之初，就被派往芝加哥调查，其结果使他无法相信，辛普森在几个小时之前杀了人。他与李昌钰相识，缘于肯尼迪总统侄子强奸案。他对李昌钰的专业能力，推崇备至。自然，更想借助李昌钰的眼睛观察辛普森，他渴望从李昌钰那里学上几手。

7月的第二个周末，两人结伴去下城监狱。路上李昌钰告诉麦坎南，DNA的结果很可能把辛普森锁定在现场。因此，他要当面听辛普森的解释。

辛普森见到他们又是泪流满面，大诉其苦，仍是如何冤枉委屈的那一套。这种场面麦坎南可见得多了，这十有八九是鳄鱼的眼泪。李昌钰则直言不讳，告诉辛普森，证据将显示他在犯罪现场，麦坎南在一边冷眼旁观。

真正罪犯被抓住时，都会绝望沮丧，或者故作镇静，极力掩饰。而辛氏的反应大异寻常。他满面疑问，全不相信。

在回家的路上，两人交换观感。麦坎南告诉李昌钰，他在芝加哥调查了当时接触过辛普森的人，有一个算一个，无人认为他在做戏。

李昌钰也向他谈了证据取舍之道，麦坎南虽不能立时消化，但是能够感到李昌钰似乎倾向无罪，并无退出之意。

李昌钰注意到辛普森的手极大，似乎与手套的尺寸不符。他建议测量辛普森的手，并找出合手的手套，并与证据对比。

其实，李昌钰心里也是天人交战，证据将证明辛普森到过现场。可是，辛普森的反应却指向另一方向，难道他是一个出色的演员？

（十五）辛普森的狱外代表

在辩方团队中，卡达辛的角色颇为特殊。他虽无什么正式名分，那个律师身份在众人心中也大有折扣。他却实际是辛普森的狱外代表。一切重大决策都不能越过他，并非他有意揽权，而是人们自然把他视作与辛普森沟通的桥梁。出于友情，他也就当仁不让了。当然，许多脏活也都堆在他的身上。

在7月份，他的大宗任务是筹款，维持支付谈判律师专家的费用。罗格·金口惠实不至。等于把一个超级昂贵的夏皮若硬卸在这里。夏皮若的风格又是：请最好的，付最高的。全不在乎当事人的财力。

塔夫茨实为辛普森公司的商务律师，只处理企业那一摊。辛普森手上的现金并不宽裕，他的财富集中在演艺广告合同和房地产上。在平时，他还有潜在的财富，签个字，合个影，出席一个什么重要的集会。这一类进项，随着入狱，也就等于零了。

而那些合同也暂时止于纸上，辛普森首先就无法履约。这段时间的开销，全在费用，薪酬尚未真正涉及。即使如此，在夏皮若的操作下，也是一个无底洞。

夏皮若的报酬原是罗格·金大包大揽的。他要了个花招，拍拍屁股走了。这个难题就落在卡达辛和塔夫茨的身上。塔夫茨估计案子大概需要半年，整个预算应在二百五十万美元左右。

两人找到夏皮若，试图谈判。夏皮若却把他们推给自己的律师。这个律师的律师，刚刚代表了杰克森亵童案的受害者。在要钱上颇能狮子大开口。几经折冲沟通，把夏皮若的报酬定在每月十万美元，加上其他费用，一百二十万美元封顶。

考克兰加盟以后，卡达辛认为夏皮若的报酬应该削减，为考克兰匀出一点空间。夏皮若一口回绝："不，不，我有合同，按合同办。"

考克兰自夏皮若那儿得到的印象是，辩方的总预算是一百万美元，因此他提出三万到五万美元一个月。最后，卡达辛定在五万美元一个月。五十万封顶，因为，卡尔·道格拉斯和香·查普曼也包括在内。

F. 李·贝雷很简单。他不要报酬，衣食住行即可。他相信好朋友夏皮若不会亏待他。但是，他有一个要求，将来若有民事诉讼，他应为首选。

其他人，尤曼和德休威兹各三十五万美元。专家和私探则按星期付酬。而卡达辛自己竟然落了个谁都不管，当初他加盟，乃是夏皮若力邀："没有你，我无法接此案，你必须加入。"现在，夏皮若却一口咬定："你去找OJ，我这里一个子儿都没有。"辛普森则坚持，卡达辛的报酬应由夏皮若出。

卡达辛夹在中间，哭笑不得，只好冷暖自知了。

（十六）他们声称，手套是你带到罗金汉的

7月16日下午，佛曼接到一个电话。来电者自报家门：杰佛瑞·图宾，《纽约客》杂志的专栏作家。

这个名字并不陌生。佛曼知道他是电视脱口秀的常客，一张公众熟悉的面孔。他还写过畅销书，他的名气使他无所不在，无事不能，无往不利。他的探私功夫也是一块金字招牌，谁要是被他盯上，保证没有好日子过。

图宾倒也不做周旋，开宗明义告诉佛曼，他有一篇文章将在下星期一发表，是追踪佛曼1982年争取残退案子的报道。在文章问世前，想听听他有什么说法。

佛曼迟疑片刻："无可奉告。"

图宾并不失望，又甩出一句："我已和辩方谈过。他们声称，手套是你带到罗金汉现场的。"

佛曼大叫一声："荒唐至极！"然后，再无多话。

一提到残退案子，佛曼就怨气十足。本来这个案子几经周折，已被审查委员会彻底否决。事情本应到此为止，佛曼也完全放弃，打算认命，仍回去做那个警察。

可是那个律师却战意犹酣，非要把案子送到高等法院。这一折腾，隐私全失。一个小不忍，留下如此大患。一粒小小的种子，种下去只为赌个运气。没想到十四年后，竟然"发"了，而且一发不可收拾。

两天之后，一定是燎原大火。佛曼迫不及待，要筑起防火墙，力求自保。

首先，要告诉妻子卡罗琳，她是佛曼的第三任妻子。佛曼从来不曾向她透露过此事，只为此事除去丢人，就是现眼，处处透着愚蠢。卡罗琳反应平静："我能理解，这没什么了不起的。"

安抚完妻子，佛曼就驱车直闯克拉克的办公室。上次，在法庭上匆匆几句，她似乎并不在意。现在，必须当面说明，讨个对策，免得自己成为她的滑铁卢。

听完佛曼的讲述，克拉克淡淡一笑，胸有成竹："这个事情太遥远了，而且与此案无关，它进不了这个案子，只管放心吧。"

看到克拉克态度轻忽，话说得又满，居然毫无警惕防范之意，佛曼心中更为焦急。论资格，论地位，自己都无法与她比，那就只好自救了，做一分，算一分。

（十七）命令下来：免开尊口

佛曼首先要知道内容，图宾的那支笔十分了得。而《纽约客》又不是寻常杂志，它的分量可以直追《时代》和《新闻周刊》。要拿到它的未发稿，谈何容易？

佛曼想起一个人，是洛杉矶 ABC 的记者。她并非佛曼的旧识，是佛曼在罗金汉周围排查时认识的。她冷静，循循善诱，不那么急功近利，给佛曼留下了好印象。

女记者接到电话，立即把他约到宾馆。佛曼刚刚落座，身后一队人马排闼直入。摄像机、麦克风、聚光灯、转播设备一应俱全。女记者一面与他周旋，一面分派布置。

佛曼将自己的处境直言相告。女记者立即调动人脉，四下打听。几个电话下来，文章摘要已经传真过来，而且还有新消息：《时代》周刊也有同样的动作，类似的文章。

看过摘要，女记者也认为并无大碍，不是什么天崩地裂的大事。当然，她也不会错过机会，拒绝佛曼的要求，让他公开澄清。就在这一刻，佛曼方知女记者的老板也在这队人马之中。

佛曼的本意是请她探个消息，拿个主意，不想人家说干就干，反让他犯了踌躇。他决定通报上司。

荣·菲利普斯接到电话后，再逐级上报，直至警察局长。须臾，电话又逐级下达：绝不允许，免开尊口，这是命令。

（十八）我不是种族主义者

这段工作进度，克拉克还算满意，就趁机给自己放个小假。正在她看着孩子们玩的时候。腰间的传呼机响了：是佛曼！

"还是《纽约客》的事情。"佛曼在电话那端气急败坏，让克拉克心惊。

"你要说什么？"

"7频道的主管正坐在我的旁边。他们要给我一个机会，让我澄清那件事。玛莎，我实在不想保持沉默。"

说完，佛曼把电话交给那个女记者。女记者就对着话筒念起图宾文章概要。她的语调极其欢快，透着一种期待好戏开场的兴奋。一听题目，就让克拉克脊背生凉：《耸人听闻的辩护》。文章声明，消息来自辩护团队。披露者要求匿名。辩护团队准备将佛曼描绘成白人种族主义者。他利用手套向辛普森栽赃。

夏皮若！非他莫属。克拉克立即有了结论。可是她仍在奇怪，辩方是如何搞到这份资料的。按照程序，辩方应先向法庭提出动议，方有机会获得。

自从佛曼提及此事，她就记入备忘录。可是，如今那个"待查"二字仍在那里，自己一直未做功课。她并不知道，佛曼案子的记录早就是公共财产，任何人都可以查阅。

克拉克知道，辩方追踪证人的历史，本是应有之义。他们不追，才是真正奇怪了。只是辩方多把功夫下在执法警员身上，查他们的记录，查他们的手续，再查围绕他们的投诉。从警察暴力、违法逾矩入手。像如此以心理医生报告为据，直指证人是种族主义者，因而陷害被告，还是第一次见识。这透着老辣，透着疯狂。

女记者又念起心理医生的报告，这些资料可真是耸人听闻。克拉克背上已然是凉意彻骨了。

佛曼对心理医生直呼非裔是黑鬼（Nigger）。人们为避嫌，往往称为"N词"。"黑鬼"这个名词在美国是大忌，有些地方法规明文禁止。若有人敢在公众面前使用，定他个种族仇恨，绝对无错。而种族仇恨是罪行，不在言论保护之列。

佛曼还对心理医生宣称，他想杀了那些惹他的人，等等，等等。现在，克拉克才明白佛曼为何那样紧张。

公开澄清的要求被警察局否决，佛曼自然心有不甘。他知道案子已在检方手中。此刻是检重警轻。若能从检方那里得到一份圣旨，仍能压倒警方的命令。更何况，这篇文章极具杀伤力，克拉克也该事先有闻。

佛曼那边孤注一掷，鱼死网破，克拉克这边怒火攻心，听不下去。她生生打断女记者："把电话给佛曼。"

"你真的相信这些屁话？玛莎？"佛曼抢进一句。

"关于栽赃？这太荒唐了。可是，这些报告一旦诉诸公众，我怎么想并不重要。"

"我从来没有说过那些话,这就是上次我打算告诉你的。我只是说我恨那些帮派分子,我无法忍受他们为害乡里。我不知道,这些话是怎么跑到报告里去的。"

"这就是你现在的感受?"克拉克冷冷一句。

"不,不,我不是种族主义者。你可以问问别人,我有很多黑人朋友。你可以去问问梅耶,如果你不相信的话。"佛曼已经乱了方寸。

梅耶是个非裔检察官,克拉克知道她绝不会允许任何种族主义的。提到她的名字,克拉克的气消了一半。不过,找她核实,还为时过早。

眼下急务应是评估这份报告入证的概率。克拉克仍然认为年代久远,机会甚微,自己应有足够的能力把它挡在案外。

发现克拉克没有反应,佛曼又追问:"关于我接受7频道采访,你是什么决定?"

"我要问问嘎塞提。"

嘎塞提的回答非常简单:"照老规矩办,不准!"

(十九)佛曼出行躲媒体

7月18日,星期一,不出佛曼所料,电视里报摊上,他的名字到处都是。佛曼已成为当日的话题。佛曼家大门深锁,只好让记者们扑空了。昨天晚上,佛曼将妻小送出洛杉矶,到一个挚友家避难。现在,他也获得上司首肯,前往该处与他们会合,暂避风头。

佛曼踩着钟点到达机场,只为能即时登机,躲避注意。不幸飞机晚点,他只好找个角落避人耳目。不承想,席未暇暖,一位女士凑过来:"你是马克·佛曼？"

佛曼当即否认："不，不，你认错人了。不过，谢谢你，你是在夸奖我？"

不得已，还需要找一个清静的地方。好在左侧有个小酒吧，里面空无一人。佛曼走进去，要了一小杯烈酒，消磨一下时光。调酒师点点头，却拿来一个大杯子，推到他的面前："尽情享受，探长！"佛曼闻之一惊，差点没从高凳上跌下来。

一入机舱，更加不好。满舱乘客都看着他，目光齐刷刷的。一半已经认出他来，一半则不敢相信。整个旅途中，周围嘤嘤嗡嗡，"佛曼"两字不绝于途。佛曼终于知道什么叫上天无路，入地无门了。

阖家会合后，佛曼开始了一个星期的"休假"。朋友们都绝口不提报道之事，话题永远是快活的琐事。可是他又觉得应该向他们解释点什么，不管他如何躲避，妻子却在追踪报道。所以，他的童年，他的陆战队，他的警察，还有他的两次婚姻，总是能从门缝中钻进来，让他感到众目睽睽之下一丝不挂，而他只能一言不发。

一日，佛曼和朋友出去了。妻子在家看电视话题节目《杰罗德时间》。这个节目专门收集危言耸听的故事。今天，杰罗德请来一个警察，声称在警察局内部有个秘密团体。名字叫"男人反对女人"，佛曼为其领袖。

卡罗琳一向性情温婉，这时却按捺不住。一个电话打到电视台，自报家门是佛曼夫人，对方惊喜不置。她立刻听到杰罗德本人的声音，他问了卡罗琳几个问题，都是关于"男人反对女人"，还有佛曼在其中的角色。卡罗琳断然否认这个团体的存在，佛曼更不是什么领袖。卡罗琳告诉他，这只是一个剧本，一切都是虚拟的。杰罗德立刻向全世界宣告，他刚刚与佛曼夫人谈过。所谓"男人反对女人"只是一个笑话，它不过是一个剧本。

杰罗德邀请卡罗琳进演播室。她拒绝了。

佛曼回来听说此事，大发雷霆。怪妻子多事，不该哪壶不开提哪壶。气消后，又觉得妻子能挺身而出，也是个安慰。

在这个时刻，无人能预见，此事日后会成漫天大火，将佛曼烧了个连鬼都不如。那是后话。

这个星期颇不平静。佛曼立足未稳，就有电话打进来，自称是电话公司，户主名单未列入公开目录，需要进一步核实。在美国申请电话时，若不声明将自己的资讯保密，用户的名字和地址将对公众开放。任何人都可通过电话或黄页查到。佛曼的朋友是警察，对自己的隐私十分在意，因此，将自己的资料全部屏蔽。朋友拒绝后，第二个电话又进来，自称是《国家征询报》的记者，希望与佛曼交谈。朋友否认这里有个佛曼。

次日，同样的人物又打来电话，居然是从街对面邻居家打来的。这个邻居，佛曼刚刚经朋友介绍认识，出去盘桓了一天。这次佛曼不得不露面了。对方态度友善，声称愿提供一个机会，让佛曼诉诉委屈，讲讲自己的故事。佛曼婉言谢绝。对方又亮出一手：开个价吧！佛曼把门关上："常识提醒我，我必须保持沉默。"

（二十）佛曼自觉像个鲁滨孙

回到洛杉矶后，佛曼话题热度仍然不减。有一个律师主动提出为他服务，任何时间，随叫随到。只因此人的妻子曾是佛曼侦破案子的苦主。正好佛曼也有此打算，于是一拍即合。两人正式向图宾提出五千万美元的民事诉讼。连带被告还有夏皮若和他的合伙人。

该律师获得授权后，开始在电视上频频出镜，俨然是佛曼的分身。他不仅为佛曼鸣冤，还让诽谤起诉的警告满天飞。佛曼这才发现此人已经沉迷在佛曼律师的荣耀之中了。

还有好莱坞的私探也登门自荐，为他免费服务，查找诽谤的来源。此类人通常专为演艺明星打杂，而且收费极高。这种私家侦探为公家探长服务的把戏，不免有些黄鼠狼给鸡拜年的味道。

警察内部却是另一番局面。局里各路主管，争相接纳。佛曼的饭局排得满满的。在饭局上为他提级加薪的许愿随口就来，可是，一点都提不起佛曼的兴致。

佛曼觉得自己就像鲁滨孙站在孤岛上，望着过往的船只。让他脱离苦海的船在哪里？

（二十一）谁认为辛普森有罪？请举手

7月26日，辩方召开第一次会议，人数远远超过夏皮若接手时的规模。八个律师，三个私探，两个罪证专家，一个电脑专家。巴登和德休威兹则分别在纽约和波士顿，通过电话参与交流。只有贝雷缺席，他仍然只是夏皮若的一块招牌。律师中多了一个沙克，由德休威兹介绍。此人专精DNA研究，是享誉全国的权威人士。

一入会议室，考克兰三人目瞪口呆，其空间之逼仄，超出想象。中间却有一张巨大无比的会议桌，把人们挤到墙边。围桌一坐，连进出都困难。三人盛装革履，而他人却是服饰各色，仿佛是个假期聚会。地板上、书架上、办公桌上，文件堆积如山，电话到处都是。纷杂散乱之景象，令他们无法不怀疑夏皮若的领导能力。

不仅如此,还有三组陪审团专家,坐在外面,等待面谈,竞争入围。

待三人入座,夏皮若先介绍了考克兰三位新人。然后,双手一撑,站了起来,一副大局在握的样子:"在座各位,有多少人认为辛普森有罪?请举起手来。"

夏皮若面无表情,众人神色狐疑,望着他发愣。不能确定,这是不是一个玩笑?会议甫开,即陷冷场,气氛十分尴尬,夏皮若环视一周,仍是令人感到高深莫测。然后,他从容把话兜转,转入正题。

正题就是遴选陪审团顾问。琼·伊兰是会议的明星。她身材修长,金发垂肩,四十一岁,正当盛年。一个白人女性,却是长期与非裔社区打交道的能手。

她不但熟悉非裔,也对白人研究精到,她有一套成熟的研究方法。在她的履历表上还有三个大案子。一个是麦克马丁学前班亵童案,一个是罗德·金白人警察施暴案,还有一个是由罗德·金案引起的洛杉矶暴动黑人帮派施暴案。后两案皆有录像为证,却被她选出的陪审团宣告无罪。

她先介绍了三种基本遴选方法:定向关注组、影子陪审团和模拟审判。她带来了图表案例,内容丰满,她的风范立时令众人倾倒。更何况,她还带来预审期间的电话民调,证明她是有备而来,志在必得。至于报酬,她也实在痛快,能给多少算多少,绝不为难辩方。这正是辩方需要的人:阅历、战绩、执着、忠诚、狂热。

另两个团队还未出场,就已出局。

（二十二）克拉克觉出警察甚为不满

第二次过堂刚刚结束，辩方就明枪暗箭杀上门来。警方求助 FBI，检验出罗金汉的手套上面有一根白种人的毛发。辩方立刻循杆而上，要求检验所有到过现场的白人警员。克拉克把辩方的要求一传下去，警察们立刻跳了起来："别把我们当嫌犯。下一步，他们该要求抽我们的血了。"

克拉克半哄半逼："你们要是不合作，在公众眼里会很难看。"但是，警察们不为所动。克拉克无奈，只好做法庭抗争的准备。谁知不旋踵，警察们又改变态度，愿意合作。只因他们的律师都赞成克拉克的主张。

克拉克立即通知夏皮若，你们不用提动议了。他们愿意提供。这边电话刚放下，警察们又变卦了。如此反复数次，最后，虽然警察们真的合作了，克拉克已觉出警察对她甚为不满。彼此间有了裂痕。

最后的结果不痛不痒。这根毛发不是警察的，但是究竟来自何方，一直到审判结束，双方也未再提此事。（注：几年前，某死刑犯自称是杀妮蔻的真凶，此人恰好是白人。请读者查有关新闻。）

辩方的动议如雪片般飞来。他们甚至要求控方提供在案发前后的急诊室记录，看看是否有人被狗咬。这已经是在指挥控方办案了。克拉克认为，这是辩方的牵制战术，有意让她陷入烦琐的细节中，使她无法专注根本方略。克拉克自觉在堆积如山的证据面前，先被堆积如山的动议淹没了。

初审不久，辩方放话，辛普森将行使宪法权利，要求速审。所谓速审是指正式立案后，六十天内必须开审。这个策略，刑辩律师们鲜少使用。他们往往反其道而行之，行一个拖字诀。用尽一切借口，拖延法庭进程，企望某个证人或者病故或者消失。这类大案，拖上个一两年绝不稀奇。

这个要求还真让克拉克紧张了几天，顿觉不胜负荷。

7月26日，辩方又向法庭提出动议。要求任何现场采集的血样，都留出10%，供辩方自行检验。在克拉克的眼中，这个动议近乎荒唐。此案的举证责任属于控方，辩方不必证明什么，只需挑战证据。一旦辩方手中的血样在检测后不利本方，他们可以隐瞒不说。而控方的血样采集不易，论质量，并非个个都好。在复杂的检测中，如RFLP对血样要求极高。一旦割去10%，即可能导致检测失败。拿不出结果，就意味着证据无效，这已等同毁灭证据。辩方要求绝对无理，没有法律依据。克拉克相信伊藤法官不会批准。

有了这个推测，克拉克索性剑走偏锋，提出反动议：如果辩方愿意，她可将样本全部移交，让辩方去做检测，然后，将结果呈堂。她自信辩方不会接受，伊藤也不会批准。

伊藤的决定还是让克拉克大吃一惊。他宣布控方须留出10%的样本，供辩方自己检测。克拉克不敢相信自己的耳朵，向身边的丽萨·坎核实："他是照我们的意思判的？"

助手丽萨摇摇头，一脸无法置信的神情。克拉克腾地站了起来，硬生生地打断伊藤的判决："尊敬的法官，我能要求法庭再做论证吗？"

伊藤盯住克拉克，满面严霜。

"我相信辩方在DNA检测上误导法庭。你的判决正在剥夺我们完整检测证据的权力，正在将证据自我们手中永远夺走。"

这已近乎指控。伊藤又窘又怒，克拉克也突然醒悟，现在正在直播，摄像机就在旁边。

虽然尴尬，伊藤不得不承认此事干系重大。应该批准克拉克的请求再做论证。他改变判决，要求双方的DNA专家到场，对动议的可行性再做论证。

这是克拉克与伊藤的第一次冲突，为今后两人互动奠下基调。

（二十三）贝雷染指之心越来越盛

F. 李·贝雷虽然被夏皮若高高供起，挡在局外。但挡不住他对此案兴趣甚浓。他意欲染指的心也越来越盛。他给夏皮若介绍了两个私探，其中麦坎南已去过芝加哥。另一个麦克纳利，也是追随贝雷多年的。他们二人长期搭档，人称两位私探为双 M，只因两人的姓都是 M 打头。这二位对贝雷不仅佩服而且忠诚，自然成了贝雷的耳目。

双 M 在洛杉矶一会合，就先去了罗金汉现场。帕佛里克带着阿纳丽和杰森在门口等他们。这也是麦克纳利和帕佛里克初次见面。帕佛里克的欢迎词很有几分醋意："我不知道，你们为什么要到这里？"麦坎南已经会过帕佛里克，因此应对极为技巧："你看，请你理解，我们到这里不是为取代什么人，更不想当老大。"

麦克纳利则是大炮一门："我就是一个傻哼哼，让我干什么就干什么。"言外之意，真有人让我取代你，我也会遵命。

阿纳丽带他们把整个宅子转遍。帕佛里克也一路向他们通报调查进展，还有他的理论，他的推断。双 M 显然不是一个路子。什么警察记录中的破绽，什么阴谋栽赃，什么毒品杀手，他们皆不感兴趣。他们只想扫街，只想敲门，看看能否找到目击者或耳闻者。

其实三人路数虽然不同，却都是警察出身，而且都是大牌警局出身。帕佛里克是地头蛇，来自洛杉矶警总局。麦克纳利来自纽约警总局，而麦坎南来自芝加哥警总局。可说是巧而有致，天作之合。麦克纳利还有另一面的实力。他和黑道也有联络，连 FBI 都对他另眼看待。他不在乎，吃的就是这碗饭。没有情报，没有眼线，又算个什么？

他们若把干戈放在一边，也算珠联璧合。有人在文件里做文章，找破绽。

有人在街上敲大门，练嘴皮，也算取长补短，内外兼修。

某日，有家报纸披露，塔夫茨有话，麦克纳利是辩方雇的首席侦探顾问。从此，帕佛里克的那份不痛快就写在了脸上。

而麦克纳利对帕佛里克的调查也极有看法。帕佛里克找到过一些目击者。但在麦克纳利眼中，大可怀疑：

某目击者说，当天10点五15分，她看见三个西语裔青年自邦迪现场跑出。其中二人手中有家伙。三人钻进一辆车，状似便衣警察的车，车为银色。真不知道她是如何界定那辆车是便衣警察的车。她向检方报告，检方谢了她，自然就再无下文。

某目击者当晚8点55分在邦迪路滑旱冰，看见妮蔻家墙外有一女性，站在一辆自行车后，她长发垂肩，似乎有意掩盖她的眉目。而在树丛里，则有一个男性，背头锃亮。男的是白人，女的是亚裔。帕佛里克还特别加注，该女性极似妮蔻的闺友考拉·舍曼。

某路人声称，他看到一个白人男子，身材肥硕，戴着滑雪面具，在现场周游，时间却不详。

一个小偷看见两个白人，身着西服，自后门夹道蹿出。而他自称正在当地踩点，准备溜门撬锁。

一个拖车司机被公司开除，只因在拖吊辛普森的野马车时，侵入车内，卷走若干物品。据说《硬证》节目正在与该人联系，试图把他的见闻搬上银屏。

这些线索都被帕佛里克写成报告，人物、时间、地点，规规整整，兼有评论推断，仍是警察那一套办案程序。在麦克纳利的眼中，不过是官样文章，一沓废纸。

其实，双M的运气更不好。无论他们如何敲门扫街，妮蔻的邻居都三缄其口，保持距离，让他们一无所获。

他们唯一的收获是探清夏皮若的打算：打算把贝雷当作店招挂起，永远放在背景里，助自己唱空城计，挡住那些意欲染指的大牌律师。

（二十四）达顿正式走马上任

8月1日，达顿正式走马上任，提辖刑控柯林斯的大局。达顿也是一方重镇，有营盘，有配属，也有将在外君命有所不受的委任。但是与特控处相比，阵仗就小了许多。特控处是个小联合国，检察院具有的功能，它都有，自然也有自己的探长。而达顿只能在洛警局中找探长，好在此案人人皆欲介入。否则以达顿的工作，早把洛警局上上下下得罪得精光。在平时，愿听招呼的只怕没有，咬牙切齿的倒是不少，达顿的工作是刑控"坏"警察。

第一件事是查看柯林斯的野马车，这辆车的风头早已盖过辛普森的那一辆。它在电视上，在公众面前跑了近7个小时，它的风光应为天下第一。

这辆车被扣在拖车公司，没有任何警卫，门也未锁。达顿和探长们不费力，就进入车中。他们在车内搜出若干内衣、T恤、夹克、内裤，都是干干净净整整齐齐的，还有浴巾。达顿想起，在追捕中，柯林斯警告警察，辛普森把枪放在浴巾下面。难道就是这一条？达顿立即低头细看。蓦然发现上面还有血。不由得心中火起：这些物品为何无人检查，甚至扣押？车中还有两本记事本，上面都是辛普森圈子的电话。而警方却让它躺在这里超过一个半月。

在先期调查中，达顿知道柯林斯在罗金汉被捕时，身上还有8700美元，以及三个未开封的大纸袋，大到足够装进衣物。警察既未扣押，也未申请搜查证，开封检查，而是一并奉还。

达顿不由自主对着探长发起火来。探长则反唇相讥：嘿，我们不是汤姆和费尔。听口气,二人口碑不佳。

(二十五)腾白丽小姐号在等辛普森

次日,达顿坐下来,翻阅洛警局送来的报告。其中多是捕风捉影,无稽之谈。只有一条,引起他的注意。

线索298,自数字上看,并不重要。警方编排序号,根据线索重要程度。5字头最重要。这是2字头,已在查与不查之间。

举报者帕丝·里德,声称6月17日和18日,她在巴哈马群岛度假。她的船旁停着一艘大型游艇,名字是腾白丽小姐号。6月17日,她在岸上的杂货店听到伙计说,该艇船长正在等着辛普森。他们接到命令,准备好照相机。17日正是野马追捕,辛普森归案的那一天。18日,邻船腾白丽小姐号,送过来一箱珍奇海味,声称客人未到,这一箱东西留之无用,让她们趁鲜享用。

达顿知道,刑控柯林斯,必须证明两点。一是柯林斯和辛普森离开卡达辛家时,知道辛普森已被定为嫌犯,并面临逮捕归案的局面,这只能通过当日在场人的证实。二是辛普森确实是在潜逃,柯林斯协助的罪名才能成立,这一点尤为困难。当他们被警察发现时,并未企图逃离。事后,辛普森的律师又宣称,辛普森出走是为了自杀,避免身败名裂。

现在,线索298若被证实,辛普森的出走自杀说将立时不攻自破。而辛普森的出境潜逃一经证实,柯林斯的罪就摆在那里了。

达顿又向洛警局核查扣押证据中,是否有日程表或名片。送来的材料中有一个名片:腾白丽商社,当·萨佛。不知这张名片是否与腾白丽小姐号有关?

达顿进而怀疑，不仅有人协助辛普森逃捕，还有人帮助他灭证。卡达辛手中的 LV 旅行袋，加上柯林斯的纸袋，都大为可疑。只可惜警察视若无睹，任证据被湮灭。

（二十六）作家辛格勒千里插一脚

丹佛之于洛杉矶，千里之遥；辛格勒之于双杀案，八竿子打不着。

可是在千里之外，这个八竿子打不着的人物却对此案插上一脚，掀起不小波澜，让辩方日后受益匪浅。

辛格勒，二十余年的新闻从业者，擅长罪案追踪，写过几本要案纪实，也上过畅销书排行榜。但是，辛格勒从未想过染指此案，因为此案太大，媒体千军万马在那里追逐等候。相比之下，他不过是丛林中的一株草，难见天日。

可是，有人找上门来，授之以柄。

来电人素不相识，但对方声称，曾是他的读者，这就足矣。这种电话，辛格勒并未少接，这是他职业生涯的一部分。

对方调门很高："我打这个电话，不仅是关于辛普森，而是关于法律制度之脆弱，关于媒体的操纵。他们筛选信息，操纵美国两亿观众。"

听起来冠冕堂皇，很像政客演说。

"我们的制度是无罪推定，这是公民的宪法权利，可是媒体竟敢搞民意测验，宣称三分之二的人相信辛普森有罪。迄今为止，陪审团尚未遴选，法庭也未开审……"

下面的话有点意思了。

"在案中，一个探长贸然定论，引导另外三个警官共铸错案。他们的违法行为引出连锁反应,让案情走上不归之路。

"洛杉矶法制系统的掌印人,也遂下结论,某某应该是杀人犯。他们告诉媒体,我们已经锁定嫌犯。媒体则着力配合,将辛普森的无罪推定的宪法权利彻底剥夺。"

接下来,又是一番大道理。

美国公众非常简单,是极易操纵的群体。他们就是黑白胶片,"咔嚓"一声,黑白分明,顶多有明暗之差别。他们通常不唱高调,柴米油盐,吃喝玩乐而已。此人如此激动,如此义愤填膺,让辛格勒多了一份戒心。

"既然如此,你为什么不挺身而出,公开披露,你对体制的了解远远超过我。"

"我不能。"

"为什么不能?"

"我会失去工作,被同事扫地出门,结束职业生涯。你应该知道,介入此案的人,他们首要考虑的绝非真相。他们要保护自己的位子,还要晋升。这个体制不在乎正义,只在乎输赢。我不是批评他们,我也在做类似的事情。但是,我绝对不喜欢这样。"

原来如此,这是一个"深喉"!

(二十七)和"深喉"谈过后的冲动

和"深喉"谈过以后,辛格勒有一种冲动,想把信息传给辩方,看看他们的反应,也可借此反证"深喉"的虚实。

通过电话公司查询夏皮若的电话,所获近乎于无,只有一个800号电话,这个电话早就公布了，十打九不通。

辛格勒试一下，通了！只有电话录音。辛格勒只好另作努力，把考克兰的电话查了出来。接电话的是个女士，口气十分温婉，但却刀枪不入。

"请问考克兰先生在吗？""他在休假。""那么还有其他律师吗？""有。""请问该如何称呼他？""卡尔·道格拉斯。""能请他过来谈谈吗？""他不在公司。""那么他有秘书吗？""有。""我能请她帮我留个言吗？""她出去吃饭了。"

原来是一问三不在。"好，好，我传真过去一封信，只有一页。道格拉斯回来，请你交给他。可以吗？"

一天过去，全无反应。辛格勒不免沮丧起来，传过去的信，只怕太像小说了。

次晨，又下了一个决心。再打一个，成也是它，不成也是它。

电话打过去，接电话的正是道格拉斯的秘书。

"我想问一下，道格拉斯是否接到我的传真？"这是个正当的由头。

"很难说，传真太多，谁知哪件是你的。"电话那边传来翻纸的声音。

辛格勒想，兆头不坏："好，我只求你一件事。我再发一份，请你收到后，亲自交到他的手中，并请他读一读。你能帮忙吗？"

"我的工作太多，并且……"那边要打回票。

"求求你。"这边也不抱什么希望。

"我试试吧。"

发完传真，辛格勒出去遛狗。外边艳阳高照，莫辜负那大好时光。此事到此为止。有枣没枣就是这一竿子了。

刚走过街角，老婆追过来了："卡尔·道格拉斯来过电话。是从考克兰办公室打来的，让你立刻给他回个电话。"

（二十八）辛格勒与道格拉斯矛来盾举

道格拉斯来到电话上："你那传真中的线索来自何方？"

"我无法告诉你。"

"为什么？"

"就是不能。"

"我没时间陪你玩游戏。"

"这不是游戏。道格拉斯先生。"

"那好，告诉我。我很忙，你从哪里得到的情报？你还知道什么？"

"我不能在电话里说。"

"除了传真上的，你还知道什么？"

"当然。"

"有多少？"

"现在不能说，我打算飞到洛杉矶去，与你们会面。到时，我会知无不言。"

"我可没那个时间。我们在准备上庭。我怎么知道你不是个疯子？"

辛格勒与道格拉斯矛来盾举，就不松口。他隐隐觉得道格拉斯并不想放弃，但也不想见面。不种地，就想收粮？他决定最后一搏。

"要想知道，就要面对面，不见面，免谈。"

"我和任何人见面，都必须有我们的侦探在场，我不知道他们的日程。我问问，再回你电话。"

听起来打了退堂鼓，辛格勒不再抱希望了。

15分钟后，道格拉斯居然回电话了："四天以后（8月8日），下午3点，考克兰办公室见。"

谁知第二天，道格拉斯又来了电话："事情有点变化。"辛格勒一听，凉汗立下。空欢喜一场？

"时间不变，地点改在世纪大厦。"

"夏皮若的办公室？"

"正确，十八层，到前台就说找我。"

这棵树还真有枣！

（二十九）为抗衡考克兰，夏皮若引入贝雷

8月8日，辩方开第二次群英会。洛杉矶这边多了个F.李·贝雷。只因考克兰加入团队以后，声势日隆。夏皮若自觉驾驭他很难，就改变初衷，主动把贝雷引进来，制衡一下，唱起三国演义。德休威兹在波士顿，沙克和他的搭档皮特·纽费尔德在纽约，通过电话连线联系。沙克已经参加过一次会议，见过了洛杉矶的同事。在他眼中，这些同事野心勃勃，是难伺候的腕儿们。现在，他的身份是DNA专家，将在幕后备位顾问。沙克从来没有想过，随着案子的进展，他的风采会压过众人，成为另一个大腕儿，而且是定盘子的超级大腕儿。

今天，会议并无特定议程，只是务虚。夏皮若首先开口："我在电视圈里有人脉，我将说服他们放一些警察栽赃的电影……"

仍然像上次一样，人们对他的开幕词毫无反应。倒是考克兰引入一个刺激的话题："马克·佛曼的律师来了一个照会，指控我与图宾的文章有涉，要送我上法庭。我回信告诉他们，文章登出时，我还没有加入这个案子。"

夏皮若立刻介入："在发任何信之前必须先通知我。"然后，他读起自己的回复，措辞十分强硬，大有应战之势。他解释道，只有这样，才能把事情闹大，

而且越大越好。让佛曼坐在火上，退无可退。如果，佛曼在诉案中提出金钱赔偿，那就好上加好。日后，至少在质证时，可以攻击他有金钱动机。

夏皮若意犹未尽，又发指示："以后，任何人不得擅自与媒体接触，只能通过我。我们需要一个声音。"

众人无话。考克兰一脸不快，贝雷也是如鲠在喉。

夏皮若又把话转到控方豪格曼身上，批评他隐瞒线索，骂他屁眼子。考克兰等来了机会："我对他充满敬意，他对我们不是问题。"

夏皮若没想到遭遇抵抗，也毫不示弱："他藏着，掖着，他撒谎。"

"好。"考克兰借机亮出辈分，"今天晚上，我给他打电话，谈谈此事。"

卡达辛由此生出感触，自考克兰加入以后，团队内部明显分成两派，都在向OJ争宠。不过，考克兰似乎略占上风。他不仅能和OJ谈得更深，而且，充满着巨大的热情，绝不相信辛普森杀了人。不像夏皮若那样似虚若实，似疑若信。

两人明枪暗弩稍停，话题又转到辛普森女儿西德妮身上。她说过，妈妈在电话里哭。来电的是妈妈的好朋友。那么那个好朋友是谁？卡达辛回答，他早就派人问过妮蔻的父母，不过老两口不合作。

最后一个话题来自卡达辛。他拿出一堆碎纸，是辛普森在追捕中撕碎交给柯林斯的。人们立刻离座，把碎纸放在地上，玩起拼图游戏。

这是两封信。一封留给孩子，一封留给柯林斯。每封信都坚称，他是无辜的。

（三十）那一夜佛曼去了辛宅两趟？

8月8日，下午3点30分。六个人坐在夏皮若的那个小会议室里。三对三，被大会议桌顶到墙边。道格拉斯、查普曼和帕佛里克在一边。辛格勒这边还有两个律师。只因辛格勒的朋友得知这个会面，古道热肠，怕他拙于应付，就介绍了两个律师给他。一是朋友本人的律师，一是专精刑案的律师。

开场白来自帕佛里克："有履历吗？"

"没有带。"

"你是记者吗？"

"对，干了二十年了。"

"你写过什么？"

一串问题，直来直去，很不客气。

"你的知情人是什么人？"帕佛里克终于转入正题。

"无可奉告。"

"为什么无可奉告？"

"他本人的条件就是匿名。"

"等等，"道格拉斯打断帕佛里克的话，一副掌控全局的口吻，"辛格勒先生，我们没有时间听无用的话。距开审只有42天了。我们有二十万条线索，我们只选择了不到一百条去核实。我个人只谈过几个人。你已经大有成就了。此时此刻，我们不知道你是何许人。你也可能为控方工作。我们必须弄清楚你的身份。"

辛格勒点点头，表示理解。

"说说你的线索，看我们能做点什么？"

辛格勒看看同来的律师，都是一言不发，面无表情。没有阻拦，就是放行。

"我被告知佛曼探长认识妮蔻有一段时间了。"

"你是在告诉我,佛曼和妮蔻有染?"

辛格勒未作回答。

"那是胡扯。他们根本不认识,我一直在找这方面的线索,踏遍洛杉矶的大街小巷。"

帕佛里克又是一串问题:你有两人合影吗?你有录像吗?你有情书吗?你有录音吗?

回答一律是没有。

"既然你一无所有,回丹佛去吧,别浪费我们的时间。"

"少安毋躁,"那个专精刑案的律师介入了,"他来此是为了帮助你们。"

"他告诉我,"辛格勒转向道格拉斯,"佛曼的动机,并非如认为那样。不仅仅是种族仇恨,他另有个人目的。"

"你在说,他不是种族主义者?"道格拉斯反应强烈的神色中,大有归罪辛格勒身为白人,对此麻木不仁。

"不,不,我的意思是说,他还有其他原因,我的消息来源告诉我。佛曼1985年到过辛普森的家,知道辛普森虐妻的恶行。身为警察,他自认未尽保护职责,在6月13日凌晨,他是第一个到场的探长。"

"他不是到达现场的第一个警察,"帕佛里克立即纠正,"你的知情人在误导你。"

"我没有说是第一个警察,我说是第一个探长。他和荣·菲利普斯是最先到达的非制服警员。他感到震惊,因为,他不仅认识死者,而且知道死者的处境。他还知道死者非常怕辛普森……他自觉对此负有责任。"

"所以,你就否认,他是个种族主义者?"道格拉斯对这个话题不依不饶。

"不,我没否认任何事。我只是复述他的原话。佛曼因此怒火万丈,立刻得出结论。这是辛普森干的,尤其是他发现前妻与另一个男子在一起。"

帕佛里克又抢进来,重申他已仔细查过,佛曼和妮蔻两人绝不相识。

"他还告诉我,在凌晨3点,佛曼说服了至少一名警察,跟他去了罗金汉辛宅。"辛格勒不理睬帕佛里克的纠缠。

"一共几个人?"道格拉斯问道。

"无法确定。"

"你无法确定任何事,"帕佛里克一拍桌子,"这件事从来就不曾发生,警察记录中就没有。"

"你真的相信,警察会把当晚一切都记录在案?"

"你正在告诉我们,"道格拉斯再次打断争论,"那一夜,佛曼去了辛宅两趟,而且这次是在他们做证的那一次之前?"

"对。"

"这绝不可能,"帕佛里克说,"你知道现场有多少警察吗?告诉你点秘密,便衣探长与制服警察彼此相轻,常常相互倾轧,如果警察发现探长离开现场,一定会记录下来,以备日后发难……"

辛格勒不再理睬他,又转向道格拉斯:"他们一无所获,又意识到擅离犯罪现场乃是大错。他们没有证据可以自圆其说,他们担心遭到惩戒,就返回邦迪现场。

"因为佛曼是第一个到达现场的探长,他知道什么地方有什么。他回邦迪时,仍是深夜。在他预审听证时,他开始说看见一副手套(按:法庭记录原文中的手套是复数)。后来又改说是一只。"

"这个我们早就知道了。"道格拉斯说。

"他还告诉我,佛曼从妮蔻房后的栅栏上,折下一根木条。"

"一根木条?"道格拉斯满面狐疑,对帕佛里克问道,"你听说过关于木条的事？"

"不，没有木条。"帕佛里克斩钉截铁。

"佛曼绕过前门，用这根木条，自勾德曼身边挑起一只手套，他把手套放在一个蓝色的塑料口袋里。这种口袋是探长们随身携带，装证物用的。然后，他把口袋放入裤袋中……"

"你听说过这个口袋？"道格拉斯又问帕佛里克。

"没有。"帕佛里克大摇其头，"没木条，没口袋。"

"我被告知，"辛格勒无意争辩，只是继续，"事后，佛曼对兰和范纳特发动了说服攻势。告诉他们辛普森虐妻之历史。鼓动他们去辛宅，并保证能发现证据。"

"这是凭空想象。"帕佛里克又按捺不住了。

"你为何如此武断？"辛格勒反唇相讥。

"因为，会有人看到佛曼在做此事，这个人会告诉其他人，其他的人再告诉更多的人，以此方式传播，这就是现实世界。"

"现在，已经有人在传播了。"

"谁？"

"这就是为什么我在这里！"

（三十一）血样中的防腐剂

又是一番争论后，道格拉斯才回到正题："你还有什么要告诉我们的？"

"是的，我被告知，口袋和木条已作为证据被保存起来了。"

道格拉斯扫了帕佛里克一眼，后者无语。

"你们是否看过所有的证据？"辛格勒追问一句。

"没有全部看过，但就目前所知，没有口袋，没有木条。"道格拉斯口气软了下来。

"6月13日，辛普森自芝加哥归来。他被警察看管起来，并被抽了一管血。"

"正确！"道格拉斯反应异常兴奋，"这是从你嘴中说出的第一件真事。"

"我被告知，他的血被存放在试管里，试管中有防腐剂。"

"防腐剂？"道格拉斯显然不明就里。

"我还被告知，现场的血样中有辛普森的DNA。"

"我们对此有怀疑。"

"他还告诉我，只需一个测试，就可证明：这些血并非是当晚留在现场的。"

"如何证明？"

"在试管的血浆中有防腐剂的成分。"辛格勒停了一下，然后，加重语气。

"这是你们案子中唯一能够证明的东西。"

"抽了辛普森的血后，有人用针管抽出一部分，然后回到现场，也许还有辛宅，把血滴下。那些血足够让辛普森入罪，又不致被人怀疑栽赃。有些警察或探长在这方面的功夫炉火纯青。"

道格拉斯立刻把头摇成拨浪鼓："我太喜欢你的理论了，但那是绝无可能的！"

"为什么？"

"只因一旦抽了血，它就会立刻被封条封好。如果它被打开，我们立刻就会知道。我们有二十万条线索，没有一条提到此事。"道格拉斯嘲笑起来，"我建议你告诉你的'线民'，这个情报绝对不真。他在利用你，他另有企图。"

"你真的觉得这个测试不值得一做？"辛格勒不甘心。

"控告警察是我的工作，我就是靠这个活着。他们能干什么，不能干什么，我最清楚。我绝不相信他们会干这种事情。"

"你相信辛普森是无辜的吗？"辛格勒追问一句。

道格拉斯停了片刻："是的，我相信。"

"那你如何解释现场有他的血？"

"无法解释。"

"那你为什么无意做测试，去证明那些血中有防腐剂？"

谈话无法继续。帕佛里克那张冷笑的脸，变得阳光灿烂。他轻松地站起来："如果你再没有新东西，我要回去干活了。"

辛格勒又转向道格拉斯："也许我能看看预审记录，或者警察报告，也许我能发现漏洞。"

"别想，除非你告诉我消息来源。你明白我的意思？"

辛格勒点点头，再无多话。但他心中对道格拉斯并无恶感。

"谢谢你到洛杉矶来。到目前为止，我无法再迈一步。祝你旅途愉快。"

律师与退役警察的行事就是大不一样。

在去电梯的路上，辛格勒十分沮丧。他不能相信辩方对血中的防腐剂毫无兴趣，但他已经无话可说。

在等电梯时，道格拉斯突然甩开同事，独自走到辛格勒的身边："再多挖一点东西过来。"

辛格勒顿觉周体舒畅："一定！"

（三十二）你借我的名望，推销自己

8月9日，卡达辛约考克兰共进午餐，这是两人初次私下见面。见到昨天的场面，卡达辛的一肚苦水终于有了宣泄对象。

考克兰入围之后，夏皮若的脾气明显变坏，常常借故迁怒他人，舒缓心中的压力。一日，在休庭时，他对卡达辛说："出去时，离我远一点。"卡达辛问为什么？夏皮若的回答让卡达辛大吃一惊："你接受《纽约时报》的采访，借我的名望，推销自己。"所谓狐假虎威矣。

其实，卡达辛何曾见过什么记者，他躲都躲不及。

辛普森二次提堂前夜，夏皮若把电话打到卡达辛家："考克兰明天要坐在律师席上，你就回避吧。"

卡达辛岂能接受："OJ需要我！"

"我不希望你在那里，"夏皮若刀枪不入，"回避！"

卡达辛无奈，又致电塔夫茨，寻求援助。塔夫茨更干脆："去！OJ需要你。"

卡达辛再把电话打回去。夏皮若又有了新的理由："你在那里，我的精神无法集中。"

这一夜，气得卡达辛彻夜无眠。第二天，他依然到场。夏皮若则并无多话，似乎忘记了昨晚的事。

近两个星期，夏皮若与考克兰的争斗，由隐而显，由缓转急。夏皮若天天去见辛普森，有如应班站岗，考克兰也是频频造访，落力夺爱。

卡达辛本不是好事之人，遇到这类事情，能避则避。可是，辛普森最信任他，而对朋友的责任，他也避不开。他不能不对形势做个评估：考克兰坚信辛普森无罪，一心要打个决死抗战。而夏皮若似乎大有保留，时时露出怀疑。

这个局面不能持久，迟早有个大摊牌。考克兰对辛普森有如兄弟，是自己人的态度，而夏皮若则是花人钱财，与人消灾。

贝雷倒是慧眼识珠，知道卡达辛的分量，把他视为接近辛普森的桥梁。大事小事，电话不断。抓住卡达辛，紧紧不放。而且开出请战书，要单挑佛曼，陆战队对陆战队。只因两人都是陆战队出身。可惜，贝雷也是一张白面孔，若与陪审团沟通，远不如考克兰。

卡达辛有了定见，自然要与考克兰细谈。他向考克兰抱怨，夏皮若近来对他封锁案情，以致在 OJ 面前，他是一问三不知。弄得辛普森脾气大坏，对夏皮若大有烦言。把这个消息向考克兰透露，当然是个大红包。考克兰也投桃报李，流露对抗夏皮若之意。这边输诚，那边挺身担纲，两人立时结为同盟。

他们二人虽说都是辛普森的朋友，但是这个朋友与那个朋友大不一样。考克兰和辛普森都是闻人。论交情，场面上的多，私下的少，是菩萨与菩萨的关系。而卡达辛则与辛普森是一个庙里的，自然相知更深。因此，卡达辛把辛普森的脾性和盘托出，坦白相告。让考克兰在筹划应对时，能得心应手。这无疑使考克兰在日后的争宠中，站在上风。

"任何时候需要我，只管发话。"卡达辛最后开出条件，"我期望每天都在法庭上。"

（三十三）帕佛里克挖到了金矿

帕佛里克终日在警察报告中搜索，乐此不疲。他终于挖到了金矿。

1994 年 6 月 21 日，两位警察询问了妮蔻的邻居。报告说："黑兹特拉先生说，他于 10 点左右出门遛狗。他的路线天天如此，从不改变。但是 6 月

12日晚上，他出门略晚，是10点15分。20分钟后，大约10点40分，他自北而南转上邦迪路，听到妮蔻的狗狂叫，明显受到某种刺激。这种叫法，黑兹特拉很熟悉，常常发生在他遛狗路过时。担心妮蔻的狗侵扰，他决定改道，自妮蔻住处的后街穿过。大约10点45分，他听到巨响，仿佛是铁门的。他又立刻听到两个男人在厉声争吵，但是他无法听清内容，狗一直狂吠到11点。当他转到多萝西街时，看见西面开出一辆白车，右转南行，高速离去。"

帕佛里克还自警察报告中，发现了一封信，是马克·佛曼搜到的。信的日期是6月8日，也就是案发四天前。

亲爱的妮蔻，

把话挑明，以为记录。

当阿纳丽、杰森或我能在家照看孩子时，尤其是在游泳池附近，孩子随时可来。我恨不得一天24小时都和他们在一起，因为这也是他们的家。但是，吉吉不是你的临时厨子、保姆或者听差，她是我的雇员。我希望你尊重这个事实，现在和将来。

OJ. 辛普森。

这封信究竟对谁有利，就让帕佛里克吃不准了。

（三十四）辛普森跟踪妮蔻

材料中，还有对辛普森完全不利的。

1992年1月，辛普森与妮蔻协议分居，妮蔻搬出罗金汉，迁到格莱纳格林路，就是在这里，凯伦成为她的房客。一个月后，妮蔻在阿斯平遇到了一个男子，名叫兹罗姆索维奇。阿斯平是加州人常去的休假胜地，这里曾以毒品聚会著称。兹罗姆索维奇是玛萨卢纳餐馆的主管。这个餐馆有三个分店，一个在阿斯平，一个在比佛利山，一个在布兰伍德，妮蔻家附近，就是勾德曼做服务生的那一家。

兹罗姆索维奇很快与妮蔻堕入情网，两人频繁约会。某日，他邀请妮蔻带着朋友在布兰伍德店盘桓。就座须臾，辛普森随之出现。

兹罗姆索维奇在大陪审团调查期间，描述如下：

"辛普森双手撑住桌子，居高临下望着我们说：我是辛普森，妮蔻仍然是我的妻子。他表情严肃，但看不出有威胁的意思。不过我是真的被吓坏了。他离开时，妮蔻随他出去了。回来时，浑身颤抖。

"还有一次。我们在另一家餐馆约会，辛普森走进来，直达我们身边，在不足十英尺的地方坐下。直直地看着我们。过了片刻，他坐到妮蔻旁边，我吓坏了，也是浑身发抖。

"又有一晚，我和妮蔻在夜店跳舞，辛普森再次出现。我们赶忙离去，回到妮蔻住处。我们点了蜡烛，放上音乐，然后，一人一杯酒，对酌起来。不久，我们不由自主亲密起来。

"次日，我们坐在屋子里，就近看着孩子在院中游泳，妮蔻提到她的脖子不适，我就给她按摩。辛普森自门外进来，站在我们面前不足两英尺处说，不敢相信，看看你们正在做什么？孩子就在那边游泳。昨天晚上，我看见你们，真不敢相信，你们会在房里做那种事，所有的我都看见了。继而，他要我暂避片刻，他有话对妮蔻说……十五分钟后，辛普森来到厨房，向我伸出手说：不会介意吧？我说：还行。他又说，我是个骄傲的爷们，在社区里也算闻人……"

听起来，辛普森是在跟踪妮蔻，这可不是好事。只是大陪审团是单行道，证词未经质证。

（三十五）提起夏皮若，人人都有苦水

提起夏皮若，人人都有苦水，并非卡达辛一人。

双 M 初到时，贝雷交下一个任务，去夏皮若家，帮他儿子修电脑。两人知道，贝雷是夏皮若儿子的教父。自加入团队以来，二人尚未见过夏皮若，只是在电话上交谈过。因此，借机见见老板，也是应有之义。二人登门时，夏皮若正在车库里，戴着拳套，全身披挂，大汗淋漓地练习拳击。他们早有耳闻，夏皮若颇好此道。

麦克纳利上前说声哈喽："我是麦克纳利。"夏皮若停下来，看了他一眼："孩子在房间里。"然后，举起拳套，表示不能握手。然后，又埋头猛击沙袋。

二人大感扫兴。他们虽是私探，以他们的资历和道行，一向受到律师们的尊重，视他们为臂膀，优礼有加。贝雷视他们为兄弟，才会派他们来干这种琐事。夏皮若如此傲慢冷淡，视他为下人，二人心中愤愤不平。

哈沃德·哈里斯也是贝雷介绍来的。他是电脑专家，初来时，只是处理公众给辛普森的信。无非是扫描归类入档。他很快发现，夏皮若的办公室里全无章法，夏皮若本人的电脑知识近乎于无。而夏皮若的助手卡普兰，只会把材料分类，放入不同的纸箱。哈里斯见义勇为，施以援手。花了 15000 美元，引入各种设备，建立起电脑管理系统。

哈里斯画地为牢，足不出户，把自己圈在办公室里。因此，见识掌握了太多的内幕，他眼看夏皮若与贝雷渐行渐远。夏皮若虽把贝雷带到前台，冀望制衡考克兰。可是他对贝雷的意见不是冷嘲热讽，就是置若罔闻，大摆首席律师之谱。

哈里斯还发现夏皮若的社交异常繁忙：和名人会餐，去拉斯维加斯看拳击。为滚石乐队捧场，甚至为放松去做按摩。他的助手卡普兰，经验阙如，

却是唯一处理文件的律师，她常为做决定发愁。哈里斯就帮她决定什么该留，什么该换。哈里斯突然发现，自己成了发号施令的主儿，很多决定竟会出自他这个电脑专家。

双 M 也被叫来帮忙。麦克纳利不甘心码数字，爬纸山："这不是我该干的，这不是我的工作。夏皮若不出庭时，人在哪里？"

马龙·白兰度的女儿也来帮忙。她的工作是剪报，全是关于夏皮若自己的报道，俨然是一部名人传记。还有一个女孩，工作仅仅是把夏皮若签名后的照片，寄给他的追星族。

夏皮若还下过一个任务，让双 M 走走现场，计算勾德曼自玛萨卢纳走到妮蔻家的时间。可是，勾德曼是开车，不是步行。这是人人皆知的。

（三十六）道格拉斯的羞辱

若说人人都有苦水，仍不能尽述之。

这在道格拉斯那里，就是羞辱，就是激怒，就是憎恨。

一日，正在会议中间，夏皮若突然点起名来："萨拉（卡普兰）、卡尔（道格拉斯）、香（查普曼）还有琼·伊兰，请你们四位出去！"四人望着夏皮若，难以置信。然后，面面相觑，最后，抄起自己的东西离开。除去考克兰、卡达辛、尤曼，双 M 也被留了下来。

道格拉斯一出门，就由惊转怒，气得在外面转圈："他狗×的，×他。把我们轰出来，让那些私探留下？"

道格拉斯是考克兰律师楼的主管，有管理长才。论身份，一人之下，众人之上。考克兰对他依赖甚深。查普曼也是独当一面，做过十几年法援律师。

他们何曾受过这种气？琼·伊兰虽不是律师，也是术有专攻，业有专精，万人敌的角色，律师们敬她还敬不过来呢。她的牢骚更盛："自我做顾问陪审团以来，还没有人叫我回避过呢。从来没有！"

终于，双 M 出来，把四人请了回去。道格拉斯进去，怒目而视。夏皮若却是视若无睹，继续下面的议程。这些律师在他眼中似乎只是高尔夫球场的小弟，招之即来，呼之应去。

在出去的路上，考克兰告诉他们，夏皮若自妮蔻的闺友那里得知妮蔻和费耶·瑞斯内克有过同性恋的床事。仅此而已，就这点屁事？道格拉斯怒得连电梯都晃动起来："为什么你不出来说句话？让他这样羞辱我们？"考克兰不以为忤，连连保证要为他们伸张正义。

考克兰这面，一边尽力维持与夏皮若的工作关系，一边隔岸观火，看着同事们怒火蒸腾，但是他也有忍不住的时候。一次会议，众人刚刚到齐，夏皮若宣布《生活》杂志将要来此摄影。考克兰立时厉言制止："我们和当事人之间，有律师/委托人特权约束，这是禁忌，绝对不容侵犯。"其他律师立刻桴鼓相应，随声而起，硬逼着夏皮若取消了这个计划。

不久，夏皮若又来了新花样。请了一位女摄影师，为团队拍全家福。考克兰三人远在下城，自然不愿奉陪、凑热闹："鲍伯，我们手上活太多，你们拍，我们就免了吧。"这个回票一打，哪里还有什么全家福。

无巧无不巧，考克兰刚把电话放下，辛普森的电话就进来了。考克兰顺势借力，将两人的对话学说一遍。辛普森不无欣慰："你们绝对正确，我希望你们不去，也高兴你们不去。"

（三十七）达顿搜查辛普森的办公室

达顿开工已经两个星期了。他脑中案子的图画已日渐清晰：辛普森身边有一张网。自他从芝加哥归来，这张网就高高张起。辛普森的那个LV旅行包是自兰达传到卡达辛手中，之后就下落不明了。在柯林斯之外，有个更重要的人物，就是卡达辛。达顿怀疑他不仅知情，而且参与掩盖灭证甚至协助出逃。达顿自知应该主控柯林斯，但是不排除案中有案，案外有案。一念至此，雄心大起，要有一番作为。

8月12日，达顿取得搜查证，去搜查辛普森企业的办公室。柯林斯与辛普森并无商业来往，到辛普森的办公室去寻找证据，证明柯林斯协助辛普森潜逃，似乎有点本末倒置，风马牛不相及。

搜查证的内容极为详尽：小至便条，大至日志，还有行程计划都在扣押之列，以期掌握他们的活动、约会和出行。

辛普森的秘书兰达看到搜查证后，立即通知辩方。夏皮若派来卡普兰监场。警员在她的眼皮下，上上下下，橱柜屉架，搜了个遍。卡普兰则一一对照搜查证。她只扣下一件证物，这是在辛普森办公桌上发现的，一共三页，内容涉及家庭暴力。文分两栏，一栏是施虐者的特征，另一栏是受害者的描述。文件中还有手书笔迹，也许是辛普森的。

卡普兰坚称，这个文件无关活动，与搜查内容不符。在场还有一个法庭的特使，他同意卡普兰的看法，这个文件不属扣押范围。

达顿不在现场，警探一时无法联络他，就向特使建议，先暂时扣押，存在法庭，由法庭裁决。

卡普兰一步不让。特使也无意生事。警探们只好作罢。

几个月后，控方得知，兰达事后将文件送入碎纸机，一了百了。

（三十八）卡达辛家中的枪不翼而飞

当晚，卡达辛和女友德尼丝在家宴客，舒缓近日的压力。

门铃一响，警察又登门了，这次是送传票。传卡达辛去柯林斯大陪审团做证。另外还有两张，分别传唤德尼丝和管家。

卡达辛宅子上下慌作一团，卡达辛手足冰冷。首先想到辛普森的那个藏枪的提琴盒。毫无疑问，上面有自己的指纹。一念至此，手就颤抖起来。连传票都拿不住了，真是祸不单行。

就在早上，一群警察刚刚光顾了卡达辛的家，把卡达辛惊了个半死。

卡达辛涉入辛案以来，常常接到恐吓电话，要胳膊、要腿、要脑袋，一天总有两三通。卡达辛的宅子巨大无比，仅卧室就有15个，它又处在幽静地段。因此，卡达辛每天在入睡前，第一件事就是把枪自壁橱中拿出，子弹上膛，再放在枕下。非如此不能睡个安稳觉。次日晨，再将枪放回壁橱。

可是，昨天晚上，一开壁橱，枪没了！卡达辛急问德尼丝是否动过。没有，她回答。是管家？也不是。那么，白天有谁来过？有，一个搬家公司的工人。他把修好的家具送回来了。卡达辛连忙呼叫留言，但是，没有回音。

卡达辛胆战心惊，对德尼丝说："明天我只需要一件事就够了。附近的24小时便利店发生枪案。我的枪留在那里，而且还少了一颗子弹。"

事不宜迟，卡达辛立刻报警。警察说人力不够，不能出警。哪知午夜刚过，卡达辛已在梦中，突然来了电话，要登门调查。卡达辛不愿伺候："还是早上，天亮以后吧。"

早上7点，一个探长登门，问明手枪的型号、颜色，连壁橱都没看，就走了。卡达辛以为事情到此为止，该喘口气了。哪知10分钟后，一队警察开进来。带队的高阶警官不是生人。追捕辛普森那一天，他们在罗金汉辛宅打过交道。

这队人马中还有搜证专家、摄影师。警察这边取证，摄影师那边将15个卧室拍了个遍。

卡达辛的心里七上八下。这，只是为了一支枪？

这一夜，卡达辛又是彻夜未眠。不过，身边还有一位：他的女友德尼丝。

（三十九）达顿的胃口不止柯林斯

达顿再次走上法庭，距上一次控告警察，已有三年之久。刑控警察，并非好事。三年未控，倒也不坏。

达顿一上场，就炮火大开，把卡达辛拽了进来："6月15日，辛普森转移到卡达辛家，带去一个锁口包。次日，柯林斯又和辛普森互换衣服冒充他，掩护他回到卡达辛的家。证据将会证明这是卡达辛的主意，也是他亲自导演的。"

这听起来，达顿不仅指控柯林斯，而且也指控卡达辛。这可不是他的活。

接着，达顿又炮火延伸，涉及夏皮若："在那整整一周，尤其是那个记者招待会，夏皮若和卡达辛站在一起宣称，辛普森不可能潜逃，他身上只有五六十美元，夏皮若手中还有辛普森的护照。

"但是，当警察搜查柯林斯的野马车时，他们发现了一些有意思的玩意儿。（1）八千七百美元。（2）辛普森的护照。（3）手枪。

"你想自杀，当然不需要现金，也不需要护照。"

言外之意，卡达辛和夏皮若皆有掩盖助逃之嫌。这个暗示足够严重，若是辩方知晓，必会大闹一场。

可是，大陪审团是控方的特区。达顿公开他的怀疑，无须顾忌。危言耸听，亦无不可。他的讨论尺度受到保护。外界即使知道，也不能非议，这是检方立案的程序。

大陪审团的功能有两个。一是立案，二是调查。如克拉克，为了逼迫警方就范，争夺立案主导权，就威胁传唤探长们，强迫他们开口。对平民证人则直接取证，把警方撂在一边。此时，大陪审团是检方的尚方宝剑，沉默隐瞒，都会面临严重后果。

现在，达顿借助这个利器，要将卡达辛罗织入案。

卡达辛拒不到案。宣布行使律师/委托人特权。达顿则将传唤令上交州高等法院，要求强制执行传唤。

因此，刑控柯林斯的第一仗，就围绕卡达辛开打。

达顿首先挑战卡达辛的律师资格。缘于传唤以前，达顿收到一份传真，来自加州律师资格委员会。这份匿名传真披露：自1991年1月1日，卡达辛的律师资格已被暂停。直到1994年6月20日，才重新恢复。因此，6月17日，野马追捕前后，他不能行使律师/委托人特权。

但是，达顿心底清楚。挑战卡达辛的律师资格，只能用来施压，于法无据。所谓律师/委托人特权，实际是辩护人/委托人特权。法律并未规定辩护人必须具有律师资格。只要辛普森认定卡达辛是自己的辩护人，那么他们之间的一切，都受特权保护。

因此，达顿向上级法庭提出，他只要卡达辛做证，实为有限的传唤，决不涉及辛普森对他说了什么。

（四十）不是我，是他

翌日，上级法庭的法官举行听证。卡达辛和他的律师到场。大部分辛普森辩护团队也到场观战，达顿万万没有想到，辛普森也在其中。

辛普森发现控方席上有两个非裔，也是十分惊讶。一时间，目不转睛，盯住他们不放。达顿的顾问，另一个非裔把头向着达顿一摆，用唇语告诉辛普森："不是我，是他！"

辛普森方才收起目光，摇起头来。

卡达辛的律师虽是女士，却也战风彪悍。你大阵仗来，我就大阵仗去。她对传唤本身不事纠缠，只申明卡达辛是辛普森的律师，对传唤有豁免权。然后，高枪怒马，直捣黄龙："这个听证明为调查柯林斯，其真正目的是协助检方收集证据，指控辛普森。检察院在滥用大陪审团的程序。达顿先生只是个傀儡，达顿先生，你除去此事，难道就无事可做了？"

既然，两案是分控，法律禁止一案成为另一案的附庸，证人证据必须分割，不允许共用。

达顿本是监场，辩论另有其人。此时听到嘲讽，按捺不住。站起来应战，声音近乎咆哮，言辞加倍尖刻，两人开始了个人攻击的比赛。

听证结束，法官未做裁决。其实也就是裁决，并没有接受达顿的要求强传卡达辛。目的无法达到，达顿自觉气愤难平。

听证结束，达顿收拾起文件，夺门而出。突然，他听到一个声音，口气就事论事："爷们，你需要学会控制情绪。"

达顿循声一看，原来是辛普森，坐在那里，正对着他。

（四十一）辩方召开全员会讨论方略

8月15日，辩方召开全员会，讨论方略。德休威兹也从波士顿赶来，在会上第一次露面。德休威兹这个哈佛的大教授，与夏皮若两洋（太平洋和大西洋）合作已有过几次。但是，亲身前往西岸，却从未有过，他总是通过电话参与讨论。

德休威兹带来了两个推断。

克拉克会将此案做成家暴虐杀案。所谓虐妻在先，杀妻在后。因嫉妒而控制，因失控而虐待而剥夺生命。他认为，只有这样，检方才能表现出此案之政治正确。克拉克也好，嘎塞提也好，都期望在案子之外，还有政治收获。尤其是嘎塞提面临再任竞选。引入家暴话题，为受害者伸张正义，可以为他在女性选民中，挤出更多的选票。因此，渴望将此案做得面面俱到。由动机而到过程，由过程至结果，成为一个旷世经典。

这个推断让整个团队大开眼界。但是，无人真正相信他。

在美国刑案中，动机无须被证明，只因杀人有时没有动机，杀人者也允许保持沉默。要证明动机，有时就是缘木求鱼。

德休威兹还推断，克拉克一定会使用受虐妇女症候理论来论证妮蔻之死，乃是因为长期受虐，导致精神瘫痪麻木，丧失抵抗意愿，丧失自救意志，而这个理论的奠基人是沃克医生。德休威兹认识这个沃克，他能证明克拉克引用这个理论并不适当，他还能证明辛普森与施虐者的特征不符。

因此，沃克应是辩方的重要证人。德休威兹的意思原来在这里。

德休威兹推测佛曼将会在证人名单中消失。克拉克不能让辩方质证他。

佛曼的种族主义是控方的巨大负担。克拉克并不需要告诉法庭是谁发现了手套。她只需告诉法庭，是谁将手套采集入证。团队不为德休威兹的理论所动，他们不愿改变方向，另做准备。夏皮若和考克兰都认为，控方将自现场证据切入，重建现场，重建过程。辩方也应以此为据，步步为营。

下午，布雷克引进新的话题：血样。不知从何处，他听说，范纳特将辛普森的血带至罗金汉现场，而后是邦迪现场。提及此事，他甚为激动。但同事们都反应冷淡，不知是早有耳闻，还是根本不信。

（四十二）沙克当机立断：你已被征召了

布雷克是罪证专家。在 DNA 的鉴识上，是加州的头把交椅，在全国也鼎鼎有名。提起他，要先从沙克说起。在 20 世纪 90 年代初，DNA 引入法庭还不多见，它被多数法官律师视为畏途。技术复杂，理论深奥，莫说自己不懂，就是略知一二，也不知如何向陪审团解释。

沙克和纽费尔德是最早使用 DNA，为被告辩诬的。他们有一个项目，专门用 DNA 为服刑人洗冤。几年下来，卓有成就，一共捞了十七人，都是被控强奸或杀人的获刑者，沙克二人因此而声名鹊起。

在夏皮若延揽之前，沙克就有预感，这个案子有自己一份，虽然沙克人在东岸。无独有偶，布雷克此刻也有同感，只是相反。他认为控方必将征召他做专家证人。他已为加州检方服务过多次，招牌上早已镀足了金。

那一日，他刚踏出家门，欲作休假远行。电话把他追了回来，是沙克向他了解加州 DNA 证辩的现状，两人交谈甚为投机。

布雷克刚放下电话，未及离开。克拉克的助手也来了电话。正式邀请他做控方的证人。他告诉对方，辩方已经和他接触过了，这是一条不成文的行规。一个专家若是被双方争相延揽，先接触者有优先权。

他又打电话给沙克，告知控方的邀请。沙克当机立断："你已经被我们征召了。"其时，沙克自己也尚未加入团队，只是在接触中。

沙克在妾身未明之时，拦下布雷克。这对控辩双方绝非加一减一可以形容。布雷克的到来，使得辩方在罪证方面，有了超豪华阵容。巴登的尸检，李昌钰的重建现场，布雷克的DNA鉴识，都是一时之选，这足以让克拉克们恨煞。

范纳特的传闻虽无法证实，但是辛格勒的防腐剂之说成为今天讨论的重点。道格拉斯在辛格勒面前弄张作智，装神扮鬼，故作不信之状。其实在会上还是寄予厚望的。

如何证明辛普森的血样被交叉污染了，或者如何证明他的血样样本直接代替了现场血证。这让众人备感吃力，迄今为止，尚未听说有人做过相关检测。这可是镜中之花，水中之月。

而沙克确实带来了一点扎实的东西。沙克并不知道有范纳特带血到现场一说。他只是用反向推理，从结论推起：既然辛普森无辜，现场就不应该有他的血，如果有他的血，就一定是栽赃。如果是栽赃，就一定另有途径得到他的血，而这份血一定来自他的对比血样。现场如果有辛普森的血，那么检方手中的血样就一定会减少。

他就从血样样本数量着手，核对控方提供的测试记录。他把用过的血样样本和留存的量相加，发现一部分血不知去向，也就是说一加一不等于二，而是小于二。

（四十三）那个搬运工把枪巧妙送还

开了一天会，卡达辛回到家中。那个搬家工人回电话了，他希望与卡达辛面谈。地点约在某个餐馆。

卡达辛和德尼丝一进去，就看见那个人，身边还有一个三岁的娃娃。那人满面惊慌，那个孩子咿咿呀呀，像个道具。

搬运工向卡达辛解释，他需要枪只为吓唬人。他的哥们把他老婆睡了，他要吓唬吓唬他们，仅此而已。说完声泪俱下，好不哀哉。他还告诉卡达辛，他已两次入狱。第一次是贪污了40万美元。第二次是小错，仍然定罪。现在，如果他再被定罪，就要三振出局了。

所谓三振出局，是近年施行的新法：任何人如果三次定罪，无论前两次罪名如何，刑期长短，都将判为终身监禁，不准保释。这是仅次于死刑的严惩。这是个恶法，即使三次都是小偷小摸，也同样如此。这并不公平，罪罚不当，而且会造成一次杀人比三次小偷小摸量刑还轻的结果。

这个搬运工保证，只要给他一次机会，他会巧妙地把枪送还。现在那把枪就在他的车里，而车就停在餐馆外面。

卡达辛当然不能为这点小事把他送进去，让他终身监禁。可是稠人广众之下，他也不愿落个瞒案私了的罪名，而家里也绝不能让他跨进一步。

于是，卡达辛和德尼丝双双离开餐馆，把车开到附近的一家超市外，停下以后，不锁后厢，然后进去买东西。待返回时，枪已在后厢里了。

次日，卡达辛给负责此案的探长打电话，说昨日，接到一个陌生女人的电话，声称手枪已放回原处。他立刻查看，果然如此。他希望此案就此了结。即使警察抓住嫌犯，他也不会具结开告。

探长告诉他，他们已经查到该犯的背景。发现他是个惯犯，正准备约谈他，既然，卡达辛是这个态度，那就到此为止。显然双方有了默契，没有必要让他三振出局。

（四十四）私探约谈女管家洛佩兹

8月18日，麦克纳利和帕佛里克来到辛宅南端，敲开了邻居的门。他们约谈了女管家洛佩兹。洛佩兹是萨尔瓦多人，案发次日，马克·佛曼曾向她做过调查。但是，警察记录中，只字未提，片纸皆无。

在两位私探眼中，洛佩兹应是辩方的明星证人。她的见闻实在是字字珠玑，足堪大用：

在20点至20点30分之间，洛佩兹看见辛普森的野马车停在罗金汉门外，直到次日仍在那里。

在21点，她看见辛普森同另一个人乘本特利离开。

在21点30分，她听到有闯入者在辛宅的围栏内，辛普森的狗连声狂吠，让她心惊肉跳。

在21点45分，她听到辛普森回来，才定下心，然后，她出去遛狗。

在22点15分至22点30分，她再次看到那辆野马车仍停在原处。

午夜过后不久，她听到两三个人在辛宅外面谈话，她能确定其中没有辛普森。

次日，6月13日早8点（或14日）有探长敲开了她的门，自我介绍是马克·佛曼。他告诉洛佩兹，发生了一件极恐怖的事，随后只是听了洛佩兹的见闻，未做任何记录。最后，只要求准许他看看两宅之间的围栏。离去时，未留下任何联系方式。

（四十五）文森希望建立模拟陪审团

近日来，克拉克和上面的关系十分微妙。常有人用各种名义带话过来，要么建议，要么帮助，都是非见面不可的事情。在她眼里，这些人不过想对外增加一点谈资，为自己的卷入多几分炫耀。

而嘎塞提则大不一样。他一直避免指手画脚，不召唤，不查问。让她和豪格曼各行其是。唯一的例外是要求他们与当·文森见面。这个要求似乎无法抗拒。克拉克也不得不服从一回，对嘎塞提的放手投桃报李。

文森是陪审团顾问，与琼·伊兰是同行。他主动找到检方，愿意无偿服务。克拉克对文森、琼·伊兰这一行，一向颇有微词，认为那是有钱人的玩意儿，收费高不说，还极尽台底下的谋略，多数是为富人、企业搅局而设的。检方代表人民与罪犯周旋，那些伎俩总显得不光彩，不正大。在这方面下功夫，总有点龌龊的味道。

可是，嘎塞提的处境日见不好。大案不少，上手就输。最近的费南德斯兄弟弑亲案，证据确凿，被告也供认不讳，但案子就是结不下来，又成了悬判。麦可·杰克森的案子也是到手即飞。而这两案的主辩律师又被辛普森网罗，与检方再开战局，这一仗可是输不起了。既然琼·伊兰已被辩方征召，总不能让人家走阳关道，自己非要去过独木桥。在陪审团遴选上做做功课，也是应有之义。

与文森的初次见面，是在加利福尼亚俱乐部。氛围豪华古板，与克拉克推杯换盏之平民风格相去甚远。

文森体态臃肿，脑满肠肥，白发稀疏，一绺绺垂在脑顶。怎么看怎么不顺眼。他看见克拉克进来，就远远地将手一伸，白袖子上的金链灼人眼目。克拉克心中叹了一句：好一派富翁气象。

文森的计划很庞大。他希望建立一个模拟陪审团，长期追随在侧，以备顾问。他要录下克拉克的结控词，又让豪格曼模仿辩方做结辩词，然后让"陪审团"模拟判决。

克拉克和豪格曼同时皱起眉头："不行，这部分保密。"

"噢，我们以前从未出过差错。"文森说服他们。碍于老板的面子，克拉克勉强同意试试。

克拉克和豪格曼按照文森的要求，做了模拟结辩，并录好像。几日后，文森来电说，这种模拟不能让"陪审团"有偏见，克拉克太有名了，这个计划不可行。他已根据克拉克的脚本，另选人录了一遍。克拉克心中暗叹：白白花了整整一晚上的时间。

一个星期六，文森约克拉克、豪格曼，还有嘎塞提亲临现场，实地观察模拟。一面单向玻璃，将他们和"陪审团"隔开。他们能够看到"陪审团"，"陪审团"却不知道有外人存在。

"陪审团"一共十人。四个非裔，两个西裔，两个亚裔，两个白人。他们已经看过录像，正在讨论案子。他们很快离开克拉克的证据，激辩起佛曼是否栽赃，阵营泾渭分明，非裔全都认为如此。其他六人或则不置可否，或则大表反对。未几，争端复起，这次的题目是妮蔻和凯伦是否有染。

文森进去干涉，把他们拉回正轨。不出两分钟，车又出辙。讨论起野马追捕，有人认为辛普森有出逃的嫌疑，一个非裔妇女立刻跟进反击，直呼辛普森为我的爷们。

这种分歧早在意料之中，克拉克实在看不出有何意义。唯一收获是：非裔妇女极难说服。最后的结果是五比五，悬判。

文森也是大不满意。他认为只怪"控辩"双方的陈述太模糊、太笼统。他要再来一次，规模要全，证据要细。

经过争辩，克拉克勉强同意。文森也保证把模拟拉到亚利桑那州凤凰城。他相信那里的人不会像加州人那么疯狂，他们能够保持客观。

（四十六）五分钟后，咱们新闻上见

8月18日，克拉克和豪格曼如约在机场会齐。他们发现文森并未按照承诺提供私人飞机。相反，只是寻常客机。两人像佛曼一样，躲入酒吧，求个隐秘，一面工作，一面等待登机。

他们一进入工作，就忘记身在旅途。突然豪格曼把克拉克拉起："快，晚了。弄不好要误机。"两人连追带跑，来到安全门前。克拉克刚把背包放在传送带上，就大叫一声："坏了，我的枪！"原来她随身带了枪，本应在换票时，填表声明。

此时，怎么说都晚了。她心急如焚，只好求助安检员："能不能先把枪存在这里？待我回来取？"

安检员眉毛一挑，不为所动："请你去填表。"克拉克只好对豪格曼一挥手："你先走吧，我随后到。"

等克拉克办好手续，再次回到安检门。看见豪格曼站在那里，西服搭在肩上，双手一摊，满脸无奈："班机飞了，我也没有赶上。"

经过如此折腾，机场立刻知道有两位大人物光临。贵宾间一开，恭恭敬敬延入。这下不用担心了，登机的事自有专人打点。两人又利用待机空隙，继续工作。

登机时，航空公司为避免引起公众注意，特意将他们安排在最后。克拉克来到登机口，就听见有人大喊："玛莎，你读过《国家征询报》吗？"

克拉克回身一看，一个汉子，脖上挂满照相机。两人大呼不妙，拔腿就跑。克拉克边跑边叫："大戏落幕。五分钟后，咱们新闻上见！"

同事佛兰克已经先期到达，在机场等了很长时间。三人碰在一起，交换了见闻。得出结论：他们已被出卖。此行已经暴露，无机密可言。

在去宾馆的路上，克拉克特意下车，钻进一个商店，挑了一个深色老花镜，往鼻子上一扣，希望能在外人眼里老上二十岁。

佛兰克虽然已经加入团队，但不曾在公众前露过面，所以，由他去领钥匙。他一看登记单，立刻傻了眼：克拉克、豪格曼、佛兰克，实名实姓。不仅如此，服务员手上还有一堆留言，都是媒体留下的。三人顿觉如芒在背，前后左右，到处是人影，连路都走不好了。

晚饭在楼下，文森做东。克拉克一见文森，立刻板起面孔，一字一顿："此事到此为止，文森，把行动取消，到处都是媒体。我们已经陷入重围。"

文森立刻慌作一团。船儿刚刚泊岸，就要起碇。他嘴里一串的"不"字。然后，千恳万求，请克拉克收回成命。看着他那副惊慌失措的样子，豪格曼和佛兰克脸上布满了快意。

文森的理由毕竟还说得过去。明天一早，十七个人要来宾馆报到。他们不白干，文森要付钱的。克拉克决定让步，放他一马："那好，你何不和他们讨论证据、证人，还有律师。但是，没有模拟听证，没有辩论，也没有判决。"

文森一听，喜心翻倒，大大恭维一番。豪格曼和佛兰克也觉得主意不错。毕竟，自立案以来，检方尚未听到来自公众的评论。

（四十七）克拉克呢？母狗！

次日早晨，克拉克睡过了头，来到会场时，讨论已经开始。三人坐在隔壁，通过监视器，听他们讨论。会场上放着一个U形桌。文森坐在缺口处。他手中有一张单子，是克拉克昨天拟好的。

讨论十分庞杂，跳来跳去，全无头绪。文森好像忘了手中的单子。不经意间，他问起对死刑的看法。克拉克立刻觉得汗毛竖了起来。这个问题十分敏感，检方至今未向公众透露过半个字。

在克拉克心中，这不是问题。她已有定见：检方绝不能寻求死刑。反对死刑已成政治风潮。你如果寻求死刑，就意味着十二个陪审团成员中必须没有人反对死刑。只要有一个，即使他或她认为辛普森有罪，他或她也会投下反对票。因为，他们不能把辛普森送上电椅。简言之，检方一旦寻求死刑，就注定是个败局。

克拉克派人进去，把这个话题打断。文森又提了新的问题："众位对此案中的律师们观感如何？"

先说夏皮若？

机智，聪明！非裔们如是说。

奸猾，狡诈！其他人说。

比尔·豪格曼？

文质彬彬，亲近可人。也有部分人不知他是谁。

那么，玛莎·克拉克呢？

克拉克赶忙把双腿抱在胸前，把头深深埋入其中。

母狗！两个非裔妇女几乎异口同声。

（四十八）你的情报来源一定是个警察

在离开洛杉矶以前，辛格勒又和"深喉"见了一面，也专门去了一趟邦迪现场。他自前至后，绕了一圈。发现院子虽然不大，却是草木繁盛，障碍颇多。从哪个角度，都只能看到局部。这样，除去第一个到达现场的警官，只有佛曼这样的探长才能进入现场，才能掌握全局。其他制服警员，只能在周边警戒。辛格勒也着意看了周围的围栏，却实在没有找出有折断的部分。

次日，他再次与道格拉斯约见，地点却在考克兰的律师楼。这次，只有帕佛里克在场，帕佛里克的态度不冷不热，但眼神中的敌意已经消失了。

对这个约会，曾随他赴约的律师并不赞同。认为操之过急，反而使自己跌价，晾他一阵，才是上策。可是，辛格勒无法在洛杉矶等待，执意单身前去赴约。

道格拉斯开门见山："你有什么新东西？"

辛格勒提起西洛杉矶有一个酒吧，那是警察常年盘桓的地方。他的"线民"告知，在那里妮蔻和佛曼的关系，尽人皆知。妮蔻甚至称佛曼为"我的警察"，她似乎对佛曼颇为关注。同事们常以此开佛曼的玩笑。但佛曼并不认为很有趣，也常常因此与人不欢而散。

"我知道你说的那个酒吧。"帕佛里克心中似有所动，"你还有什么？"

"我被告知如果警察向其他方向侦查，也许早就破案了。"

"什么方向？"道格拉斯问道。

"也许杀人目标不是妮蔻。"

"你的意思是……勾德曼？"帕佛里克插进来，"这早在我们评估当中。"

"以我的理解，警察其实知道的比你想象的多。但是，他们无法进行下去。"辛格勒直抒己见。

"为什么不能?"道格拉斯逼问一句。

"因为街上的警察不想挑战检察院的结论。而检察院看起来也有了足够的证据。"这个意见得到道格拉斯的赞同。

"如果,有人是为勾德曼而来。为什么谋杀案会发生在妮蔻的住处,而不是其他的地方?"帕佛里克毕竟是老警察。一句话问得辛格勒哑口无言。

"一共多少个凶手?"道格拉斯索性套问起话来。

辛格勒仍然无语。

"是你不知道,还是不想说?"道格拉斯再逼一步。

"比一个多。"辛格勒勉强开了口。

"多少?"

"四个。"

"关于他们,你还能透露多少?"

"我已经知无不言。只要你们保持联系,我还会说些什么。"

"你的情报来源一定是个警察,他一定知道更多,他是谁?"帕佛里克一竿子插到底。

辛格勒根本不回答这个问题。

"你的情报来源想因此得到什么?"帕佛里克又摆出老警察的谱,"我干这一行超过二十年,所有人都想得到点什么。"

"我的情报来源认为警察行为不端,他想公之于众。他认为一个客观的记者可以帮助他。"

"那是扯淡!"帕佛里克可不那么好打发,"他要得比那多。出名?还是钱?或者英雄?"

"我的情报来源十分在意血的检测,你们会去查防腐剂吗?"辛格勒终于亮出这次约见的目的。

"不！"道格拉斯变得粗暴起来，"我不相信你那血的故事，也不相信那个木条和袋子。"

帕佛里克看再也问不出什么，就率先离去。他走后，道格拉斯的语气缓和下来："你应该明白，当你和我坐在一起时，你离我们的中枢只有一步之遥。我的确把你当回事，你走到这一步，已经够快了。但是，你也可能在为检方工作。"

"我有可能，但我不是！"辛格勒断然否认。

（四十九）道格拉斯在电话那头笑了

辛格勒回到丹佛以后，一直心神不定。脑中总是那个 EDTA 防腐剂，几天下来，终于忍耐不住，又给道格拉斯留了言。道格拉斯回得很快，仅仅过了三个小时。他的口气猴急，张口就要辛格勒拿出"冒烟的枪"。所谓"冒烟的枪"简言之就是真枪，管用的枪，有子弹的枪，是律师们的俚语，专指铁证。辛格勒当然无法提供。

道格拉斯大诉其苦："我愿意相信你，可是有三个大难题。（1）除了我，同事们都不相信你。我不是领衔律师，人微言轻，还有那个帕佛里克，总是说你不过是一堆牛粪，连天方夜谭都算不上。（2）他们也曾动过心，可是没人知道，这个检测如何做。（3）我们只能得到 10% 的样本，而且，至今也未到手。即使到手了，也不会做这个检测。我们总不能为此放弃 DNA 的检测吧。"

"现在我要的是警察，那些愿意揭露内幕，愿意做证的警察。还有他们心目中疑犯的地址、名字、电话，等等。你有吗？"

当然没有。

次日，辛格勒又向洛杉矶的朋友请教。看看有什么良策，可以解去心中之痒。那位朋友说："你是进对了庙门，拜错了殿，菩萨不对啊！你应该去找检方，他们手里才有足够的血样样本。他们也有责任弄清真相。"他还具体建议去找嘎塞提，去找伊藤，或者直接找媒体，让他们插手。

对此，辛格勒又去找那两个律师问计，回答是绝不赞成。你去找嘎塞提，就是自投罗网。他们可以逼迫你交出情报来源。不交？就请你去蹲班房。去找伊藤？无异于水中捞月。在英美两造对抗法系中，法官只是个秩序维护者。在陪审团断案的局面下，他极少独立调查，不能断案。他连独自传唤证人都很少见。虽然，能偶一为之，就这点权力，用多了就是滥权，断案的权力属陪审团，调查传唤的权力在两造手中。这就是美国刑事诉讼过程权力之分野，嫌犯若是被定罪，刑罚则由法官依律而定。

然而，一个念头像电光在脑中一闪：这张牌何不打给道格拉斯看看？

听到辛格勒要把"防腐剂"告诉检方，道格拉斯在电话那头笑了，十分轻蔑："他们眼下乃至永远，都不会听你的。他们比我们更相信你是个疯子。现在，开始遴选陪审团了。他们脑子里只有一个字：赢！"

"那么你们？"

"我们更不需要你的情报和线索，因为我们已经赢了。我们只需要陪审团中有两个黑人。我们至少会有个悬判。但是，我认为我们会赢。"道格拉斯的口气唯恐不大，种族牌打得肆无忌惮。

美国刑案的判决采取共识决。十二个成员，必须投票一致方能定谳。哪怕是十一比一，也是悬判。悬判以后，由检方决定是再诉，还是放弃。而民事诉讼则采取多数决。若一方超过四分之三，就是有效判决。

"那么当晚究竟发生了什么，你也不在意吗？"辛格勒心有不甘。

"发现真相不是我的工作，我的工作是帮助当事人。收人钱财，替人消灾。"

"那么,你们绝不会做这个检测了?"

"完全正确。"

辛格勒大失所望,但不甘心:"我给你们的其他情报,你们是否核对过?"

道格拉斯停顿了一下:"我们正在进行。但是我们有理由相信,妮蔻和佛曼确实认识。有一份证据确实是蓝色塑料制成,是在辛宅发现的。但是我们不认为是你说的那个袋子。还有,在警察局也确实有一根木条,也是在辛宅采集的。"

"这么说我给你们的线索还行?"辛格勒大喜过望。

"可能,但是,你只有告诉我你的来源,才能证实。我已经把你的情报汇总在内部通报。我已经给了你一份信任。"

"很感激,卡尔,你看到木条和袋子了?"

"没有,只是照片。"

"这就是说它们真的存在?"

"是,真的存在。"

"关于血,如果我能再挖出点什么?"辛格勒又把话题转了回来。

"那就太棒了,宝贝。"道格拉斯的声调亲热无比。

(五十)47号和48号血样

下午,辛格勒想起有个朋友的朋友是血液专家,问问他也许有用。辛格勒决定姑且一试,打了个电话给他。第一个问题就是:"你那个朋友具体工作是什么?"

回答真让他又惊又喜,"他是检测血液的"。

朋友夸耀说,在这个世界上,只怕无人比他更了解血液了。辛格勒更无法相信,自己是如此幸运。这样一个人物竟然和他住在同一个城市:丹佛。

安博卢梭博士倒是不吝指教。他告诉辛格勒,当人的血被抽出以后,存放血液的试管里的确有防腐剂,但是,严格地说,那应该叫作抗凝剂,是防止血液凝固的。抗凝剂有三种,人血被抽出后,一定会放入含有其中之一种的试管中。这三种不同的抗凝剂,由不同颜色的瓶盖来辨认。黄盖是一种化学抗凝剂,绿盖是一种生物抗凝剂,紫盖则是 EDTA,它也是化学成分的。

三者相较,前两者会随时间而递减,以致最后全部溶解。而 EDTA 非常稳定,几个月后仍能抗凝。

他还告诉辛格勒检测 EDTA 非常简单,不会妨碍 DNA 的检测。在 DNA 检测之前或之后均可进行。并且耗时不多,几个小时而已,但前期准备要长一些。

谈完话,辛格勒思路一荡,又想起在预审期间,有人描述过抽血过程。他就去电问一个加州同行,请他看看手上的录像,是否有此一段。半小时后,朋友查到了:"辛普森从芝加哥归来那一天,下午 2 点 30 分将试管交给了范纳特,并由他交给了帕克中心。其间,试管并未密封。如果任何不正常的事情发生,就应该在这一段。"

辛格勒万万没有想到,今天的事巧到一起去了。他随后看起《法庭电视》重播预审片段,其中采证专家冯丹尼提到,他是在下午 5 点 20 分从范纳特手中接过辛普森的血样的。

差不多三个小时,试管都在范纳特手中,他至少到过罗金汉辛宅。

辛格勒马不停蹄,趁着今天的运气,又与"深喉"讨论这些新发现。"深喉"见事有进展,又披露了一些细节。

最后，辛格勒把电话打到洛杉矶，准备给道格拉斯留话。哪知今天是六六大顺，而且一顺到底。接电话的正是道格拉斯，他居然没上庭。

道格拉斯把辛格勒的发现一一记下，但态度仍然极其冷淡："没有人能在光天化日之下，在妮蔻的院里洒血。当时还有其他警员，院外还有媒体。告诉我，这怎么可能？"

"我无法回答，可是消息来源说，查证EDTA，最好检测47号和48号血样。"

"47？48？"道格拉斯重复了一遍，"这是邦迪现场的血样。它们好像是凶手离去前留下的。你正在告诉我，这是6月13日被人洒在那里的？"他不等回答，就大呼小叫，说有急事要走。

辛格勒急忙压了一句："如果检测证明有抗凝剂，你自然会知道发生了什么。如果没有抗凝剂，我就到此为止，绝不再打扰你们。"

道格拉斯大叹了一口气，仿佛卸下千斤重担。

（五十一）法官伊藤台阶下得极为漂亮

道格拉斯之所以对辛格勒失去兴趣，皆因为格里芬听证在8月22日开始。所谓格里芬听证，乃是法庭遇到科学技术的难题，请专家前来做证，以助裁决。这次格里芬听证即是在克拉克直斥伊藤法官的裁决会毁灭证据后，由伊藤主持的听证的题目就是DNA检测。因此在伊藤裁决之前，辛格勒的建议毫无意义。

听证结束后，伊藤重新裁定：血样必须首先满足检方的需要，若有剩余则必须给辩方。伊藤就这样用两个必须，更改了自己的原判。留10%给辩方，成了空心汤圆。伊藤这个台阶下得极为漂亮，有共享样本的精神，却无共享的实质，局面完全操纵在控方手中。

控方笑逐颜开，这个裁决里外通吃，赢了里子，也赢了面子。伊藤也大大松了一口气。一场尴尬，终于轻松化解。辩方呢？也有可喜可贺之事，所以并无抱怨。伊藤之改弦更张，本在辩方意料之中。其实那10%近乎于零，拿在手中，也许还是个烫手山芋。检测不好，不检测也不好。在听证中，辩方得到自己想要的东西。他们详细询问了采证过程。冯丹尼和玛珠拉都被问了一遍。辩方自认为所获甚丰，他们发现了金矿。洛杉矶警察搜证竟是如此粗糙，他们在搜证、存证和记录上，可以说是一塌糊涂。还未进入审判，就先期掌握了如此众多的破绽。沙克成竹在胸，要起大风波，做大文章了。

但是，高兴未久，黑云压城，坏消息传来。虽在意料中，无奈真的来了，也让辩方颇为震撼。洛杉矶警察局罪证中心的DNA检测证明邦迪现场有辛普森的血，手套上有，罗金汉也有，可以说到处都是！

沙克、纽费尔德、巴登、李昌钰、布雷克和芭芭拉·沃尔夫齐刷刷站在一边，认为证据本身不能挑战，必须有个合理的解释。

贝雷和考克兰，当然还有道格拉斯，则大不以为然。DNA这种东西，谁都不懂。我们不懂，陪审团更不懂。陪审团是个纲，纲举目张。只要选出好的陪审团，案子照赢不误，至少也是悬判。考克兰更强调，何况还有个范纳特。辛普森的血在他手中三个小时，控方也需要一个过硬的解释。

贝雷甚至设计了一条进攻路线，不修栈道，明度陈仓。直接查他们的收集、保存，甚至作假栽赃。这条路线最终成为辩方的总路线，贝雷居功厥伟。

夏皮若对DNA也是一窍不通，却巧舌如簧，隐隐然散布对辛普森的怀疑。辛普森自己倒是镇定如故，做了埋头鸵鸟。我没干，这些证据与我无关。这些来自纽约的犹太人，对任何事都大惊小怪，这就是纽约人。

沙克和纽费尔德一点不退：任何低估 DNA 的行为都会遭致满盘皆输。在与陪审团沟通方面，他们有丰富的经验。他们能让陪审团理解，控方当然也能。陪审团一旦理解了，证据能压倒一切。

布雷克顺势向团队做了一次科普演讲。

DNA 的主要功能是排除，并非锁定。但是未被排除，其实也是锁定。控方已经暗示要送两个样本去塞尔马克实验室做 RFLP 检测。塞尔马克在全国罪证 DNA 检测中，是一等一的重镇。RFLP 检测耗时极长，过程极复杂，与洛杉矶警察局眼下做的 PCR 检测有天壤之别。PCR 检测只需头发尖大小的样本，经过上百万次的复制，再与参考样本，也就是辛普森的血样对比。排除范围在 500 至 2000 之间，也就是说在洛杉矶，尚有万人上下不能排除。而 RFLP 检测则是百万乃至千万的量级。也就是说一旦能与辛普森的样本相符，那么几乎整个洛杉矶的人都会排除。这样的证据如何能挑战？

（五十二）波拉被达顿传证

8 月 22 日，柯林斯的大陪审团开庭。波拉·芭比艾瑞被达顿传唤。波拉一入法庭，就看见两位探长等在那里，虎视眈眈。波拉打个招呼，就擦身而过。她在心中警告自己，千万不能出错，否则自己将被卷入此案。

波拉身着一件公务外套，一件高领衬衫，把脖子捂得严严实实，一个十字架悬在胸前，与达顿的印象大有出入。达顿的印象来自几星期前的《纽约客》。她在封面上，一件薄纱覆盖胴体，半掩半露，斜倚在沙发上。这对名模而言，已是很保守了。可眼下却是个学生样的乖乖女。

达顿的肢体语言让波拉心惊。两手插入口袋，双肩高耸。在波拉眼中，他似乎要把自己吞下，嚼碎，然后吐掉。他高高在上，欣赏着波拉的紧张和痛苦，有如猫把老鼠玩弄在爪下。

大陪审团不对证人的律师开放。他们只能等在庭外，以备咨询。

达顿的第一个问题："你是辛普森的女朋友？"

"我是他的朋友。"波拉一个钉子把达顿碰回。

达顿并未停下，又重复道："我的问题：在6月16日，6月17日，你是他的女朋友吗？"

波拉来了一句我要咨询律师，不经允许就走出法庭。她的律师告诉她："如果你觉得不舒服，就不回答。"

回来后，两人又开始了攻防。达顿重新组织："你理解女朋友的含义，对吗？如果你不肯直接回答我的问题，我将问你50个问题，查证你们之间的关系。而女朋友可使你的回答大大简化。"

"如果你坚持问这个问题，我要说我是他的朋友，我在那里是为了帮助他。"

"如果你不是他的女朋友，就回答不是。请你具体回答。"

"我是他的朋友，这很具体。"

说完，波拉又到外面去见律师。如此折腾往返，五分钟之内，她出去了三次。再回来，还是拒绝回答。

"你知道这样会发生什么吗？你将被指控蔑视法庭，你可能被拘留。"达顿出言警告。

"这是我的律师的指示。"波拉死硬到底。

达顿不能理解，这个问题如此简单，是或不是而已。可是在波拉心中，这个问题却是事大如天。

（五十三）寡女孤男的干柴烈火

波拉与辛普森认识于两年前。当时，辛普森正处在与妮蔻离婚的风暴中。波拉自己也刚刚离婚，正是事事不如意的时候。

一日，波拉在停车场遇见马克斯，辛普森的哥们，另一位球星。她与马克斯相识很久，却从无来往。两人互换电话号码后，就各自离去。一个小时后，马克斯打来电话，声称有个哥们，刚刚离婚，需要一个女朋友，波拉就推荐了自己的朋友帕姆。哪知，马克斯坚持要她过去一趟，先见见辛普森。两人一见，干柴烈火。波拉早把帕姆忘在脑后，一场恋情就此发生。时而暴风骤雨，时而万里无云。

波拉很快发现辛普森用情不专，常有其他女性夹杂其中。她又发现，妮蔻仍是重要因素，辛普森显然无法舍弃。但是波拉已经失控，形成男强女弱的局面。除去发火，就是原谅。

妮蔻也知道波拉的存在。某日，两人在辛普森家相遇。波拉一面惊讶：妮蔻与马克斯的未婚妻就像一个模子刻出来的，一面伸出手去。而妮蔻却目不斜视，穿堂而过。从此，为两人的关系定下调子，波拉颇感无奈。

1992年10月15日，辛普森与妮蔻的离婚正式生效。同年圣诞节，辛普森原定与两个小儿女在纽约过，但是，妮蔻临时改变主意，把佳斯廷和西德妮的票退了，气得辛普森大动肝火，要为此对簿公堂。波拉则按原计划回佛罗里达，与家人团聚，不承想，波拉甫一离去，妮蔻就带着小儿女现身纽约。从此，辛普森开始两边周旋。让波拉备感困扰，不知她或妮蔻，谁是这个游戏的第三者。

1993年4月，波拉和辛普森带着孩子去拉斯维加斯。早饭时，辛普森面如铅色，满腹心事。在波拉追问下，他透露了一个大秘密：妮蔻来电话，说她已和马克斯上过床发生过关系,她想结束这种关系,但是,马克斯紧缠不舍。她希望辛普森介入,逼马克斯就范。否则,她将直接告知马克斯的未婚妻凯瑟琳。而马克斯的婚礼即将在辛宅举行,主要操办人就是妮蔻。

话说到此,波拉并不惊讶。妮蔻已是自由之身,和谁睡觉乃是她的自由。但是,马克斯的行为实在无法恭维。她也理解,辛普森心中的反感,那种被朋友利用的反感。事情到此,也不算什么,与波拉无关。可是,辛普森却欲言又止。波拉只好继续追问。原来,妮蔻还把波拉牵涉其中,向辛普森转诉有关波拉的流言,而且言之凿凿,于某地发生某事。这一天,辛普森无异于受到三重打击。自然心灰如铁,大异寻常。

隐隐然,波拉感到,她和辛普森之间,隔着一个妮蔻。几天之后,波拉去辛宅,发现辛普森正欲外出,身边跟着两个孩子。一见波拉,辛普森满面恓惶:"我要出去和朋友吃饭,不能陪你了。"波拉觉得不对,就问道:"为什么,你是什么意思?"

"因为妮蔻也在座。"

一句话把波拉打入地狱。她立刻成了第三者,夹在了辛普森和妮蔻之间。

此后的日子,不问可知,今天分手,明天复合;明天复合,后天再分手。波拉看出,辛普森其实也是忧心忡忡,并不觉得在两者之间周旋是那么的好玩。

随着争吵次数增多,波拉觉得痛苦加深,距离渐远。也就开始疯狂接单,满世界去跑,试图用工作来弭平苦闷。

一日,辛普森欲送波拉去机场。她断然拒绝,但是预感告诉她,辛普森会追到那里。果然,就在登机口,辛普森把她截住,希望和她"好好"谈谈:"我不知道该怎么办。"

"听着,我不想就此事再啰唆。你看,我正在登机,你要想谈,跟我上飞机。否则，一刀两断，到此为止。"波拉下了最后通牒。

辛普森只说了一句："我下午有个约会。"然后离开了登机口。

虽然话说得很强硬，但是波拉并未到此为止。马克斯的婚礼如期在辛宅举行，波拉不在邀请之列。当日，波拉忍不住打了个电话，问问婚礼进展如何。电话那头是妮蔻，口气萧瑟有如深秋之晚风。波拉只好留话："请告诉他，我来过电话。"

几分钟后，辛普森回了电话，波拉听得出来，并有了结论：现在她已不在辛普森与妮蔻之间，她已在他们之外。

正式分手的日子终于到来。在最后的约会中，辛普森开了口："我必须解决和妮蔻之间的问题。所有的办法都要试，因为这是孩子们的要求。"他最后提出，两人分手，期限一年，看看事情会向哪个方向发展。

波拉当然明白，自己就是比天大，也比不过"孩子们"三个字。分手时，波拉放声大哭，把辛普森送的戒指扔在了草地上。

（五十四）如果你真爱我，就应让我离开

分手后，波拉仍与兰达保有联系。兰达不喜欢妮蔻，她看好波拉与辛普森的未来。一日，兰达提及，她在为辛普森定某种药。波拉很吃惊：这种药是专治脱发的，辛普森并没有这种毛病。不，不，兰达急忙解释。辛普森听说这种药有助床笫之欢。他在和妮蔻同床时，有极大的心理障碍，只因马克斯那事的缘故。

波拉回想自己，与辛普森并无此问题。床上的故事一向是最快乐的篇章。当年10月，波拉在新奥尔良拍片。辛普森捧着大把鲜花不请自来，波拉

急忙挡驾，不愿他打乱自己的心境。这是波拉第一部电影，她的戏份儿很重。

到了11月，两人分手已经半年，辛普森又来了电话："我离开你是大错特错。我试图与妮蔻重温旧好，但已证明无用。"接下来，又是忏悔，又是道歉。最后，两人走到一起，见了面，和好如初。可是波拉发现那张床变得毫无意思，不再是从地狱到天堂那么迷人。下了床波拉就去机场，一路上恨自己为什么如此轻易又上了辛普森的床。此后一段时间，波拉也会偶尔接受辛普森的邀请，见面而后上床，但她也与别的男子约会。此刻，辛普森不过是偶一为之的性伴侣。每次见面，辛普森都会大灌迷魂汤："妮蔻已是历史，但我不能立刻回到你的身边，我不能再伤害你……"

波拉早听得麻木了，她也不能确定，自己是否愿意回到他的身边。

分手以后，波拉开始看心理医生。与辛普森恢复往来后，波拉坚持要辛普森去见见那位心理医生，那位医生劝导辛普森："别急于把她拉回床上，除非你们的交流上了新的台阶。"在私下里，该医生却背着辛普森向波拉提出忠告："现在是你走自己的路的时候了。"

波拉感到肩上有个沙袋，底部有个小口，沙子正好从其中往外漏。波拉已感到沙袋的重量正在减轻。她知道，沙子迟早会漏光。

这就是她与辛普森情感的现状。

波拉扪心自问：自己对辛普森有什么期待？婚姻、同居或者仅仅是上床发生关系？她的结论是都没有。她的心境反而平和下来。她期望和辛普森深谈，解决问题，但是辛普森只想上床。一个要深谈，一个要泄欲，结局就是辛普森大为扫兴，有时还会恶言相向。

就在这段时间里，波拉看到辛普森与妮蔻的关系降到冰点。她获知辛普森的管家因与妮蔻争吵，被她扇了耳光。辛普森大为愤怒，要管家报警，但管家选择了离开。

她还获知，妮蔻用罗金汉的地址报税，辛普森不愿与她搅在一起，已让律师发函制止。

辛普森还在送孩子回邦迪时，发现费耶也住在那里，就在电话上与妮蔻大吵大闹。凡此种种，足证两人的关系已经走到尽头。

但是，她自己与辛普森呢？

1994年6月11日，星期六，波拉又去看了心理医生，并说，自己身上的沙袋已完全卸下。

当晚，波拉应约与辛普森出席慈善晚会，招待来访的以色列总理夫人。波拉丰颜盛装，光彩夺人，是晚会上万人瞩目的明星。辛普森也不无得意，逢人就说：这是我的女朋友波拉。波拉轻松面对，尽享这最后的美好时光。她心中隐藏着一个秘密：明天，她将应邀飞往拉斯维加斯，而且，将永不回头。那里有一段新的恋情在等待她。

次日清晨，1994年6月12日早上7点，波拉算好，辛普森应在酣睡。她要把话留在答录机里，她不愿有任何冲突。

怀着紧张的心情，波拉开始留言："我知道你在努力，我也在竭尽全力。但是，在工作、高尔夫、孩子，还有你我的工作时程表之间，我们没有足够的时光让我们把伤痕抚平。我无法得到我要的答案，没有人应接受指责。我们只是两个世界中的两个人，这种痛苦让我无法承受。我需要一个家庭，而你已经有过两个，你并不想开始第三个。虽然，你口口声声宣称你想……我不能先满足你，然后爬到沙发上痛哭几个小时。这种感觉让我身心俱裂。"

波拉对着答录机整整说了十五分钟。最后，她说："如果你真爱我，就应该让我离开。"

放下电话，波拉顿觉轻松：一件大事终于了了。

（五十五）波拉如是说，已将大门打开

波拉第四次咨询律师回到法庭，说了一句："我们曾经约会，我是和朋友一起去的。"波拉的话把门推开了一道缝。她使用的是过去时，实际已承认曾经是辛普森的女朋友，但是达顿却忽略了。他的注意力只在16日、17日，波拉在卡达辛家的那两天。他的目标只是辛普森的旅行袋。

"我已有一段时间没有与他出行了。所以，我无法说出他用的是什么旅行袋。"波拉如是说，其实已将大门打开，承认曾是辛普森的女朋友。

达顿再次忽略了。他并没有顺藤摸瓜，真按自己的说法，连问五十个问题，追踪下去。其时，波拉已准备将分手留言和盘托出，她虽不想主动提供，但也不想隐瞒。

波拉的分手留言发生在6月12日早上，妮蔻被杀则是当日晚上。这两件事是巧而又巧，还是因中有因，只怕倾向后者的人不会太少。虽然，就证据质量而言，这个留言只是波拉一面之词。控方并无录音在手，因此无法核实。但是采信与否，全在陪审团。不管怎么说，这个证词对控方大大有利，对辩方则简直就是灾难。

至少克拉克有足够的理由传唤波拉，让她坐到辛案的证人席上。那么调查柯林斯一案即使不能立案，也算功德圆满。

达顿差之毫厘，谬以千里。

在1994年9月中旬，苦主家属追赔民事案中，波拉就此详细做证。达顿闻知，只能徒呼奈何，浩叹时不我予，悔不当初。

（五十六）三个模拟陪审团同时开锣

8月27日，琼·伊兰向辩方展示大师风范。三个模拟陪审团同时开锣。琼·伊兰则在三个房间里穿梭往复，娴熟地操纵着她的道具。辩方团队则透过单向玻璃，同步观看。

琼·伊兰的问题简单明白，又层层深入，个个都是出乎常情，止乎合理。显然不像控方顾问文森那样随性起意。

辛普森有足够的时间作案吗？你需要什么证据才能定罪？你需要什么才能选择无罪？你怎么评估辛普森最后的信？还有911电话录音？关于DNA，你都知道什么？马克·佛曼给你留下的印象如何？辛普森应该做证吗？

辩方团队，尤其是考克兰、道格拉斯，原以为非裔中年妇女会仇视辛普森，是非裔中的异数。她们会认为辛普森娶了白人做老婆，远离非裔社区，难免会有愤恨。但是，结果让团队大吃一惊。她们竟然是最同情辛普森的一群。只因她们仇视妮蔻，仇视她的生活方式：豪宅、仆人、珠宝，还有挥金如土，周游世界，而这一切都来自她们的非裔兄弟，说是妒忌亦不过分。她们对辛普森疏远自己社区，爬上白人上流社会一点儿批评都没有，反而称妮蔻是婊子，暗示她实在是该死。

在最初讨论时，辩方对这一组别十分警惕。他们的方针是能剔除就剔除，免得她们制造麻烦。他们绝未想到她们是中坚的中坚，必须拼死力保。

还有一个组别也引起团队兴趣：二十岁以下的非裔，只是比中年妇女组别弱了一些。

模拟中，白人是清一色地断定辛普森有罪。西语裔观点分歧，很难掌握。亚裔则与白人一致，倾向有罪。

模拟历时三个小时，辩方团队对琼·伊兰大表满意。考克兰大嘴咧到耳根，踏着舞步离去。

下午，卡达辛带着考克兰、道格拉斯、查普曼去踏勘邦迪现场。探长兰和范纳特等在那里。考克兰在楼上发现了一顶滑雪帽，与收为证据的那顶一模一样。卡达辛第一次来现场时就见过它。现在，已经一个月过去了。

考克兰问两位探长，为什么不入证？他们说这只是孩子的帽子。考克兰就当着他们的面，把帽子扣在头上，再轻轻一拉，就遮住了半张脸。

（五十七）这就是典型的伊藤风格

自被柯林斯大陪审团传唤以后，卡达辛一直心绪不宁，时常中夜醒来，浑身凉汗。律师莱瓦伊代表他与检方周旋。一日，她带来一份材料，乃是休斯对检方的证词。他声称卡达辛加入此案后，日薪三千美元。白纸黑字，已经不是说说而已，卡达辛大为光火，但是，莱瓦伊却另有看法：管它是否真实，这不正好证明卡达辛有律师之实嘛！

8月26日，莱瓦伊和卡达辛到法庭应讯，辩论他的律师资格。她把休斯的证词带来让卡达辛一读。还好，卡达辛心想，休斯还算口下留情，没有说自己是撒谎欺骗成性。至于说他无能贪婪，还能忍受。休斯对自己的反感尽人皆知。

莱瓦伊这次辩论没有结果。法官未做任何决定。

与此同时，伊藤法官也在听证，却就卡达辛的资格有了判决：要证明卡达辛的律师资格，必须由辛普森宣誓之后对此证明，看来卡达辛无处可避。因为此刻辩方绝不肯让辛普森坐上证人席，这将给检方质证的权利。

不过，伊藤也没让控方太高兴：柯林斯大陪审团不允许问卡达辛与辛普森之间的谈话。这也包括卡达辛的助手妮蔻·普尔沃，因为她也是律师。

这就是典型的伊藤风格。两边都给一点，让你庆幸之余，又咬牙切齿。

8月31日，卡达辛应传来到柯林斯案大陪审团，听证会在十三层举行，楼下辛案也在听证。媒体都涌到这里，把走廊挤得水泄不通。

正在寸步难行时，卡达辛突然看到休斯也在场，就挤过去质问："我已经读了你给克拉克的证词。你说我日薪三千美元，那是胡扯！"

"反正有人告诉我。"休斯的脸挂不住了。

"所以，你就这样对检察院说？有一点我和你一致，我不是刑案律师，我也不值百万年薪。但是，我视此为诽谤。我要你知道！"

休斯只好承认确实不知情。卡达辛这边怒气一发，仿佛是热身。自觉躯壳中的另一个卡达辛，已经一觉醒来。自信，从容，他穿过人群进入法庭。

（五十八）卡达辛坐上证人席

达顿眼看着卡达辛进来，神气狡猾傲慢。一头杂毛，黑白交加，大梳自前，全背至后。看他油头粉面，一身昂贵的西装，十足的高价律师的范儿，不由得想起媒体私下给他的绰号：油头狐仙。

达顿虽将他传唤到庭，但是差事并不容易。既然伊藤法官已有限制，达顿只能绕过辛普森，在周边问询。此前，他已经传唤了兰达和波拉。兰达坦承，她已将辛普森的家暴笔记送入碎纸机。既然那份笔记不在搜查之列，兰达的处置无可问罪，波拉也让达顿无功而返。

达顿还有一个难处：法律禁止检方借用大陪审团，收集另一案的证据。因此，即使获得有利证据，也只能用来指控柯林斯。这样有的环节不问也罢，否则会把用于辛案的机会自动封杀。检方启动大陪审团，调查柯林斯，只为证明他协助辛普森潜逃，以落实辛普森是畏罪出走。

达顿的第一个问题是 6 月 17 日卡达辛是否与波拉说过话。卡达辛承认说过。

"你们说了什么？"

"就是警察来时，辛普森不希望波拉在场。我说你最好走吧。"

"那么，柯林斯和辛普森走时，你又在哪里？"

"我最后看到辛普森时，他在卧室里等待警察，准备归案。柯林斯给了波拉一些钱，说辛普森希望警察来时，她不要在场。"

这样，卡达辛的证词坐实了柯林斯和辛普森都知道警察要来。但是，达顿还必须证明辛普森是潜逃，而非去自杀。

"什么时间你才知道，他们两人不见了？"

"警察来了以后，我们去寻找他们时。"

"那么警察是什么时候到的？"

"下午 2 点到 3 点。"

"我们查过辛普森的电话记录。他在下午 1 点 26 分，曾给你家来过电话。你将如何解释？"

达顿抓住了卡达辛的破绽，卡达辛却还了一个微笑："这个答案受到律师与当事人特权的保护。"

达顿受到阻击，又迂回侧击："是谁接的电话？"

"是我的助手。"

卡达辛使用"助手"一词，就是为妮蔻·普尔沃的律师身份埋下伏笔。

达顿会意，哈哈一笑："助手？那么，既然辛普森有意自杀，你为什么不把厨刀收起来？"

"我为什么要收?"

"这样,辛普森就不会割喉自杀了。"

"辛普森见不得血,他根本就没有那种念头。"

卡达辛一语双关。达顿看无缝可入,也就只好草草收场。

(五十九)我居然会嫁了你这个黑鬼

下一个传唤的是简内特·皮丝。这个皮丝也算个艺人,只是她专演成人电影,是个肉弹艳星。

卡达辛做证完毕,达顿已经无路可走。偏偏这时,有匿名电话打进来,闻者为之振奋。

匿名电话声称,皮丝手中有一卷录音,记录了她和柯林斯的谈话。柯林斯告诉她,他和辛普森原打算去墨西哥,但发现有警灯在后闪烁,才知道已被盯上,只好改变初衷。不仅如此,柯林斯还告诉她,凯托·凯伦实际在房后看见了辛普森。匿名电话不仅暴出了皮丝的全名,而且还说出了她的电话号码。

达顿按图索骥,把电话打过去,果然不假,接电话者正是皮丝本人。皮丝同意次日晚与他们会面,接受调查。

谁知次日整整一晚,皮丝都未露面。达顿和探长们一怒之下,申请了搜查证,目标就是那卷皮丝所说的录音带。

皮丝住在西好莱坞。能住这种地方,非富即贵。看来她的皮肉演艺生涯收入颇丰,在致富的路上走得够远。

她独住一座两层都德式的华宅。与妮蔻的邦迪住宅一样,流动着一股富贵气象。

达顿到达时，已有电视记者等在那里。是谁泄露了消息？探长们皆不承认。

皮丝应门而出，一脸无奈。她还腆着大肚子，似乎身子已经很重，离分娩不远了。她身材娇小，形容俏丽。一双大眼并无风尘俗气。

达顿刚踏入房门，就嗅到恶臭。皮丝耸耸肩，说这是她的狗在室内拉屎撒尿，而她却不敢开窗。只因记者终日环伺，窗子一开，就会有话筒伸进来。探长们把窗户打开，然后开始搜索。室内家具简单，几个来回，就扫荡完毕。

皮丝双手抱肩："我知道你们要找录音带，我根本就没有。"可是，探长们仍搜出了十九盘。拿回一听，并没有柯林斯的谈话，唯一收获是她的记事本，柯林斯的电话记在上面。这证明两人确实认识，且有交往。

再次日，皮丝坐在了证人席上。她和柯林斯初次见面乃是由她的成人电影导演安排，时间是1994年3月。他们初次见面，辛普森就是主要话题。不久，二人开始外出，双宿双飞。两人的关系并不固定，若即若离，时有时无。柯林斯曾提到辛普森与妮蔻的争吵，大声对骂，动手动脚，有时妮蔻还会使用"种族仇恨"一类的字眼。柯林斯对他们的关系深为忧虑。

"柯林斯说妮蔻骂了什么？"达顿追问一句。

"原话？"皮丝似乎有口难言。

"对，原话。"达顿知道其中定有禁忌。

皮丝捂住胸口，深深咽了一口气："我不敢相信，我居然会嫁了你这个黑鬼。"

"柯林斯说了辛普森的反应？"

"备受羞辱。我不知道他是否被激怒。其实，他那时已经是怒不可遏了。"

双杀案发生后，柯林斯又和她约会。在旅馆里，柯林斯泣不成声，说妮蔻不应遭此下场。他还说，两天以前，辛普森开始跟踪勾德曼，柯林斯最后还透露，辛普森在路上，曾说要出亡到墨西哥或巴哈马。

皮丝的证词似实实虚，全是耳闻。耳闻不能入证，柯林斯又已经行使宪法第五权，保持沉默。因此，她的证词一点用处都没有。

达顿又是大费周章，听了一个无法证明的故事。

（六十）嘎塞提坐不住了：你不能放松一点？

自立案起，法庭几乎天天开庭，鲜有宁日。今天控方动议，明日辩方动议，你来我往好不热闹。自克拉克为伊藤关于血样判决发飙起，两人冲突不断，互动变得窒碍生涩。媒体看中这种冲突极具娱乐价值，于是津津乐道，议论满天。

在克拉克的眼中，伊藤是让直播烧的。他既不反对媒体把两人打成一对冤家，又要全世界知道，在法庭上，他才是一号。

通常，伊藤与辩方交涉，总是先生先生的，而与她交谈，则是玛莎玛莎的。克拉克对此也大为不满，认为有失轻慢，待遇不公。她认为必须立规矩，越早越好。免得在正式开审时，让陪审团小看了。开审后，伊藤的轻慢一旦让陪审团误解，她那代表人民的优势就会大打折扣。克拉克的用心不无道理。持着这份深心，她与伊藤的冲突就更加难免了。

克拉克自凤凰城回来，虽然对文森的模拟倒尽胃口，但她对母狗说也颇为在意。归途中，她反复在想，也许自己的行事风格，性别还有种族是个负数，应该给嘎塞提一个机会，让他收回成命，另谋佳选。

因此她专门约见嘎塞提，表明此意。会见时，文森也在场。他首先为她宽心，认为不必太在意这些反应。开审后，一旦他们熟悉了，会喜欢克拉克的。而嘎塞提倒真是迟疑了一会儿，才说他无意另作更张。

文森的模拟和琼·伊兰的结论相同，即非裔中年妇女最不可能将辛普森定罪，但是他们的解读却大不相同。文森的解读是克拉克过于强势，引人反感。而琼·伊兰的却是：这些妇女恨妮蔻。日后文森甚至批评克拉克本身就是失利的原因。但在此时，他似乎在尽力讨好克拉克，把赌注押在她的身上。

后来，母狗的故事流传出来，着实让媒体兴奋了一阵子。眼下，媒体又对克拉克与伊藤的扞格大做文章。嘎塞提在后面坐不住了，他约了克拉克做肺腑之谈：你就不能放松一点，何必那么强硬？克拉克心火正旺，几乎要顶撞老板了。她忍了一忍，还是强压了下去。嘎塞提见状，只好微笑着说："只需要再轻松一点。"

9月3日，控方又上了一个动议：为保护陪审团不被骚扰或左右，要求法庭在陪审团选出后，将他们与外界隔离，直到结案。这是克拉克的主意。

（六十一）妮蔻与辛普森的六次冲突

9月7日，夏皮若、考克兰和卡达辛再次探监，近来，辛普森对媒体的负面报道不安于枕。他不仅想无罪脱身，而且想恢复名誉，重享旧日的荣光。因而，他一再要求出庭自证。这在有些人眼中就是太贪心了。本来被控杀人，能全身而退，就是成功。在刑控案中，凭借允许保持沉默的权利，让被告一言不发，本是辩方的优势。举证的责任重重地压在控方一边，现在被告居然要求自证无辜，岂非将举证负担自己担起来？这种事智者不为。

夏皮若此行的目的就是要打消辛普森的念头。

"做好准备，我要问几个问题。"夏皮若把脸一板，声调阴冷。

辛普森正襟危坐，准备接招。

"辛普森先生，你打过你的妻子吗？"

辛普森身子向前一倾，腰板僵直。他不喜欢这个问题。

"你辱骂过你的妻子吗？你对她大声咆哮过吗？"夏皮若的问题一个跟着一个。

辛普森立刻手忙脚乱，说是，立刻有问题跟进。说不是，绝对无人相信。

"你曾在妻子面前失去过自我控制吗？"

辛普森不肯正面回答，开始辗转回避，用力做各种解释。

"这差得太远了。"夏皮若摇摇头，"你解释得越多，你的麻烦就越大。克拉克一定比我问得更强硬，更凶狠。"

辛普森面上虽有不服之色，但也只能悻然面对这个结果："这的确比我想象的难多了。"

下午，辩方又开会，重头戏是香·查普曼，她已就辛普森的家暴记录做了核实。辛普森的版本有23页，与会者人手一份。

他和妮蔻最早的冲突发生在旧金山。当时，辛普森前妻所生之小女儿，因溺水而在医院抢救。医院多次建议，人已死亡，继续维生，毫无意义。辛普森六神无主，躲到朋友处借酒浇愁。妮蔻闻讯赶来，不知为何，两人却为另一个女人吵了起来。辛普森盛怒之下，把妮蔻像枕头一样摔到墙上。

第二次冲突，辛普森用球棒把法拉利的前窗击碎时，两人已开始同居。起因是妮蔻逼辛普森早早完婚，两人由此又做争吵。当时，辛普森坐在车头上，用球棒轻敲车头。妮蔻见状大叫，辛普森一怒，拿法拉利出气，将玻璃打破。

两人于1985年成婚。1987年，双方又有一场恶战，只因生了佳斯廷以后，妮蔻不与辛普森同床达半年之久。辛普森因此打起野食，妮蔻闻讯，不依不饶。

1988 年大年夜，辛普森与妮蔻对饮，两人喝得烂醉。而后在床戏时，辛普森提及另一个女人。妮蔻立刻中断床戏，大抓大挠。辛普森就抓起她，把她扔出卧室，并把门锁上。他听到妮蔻在楼下大肆发泄，砸锅砸碗。他又冲到楼下，把她扔出门外。这次，妮蔻打了911，把警察招来。

次晨，柯林斯把妮蔻送到医院。妮蔻抱怨头很痛，但辛普森认为是宿醉的结果。不过，他承认妮蔻脸上有伤，他强调自己也有伤。

1992 年，辛普森来到邦迪，看到妮蔻与兹罗姆索维奇正在口交发生不正当行为。他觉得心中凉透了，不希望的事情终于发生，就选择了离开。

1993 年，妮蔻给辛普森写信，承认多数冲突，缘由她起，承认是自己的过错。这时，正是妮蔻提出要破镜重圆。

其后某日，辛普森去邦迪，见墙上挂着妮蔻、费耶和两个男子的照片，当时费耶也在场。妮蔻问辛普森是否在意那张照片？辛普森坦承不讳，妮蔻就把照片取下。不旋踵，妮蔻来到罗金汉，发现波拉的照片仍挂在墙上，就一阵怒骂。继而跑回家，把自己反锁起来。辛普森追随而来，不得其门而入，就踢门发狠，妮蔻又打了 911 报警。事后，妮蔻向辛普森道歉，说不该把警察招来。

这些说法，算是辛普森的一面之词，总比没有强。但是控方已传来十几名证人名单，声称辛普森一旦决定自证，他们将被传唤。对此，辩方的多数律师忧心忡忡，对他自证不表赞同。

（六十二）考克兰：辛普森测过谎，他失败了

会议历时三天，各路大将分别通报了进展。贝雷用了四个小时，对犯罪

时间做了分析。为此，他不惜动用自己的私人直升机，勘察邦迪与罗金汉之间的地形，就每一种可能进行评估。他还提出除去证明辛普森无作案时间，还要证明他的身体状况也不允许。

沙克和纽费尔德报告了与检方换证的进展。一共 700 多页材料，无目录也无索引，他们已就此向伊藤提出抗议。

德休威兹则自波士顿提出若干理论建议：(1) 非法跟踪乃刑事罪，决不允许他们随口胡说，控方必须举证。(2) 家庭暴力也是如此。检方必须先证明，而后才能提及。因此，辩方应该用家庭纠纷。提出此点，重在强调一个巴掌拍不响。(3) 美国每年有 400 万件虐妻事件，其中只有 2000 件转为凶杀，这只是万分之五的比例，可用这个数据对抗嘎塞提的说法。他曾公开说，在加州的谋杀案中，每三件中就有一件因家暴而起。

考克兰评估了控方隔离陪审团的动议。他警告众人："我们会因此失去理想的候选人。我们要的候选人都有家庭负担，他们绝不愿意被禁闭数月。只有那些老年白人才不在乎这个限制。"琼·伊兰则提供了范型：老年、退休或无业。无家累，又是离群索居。

考克兰提出应对：大声公开反对隔离。告诉候选人，我们相信你们，我们不认为有此必要，让控方去做恶人吧。

会议行将结束，辛普森又卷土重来，仍然要出庭自证，团队立刻紧张起来。如果当事人坚持，律师将不得不照办，毕竟此案的本尊是辛普森。非此，只有辞职一途。但大多数律师仍是坚持，只有贝雷一力赞成，考克兰则态度暧昧。最后，众人让了一步：让道格拉斯帮他准备，既是未雨绸缪，也算是敷衍。

会议刚完，夏皮若把卡达辛延入密室："关好门，我想出来了。"

"你的意思？"卡达辛不明就里，夏皮若何来如此神秘的举动。

"OJ当时怒火万丈,只因妮蔻没有邀他去玛萨卢纳聚餐。他就持着一把匕首,潜入邦迪去扎她的车胎。他进入车库时,被妮蔻察觉。她放下冰激凌,走出来查看,将OJ撞个正着。妮蔻忙抽身回房,OJ尾随而入。妮蔻命他出去,他一怒之下,就失控将她割喉。然后勾德曼碰巧到来,OJ又将他杀掉。"

这下轮到卡达辛大怒:"这绝不可能。"说完夺门而去,快如疾风。

夏皮若不以为意,又将考克兰召入密室,做了一番长谈。

在回去的路上,考克兰心事重重,沉默了一阵。然后,打起精神向同车的道格拉斯和查普曼通报:

"夏皮若说辛普森曾经测过谎,他失败了,没有通过。"

(六十三)辛格勒发现三处明显破绽

道格拉斯答应辛格勒的东西终于寄来了。包裹上只有收信人的地址和姓名,没有回邮地址,里面有道格拉斯对辛格勒的报答,两份大陪审团调查记录,是佛曼和范纳特的证词。

辛格勒把证词过了几遍,终于发现三处明显破绽。

首先,在68页,佛曼向大陪审团谈及翻越罗金汉辛宅院门时的想法:"我极为担心孩子们和她的前夫。既然,他们仍保有共同监护权……"

佛曼是如何知道共同监护这个细节的?这纯粹是辛普森和妮蔻的私事。外人何由得知,而且说得如此肯定?

其次,在39页,佛曼做证时说,他对那辆野马车停的角度有疑问,就走过去查看。"当我走近车时,我注意到一个木条横在车道上,这木条规规整整,好像刚从栏杆上折下。我发现这是新近折断的,断处没有岁月消磨之痕迹。"

这个证物没有引起任何人注意。

最后，佛曼在询问过凯伦后，把他送到厨房，命他留在那里。然后单身出来找其他探长。遇见范纳特以后，又把他引入厨房，去询问凯伦。然后，他再单身去查看凯伦房后的那条夹道。

"为什么？"克拉克要问出原因。

"就凯伦所言，再加上野马车中的血，我认为极有可能，有人在那里昏倒，或者从那里逃之夭夭。"

辛格勒想，既然他佛曼认为房后有非常情况，甚至可能有嫌犯，他有何理由，不邀其他探长同往，以求有个掩护？还有就是那句"野马车中的血"，几个探长提及，引起他们怀疑的是车门把手附近的血，并没有任何人提及野马车中也有血，难道佛曼进过野马车？

次日，辛格勒将这些发现告知道格拉斯，道格拉斯对后两项毫无兴趣。而佛曼单独去查看并不是秘密。他提及车中的血，也价值不高，一句口误就可打发。只有佛曼和妮蔻的关系才有点意思。如能证明两人彼此认识，栽赃说才有脚，才立得住。

道格拉斯对辛格勒放出赏格："如果你能帮我们证实，我一定让你无比无比幸福。"

"你的意思？"辛格勒明知故问。

"就是助你写那本书啊。"

（六十四）袜子还没有送出去检测

9月22日，辛格勒在直播中看到尤曼在法庭上初次提出：佛曼认识妮蔻。

尤曼说，1985年佛曼曾到罗金汉辛宅处理家庭纠纷，四年后，他在警察局内部通讯中写道：这给他留下无可磨灭的印象。

同日，沙克又卷土重来，旧话再提。他要求伊藤法官命令控方提供部分血样。他告诉法庭，他需要做交叉污染的检测。

辛格勒知道这是 EDTA 的外交辞令。

还是9月22日，不过是在当晚，洛杉矶 NBC 的记者翠茜·赛维吉报道："我的消息来源披露，RLFP 检测证实，辛普森袜子上的血与妮蔻的血吻合。RLFP 是目前最精确的 DNA 检测法。"

这个爆炸新闻，立刻如野火般蔓延，被各家媒体迅速转述。这一夜，一定有人要做噩梦了。

次日开庭，伊藤法官怒不可遏："我已命令所有的检测报告先送到我手上，而且必须密封。现在，我还没有见到报告，怎么会传到举国皆知？"

克拉克一脸无辜："辛普森卧室中的那双袜子，还没有送出去做 DNA 检测，哪里有什么报告？"

伊藤一听，当庭发狠道：赛维吉报道虚假，他将被终止洛杉矶 NBC 的现场报道权。他这样做，充其量是警告，虚声恫吓而已。现场只有一台摄像机，画面为媒体共有。他们之间的信息共享，伊藤如何管得到？除非他把那台摄像机也赶出法庭。现场直播，他自己已经食髓知味。没有摄像机，只怕晚上会失眠。

洛杉矶警察局一看事情闹大，赶快出来顶缸：罪证检测室确实做了检测，结果与妮蔻的血吻合，但只是常规检测，并非 RFLP。

辩方彻夜开会，评估形势，寻求对策，遴选陪审团在即。这个消息对候选人的影响不可估量，这次是警察局和检察院合演了一场双簧。

考克兰对赛维吉很熟悉，知道她手中有不少"深喉"，消息一向来得精准。

在新闻界中口碑极佳。他向同事们建议,向伊藤提出动议,就此事专门调查,把赛维吉传上庭来,以收宣传效果。

不过有人反对:莫把事做绝,此事其实是个大利好,大可好好利用一番。从采证记录中看,冯丹尼并未看到袜子上那所谓的血,而罪证检测室的两个头头也都没有看到。这是证据采集送达后,当场记录的。现在,警察局宣称袜子上有血,这岂不是正坐实了有人栽赃之说吗?

这个建议博得砰然叫好,辩方要借此大做文章。

9月23日,辩方提出动议,专就此事,司法调查。但是,伊藤一口回绝:我已宣布是虚假报道。因此所谓对候选人的影响不复存在。

(六十五)遴选陪审团上路

9月26日早晨,法院停车场上气氛紧张。电视转播车迤逦开来,竟达六十辆之多。街上扎满高台,电缆横亘在路上,行人只能择空而行。还有,来凑热闹的仍然少不了直升机。它们在上上下下,争夺有利位置。

今天遴选陪审团,过程完全保密,转播也绝不容许。但是,媒体仍然来了,而且热闹到了沸点。

伊藤法官一共通知了一千名候选人,今天先召来了三百人。

遴选9点15分开始,辩方出席四人:夏皮若、考克兰、卡达辛和琼·伊兰。而控方只出席了克拉克和豪格曼。文森则藏在后排,像个旁观者、局外人。他淹没在候选人之中,没有引起注意。

遴选大厅,不仅宽敞而且豪华,像个小型影院。座位拾级而上。应征者却是随处乱坐,地板上、栏杆上都有。

第一道程序，先填一张表格，表明工作家庭状况，看看长期出庭是否有困难。不愿参加者自然要夸大其词，也允许明白写明，不愿应召。

遴选应征是公民义务，即使有困难，也必须先到场。待法庭裁决豁免，才能退出。若是有人对征召不闻不问，也不到场，则是犯了藐视法庭罪，是要坐牢的。有些州的刑期可达一年之久，并且，要载入犯罪记录。惩罚虽然严厉，其实也是无奈，否则，有些地方只怕连庭都开不了。

下午1点15分，进入第二阶段。候选人被分为两组，一组被法庭豁免，离场而去。离去者满面阳光，手舞足蹈。法庭外则因此乱作一团，手持摄像机和话筒的人们在满街追逐他们。

留下的人态度依然散漫，分散在各个角落，怎么舒服怎么来。

突然，喧笑戛然而止，人人都挺直了腰杆儿，辛普森出现了。他非常满意眼前突然的肃静，他要享受这难得的一刻。他如同石像一样在门口站了片刻，纹丝不动，然后才缓缓走向他的座位，就差挥手致意了。

伊藤坐在高台上，身着黑袍，极具威严。一副巨框眼镜架在他那张方脸上，恰似一头鸱鸮，难怪日后有漫画家以猫头鹰的形象来调侃他。

伊藤首先宣布：本案是洛杉矶人民指控辛普森双杀。然后，他向辛普森把手一抬，让他起立示众。辛普森站起来，面向众人。大厅里又是一片浩叹，把人们心中储藏的紧张释放出来。

他们终于上路了。

控方先做自我介绍，克拉克、豪格曼却未提及文森。

辩方则由夏皮若先介绍辛普森。然后，再各自做了介绍，这也包括琼·伊兰。

而考克兰在介绍完毕之后，又着重介绍了琼·伊兰，介绍中不乏溢美之词。然后，他话锋一转，把手指向人群："检方也有一个专家，他也和琼·伊兰一样出色，他就坐在你们中间。"

考克兰这句话阴损至极，把文森直接放在火上烤。这天程序尚未结束，文森已经消失无踪。

看看大致就绪，伊藤发出第一道指示："接下来，你们准备回答问卷。这是一个坏消息，它有七十五页。"

场内一片哀鸣。

"不过，这也是好消息，因为我已删去很多问题。它原本是一百二十页。"

场内又是一片惊叹。

然后，法官助手把候选人的名签集中起来，放入盒子。以抽签为序，与律师们做简单会谈，这个程序是让双方律师对候选人有个了解。

第一个签是0032号。巧也不巧，这是辛普森的球衣号码，当年这号球衣曾卖到断货，是球迷们的一时之选。

伊藤借机开了个玩笑，意在舒缓气氛："也许这是某种预兆？"

在场的三位记者立刻走笔疾书。0032号和伊藤的玩笑就成了次日的头条。

当日行将结束时，伊藤又回到大厅，对候选人告诫道："从今而后，你们看报纸时，若是碰到此案报道，请你们自觉转到其他栏目去。你们看电视时，别忘了用遥控转换节目。你们可以看《辛普森一家》，但不是本案报道。"

所谓《辛普森一家》是卡通片，老少咸宜。在场人会心一笑，其实，所有人都明白，这不过是例行公事，说说而已。

（六十六）两个陪审团专家，冰火两重天

自从凤凰城回来，克拉克就和文森失去了接触。这个文森让她倒尽胃口。

克拉克一向对遴选陪审团毫无兴致，也不认为其中有什么科学可言。她最恨程序开始时，那张调查困难的问卷。问卷一出，就会放走一批人。这些人受过高等教育，信任政府，痛恨犯罪。这些人因有固定职业，稳定家庭，而无法在责任与义务中求得平衡。所以问卷一上手，他们就会立刻设法自我放逐。

而剩下的人呢，往往工作、家庭都不那么差强人意。这些人对社会，对体制，对政府充满怨恨，充满愤怒。这些人必然是辩方的理想人选。

这是克拉克的结论，也是毫无兴致的原因。正是这个认识，令她一向对遴选过程采取随遇而安的态度。她更相信自己的魅力，把功夫下在法庭、证据和辩论上。她的好斗本性，也视说服这批人为一种挑战，一种乐趣。好在她的常胜记录，证明这个态度并无大错。

可是这次不同。她不仅承受必胜的压力，而且觉得敌意来自四面八方。她被迫拉住豪格曼，亲力亲为。她认定名人崇拜，粉丝情结乃是本案之大敌。因此，她精心制造各种陷阱，把它们像地雷一样埋进问卷。

就在最忙的时候，她想起文森：他怎么一点建议都没有？她对着豪格曼发起牢骚："难道还要我们用烫金请帖去求他？"

豪格曼答应去催他。几天过去，石沉大海。最后，终于等来了他的"建议"，只有一个问题，写在一张纸上。

辩方这边，琼·伊兰早已打探出来。克拉克对文森并不尊重，持着可有可无的态度。对这个文森，没有人比琼·伊兰更了解他了。此人是顾问遴选陪审团这一行的开山人物，琼·伊兰本人就是出自他的门下，两人曾共事过很长时间。后来，因文森改攻民事案子，才与琼·伊兰分手。毕竟民事案子，钱来得快，也来得多。这样，也给琼·伊兰一个自立门户的机会，她从此便出人头地。

琼·伊兰们手中都有题库，而且，早已计算机化。她们不可能每个案子都从头来起。这些题库随着案子不断丰富，遇到新案子，只需做些调整，就可成章。既能节省时间，也能高效辨别敌友。这样的题库，文森那里自然也有。他不肯出手，不知是要看克拉克的笑话，还是要待价而沽。这个"价"不是金钱，他的服务免费，这个"价"是尊重。

随着日期逼近，克拉克终于无计可施，请来同事，分田分地，包干到户，每人分配一个议题。克拉克自己仍是专攻名人情结。众人终于在遴选开始前，拼出一份问卷。

控辩双方的问卷合在一起，就是伊藤所说的那一百二十页的庞然怪物。经过伊藤的删削，那七十五页问卷也有一英寸厚。人们答卷时，骂骂咧咧，不绝于耳。

（六十七）克拉克和豪格曼捉对排阵

候选人终于完成了答卷。

法庭职员把答卷送到克拉克这里。一辆手推车，四个大箱子，三百份卷子。看着这些答卷，克拉克想起候选人的哀叹、咒骂。可是，他们哪会想到，克拉克们要一个标点，一个问题，一个问卷，过上三百遍。克拉克摇摇头，千里之行始于足下。她和豪格曼一人一半，开始了纸上长征。

在这份问卷上，克拉克对伊藤并无意见，检方拟的问题基本保留。既然伊藤声称，双方的问题加起来有一百二十页之多。那么，他一定对辩方的问题动了刀斧，她最满意她的地雷都完好无损。

克拉克设计了一个表格，约有十页之长，对敏感答案有个规范。一旦发现，对号入座，再根据记号多寡打分，采取五分制，五分是理想人选。

克拉克埋头苦干，到了晚上7点才阅完三份，整个检察院已经人去楼空。克拉克不敢相信自己的成绩，就沿着深长幽暗的走廊去豪格曼那边探营。

豪格曼的办公室门户大开。他把自己埋在纸堆里，忘记了时间。他的纸堆五彩斑斓，贴满了便条。

"你干了几份？"

"刚干了两份，真不敢相信。"豪格曼摇摇头，大为沮丧。

正在两人一筹莫展，大眼对小眼时，门外来了一个同事。他不费力就解决了这个难题：忘掉你们的笔。找一台录音机，把要点录下来。交给秘书，让她打出一份稿子，不就快多了？

克拉克从善如流采纳建议，效率立见提高。不过这只解决了一半，敌我分清了，又该如何组合呢？这又让克拉克大费精神。太多的细节，太多的似是而非。

检察院内另有能人，这个同事精于长程刑控，因此发明了一套办法。他先将候选人的背景倾向记档，分录在小卡片上，然后开始玩"牌"。他根据不同议题，搭配组合。在选出若干最佳组合后，就是他遴选陪审团的蓝本。

克拉克也照猫画虎，每天下午，就和豪格曼捉对排阵。台面上永远只有十二张卡片，按照危险程度，逐次将其排除，直到选出理想组合。

在评阅答卷以前，克拉克和豪格曼一直在评估，是否将野马追捕入证。看过答卷后，就打了退堂鼓，这些答卷对野马追捕并无恶评，充其量说辛普森荒唐，无人认为他是畏罪潜逃。

野马追捕后，还扣下八千美元、护照、易容道具等，这些物证看起来有杀伤力。但是，车却是柯林斯的，要证明与辛普森有牵连，实在太难了。

还有更难的。一旦克拉克引入野马追捕，辩方可以借力打力，引入汤姆探长与辛普森的对话。在对话中，辛普森一直否认涉案，而且那声泪俱下的场面，难免要引起公众的恻隐之心。克拉克绝不能轻易让出一个大便宜，让辛普森无须坐上证人席，就可公开否认罪行，换取同情。克拉克预见，辛普森定会自证辩诬。一旦他坐上证人席，克拉克方可大打出手，剥他的画皮。

贸然引入野马追捕，也等于打开后门引入一串证人，为辛普森张目。证明他从不曾松过口，即使私下也没有。在美国刑控中，只有辩方才有权传唤被告。人们有个误解，以为被告放弃沉默权，控方即可传唤。其实，控方只能将被告开口的部分入证，并无传唤的权利。只有被告放弃宪法修正案第五条款，坐上证人席，克拉克才有机会质证。

野马追捕固然有杀伤力，但这也如布局落子，要讲究时机次序，有些要点虽为兵家必夺，但是，一旦次序不对，也会满盘皆输。

眼下，候选人的倾向，让克拉克决定，野马追捕入证，以辛普森自证为前提。

（六十八）这不是出师未捷身先死吗？

读完答卷，沮丧压倒了克拉克。在她的评分系统中，五分最理想，可是已阅过的卷中，无一人能打五分，四分者约有十人，剩下的在一至二分之间，这意味着敌军满营，而本部兵力不足。

不仅如此，这些候选人身居大都市，竟会在答卷中声称，不读报、不听广播、不看电视，更对辛案一无所知。三百篇阅过之后，竟是无一例外。这个集体谎言惊人一致，自然是为了跻身陪审团。一念至此，克拉克冷汗立出，不寒而栗。

候选人的诚信是个问题，但是，还有其他麻烦。克拉克很快发现豪格曼打分偏高。自他的结果看，似乎两军旗鼓相当，辩方占不了便宜。其中有一例，克拉克打了零分，而豪格曼却是五分。

克拉克不能不发难了："你注意到我们之间的不一致了吗？"

豪格曼看着这个结果，面无表情："不知道是如何想的，也许我在说服自己。我们还有机会。"

克拉克不由得慨叹，这岂不是出师未捷身先死嘛！

辩方这边则好整以暇，让琼·伊兰主持。辩方的打分制度与控方相反，理想者为一，排除者为五。辩方对陪审团的要求远远低于控方，美国刑控取共识决。若定有罪，必须十二人一致同意。而辩方只需一人反对有罪，就可将案子搅成悬判，辩方不必奢望十二人都投无罪票。悬判之后，往往是控方的大难题。他们可以再控，但是，再次悬判，又当如何？总不能永远控下去。因此，很多案子往往到此为止。

若是十二人一致投票无罪，则是终审。控方只能永远打住。美国奉行一罪不二审的原则。

因此，辩方的遴选方略也很简单。自五分而下，大力扫荡。只要陪审团不是五分四分者满营，胜算就已经过半。

（六十九）辩方主旋律是草率侦办仓促定案

10月8日，辩方再次开全员会。尤曼首先发言，解释他的七页备忘录。题目是"在战略高度上使用合理疑问"。

美国刑控案子的定罪标准极为严格，即任何证据都必须完全排除合理疑问,方为有效证据。所谓合理疑问,就是任何证据,如果能得出两项以上结论,那么这个证据就有合理疑问。譬如,辛普森在被警察逮捕前出走,控方指控他畏罪潜逃,而辩方则解释他要去自杀。他的出走还可解释为神情恍惚,判断失常,或者只是一时胆怯,不能面对事实。这些控方指控以外的诸般可能,就是合理疑问。这也是控方为什么另辟战场,调查柯林斯的原因。他们期望证明出走乃是经过谋划,并有目的地。

尤曼颇有想象力,他把辩方的方略比为一场歌剧。先要有主旋律,然后再一幕幕展开。他定下的主旋律是警方草率侦办,检方仓促定案。

这部歌剧的第一幕是粗糙,第二幕是揠苗助长,第三幕是相互矛盾。他建议只要把这三篇文章做足,控方的案子就是豆腐渣工程。

此刻,道格拉斯虽然已将罪案作家辛格勒的说法引入圈内,但是真要证明警察栽赃,又谈何容易?因此,尤曼的这个主张是辩方的底线。

下午,芭芭拉·沃尔夫通报 DNA 检测进展:血样已被控方送至三个独立机构分别检测。这三种方法略有差别,但都是百万数量级精度的检测,控方希望结果能相互印证。

芭芭拉还指摘警察侦办上的错误。一位摄影师为了拍摄伤口,居然将死者头部和身上的毛发剃去。而此刻,验尸官尚未见到尸体。她大为感叹,西部警察荒唐到如此地步,这在东部绝无可能,绝不容许。

芭芭拉迄今为止尚十分沉默。今天,她还带来一份大礼,她废寝忘食,已将警察的证据整理出来,一共三百二十七页。这让辩方第一次看到了控方案子的全貌。

最后是布雷克带来了坏消息。布雷克全程监督了联邦司法部实验室的检测。检测者也是全国驰名的专家,布雷克的结论严酷异常:盖瑞·山姆的检测无懈可击,一点儿错都没有。他的结论?请诸位打消攻击 DNA 证据的念头。

这个结论立刻得到沙克和纽费尔德的响应。他们始终反对就 DNA 证据检测本身做文章。

布雷克还有更坏的消息，自警察局传出：在辛普森野马车的变速箱盖上，发现辛普森、妮蔻和勾德曼的血。辛普森和妮蔻的血尚可勉强争辩，可是勾德曼并不认识辛普森，更不可能坐过那辆车，他的血出现在那里，就只能是辛普森带入的。

这个消息让众人的心境落入谷底。一时间，人人噤口无言，个个脸色难看，尤曼那美妙的主旋律也由此成为七张废纸。人人都明白，只剩下一条独木桥了，那就是警察栽赃。

布雷克最后通报，眼下所有的血样都已送检，只有辛普森卧房那双袜子尚未送出。

（七十）夏皮若：非常确定，十分确定

次日，卡达辛早早来到会议室，夏皮若昨晚最后的表现让他如鲠在喉，如梗在心。

昨晚，在布雷克通报后，众人陷入沉默。夏皮若仰起头问布雷克："你是说这些结果十分确定？"

"对。"布雷克答道。

"而且，勾德曼的血也确定？"

"对。"

然后，夏皮若把身子压在椅背上，一前一后摇了起来。一边点头，一边念念有词："非常确定，十分确定。"他的肢体语言在说："果然如此。不出

所料。"

卡达辛进门发现,夏皮若来得更早。夏皮若抢先开了口:"我已经把谜揭开了。"接着又重复辛普森扎妮蔻车胎的理论,"于是事情就一发不可收拾了。也许,他应该认罪,你知道他干了。我们能为他争取个误杀的罪名。"

正说话间,辛普森的电话进来了。夏皮若立刻通报了这个消息。辛普森在那边发起狂来:"你们从哪里得来的消息?我要和你们所有的人谈谈。"

夏皮若也毫不犹豫,立刻把传声器打开。人人立刻听到辛普森在说:"这不是我干的,我不知道如何解释。这种 DNA 的东西,我没法解释。我知道这看起来很糟,但是,我没干,我就是没干。"

他发狂得要哭出来了。全场一片静默,无人接他的话。

相持片刻,夏皮若才开了口。他态度和缓,语调悠悠:"你的话,我们都听到了。我们必须开始工作了。"

接下来的会,大半被夏皮若的话题占去。他说服众人:"我们可以为他减罪到误杀。他可以拿到 5 年到 12 年的刑期。"

众人沉默以对,并无人附和他。

卡达辛心中怒火升腾:"谁会雇一个断定自己有罪的律师为自己辩护?你夏皮若怎么知道可以拿到误杀?你夏皮若又如何知道刑期?难道你背着我们在和检方谈判?"

会议休息时,几个同事挤过来。他们极为愤怒,大发怨气:"我们原指望夏皮若能领导这个案子,现在,他却在说辛普森有罪?"

这些律师走到一起,可不是为了减罪交易。他们是铁血战士,他们嗜杀成性,他们不允许临阵倒戈。

（七十一）沙克带来了样本血失踪的细节

愤怒归愤怒，活还得干。

10月10日，第三天由李昌钰开场。他是个证据至上的人，他从不让个人感情左右判断，他只分析证据，并不下结论。

在警方的照片中，他看到了第二个脚印。虽然只有一部分，但鞋底纹路，与另一只不一样。他也很纳闷：为什么他拍下的现场照片，警察的证据中都没有？是警察疏忽未拍，还是经过筛选，有意隐瞒？这个鞋印的尺寸与勾德曼的不符。难道说有第二个凶手？

李昌钰还注意到通向后门的血迹，似乎是有人站在那里，处在静止状态时滴下的，而它们的质量早已衰减到无法检测的程度。难道这是旧的血迹？或者还有其他的可能？

还有奇怪的。后门上的血迹，不是6月份，而是7月份采集的。其质量并未衰减，DNA极为丰富。

李昌钰对证据一一分析，没有结论，只是点到为止。这就是李昌钰的风格：让证据自己说话。

上次会议，沙克告诉众人，辛普森的对比血样，有部分无法追踪。今天，他带来了细节。一个精确的版本。

帕克中心的采证护士在做证时说，他自辛普森身上一共抽了8毫升血。下面是沙克的明细账。

6月14日，考林·雅马乌齐用去1毫升。

6月21日，丽萨·佛拉荷蒂抽了1.5毫升，随后返还了0.8毫升，因此，她用去0.7毫升。

6月25日，雅马乌齐用去0.5毫升。

6月27日，马瑟琳用去0.75毫升。

辩方得到了1毫升，再加上合理损耗，不妨宽一点，算是0.3毫升。

目前，应该总共用去4.25毫升。

8毫升减去4.25毫升，应剩下3.75毫升。可是罪证室中辛普森对比血样存量只有2.6毫升。1.15毫升的血样不知去向。若不算合理损耗，则有接近1.5毫升的血不知去向。

算到这里，沙克脸色赤红，血脉偾张，一副毛骨悚然的样子。

布雷克也有新鲜玩意儿，他告诉众人，检测时，辛姆斯打开一个现场血样。这个血样是用棉签采集的，他打开后，发现纸包上有血印。而采证专家曾在预审做证时说，他们先让血样风干以后，才包上纸的。因此，布雷克认为纸包上不可能有血印。如果有，就只能证明包上纸时，棉签上的血没有干，那么这个棉签上的血，应该是另有来源。

这与沙克的算术一印证，答案就摆在那里了！

还有，采证助手玛珠拉在做证时，还提到她在每个血样包装上，都标明了自己的名字缩写，可是联邦司法部化验室收到的血样包装上没有这些名字缩写。

这些通报把人们从崩溃的边缘上拉了回来。但是变速箱上勾德曼的血仍是巨大的阴影，悬在人们的头上。

（七十二）我没做，我绝不认罪

10月11日，双方又在法庭聚会，一开场就吵得天翻地覆。沙克首先指责控方在DNA检测上故意拖延。克拉克自然不能认账，伊藤不得不将二人唤入密室，召开边厢会议，考克兰也跟了进去。通常，夏皮若遇到边厢会议，总是一马当先，非如此不能显示他的身份贵重。

可是，今天他却留在了外边。

他坐在辛普森的身边，轻声慢语，劝他认罪。

辛普森态度强硬："鲍伯，我为什么要对没做过的事认罪？"

卡达辛坐在辛普森的另一边，神情不可置信。贝雷则在他们身后不远，竖着耳朵，面无表情，一言不发。麦克纳利刚从外面进来，恰好撞上这一幕。

"OJ，我没有说你干了此事，听我的，我只是正在给你找另一条出路。让我们就这个出路谈一谈。"

"我不想谈，我没做，我绝不认罪。"辛普森几乎喊了起来。他双眼圆睁，怒气冲天："你怎么敢这样说？你是我的首席律师啊！"

夏皮若不为所动，继续规劝："当他们拒绝你到玛萨卢纳一起吃饭时，你觉得受到了冒犯，你回家拿了一把匕首。你准备报复妮蔻，去扎她的车胎。但是，妮蔻突然出现了……"

夏皮若一席话语惊四座，贝雷不敢相信，他竟敢在法庭上讲这些话。

"她抓住你，你就无地自容了。你怕她公之于众，在激怒下，你割断了她的喉咙。这时，勾德曼来了。你又认为他是妮蔻的姘夫，所以，你在盛怒之下，又杀了他。"

几个人听得四肢冰冷，连挪窝的力气都没有了。

"那血衣和匕首随着你的行李去了芝加哥。警察通知你以后，你赶回洛杉矶。但是，你把高尔夫包托运了。一天以后，就是我们会见以后，你和卡达辛去了机场。你把血衣和凶器取了出来，卡达辛就帮你处理了。"

卡达辛怎么也想不到，夏皮若居然把他也装了进去。

"你一定是疯了，"辛普森终于暴怒了，"我根本就不想去玛萨卢纳，你不要为那没边的理论费劲了。我不想听你再提此事。"

夏皮若立刻起身，扬长而去。他头也不回，扎进伊藤的边厢。留下辛普森和卡达辛二人在那里抖作一团。

贝雷走过来，搂住卡达辛的肩膀："你现在明白这是发疯了吧。按他的暗示，你其实是辛普森的帮凶。"

贝雷确信，夏皮若如此疯狂，是为了保持对此案的控制，抵抗考克兰取而代之的危险，其实，卡达辛和塔夫茨早就做如是之想。

麦克纳利赤裸裸地插进来："他已经把你栽进双杀案，你必须把他扫地出门。"他的意见代表大多数人的看法：只有卡达辛才有足够的影响力，让辛普森改弦更张。

会议结束，夏皮若和考克兰步入法庭，法警则过来将辛普森收监。辛普森边走边对考克兰喊："别听夏皮若的。"

考克兰则转向夏皮若，冷冷地说："太疯狂了，鲍伯，请就此打住，此事以后再说。"

嗣后，卡达辛恨声不已，对考克兰说："你必须接管此案，让夏皮若敬陪末座。"

考克兰语气沉着："我会尽全力搭救辛普森。可是这需要他自己站出来，给我们一个说法。这恐怕只有你才能说动他。"

高帽子一戴，又把责任轻轻压在卡达辛的肩上。

（七十三）问与答，去与留

10月13日，遴选陪审团进入最后阶段：问与答，去与留。大致规则如下：

问与答阶段，候选人先要宣誓，保证庭上无戏言。若有不实之词，将会受罚。然后，由法官先问，检辩方随之。待三方问过之后，就进入去与留环节。这一阶段，其实就是排除。任何一方若不满意，可提出动议排除。最后，经法官批准，该名候选人就可打包回家了。若双方均无提出异议，候选人就会留下。

当某方提出排除时，通常应提出理由，经法官认可方能排除。但是双方各有二十次机会，无须任何理由，即可封杀。

最后过程在103号法庭举行。三尺高的隔板，将现场分隔成两半。控辩双方和其余人各据一方。候选人则由书记唱名后引入，坐在陪审团席上，等待问话。

在克拉克团队中，文森终于露面了。

几天前，文森打破僵局，主动上门，声称可以用电脑分析每个候选人。这对饱受问卷之苦的克拉克，可说是酷暑甘霖。可是，等克拉克把问卷送过去，文森却说他的程式无法接受克拉克的问卷，拿不出任何结果。克拉克十分恼火。所以当文森提出要亲至现场顾问时，就一口回绝。在克拉克的眼中，这场遴选是直播，文森无非是借此收名，其心可诛。

克拉克并非真的不需要文森。自从凤凰城回来，克拉克已经明了，非裔中年妇女乃是最危险的组别。她们不仅同情辛普森，而且有强烈的反体制倾向。要想把她们全部剔除，绝无可能。因此，她急需一套精致的问题，把其中最危险最极端的人物甄别出来。然后两害相权取其轻，将她们排除。这本是文森应尽的责任。可是，他一直在隔岸观火，不肯施以援手，每念及此，克拉克就恨得牙根发痒。

克拉克的拒绝引来嘎塞提的介入。他提醒克拉克，文森除去帮助遴选陪审团以外，还无偿提供各种图表，这也是控方缺之不可的。因此在现阶段，还不能疏远他。

克拉克无奈，只好从命。但是，想坐在第一排却是没门儿。

在开始时，伊藤命令，任何一方若使用顾问，必须坐到第一排。琼·伊兰就依命坐在第一排。而控方只有克拉克和豪格曼坐在前面。克拉克还自我调侃："我们只是代表人民的穷光蛋，哪敢和大款团队相比？"

看到文森坐在后面，夏皮若不失时机，向伊藤建议："尊敬的法官，你能让那个人自我介绍吗？我不相信他是候选人。"文森只好自我介绍，面红耳赤，好像无人认领的孤儿。

由法官领先提问乃是加州的惯例。一则是因为他要主持宣誓，二则是有些问题非由他问不可。例如对政府的态度，对警察的观感，种族背景，还有是否有触犯法律行为都必须由法庭查证，缺一不可。这类问题若由控辩任何一方提出，都难免会让候选人觉得是冒犯寻衅。

克拉克站起来时，心中一阵悲凉。第一批人选中，非裔妇女占去大半。这不知从哪位问起，就只好随兴挑了一个年轻的。不承想她虽然年轻，回答起来，却是滴水不漏。要想抓她的错处，还真不知道如何下手。这就可以看出，克拉克实际准备不足。

她不由得回身寻找文森，希望他给个意见。哪知这位老兄腆着肚子，仰在座位上，手里玩着眼镜，一副事不关己的样子。而豪格曼是一脸焦虑，似乎也无善策。

轮到辩方时，只见琼·伊兰那娇小的身影，忙得像个风车，把手中各色纸条，向律师们不断传递，俨然是主持大局的样子。在她的指挥下，夏皮若和考克兰这两位明星律师似乎全无怨言。任她摆布，甘之如饴。

夏皮若首先选了一个白人妇女。从她的答卷中可以看出她受过良好的教育，政见保守。

"你看了追捕辛普森的转播?"

"是的。"

"你的结论是辛普森在逃?"

"是的,我的确这样认为。"

夏皮若又问了三个问题,逼她承认辛普森看起来有罪。夏皮若以此为由,将她封杀。

很快,人们看出夏皮若和考克兰的角色是经过精心设计的。夏皮若专门对付白皮肤和黄皮肤,是主杀的屠夫。而考克兰专门敷衍黑皮肤,是主留的天使。夏皮若的盘问凌厉无比,鸡蛋里也要挑出骨头。而考克兰则不温不火,随便问几句,就草草收场,让克拉克们去做恶人。

控方果然是在做恶人了。两个检察官都是白人。两人一前一后,不管有理无理,只是围着黑皮肤封杀,这就有点难看了。控方的前十个无须理由封杀,竟有九个黑皮肤。考克兰按捺不住,站起来就抗议。

加州在制定无须理由封杀规则时是有但书的。即任何一方虽然可以不说明理由,但是一旦只以种族为封杀根据,则不合法。辩方虽然围着白皮肤封杀,但毕竟是由夏皮若执行,是个白"杀"白的局面。不仅如此,琼·伊兰早就准备好了理由,仅凭答卷中的破绽,就可封杀,这让控方很难做文章。

考克兰的抗议虽不能真正改变什么,却给了控方巨大压力,也在候选人中播下了不满的种子。

(七十四)抽到32号的候选人选择自我了断

10月17日,是平静的一天。今天只有一个新闻。那个抽到32号的候选人选择自我了断，鞠躬下台。她告诉伊藤法官，这个32号给了她太多的压力，太多的骚扰。媒体和公众想知道她的每一件私事。她希望伊藤能高抬贵手。伊藤也未作挽留，随她去了。这样，32号的故事无疾而终。

次日，克拉克进入法庭时，心事重重。按伊藤的想法，一天应过二十人。可是，第一天只过了四个人，双方都在努力，但是争斗真真是消耗时间。谁又甘居下风？

一抬头，当门立着伊藤的职员罗伯森。她是非裔，时尚娴雅，私下与克拉克交好。她认为辛普森有罪。

她暗示克拉克，将有大事发生。

几分钟之后，伊藤一阵风卷进来，怒色冲冲。辩方早已到齐，个个面色凝重。伊藤告诉众人，有一个妮蔻的朋友，刚出了一本书。书名是：《妮蔻·布朗·辛普森，一个猝亡生命之日记》，作者的名字叫费耶·瑞斯内克。

辩方在15日就知道了这个消息。夏皮若总是能比别人快半步，他在媒体中人脉甚广。

伊藤命人出去买书，所有成员，一人一本。很显然，他也是刚刚得知，很有几分措手不及。这个费耶写了什么，他更是一无所知。所以，他向候选人宣布："某件事突如其来，它将对本案有影响。"据此，他决定暂停遴选进程。

控方拿到书后，回到十八层办公室，而法庭则留给辩方。至此，人人分散，找个舒服之处，落力攻读。

（七十五）费耶来到了克拉克的办公室

费耶·瑞斯内克这个名字，克拉克并不陌生。在案发不久，克拉克就和她打过交道了。此事的源头应归在卡达辛前妻克莉丝身上。克拉克接案后，克莉丝是其身边的活跃人物。她与卡达辛离异后，嫁了一个奥运十项全能冠军。她是妮蔻的闺中密友，是认定辛普森有罪的铁杆。她还是日后红遍半个美国的卡戴珊三姐妹之母。她把克拉克引入妮蔻旧日的圈子里，为控方着实出了一番力气。说服费耶出来做证，是克莉丝主动承担的。费耶是个富豪的前妻，她的婚姻为她赚了一笔财富。两年前，她与妮蔻相识，随后成为密友。在妮蔻死前三天，她曾在邦迪住过一段时间。她对妮蔻和辛普森之间的恩怨知之甚详。

在克莉丝的劝诱下，费耶来到了克拉克的办公室。她看上去胆战心惊，把身体缩在椅子里，尽量避免与克拉克对视。克拉克对她提出忠告："如果你怕辛普森，你就应该出来做证。"言外之意，只有把辛普森送进监狱，她才能安全。

"你一定不会愿意让我做证，"费耶咬咬牙，说了下去，"辩方会把我像垃圾一样埋掉。因为我有嗑药的恶习，这会彻底摧毁你的案子。"

"这个事让我自己去担心吧。"克拉克放弃施加压力，只因克莉丝要求先礼后兵。初次见面，不宜剑拔弩张。其实，克拉克也在评估，也在犹豫并未真下决心传唤她。因为外面说法很多。有人说，此事源于费耶和妮蔻借了毒贩的高利贷，才有了杀身之祸，而费耶只是侥幸幸免。只因她三天前去了戒毒所。还有人说，妮蔻是代费耶受过。杀手把妮蔻误认为费耶，将她处理了。

那次会面，费耶什么都没有说。临走时，克拉克还鼓励她，为了妮蔻，帮控方一把。

哪知，克拉克真真看走了眼。那个费耶一点都不柔弱，而且是胆大包天。克拉克更没有想到，她日后会上《花花公子》的封面，半遮半掩，半躺半倚，对读者大胆撩拨，推销自己。

书的开始没有什么，记述了和克拉克的会面。克拉克没有想到，费耶会利用自己为她拔份儿。但是再读下去，就承受不住了。

第一个惊人的故事是妮蔻和马克斯上过床。这对克拉克的案子是个利空。这种说法早就有，但是，马克斯矢口否认，克拉克也不愿因此生出风波。这对克拉克因妒杀人的理论是个挑战，克拉克宁可绕着它走。现在，费耶捅了出来，使这个"传闻"成了有文字记录的"说法"。以两人关系之密切，这个说法只怕会在公众中大有市场。

当然，费耶对辛普森的揭发也不遗余力。施暴、跟踪、恐吓，还有辛普森曾对费耶说，妮蔻与他有复婚协议，保证在8月前，不接触其他男子。辛普森则对费耶放话，如果妮蔻违反协议，他会不惜做摧花手。只可惜，这些话是死无对证的。

克拉克对费耶嗑药并不悲观，自认为可以化害为利。这可以证明妮蔻处世有正气，有担当，是个温良正派女性。正是她规劝费耶进的戒毒所，那个与毒贩有染的谣言会不攻自破的。

可是再下面的内容更让她沮丧。费耶在书中自曝，她与妮蔻是同性恋爱人，甚至将二人的床戏描画得惟妙惟肖。此事若让辩方在法庭上踢爆，克拉克的案子就可以打烊了。

克拉克把书合上，再也不需要打开了。

（七十六）费耶的书是畅销书大全

辩方这边更热闹，整个法庭都是他们的。人人捧起书，欣赏起来。费耶的书是畅销书大全，恩怨情仇，毒品性爱，暴力凶杀。只是其中的事，律师们都有耳闻，有些还有辛普森自己的版本。这样读起来，就有点乏味了。

即使如此，辛普森也让众人读不下去。他每读一段，都会放声大叫："说谎！这不是真的，这都是她编的，这从来就没有发生过。"

辛普森在场上大肆发泄，搅得众人无法定心读下去。不知是谁，飞来一句："叫法警来，把他带回监狱去。"

众人哈哈一笑，不过乐不由衷。

下午1点半，伊藤再次开庭，尚无一人能将此书读完。

"先生们，女士们，我希望能给你们讲个好笑的故事，来解释我们的处境。"伊藤一开场，就语无伦次，话在嘴里转了两圈，终于说不下去了。只好放弃解释，对着候选人们下起命令："我命令你们不准读报纸杂志，不准看电视，不准听广播。因为关于此案的报道满天飞。"

现场又是一片鼓噪。谁都知道，又是例行公事。

（七十七）为了费耶的书，两造在法庭碰头

10月19日，双方在法庭碰头。今天这里一无候选人，二无媒体。伊藤给他们放了两天假。

夏皮若首先开讲："尊敬的法官，昨天我们通宵达旦，拟就如下动议：我们要求法庭撤销指控辛普森双杀案。在眼前的形势下，辛普森不能享有公平审判。但是，如果辛普森获得保释，采取软禁的形式，我们相信公平审判尚有机会。

"现在这部书满天飞，其中充满作者的一面之词。她甚至声称辛普森告诉她，要杀了妮蔻。在此之前，嘎塞提已经宣布他有罪，还有来自控方的三次

放风,都使此案为偏见左右。"

他之强调偏见,其实都是为日后上诉打底。审判过程之不公正,乃是法官大忌。一旦上级法庭以此为据,发回重审,将成为法官的不良记录。这比检方败控还要糟。

克拉克立即反驳:"辩方也放过风。"她似乎并不否认夏皮若的说法,"他们放风把佛曼与种族主义连在一起,这是超级丑陋的攻击。"

然后,克拉克把野马追捕引入,提醒法官辛普森已有脱离控制的前科。控方绝不同意保释。她这样做,也是为了留下记录,为日后上级法庭驳斥辩方留下根据。

夏皮若当堂否认放过风:"种族主义的说法来自佛曼探长本人的话。他要么确定说过这些话,要么只是编造了谎言,另有所图。我们今天是讨论公平审判。"夏皮若为佛曼留有余地。

考克兰立刻打断夏皮若:"我想就所谓的种族牌说点什么,我们律师有责任将它提出。种族问题当然存在,陪审团候选人知道,所有的人都知道。不是我们把它变成什么,而是社会把它变成什么。"

考克兰不赞成夏皮若对此事轻描淡写,留有余地。

继而,他又让众人大吃一惊。他指着辛普森,对伊藤说:"尊敬的法官,辛普森想对法庭说几句话。"

辛普森站起来,伊藤用手摆摆,示意可以坐下说:"辛普森先生,你感觉如何?"

伊藤此话一说,就是裁决。克拉克措手不及,连抗议都不曾发出。原以为趁机提出野马追捕,会被当庭记录,然后随之公开。这样,不经传唤辛普森,就可避开辛普森的无罪争辩,提出出逃指控。这一招应该是只赚不赔的。

辛普森仍然站着:"我自觉在这里备受攻击,我是无辜之人。我渴望有个陪审团，我希望越早越好。我有两个小孩子，那是我唯一的牵挂，他们刚刚失去母亲。"

"克拉克女士，说我试图逃跑，所有的人都知道，我给我的岳父打了电话，我承认在那一刻思路混乱，我只想去我妻子的……"

"尊敬的法官，原谅我。"夏皮若厉声打断。

辛普森知道夏皮若的意思，但是仍然坚持讲完："我只是转回家。"

"辛普森先生，我告诉你，我不许你开口，如果你再说一句，我就辞职。"夏皮若的声音凭空高了八度。

辛普森住了口，砰的一声落入座中。

克拉克没想到，自己那点便宜，被辛普森一席话找了回去。她也看出，辛普森有强烈自证辩诬的倾向。她渴望见到这一天，尤其是辛普森直呼其大名的时候，她发誓要无情地摧毁他。

（七十八）法官，你不能公开

今天，法庭上除去两造，再无外人，所以双方说起话来，皆无顾忌。因此，夏皮若又发起怨气，搅起另一个话题。他对伊藤抱怨，候选人投法庭所好，只拣法庭爱听的说，目的是入选陪审团。他虽未明说这些人在撒谎，但意思已在那里。

克拉克大有同感，只是立场相反："他们很多人，即使不是全部，依靠撒谎来损害人民的利益，只因他们是辛普森迷。他们在说：我们要入选，才可以解救他。我希望能对他们测谎。人民只需要十二个公平的成员，只要他们重证据，我们知道结果会是什么。"

克拉克说起来，半认真，半开玩笑。在场的人也不在意。考克兰则是开怀大笑。克拉克发完怨气，认为此事到此为止。

伊藤查了查法典，给出明确答复：法律不允许辛普森保释。辩方的动议不予批准。

临散之际，豪格曼心中不安，向伊藤提出要求：今天的法庭记录请封存，不对公众公开。

夏皮若立刻反对："我们要求公开。"

"法官，你不能公开。"克拉克气急败坏，拼命拦阻，"这太冒犯，两边都在指责候选人说谎。辩方还让嫌犯未经质证就宣布无辜。这两件事，无一公平，无一正确。"

伊藤并不理会，命令公开。他知道媒体不会善罢甘休的，而辩方也不会沉默。

克拉克一日之间犯下两项大错，一让辛普森未经质证，重申无辜，驳斥自己。二让"测谎"二字把候选人全部得罪光。

媒体一拿到法庭记录，就大肆渲染，夏皮若和考克兰也兴波助澜，对着记者一口咬定。"测谎"二字绝非玩笑，克拉克提出时，表情严肃。

（七十九）你那"深喉"肯帮忙吗？

几天前，丹佛作家辛格勒在电视中看到，沙克向法庭要求检测现场样本47号和48号，就知道道格拉斯已将他的情报传递过去。而且，看来辩方也听进去了。而后，道格拉斯也打回电话，声称有消息传来，罪证检测室的某低阶助手，曾奉命自辛普森的对比样本中，提取过血样。辩方怀疑这些血样和现场样本混在一起，送外检测。此事若能证实。控方的证据将不堪一击，而缺少的那 1.15 毫升血液就有了去向。

辛格勒与"深喉"就此事讨论了一番，认为玛珠拉的可能性最高，但相信她只是奉命。

10 月 13 日，道格拉斯来了电话，告诉辛格勒，辩方准备检测现场样本 47 号，查证他那 EDTA 的理论。

辛格勒提及他和"深喉"的讨论。道格拉斯不表赞同："我看你们错了。"

"为什么？"

"一个女士来过办公室，就像你一样，她指名要和我谈。她告诉我，她在教堂遇到一个教友，在集体告解时，向他们披露罪证检测室有不轨行为。他自己不知道如何是好。"

"你的意思，他是个男子？"辛格勒明白道格拉斯是在寻找男性助手。

"大致如此。"

"可是那个妇女现在何处？"

"她消失了，没有留下姓名。她不想卷入此事。"

辛格勒好奇心大炽，跃跃欲试起来："你想让我试试这个罪证室吗？"

电话那边沉吟片刻，突然说："你等等，我把老板叫来。"

辛格勒吃了一惊。他想不到自己和辩方的关系又近了一步。

电话那头来了考克兰："你好，道格拉斯已经讲了你不少好话。关于罪证室，你还有什么消息？"

辛格勒重复了对道格拉斯讲过的话，再次提及玛珠拉的可能性。虽然，辛格勒知道这只是寒暄。他仍然很高兴，他向辩方团队核心又走近了一步。

结束和考克兰的谈话不久，道格拉斯的电话又来了。

"你们的推测已被证实，我们已向另一渠道问过。现在可以把我们的关系向前推一步了。"道格拉斯的口气不无夸张。

"你的意思是？"辛格勒又惊又喜。

"我需要玛珠拉过来，你那'深喉'肯帮忙吗？"

这个要求出乎意料，辛格勒不知如何回答："我需要飞到洛杉矶去？"

"可以，我不管你怎么干，反正要说服她。让她过来，先到办公室，再到法庭，在宣誓之下。我已将这个案子交在你的手中，成败在'你'一举。如果你能办成，你的书将会无比精彩灿烂。"

辛格勒一时不知所措，道格拉斯的要求太难太苛刻了。可是，他开出的条件也太诱人了。能为此写一本书，辛格勒实在是求之不得啊。

"我需要你立刻行动，"道格拉斯知道自己条件的分量，"我知道你眼下还需要一根胡萝卜。说吧，你需要多少钱？"

辛格勒咬咬牙："一万美元。"

"好，让我问问老板。"

背景中可以听到道格拉斯在和考克兰商量。看来这次绝非道格拉斯个人的主意，考克兰在亲自压阵。

几分钟后，道格拉斯回到电话上："我们就此约定，如果你把她劝到办公室，七千五百美元，如果，她能在法庭上做证，在宣誓之后，再加五千美元。"

辛格勒嘴上答应了，但是心中百味俱陈，一时说不出哪种感觉。

"好，立即行动，保持联系。"

（八十）辛格勒飞往洛杉矶

10月19日，辛格勒飞往洛杉矶，一路上，脑中就是那一句话：我把案子交在你手里，成败在"你"一举。

找玛珠拉并不困难，辛格勒一个电话就把她找到了。

"你是谁？"辛格勒自报家门后，玛珠拉问道。

"我只想和你谈几分钟，我有一些信息对你有用。"

"关于什么？"

"我需要去你那里，当面谈。"

"为什么？"

"我只想面谈。也许我们可以一起喝杯咖啡，谈上几分钟。"

"你必须先告诉我是为了什么？"

辛格勒迟疑片刻："是关于血。"

"血？什么血？"电话那边明显惊了，"这与辛普森案子有关？"

"是的。"

"我不能谈，我要挂了。"

但是，玛珠拉并没有立即挂掉。她又和辛格勒周旋了几句，话中也透着好奇，很想套出辛格勒口中的秘密。她同意在电话中谈。

可是，辛格勒仍然坚持："我不能，请借给我几分钟，在大庭广众之下也可以。我刚得到一些消息，让你知道，对你有利。"

"如果这些事在法庭上发生，有人会受到伤害，也有人会丢掉工作。我只是帮你有所准备，帮你消灾免祸。"辛格勒没想到自己会出此下策，已是语带恫吓了。

玛珠拉口气松动了："唯一能让我见到你的办法是我的上司在旁边，如果你说的真的很重要。他会向上级报告，他也许还会向检察院报告。"

辛格勒发现自己站在死胡同里了。玛珠拉又和他拉锯了几个回合，最终还是没有答应他。

辛格勒无奈，只好向道格拉斯交差，把他和玛珠拉的对话复述一遍。

"你不能让你的话传到她上司那里。"道格拉斯的口气好像此事与己无关。

"我知道，他们一旦报告检察院，我们就暴露了。"

"正确，不要再和罪证室的任何人谈，我会向考克兰报告。"说完，就要挂掉，连句谢谢都没有。

辛格勒不甘心，追问一句："你能告诉考克兰我要见他吗？"

"有何贵干？"

"我想面对面和他谈。我已经为你们做了很多事，我还有更多的消息，这次我想直接对他说。"

"让我想想。"道格拉斯不肯答应。

可是，辛格勒这次下定决心，非见考克兰不可。此次不能白来！他在电话上继续说服道格拉斯。

道格拉斯问为何非见不可。辛格勒满腹委屈："我来这里是自掏腰包。我已尽力满足你，按你的要求去做。迄今为止，我没有向你要过任何回报。我有话说，我希望考克兰能听到它。"

话说到这里，道格拉斯很难推诿了。

（八十一）考克兰的警告

10月21日，辛格勒如愿与道格拉斯约好，与考克兰见面。

辛格勒到达时，只有道格拉斯在场。辛格勒蓦然想到，道格拉斯会不会以为自己编了一个故事搪塞他。他就当着道格拉斯的面，把他打给玛珠拉的电话账单拿出来，让其过目。果然，道格拉斯的脸色好看多了："强尼来了以后，我们让他看看。"

考克兰进来后，随便找了个椅子坐下，先借道格拉斯之口夸了辛格勒几句，然后就口若悬河演讲起来。辛格勒本是畅销书作者，一向将能言善道视为同类。因此，对考克兰有了几分亲近。他发现考克兰有布道者的激情，有推销员的巧致，还有女人缘的魅力。

考克兰问辛格勒带来了什么新东西。辛格勒则将告诉过道格拉斯的旧闻重复一遍，他想看看道格拉斯是否将信息都传过去了。不知是考克兰太忙，对上述信息未曾重视，还是道格拉斯自有取舍，考克兰对某些"旧闻"颇感兴趣。这样，辛格勒自称带来了新东西应算不假。

"你看，我初次与道格拉斯接触是8月4日。8月8日，我来这里与他见面。我们在电话上的交谈已经超过五十次。"

考克兰对这个数字显然有些吃惊。道格拉斯证实辛格勒的说法，态度很坦然。

"每次交谈，他都质疑我的诚信。他每次都表示怀疑我是检察院的卧底。"

两位律师交换眼色，辛格勒似乎击中了要害。

"三天前，我按道格拉斯的安排与罪证室联系，我完全有机会向那边提供消息。可是，我没有做。我知道你们不相信任何人，也不相信我。可是当有机会毁掉你们，或者借机追逐金钱，我都没有做。"

"好。"考克兰看着他等待下文。

"现在，我希望像道格拉斯许愿的那样，把我们的关系提到一个新的高度。"辛格勒其实并不相信道格拉斯的许诺，他要在考克兰面前板上钉钉。

"你要什么？"考克兰似乎并不反感。

"你知道有任何探长在6月13日早上，进入过辛普森的野马车？"道格拉斯突然插了进来。不知是打岔，还是急于知道。

辛格勒摇摇头，继续对考克兰说："我想把旧有信息写出来，给你们一个全貌。我希望能直达你和夏皮若手中，我可能会得到更多，包括野马车。但是，你们先要告诉我，你们要什么？我要为你们工作。"

辛格勒一面输诚，一面煮起空心汤圆。

"我愿为你们直接工作，我的信息要有反馈。我想把这份经历写出来，如果我们能达成协议，我将对你们极为有用。"

"对你说的，我没有任何问题。"考克兰一口答应，实在不能再痛快了。

"那么罪证室的事情怎么说？"道格拉斯又插了进来。

"别碰它，它会让我们颜面尽失。"

"但是，"道格拉斯显然不甘心，把头摆向辛格勒，"他怎么样？让他查查如何？"

"你们二位都必须保持距离。如果他再去接触玛珠拉，她就有权带律师进来，这是法律！"考克兰对此事后果心中有数。

这句话大合辛格勒之意。他实在是被逼无奈，欲罢不能。

考克兰走后，道格拉斯怒火爆发："你不该提那些，办公室里没有人知道我和你接触了多少次。"

看到辛格勒无反应，又逼问了一句："现在谈罪证室？"

辛格勒立刻反应："这个问题已经解决了。"

"强尼和我并不总是一致，我们各有各的路数。把玛珠拉带进来，我不在乎你怎么做，明白？"

辛格勒再次拿考克兰做挡箭牌。

"别担心强尼，先担心我吧，是我正在和你谈。按我说的做，然后，我们各取所需。你有你的书，我有玛珠拉的证词。"

"如果，我不听呢？"辛格勒有些激怒。

"那就坐上飞机回丹佛！"

"那我和考克兰的协议呢？我打算写的东西呢？"

"忘掉它。我不需要它，我需要玛珠拉！"

辛格勒只好换个角度："如果，你们查到EDTA，你们就有了合理疑问，你们就赢了。"

道格拉斯把脸沉下来，一句一顿："如果你对了，我就是英雄。因为只有我愿意听你的故事，也是唯一给你机会的人。我要人们在街上对我欢呼，我要这个公司改名，叫作考克兰和道格拉斯律师楼。但是，你要是错了，在这里，爷们，你就完了，就结束了！"

他的话充满着怒火。他并不认为EDTA有什么希望。辛格勒此刻能够感知，道格拉斯为他也承受了极大的压力。

"如果，我去罪证室，事情彻底砸了呢？那一定有大麻烦。"

"你自食其果！"

"我一个人？"

"正确，你自己。你没有为我们工作，我们不认识你，我们从来没有听说过你。如果砸了，你就只是一个记者，来自丹佛，想写一个东西。"道格拉斯亮出底牌，原来，他老谋深算，看中了辛格勒的记者身份。

辛格勒不甘半途而废，就提出应有个文字的东西，他才能继续。

"永远别想！"道格拉斯一句话将他挡回。

"为什么？"

"因为我必须控制你，我必须有力量压倒你。我不会签个什么东西来放弃这个局面。"足够坦率，也足够蛮横。

"那我只能自行其是？"

"你当然自行其是。"道格拉斯得势不让，"你并不想离开此事，对吗？我已经把你拴住了。你还想继续与我们交谈，你不想走，你和一个伟大的故事只有一步之遥。"

辛格勒被他言中，只能沉默以待。他仍不同意。

道格拉斯又发火了，而且是大怒。一串指责，连珠炮般发出。辛格勒无意争辩，只觉得道格拉斯的火另有名堂。

终于，道格拉斯退了下来，仿佛发泄帮他排解了许多。他的声音转缓，脸色也友善了许多。

"我们被×了，爷们，"他叹了一口气，"我们的麻烦大了。"

"为什么？"

"我们已经困在其中了。"道格拉斯把手伸到桌下，抽出两本书。他把书打开，露出一张照片。照片中有一根木条。

"这就是我告诉你的那根木条？"辛格勒不敢相信自己的眼睛。

"对。"

"那么，那个塑料袋呢？你有照片吗？"

道格拉斯翻到下一页：正是那个塑料袋，躺在辛普森隔壁的院子里，靠近篱笆。而在篱笆那一边，正是手套发现之处。

道格拉斯合上书："你对证据30号和31号有多少了解？"

"不知道。"辛格勒很遗憾。

"就因为这两件东西，我们要输了。"道格拉斯的语气更遗憾，"所以，我希望你能把你的'深喉'告诉我们。"

"我不能。"

"好，"他把书重新打开，又翻了一页。然后把书从桌子对面推过来。这是变速箱盖的照片，上面有两块血斑，"这就是我们的麻烦。这是妮蔻和勾德曼的血。"

勾德曼的血？在辛普森的野马车里？这确实震撼！

"这就是为什么我问你，佛曼是否进过辛普森的野马车，用那只手套抹上的。"

"你是想让我问这两块血斑？"

"对，别浪费时间！"

"那么，你们收到辛普森的血样了？"

"收到了。"

"你们准备做 EDTA？"

"很快会。"

最后，道格拉斯站起来与辛格勒握手道别，还不忘抽他一鞭："干活去！"

（八十二）妮蔻和马克斯的床事

费耶书中，妮蔻和马克斯的床事是控方的利空，辩方的利好。它使控方那因妒行凶的理论成为空中楼阁。辩方律师迫不及待地查阅了警察调查记录。

"时间：1994 年 9 月 22 日。马克斯先生叙述这份关系（与辛普森的关系）为温暖，亲近和熟悉。但是，绝达不到哥们密友的水平。他和辛普森隔一段时间会见上一面。他还说，他曾与辛普森打过高尔夫球。通常是因为辛普森的搭档失约，或者告缺。他承认在娶凯瑟琳·艾伦以前，他会被邀请到辛宅参加聚会。

"马克斯叙述他与妮蔻的关系就是熟人，他还形容他的妻子凯瑟琳也是如此。对传言中他与妮蔻的私情，他重重强调：他从来不曾与妮蔻有过私情。在与辛普森的交谈中，也不曾提及类似的事情。他也否认，在妮蔻遇害前，他和辛普森吃过饭,更否认讨论过与妮蔻的私情。

"在调查中,马克斯被问过数次。他都是坚决否认,而且措辞一致,无前后矛盾之处。"

此时,律师们并不知道波拉·芭比艾瑞对此事知之甚详。当然,去问辛普森也绝不可能。普天之下,还有比他更爱面子的男子吗?

(八十三)大爷勃然大怒:就像是我受审

费耶的书是个麻烦,可是案子还要进行,两天后,遴选陪审团又上路了。

首先,伊藤大费周章,与每一个候选人对话,了解他们是否受到影响,结果不问可知,自欺欺人,彼此彼此。

伊藤也做了一些改变。原来对外开放的局面,变成只许一名记者在场。由媒体公推,然后共享报道。这给了辩方一个借口,天天举行新闻发布会。而且,夏皮若和考克兰各自为政,一人召开一个。让克拉克看在眼里,恼在心头。

而克拉克的测谎说也终见效果。

遴选恢复不久,豪格曼遇上一个上了年纪的非裔候选人。阴错阳差,豪格曼竟问他:"什么是测谎?"他本意是测试候选人是否知道克拉克的测谎说。

不想这位大爷勃然大怒:"你在盘问我,就好像是我在受审判。我不喜欢这样。你让我愤怒,让我想起早年在南方居住的日子。"他指的是20世纪六七十年代,种族主义猖獗的日子。

豪格曼立刻方寸大乱,面对指控,不知所措,只好草草收兵。这个老汉因此留下了,最终坐上了候补席。

中间休息时，夏皮若和考克兰立刻冲出法庭，仍是一人一摊，对着媒体大肆抨击。夏皮若直指豪格曼试图非难非裔候选人，考克兰则威胁：如果这成为一种模式，我们要求法官调查。

两人斥足闹够，才返回法庭。法庭里豪格曼满面挫折，浑身不自在。克拉克知道，辩方有意毒化气氛，很快控方看到了后果。

后一日，豪格曼又询问一个年轻的非裔女士，此人在克拉克的评分系统中分数很高。克拉克原有意保留的，可是，豪格曼刚问出话来，她就瞪了眼："我不知道，你让我觉得在这里是受审。"

豪格曼再次慌了手脚。羞辱，困惑，沮丧，一齐挂在脸上。他颓然坐下，再也无话。自此而后，豪格曼再也没有问过任何问题，一切都由克拉克一人料理。

（八十四）达顿入围

达顿依约来到克拉克的办公室，后者正盘腿坐在椅中喷云吐雾，桌上还放着一瓶烈酒，这使达顿想起刚入行的情景。那时，达顿和克拉克都是酒鬼，常常在工作之余，促膝拼酒。那是年轻律师舒解压力的妙方。如今两人都是独当一面的资深检察官了。

柯林斯的案子已经走到尽头。达顿只能耗在那里，一则期盼有新线索进来，一则等待上司的决定。

柯林斯案最后的希望在巴哈马。有一对夫妇曾经报案，称在野马追捕的时候，他们正在巴哈马。他们的船旁边泊着一个大型游艇，腾白丽小姐号。他们上岸补给时，听商店中议论，岛上将有一个贵客光临，这个人是辛普森。

这对夫妇并未在意。可是次日，游艇上的水手搬来一筐珍奇海味，称贵客未来，所以将海味相赠免得坏掉。等他们回到迈阿密，才听说了野马追捕事件。一算时间，正是辛普森脱离掌握的那一天。

达顿接到举报，带着两位探长，坐上一架小飞机，前往巴哈马。小飞机九座，飘飘摇摇，让达顿开始了个人有史以来的第一次出国。

巴哈马由许多小岛组成，交通极为不便。三位来访者费时耗力一无所获，唯一的趣闻是周围几个小岛的居民都姓一个姓，不分肤色，黑白皆是如此。

达顿无奈，只好又转向迈阿密，直接去问游艇的主人。该主人确实认识辛普森，而且过从甚密。在春天，辛普森和妮蔻还乘过这艘游艇。腾白丽小姐号长十七英尺，可以说豪华至极。主人是商业大亨，可是他坚称绝无此事，他的手下也都不露一点口风。

这个证据就漂浮在海上，可望而不可即。达顿只能望洋兴叹！

"比尔和我在前面忙得昏天黑地，被这些愚蠢的动议缠住，穷于应付。我们急需一个后台主管，把后面的一切都管起来。这样我们才能主动出击。我想请你来管，你感觉如何？"

达顿早就盼望着这一天，也早就料到会有这一天。他怎么能说不？

不过，后台并非如克拉克所说，无人照顾。在10月初，豪格曼已奉嘎塞提之命，把汉克·勾德伯格从另一大案中抽出，担任后台主管。这个勾德伯格的资历与达顿相当，是检察院中出名的才子，以擅写动议著称。他原有的案子是控某个白人警察在洛杉矶大暴动中，擅杀黑人。案子不顺，混了个悬判。非常有趣的是，他和豪格曼一样，是和一个女检察官合控。他正准备再控。就在这紧要关头，他的合作者将他"欣然出让"，全无怨言。

究竟谁来主管后台？当然是克拉克说了算！不管如何，两人都顺利地进了辛案。

（八十五）费耶不再是小女人了

辛普森和妮蔻的私人生活，对控辩双方都是个谜。即使亲近有如卡达辛，也越发感到辛普森的婚姻有不为人知的一面。费耶的书打开了一个窗口，也是契机，让双方力求有个掌握。

10月20日起，克拉克、豪格曼、达顿，还有探长范纳特就费耶书中的线索，开始进一步地侦查，首当其冲的自然是费耶本人。

上次，克拉克让费耶滑了过去，这次自然绝不容许。达顿刚履新，克拉克对之下了死令：费耶必须传到！

首先应战的是费耶的律师，声称控方必须有个文字的东西，保证她的安全。达顿则转攻她的出版公司，正是他们把费耶藏到了东部。出版公司在达顿的压力下，把费耶劝回洛杉矶接受调查。

再见到克拉克，费耶已不是三个月前的小女人了。她对克拉克又搂又抱，是个十足的交际花。费耶是如何认识妮蔻的，在妮蔻圈子里有若干版本。但是，这次克拉克亲耳听到了费耶自己的版本：

费耶与妮蔻相识于1990年。但是，当时两人并无来往。直到1993年1月，她们参加阳光聚会，偶然发现两人曾共有过同一个情人，而这个情人刚刚与妮蔻分手。妮蔻正在苦恼之时，费耶为她出谋划策，如何把春天唤回。由是，两人开始过从甚密。

关于辛普森对妮蔻施暴，费耶从未亲眼见过。只是在家暴心理修复班时，应心理医生的要求，妮蔻才透露出来。在集体讨论时，妮蔻提及大年夜的那一次家暴。而后，在外面为此号啕大哭。正是这次心理修复，使妮蔻信心大增，开始恳求辛普森回来，修复婚姻。

1994年5月，妮蔻仍在谈论她的复婚之旅。但她也向费耶坦承，她与马克斯有染。费耶认为在妮蔻生命的最后一段，显出她对失去生命的恐惧。费耶认为妮蔻行事有些疯狂，妮蔻把她们二人同性恋房事告诉了第三者。费耶认为这是她因恐惧而失控的另一证据。

在妮蔻最后一段时间里，费耶住在邦迪。她自称是遇到了难处，但是真实原因，她却未做任何解释。正是这段时间，辛普森常在电话上与她长谈，或者要她斡旋，或者向她问罪。4月的某一天，辛普森问她为什么妮蔻不回电话："如果你不告诉我原因，我不知道我会干什么。"费耶认为这是死亡威胁。

在邦迪期间，费耶一直在吸毒。妮蔻专门组织了一次行动，把她送进了戒毒所。这是6月9日，妮蔻遇害前三天。在6月12日晚9点，费耶确实在戒毒所给妮蔻打过电话。

在交谈中，妮蔻问费耶进展如何，妮蔻口气极为欢愉，极为自信。因为妮蔻认为这次她娘家全部站在她这一边。过去，她娘家一向反对她和辛普森分手，只为他们需要辛普森的金钱支持。

（八十六）辛普森的狠话

辩方也没闲着。他们调来克拉克的谈话记录，看看有什么破绽可以利用，以备费耶成为控方的证人。

费耶提到二人最后的决裂，始于1994年4月。辛普森和妮蔻去卡博圣卢卡斯岛度假。其间，妮蔻兴味索然，不想继续。她并未对辛普森明言，只是说话甚少，躲闪回避。这次度假，费耶和她的前男友克里斯汀也参加了。

回到洛杉矶后，妮蔻不接辛普森的电话，偶然接了，也是敷衍。辛普森因此常常打电话问费耶：她为什么不接电话？她现在和什么人有染？

4月30日，费耶为克里斯汀过生日。辛普森要求费耶劝说妮蔻在那一晚聚会中，一定要与辛普森表现出像个爱人。可知，辛普森已知道事态之严重，只为了维持颜面。聚会结束，辛普森已知事难挽回。

此后两天，三者之间电话不断，妮蔻也是忽开忽合。一会儿断然要分手，一会儿又退让，对辛普森十分恐惧。辛普森则指责费耶对他隐瞒真相。

他怒气冲天，厉声喊叫："此事就此了结，她说再不会回头。"费耶则在另一头心惊肉跳："OJ，她说你会杀了她，她认为你会像过去那样虐待她。"

辛普森听到费耶知道一切，就发了狠话："他妈的，太对了。如果我发现她和别的男人在一起，我会杀了她。我如果知道她与别人约会，我会杀了她。她最好保持单身，直到8月份。"

费耶还告诉克拉克，辛普森也将此意告知妮蔻，妮蔻因此通报过费耶。

辩方对这个故事并不担心，一人之言，全无对证。

而控方也曾为此向故事中的另一人取证。这个人是克里斯汀·瑞查德。此时，他已与费耶分手，克里斯汀·瑞查德刚刚上过温芙瑞的节目，对费耶大肆批评。

为证明费耶所言不实，达顿请瑞查德举例。瑞查德选了她书中的一段：

在分手时，OJ 的脸色转为暴怒，额上青筋毕露，咬牙切齿。辛普森的肢体语言极具威胁："神谴的母狗，她这个欠×的，为什么要这样干？"然后，辛普森追着费耶进入女士洗手间，擂门锁，骂大街。回到桌旁，费耶见状坚持离开。辛普森又追到街上，对妮蔻怒骂："进车，你这个母狗，跟我回家。"这一幕引来了一个巡警。辛普森立刻变脸，又堆起超级明星的笑容。

达顿问瑞查德："书中的这些情节，你都看到了？"

瑞查德则调侃："在读此书之前，我是一无所闻。"不过，瑞查德提及费耶与辛普森通话后，确实向自己提过，辛普森说要杀妮蔻。不过瑞查德认为费耶是在毒品的影响之下，她的话当不得真，而且她的口气并不紧张，只是就事论事。同时，瑞查德还评论，人们经常这样说，我杀了你，其实这只是夸张的气话。

（八十七）伽薇：妮蔻像以往那样快乐

费耶书中还有一段。

在6月12日晚9点她在戒毒所与妮蔻通话。妮蔻告诉她：西德妮独舞之后，妮蔻和家人站在一起，辛普森试图加入他们。妮蔻则怒斥："×的，离我们远点，从我的生活中滚开。你在这个家中不再受欢迎。"

这一段，费耶并未对控方提及。在第二次与克拉克会面时，克拉克问到9点的电话："妮蔻是怎样对你说的？"费耶只说："她说辛普森想和她坐在一起，然后去吃晚饭。妮蔻说：不！"

为进一步核实，控方还派人询问当时在场的伽薇。她当时就在妮蔻的身旁。

警官问道："据说当时有一场谈话，妮蔻请辛普森在表演后走人？"

"嗯嗯。"这是美国妇女习惯的表达方式，若是尾音降下，则是表示否认；若是尾音提起，则是表示同意。伽薇则用了前者，表示否认。

警官又问："她说×？"

伽薇又是嗯嗯，仍是尾音降下。

"而且，你在现场见证？"

还是尾音降下。

"你还说她是？"警官未及问完，伽薇插入："她像以往那样快乐。"

"你知道她随后离开了他?"

伽薇这次清楚地否认:"不。是我丈夫说的,我们走吧。"

"所以,你事后并不知道有那场谈话?"

"不,我不知道,直到我读了那本书。"

"直到你读了那本书?"

"对,昨天晚上。"

看到这些记录,辩方可以放心了。费耶即使做证,也难取信于人。其实,还有一层,双方都不捅破。西德妮提及的那个好朋友的电话,显然是费耶打来的,若是别人,通话记录应能查出。而西德妮提及妈妈在电话上哭,这与费耶的表述不符。只是因布朗夫妇阻挠,此事无法核实。控方不愿涉入,辩方难以提出。克拉克与辩方的判断相同,就力排众议,放弃费耶。

从此,费耶从此案中消失,昙花一现,不过捞了一大笔。

(八十八)血斑是后来有人抹的?

辛格勒回到丹佛,心境益发悲凉。此时,已是秋气满城。丹佛在山里,地势较高。因此,秋天来得快,也来得深。眼下,他满脑子就是道格拉斯的话:你自食其果,你就是你。我们不认识你,我们也不知道你。你只是一个记者,来自丹佛。

辛格勒也有预感,道格拉斯从此不会再和他谈 EDTA。即使已经开始检测,也不会告诉他。有了结果,仍不会告诉他。有了好的结果,更不会告诉他。他们将对此保密到对控方最后一击的时候。一旦反馈给他,不仅会失去控制他的本钱,还有被控方摸去底牌的危险。

辛格勒此时并不知道，辩方已经引入一个作家。这个作家与卡达辛有旧，又是辛普森的邻居。在卡达辛的操作下，这个作家已经与辛普森见过面，要为他代笔写一本书，书名是《我想告诉你》。辩方需要这本书，一为对抗费耶的书，二为收筹款之功效。辩方此刻需钱孔急。日后，辩方的伟大故事就落在了他的手上。辛格勒的苦心实际已是泡影，而考克兰的没问题只是虚应故事而已。

其实，辛格勒也是开弓没有回头箭。他的朋友已经为他联络了出版商。他也拟就了一份概要，一共二十二页。在10月底，已向出版商寄出，而这家出版商刚刚出版了费耶的书。

11月，辛格勒再次与"深喉"联络，通报了与道格拉斯的交锋。辛格勒毫不掩饰自己的失望，不由得兴起与控方打交道的念头。可是"深喉"并不觉得可行，警告他，控方不会相信他，更不会与之配合。相反，还会有大麻烦。"深喉"的口气与道格拉斯的完全一样。

辛格勒只好言归正传，向"深喉"请教变速箱盖上的血。

"变速箱盖上的血都可疑。"这又暗合了道格拉斯的意思，"你必须对它的每一部分都打问号。"

"你是指它们是怎样进入野马车的？"辛格勒明知故问。

"我吐露一点东西，你自己下结论。""深喉"继续，"四位探长清晨5点擅闯了辛宅，他们是不是需要一个扎实的理由来自圆其说？"

"你是说这些血就是那扎实的理由。可是，当时5点钟，天还没亮呢，也许他们没看见？"辛格勒挑战"深喉"的理论。

"你看过照片中的血迹了吧？"

"不错。"

"你说这些血迹难道看起来不是很明显？"

"它们比佛曼提到的车门上的血迹明显多了。"辛格勒顿然醒悟,"你是说血斑是后来有人抹的?"

"在预审时,佛曼提到变速箱盖上的血了吗?"

"没有。"

"范纳特提到了吗?"

"没有。"

"或者说另外一个什么人?"

"据我所知,都没有。"

"辩方那边有人问过指纹科吗?野马车被拖走后,先放在了他们那里。"

"这和他们有什么关系?"

"问问指纹科的人,在收集指纹时,是否见到这些血迹?"

"你是说血迹出现在收集指纹之后?"

"你自己下结论。"

"如果确实如此,这些血怎么会上去?"

"据我们所知,在车被拖到他们的停车场时,有人撬门进去过。这完全有可能有人再次闯入,并留下血迹。"

"你的意思是佛曼干的?"

"没有任何信息可以证实,不过这对他太危险。"

"那么,就是别的探长了?"

"我真的不知道。"

辛格勒立即与道格拉斯通话,通报了这场谈话。道格拉斯仍是老话:"我才不信呢,事情绝不会那样发生。"而辛格勒已经另有心得。道格拉斯口口声声不相信,其实是不想让对方知道,他其实很在意,这不过是他的驭人之术。

道格拉斯又匆匆挂了电话,辛格勒的心情又是灰云满天了。

十五分钟后，电话又响了。电话那头不仅是道格拉斯，而且又多了个纽费尔德。

"我在调查罪证室，告诉皮特你的听闻。"

辛格勒又把旧话炒了一遍：罪证室中有人奉命，用辛普森的血复制样本。

纽费尔德有些不以为然："那是正常程序。"但是他又似有憬悟："你是说有人送出样本血冒充现场采集的证据？"

辛格勒不便说是，因为他没有证据。

"此事真是闻所未闻，不过我们会据此认真调查。"

晚上，辛格勒的心情转好，香甜一觉。看来道格拉斯对他还是很在意的。

（八十九）在美国你应该知道，种族永远是个角色

11月2日，经过几轮踢和留，候选人剩下四十二人。双方已将军火保留到最后，双方仍各自拥有二十枚封杀弹，足够把候选人悉数封杀，然后推倒重来。这虽在理论上成立，但是无人愿意看到这个局面。

自费耶的书出来以后，夏皮若极力主张推迟一年的方案。考克兰不同意：看看这个局面，看看留下来的候选人，我们已是稳定多数。即使控方用尽他们的封杀弹，也仍然会有理想的人物留下。辩方不必奢望无罪判决，悬判应无问题。琼·伊兰支持考克兰的主张："这是我入行以来最棒的一批，让他们因推迟审判而失去，智者不为。"

她将这批候选人自一至四十二排了座次，让夏皮若和考克兰能够轻松取舍。辩方也定下方略：向这些候选人表白，反对隔离，辩方相信你们。

开场以后，考克兰首先发言，布下暗桩："这个方案还未最终决定。就隔

离而言，我们是反对的。如果你们有人最终被隔离，我们不会告诉你们应对谁发火。但是，这绝不是我们。我想说清楚，我们不想隔离你们。"

然后，他又射出一支暗箭："这里无人愿将种族引入此案。可是，你们身在美国，应该知道种族永远是个角色。你们来自不同的族裔社区，你们能否摒弃种族界限，坐在一起，只根据证据做出判决？你们能吗？"

话说得有点绕。人们迟疑了一会儿，才同声说："能！"

轮到夏皮若，他并没有长篇大论。而是对着候选人问出一个个简单的问题，在是与否中表达他的观点。他的风格与考克兰相比，轻灵而又华丽。考克兰的两位助手道格拉斯和查普曼甚为推崇为之倾倒，常常劝说考克兰取其所长，但是，考克兰不为所动。

夏皮若挑出一位候选人，问道："你对辛普森案有何期望？"

答曰："希望他的律师能证明他无罪。"

这个回答大错特错。在美国的刑控案子中，辩方律师没有举证的责任，他们的责任是质疑。举证的负担在控方，他们必须证明辛普森有罪。

夏皮若转向众人："你们当中还有谁同意他的观点？"

无人同意。

夏皮若就是这样把他的主张一一亮出。既提醒候选人，又教育他们。

轮到控方，克拉克先行出列。她的风格近似考克兰，出口成章，冗长有似演说。她向候选人诉苦：辛普森是知名人物，备受公众宠爱。要证明他有罪是逆水行舟，但是，被告定罪与否不应受其形象的影响。

继而，她转入另一个话题："白人居民为主的喜米谷，将白人警察殴打黑人罗德尼·金一案定为无罪。这个陪审团是清一色的白种人，而且喜米谷住着许多警察，你们认为判决与此有关吗？"她指定1949号回答。

1949号：这极有可能。她再问另一个，也是同意。克拉克由此评论："种族不能成为有罪的理由，也不能成为无罪的理由。"

然后，她又开始攻击辩方的理论，仍是极为冗长。她结束后，豪格曼没有保持沉默，起身问了一个不痛不痒的问题，算是一个亮相，而文森则不见踪影。

（九十）陪审团只有一名白人！

次日，11月3日，最后时刻到来。若无意外，双方也不滥用封杀权，辛普森案的陪审团将会产生。

法警首先引入十二个候选人，让他们按审判时的位置坐好。一共两排，一排六人。

"控方首先行使封杀权。"伊藤法官先定规则，"在踢与留之间，我允许双方有足够的时间暂停协商。"

克拉克站起来："人民首先感谢51号，并说声对不起。"这是一个非裔，他起身离座，法警则请入下一个候选人。

辩方把头埋在一起，小声商量。他们有两个选择：一是以牙还牙，也踢出去一位；二是正襟危坐，静待事态发展，辩方选择后者。

夏皮若站起来："尊敬的法官，我们认为这个陪审团公平而无偏见，我们能够接受。"

可是，豪格曼立刻起身，又向一位非裔说了一声谢谢。

辩方再次把头埋在一起，从背影看，身形都有些僵硬，这是第二个黑皮肤。在前几个阶段，辩方不断威胁要行使"威勒挑战"。所谓"威勒挑战"缘起1978年指控威勒案中，控方踢人全是黑人，因此被上级法院判为违宪。从此，给无理由封杀一个限制。任何检察官如果被裁定违宪，将是职业生涯的污点。所以，检察官对"威勒挑战"畏之如虎。

可是，这次控方似乎全无顾忌，认定辩方的威胁不过是狼来了。现在狼真的来了，辩方反而决定再看看。其实，他们也是舍不得眼下的大好局面。

考克兰站起来，重复了夏皮若的那句话：我们接受。

控方仍不停火，豪格曼站起来，又是大脚一踢：1217号，谢谢。还是非裔。

辩方不再等待，也是一脚：352号，一个白皮肤。

现在的局面，三黑一白走了。控方要求停一下，克拉克转身与助手商量，辩方颇为惊奇。这个助手一直是送水递茶的角色。怎么突然变成了顾问？唯一的解释是，他本人是个非裔。难道控方和文森山穷水尽了？

控方又踢走了1055号，第四个黑皮肤。

辩方再次停止挑战，夏皮若站起来表示可以接受，而辛普森在一旁，颇为着急："我需要黑人陪审员。"

豪格曼仍不满意，又踢走一位。辩方反击，又对一位白人女子说了声谢谢。

上午的战斗结束，走了五黑二白。

下午，仍是控方开球。豪格曼踢得兴起，赶走了一位非裔，比分六比二。这次豪格曼一反温文儒雅，大马金刀，杀气腾腾。夏皮若也反脚一踢，又是一个白皮肤牺牲，场上比分六比三。

这次控方停火了，豪格曼站起来表示接受。

整个法庭静了下来，空气仿佛凝固，人人在等待历史时刻到来，辩方则全员卷入。有人甚至扶着桌子，跪在地上。他们显然发生了争论。考克兰的底线是四个非裔陪审员。现在是一半，六个。多数人倾向接受，琼·伊兰也倾向接受。

可是，考克兰不甘心："我们必须让这位滚蛋。这个人处在琼·伊兰的排名表的中部。有人反对：这是巨大危险。控方一定会再踢走黑皮肤。而后再进来一个白人，又当如何？"

但是，领袖之所以成为领袖，就在于他在关键的时候，能挺身而出。敢赌的人未见得能出头，不敢赌的人永远不能出头。

考克兰站起来："谢谢1187号。"

克拉克站起来："对不起1164号。"

克拉克再站起来踢走一个白人。这样，又补进来一黑二白。陪审团中非裔仍是六名。控方再次表示接受。

考克兰回身一看，剩下待补的人中，非裔已占到大多数。如此拼杀下去，控方占不到便宜。考克兰不能停止，他要再驱逐一个人，就是那个1040号。在克拉克提出不能以种族为由判罪时，他大点其头。

辩方再起争论，但是考克兰以一当十，压倒了他们。1040号出局后，陪审团中非裔增至七名。可是，考克兰仍不打算停，认为还有危险人物在其中。同事们要造反了：不要贪心不足。夏皮若只好要求暂停，征求琼·伊兰的意见。琼·伊兰并不反对，考克兰又赢了，让204号回家。

克拉克随之应战，也赶走一位。夏皮若继续：799号走人。

豪格曼站起来接受。而夏皮若又杀得兴起：1197号再见。这次补入了一个非裔妇女。

缠斗至此，控方彻底放弃。理由？剩下的都是一分人物，克拉克打分系统中最危险的部分。而辩方望着眼前的十二个人，简直不敢相信：八个非裔，两名西裔，一名白人和印第安人混血，只有一名白人！

考克兰回身问同事："我们也接受吗？"团队异口同声："同意！"

考克兰和夏皮若共同起立，夏皮若对着伊藤："尊敬的法官，我们与控方一致接受这个陪审团!"考克兰又重复一遍。

大局底定,在众人眼里,考克兰已经和夏皮若平起平坐了。

(九十一)天上掉下个黑弟弟

遴选陪审团的结局让考克兰踌躇满志,只可惜他高兴得早了一点。他哪里想到克拉克四两拨千斤,手一翻就将局面扭转过来。考克兰在陪审团的优势打了折扣。

遴选结束后,控辩双方又陷入动议的战争。这回战场摆在了伊藤的边厢。所谓边厢是指法官召集双方私下协调磋商的地方,并非真有什么边厢。

这次是在法官的办公室,也可称为签押房。

控方是克拉克和达顿出席,辩方是考克兰和道格拉斯。伊藤看见达顿进来,疑惑不已:"你好像并不在这个案子里?"

达顿回望克拉克一眼。克拉克接下来:"不对,实际他已在案子里,他将出庭参控。"

这对伊藤是个新闻。因为控方从未用任何方式知会过他。也许这个决定连豪格曼都不知道。不仅如此,柯林斯案尚未正式宣布结束,达顿不免有些妾身不明。

考克兰则闻之一惊,他和道格拉斯当即警觉起来,眼中立时充满敌意。刚刚选出陪审团,其中非裔八人。立刻就从天上掉下个黑弟弟,一个非裔检察官,而且要出庭参控?

达顿与考克兰的渊源不浅。考克兰是洛杉矶非裔律师的领袖,凭着他的资历和人脉,自然享有达顿的敬意。达顿后来职司刑控犯行警察,受害者多为非裔。因此,在他刑控的同时,往往会把民事的案子介绍给考克兰,考克兰也因此赚了不少钱。同样,考克兰也不遗余力,在非裔社区中推荐达顿,使其成为闻人,可以说两人还是相当亲近的。

因此,达顿的上场让考克兰的感情甚为复杂:失望、张皇、愤怒、惋惜,样样都有,而达顿也早有准备,由此可能撕破脸皮。不过他也有自慰之处,他与考克兰的关系毕竟施多欠少。

考克兰一出门,立刻召开新闻发布会,宣布了达顿加盟控方的消息。这对媒体是个大大的新闻。从未见过如此重要的消息不是由本方,而是由敌方来宣布。本来遴选陪审团后,好戏不多,新闻界有些寂寞了,现在好了,非裔检察官对非裔刑辩律师,而且是在非裔占多数的陪审团面前,指控一个非裔英雄。可以说是黑来黑去,黑作一团,太具娱乐性了。

这个达顿,跑案子的记者都不陌生。达顿长期刑控警察,因此,他的案子报道价值极高。对他的能力记者们佳评如潮:出色、优秀,是个爷们。

他还有一个特点令人不忘。他平时羞怯有礼,常常尽量不与人对视。可有时,他一旦与人对视时,会突然陷入沉思。对别人的问话似无反应,停上一会儿,才会继续交谈。这种情景常使不知者手足无措,因此,他这个"毛病"也在记者中广为流传,算是一个小小的话题。

人们最大的疑虑是,这是否侵犯了两案之间的隔离墙。照道理,达顿参加了柯林斯的案子,自然不能参与相关的另一案。这是避免一案成为另一案的附庸,失去司法程序的独立。可是,柯林斯案并未正式立案成控。这就是灰色地带,只有法官说了算。嘎塞提为此专门召开记者招待会,声明并未违律。

但是,洛杉矶检察院利用柯林斯大陪审团收集辛普森的罪证却是无人怀疑的。

晚上,达顿回到家中,恰好赶上考克兰的新闻发布会。考克兰在电视上,当着他的面,大肆抨击:"在调查柯林斯的伪装下,他要么早有打算介入辛案,要么他的出现仅仅是因为陪审团的构成。我们有八个非裔陪审员,他就突然出现。为什么是现在?达顿是个好律师,但我认为他不该出现在这个案子中,这是大错特错。"

考克兰的种族牌打得赤裸裸的。

达顿自觉一记耳光扇在脸上。自己的肤色居然成了话题,在世人眼中,他的肤色被辩方拿来诽谤。他有意介入就是山姆大叔,他被人利用就是黑鬼家奴。

次日,洛杉矶检察院正式宣布撤销对柯林斯的调查。达顿堂而皇之,在法庭上正式露面。

考克兰知道梁子已经结下,索性动用更强硬的手段,他随之提出动议,要求将达顿逐出本案。控方由汉克出庭对簿,伊藤判决,辩方动议无法律根据。

达顿被考克兰大大激怒,因此坐在法庭上终日口中念念有词,声音低到只有辩方能听见:"我就要踢辛普森的腚,他有罪,他该下地狱。"

(九十二)道格拉斯:我们之间结束了!

11月7日,辛格勒又向洛杉矶打出一个电话,想问问血测的进展。他刚刚开口:"哈喽,卡尔。"电话那边传来咬牙切齿的声音:"我们之间结束了!"

"为什么?"辛格勒当头一棒,脱口而出。

"因为你写的那个出版概要。"

"什么?"辛格勒没有听懂。

"它正在我的桌子上,我刚刚读完!"

"在你的桌子上？它不应该……"

"你最害怕的事降临了，你永远别想再跟我说一句话。"说完，把电话一摔。

辛格勒的"正义之旅"就此结束！

话要往回说。在11月初，达顿接到一个线索，声称是关于辛普森的血，还有抗凝剂EDTA。这位线索提供人和达顿打过交道，达顿认为他的消息一向极有价值。

达顿做个手势，将周围的噪声压住："这是什么？"

"辩方会宣布，邦迪后门上的血是事后栽赃。里面含有抗凝剂EDTA将是证据。"

"荒唐，他们是哪里捡来的牛粪？"

"不是他们自己，另有人替他们想出来的。一个罪证室的妇女在帮助他们，她声称她的上司命令她把辛普森的样本血，放在一根棉签上……"

那个名字听起来有点熟。达顿初入团队，还不能事事掌握。

那人继续："这个想法实际来自一个作家的作品概要。他声称他已与那个女士谈过。这个作家的名字叫斯蒂芬·辛格勒。"

"你这话当真？"达顿仍不相信。

"是的，我是非常负责的。"

每天下午5点以后，达顿、克拉克和豪格曼都要开会，梳理线索，制定方略。达顿此时已经超越其他同事，步入核心。克拉克和豪格曼一致认为，这是牛粪，不过是坊间的传闻。

达顿自觉慎重为上，下到作战室，查阅辩方近来的动议。他发现真有一条："空试管两支，盖子和密封要与抽辛普森血的护士所用的一样。""三十个棉签，要从该护士用过的那一包中取出。"

看来此事当真！达顿立刻发下传证令，去寻找那个作品概要。同时，他又必须按照法律知会辩方。法律规定，只要控方得到线索，可能使被告免罪，就必须主动知会辩方。不管真假，不许隐瞒。

几天后，伊藤为此召开边厢会议。控方克拉克和达顿，辩方考克兰和道格拉斯。后二人正是概要中提到的人物，达顿当着伊藤的面知会了二人。

考克兰和道格拉斯二人脸色大变，面面相觑，吭吭哧哧，是个当场被捉的场面。最后，道格拉斯承认与辛格勒见过，但并没有将他当回事，他不过是个书呆子。

11月7日，正是辛格勒最后与道格拉斯通话的那一天。探长欧普勒把概要拿到手。概要的开始就是道格拉斯的话："我们被×了。"

辛格勒向书商宣称，他要揭露洛警局有史以来最大的丑闻。他为此罗列了四项关键情报：（1）自1985年，佛曼就认识妮蔻。妮蔻称佛曼为自己的特护警察。（2）在邦迪现场，佛曼用一根木棍挑起一只手套。（3）佛曼将手套放入蓝色警用证据袋，带到罗金汉，把它扔到凯伦的房后。（4）在辛普森从芝加哥归来的那一天，佛曼有机会接触辛普森的样本血。而后，他在邦迪现场栽赃。这些样本血含有EDTA，一查便可证明。

最后，概要又回到三人会谈，披露道格拉斯向辛格勒展示变速箱盖上的血斑。

难怪道格拉斯会大发雷霆。辛格勒的作品概要等于把辩方吊起来示众。

辛格勒的梦想落空了，他终日在窗前徘徊。突然，他看见一辆警车开至门口，抄了门牌离去。辛格勒大起恐慌，心想必有一张传票会发过来。

三天后，传票未来，却等来了一个电话。致电者自称是《纽约时报》的记者，要求谈谈他的作品概要。

"你有我的概要？"辛格勒的心凉到了底。

"对!"

"你是在哪儿得到的?"

"无可奉告。"

"是不是到处都是?"

"我听说已到了嘎塞提的桌上。"

几个月后,辛格勒才知道,是出版商向控方披露此事,只因怕承担法律责任。日后,作为补偿,出版商仍然出版了他的书,只是内容大打折扣。辛格勒期待的畅销锋头并未出现,只出了一版就消失了。

(九十三)约克的证词似有实无

陪审团的事情底定,辩方又回到案子中,佛曼自然是首当其冲。

11月7日,帕佛里克发来一份传真,报告写道:"我刚刚得知,1985年1月到1986年5月,帕姬·约克在西洛杉矶分局任职。她和马克·佛曼有过几次冲突。"

几乎同时,CBS的记者也报道,1986年,该分局内,有人在年历上画上KKK,而日期正是马丁·路德·金的生日,美国法定的节日。当时,约克在全员会上提出严重警告,而马克·佛曼坐在后面,谈笑自若,置若罔闻,状甚轻蔑。约克将他请进办公室,单独训诫。佛曼出来时,浑身颤抖,受了极大的刺激。

辩方决定把她列入证人名单,要求调阅她的工作日志,找出佛曼的过往。在宣誓下约克出具证词:"(1)如果我被传唤,我将做证如下。(2)我于1968年加入警界。我目前是二级警督,担任反赌博伪造处的主管。(3)1985

年 1 月，我提升为警督，并在西洛杉矶分局任当班指挥，1986 年 5 月调离。（4）该分局为当地提供街面巡逻，我的下属有一百七十五名。（5）我的职责（略）。（6）这段期间，除去日常工作，我不记得有过任何特别任务。我不记得调查过 MAW 这个组织，即'男人反对女人'。如果上级下达过这个任务，我应有印象。（7）我的工作时间（略）。（8）在我任职期间，马克·佛曼是该局的巡警。我不记得和他有过什么接触。（9）我的证词基于印象，并没有查阅记录，我不知道是否有这种记录。（10）我担任指挥有十年，工作繁巨，调动频繁。领导过几百个警员，我实在无法记得与他们之间的工作细节。我既无有关佛曼的材料，也对辛案一无所知。"

约克的证词似有实无，推得一干二净。辩方并不沮丧，相反却在私下窃喜。

为什么？因为她是伊藤法官的妻子。她的底细尽在辩方掌握之中，她是辩方手中的一张牌，随时可以用来撼动全局。如何使用，何时出手，自会存乎一心。

约克具结后，《洛杉矶时报》对当年西洛分局又有进一步披露：

"1985 年，西洛分局的黑人和妇女警员向上级抱怨，有一伙白人男性警员恶意骚扰他们。这伙警员有时自称盎格鲁-撒克逊警察，有时自称为'男人反对女人'，佛曼即在其中。

"一个黑人女性新进警员报告。她曾被白人教官恶意浇上汽油。消息来源说，她的教官中有佛曼。这个来源还说，约克对这些恶行完全知晓。"

这些披露并无实据，辩方也不急于查清，只是乐得传闻在市面上流转。

（九十四）佛曼对与约克的冲突并不隐讳

佛曼本人对约克与他的冲突并不隐讳。早在 6 月，伊藤获命之初，佛曼就向控方发过警告，伊藤法官与此案有利益冲突应该回避。他曾就此与克拉克约谈，只不过另有说法：

佛曼与约克的矛盾始于 1985 年。当时的洛警局听闻西洛分局有个小团体，被称作"男人反对女人"，就展开调查，其结果是一无所获。佛曼称传闻只是来自警察间的玩笑，那只是为抒缓执勤的压力，无人对此当真。

可是，自约克到了西洛分局，却将佛曼单独挑出，找尽麻烦。佛曼自认与约克的麻烦充其量是对那铁女人的作风不服，其他则是职业冲突。但是，冲突总是自激烈争吵起，至一拍两散止，都是在众目睽睽之下的公开较量。绝非如约克的存证所说的那样轻描淡写，说她全无印象，佛曼自己都不信。

佛曼和约克的冲突大致有四次：

佛曼发现约克对他的半年考核，评价不高。他就启动申诉程序，赢了一战。

又一次，约克命令佛曼自中班转入早班，以便直接监督。佛曼抗命不从，并告到警察工会。工会代表面见约克，为他取直。但是，约克最终还是对佛曼施行了调动。把他自犯罪率高的地区，调入治安良好的地区。佛曼认为这是对他能力的羞辱。

再次，约克把佛曼叫入办公室，一对一面谈。以上司的身份划下道，命令佛曼遵守。佛曼反唇相讥，称约克对街上的事一无所知，纯属高谈阔论。

最后一次，就是 KKK 事件，此事发生在 1985 年除夕，约克已升任西洛分局的执行局长。在开全员会时，约克把画有 KKK 的年历拿来当众警告。佛曼则在与他人交谈，有意蔑视长官。约克讲完话，就命令佛曼进她的办公室。

顿时，全场议论纷纷，佛曼感到有如千夫所指。在约克的办公室里，佛曼被告知，此事系他所为。约克将亲笔写就的结论出示给佛曼，让他签字。

佛曼断然否认，并且不经允许，自行离去。这在纪律部队应属抗命。于是，人们就看到前文提及的场面：佛曼浑身颤抖，大受刺激。

此外，还有其他冲突，隔三岔五，大小不断。以致两人路上相遇，约克会熟视无睹。按照佛曼的说法，这样紧张的关系，长官怎么会忘记全无敬意的下属？

佛曼的说法很快有了印证。11月底，洛警局的前局长盖茨在电视节目中说："我们把她（约克）派到那里，就是要确保那个组织（'男人反对女人'）不再继续存在。"

（九十五）卡达辛之怒

11月下旬，卡达辛接到一个电话，来电者自称是《国家征询报》的记者。名字似有所闻，可是，卡达辛不能确定是否真认识他。此君知道卡达辛在团队中的分量，就要求买一点素材。内容是辛普森与两位探长在市警局的谈话录音。然后，一张嘴就是十五万，卡达辛一口拒绝，把电话挂断。

可是，第二天，录音全文已经登了出来。不过披露者乃是《星报》，另一家坊间传闻的小报，《国家征询报》的死对头。

卡达辛得知，怒上心头。不仅因为他知道这是内部有人出卖，更因为他已经知道了价码。几个片段就是十五万，那么全文呢？而敢做这个买卖的，在团队里，也绝非小人物。

很快，卡达辛听到了消息：几天前，有人看到夏皮若和《星报》的资深编辑在一起吃饭。这与卡达辛的猜测不谋而合,这份录音一直在夏皮若的手上。

但是,夏皮若却直指贝雷和麦坎南。因为他曾让麦坎南把录音带带给辛普森听。这一来一去,也有半天。除此而外,录音带一直保存在保险箱里,也无人整理过文字稿。而麦坎南则另有说法:这是夏皮若下的套子,设局让他往里跳。让辛普森听那个录音,其实毫无意义。

卡达辛宁肯相信是夏皮若的杰作。自夏皮若劝辛普森认罪,又把卡达辛装进去后,卡达辛早就是怨言不断。如今,更是如鲠在喉,怒气冲天。他为此专程去了监狱,面见辛普森。

"OJ,你知道我卷入的唯一动机是帮你脱罪。我一无所求,我是白干。"

辛普森并不接话,只是听着。

"首先,强尼·考克兰百分之百相信你无辜,F. 李·贝雷也是如此。而夏皮若并不相信,至少不是百分之百。所以,我认为应该让考克兰做开辩词和结辩词,应该让他掌控全局。"

辛普森仍是一言不发,卡达辛无暇猜他的心思。

"如果你心口不一,又如何在做开辩词和结辩词时,能精神饱满?陪审团有八个非裔。与他们沟通,还有谁比考克兰更能胜任?我们可以让夏皮若坐在板凳上当教练,让考克兰或者思本斯去冲锋陷阵。我认为我们该做个了断。"卡达辛并不知道思本斯早就被夏皮若打发了。

卡达辛已是肺腑之言,但是辛普森仍只是点点头。卡达辛知道,辛普森常常为应付局面,当面承诺,事后却我行我素。所以,他又退了一步:"也许我们应让他们两人分担开辩词,让考克兰单独做结辩词。贝雷应该做 DNA 质证。他是质证专家,又不住在洛杉矶。让他来和洛警局撕破脸,岂不更好。考克兰和夏皮若毕竟住在洛杉矶,和他们干,总是有些不便。现在,考克兰已经准备接过这个担子,只要有你一句话。"

话逼到这里，辛普森方才悠悠地开了口："我喜欢你的分析，我完全同意。不过，这个球不妨由你来开。"

（九十六）媒体众口一词：辛普森已经坦白

11月28日，媒体突然刮起了风暴。众口一词，宣称辛普森已经坦白。这个消息让辩方大起恐慌。

事由缘起，来自法警斯多特。他呈递了一份报告：

我，斯多特声明：1994年11月13日，我在执行监视任务，辛普森先生对着葛莱尔先生突然升高声音，让我能够听见。我并未有意监听，但是，我仍然听到一段谈话。

至于这段谈话，他依样画葫芦，绘声绘色，然后密封交给伊藤法官。控方闻知，立刻提出动议，要求将报告启封，将内容公布。而辩方不管它内容真伪，都宁可让它维持原状。

葛莱尔是辛普森的队友，离开球场后就献身宗教。他定期来看辛普森，以牧师的身份与辛普森共做礼拜。按照法律，他们之间的谈话受到保护，也不允许传证。拥有这种法律保护的还有辩护人和医生。这三类人有义务为当事人保密，政府也不能强制他们做证。

控方争辩，既然辛普森提高声音，让法警听到，就是自动放弃了牧师／信徒特权。这个论据不免牵强，无论辛普森如何放弃，葛莱尔也不能放弃。他们的谈话仍然受到保护，绝对不能入证。但是，辩方仍然担心，怕伊藤自开先例，将报告公开。即使不能入证，也会伤害辩方的案子。此时，正在遴选候补陪审员，而陪审员也并非聋瞽。媒体的喧嚣不足为惧，公开报告内容才是为害一方。

辩方分头去向当事人核实，葛莱尔全无印象。他说："是不是那句？我希望上帝知道我很痛心。"辛普森的原话是 I am sorry。这个表达歧义甚多。有时有承担责任甚至认罪的意思，但有时也可表示遗憾痛心之意，并不一定有什么责任或罪行。

道格拉斯去询问辛普森。辛普森回忆略有差异："我好像是说我希望妮蔻在这里，说我很痛心，诸如此类。"

若是真如他们所说，辩方大可放心。因为，这类的话他们听过很多。

但是，葛莱尔另有说法：

在这次会见前，他通知监狱主管，他将在下午 5 点会见辛普森。他准时到达后，却让他枯坐一个小时，不见辛普森的踪影。他看见观察室里的两个法警对自己指指点点，态度颇为轻蔑。他一时兴起，发起火来："爷们，你们有什么话要说，请过来。是条汉子，就当我面说。"

法警没过来，但是甚为愤怒。不久，他们把辛普森带了出来。

（九十七）OJ 的牢房

对控方的动议，伊藤法官没有裁决，他决定亲临现场，实地调查。他邀请辩方一同前往。

在会见室里，伊藤让卡达辛和道格拉斯隔窗而坐，模仿辛普森们的谈话。他则带着夏皮若和考克兰站在法警执勤处，听他们谈话。

听了片刻，伊藤开口了："我们需要把隔音搞得更好。辩方知道这就是裁决，有不了了之的意思。"

然后，伊藤似乎兴致大发："你们想不想看看 OJ 的牢房？"辩方律师固所愿矣，不敢请耳，伊藤随手施了一点小惠，此刻不用担心克拉克抗议了。

伊藤选了考克兰和卡达辛随他进去。监狱在地下一层。辛普森关押的那一段，走廊深长，寂无人声。费南德斯兄弟似乎已经不在了。辛普森看到他们走近，开起玩笑来："欢迎回家，温馨家园。"

辛普森正坐在一张破椅子上，透过铁窗在看电视。牢房内有一个马桶，傍着一个水泥台子。上有一个一英寸厚的床垫，这就是辛普森的全部家当。铁栏外，一台小屏幕彩电，旁边有一个电话机。看距离，辛普森要打电话，非把脸贴在铁栏上不可。

卡达辛想起冗长的全员会，而辛普森必须贴着铁栏，与他们讨论。这样一幅图画，让卡达辛恻然心悲。

（九十八）辩方再开全员会

12 月 4 日，辩方再开全员会，这次是沙克和纽费尔德唱主角。主要议题是 DNA 听证。在陪审团选定以后，沙克们看到考克兰那得意的样子，不无担忧，怕他一时冲昏头脑。因此要劝说考克兰们重视 DNA，不要认为陪审团会忽视它们。在沙克和纽费尔德的案子里，DNA 的结果威力巨大，从来都是无往不胜的。

沙克向同事们通报了 DNA 听证各方的准备情况。

控方看来是开足马力。他们甚至向布雷克发出传票，为控方做证。布雷克是这种听证的常客。从来都是被检方征召，早已是识途老马。这次，他虽在辩方阵营，但控方已熟知他的答案。实际是以子之矛，攻子之盾。让辩方自己人来证明 DNA 入证的正当性。而布雷克此刻身有他属，自然不能从命。他因此请好了个人律师，准备抗拒征召，而且放话不惜坐牢。

沙克们虽然赞成 DNA 入证的正当性，但他们并不反对将 DNA 证据排拒在法庭之外，这是辩护律师工作的应有之义。他们只是要提醒考克兰们，成功几乎是不可能的。

眼下，不仅控方紧锣密鼓，连伊藤法官也在组织自己的个人顾问班子。主责者是联邦法官佛格尼，此人曾担任检察官二十年。目前，他正在全国范围内搜罗人才，这些人都是支持检方的。沙克建议挑战这个人选。

而考克兰，夏皮若另有想法。攻击佛格尼，必然触怒伊藤。既然沙克把 DNA 说得那么神圣，那还不如放弃听证，顺其自然。

辛普森则把话说得更明白："我不需要它，句号。"他担心听证会误导公众，"这个听证看起来，好像我有意回避 DNA 证据。而且，这也是浪费我的金钱。"

但是，律师们又犹豫了。放弃听证，实际是放弃日后上诉的劫材。而且，谁敢保证，伊藤就一定会支持控方？在加州，法官拒绝 DNA 入证的先例不是没有过的。相反，支持的例子倒不多。

律师们反复权衡，没有结论。但是，放弃听证已是一个选项。

随后，沙克向众人通报。布雷克在洛警局的罪证室又有新发现：包装纸上有血印的棉签又出怪事，那个血印与棉签的形状不符，这样作假的痕迹更为明显。

布雷克发现此事时，控方专家辛姆斯也在场，连他都觉得蹊跷。

（九十九）我们不能说，对吗？

在辩方开会之前，伊藤法官也召集了一个全员会，包括控辩双方的主要成员。议题是几个动议辩论的日期，双方的挑头律师各坐一张沙发。控方克拉克、豪格曼和达顿，辩方夏皮若和考克兰，其他成员则或站或坐，把伊藤的办公室挤得满满的。

克拉克和达顿看上去心不在焉，神有他属。伊藤先开口："这些听证，何时为上？"

"我们很难说，法官。"她并没有斗心思的意思，"我们正有些事在忙，这些事对家暴证据会有影响。"

考克兰紧张了："玛莎，你们在忙什么？"

克拉克转向达顿，忍不住要笑："我们不能说，对吗？"达顿也是满面喜色，还以一笑。似乎两人忘记这是在众目睽睽之下。

伊藤也好奇了："能否给点暗示？"

克拉克又低头与豪格曼切磋，然后自问自答："我们能说什么？我们无可奉告。但是，法官，你们很快就会知道的。"

考克兰不肯罢休："又有了新的证据？"

又商量了一阵，克拉克："我们还是无可奉告。"

"什么时候让我们知道？"伊藤再问。

"几天后吧。"

（一百）心理专家的预测

达顿入围不久，立见声势。论资历，与克拉克和豪格曼相当；论案子，他是多面的长才。后台一交给他，事事顺畅。再加上他的肤色若是备而不用，实在可惜。因此，他在此案中足堪大用已是共识。虽然，他的角色日渐出色，也挡不住其他检察官意欲介入。

斯考特·戈登就是不请自来。戈登做过警察，论资历，也许更老一些。现已脱离前线，入幕为嘎塞提做谋士。他当前的工作是专编家庭暴力手册，这也是泽被后代的大事业。这几年，家庭暴力正成为公众关注的焦点，保护妇女儿童也成为政客时尚的话题。但是在检控方面，认证、立案、刑控都缺一个指导标准。戈登就是在做此事。以期日后步调一致，行事有据。不仅如此，他还要和议会沟通，推动家暴的立法。

在辛案之初，他就是一个超级说客。要将辛普森与妮蔻的纠葛做大做强。他不辞劳苦，围着克拉克和豪格曼转。现在，达顿成了后台大主持，他自然要给达顿当地球去了。

"这不仅仅是动机，这也关乎陪审团对辛普森的印象。杀人犯、强盗在公众心中是反面角色，而家庭暴力者还不是，它发生在千家万户的门后。施暴者总是有张像挂在墙上，与受虐者在一起，看上去幸福无比。这个印象很难在陪审员的心中被打破。"

毕竟是专家，话说得透彻清楚鞭辟入里。他解释辛普森的行为自沉湎而始，自卑而随，继之不能自拔，施虐，忏悔，然后再来一轮，直至谋杀。这听起来很好，可是怎么入证？达顿心中无数。

"你们这些家伙正在犯大错误，没有'证'尽其用。"戈登浩叹一声，继而抱怨克拉克以降对他的建议置若罔闻。达顿就是日日在他的围攻之下，当太阳当得很不舒服。

12月10日，戈登的攻势又加了一码。他带进来两个心理专家。戈登不管达顿有多忙，只管坐在他的身后，耐心等他忙完手头的事。其实，近来达顿还真需要他们。辩方刚好送来一个动议，要求法庭排除"家庭纠纷"的证据。戈登的努力终见正果，看来辩方把此事看得更严重，至少与戈登相当。

达顿立刻一朝权在手，便把令来行。他任命戈登专责对付辩方的动议，并引入另一个专攻家暴的检察官协助。戈登和他的专家一直等到晚上才获得机会与克拉克、达顿会商。

达顿一向不信心理专家，称他们为方客术士。但是这次却印象深刻，受益匪浅。

话题将尽，达顿想起中午他们看着自己窃窃私语，而且乐不自禁，不免好奇，就问他们说了什么。

他们一听，哗然大笑。原来，他们在等的时候，并没有闲着，他们在观察现场的检察官们。他们为达顿画了一个像：羞涩，敏感。他们告诫他："你要用现在的强度工作下去，迟早要崩溃。"他们发现达顿精力已无法集中，常常在谈话中忽略细节。

至于克拉克，他们又有些质疑：一个人哪里有那么多的精力和热情。然后，他们言归正传，开出诊断：你们两个之间有电。

达顿和克拉克一听，哈哈大笑，但是极不舒服。

"你们之间有异性的紧张。"接下来就让二人目瞪口呆了，"在案子结束前，你们两人一定会上床。"

（一百零一）布朗家与克拉克之间有一堵墙

在克拉克的检察官生涯中，她已习惯苦主家属对她支持，对她信任，对她依赖，甚至崇拜。但是他们和勾德曼家人相比，实在是无人能出其右。每次，她致电勾德曼家，都是先嘘寒问暖，被视为家人。然后，就电话连线，全家与她交谈。所以，每当克拉克拿起电话时，都会有一种极度的温暖充溢全身。

与之相比，布朗家与克拉克之间，却有一堵墙，看不透，越不过。克拉克不明就里，曾在询问费耶的时候，问过她的看法。

费耶有个说法，他认为布朗家在经济上依赖辛普森甚深，因此，不免有些畏惧。克拉克本人曾在搜查中，看到一份房契，贷款已被辛普森还清。若从法律上说，辛普森也可视为新的债主。不仅如此，妮蔻的妹妹及亲戚，无不在经济上沾着辛普森的光。妮蔻妹妹的学费，一直是辛普森在支付。辛普森还拥有几家炸鸡连锁店，妮蔻的父亲布朗则在其中参与管理，这就又是一层雇主和雇员的关系。正是这几层依赖，布朗夫妇一向不赞成妮蔻离婚，他们自然对家暴也麻木不仁。在离婚之初，父亲坚决反对，母亲也只是勉强同意。但在妮蔻宣布复合时，父母则是大喜过望。有鉴于此，克拉克不免存了成见。

在法庭上，布朗总是过来搂搂克拉克，这也使她极不舒服，认为是逢场作戏，有欠真诚。她认为布朗家骨子里其实是很疏远的，而妮蔻妹妹的表现又近似疯狂，几乎天天在电视上露面，哭天抹泪，以致舆论一致认为是检方授意的公关，克拉克对此甚为委屈。因为，她一向反对苦主家属接近媒体。

布朗家给过克拉克若干妮蔻的日记，大都年代久远，助益不高。其中一个日志，记录了两人的冲突。最多是辛普森的态度如何蛮横，出语如何暴烈，没有动手记录。还有一份简单记录，简单到无法解读。妮蔻的离婚律师告诉克拉克，这是他们的要求，记下辛普森如何忽视儿女，为日后儿女归属的争讼留下根据。只有一份日记勉强有些价值，记下了双方妥协复合的经历：自 1993 年 4 月 12 日起，至 1994 年 6 月 3 日止。这也只能作为两人关系的背景。

1994 年 5 月，妮蔻写道："我已经受够了，我们又正式分手了。我告诉 OJ，我们每隔一个星期回去一趟。我需要休息，而 OJ 又没有时间与孩子相处。"

6 月 3 日，辛普森去接孩子，发现她们另有计划，就大发雷霆："昨天晚上，你把电话挂掉，你要为此付出代价。你向国税局瞒税，你就准备进监狱吧。你这个该×的，我已经和律师谈过了，他们将告你个逃税，母狗，你这个欠×的，连一分钱都不会剩下。"

此事发生，据妮蔻被害仅仅十天。几天后，经塔夫茨修改，辛普森又送出警告信："让我们把话扯直，记录在案。当阿纳丽、杰森或者我在家时，尤其是有人能在游泳池看顾他们时，他们随时可来，我愿二十四小时陪着他们，因为这也是他们的家。然而，吉吉不是你的临时厨子、保姆和仆人，她是我的雇员。我期望你尊重这个现实，不但是现在，而且永远都是。"

至此，在妮蔻被杀之前，已可确定，两人之间已是冰炭之势。

但是，若将这些入证一个一级谋杀案，会是一个笑话。克拉克对手中的证据大不满意。她知道，布朗手上一定还有。

妮蔻死后，布朗独自进入邦迪公寓，将妮蔻的遗物清理一空。克拉克一直试图接近这些遗物，她冀望其中有能证明动机的铁证。但是，布朗一直在打太极拳："我会给你们的。让我找找，让我找找。"

一拖两个月，口惠实不至。克拉克恼怒之下，曾和达顿商量是否请个搜查证，搜它一搜。可是，搜查苦主家属的家，可是要创造历史的。克拉克自知没有这个魄力。

12 月初，妮蔻的银行打来电话，报告妮蔻在行里租了一个保险箱。而布朗一直在交涉，要把保险箱打开。克拉克生怕这些遗物再落入布朗手中，当机立断，派出检察院的探长，一手搜查证，一手强力电钻，一举将保险箱打开，其中内容，远超克拉克的期望，这就难怪克拉克要在伊藤面前演那么一出，让众人猜起谜语。

（一百零二）克拉克访布朗家

克拉克乘胜追击，与达顿约齐范纳特和兰，前往布朗家。

克拉克未见到二位探长已经有一段时间了。见面时，二位探长极为不快。克拉克一直在使用检察院自己的探长，将二位大将冷落在圈外。这次，搜查保险箱，也未知会他们。他俩那份愤懑，可想而知。范纳特脸上明明写着：没有我范纳特，哪有你克拉克。

到了布朗家，二位探长乐得置身事外，甚至有些幸灾乐祸。不在其位，不谋其事。让克拉克自己去说吧。朱蒂莎仍是那样，贤妻良母，端出吃的，招待客人。克拉克自承此事做得有些不近人情，有些粗暴。可是布朗坐在对面，无嗔无怒。

"你们怎么不先问问我啊？"说完泪水已在眼中打转了。

一句话问得克拉克百口莫辩。达顿不失时机，柔声顶上："我们不能确定，你有法律权利去做这件事情。但是，我们确定我们有，我们只是觉得这样做对大家都好。"

态度诚恳，绵里藏针，一张口将冲突消弭于无。克拉克不能不暗自赞叹：关键的时候，真顶得上去，总算没看走眼。

虽然，克拉克手中的家暴弹药已经充足。但是，仍欠东风，克拉克需要人证。妮蔻的父母自然是最佳人选。

妮蔻在日记中提及，她在怀佳斯廷的时候，辛普森曾骂她是骗子和肥猪。当时妈妈朱蒂莎和妹妹多米尼克在场，可是朱蒂莎全无印象："我完全不记得有此事。"

克拉克提醒她："你在场，他骂妮蔻是肥骗子。"

"是的。"朱蒂莎承认了，"可是，问题是这种事经常发生，早已司空见惯，无足轻重了。"

朱蒂莎的麻木冷漠让克拉克大失所望。她早有耳闻：辛普森和妮蔻一起勃谿，就将朱蒂莎的照片扔出窗外。所以，这在布朗家成了笑话。每次两人争吵，朱蒂莎就会自我解嘲："这次我又躺在窗下的草坪上了？"

提起外孙们，朱蒂莎变得愤愤不平。她抱怨辛普森漠视他们的福祉。两人离婚前，妮蔻常去海边小屋避难。离婚后，辛普森就将小屋锁起，让妮蔻无处可避。

朱蒂莎指责，辛普森不该让孩子们牺牲，不该让他们无法享受海滩阳光。两人离婚后，妮蔻无力负担孩子进私立学校。她向辛普森要钱，辛普森则说，那么就送公立学校，别人的孩子不是照上不误？

妮蔻死后，辛普森的律师致电布朗家："我们将止付妮蔻的离婚抚养费，因为孩子必须适应平民生活。"

克拉克听了更加失望：难道在朱蒂莎面前，这比妮蔻的遭遇还重要？

在妮蔻的保险箱里，有三张拍立得照片，其中一张是妮蔻受虐的存证。自照片上看，当时，妮蔻不过十八九岁。满面哀容，一副鼻青脸肿的样子。路·布朗面无表情，看过照片只有一句："嗯，他们是干了一架。"

克拉克对这对夫妇的反感由是增益。最后，布朗松了口，同意让范纳特和兰检查妮蔻的遗物。

克拉克彻底打消传他们做证的念头。不过，有了老布朗的合作，克拉克也算不虚此行。

（一百零三）道格拉斯没想到消息自媒体传来

12月14日，道格拉斯坐在窗前，看着电视新闻。他没有想到，消息会通过媒体传来。他对这个消息一无所知。可是，报道却称消息来源就是辩方。

消息说，控方用电钻把妮蔻的保险箱打开，扣押了一批证据。其中有照片存证，妮蔻的前额有划伤，左眼肿得有如核桃。

在电视采访中，路·布朗泪水横流，承认1989年那次冲突后，妮蔻曾给他看过照片："妮蔻一直认为我不以为然，无动于衷。其实，当时我确实如此。"

保险箱中还有辛普森的忏悔书："今后，如果我再在肢体上伤害你。我们的婚前合约即时作废。日期1989年11月3日。"

这样辛普森虐妻的铁证落入控方手中。这封信远比妮蔻报警的录音扎实，因为那也可称作妮蔻的一面之词。

下午，道格拉斯慌慌张张去探监。辛普森告诉他，1993年，妮蔻写过一封信，足以抵挡这个指控，这封信现在纽约。

道格拉斯立刻派阿纳丽去纽约，将信取回。众人一读，果有奇效。这封信是1993年妮蔻主动写的："是我在控制一切，这起自那个除夕夜。我当时堕入忧郁，十分沮丧，无法控制自己，我同意你的结论。我当时处在危机之中，所谓的年过三十的那些事。OJ，你是我唯一的真爱，为给你带来痛苦，我向你道歉。我很遗憾，是我让婚姻死亡，让我们破镜重圆吧。让我爱你比以前爱得更热烈！"

看了这封信，辩方倒希望控方将辛普森的忏悔书入证，这样就可以毒攻毒。

（一百零四）克拉克扣押新证据

两天前，伊藤做出裁决，达顿可以留在本案，将排除他的动议驳回。

克拉克新扣押的证据，让戈登在内部大胜，连克拉克也成了他的忠实听众。克拉克有心按照他的主张，把家暴元素编织进去，做成大文章。

可是，戈登、丽蒂亚和达顿要得更多。他们要把家暴做成全案的基石，最后的谋杀是家暴的延伸，是家暴的必然归宿。

"这不是谋杀者有家暴历史，这是家暴导致谋杀。"这是戈登的语录。

这话说得克拉克大为心动：若按这个路子，动机，时间，现场证据，丝丝入扣，品相完整。此案若成，稀世经典，也能算个历史成就。

在戈登和心理学家的帮助下，克拉克心中有了一幅图画：西德妮独舞表演时，妮蔻让辛普森在朋友和邻里面前颜面尽失。辛普森控制欲十分强烈，骨子里却是极度自卑，无安全感。这表里之反差，使得暴力成为维持控制的唯一手段，手段一旦失控，就导致杀人害命。

这个推论已与克拉克的初衷有了差距。她指控辛普森两个一级谋杀，即指控他的谋杀是经过了长期缜密的准备。按她目前的推理，这只能是二级谋杀或凶杀。不过这无关紧要，与定罪相比，这只是枝节。

即使如此，她仍有疑问。辛普森与妮蔻的冲突，早已有之。为何会在此时此刻走上不归之路？她知道，在案发前，辛普森曾给波拉打过一串电话。什么原因，内容如何，克拉克觉得很不寻常。很可惜，波拉这扇大门，没有被达顿打开。

她若知道电话的起因，她的图画会更加完美：辛普森杀人一是羞辱，二是迁怒。妮蔻初次离去，尚有波拉进来填补。妮蔻再次离去，波拉刚好也不辞而别。辛普森备受打击，又双手空空，其激怒愤恨可想而知。这是克拉克日后得知波拉在民事案中的存证,所下的结论。她只恨当时触手可及,却无从着力。

戈登因此获得更大的授权,对辩方的动议可便宜行事。把文章做足做好就行。

(一百零五)布莱希尔没想到沙克这么"坏"

克拉克自己的大事是 DNA 听证。DNA 入证在美国西部尚未采行。许多法庭对此颇有疑虑,也有法官裁决禁止入证的案例。

这对控方极为不利。

在美国,除去路易斯安那州,都实行普通法,这是从宗主国英国那里继承来的。路易斯安那州因曾是法国殖民地,所以沿用大陆法。普通法立法有两个主体,一是立法机构,二是法庭通过案例立法。前者具有永久和强制的效力。后者则由法庭判断,往往因法官而异。大陆法则只有立法机构具有权威。

既然辩方能找到有利的案例,就有能力牵制 DNA 听证。最后能否入证全在伊藤法官。如果法官判决对控方不利,那么还有一条路,就是打上巡回上诉法庭。但是谁又能保证把案子翻过来呢?

虽然,不可想象,在这个案子中,伊藤敢否决 DNA 入证,但是小心无大错。更何况自己的对手是沙克,这个誉满全国的 DNA 律师。克拉克深知,一场惨烈的对抗不可避免,她决不能落了下风。

然而,克拉克并不知道沙克另有想法。

最近,沙克有点麻烦。他的搭档纽费尔德在纽约被人告了,起因是他手中尚有一案未了,而他的身心早就在此案中了。所以,他找尽借口,将那个案子一拖再拖。他的当事人火了，直秉法官，要求命他回来为之辩护。法官支持当事人的要求。纽费尔德被迫回纽约去擦屁股。

这样，沙克就成了孤家寡人。DNA 律师这个圈子实在很小，真正能驾驭这个题目者凤毛麟角。在加州有个顶尖的人物叫布莱希尔，此人专精 PCR，曾在加州第一个辩赢了 DNA 听证。只是那个案子太小，知者不多。

但是，沙克这个大内行，自然知道门道，因此对他倚重甚深，两人早就熟识。在纽费尔德暂时出局后，沙克一直与他交换意见。

说来也巧，在辛案之初，布莱希尔曾主动投效，写信给夏皮若，希望加入团队，愿尽绵薄之力。无奈夏皮若对 DNA 一无所知，自然把他视作逐名势力之人，根本没当回事。而沙克和纽费尔德若不是尤曼和德休威兹推荐，也不可能被网罗。

对布莱希尔而言，今天沙克的话题很是奇特。

"如果我们放弃 DNA 听证，你看如何？"

"你疯了？沙克，这是被告的权利。你凭什么要放弃？"布莱希尔是保守传统的律师。

"听我说，我们挑战 DNA 证据，可是，我们不能挑战科学。我查过伊藤判决的历史，我们不会赢，他不可能排除这些证据的。"

沙克继续论证：隔离陪审团的动议还悬在那里。这样会有两个结果。

（1）在隔离后开始听证。伊藤估计要用三个星期，可是，沙克知道自己是追逐细节的人。有他在，至少要打上一个月。而陪审团在旅馆里关那么长的时间，恐怕会出乱子。别忘了，辩方自称这个陪审团是一时之选。

（2）如果不隔离陪审团，他们会在家中看实况转播。既然辩方无胜算，何苦在他们面前损兵折将？这不仅会让控方夺得先声，而且也会让陪审团误会。辩方必有不能告人之处。有了这个先见，日后要想扳回，可就太难了。

这听起来太离经叛道了。布莱希尔反驳他:"如果当事人需要上诉,这就等于放弃许多关键证据。"

"这场辩护决不能走到这一步。在这个世界上,只要辛普森定罪,就不会有任何上诉法庭会让他翻案。唯一挑战的机会只能在伊藤的法庭上,面对这个陪审团。"

沙克的思路大开大合,颇有背流沉舟的意思。

沙克又谈到现场血证的诸般可疑之处。沙克已经有了充足的弹药,这些必会让陪审团知道。那么,这个听证还有必要吗?

沙克若是在这里停止,就不是沙克了。他又继续让思路扩张延伸:"圣诞节快到了。我们不妨继续放风,说准备听证。我们送过去证人名单,作为疑兵,让他们埋头准备去吧。我们再呈上动议,同意将陪审团隔离,理由就是怕他们被DNA听证污染。这样,把功夫做足,让控方不疑有他,让他们耗费时间去穷于应付。而我们利用这个空当准备案子,到1月中旬,我们可大致搞定。他们至少要因此损失一个多月,到时让他们手忙脚乱去吧。"

沙克的深心把布莱希尔惊得热血沸腾。没想到沙克这么"坏"!但是,沙克若是在这里停止,那仍然不是沙克。他又有话了:"你愿意过来吗?"

一句话让布莱希尔几乎跳了起来。踏破铁鞋无觅处,居然得来全凭一句话。这才是沙克。豪爽,决断,担当,大器,就是好汉一条啊。

"我要带你去见我的同事,带上你的电脑和材料,让他们看看你的能耐。不过要跟着我,别离开,我们在和一帮贪心的家伙打交道。"

（一百零六）考克兰：我会全心全意

11月17日，卡达辛和塔夫茨把考克兰约出来共进早餐。卡达辛开门见山："我们必须请你来负总责，必须让夏皮若退居次席。我们必须立即行动，也必须立刻通知OJ。你愿意吗？你准备好了吗？"

一连串"必须"让考克兰满面春光："我同意，我会全心全意的。"

二人将打算和盘托出，让贝雷辅佐他，夏皮若专事顾问。考克兰乐不可支，大打包票："这个陪审团和我有缘，我一定能赢！"

早餐后，卡达辛拉着塔夫茨直驱监狱。依卡达辛的本意，夏皮若应该彻底被驱逐，但是团队不得不保持完整，毕竟这个班子由他一手搭成。他带着团队走过预审，走过遴选陪审团，陪审团一直视他为辩方的核心。一旦卸磨杀驴，让他消失，会启人疑窦。

到了监狱停车场，夏皮若的奔驰车停在那里。今天，卡达辛又进不去了。几天来，卡达辛每天都来，希望和辛普森密谈。在开审前，把人事定下来。当然主要目标是废了夏皮若，扶起考克兰。可是，星期四、星期五乃至今天，夏皮若天天来此，似乎要把辛普森"霸占住"。他有了预感？

此后，又是两天，夏皮若毫无倦意，卡达辛无奈，只好求助狱警："我需要见辛普森，但是希望夏皮若不在场，能帮个忙吗？夏皮若一走，请给我一个电话。"

终于，在12月19日，卡达辛接到电话，夏皮若在下午5点钟离开了监狱。卡达辛拉上塔夫茨，终于见到了辛普森。辛普森一脸盛怒，对卡达辛说："你能相信这个家伙吗？我在这暗室里关着，他却要去海滩？"

原来，夏皮若刚刚向辛普森告假，说是干得没日没夜，已经累得脱了形，需要去夏威夷休整休整，新年过了再来。

除此之外，夏皮若今天的话题倒是在谈考克兰，他承认考克兰的辩护经验更丰富，这个陪审团对他更合适。他极力夸奖，却并无让贤之意，仿佛是在标榜自己知人善任。辛普森一直迁就他，随他侃侃而谈。即使在他告假时，也未流露出任何怒意。只在见到卡达辛以后，才发泄出来。

"我们已经和强尼谈过，他准备接管。"

辛普森闻之转怒为喜。

"强尼在全员会上将更加强势主导。东西都要搬到他那里，这等于省去房租和员工的开销。夏皮若那里是无底洞，你可以省钱了，强尼将是总战略师，夏皮若只有靠边了。"

"太好了，这正是我要的。"辛普森欣喜得有些夸张。

卡达辛知道，辛普森在夏皮若面前会退缩，就逼问一句："OJ，你若再见到鲍伯，你必须强硬，你必须告诉他，他仍是四分卫。考克兰和贝雷是跑锋，只是这个队伍，只管冲，不需要传球。"

这真是个大难题。辛普森当场就退缩了："我必须和每个人谈，每个人都要谈，听听他们的感受。"

卡达辛气得想踢人，当然是踢辛普森了。

（一百零七）布莱希尔的到来

12月20日，沙克看着来人，端详半天，才确信眼前的人物是布莱希尔。距上次见面已经四年了。尽管近来天天交谈，沙克仍然一时没有认出他来。布莱希尔年纪虽刚过四十，但已头顶微谢，满面哀容。他面容清癯，性格颇为绵和融让，且可一眼看出，毫无律师的乖戾之气。他有学者风范，令人一见，就心生好感，总之，是个英俊人物。

这个感觉几乎人人皆有。只因世人看惯了律师在法庭上疾言厉色，气急败坏，而在公众面前又是戏子百变，巧舌如簧，圆滑嚣张。布莱希尔就像一注清泉，集忠厚和诚恳于一身。譬如克拉克一向强弓怒马，对辩方律师极尽讥评嘲讽，仿佛他们个个是人类公敌。可是，在她的回忆录中，却唯独对布莱希尔评价颇高，可见有人天生就能博人好感。

沙克立刻将他向同事们引见。

布莱希尔既是 DNA 专家，也是电脑天才。当时，正处在网络史前时期，能熟知电脑，并大力开发实用者，在律师中并不多见。人们常见的画面是：律师们一人一个手拉行李车，上面装满图书资料，在法庭内外拉来拉去。而布莱希尔手中只有一个手提电脑，他的一切资料都在其中。

他把相关的法庭记录已经全部扫描进去，又自己设计了图表，还安装了极为复杂的软件。检索搜寻，抬手即来。他还扫描了几本法律常用书，一敲按键，什么都有，这可羡煞了众位律师。只有哈里斯有点紧张，他这个电脑专家遇到了劲敌。

布莱希尔还把电脑连在投影机上，把自己的 DNA 研究向大家做了简报，迤迤然地为众人做了一番科普。

沙克得意之余，迅速去找夏皮若。夏皮若一只脚已经跨出门去，准备去机场，开始他的夏威夷之旅。

夏皮若兴致正高，因此也是喜眉喜眼的。他提起在某杂志上读过有关布莱希尔的文章，题目是：斗士赢得举国赞誉。看来，他并非什么都不知道。至于那份传真，他坦言已记不得了。之后，他诚恳道歉，无非就是有眼不识泰山一类的东西。布莱希尔的到来，此刻达到最高潮，他的入围已被认可。

（一百零八）葛莱尔进法庭

12月20日，伊藤对法警的报告下了禁令，不准入证，但并没有平息控方的争辩。这个判决本是无数个允许与不允许之一，但对豪格曼又是一次冲击。

伊藤离开监狱时，已命令该法警禁口，取一个不了了之的办法。可是《国家征询报》却登出："辛普森在与葛莱尔交谈时，手持圣经，一时激愤，大叫：是我干的。"

控方虽不能以此为据，但向法庭抱怨：这件事监狱知道，法庭知道，辩方知道，唯独控方不知道。因此，他们要求传唤葛莱尔。

可是，一个牧师怎么传唤？克拉克指出，他的资格来路不正，可能是野鸡证照公司生产出来的。这与满天飞的假文凭、假毕业证书没什么两样。所以，需要传唤，需要进行调查。

伊藤首肯了他们的要求。传唤葛莱尔到庭，而葛莱尔也未做任何抵抗。

克拉克自觉大部分动议都是自己在操持，现在该豪格曼出面了。近来，豪格曼身体日渐消瘦，精神萎靡。但是，这是好家伙对好家伙。豪格曼的儒雅风格更为合适。对付一个牧师，不管真假，总不能剑拔弩张。应该走彬彬有礼斯文的路子，这个角色自然非豪格曼莫属。

葛莱尔一进法庭，克拉克方觉得不对。这个葛莱尔已不是万人亲近的牧师面目，他俨然是美式足球场上，刚从人堆里爬出来的斗士。满面怒火，满目仇恨。绅士的路子走不通了，这时，克拉克希望豪格曼以硬碰硬，把他的屁都踹出来。

葛莱尔的回答，在是与不是间游走，再多了就什么都没有了。他坚持与辛普森的谈话只限于圣经，而考克兰在一旁不停地"反对"，搅得法庭上乱哄哄的。辛普森则是事不关己，坐在那里看热闹，作壁上观。

这个传唤很难，即使葛莱尔没有牧师特权，也难让他开口。控方对监狱现场一无所知，又不能在法警的报告上做文章。豪格曼只能试探："当时辛普森是否情绪激动，提高声音大喊，超过正常音量？"

"没有，先生。"葛莱尔口气又冷又硬。

豪格曼问不下去了，只好回到检方桌前。这次挫折似乎比遴选陪审团时还要大。豪格曼的脸色难看到极点。克拉克不免失望，也安慰了他，但是，仍觉得对豪格曼估计不足。

事情若是到此，也就罢了。可是第二天，有家报纸对豪格曼点名批评，说他只称葛莱尔为先生，未在前面加上"尊敬的"一词，是对教会的不敬。这个专栏作家名气很大，读者甚众。豪格曼自觉备受打击，情绪十分低落。

克拉克看在眼里不以为然。她知道，达顿对这类小挫折，从不在意。嘲讽调侃不顺之境，是达顿的常规武器。克拉克自觉自己的天平正在向达顿倾斜。

达顿这个后台大主管把营盘扎在大厅中央。周围都是他的将士，两个侦探、六个助手，还有若干新进的资浅检察官，他被人们戏称为克里斯王。他把后台料理得有条不紊，令人肃然起敬。近日，他又提出环境逼仄，要求有个单独的办公室。克拉克不仅满足他，还让他坐在自己的隔壁。

克拉克对达顿的倚重，已是有目共睹。

（一百零九）夏皮若的奇论

12月22日，应沙克的要求，再开全员会，讨论他DNA听证的奇策。这次主战场转入考克兰的律师楼，卡达辛和道格拉斯也在场，其他人则是电话连线。

沙克把他向布莱希尔咨询过的版本向众人推销,很费了一番功夫。律师正在讨论,夏威夷那边传来夏皮若的声音:"我认为辛普森的野马车一定是被两个凶手偷了。他们去邦迪作案,在车上抹了血迹,然后,把车开回罗金汉停好。然后,又扔下了手套。"

夏皮若的奇论引来哄堂大笑,把扩音器震得嗡嗡作响。

"鲍伯,别用这些牛粪浪费我们的时间。"考克兰厉声制止,"继续,干活!"

笑声骤然停止,线上一片死寂。考克兰适时发出信号:他已开始强势主导,他正在立威。

"这条线没有加密。我们不能讨论这种问题,让我们继续。"这个说法近乎荒唐,也足够蛮横。不能讨论夏皮若的怪想,难道可以讨论沙克的方略?更何况,以前全员会的讨论不是都在用开路连线?但是,无人出来为夏皮若说话。没有异议,就是认可。众人对领导权易手,显然乐观其成。

沙克知道众人中早有人赞成放弃听证。辛普森本人也有此意。他的重点在他的欺敌方略。他强调这个陪审团是一时之选,梦幻组合。一旦听证,不管是否隔离,都对控方有益。

众人最终被他说服了。

会议的第二个议题是节日后全员会的日期,因为这关乎人们的假期。考克兰主张圣诞节后的12月27日,夏皮若主张新年过后。纽费尔德提出异议:"那等的时间太长。"考克兰立刻顺竿而上:"鲍伯,我们必须抓紧时间。"

夏皮若未再争论,并要缩短假期,提前返回。

"别担心,不必缩短你的假期。"考克兰又传出一个信息:有你没你都行。卡达辛无须传球,只管冲锋的方针被考克兰立即发扬光大。

权力易手,触手可及。水到渠成,众望所归。但是仍需要辛普森郑重的一句话。

(一百一十)嗜战斗士

会议一结束,卡达辛和塔夫茨立刻拥着考克兰去探监,准备把四分卫和跑锋的角色砸死夯实。不承想辛普森会一退到底:"我不能卷入你们的内讧。你们必须自己料理。我正等着审判,我还有很多的事要考虑。"

内讧?

考克兰入围之初,对夏皮若还算尊重。查普曼和道格拉斯常在耳边聒噪,要他接管,理由自然是夏皮若只是个交易律师。论庭辩经验,考克兰无与伦比。这是门户之见,考克兰心里清楚。他自信随着时间推移,大幕一拉开,他考克兰的分量自会加重。

夏皮若对他也颇为笼络。人敬三分,自然不能不假以辞色。两人也一度同车出入,在路上商谈一些机要。渐渐地,夏皮若对此案的个人打算也显出轮廓。

夏皮若告诉考克兰,他预期此案可以给他带来五百万的收益。待此案结束,他功成名就,就要金盆洗手,转行去做演艺和体育代理,或者直接涉入影视业,去投资好莱坞。他常批评考克兰不能善加利用自己的名望,到处去做免费演讲,免费嘉宾。其实,考克兰只要举手投足,一举一动都是为钱。

考克兰并不苟同。但是,他也知道,夏皮若说这些是为他好,至少没把他当外人。

夏皮若的好莱坞做派开始显露出来,嗜名好利,门槛精。他数次暗示辛普森有罪，劝他交易。在众人眼中，他如此费心是为了抵抗考克兰的影响，维持首席律师的地位。

他的辛普森去邦迪报复说，卡达辛为辛普森销赃说，还有真凶偷车说，早已引致众人不满。他还有手表报时说的笑话。

他曾在证据中看到，妮蔻手上的表指针指向10点钟。他就会问出，妮蔻是否死在当晚10点。这又触了众怒。贝雷在那边拼命把案发时间向后推，力图证明辛普森没有作案时间。他却反其道而行之，将死者的丧命时间向前挪。如此这般，辛普森岂不是有充足的时间作案吗？

这个说法连追随夏皮若的帕佛里克都不明白，他为什么会如此愚蠢。所谓表上的10点，极可能是次日拍照时的时间，但并没有证据证明妮蔻的表是停的。

其实，夏皮若想用10点死亡，证明辛普森无辜。如果他在10点杀人，在10点零几分时，辛普森给波拉打了几个电话。这就可以证明当时，辛普森很从容。一个杀人犯不可能在杀人之后，还优哉游哉打电话。

这证明夏皮若也有出人意料的思维，也并非全然不想为辛普森辩护。他提出不同说法，也是探讨各种可能。

但是，这与众律师宗旨不合。这些举国闻人，业内精英，都是嗜战的斗士。他们有如足球高手，精于穿插，精于过人，精于在缝隙中邃然起脚。他们满场飞奔，拼命追寻球的轨迹，然后把身体释放到空中，享受那砰然一击的美妙。关系近如贝雷，远如布莱希尔，他们对此案的投入，绝非是为了金钱，能满足亲身与役的热情就是他们的一切。

可是，夏皮若似乎是让他们退在禁区里防守反击，甚至让他们不求胜，只求平；不求平，只求输得不那么难看。这对这些法律精英实在是大羞辱。他们抛弃夏皮若也是势所必然，而拥戴好战的考克兰也是应有之义。

他们希望有一场真正的世纪大战!

两天前,考克兰和贝雷都出现在纽约,他们各自声称是巧遇,他们有私事要处理。贝雷一见面先将场子蹚好:"你看,我们从这里说起,OJ 已经表明,他希望我留在案中。我已经不和夏皮若过话了,他不应该出现在此案中。"

贝雷划下道来:有我无他,有他无我。

"你必须告诉我,你是怎么想的?"贝雷又说,"我并不想待在加利福尼亚,不过,我眼下有个公寓可租。这是很划算的交易,你告诉我租还是不租?"

这话的意思,考克兰怎么会不明白?李·贝雷已经视他为盟主。

"我希望你留下来。"

考克兰和贝雷的联盟就此形成,再加之卡达辛和塔夫茨的推动。考克兰们已经有足够的力量发动政变。

因此,"内讧"一词并不能概括当前的形势。

(一百一十一)贝雷:箭在弦上

布莱希尔的手提电脑,刺激了贝雷和他的伙伴。贝雷建议趁圣诞节回家,把所有材料运回佛罗里达,复印后扫描进电脑,这些材料一共打了二十包。

圣诞节刚过,贝雷向同事们发出一份传真,一共十三页。大意是,开辟词无论多么精彩,都需要有人用陪审团熟悉的语言传递。而这个传递人,则是非考克兰莫属。

传真一发出,夏皮若的电话就来了。

"我希望这个传真没有送到考克兰的手中。"话说得很委婉。

"这个传真发给了所有的人。"贝雷不怕撕破脸。

"你是在推举他做开辩词?"

"当然,只有他才适合。"

夏皮若在那边动了怒,贝雷则不再还口。在他心中:辩也无用,箭在弦上。他先走一步了。现在,不仅考克兰要取代夏皮若,自己也要越过他。

很快,贝雷把话题转入自己的去留。他告诉夏皮若,他在洛杉矶租了一套公寓,准备长期住下去。这不可避免要谈钱。这是二人至今未讨论过的话题。夏皮若立刻堵住回应:预算中没有这笔钱。

"鲍伯,你对我的安排,让我失望。"

"你要多少钱?我可以把你买出去。"

"没那么简单,当事人要我留下。"

"我看你只是个志愿者,你到这里只是帮我。"

"什么?"

"你在这里只是个志愿者,一个顾问而已。"

贝雷再无多话。他在道义上获得了自由。两人从此可以一刀两断了。

(一百一十二)考克兰要的就是这支令箭

在圣诞节前后,卡达辛是个大忙人。各路传真都发到他的手上,人人有意见,人人有建议。卡达辛发现自己的角色变得更为丰富。他不仅是嫌犯"最好的朋友",不仅是"冒牌律师",不仅是白干的傻瓜,现在又成了电话总机,门房加取款卡的密码。所有人都在向他预订自己未来的座位。

圣诞节刚过,卡达辛和考克兰又去探监,再次说服辛普森下决心。卡达辛劝道:"夏皮若不过是一人办公室,为这个案子,他只能雇人,而这些钱都出自你的腰包。在他那开会，还要付租金。他只有一台电脑，他那一切都杂乱无章。强尼那里有足够的空间，足够的文员，还有足够的电脑，你不用再多掏钱，卡尔轻车熟路，自会管理好一切，现在所有东西都应移过去。"

"听起来还行。"这才真正打动了辛普森。谁和钱有仇啊，"我应该和各位交代一声？"

"不必了，我们自会料理。"考克兰要的就是这支令箭，但他低估了形势。

次日，道格拉斯接到辛普森的电话："卡尔，我希望你做案子的后台总管。"道格拉斯已经知道自己的新角色。但是，有没有辛普森的一句话，可是大不一样。初来时，他只是考克兰翅膀底下的一只小鸡。夏皮若一挥手，就把他请出了办公室。那时他在团队里的地位还不如一个私家侦探。而那时，即使强大有如考克兰也只能爱莫能助。现在，他是钦定的后台总管，中军幕僚长。他也理当在开庭时，与大牌律师们并肩而坐，屈居后排的历史结束了。

道格拉斯和沙克一样是个酷好细节的动物，就爱干脏活苦活累活。因此贝雷的人马对他也很服气。信息一入他手，就会有事发生。沟通，讨论，推敲，因此，贝雷的双 M，对他颇有好评。虽然，麦克纳利已经离去，但对他仍是赞不绝口，因为他在道格拉斯面前得到了足够的尊重。现在考克兰和贝雷已经结盟，道格拉斯更是顺到如臂使手，如手使指。

其他的律师各司其职，但他们也需要一个生活主管，光那个外卖就吃得够够的了。让大家吃上锦肴玉食，乃是道格拉斯发下的第一个宏愿。

辛普森之所以信任道格拉斯，也只因为他把辛普森伺候得很好。他每次去探监，都会带去详尽的消息，让辛普森能排解那孤独日子，这一节是任何其他人都未曾做到过的。因此，辛普森对他心存感激。

道格拉斯放下电话，向所有成员发出一号命令：所有文件移交到考克兰律师楼。佛罗里达方面，贝雷要麦坎南和哈里斯立即搭机，将那二十箱材料押送到考克兰律师楼。这条夏皮若办公室到佛罗里达再到考克兰律师楼路线，看起来很像事先设计好的。

道格拉斯也接到帕佛里克的电话，报告夏皮若的所有文件和照片都不知去向。道格拉斯并不知道这些东西在佛罗里达。他立刻庞眉倒竖：有人在玩脏的了。

（一百一十三）辩方的内讧已成超级娱乐节目

12月30日，夏皮若自夏威夷发来传真，收件者辛普森、塔夫茨和考克兰。还有三位东岸的专家，巴登、李昌钰和沃尔夫。

"OJ，我非常震惊，得知你们已被误导，声称我的办公室要每月耗去七千到八千美元。事实是我加租了办公室和会议室。每月九百八十元，另加一个电脑室，四百七十一元。文员工作空间和电脑一文不收。至于旅行费用，我已有承诺，让世界级的专家享有应有的待遇，这是非常重要的。我接待他们，就像接待自己的亲朋。让他们享尽赞美、尊严和敬重。"

"巴登博士已经抱怨，不得不在为摇滚明星准备的二流酒店居留。所以，我将用个人的金钱资助专家们的食宿和出行，让我的承诺坚持到底。"

"OJ，除非你反对，让我们结束这场闹剧。"

然而，闹剧能否结束，可不是辛普森说了算。夏皮若远在夏威夷，哪里会料到在东岸纽约，辩方的内讧已是圣诞—新年季的超级娱乐节目。纽约《每日新闻》登出传闻：夏皮若将被解雇。他目前正在夏威夷避难。若想证实这个传闻，你可将电话打到某处。夏皮若在那边使用假名，只需要求与佟尼·德·米罗通话即可。

有好事者真的去核实，果然所言不虚。

1月2日，《每日新闻》又进一步：

大标题：新的辛普森比赛计划。副标题：让夏皮若坐板凳。

"若干来源证实，考克兰将主持辩护，他将采取不同方略。辛普森将废掉他的首席律师夏皮若，他将坐次席。律界传奇F.李·贝雷原为幕后战略顾问，也将因此而戏份儿加重，获得更大的发言权。

"用美式足球的语言形容，夏皮若仍是球队的四分卫，考克兰形同中场，贝雷将充任前锋，这场球没有传球，只有冲锋。

"消息来源还说，经过吃力抵抗，夏皮若最终屈服现实，退而求其次。"

夏皮若一向与贝雷相互指责，说对方将内部消息向外界泄露。这次泄露只怕不会来自夏皮若，他决不会自求其辱。

然而，在消息发出时，夏皮若真的屈服，退而求其次了？

（一百一十四）会见室上演三国演义

1月2日，新年刚过，郡监狱门口热闹非凡。这次媒体可说是料事如神，三脚架上的"枪炮"齐刷刷地对准了监狱门口。

首先现身的是考克兰。记者在高台上截击："你现在当家了？夏皮若出局了？"

随后又出现了F.李·贝雷。"说说你和夏皮若之间的是是非非，恩恩怨怨。"人群中又有人大喊。

最后是夏皮若。那话就难听了："你输了？贝雷取代了你？"

考克兰是依约而来，夏皮若和贝雷是不请而至，会见室里不期然上演了三国演义。辛普森约考克兰，只因贝雷在电话中告诉他，夏皮若的态度是有他无我，而这个他就是考克兰。辛普森眼看这个火，就要殃及池鱼。辛普森希望和考克兰谈出一个结果，重开局面。

夏皮若一入座，就怒言厉色："有人在我的背上戳了一刀。你们只是让我扮个橱窗模特。我不干，我还是退出吧。"

"鲍伯，给我一分钟。"辛普森立即打断，这次，他不得不硬着头皮上阵了，"几个月前，你告诉我考克兰如何优秀。为什么你不愿他多挑一点担子？"

"也许我应该辞职，也许我应该离开。"夏皮若的声音渐趋平稳，似乎已下定决心。

"鲍伯，我不希望你辞职。"辛普森立刻表态，开始了球场位置的说教。考克兰则在一边宽厚地望着夏皮若，仿佛面对一个闹着要糖吃的孩子。

离开时，考克兰和贝雷同行，他们认为局面已定，夏皮若不会辞职。在车里，贝雷好像又动了恻隐之心："我有点同情他，实在不忍看他失落的样子。为什么我们不把飞机上的证人分给他？这些证人万无一失。"

考克兰点点头，并未接茬。

两人赶到律师楼，全员会正在等他们。一张椭圆形的会议桌，人们分成两圈，团团围坐。前排是资深律师和大牌专家，后排则是低阶律师和文员，道格拉斯自然坐在了前排。

考克兰一身黑，坐在桌子的顶端，一副面南而坐的气派。他先致节日问候，然后，宣布议程。就在这时，夏皮若也怒气冲冲，风一般地卷进来。他脸上的肌肉紧绷，与那身休闲服正成对比。他沿着会议桌绕了一圈，一一握手，补上节日问候。然后，坐在另一端，与考克兰分庭抗礼。

"大家坐下，让我们把话扯直。我刚刚见过辛普森，我仍在负责此案。这是毋庸置疑的，我将致开辩词。"夏皮若仍是天下第一的做派。

考克兰一言不发，静待他继续说。

"我今天先分配任务，"夏皮若言归正传，"先谈李，我原指望他来负责DNA听证。现在，既然我们准备放弃，他一时也无时间准备其他，所以，我无法确定他未来的工作。"

"天谴的，"贝雷发作了，"你在那里威胁当事人，我不敢相信，鲍伯，我无法接受。"

"我在场，"德休威兹在旁证实，"我听到辛普森说了。"他是刚下飞机，也去见了辛普森。

"艾伦，我不在乎你听到什么。"贝雷几乎暴跳如雷，"辛普森是被逼，才说出那番话的。他亲口告诉我，他不愿意！"

全场目瞪口呆，这到底是演的哪一出？

"是他亲口请求我，你的二十年的朋友，转告你。他要考克兰做首席，他不好意思自己说。这是何等的讽刺。一个被控人不好意思告诉他的辩护律师，希望他退居次席？"

众人更糊涂了。这是在批评谁？夏皮若，还是辛普森？

"这是必须谴责的，顶撞当事人，威胁要辞职。然后，你跑回来说，你仍在负全责。这完全不对！"

这时，考克兰把话悠悠地插入："告诉大家真相，鲍伯，在你离开后，辛普森给我打了电话，因为你的行为，他言不由衷。他很快就要来电话了，让我把扩音器打开，让他亲口告诉众位，谁来负全责，让这件事画上句号。"

话音刚落，电话就响了，冥冥之中，似有神力驱使。

"我希望考克兰做我的首席律师，希望你们服从他的调派。"

（一百一十五）夏皮若要血染四壁

1月3日，麦坎南和哈里斯抵达洛杉矶。在把二十箱材料送到考克兰律师楼以前，他们决定再去一趟夏皮若办公室，看看还有什么东西可以扫荡一番。

他们打开会议室，发现秘书邦妮和帕佛里克正在那里。麦坎南厚着脸皮，上去搂了搂邦妮，但她并未回抱。帕佛里克怒气冲冲："文件哪儿去了？"

"你是什么意思？文件在哪儿？它们在佛罗里达。"麦坎南不肯泄露文件的真实去向。

"它们不应该在佛罗里达。"帕佛里克跳了起来。

"谁说的？"

"还有那些照片，那些现场照片在哪里？"

"也在佛罗里达。我们已经打包，准备运回来。"

原来如此，帕佛里克方才明白，贝雷和他的人早已将这里席卷一空。

"好，我很高兴，"帕佛里克的话不无嘲讽，"它们会被运到哪里去？"

"运到强尼的办公室去。"

"邦妮，记下来，我反对。它们应该运到这里，这是夏皮若的财产。"帕佛里克情绪极为激动。

"嘿，出了什么事？"麦坎南全然不知发生了什么事，此刻也有些迷惑了。

"你读今天的《每日新闻》了吗？"

"从来没读过，今天更没有。"麦坎南说的是实话。这份报纸只是纽约的地方报纸，并未在加州和佛罗里达发行。

这家报纸这几天在连续报道辩方内讧，而且，越报越多，越报越详尽。一时间，全世界都知道他们内部发生了什么。

当日，该报又将监狱会见室中的三国演义公布于众。细节之详，如同亲历。其文不仅嘲笑了夏皮若,还夸奖了贝雷,如何念旧,如何大动恻隐之心。这样消息来源自然露出马脚。不是贝雷本人,就是他的人。

在休庭时,夏皮若看到这份报纸。他面红耳赤,跳了起来。

"李必须走人。"他对着卡达辛大喊,"这次泄密,他是罪魁祸首。"

"这不是你,就是李,或者是考克兰,反正不是我。"卡达辛有几分幸灾乐祸,反正,三国演义上演时,他并不在现场。

晚上,考克兰和道格拉斯通气,他们也知道这一定是贝雷或他手下人的杰作。但也一时无奈,只好息事宁人。他们把夏皮若请入密室,劝说他与贝雷和解。

夏皮若声嘶力竭,如入无人之境:"他×了我,他强奸我。我绝不会与他同处一室。"

卡达辛也加入调解:"来吧,看在OJ的分上,让我们大家一起工作。大家见见面,好好谈谈。"

"我如果进了那个房间,那就一定会血染四壁。"

这绝对可能。他们都知道,夏皮若的拳打得很是不错。

(一百一十六)沙克这招够损够阴够高明

1月4日,为了安抚,辩方把放弃DNA听证的活儿派给夏皮若。辩方中,颇有人怀疑是否明智。但是,看到控方的反应,方信此招够损,够阴,够高明,让控方大光其火,大乱其阵。

沙克的头脑赢得了同事的敬意。

克拉克和同事争相起立抗议,称此举让他们浪费了几个月的时间。这个场面让辩方看得乐不可支。

为了听证，控方专门引入一个 DNA 检察官罗德尼·哈门。不能风光出场，自然，气得他肝肺皆颤。他带头发起攻击："这个发展并非出乎意料。但是，我们希望法庭和所有的人，都永远相信，辛普森对这个放弃是心甘情愿的。"言外之意，辛普森只是被无行律师操纵哄骗的。他要从辛普森的嘴里逼出一句话。

这个场面让公众看得发愣，黄鼠狼突然为鸡打抱不平了。

夏皮若则告诉伊藤，辩方专门就此列了一份清单，上面标明放弃听证的种种后果。辛普森完全理解放弃的后果。

"辛普森先生，他说得正确吗？"伊藤转头问道。

"尊敬的阁下，完全正确，我读了这份清单。我对他们百分之百地信任。我们撤销以前的动议，我完全理解这个撤销。"

伊藤不由得转向考克兰："吉——我希望你在圣诞节以前告诉我。我为了这个听证，已经读了两个星期的书了。"他哪里知道这并不是考克兰的主意。而他的听证班子也够倒霉的，连上场的机会都没赚到。他更不知道，其实，避开伊藤的 DNA 法官同事，正是沙克设下此计的初衷。

克拉克也很愤怒，不过这个消息，她早一天已经知道了。前一晚，检察院的秘书电告她，CNN 的某记者在找她，声称有重要情报要通报。她得知辩方这个把戏后，气得对着天花板翻白眼。

近来，她一直和证人做听证准备，无日无夜，把圣诞节都搭进去了。而原来估计要有一两个月的时间做缓冲，现在这个缓冲成了泡影。想到开庭在即，顿觉压力上身，很重很重，重得无法喘息，自觉要大病一场。

当天，伊藤法官宣布，他同意控方的动议。为防止陪审团不被媒体报道污染，将对他们实行隔离。

（一百一十七）谁去知会伊藤？

辩方欢喜之余，又要面对难题，辛普森的新书《我想告诉你》将要出版。而大多数辩方律师还被蒙在鼓里，此事初衷是卡达辛和塔夫茨为筹款做的商务决定。

沙克闻知大呼："上帝，这可是噩梦。如果采访录音被传证，如果和警察的询问不符。如果，他又决定做证……"

贝雷安慰大家："我读过了，万无一失。"考克兰和道格拉斯站在他这一边，夏皮若和沙克激烈反对。

但是，经济上可因此而缓解。这才平息了争论。

可是，谁去知会伊藤？这可是个挨骂的活儿。这些大牌律师纷纷走避。而沙克根本反对知会他：此事与他无关，我们没有这个义务。

无奈，卡达辛又成了超级倒霉蛋。他又从冒牌刑辩律师，转行成了商务律师。

好在伊藤的反应很平和，他和卡达辛一向相处尚可。他看了看手中的新书："什么时候正式出版，或者更具体一点，媒体什么时候能拿到这本书？"

"这个月底。"

"好，没问题。到那个时候，陪审团已经隔离了。"

（一百一十八）贝雷的去留：老九不能走！

夏皮若和贝雷彼此仇视，龌龊不断，让考克兰头大。审判即将正式开始。这个局面无法继续。正常应对是请一个人走，考克兰当然希望夏皮若走。不要说几个月的纠葛不快，就是近来的分庭抗礼，也是很好的理由。可是，团队是夏皮若一手组建，连自己也算是被他网罗来的。自己一旦黄袍加身，就请他走人，只怕难听的话会很多。其次，夏皮若的面孔已是世人皆识。他一旦消失，陪审团立刻就会警觉：辩方一定出了事。这样无端刺激他们，只怕不妥。还有一层，大堪顾虑，他离开后，会向媒体胡说八道。

美国的法律对律师——当事人特权保护得极为严厉，并非仅仅当局不能传讯而已。律师本人也必须保证终身不能泄露。即使辛普森曾经向夏皮若承认杀了人，夏皮若也不能说。他必须把这个"坦白"带到坟墓里去。如果他泄露了，不仅会失去律师的资格，而且会去坐牢。因此，担心他报复，大可不必。

但是，他如果对媒体胡说，就很难追究。因为媒体一向保护消息来源。只要不提及来源的姓名，那是谁都无奈的。更何况，夏皮若与坊间流言小报亦有来往。这些小报的流言，永远在真实与谣言之间。这些东西是信不信由你，连追究的根据都没有。一旦，他把内幕透露出去，杀伤力之大，可想而知。最后，让他走，也是牵一发动全身，会引起其他律师的不满。再跟着他走几个，那麻烦可就大了。

几番推敲下来，让夏皮若走的想法只好打住，而且是永远打住。

那么，只好让贝雷走了，这也有点难。在与夏皮若争权之中，贝雷一直站在自己这边，更何况也答应他留下了。让他走岂非过河拆桥，刻薄寡恩？当然，让他走比让夏皮若走更容易。《每日新闻》的文章，绝对是他的杰作。若让他走，仅这个理由就可封住悠悠之口。另外，他曾因醉酒驾车，上过法庭，是夏皮若为他辩护取直的。他那好一口的毛病尽人皆知，他的手也常常不由自主地颤抖。媒体已在风言风语，这也是日后上庭的隐患。

可是，贝雷已定下做 DNA 质证，让他走必须有人取代。考克兰立刻想到沙克，最佳人选，不二人选。考克兰向沙克做了试探，没想到，沙克一口拒绝。他不愿上庭，只愿在幕后筹划。考克兰一面失望，一面由衷佩服。此君不重名利，这么千载难逢的阵仗都肯放过。而且，沙克的工作之狂热亦是无人能及，还有他的谋略。考克兰在原有的敬意之上，又加了三分。

为难之余，考克兰忽然有了主意，对道格拉斯说："让我们看看，由他质证达藤医生，结果如何。"

道格拉斯知道，贝雷虽是名牌大律师，而且也不要钱，但他已荒疏多年，会不会留之无用。

家暴入证的听证正在进行。达藤医生是控方的证人。贝雷对突如其来的指派有点吃惊，他根本无时间准备，不过，贝雷自认为正是显山露水的时候。一个大牌律师，必须有类似职业球员的素质，拉出来就能上场，无须准备。

开庭前，他听闻达藤医生写过书，就走过去套近乎。声称要交换著作，这是心理战，给所有人一个信号，老将出马，从容第一。然后正襟危坐，听控方询证。贝雷很快发现，达藤准备不足，仓促上阵。

贝雷在法庭外备有顾问。其人是辛普森的心理医生，这位医生正在马萨诸塞州看实况转播。询证一结束，贝雷就出去打电话，很快将达藤的弱点漏洞一一掌握。

因此，轮到质证时，他手中无纸，张口就来，而且语速极快。一会儿就把达藤问了个人仰马翻。

达藤有个重要的理论：施暴者只有在条件满足时，才会表现出宽容慷慨。贝雷问他：如果一个人没有特定条件，就像辛普森那样，为布朗家人所有的东西买单，而且，从不要求回报，那么，他偶然失态发火，这是否与达藤的理论相悖？如果说他是施暴者，他却是无条件的慷慨，而他既是无条件的慷慨，就不可能是达藤所说的施暴者。

达藤承认很难界定。贝雷又迂回进攻："你怎么分辨家暴施行者和偶尔发火的慷慨丈夫？"回答：无法。

那么，这又如何与谋杀连起来？哑口无言。

家暴入证的辩论，没有立即裁决，伊藤许诺将会用书面文字宣布。可是，贝雷的去留已有了定论：老九不能走！

（一百一十九）达顿的两个证人

1月7日，达顿应召来到会议室。这不是全员会，却是更重要。几个资深律师辟室密商。达顿有预感，自己的戏份儿会越来越重。

会议出席人：克拉克、豪格曼、达顿、勾德伯格。再加上两个外来的检察官哈门和克拉科。论资格大致相当，都是G4、G5级的检察官，只有豪格曼位置高过众人。他已越过两级，成为检察院一级的首长。豪格曼和众人一样端坐一侧，听克拉克的分配。

"比尔，你负责尸检官。这个任务很重要。上次预审中，尸检官被夏皮若攻得七窍生烟。"

"汉克，你负责冯和玛珠拉，还有罪证室的其他人。"汉克心思缜密，善写动议，亦善策谋，罪证收集是个细活。

哈门和克拉科负责DNA证据。将他们自外面请来，就是要专门应付此事。哈门来自旧金山，克拉科来自圣地亚哥，正好一南一北。达顿对这二人的到来，很有几分腹诽：还是外来的和尚好念经。其实这样的人物，在本郡定能找到。这两个人可不知道洛杉矶的法律环境有多坏，没有浑身肌肉是混不下去的。

"我负责听到狗叫的证人，还有在犯罪现场的警察。"她似乎并不在意旁人的感受。

只剩下达顿了。周围的白面孔立刻更白,他们警觉地望着达顿。

"克里斯,你负责佛曼和范纳特。"克拉克一直低头看着手中的纸,并不在乎旁人的反应。其他人都直起腰,仿佛被速冻在冰箱里,僵在那里,纹丝不动,他们在等着达顿发作。

达顿心中骂了一句:这哪是证人,这是两团火,两个超级大麻烦。"负责"不好,就会烧得尸骨无存。人人不愿干的活,摊到自己头上。是器重,还是看中了自己的肤色?尤其是佛曼的黑鬼说,乃是本案成败之关键。自己好像是赶往屠宰场的牛,正在任人宰割。

发作并未发生。"行,"达顿压下怒火,"没问题。"

众人散去,达顿走到门口,问一个新进的检察官:"你觉得这证人的分派如何?"

那个检察官说了一句:"有被 × 的感觉,真为你难过。"另一个同事则评论:克拉克把最难的扔掉,自己拣最省力、最出活的证人,言外之意,很有些不平。

达顿倒是不做如是想。他相信克拉克并非挑肥拣瘦之人。然而,他真有几分失望,直觉就是她希望用自己的肤色,去抵消佛曼的种族主义。在内心深处,他深信这极为愚蠢,是掩耳盗铃。

达顿和佛曼天生是一对冤家,两人初次见面就彼此看不入眼,达顿这边尤为强烈。佛曼早早前来,坐在戈登的办公室里等他。达顿则是来去如风,有意忙忙碌碌,将佛曼晾了一个半小时。佛曼对这种怠慢,面色铁青,怒形于色。

达顿最终坐下来,直截了当地问:"如果,辩方问你'黑鬼'一词时,你怎么应对?"

"我不会说我从来没骂过'黑鬼'一词。"

"在什么情况下,你用过?"

"不知道,我猜当我被激怒的时候。"

"像什么情况?"

"比如说路堵了,但我从来没在工作中说过。"

话不投机,达顿索性草草收兵。佛曼那边也明显松了一口气。

(一百二十)达顿手中有一封信

以后几次准备都是在大陪审团的法庭里。达顿再也不肯单独与佛曼打交道了。每次都有其他的检察官参与顾问,达顿觉得好过一些。其间,法庭内常常人满为患。面对众多的旁观者,佛曼一则以惧,怕其中有媒体的人;一则以怨,嫌达顿把自己当作敌意证人。不是询证,而是质证。让他分不清达顿是为了实战,还是对他真的大有怀疑。因此,佛曼并不配合。达顿的同事也为此争论不休,常常把佛曼晾在一边。这些准备变得滞碍难行。

几次下来,媒体与辩方已经知晓,达顿在为询证佛曼而彩排。

一接手佛曼,达顿首先要调查证人的背景。在此之前,佛曼的资料全部在同事柴瑞·路易斯的手中。她对佛曼有好感,因此对交出所有资料颇为迟疑。移交前,对佛曼大大夸奖了一番,试图影响达顿。

佛曼的背景:

马克·佛曼,四十三岁,生在华盛顿州。他是妈妈的儿子,爸爸的仇敌。妈妈保护他,近乎溺爱。父亲则是浪荡无羁,麻木不仁,空话连天。他曾在五六年级被送到军营式的学校。他的理想是做个艺术家。高中毕业后,他加入陆战队,是个机枪手。1973年曾被送到越南前线。当时正值美军溃败撤离,他并未真正参加过战斗。

一个一等兵形容他:"仇视该×的黑鬼。"这是见诸文字的第一个例子。佛曼对此否认。这是二十一年以前的事。在日后,为提前退休做心理评估时,他自承认离开陆战队,就是因为身边有一群黑鬼和墨裔士兵。此话出自佛曼之口,被心理医生记录在案。

达顿手中有一封信,来自一个地产商。她的大名是凯瑟琳·拜尔。她在7月,看到佛曼做证,就认出了他,并声称与他有不愉快的交道。辩方是在10月由贝雷发现,并奉为至宝。而控方则迟至12月,才被达顿仔细研究。

凯瑟琳·拜尔在信中写道:

> 1985年至1986年间,我做地产经纪,地点在瑞当都海滩。那时,公司楼下是陆战队招募站,我常常进去说声哈喽,那个站由两个军官主持,我在那里见过佛曼几次,他的身高和体格使我印象颇深。
>
> 佛曼警官说,如果他看见一个黑鬼与白人女子在同一辆车内,他会命令他们停下。我问他,若是没有正当理由?他说他会制造一个。我问他,若是他们在相爱?
>
> 他对我的话明显厌恶。他说:"如果照我的意愿行事,应把黑鬼集中起来,然后把他们烧掉。"我看着另两位军官,看看是否只是个玩笑。但我的结论是,他是极其认真的。我气得浑身发抖,以致很难回顾他的语言。但是,我能确信,这是我一生中遇到的最可怕的事。这出自一个警官之口,它让人不寒而栗。
>
> 我绝不是辛普森的崇拜者。但是,我憎恨看到任何人因警官的极度仇恨而受到伤害。

看得出,这个凯瑟琳是同样的憎恨,同样的认真。达顿心中的感受可想而知。

佛曼本人对此一概否认。其他在场的人也否认，另有一个黑人军士，也称毫无印象。

辩方也为此做了查证。陆战队隔壁的黑人店主提供了另一份证言：

店主寇曼先生也是越战老兵。他和一个白人妇女共同拥有这家服装店。他与佛曼相遇在1984年至1985年之间。当时，佛曼常与他的搭档造访招募站。他的目的是获得一个预备役职位。军士荣·罗向寇曼承认，但佛曼不喜欢他。因为他常与白人妇女出去盘桓。一日，罗介绍他们认识，佛曼拒绝握手，让罗十分尴尬。

达顿还有一份心理评估在手，乃是佛曼闹提前退休的记录。时间：1980年3月。当时，他正在闹婚变。他的前妻抱怨，自认识他以后，他的性情剧变，变得仇恨和多疑。

心理医生的评估大致与此符合：

他在警局的经历，与在陆战队相似。在两段经历中，都是在五年后，感到厌倦，试图离开。他沉溺在杀人打人的回忆中，毫无自责。他吹嘘如何施用过度暴力。他长时间地陈述，滔滔不绝。在嫌犯不合作时，如何打断他们的手脚。

这个求诊之人，自恋自溺，乃至精神不稳，但是，并没有因工作引起的精神失常。在参加陆战队以后，他明显转变。他有人格问题，但是，这是长期的。言外之意，与警察工作无关。

达顿心情极为复杂，感到自己的认知与同事有明显差距。难道是因为自己的肤色？检察官自克拉克以降，都对佛曼赞誉有加。戈登和路易斯则近乎崇拜。警局内佳评如潮，媒体更不用说。他俨然是除克拉克以外的宠儿。

达顿始则用职业操守扪心自问，是否因种族不同而心生成见。继则有强烈的愿望,离开此案。

达顿强忍着厌恶,对上述说法调查印证。第一个问的是荣·菲利普斯。此人据闻直率诚实。

菲利普斯答道:不,他不是种族主义者。他总是说出自己的观点,他恨犯罪分子。他不在乎他们的肤色。他恨他们,一视同仁。

如果,在十年乃至十五年前,他有这样的言论,那只是不成熟。现在,他已经十分成熟,至少是近三年内。

你认识梅耶吗?他俩是好朋友。每星期都出去吃两次饭,梅耶还为他看孩子。

达顿认识这个梅耶。她是非裔检察官。

达顿又问1985年与约克的冲突。菲利普斯承认:对,但是已经从记录里删去了。

还有关于纳粹纪念物的收藏?菲利普斯断然否认:纯属谣言!

最后是移居爱达荷州沙点退休的传闻。据说那里是雅利安国度,即白人至上主义者的家园。菲利普斯解释道:那只是凑巧。他打算移居只是为了渔猎。

而后,达顿又在他黑人同事中调查,无人说他是个种族主义者。但承认他为人难缠,傲慢,性情暴烈。

达顿有了定见,他不是为了种族主义为佛曼辩护,他将为了辛普森双杀案向证人询证。想到这层,他的心绪渐趋平静。

(一百二十一)拜尔的证人资格

1月13日,控辩双方健将云集,今天是立案以来,最重要的一场较量。

这次较量缘起控方。他们向法庭提出动议，在未来的审判中，摒除 N 词。

所谓 N 词就是黑鬼 Nigger 的代名词。人们为了避讳，免得祸从口出。"黑鬼"一词是大忌，无人敢在公开场合使用它。很多地方是法有明文，严厉禁止。否则，就是种族仇恨罪。

在辩方眼中，这是釜底抽薪，摒除 N 词，无异于排除凯瑟琳·拜尔的证人资格，排除将心理评估入证，进而彻底封杀辩方的栽赃说。明明是要排除证据，却用这种借口，围魏救赵。辩方自然要焦土抗战。

开庭前，达顿和考克兰坐在后排，聊聊家常，叙叙旧，气氛十分平和。伊藤进来以后，两人各归其位。

"你并不需要打种族牌。何苦呢？你有其他的办法辩护嘛。"达顿抓住分手的机会劝说一句。

考克兰面无表情，目不斜视。

"让我们把案子搞成一个旷世经典吧。"达顿又加了一句。

"行，我奉陪！"

柴瑞·路易斯首先开场，陈述动议的理由：佛曼使用 N 词一事年代久远。这个词在人前提起，是冒犯挑衅，尤其是面对少数族裔。使用这个词只是性格缺陷，与本案无关。然后，她转向达顿，把他介绍给伊藤："达顿先生希望就此向法庭致词。"

这是达顿第一次在法庭上长篇大论：

"尊敬的阁下，我认为使用 N 词是如何冒犯，挑衅的明证是我和考克兰先生，两个双方唯一的黑人领衔律师，被迫在法庭上公开卷入辩论。

"这是一个肮脏污秽的名词。我绝不允许在我家中使用这个名词。我相信考克兰也是如此。这个词贬损诋毁，极度偏见，极度冒犯，以致使用它时，会引起非裔美国人的强烈反应。"

考克兰原指望，达顿会引经据典，从法律的角度辩论，不承想却是人的反应。这种说法于法无据。人的心理反应已经超出法律的界限。法律管不到人们怎么想，只管人们怎么做，或怎么说。而 N 词更没那么简单，它是某种罪行的要件，不能以人的反应为由来排除。

"这是最污秽、最肮脏、最龌龊的词。在这个案子中，在这个法庭上没有它存在的空间。"达顿一连用了几个最，"这个名词只能做一件事，它将激怒非裔陪审员，它将给他们一个考验。这个考验是，你将站在哪一边？"

说到此，达顿已是声色俱厉了。

"一边是白人检察官和警察，另一边是非裔嫌犯及其著名的非裔律师。这就是将发生的考验：要么你和人家在一起，要么你和兄弟在一起。没有一个黑人在听了这个词后不会被激怒。"

话音未落，考克兰已是怒从心头起。再没有人比他更清楚 N 词的含义了。对多数黑人，也许包括达顿，N 词的来历，他们未必清楚。而考克兰为此专门查过大不列颠百科全书的：

N 词源于 NEGRO，在 1911 年版 NEGRO 条目下清楚地写着："在智力上，黑人比白人低下。具体原因是，NEGRO 的智力发展的停滞甚至衰减，极大地基因于他们的青春发育期后，性事成为他们生活和思想的主要部分。NEGRO 的智力结构极像孩子，通常表现得和顺快乐。有时也易于因激怒而冲动发作。届时，他们会表现出残忍凶暴，易受左右或者愚蠢自负。但是在为人奴仆时，通常会表现出像狗一样的忠实。"

这个条目的撰写者是当时的美国统计局的总统计师。

被如此界定，谁能坐得住？可是这位黑人检察官偏偏还在继续："当你向这个陪审团提及此词，或者向任何非裔美国人提及，它将遮住陪审团的眼目，使他们无法面对事实。他们将无法分辨何为真，何为假。这将影响他们的判断，将剥夺他们公正无私的能力，这将对检察院提出的控案产生极大的偏见。"

在达顿的眼里，这些非裔陪审员居然与那个词目严丝合缝，像个孩子，易受影响，智力低下，不知正义道德为何物。

现在，考克兰的怒火已将脱口而出了。道格拉斯则在他耳边低声怒骂："这欠 × 的在说什么？"

"这因此而成为种族案子，这是黑对抗白，非洲裔对抗高加索裔，我们对抗他们，我们对抗体制。"达顿终于图穷匕首见，"这个词应在英语中废除，在法庭上禁止，你不应让他们使用。"

达顿结束了长篇大论。考克兰未及起立，道格拉斯已在耳边催促："上去，踢他的屁股！"

"我要是没有借这个机会回答我的好朋友克里斯·达顿先生的话，我可是太麻木不仁了。"提及"好朋友"三字，考克兰的口气颇为嘲讽。

"他的评论是我从业上庭三十二年来最不容置信的评论。对作为整体的非裔美国人，他的评论是自甘下流。"考克兰的话足够狠辣。

道格拉斯的脸上怒气渐平，喜色渐升，这是他最喜欢老板的时候：好一个强尼，够怒够硬够爷们！毫无虚饰，完全出自心底。

考克兰转向伊藤："为此，我想向遍布全国的非裔美国人道歉，对我们的陪审团说，非裔美国人生活在压迫下，长达二百年之久，现在仍无法与主流社会共处？仍不能听闻这些秽词？这是自甘堕落。非裔美国人在他们的一生中，饱受贬斥、歧视和恶待，但是他们仍然相信这个国家。"

"尊敬的阁下，今天我们讨论的这个词出自佛曼之口。我深感羞耻的是，达顿先生居然允许他自己做佛曼的辩护人。"

辩护人？达顿立时目瞪口呆。此种形容，奇耻大辱。他蓦然起身，意欲抗议。但是他环顾四周，看到道格拉斯们一脸鄙视，旁观者一脸震惊，记者们一脸错愕，就砰然跌入椅中。然后将身子一拧，转了个180度，面向后排，把个背给了伊藤。

然后，考克兰坚持向法庭宣读凯瑟琳·拜尔的证词，这个证词是在宣誓后完成的。考克兰要求将佛曼的话记录在案。

伊藤显然被达顿无礼的举止激怒了，但是，仍努力维持法官的尊严。

"这是我们社会尚未解决的一个重要问题，尤其是我们在20世纪60年代生活过的人。希望这种事永远消失，非常遗憾，我们仍不得不继续读这种东西。"

考克兰接受伊藤做法官的初衷，就是希望他有少数族裔的良知，终于在此刻兑现了。

伊藤最后判决：这份证词是与种族主义相关的证据，允许辩方入证。

（一百二十二）考克兰与达顿：亦友亦敌

考克兰在法庭上，称达顿为好朋友，并不夸张。两人在案前相互照应。达顿常常向考克兰介绍民事案子，而考克兰也投桃报李。几年前，检察院特控处出了个空缺，达顿曾求助考克兰为他活动。考克兰欣然动用充沛的人脉为他出力，但是事有未谐，达顿未能如愿。从时间上看，那正好是克拉克进入特控处的时候。

不久，有个案子让考克兰心生成见。1991年9月达顿介绍了一个案子。

在东洛杉矶某地，有一个连续抢劫案。警察根据线报，锁定某住宅，打算搜查。一个27岁的非裔青年住在那里。当他要求警察出示搜查证时，警察离开了，因为他们没有搜查证。在离去时，气急败坏，出言恫吓要踢他的屁股。

两天后的黎明，十个防暴警察用电夯撞开了他的门，顷刻间，邻居听到自动枪一阵急射。这个青年倒在血泊中，头朝下，身上只有一条短裤。他被射中二十八处，全部都在背部。

背部中枪，非同小可。那意味死者对警察没有威胁，只是逃避而已。而警察在没有生命威胁的境况下动枪，形同谋杀。一枪足以定罪，何况是二十八枪？

死者家属控告警察。达顿奉命调查，却并未立案。他说没有足够的证据起诉他们，就将死者家属介绍给考克兰，开始民事求偿诉讼。

在考克兰准备案子时，达顿私下透露：一个特警队的警官闯入公寓时，忘记关掉通话的麦克风。他的声音被录了下来。录音的最后一段是：不许动，黑鬼。然后，正是此人将一梭子子弹全部扫尽。达顿告诉他们，这个录音保证存在。他亲耳听过。

考克兰敦促法庭扣押了这个录音，据此，为苦主家属赢得八百七十三万五千美元的赔偿。

在研究案子时，考克兰和搭档发现，达顿在自己的调查报告中，只字未提这个录音，更遑论它的内容。

因此，考克兰在法庭上的这些话，并非完全临时起意。实在也是对达顿颇有看法，是其来有自。

（一百二十三）达顿和豪格曼互换角色

正式开审一天天接近，克拉克和达顿配合越发默契。他们每天都要谈到深夜，已是声息相通，亲密伙伴。

一晚，克拉克忽然说道："你需要多做一点。"达顿还未回味出这个"多"是什么意思，克拉克在电话那边给他派了一堆活。居然都是豪格曼手中的证人，几乎是让达顿全面接管。达顿心中不免踌躇。豪格曼和克拉克之间发生了什么事情？

在他的心目中，豪格曼也是个大律师，论资历，论战绩都不错。只是，最近精神欠佳，似乎日见消瘦。其原因不得而知。

达顿试探问了一句，克拉克只是浅浅地答道：比尔很好。

几天后，三人有个短会。达顿应约来到克拉克的办公室，豪格曼甫一露面，克拉克就找了个借口，临时告退。

似有默契，克拉克一走，豪格曼就不失时机，对达顿说："我希望你在案子中多担些责任。"

"为什么？发生了什么事？"达顿希望知道真实原因。

"没什么。"豪格曼似乎言不由衷。

"难道你和克拉克……？"达顿不愿蹚浑水。

"这个案子，"豪格曼思忖片刻，"你我都知道这将会怎样。我不是指种族身份。我是在谈战略，这是一场肉搏战。我只是觉得你比我更合适。"

话说得那么吞吞吐吐，那么委婉。达顿知道较真也无多大意思，就顺了他的意，其实也是克拉克的意思。

片刻，克拉克返回，这个话题，再也无人提起。三人谈了一些琐事，也就散了。

从此，达顿就成了共同首席检察官，而豪格曼则接过后台工作。就在顾左右而言他中，两人的角色易手。

（一百二十四）佛曼是你的了

辩方这边，自从圣诞节——新年政变，座次大致底定。考克兰首席，夏皮若次席，贝雷再次。而实际上，考克兰和贝雷在法庭上唱主角，贝雷的分量很重。现场 DNA 证据的质证交给了他。

在夏皮若做首席时，他曾试图把 DNA 质证揽入手中。现在，贝雷自认万能，法庭上的事还不曾难倒过他呢。

1 月 20 日，贝雷专场模拟，向同事们显示如何质证 DNA。很快，人们发现，他实际是肚里空空。听起来口若悬河，其实对 DNA 一无所知。连布莱希尔和沙克两位大内行都听不懂，更遑论他人。

同事们面面相觑，欲言又止。考克兰按捺不住了："李，我的天啊。我们都听不懂，难道你指望陪审团能听懂？"

布莱希尔想起贝雷日前抱怨过：DNA 不就是纸上那些点儿嘛。其实就是巫毒法术中的豆子，什么都代表不了。

而沙克则幽幽地叹了一口气：这可如何是好。

还是卡达辛把话说出来了："贝雷不能对付 DNA，我这不是对贝雷个人有成见。他——根本就不懂。"

考克兰再把贝雷叫进办公室："李，我们不得不讨论 DNA 问题。我们刚决定，这事必须由沙克去干。"

贝雷立时抗议，却明显有气无力，做个样子，挽一点脸面而已。他现在只需要一个台阶。

考克兰就给了他一个。

"我们付钱请这些家伙来，就是因为他们是内行，他们是专家。这本来就是他们的活儿。"

贝雷就势放弃，一股气泄到底。不过，考克兰手中还有一个大大的胡萝卜。

"别担心，我们会给你其他的证人。"他停了一下，吊吊贝雷的胃口，"佛曼是你的了。"

（一百二十五）伊藤法官的最后裁决

伊藤法官的最后判决下来了：家暴证据允许入证。由此，加上N词入证，控辩双方一胜一负。各有所得，也各有所失。

正式开审，大势底定，一场恶战在即！

它不合手 何罪之有 | 辛普森案实录

许卫原 著

Ⅲ 它不合手

人民日报出版社

图书在版编目（CIP）数据

它不合手　何罪之有：辛普森案实录 / 许卫原著.
-- 北京：人民日报出版社，2018.11
ISBN 978-7-5115-5691-2

Ⅰ．①它… Ⅱ．①许… Ⅲ．①刑事犯罪－案例－美国
Ⅳ．① D971.24

中国版本图书馆 CIP 数据核字（2018）第 233930 号

书　　名：	它不合手　何罪之有——辛普森案实录
作　　者：	许卫原
出 版 人：	董　伟
责任编辑：	马苏娜
封面设计：	主语设计

出版发行：人民日报出版社
社　　址：北京金台西路2号
邮政编码：100733
发行热线：（010）65369527　65369512　65369509　65369510
邮购热线：（010）65369530
编辑热线：（010）65369522
网　　址：www.peopledailypress.com
经　　销：新华书店
印　　刷：大厂回族自治县彩虹印刷有限公司

开　　本：710mm×1000mm　1/16
字　　数：840千字
印　　张：66.25
印　　次：2019年6月第1版　2019年6月第1次印刷

书　　号：ISBN 978-7-5115-5691-2
定　　价：168.00元（全四册）

目录 | Contents

- （一）全世界都等得不耐烦了 ………………………… 001
- （二）如果女儿被强奸了，思本斯负责 ………… 003
- （三）她居然没把你铐起来? ……………………… 004
- （四）伊藤法官首开纪录，震动战局 …………… 006
- （五）夏皮若和贝雷携手入庭 …………………… 007
- （六）达顿为新角色费神 ………………………… 010
- （七）克拉克生怕"成也佛曼，败也佛曼" …… 011
- （八）克拉克咆哮，沙克乐不可支 ……………… 013
- （九）大将军出征了 ……………………………… 015
- （十）冰山在海中升起 …………………………… 021
- （十一）血案现场照片狂轰滥炸 ………………… 024
- （十二）这是一件谋杀案 ………………………… 026
- （十三）道格拉斯在全世界众目睽睽之下 ……… 030
- （十四）豪格曼进了急救室 ……………………… 033
- （十五）老天爷站在克拉克一边 ………………… 034
- （十六）克拉克登台兑现十分钟的红利 ………… 035
- （十七）绝不能让她隐藏佛曼 …………………… 037
- （十八）石普带来惊人一幕 ……………………… 040
- （十九）我这样是为了良心 ……………………… 041
- （二十）他说，老实坦白! ……………………… 043
- （二十一）1993 年 911 录音 …………………… 045
- （二十二）兹罗姆索维奇到场待传却没做证 …… 045
- （二十三）他抓住我把我也扔了出去 …………… 046
- （二十四）你们在屋里抽了大麻? ……………… 047
- （二十五）夏皮若放了一段录像 ………………… 049
- （二十六）媒体对德尼丝做证的评价 …………… 051
- （二十七）克拉克的第一组证人 ………………… 052
- （二十八）伊藤宣布辛普森前妻必须做证 ……… 054

（二十九）狗叫的时间 …………………………… 056
（三十）克拉克的证人并未涉及辛普森 ………… 056
（三十一）洛杉矶又空了半座城 ………………… 058
（三十二）克拉克走现场建议正中辩方下怀 …… 059
（三十三）克拉克将辛普森"带回"现场 ………… 061
（三十四）克拉克踏勘第二现场辛宅 …………… 062
（三十五）警察证词让辩方暗喜 ………………… 065
（三十六）考克兰歪打正着 ……………………… 066
（三十七）贝雷心神不定令考克兰担心 ………… 067
（三十八）豪格曼归来 …………………………… 069
（三十九）警官菲利普斯做证 …………………… 070
（四十）现场证据抵达纽约州 …………………… 071
（四十一）探长兰做证 …………………………… 073
（四十二）探长兰成了考克兰的沙袋 …………… 074
（四十三）达顿的奇举 …………………………… 077
（四十四）辛普森的鞋 …………………………… 078
（四十五）你们是否传孩子？ …………………… 079
（四十六）同样问题两个判决 …………………… 081
（四十七）达顿杠上伊藤 ………………………… 083
（四十八）辩方证人失踪了 ……………………… 086
（四十九）女管家洛佩兹坐上证人席 …………… 088
（五十）又是道格拉斯 …………………………… 091
（五十一）考克兰放逐帕佛里克 ………………… 092
（五十二）考克兰的两个明星证人 ……………… 094
（五十三）达顿灰头土脸，考克兰土脸灰头 …… 095
（五十四）哥伦比亚项圈与毒贩 ………………… 097
（五十五）是项圈还是领结？ …………………… 098
（五十六）探长兰的煎熬结束 …………………… 099
（五十七）达顿认为克拉克利用自己的肤色 …… 101
（五十八）让那些白人出头，为佛曼辩论吧 …… 103
（五十九）大陪审团庭的闹剧 …………………… 103
（六十）玛莎，我对付不了那个X娘的 ………… 106
（六十一）达顿要同事们测谎 …………………… 107
（六十二）佛曼像热锅，克拉克像蚂蚁 ………… 108
（六十三）克拉克传证探长佛曼 ………………… 111
（六十四）贝雷的手套栽赃说 …………………… 116

| 目录 |

（六十五）贝雷质证佛曼，陆战队对陆战队 …………… 118
（六十六）贝雷直捣证人动机 …………… 121
（六十七）贝雷悠悠一问，佛曼不留破绽 …………… 124
（六十八）贝雷下套布下铜网阵 …………… 124
（六十九）又一个陆战队对陆战队 …………… 129
（七十）录像在放，贝雷也在歇斯底里 …………… 131
（七十一）这是小号的，我猜是贝雷的尺寸 …………… 132
（七十二）媒体休息室里一片欢腾 …………… 133
（七十三）佛曼眼前的一段浪漫曲 …………… 134
（七十四）陪审员肯尼迪出局，魔女进入 …………… 136
（七十五）达顿传证探长范纳特 …………… 139
（七十六）达顿的制高点 …………… 141
（七十七）前夫应对此案负责？ …………… 146
（七十八）夏皮若随口一问，同事汗水立奔 …………… 148
（七十九）感觉好极了，不紧张 …………… 154
（八十）凯伦，妮蔻的爱情顾问 …………… 158
（八十一）妮蔻凯伦，房东房客 …………… 160
（八十二）凯伦守口如瓶的品质 …………… 162
（八十三）克拉克想要的，凯伦不给 …………… 163
（八十四）凯伦传证终于转入案发当天 …………… 166
（八十五）克拉克暗度陈仓，辩方一串反对 …………… 168
（八十六）案发当日辛普森的电话录音 …………… 170
（八十七）屋后的巨响 …………… 171
（八十八）凯伦朋友的留言 …………… 175
（八十九）夏皮若温言软语营造温馨气氛 …………… 177
（九十）辛普森的包 …………… 181
（九十一）这是你的证词？ …………… 182
（九十二）凯伦出书的交易 …………… 184
（九十三）克拉克传证礼车司机帕克 …………… 186
（九十四）你在10点55分看见那个人？ …………… 187
（九十五）帕克没看见野马车 …………… 194
（九十六）思本斯的大姑娘风波 …………… 197
（九十七）克拉克达顿相携度假旧金山 …………… 198
（九十八）物证阶段，风波再起 …………… 200
（九十九）一个中国姓，一张华人脸 …………… 202
（一百）传证很顺利，辩方很沉静 …………… 204

（一百零一）指纹 …………………………………… 205
（一百零二）玛珠拉取现场血样明细 ………………… 208
（一百零三）东部来的矮个律师 ……………………… 209
（一百零四）当天的明星不止沙克 …………………… 213
（一百零五）哈里斯飓风登陆法庭 …………………… 215
（一百零六）辩方私探跨州旅行 ……………………… 216
（一百零七）沙克重开质证冯丹尼的战局 …………… 217
（一百零八）哪里，哪里？它在哪里？ ……………… 220
（一百零九）冯丹尼的这一天 ………………………… 223
（一百一十）笔记的第四页 …………………………… 224
（一百一十一）勾德伯格和冯丹尼跳在空中 ………… 227
（一百一十二）夏皮若的种族玩笑 …………………… 228
（一百一十三）沙克拒绝伊藤的收兵令 ……………… 230
（一百一十四）冯丹尼爬出证人席走向辩方律师 …… 231
（一百一十五）这一天，还有热闹的 ………………… 233
（一百一十六）伊藤按下葫芦浮起瓢 ………………… 234
（一百一十七）陪审员造反了 ………………………… 236
（一百一十八）布鲁克林口音 ………………………… 238
（一百一十九）纽费尔德的路线 ……………………… 240
（一百二十）高科技 DNA 月 ………………………… 242
（一百二十一）马特桑终于把 8 毫升凑齐了 ………… 245
（一百二十二）辩方顺藤摸瓜不客气了 ……………… 247
（一百二十三）8 毫升说后患无穷 …………………… 248
（一百二十四）我们正在踢你们的屁股 ……………… 249
（一百二十五）控方终于把核武器请入法庭 ………… 250
（一百二十六）克腾女士的天文数字 ………………… 253
（一百二十七）沙克们坚信 DNA 证据能够挑战 …… 255
（一百二十八）把支票本拿出来，立刻 ……………… 256
（一百二十九）纽费尔德仍然纠缠统计 ……………… 258
（一百三十）辛姆斯没有遇到克腾那样的抵抗 ……… 259
（一百三十一）DNA 鉴定的大戏落幕 ……………… 261
（一百三十二）雅马乌齐失口，天赐良机 …………… 261
（一百三十三）下岗的陪审员，陪审团造反的领袖 … 264
（一百三十四）陪审员的表情 ………………………… 267
（一百三十五）DNA 落幕，尸检登场 ……………… 269
（一百三十六）陪审员被送入炼狱 …………………… 271

（一百三十七）伊藤庭训 …………………………… 272
（一百三十八）L博士传证结束 …………………… 273
（一百三十九）被伊藤借去的那一天 ……………… 274
（一百四十）十位去职陪审员的从法简史 ………… 276
（一百四十一）勾登博士何在？ …………………… 277
（一百四十二）"这还行，收回反对。" ……………… 281
（一百四十三）加州驾驶证说，六英尺！ ………… 284
（一百四十四）一把真匕首 ………………………… 285
（一百四十五）夏皮若的律师惯例 ………………… 287
（一百四十六）夏皮若高效质证让团队叹服 ……… 289
（一百四十七）达顿传证手套采购员 ……………… 290
（一百四十八）三个臭皮匠，赛过诸葛亮 ………… 292
（一百四十九）试手套抢先机，达顿意醉神迷 …… 294
（一百五十）它们不合手，它们不合手 …………… 298
（一百五十一）这场大剧，全世界都看见了 ……… 302
（一百五十二）手套之后是皮鞋 …………………… 303
（一百五十三）辛普森：今后不必给贝雷派活 …… 306
（一百五十四）辛普森再试手套 …………………… 306
（一百五十五）不打倒佛曼不算完 ………………… 308
（一百五十六）亲爱的朋友又发臆想症了 ………… 309
（一百五十七）我相信你找到了我的错误 ………… 311
（一百五十八）纽费尔德质疑控方基因库 ………… 313
（一百五十九）手套的故事还在继续 ……………… 313
（一百六十）克拉克寄望最后一战 ………………… 314
（一百六十一）大处长的图板 ……………………… 315
（一百六十二）克拉克掉进油锅 …………………… 317
（一百六十三）伊藤痛苦的裁决 …………………… 319
（一百六十四）贝雷质证无功而返 ………………… 320

（一）全世界都等得不耐烦了

媒体等得不耐烦了，公众等得不耐烦了，全世界都等得不耐烦了。审判就是在不耐烦中徐徐拉开序幕。

旁听席上坐着一个人，思本斯。他既是观众，又是评论员，NBC 的评论员。只因为考克兰走了，加入辛案辩护团。媒体需要一个法界辩护大腕儿，那么就非他莫属了。当初，若是他被夏皮若延揽，这个位子仍属考克兰。总之，不是你，就是我。

法庭不够大，六十三个座位。前两排由控辩双方瓜分，用来安置顾问专家和随员。

辛普森的家属被伊藤钦定，有固定位置。苦主家属也是如此。

第二部分属媒体，位子有限，五六个而已。本是轮换，思本斯却是常客，因为整个新闻界都想借重他的判断。这让 NBC 占了大便宜。若是考克兰，能否有此待遇，则大有疑问。

第三部分属公众，六至十个，需要彻夜排队。能否进去，还要抽签决定，但仍有人趋之若鹜。

1 月 22 日，第一天，思本斯仍是牛仔打扮，鹿皮衣，肩上挂着流苏，牛仔裤加长筒靴，牛仔帽不能戴。法庭是个庄严的地方，代表国家，代表人民，戴帽就是简慢，就是不敬，不敬则有罪，那是可以上铐的。

思本斯本想西装革履，可是不行。老板不同意，团队不赞成，公众也不干。要是没有这套行头，人家和你握手，都觉得很委屈。大家要的是牛仔罗宾汉大律师，不是打着领带的贫嘴。

思本斯一路走来，周围纷纷乱乱，居然仍有人不认识他。上前向他兜售，你给多少多少钱，我帮你搞一个位子。其时，他已在媒体露面多时，早该家喻户晓了。

洛杉矶就是这么个荒唐城市。这几个月，全世界都在念着它的名字。东岸的纽约都快被人忘了。

思本斯"登堂入室"，顺利无比。那个特许派斯换来无数个点头致意。他也正欲体验一个前所未有的大快悦：轻轻松松进去，安安静静坐下，然后坐山观虎斗。

一进门，先看见夏皮若，张着两只手，咧着大嘴，上来就是一个大大的拥抱。不远处，就是辛普森，从座位中站起，挥手向他致意，还喊着他的名字。这个镜头立刻进入千家万户。

于是在场的人都向他招手微笑。一时风头无两！夏皮若将手一摆："过来，我带你去见伊藤。"这一刻，思本斯真觉得夏皮若亲如兄弟，近若知己，有一种要涌泉相报的欲望。

思本斯一转头，看到记者席上的同行。那个眼神，羡慕啊！

回转头，还未迈步，一张庄严无比的脸挡在面前，还是个女的。金发碧眼，五大三粗，一身法警制服，腰里还别着枪。

"你必须出去！"金发碧眼五大三粗发了命令。

思本斯一惊，是出去，不是不许进。这是赶出法庭啊！

他急忙出示那个派斯"我有特许，为什么要我出去？"思本斯出入法庭多年，这还是第一次。

"你必须出去，因为你违规了！"法警的眉毛直了起来。

思本斯倒抽一口气："我刚进来，不过半分钟，违规从何说起？我犯了什么天条?"

"你刚和本案的律师说了话。有规定:媒体人员不许在法庭上与律师交谈。"

思本斯站在那里进退两难。

"你在说什么?"夏皮若反身插进,"这是盖瑞·思本斯,他是最棒的律师。我要带他去见法官!"

说完伸手一隔,拉着思本斯就进去了。思本斯越过她后,回过头,一脸恓惶,耸耸肩膀,表示歉意加无奈。

夏皮若把他带到伊藤面前,介绍只是礼貌。法官忙着开了口:"我在电视上看到你了,我也读过你的书。"云云。

思本斯坐下来立刻恭维:"这次由你主持,美国人民有福了。你对他们做法制教育,告诉他们什么是法,是法庭,还有律师。绝大多数人对此一无所知啊。"也是云云。

这是律师的基本功,上庭要锋利无比,不惜与法官唇枪舌剑。但是下来,又要能勾肩搭背,称兄道弟。其实法庭上那一套,都是给公众和苦主看的。这个案子完了,还有下一个呢。

(二)如果女儿被强奸了,思本斯负责

若说思本斯这个人,资历与考克兰和伊藤一样,都是检察官出身,思本斯的来头更大一些。二十五岁时,就是一郡的检察长,与嘎塞提相当。只是他那里穷乡僻壤,到处都是流浪汉、冒险家,还有牛仔。检察长当得没有嘎塞提威风,嘎塞提手下光检察官就有900人。

思本斯就任之初，年轻气盛，一出马就将当地唯一的小妓馆关了。这个小妓馆乃是流浪汉、牛仔的天堂，立在小城边上，一向与民众相安无事。妓馆被关后，那些青楼女子流离失所，惨不忍睹，当地又无就业机会，她们就继续当街卖笑，成了小城的大难题。

思本斯完全没想到，又因此引来一场公众示威，带头的居然是那些常年泡教堂的妈妈们。她们抗议的理由，真真让思本斯大开眼界："这个妓馆一关，流浪汉就会满街乱窜，还会强奸妇女，如果我们的女儿被强奸了，要思本斯负责。"

思本斯就是在这个环境里出道的。因此，他对社会底层有不同感悟，他能成为罗宾汉式的公众人物，也是其来有自。

（三）她居然没把你铐起来？

三言两语出来，思本斯又看见了考克兰。考克兰这边手一招，夏皮若立刻像乒乓球一样，跳到别处去寒暄。两人之间的紧张，立刻落在思本斯的眼里。

"很高兴看到你，此事完了之前，也许会需要你。"一副掌控大局的口气。说完把头一甩，向着夏皮若的方向，一脸愠色，一脸鄙夷。

"事情进展得如何？"思本斯更关心辩方进展。

"还好，我们已经有了悬判，现在正争取无罪开释。"话虽说得有点大，但是，思本斯这个同行，并不惊讶。结果应该相去不远，陪审团摆在那里。

思本斯又经过那个金发碧眼五大三粗。"真对不起，给你惹麻烦了。"思本斯不由得信口开河起来，"真没想到我有这么大的能耐，居然无须试一下，就把所有的规则都违犯了。"

然后思本斯试着给她一个暖暖的微笑，本以为这个玩笑可以缓和紧张，可是人家巨眼圆睁，面无表情。

"我保证一件事，"思本斯移近一步，女法警却又退后半步，"我是个好爷们。今后保证，不向你咨询，绝不敢违规一步，一定要你为我自豪。"

女法警仍无意回话，思本斯再试一次："在案子结束前，我们的亲密和谐保证能让人人羡慕。"

无奈，那张公事脸更加庄严了。思本斯只好悻然走开，找位子落座，言归正传去也。

座位拥挤，思本斯只好一个个道对不起，才挤进自己的位子，旁边又是一个金发碧眼，《今日美国》的名牌：萨莉，一个极好相处的女性。

"你和大姑娘在嘀咕什么？"她上来就问。

"谁？"思本斯不明就里。这是记者们给女法警起的绰号。大姑娘早已被众人恨得牙根发痒。

"大姑娘啊！"萨莉把笔一摇，指向那个女法警。

"噢，没什么。"这是思本斯的滑铁卢。

"得了吧，别兜着掖着了。萨莉把胳膊肘捅到思本斯怀里，典型的自来熟。

"真的真的，没什么。"

"告诉我，必须说。我看见你们在嘀咕。"萨莉半犯横，半撒娇。

思本斯很快放弃抵抗："不许外传，更不能上报纸。"

"当然，你正对着坟墓说话。"

"我告诉她……"思本斯无法自制，开起玩笑，随口说了几个黄词。

"上帝，你真的说了？"萨莉几乎惊得跳了起来。

"你可说了保密。"思本斯追了一句。

"保证不说，可是，她居然没把你铐起来？"萨莉仍是一惊一乍的。

此后，这一天忙坏了思本斯。不断有同行过来问："你真的说了？"思本斯第一次领教了媒体的传播能力，无远弗届啊。

晚上，甫入家门，又有电话追来，居然是夏皮若："听说你和大姑娘有个小小的谈话？"

思本斯蓦然警觉。玩笑是不是开大了？两个月后，《顶楼》杂志就此发了一篇专文，段子很黄，却不是他告诉萨莉的那一个。这是后话。

（四）伊藤法官首开纪录，震动战局

1月15日，双方正在休整，等待正式开战，伊藤法官却首开纪录，震动战局。他开铡立威，将陪审员320号和228号罚出场，送回家。场上比分一比一。控辩双方各有所得，也各有所失，均衡并未打破。伊藤向场上三方发出警告：只有他才是法庭的1号。

事情缘起几日前，辩方声称接到一个匿名电话。陪审员320号在工作中与同事议论案情，这绝对犯了伊藤的天条。报纸电视都在禁止之列，更遑论讨论案情。究竟有没有这个电话，"匿名"两字足够圆说。辩方坚决要求把她踢出去。

320号是西裔妇女，38岁，一个邮递员。邮递员乃是政府工作，在琼·伊兰的雷达上，她是亲控派。因此，清除她乃是应有之义。

但是，伊藤法官岂能随便左右？真正的原因是在半个月前，320号到庭时，有点鼻青脸肿。伊藤亲自询问。她说是男友施暴，把她的屎都快打出来了。说穿了，一起家庭暴力。伊藤派法警依例调查，她的男友供认不讳。可是在她的问卷上，她却对此事只字不提。因此，她的错误是欺骗法庭隐瞒关键事实。

事情若是到此为止，辩方当然可以庆祝。却不知，拔出萝卜带出泥，伊藤将陪审员 228 号一并踢出。

228 号是非裔，在赫兹租车公司工作。据说在公关聚会中与辛普森握过手，而辛普森是该公司的形象代言人。辛普森在广告中，穿梯越栏，成为广告的一时经典。因此，228 号看起来有了利益冲突。这个情节自然也没出现在问卷上。伊藤派人调查，找到了目击者，而且不是一个两个。这种事情，人们总是争着与政府配合。

而 228 号则说，他对此事全无印象。有也罢，无也罢。伊藤不想听到问卷上没有的东西。

（五）夏皮若和贝雷携手入庭

1 月 16 日早上，贝雷接到一个电话，来自《纽约时报》的记者："我们手上有夏皮若对你的评论。你打算回答吗？"

"不。"贝雷毫不犹豫。

接着又是一个电话，然后，就是一而再，再而三。最后《名利场》的记者成了压断贝雷脊梁的最后一根稻草："夏皮若把这件事钉在你的屁股上了。"绯闻记者知道怎么激怒对方。

贝雷怒火中烧："天啊，我的上帝。这家伙的话太刺激了。"

今天的头条就是贝雷和夏皮若两人束甲相攻。贝雷终于拿到一份《洛杉矶时报》，对两人的矛盾历历如绘：

"在辛案开审前夕，辩方的两位名律师打得不可开交。贝雷被夏皮若轰出办公室，还把信纸抬头上的贝雷名字换掉。夏皮若证实确有此事，并有话：我不能让毒蛇睡在我的床边……"

"上星期，此事已见端倪。贝雷初次上庭，质证达藤医生，开始他的复出之旅。当时夏皮若躲到一边，避之唯恐不远。"

随后，贝雷向考克兰发了一个传真，表示要回敬夏皮若。六天前，考克兰刚向同事们发出备忘录，呼吁大家停止内讧，和衷共济。当然，也就是指这两位。没想到，今天还是事发了。

考克兰和道格拉斯一碰头，决定了结此事，让夏皮若走人。可是辛普森坚决反对。

辛普森先给贝雷打电话："希望你不要反应。"

贝雷回答："毒蛇之说，我不能不回答，但是我会谨守分寸。"

辛普森的心放了一半："好吧，请不要节外生枝。"辛普森最担心让夏皮若脱缰。夏皮若与坊间小报交游甚广，这些小报无人能奈何之。

考克兰虽然心中恨恨不已，生吃了夏皮若的心都有，可是辛普森下了死令：必须把夏皮若留在板凳上。

正在万难之际，那个克拉克口中的冒牌牧师，葛莱尔伸出援手。

"你介意我给这二位打个电话吗？"

介意？求之不得啊。辛普森一听，另一半心也放下了。

葛莱尔先致电贝雷："你愿意原谅夏皮若吗？"仿佛在教堂里，天上浮着上帝。

"绝对愿意。可是他不理我呀。"贝雷似乎很委屈。

葛莱尔再打电话给夏皮若："请记住为什么你来到这个案子里，不要为媒体分心。你的目的很清楚，帮助辛普森。"夏皮若没有异议。事情在缓解中。

次日，17日晨，卡达辛致电夏皮若："我去接你，一起去法庭。"

路上，卡达辛劝道："你应该了结此事，让它到此为止。"

"你不知道,也不懂。他是我儿子的教父,我太愤怒了。"夏皮若的话不无道理。贝雷所为,用床边的毒蛇形容,差得也不太远。他把所有资料拐到佛罗里达,又曲线救国,送到考克兰的律师所,让夏皮若全无反抗谈判的余地。这对夏皮若而言自然是背叛,说他背后插一刀,并不过分。但是,贝雷所为,其实有辛普森的默许。

"为了OJ你必须这样,毕竟他在付你工资。"卡达辛只好晓之以理。

这一招似乎无效:"贝雷就是一个××。他想夺权。他牺牲我,成就他的复出。"

真是话糙理不糙。不管贝雷动机如何,结果就是如此。贝雷复出了,夏皮若让位了。

夏皮若的话越说越横,卡达辛只好勉为其难:"鲍伯,了结它,为了OJ,不是为你。"

车子开到考克兰的停车场,正好贝雷已经到达,在等其他律师。卡达辛抓住机会,赌它一赌:"鲍伯,下去,和他握手,抱抱他,让他知道一切都过去了。"

话说了,可心中无数。真怕他来个血溅四壁。

还好,夏皮若走近贝雷,伸出手:"我相信我们能为了OJ共事。"贝雷也伸出手紧紧一握。然后,两人又抱在一起。

这时,考克兰适时出现,恭喜他们前嫌尽弃。事情这样巧,巧到天衣无缝,似乎一切都在安排之中。只有夏皮若蒙在鼓里。

律师们聚齐后,浩浩荡荡开向法庭。法院的广场上,媒体又是长枪短炮,等在那里。夏皮若和贝雷下得车来,心照不宣,胳膊挽着胳膊,踩着点子,昂首阔步,仿佛踏着进行曲,把一票媒体从业人惊在了当地。

（六）达顿为新角色费神

自从豪格曼"自动下野"转入后台，达顿日夜为自己的新角色费神。三分兴奋，三分自信，再加四分委屈。嘎塞提明令，为这个新阵容保密，禁止任何人泄露，尤其是达顿本人。

几天前，伊藤法官召开庭前会。控方出席：克拉克、豪格曼、达顿。辩方阵容豪华，个个都是法律界的翘楚。可是，在达顿眼中，彼一时，此一时也。他们现在可以不入眼了，达顿已有足够资格评论他们。毕竟，自己开始领军了。

考克兰：除去头上有两张面孔，袜子里还揣着两张。言外之意，百变妖狐。自从考克兰的"道歉事件"以后，达顿满肚子怨恨。

夏皮若：一向皮笑肉不笑，非伪即滑。只是一个交易律师，无足轻重。在达顿检察官眼中永远是个二流角色。

贝雷：老相毕露，行动滞缓，一个嗜酒之徒。虽然成名甚早，但过气亦早。他的心思就是东山再起，卷土重来。

尤曼：一个退休的法学院院长，并无任何法庭实际阅历，成天絮叨各种法典。天知道他在说什么，懒得理他。

德休威兹：东部哈佛的教授，专干定罪后上诉的。工作倒是令人羡慕，坐在电视机前，也能拿工钱，而且还不少。

沙克和纽费尔德：东部来的唱 DNA 双簧的。坐在那里喧宾夺主，炫耀他们的 DNA。他们的成就就是把杀人犯、强奸犯从监狱里捞出来。

道格拉斯和卡普兰：考克兰老板手下的小律师，即使上场也是第二排。自己虽然和道格拉斯一样，曾是后台主管，眼下两人的身份不可同日而语了。

还有伊藤法官：这么点琐事，不过是开庭后的注意事项。找克拉克和夏皮若们开个边厢就行了。他却把所有的人召来，明显是无病呻吟。这么小的事，却偏要来个誓师，为所谓世纪大审，祭天盟地，先要演习一下大司命的范儿。

目前，只有自己似乎还未正位。在媒体和公众面前，不过是个黑皮肤的救火队员。为了那个N词，去给白皮肤们顶缸。此时，达顿将主控的秘密，连伊藤都不知道。

最不甘心的，迄今为止，媒体已经公布双方阵容，用巨幅照片登出。控方入选不少，唯独没有达顿这个共同首席主控官。

1月21日，达顿自作主张，选择了《纽约时报》，给了他们一个意外惊喜。自从N词事件后，达顿对《洛杉矶时报》恨之入骨。对此，嘎塞提保持了沉默，达顿发现自己真的有分量了，这个擦边球算分。

至此，全世界都知道了。那个叫达顿的黑皮肤检察官不再是消防队员。这场比赛，由他开球！

（七）克拉克生怕"成也佛曼，败也佛曼"

1月23日，辛普森双杀案正式开庭。

媒体早已备足猛料，经过几晚的狂轰滥炸，将开庭前的所有事件复习一遍。

法庭前的广场，由小镇的嘉年华，一下转为圣诞—新年季的满城狂欢。辩方律师盛装革履，上下料理一新，一扫几日来哈欠连天的倦态。

律师们不必如往常一样，进入法庭先要穿过长枪短炮的埋伏。法庭为他们专辟通道，车可直接开入大楼的地下停车场，然后乘专用电梯，直达法庭。

卡达辛一入电梯，就看见克拉克衣着平常。除去敌意更浓，似与昨天并无两样。法庭中个个正襟危坐，仿佛在等待圣诞弥撒。卡达辛先去了辛普森的囚笼,两人手握手,做起祈祷:上帝在上,正义一定会降临。

法官走进法庭,升台坐下,然后是陪审团鱼贯而入,面无表情,各自就座。两台摄像机悬在墙上,一台近景锁住法官和证人席,将陪审团排除至画面之外。这是伊藤的禁令,任何陪审团的信息都不许泄露。媒体若想知道他们的反应,只有靠思本斯们的现场观察事后报道了。另一台反向全景,将律师们和看客一网打尽。

出乎所有人的意料,伊藤法官也包括在内。

控方先站起来的是克拉克,达顿却坐在那里平静如素,好像什么事都不会发生。克拉克提出402动议,让全场哗然,也许是举国哗然,因为此刻半个美国都在电视机前。

听证一启,最起码是一天,若是几天也不意外。

克拉克请陪审团回避,由伊藤法官先听凯瑟琳·拜尔的证言。控方仍要求禁止凯瑟琳做证,理由仍是此人与本案无关。

克拉克这招犹如宿醉未醒,却又要续摊。她深知此举不得人心,但是,佛曼这个证人太重要。克拉克心中极为不安,生怕此案落入"成也佛曼,败也佛曼"。唯一良策,就是将凯瑟琳封杀。克拉克不惜得罪天下之人,也要将此事做成。

辩方是贝雷应战。佛曼是他的猎物,由他质证主杀。贝雷语速极快,凌厉冲杀。他索性把话说绝:"佛曼构陷辛普森,只因为辛普森胆敢和白人妇女在一起。"这话说得比克拉克还要疯狂。辩方本不需要"证明"什么,只需散布怀疑。现在,贝雷等于自己坐到火上,背水一战了。

案子还未开锣,已届沸点。

在辩论中,他亮出另一张底牌,洛佩兹。他坚称佛曼有意隐瞒对洛佩兹的调查,目的仍然是构陷辛普森。如此这般,你来我往。开控庭诉一个字还没有说，案子已演变为辛普森对抗佛曼。佛曼生生被辩方拉来陪绑。日后的进程也证明，这是贯穿全案的主线，控方想躲也难躲过。而那个凯瑟琳，却让双方始料不及，其实是个可有可无的人物。

听完辩论，伊藤没有多话，对克拉克说："我允许你们对凯瑟琳·拜尔质证。"言外之意，凯瑟琳可以做证。

克拉克这一竿子没有枣，而考克兰却得寸进尺，乘机向法庭提出，在开辩庭诉时，他需要辛普森开口，谈谈他的身体状况。

这是又一个史无前例，让被告在庭诉时做会发声的道具，无异于让他自辩却不需质证。这个要求于法不合，考克兰也并不抱希望。可是，这一竿子居然把枣打下来了。

伊藤裁决：动口不许，做活道具可以。允许他走近陪审团，展示他的腿。

克拉克们怒到了极点。她还有一个选择，将此裁决上诉到巡回上诉法院，但是成功的概率很低。上诉法院并不愿意卷入证据的纷争，在他们眼中，此事太小。克拉克也自问，上诉法院真的否决伊藤的裁决，将是什么结果？那只会与伊藤结仇，日后不会有好果子吃。她选择了放弃，但案子终了后，她才大为失悔，恨不当初也。这是后话。

（八）克拉克咆哮，沙克乐不可支

接下来，就有人冷暖自知了。按照伊藤的裁决，双方在庭诉前，须再沟通一次，看看有什么遗漏。犹如比赛开打前，双方再核对上场名单。例行公事，几分钟而已。

可是，今天不同。辩方有两位心思忐忑。一是沙克，一是道格拉斯。

沙克来自纽约，欺敌手段极为丰富。有时近乎无赖。第一个程序，双方再过目一下展示图板。开庭前，将所有证据预告对方，乃是法规。谁敢做局？可是沙克偏偏瞒了若干。他宁肯犯规，也不让对方预知。

克拉克一见到这些图板就暴跳如雷，用当日媒体的形容，就是咆哮。其中一块图板凝结了沙克的心血。这块图板详细罗列了辛普森样本血的使用记录。证明有 1.5 毫升的血不知去向。这么简单的算术，不过是加加减减。耗去沙克、纽费尔德和布莱尔几个星期的时间，反复查证是否有其他可能。现在丑媳妇要见公婆了。

沙克并不担心图板因隐瞒被禁。没有图板，还有嘴，照样能说。他只担心克拉克另有说法。可将这 1.5 毫升的血样的去向解释清楚，这才是沙克的噩梦。

因此，沙克最怕克拉克看后无动于衷，照单全收。现在，看到克拉克如此咆哮，沙克心中乐不可支。

上个星期五，控方也演了一出。他们知会辩方的名单上也多了一些陌生的名字。辩方也为此闹过一场。不过，控方应付裕如，四两拨千斤。

控方主辩是柴瑞·路易斯。她的理由很简单：这是辩方的错！本来在节前，大家都在准备凯利佛莱尔听证。这个听证至少需两个月。因此，控方以为有足够的时间知会辩方这些新证人新证据，辩方也会有足够的时间调查。不承想，过了节，辩方突然放弃听证，让控方措手不及。于是本来正常的事，反而成了"违规"。这个反驳合情合理，让辩方当场闭口。

伊藤对"违规"裁决：达顿和克拉克在开控庭诉时，不准提及。证人仍可在日后出庭。薄惩，意思意思。

现在，克拉克拿辩方的"错处"讨伐，辩方并不慌张，他们都乐在心里。沙克的损招确收实效。

轮到了道格拉斯,他上哪里找理由去?

他手上还有一份三十四个证人的名单。对控方而言,新出炉的,全新的。控方能饶他?

此事倒真真怪他。去年夏天,伊藤已定下交换证据证人的最后期限。期限之后,即使有补充,也不应太多。可是现在手上一下多出 34 个,未免过分。他很委屈:他接管后台才几天?此前都是夏皮若的班子负责。

权力易手后,道格拉斯本应一一核实查对,可他误以为此事早已办妥,未向控方查证。今天这个局面是咎由自取。他只好选择了沉默,选择蒙羞。整个辩方团队也选择了沉默羞辱。

最让道格拉斯委屈的是图板。这个名单错在自己,无话可说。而那些图板,他确曾建议知会对方。沙克坚决反对,考克兰也给予沙克"政治正确"之支持。道格拉斯抱怨无法交代。老板冷酷无情:这关乎当事人的大局,你就栽到自己的剑上去吧!

伊藤裁决:只准十名证人做证。辩方立时失去二十四个证人。还有一段警察在血泊中随意穿行的录像也被禁入,严惩。

今天的场面足够精彩刺激,可是媒体却怨声载道。这类争斗何时了结?大家要看正剧,现场直播不插广告也。

(九)大将军出征了

1 月 24 日,达顿一进检察院,就看到一盒巨型蛋糕。上面用奶油写着:"让我们踹阔律师的腔!"

达顿着一身黑礼服,崭新崭新。一款大红领带,光彩耀眼。这是他早就买好，藏之高阁的。他就在等这一天。

办公室里也一扫随意的气氛，落拓的风光没了。人人正装，个个精神。他们沿墙而立，郑重其事，对着达顿大行注目礼。大将军要出征了。

布朗、勾德曼家庭也全员到场观礼，然后随达顿和克拉克进入法庭。场面庄严肃穆，美国人在营造气氛上一向很有心得。

达顿在法庭上讲了一个肥腴的故事，冗长却充满小说情节。恩怨情仇，色香味齐全，令媒体齐叹过瘾。

"我想这样说足够公平。今天全洛杉矶最难的工作，非我莫属。但与你们相比，你们的更难！

"你们承诺公正，不抱偏见。你们承诺仔细倾听和斟酌本案的证据。你们承诺仅仅根据证据和法官的指示做出判决……你们承诺绝无隐藏个人企图……

"所有人都想知道，所有我的熟人都会问同一个问题：OJ. 辛普森真的杀了妮蔻·布朗，辛普森真的杀了荣·雷利·勾德曼？"

"答案是：对，真的！

"我们看过他为南加州大学打球。他在玫瑰杯上击溃加州大学洛杉矶分校。他赢得过海兹曼奖，他可能是 NFL 有史以来最出色的跑锋。我们看过，他在赫兹广告中穿栏越椅，在机场如履平地。还有他在裸枪中的蘑菇云发型。我们常常看到他，以至大家认为我们认识他。

"我们看到他的公众面孔，如同其他公众偶像……但是，他们也有私人生活、私人面孔。我们将在审判中展示他的私人面孔……证据将显示他是殴妻汉、虐待狂、控制狂，荣和妮蔻的谋杀者。

"他杀了妮蔻，只为了一个原因。他不恨妮蔻，也并非不再爱她。在他心中，仍然很爱。他杀她的原因和人类本身一样古老：嫉妒，吃醋。他杀她只因无法再拥有她。他也不许其他男人拥有她。他杀她是为了控制，永久的控制，永远持续的控制。杀死她……没有人可以拥有她，除了他自己。

"他杀了勾德曼另有原因，只因勾德曼挡在他和妮蔻中间。"

达顿不厌其烦，把这些关系重复几遍，一次比一次措辞冷峻。

"被告和妮蔻初遇时，她只有18岁，而被告30岁。妮蔻与别人共租一个公寓，而被告已拥有一幢宫殿。妮蔻在餐桌旁伺应食客，而被告则是百万富翁。无人知晓妮蔻·布朗，而被告却是举国皆知。

"自从相遇，被告开始慢慢控制她，给了她一个独居的公寓，买礼物送她。当妮蔻19岁的时候，已经开上保时捷。被告逐渐控制她，通过经济手段。

"证据显示，妮蔻从不曾有过真正的工作，从不曾拥有过自己的买卖，也从没有自己的收入。

"随着时间的推移，他获得了更多的控制，也越发恣意妄为。

"你们会听到如下证据：家庭虐待，家庭暴力，跟踪恐吓，身体摧残，施暴和公开羞辱。他在精神上折磨她，剥夺她的自尊。

"她不是芭比娃娃……

"当她怀孕时，他辱骂他，骂她肥，称她是猪，在她家人亲朋面前折辱她。"

达顿不断重复：虐待、辱骂、羞辱。

"被告并未到此为止。他得寸进尺，要切断妮蔻与若干人的交往，以致妮蔻不得不阻止他们现身。他仍不罢休，他变得日益嫉妒，索性直接禁止这些交往。"

达顿又将这个话题重复数遍，仿佛法庭中有人没有听到。

"回溯到1977年，他们约会了8年，终于成婚。这个婚姻充满暴力，暴力把婚姻凿得千疮百孔。

"1985年，警察应警到罗金汉，看到妮蔻正在大哭，激动，脸上红肿……

"妮蔻告诉警察：我们干了一仗，我打算离开，辛普森抢起球棒，把我的车窗打碎。这是1985年。

"……就在那时，被告出来，给了一个解释。警察没有逮捕他。

"我们的证据显示，这是一个信息，一个信号，一个警告。奔驰的下场就是妮蔻的下场。而这确实落在了她的身上。

"你们将会听到1989年1月1日的事件。大约凌晨4点钟，911接到罗金汉的电话。911接线员会提供录音……背景中，一个女人在号哭，你们还会听到这个被告在打老婆，抽她嘴巴。

"警察赶到后，妮蔻自黑暗中冲出，只着内裤、乳罩，满身泥污。她在喊：他要杀了我，他要杀了我。

"她的眼睛肿了，嘴唇破了，自树丛中冲出，瘫在警察的怀中……

"又在此刻，被告出来，一身睡衣……他进一步羞辱她，当着警察面：我又有了两个女人。我不需要她，不想再让她上我的床。

"警察与被告隔门相对。警察说：我们将逮捕你，你妻子明显受到虐待。回房去，换好衣服，随我们去警局。

"被告回答，你们警察来过八次了，就为这逮捕我？这是家庭私事。为什么你们想弄出动静？我们自己能处理。

"这就是OJ.辛普森。他确实换了衣服，但是，他没有跟警察走。他跳进本特利，扬长而去。次日，他出现在玫瑰杯的赛场上。

"你们将会听到检察院探长们的证词。几个月前，他们将妮蔻的保险箱打开。他们会告诉你们，89事件，受伤照片……被告给妮蔻的信。

"1992年，他们离婚了。她当时三十三岁，她死时三十五岁。

"1992年1月，妮蔻搬出罗金汉，然后启动离婚程序，辛普森因此掉了20至25磅体重。几乎每天，他都要致电妮蔻的姐妹……致电她的父母，有时还会痛哭流涕。他会说有多么爱她，希望她回心转意。他在利用他们，把妮蔻圈回来。

"她没有走太远。她在布兰伍德附近的格莱特纳·格林街，租了房子。他们仍然见面，毕竟有共同的儿女。

"他无法应对失去她，无法应对身边没有她，无法应对失去控制，他仍在追逐她……

"你们将会听到妮蔻母亲的证词……他告诉妮蔻的母亲：所有我的朋友都劝我让她走。当妮蔻母亲问为什么不让她走。他回答说：你知道我不能，我无法让她走。

"他唯一能做的是夺回控制权，企图掌握她的一切，所以，他开始跟踪她。

"到了格莱特纳·格林街，妮蔻开始和一个男子约会。他的名字叫凯斯·兹罗姆索维奇……任何时候，她和兹罗姆索维奇出去，被告都会不期而遇，适时出现。兹罗姆索维奇将会做证。

"他们去了一家餐馆，名叫崔斯特。妮蔻、兹罗姆索维奇，还有几个朋友，占住一张桌子，他却占住另一个。他抓住一把椅子，背对桌子，面向他们坐下。他坐在那里，目不转睛，看着他们。兹罗姆索维奇会告诉你们这是何等恐怖。

"另一次在玛萨卢纳，辛普森突然出现，从车中下来，直奔他们的桌子。他双手压住桌子说：我是OJ.辛普森，她仍然是我的妻子。那时，她已提出离婚诉讼。

"一天晚上，兹罗姆索维奇和妮蔻看戏归来。他们回到格莱特纳·格林街。大约凌晨3点……他们在沙发上做爱。

"但是，那里并非只有他们两人。有人在那里看，透过窗户看。看客就是本案被告。他透过窗户看妮蔻和另一个男人做爱。

"第二天，他直接走进妮蔻的公寓。他变成了另一个人，愤怒，脏话连天。

他说：'昨晚，我看着你们，我看到了一切。'

"这就是控制。这就是关于控制。当然，他并没有打断他们做爱。他没有出拳揍兹罗姆索维奇，他也没揍妮蔻……为了控制她，他必须当面锣对面鼓，去恐吓她下不为例。这就是控制，百分之百的控制。

"几个月后，如你们所知，妮蔻仍试图说服自己回归家庭。他们失败了，他们又重新开始。妮蔻和被告一样，是努力回归的一方。

"1993年10月，一个意外，另一个控制事件……被告强闯妮蔻的家门，未经许可，他悄悄潜入，吓坏了妮蔻，她不得不打911。你们将会听到911电话录音，你们也会听到911接线员做证，你们还能听到被告的背景声。在背景中，他仍在大骂1992年4月与兹罗姆索维奇的事。

"你们还会听到妮蔻与接线员的对话。从她的语调中，你们会听到她惊慌恐惧。不仅如此，她感到绝望。

"那天，他没有打她，没有抽她……但他确实把公寓查遍，看看谁在那里。

"之后，他们又尝试和好，但又归于失败。

"1994年5月，妮蔻的生日，被告送给妮蔻一个极珍贵的礼物，一件首饰。除去形容为努力和解，难有其他说法。但是，几天后，妮蔻彻底放弃，就是它，再见！

"……他无法面对，无法接受。他不能失去控制。他不想，也不曾。

"6月12日，被告的女儿独舞表演。布朗全家出席，还有不少朋友。小礼堂人满为患。座位有限，因此许多人站着，大家散在各处。

"被告来了，一束鲜花在手。他向众人说'哈喽'……他就这样与众人寒暄。他坐在布朗家族后面。不久，他起立，拉过一把椅子，放到角落里。他面向妮蔻，坐在那里瞪着她……

"你们将会听到证词。证据显示，那是威胁的眼神，愤怒的一瞪，让所有人如坐针毡。

"表演结束后,又起了一点小争执:是否允许被告献花。最终,他还是献了一些。布朗家族决定去玛萨卢纳晚餐聚会。离场时,明确表示被告不在邀请之列。借此机会,再次重申:一切都已结束。妮蔻的新生活已经开始。

"当布朗家族离开时,他们回望,看到辛普森愤怒、沮丧。他们十分警惕,不免猜测。下一步会是什么?克拉克女士会告诉你们,被告都干了什么。"

(十)冰山在海中升起

轮到克拉克出场,终于把这一天带到极度亢奋的境地。

所有人,无论是现场的,还是屏幕外的看客,无不心跳加速,紧张到无法自持。

人们仿佛看到一座冰山,在海中升起,而泰坦尼克号正在向它开进,只等那咔嚓一撞。人们仿佛站在地狱边缘,脚下颤颤巍巍。稍一失衡,就会万劫不复。控辩双方莫不如此。信不信都不例外。

这又犹如冠军战的终场PK,信者怕她一脚踢失,不信者又惧她一脚破门。

克拉克就是在这个气氛中走上来,面对陪审团。

克拉克扫视整个陪审团,静静地:八个非裔,两个西裔,一个印第安混血,一个高加索裔,也就是白人。

他们也在用眼神审视克拉克,冷冷的。尤其是六个非裔女性,面无表情。克拉克心中自问,彼此之间就无共通之处?克拉克不能忘记"母狗"这个词。

在十八层,克拉克就和同事定下方略:平静、沉稳和合乎情理。克拉克深知必须收束情绪,藏住锋芒,让图板和照片说话,绝不能让非裔联想到白人庄园主对付黑奴那样,非烧即吊。

"你们刚才听到达顿先生的为什么。为什么一个男人看起来拥有一切,却会如此残暴。唯一的原因,如达顿先生所述。辛普森先生是个活生生的男人,不是某种固定的范型。他可以同时行善和作恶。不管你们是否亲眼看到,这都是真实存在的。

"证据显示,1994年6月12日晚上,被告有一小时十分钟,没有不在场证明。证据显示,就是这段时间,谋杀案发生。在晚上10点15分,妮蔻的狗狂吠,可以将谋杀时间锁定。"

截至到此,辩方对控方的开控庭诉持冷嘲热讽的态度。在达顿庭诉时,他们交头接耳,肢体语言告诉公众,达顿那一套乏善可陈。辛普森则是边听边摇头。这一切都落入公众眼中。到了克拉克这一段话,辩方近乎招摇。贝雷兴高采烈,显然按捺不住,因为他另有一套时间线的证人,足以与克拉克对抗。

克拉克仍然一秉沉稳的风格,逐渐进入佳境。她的佳境自然是辛普森的噩梦。

她开始用幻灯投影,一张张显示现场证据。

"被告野马车的仪表盘上的31号证据,与被告的血吻合。

"罗金汉的血迹,证据6号与被告的血吻合。

"门廊内外的血迹与被告的吻合。

"卧室的袜子上,一处血迹与辛普森的吻合,另一处与妮蔻的吻合。

"罗金汉手套上的血则与被告、妮蔻、勾德曼三者混合的血吻合。

克拉克层层递进,其影响效果逐渐走强。辛普森和他的辩护团队的面色也随之凝重。

"邦迪离开现场的第三滴血吻合,第四滴血吻合,第五滴和最后一滴血吻合。"

然后，克拉克着力一推，立时全场上紧发条。人人期待却又畏惧的一幕登场：遇害现场的尸体、血泊，还有狗爪印，遍地都是。

整个法庭的空气骤然凝固，家属们无论是苦主还是被告的，都埋头低泣，犹如一场葬礼正在进行。这些展示不再是幻灯投影，因为伊藤法官禁止陪审团以外的任何人看到。克拉克使用了图板，面向陪审员。

人们在紧张搜寻陪审员的表情。伊藤也下了但书，如果哪个陪审员觉得不适，允许退场。人们看到陪审员眼中惊恐厌恶，脸部紧得如铁铸成。有的抬头埋首，欲看又止，一副令人欲呕的神态。

这场景让旁观者也看得惊心动魄。那恐怖的反应，像水中涟漪，一圈圈扩展，溢出法庭，溢出屏幕，溢向全世界。此时，凡是能看到 CNN 的国家，都在同步收视，其收视率只怕远远胜过奥运会。

法庭外的新闻室，媒体佳评如潮。不仅对克拉克，对达顿也是赞誉有加，称赞二人珠联璧合，一炮打响。

辩方团队则是前倨后卑，个个面如土色，神情灰冷落寞。虽然这些图板他们并不陌生，但是，克拉克的表现、现场反应是谁都瞒不过去的。他们也看到了陪审员的反应。这些人真真是被刺痛激怒了。

这个转变只怕不利于辛普森。

散庭时，辩方个个去做鸵鸟，避之唯恐不及。没有人去与记者盘桓，更把辛普森撂在一边。无人愿意去安抚他，听他抱怨。这一夜，他会很孤寂，一夜无眠也不意外。

（十一）血案现场照片狂轰滥炸

今天，真正受到震惊的是陪审团，他们的震惊远甚在场的任何人。毕竟控辩两造对证据早已熟知，毕竟家属们已经见过尸体，经过葬礼，而看客也通过报章对案情耳熟能详。只有陪审员们，不仅因隔离有日，也因为始终被约束，要做个实实在在的局外人。因此，他们见到血证时，犹如当头一棒。场面之血腥，杀戮之残忍，远远，远远超出想象。在大众面前，他们又必须深藏情感，立身局外，维持客观。这多重压力非经此事者难以想象。

陪审员620号，名叫诺克斯，一个非裔美国人。达顿庭诉时，他的眼睛一直在两个黑脸膛间周游，检察官达顿和被告辛普森，偶尔也会瞟向家属。他也抽空观察周遭，尤其是同事。

当克拉克的最后一幕上演，恐怖照片有如强敌当空，狂轰滥炸。诺克斯的心立时抽紧，不敢看，又不能不看。他目光游离时，又看到他人，都是如此。只有辛普森，仰着头对着天花板大喘大咽。

620号强忍厌恶，随着克拉克的解说看着图板。克拉克告诉众人，妮蔻的脖颈被连根割断，只凭一层皮与躯干相连。这个尸检照片，克拉克高抬贵手没有展示，否则，法庭里非抬出去几位不可。

克拉克展示的照片：妮蔻的长发覆盖住头部，身躯侧卧。若无身下那大片血泊，她仿佛是在酣睡中。

620号又几次观察辛普森。他仍是一个姿势，没有看过图板一眼。

到了勾德曼则是另一景象。没有貌似平静，没有貌似酣睡，他的身体布满了暴力。他被连续刺击，躯干上创口累累，乱如蜂窝，真正是血肉模糊。他的伤口能看得很清楚，衣服在搏斗中撩起。很显然他曾拼命还击，做过一番决死搏斗，他简直是被零戳碎剐。再看现场之逼仄，仿佛被人置之案板上乱剁。

日后，当控方提及这种杀法乃是出于仇恨，出于泄愤，而并非是职业杀手的公事公办，正好击中620号的感觉，他同意凶手不是职业杀手。

只有坐在陪审席上的人，面对图板，面对克拉克的眼睛，面对她平稳低调的陈诉，才能体会难以言喻的感觉：震撼之后，是更深度的震撼，更深度的震撼之后，是逼人崩溃。

之后，克拉克又有一段长篇演说。两次被考克兰反对，并获得伊藤的支持。克拉克在法官警告之后，仍不改初衷，终于被伊藤请入边厢。伊藤明确告诉她开控庭诉只能叙述，不能辩论，命令她立刻向陪审团致谢并说再见。

陪审员们回到住地就直入餐厅。非裔们围在一起，而另外的陪审员又自成一桌。这就是美国种族状况的缩影，各自画地为牢。

非裔们面挂严霜，余悸未消。620号强力控制自己，不要说出什么。讨论观感的欲望太强烈，几次话要出口，都生生吞了回去。陪审员之间讨论案情绝对禁止。不到程序完毕，允许讨论时，决不准提一个字。现在陪审员们只能听，不能说。这些人在法庭上沮丧之余，又必须和这种欲望交锋，煎熬也。

非裔们偶尔交换一下眼色，然后是闷头大嚼。这顿饭实在是食之无味。无人交谈，连闲话也没有。620号突然灵感一动，看了一下时间，猜测这样能维持多久。不出意料，超过三十分钟，无人开口。

而另一桌，则与平时一样。陪审员们边吃边聊，偶尔还有个笑话，让各位笑笑。看来今天的局外人，他们做得尚可。

这就是陪审团的第一天。

（十二）这是一件谋杀案

1月25日，考克兰的开辩词。

考克兰并不理会达顿的开控，仅将其一笔带过："为什么达顿先生用那么多时间谈家庭暴力？这是一个谋杀案！"

不再做纠缠，考克兰来个挽弓当挽强，擒贼先擒王。拍马挥刀，砍向克拉克的马克·佛曼："让我们谈谈他们不曾提到的证人。有一位女士，在罗金汉辛宅隔壁工作。大约晚8点，她出去遛狗时，看见辛普森的野马车停在路边。

"在10点15分，她出门（再次）遛狗时，她看见野马车仍在那里。

"有一件极为特别的事情：次日晨（6月13日）一位警察登门造访，问她听到了什么。她能指出该警员是探长佛曼。这个佛曼探长，因为某种原因，在此案中是个吃重的角色。

"此事非常有趣，控方两个庭诉，对他只字未提。看来，他们想把他藏起来。但是，他们藏不住……"

几个月前，德休威兹曾有两个预言。一是控方将以家庭暴力开局，二是控方会隐藏佛曼。当时众人皆不相信，现在都被他言中。

然后，考克兰又提到一个名字，这是考克兰的定海神针："还有一个证人，玛丽·安妮·戈查斯。大约在10点30分，她自邦迪走过。她看见四个男人，距她十英尺远（约三米），两个西裔，两个高加索裔（白人）。其中有人戴毛线帽。她试图告知警察……他们根本不听。因为他们已有定见，他们仓促立案草率兴控。"

考克兰将故事讲得娓娓动听。陪审员们埋头记录，运笔如飞。但是，团队其他律师发现克拉克喜上眉梢，在抿嘴偷笑。

然后，考克兰在克拉克的开控词中到处凿窟窿。虽然杂乱无章，却也能广种薄收，使人觉得克拉克任何指控之外，仍有其他说法之空间。只要有机会，就把佛曼扯进来，让陪审员不断地听到这个名字。

"让我们看看罗金汉的证据，那里发现了一只手套。你们看过手套的照片，它躺在那些树叶上。我希望当着你们的面把话扯直。这个手套不是被'他们'或'警察们'发现的。这个手套是被探长佛曼'发现'的。他发现后，把警察们一一带到现场去做见证，然后再请来摄影师拍照留证。你们昨天并没有听到这些。

"在树叶上没有血迹，那些树叶不像被人践踏过，也没有任何毛发纤维留在墙栏上。

"我相信将会有人做证，在手套发现处有蛛网。无人到那里有些时日了。

"至于这个手套，上面有高加索裔的毛发，既不是妮蔻的，也不是勾德曼的。"

另一个未经检方提及的名字是法医勾登博士。他曾在预审听证中被夏皮若打翻在地，今天考克兰步后尘，也要把头借来祭旗。

"我们希望看到他被传证，如果你们不传，我们将传证。我相信你们会听到证据，足以使你们判定死亡时间比昨天听到的更精确。这个判定来自尸体僵硬度、血凝重力状、尸检温度及环境温度，还有胃中残留物。

"在案中，有一个主要问题。勾登博士曾做证，死亡时间应在9点和12点之间……

"我们的专家在辛普森自芝加哥回来不久，拜访了洛杉矶尸检所，与勾登博士和他的上司会谈后，尸检所给豪格曼检察官发了一封信，作为尸检报告的补充……"

说完就展示幻灯，列举了十六点尸检报告疏忽的细节。

豪格曼立刻跳起来："我反对。"称此信非正式文件。如果要引用，控方将就其合法性提出挑战听证。今天，豪格曼的角色就是专司反对。

伊藤支持了考克兰。因为十六点不是信件，而是要点。既然在双方知会时，控方没有反对，现在挑战为时已晚。考克兰给了伊藤一份该信的拷贝。伊藤想起，去年已见过这封信，显然不是突然袭击。

考克兰趁势拔份："他们以为不断反对，就能堵我之口。我从业33年了，他们是徒劳，只能在陪审团面前自贬身价。如果每件事都反对，这个审判将无休无止。"

所谓十六点补充，实为十六处错误。大致如下：警察拒绝敛尸人员进入现场达七小时，有电话记录为证。没有保留胃中的食物，没有做强奸检验，没有保留背部胯部的血迹，这些血迹很可能是凶犯的。若干样本标签错置。死者衣物混放在一起，使痕迹证据相互污染。

考克兰又继续："预审时，勾登博士曾提到涉及此案的证据可能有两种，一为单刃，一为双刃。无论谁传证他，你们都会听到。

"克拉克女士提及有一条血迹，出现在不该出现的地方。让我给你们一些例子，我们将会用到……

"证据显示妮蔻指甲中的血迹是B型。而妮蔻、勾德曼和辛普森的血型都不是B型，而她股部的血也是B型。

"有一些能分辨的指纹，与辛普森的，与到过现场警察的，皆不符。有一个手掌印，与辛普森的不符。

"我们的专家将证明，现场有不同的脚印，可以证明不止一人。

"邦迪现场的手套上的毛发，不属于辛普森。毛线帽上的头发也与辛普森的不符。

"现场五滴血，只有极少量的DNA。我们的专家将告诉你们，它们或是早已有之，或是质量衰减。而这个地方是辛普森孩子常来常往的。

Ⅲ 它不合手

"在屋子后面有车辙印，与辛普森的几辆车都不符……"

至于"不该出现而出现"，考克兰则以"该出现而未出现"对抗之：

勾德曼身高五英尺十寸，体重一百七十磅。他用拳打击凶犯三十余次，手臂上盖满了血，手上还有打击伤痕。说明袭击者也应浑身是血。可是进了辛宅，室内都是白色地毯，墙到墙，却不见任何血迹。

至于辛普森手上的伤，考克兰提供了一串做证人，证明有人在其去芝加哥的途中看到手上无伤。而在回程，又有一串证人看到手上有伤。除去这点伤，辛普森却是毫发无损。

还有，辛普森的血样有部分下落不明。而本应在试管中的血却出现在现场证据中。

中午休庭后，考克兰把辛普森引到陪审席前站定，近到第一排的陪审员触手可及。他用辛普森做活道具。

"证据将显示，他是四十七岁，四个孩子的父亲。从各种角度看，他都是美国梦的象征。将有著名医生做证，他患有周期性风湿性关节炎……案发那天，他在打完高尔夫后，他手的症状严重，功能阻滞，下午在乡村俱乐部打牌时，连牌都不能发……

"还有几位医生会证明，他动过几次手术，摘除了若干淋巴结……他的膝盖上动过四次手术，其后果又增加了骨关节炎……"

他转向伊藤："尊敬的法官，请允许辛普森展示他的膝盖，请记录。我们可看到两侧有上下方向的伤痕，前后又各有一条……我还要展示他左手中指，除此而外，他还有发育终身异常……"

(十三)道格拉斯在全世界众目睽睽之下

道格拉斯的苦日子并未过完,又是一场风暴,又是一场羞辱。

考克兰下场后,陪审团也退出法庭。伊藤又开始新一轮的执法。

豪格曼首先开火,今天他已是十分辛苦。疲倦愤怒使他面色由白转赤,由赤转黑,他怒不可遏了。考克兰的庭诉中又多了许多证人和证据不曾知会控方。

豪格曼今天的工作是阻击,一个专攻防守的角色。自从他和达顿换角以来,克拉克并未认真给他分过证人,只把法医尸检的传证给了他。豪格曼看似赋闲了,豪格曼的风度不那么君子了。他开始在办公室里抱怨,也许应该离开此案。他和谁都无默契,是个局外人。

达顿心存恻隐,也备感不安,自觉有鹊巢鸠占之嫌。达顿常常替他请命,希望克拉克再给他多分一些证人。他建议给豪格曼一些白人证人。克拉克总是说,别让他分心,他不需要!

看来,克拉克另有打算。今天,豪格曼专司反对,就是克拉克的特别设计。她知道反对这个活很脏,常常会使陪审员心存反感。她要借重豪格曼的君子风度,即使他有什么差错,有什么失态,也不致殃及她和达顿。给陪审员留个好印象,也是诉讼之要义。

考克兰庭诉之初,豪格曼并未立即进入状态。克拉克在后面不断催逼:"反对啊,赶快!"达顿也在一旁火上浇油,硬是把豪格曼这头慢牛推入斗牛场。逐渐,豪格曼被无端冒出的证人证据激怒,一路反对到考克兰庭诉结束。

一天下来,豪格曼的反对竟多达二十一次。每次都要停下来辩论,然后是伊藤裁决。这其中还有两次"边厢"。如此十步一拦,百步一击,让考克兰的庭诉气脉无法连贯。他的布道神技无法畅行。

这才是克拉克要的。所谓律师上庭无非两道，一攻一守。攻的活在克拉克和达顿身上，守的责任就卸给豪格曼。她的安排也并非全无道理。

豪格曼与伊藤曾为同事，与考克兰也实在很好。在此案之前，两人有热线往来。克拉克对考克兰的深厚背景大有忧虑。即使在检察院内，自嘎塞提以降，都是老同事老下级。这个背景虽不至影响检察院的决心，但在法庭上会吃亏。在克拉克眼中，伊藤对考克兰出奇的客气，对自己及达顿则是生硬，近乎蛮横。也许是疑人偷斧，不过今天豪格曼的大部分反对，伊藤都不予支持。考克兰在数字上看，是大大占了便宜。

克拉克让豪格曼干这个脏活，就是看重豪格曼与二人的渊源。即使再激烈，也是一时。职业要求而已。

听着豪格曼的指控，伊藤大皱眉头。太多的走私，太多的埋伏，确实违反了他的命令，确实触犯了证据法。刚才在考克兰的庭诉中给了控方不少难看，现在也到还债的时候了。

豪格曼怒得脸色酱紫，一字一顿："请警告陪审员……"他不由得突然停顿，似乎有气上不来，"尊敬的法官，请允许……"一个深呼吸，"我把话放慢一点……"又是一个停顿，"谈谈这些违规……"再来一个更长的停顿，"前天，法官说过要长吸一口气，今天，我也来一个……"

就这样，断断续续，把指控诉完。全场屏声息气，直到他最后长长地抽了一口气。

伊藤斜了道格拉斯一眼，冷冷问道："道格拉斯先生，你对此有何见教？"

道格拉斯自觉寒彻肌骨，最难的时刻来了。这可是在全世界众目睽睽之下。

"法庭已经知道，这件事我们干得不聪明。我们没有按我希望那样，把事情协调好……关于戈查斯的那个声明，我也是五分钟前才看到的。这是1994

年7月的副本……"

他的意思，这个原件应在控方手中。其实，原件也确在控方手中，但是他们从未采信。而夏皮若本该通知控方，戈查斯将是辩方证人。这道手续未走，控方并没有为此准备。

此事又不能全怪夏皮若，他也并非有意隐瞒。控辩双方对交换证据，一向都是能拖就拖，非到最后，是不肯交出来的。为什么要给对方充分时间呢？正是阴错阳差，夏皮若在权力斗争中失利。考克兰一方又暗度陈仓，将所有资料骗走。这种事故必然发生。

道格拉斯硬起头皮，直视法官，尽力显得坦诚："秉上法庭，这是一个疏忽，我无地自容，我承担全部责任。我是证据协调主管，这是我的责任，让证据在开庭前畅行无阻。我该受谴责，也是唯一该受谴责的人。"

他将未知会的证人一一念过。每个名字再一个字母一个字母拼出。

听完道格拉斯的表白，伊藤破颜一笑："道格拉斯先生，我和豪格曼先生有过长期的交道。我认识他时，我们是同事，我也是检察官。他今天的表情，我从未见过。"

接下来，又是一串证据，辛普森的病历、手术方案、医生证明，还有巴登和李昌钰的笔记。"这些记录都在哪里？我不相信在法庭历史上曾有过类似的事情。"豪格曼仍是疾言厉色。

"尊敬的法官，"道格拉斯已是话不完整，跌跌撞撞了，"我，我，栽在自己的剑上了。我承认，是我的错。但这不是阴谋，也不是存心欺瞒戏弄法庭，这纯是一个错误。这纯粹因为有几百个证人，十二个律师，五个私人侦探，再加上两万两千页文件。"他近乎恼羞成怒了，因为他在为考克兰、夏皮若、沙克们顶缸，他在为他们掩盖，他的羞辱全是在为当事人利益的名义下。这种牺牲，他并不甘心。

伊藤的裁决：再将这新的十四名证人砍去六名。一前一后，整整砍去三十名证人，只留下十八名证人。辩方损失重矣！

休庭后，道格拉斯仍未回过神来，站在一边发呆。一只手伸过来，是豪格曼。他什么都没有说，但眼神是那样谅解亲近。道格拉斯伸出手机械地握了一下。等到豪格曼离去，他才踱出门外。

（十四）豪格曼进了急救室

豪格曼走在前面，克拉克紧跟在后。看着他佝偻的背影，克拉克不免有些担心。和伊藤法官一样，她从未见过豪格曼如此激愤，如此高度反应。想到刚才豪格曼，话难连篇，词难成句，一句三顿，一气五停，心中有些惶怵。

两人一路乘电梯上行，这是十八楼检察院高层紧急召见。头目们肃目环伺，显然对初战大有看法。豪格曼进来，大喘着气，人人投去关注的眼神。若不见他从电梯中出来，一定会以为他是一路跑上十八层。

豪格曼刚落座，就站起来，停片刻，再坐下，终于又站起来："我不舒服，出去换换空气。"他脸色转为熏赤，双眼迷茫。一个探长不放心，就跟着他出去了。

人们尚在瞠目，须臾走廊上探长大叫："快来，比尔他……快来盖瑞办公室。"会议室里一片大乱，人们夺门而出。

豪格曼躺在地板上，这回脸色漆白。人们慌了手脚：心脏病！？又是一阵手忙脚乱。好在不须打911，救护车一直在楼下伺候。不是为了豪格曼，是为了整个审判。

达顿站在他身边，看着他被担架推走。那最后一眼：无助，恍惚。达顿只好投去一笑，安慰他。此时，达顿深知豪格曼已经出局，立时备感肩上沉重起来。人在时，往往不知其好，一旦离去方知其不可缺。由是，这时的达顿对考克兰更有些新仇旧恨叠加的味道了。

克拉克看着整个过程，心中有些自责：不该那样逼他，推他。这个后果应该早有预见。她发现豪格曼的医生朋友也在场，就慌忙问他危险与否。回答说尚好，他已给豪格曼服了药。至于会不会是压断骆驼背的那根草，就很难说了。

事后，克拉克得知豪格曼确有轻度心脏病。这也是为什么那个医生朋友在场，他不放心，早已警告过豪格曼，压力已超极限。

和达顿一样，克拉克知道豪格曼回不来了，现在轮到自己上场去做恶人了。

（十五）老天爷站在克拉克一边

审判停了两天，庭上也吵了两天。陪审员们又在酒店里关了两天。这两天，控辩双方就如何惩戒违规展开激烈的攻防。

豪格曼被送走的那天晚上，嘎塞提暴怒近乎失态。他对克拉克下了死令：脱下白手套！就是这个嘎塞提，几天前还劝说克拉克，要沉稳低调，不妨幽默轻松一点，应善与伊藤共处。现在怒极之下，批准克拉克放手大干。

克拉克虽然有了尚方宝剑，却也谨慎起来，不敢乱用。她对如何惩戒有些进退两难。最直接最自然的办法就是将所有未知会的证人全部拦在法庭之外。其中克拉克最想禁止威兹曼和塔夫茨。因为他们将做证，警察讯问辛普森时，没有邀他们在场。另一个则是戈查斯。她又担心，将这些证人踢出去，固然合法，但是，难免让陪审团误认为控方气短，有心藏拙。其结果，即使他们不能做证，也照样收到做证之效果，反而会弄巧成拙。

因此她自觉不如当场揭穿，最佳选择是重做开控词。可是此事史有先例？克拉克可是闻所未闻，从学校到从业。虽然提出动议后，伊藤也可创造先例。美国法官有创例之权，以补立法之不足。可是，指望伊藤？克拉克绝不相信。

她灵机一动，叫手下去查查，有无先例，结果是老天爷站在克拉克一边：在1964年，有一桩民事案，法官允许重开庭诉。如此，她的动议立足有据，可以将法庭一军。

在两天的争吵中，检察院的探长们也没有闲着。他们针对考克兰的庭诉积极反查，重点是戈查斯。当初，无人对她认真过，这次查了一圈，大快人心：天字第一号的大骗子！眼下有三十个诈骗案待审。她甚至盗用顾客的信用卡，入住高级酒店，欠账达两万美元。还有更大快人心的，他们发现了辛普森的一卷录像，足以让考克兰的验伤戏成个笑话。

（十六）克拉克登台兑现十分钟的红利

1月30日，陪审团回到法庭。

伊藤对他们说："我需要解释一下，这两天休庭的原因。在辩方开辩庭诉中，有些证人不曾知会控方，这是触法。其他的原因包括豪格曼先生的缺席。"

他警告陪审团将其中6个证人当作耳边风。控方提出的延期1月的动议不准。但是，控方提出的重开庭诉的动议批准，时间不超过10分钟。考克兰和道格拉斯各罚九百五十美元。

听完判决，克拉克一肚子腹诽：这是打一打，揉一揉。豪格曼的缺席怎么能说是休庭的原因？重开庭诉，仅给十分钟，这不是表面文章？罚款九百五十美元，也是网开一面。若是罚款达到一千美元，就必须向州的律师公会报备，计算点数。记点达到一定数字，就会吊销律师执照。

裁决后，考克兰继续未完成的庭诉。剩下不多，就两点。

1. 控方认定谋杀发生在 10 点 15 分。而他的当事人于 10 点 10 分正在前院练习推杆。因此，凶手不可能是他。证据？未提。

2. 控方的现场证据是污染的、混淆的、腐败的。最重要的证据是警察未将辛普森的血样直接送到罪证室，却将其带到犯罪现场，达七小时之久。

考克兰收场后，克拉克登台。开始十分钟的重诉：

"考克兰先生告诉你们，辛普森的身体状况不允许激烈打斗。我们的证据能证明，正好相反。

"谋杀案前的两个星期，他体重二百一十五磅。这与他十五年前一样。我们将放一段录像，你们能看到，他在做俯卧撑，将手臂举过头，再做扩胸运动。他还能挥出直拳和勾拳。在录像中，他如此反复若干次……这个录像当日录了几个小时，次日，又回来录，时间则更长。"

克拉克手中的录像还有证据，更具杀伤力。但是，伊藤只允许陪审团看画面，不准听录音。在录像中，辛普森一面抛直拳，一面调侃："你必须扩展自己的空间，如果你不得不和老婆折冲较量解决分歧。你明白我的意思？"克拉克认为这是辛普森虐妻的自供。

"你们还被告知，警察拒绝威兹曼先生留在询问现场，那是百分之百的错误。"

"真相是，我们的证据显示，探长们要求威兹曼先生留下，他拒绝了。他说宁愿去吃午饭。在谈话以前，他和辛普森单独谈了半个小时。之后，他对警察说，请继续。此事（单独谈话）发生在警察邀请他留下之后。

"最后，考克兰先生告诉你们，有一个证人，名叫玛丽·安妮·戈查斯……他颇费了一番功夫，告诉你们，她将做证：在案发的晚上看到四个男人……至少有两人是西裔，至少有一人或两人戴毛线帽，从妮蔻的公寓一带跑出。关于此人，你们会在庭上听到更多。我这里只提几点。

"在案发后，她告诉朋友史拉·卡特，她甚至不在邦迪。戈查斯本计划去布兰伍德看房子。次日，她对朋友史拉·卡特说。她没有去布兰伍德，很庆幸，那里出了谋杀案。（注：凶杀发生在邦迪）

"卡特女士将告诉你们，戈查斯对此案十分着迷。她说卡特女士要她去买所有的《国家征询报》《明星报》，及其他坊间小报。但是，她从未提及当晚曾去过邦迪。直到夏皮若设置线索专线以后，她才开始说，也许我开车到过那里，也许我看见了什么。

"考克兰攻击我们，声称我们没有告诉你们……只是因为我们对她一无所闻。她曾问过辩方，是否知会我们。辩方说会的。她与夏皮若谈，夏皮若及下属要她守口如瓶。笔录之后，又通知她，将不请她做证。

"证据还将显示，戈查斯以说谎著称，也是辛案圈子里的一分子。"

克拉克将话收住。这时，她只用了七分钟。

听完克拉克的重诉，考克兰立刻起立抱怨：这个卡特女士，你们也没有知会我们。这应该一视同仁。

（十七）绝不能让她隐藏佛曼

同日，控方举证正式开锣。第一个证人是莎琳·吉尔伯特，洛杉矶警察局911接线员。1989年，她接到妮蔻的电话，时长三四分钟。她听到妮蔻在哭喊，也听到辛普森抽她耳光。达顿放了一段录音，录音质量差，干扰使录音断断续续。

"我听到女人在哭喊，然后听到一记耳光。"这是女接线员的证词。

辛普森面无表情。这个案子他已选择不抗辩。当年也被法庭罚过，做社区服务，躲是躲不开的。被控方拿出来，也是应有之义。

考克兰质证，先挑个小错："你的工作日志上，我们看到'公寓'二字，前一个电话来自某公寓，对吗？"

"对。"证人回答。

"有一件事应该没错，我们听到你在打字？"

"对，你能听到。"

"所以，你那打字的声音并不是有人在挨打，对吗？"

"不是。"证人承认。

"那么，既然你没有和任何人说过话，你应该并不知道那头是否有打斗？"接线员承认没有与妮蔻说过话，但坚持说听到了哭喊和耳光。

"我们只听到你的打字声音，我们只听到电磁干扰……"考克兰只是挑挑小毛病。质证就是质证，总要质疑对方证人。

下一个是警官约翰·爱德华兹。他其实是把达顿的开控词再重复一遍，更生动而已。达顿就要他说出："他要杀了我，他要杀了我。"

"我说，谁要杀你。她说OJ。我说，哪一个OJ？你的意思是那个足球运动员？"

达顿投影出三张照片，就是从妮蔻保险箱中取出的那三张。到目前为止，达顿与证人配合良好。

达顿就势引入妮蔻保险箱中的证物：妮蔻鼻青脸肿的照片，妮蔻的遗嘱，辛普森的道歉求饶信："我的行为不可宽恕。"还有媒体对此报道的剪报。

辩方手中也有反证，由阿纳丽自纽约取回的信。在信中，妮蔻自称事情走到这一步，她也有份责任。辩方并不准备出手，拟留待本方反证阶段再用。

第三个出场的是探长麦克·法诺，他奉命调查此事。辛普森将此事描述为冲突，双方都动了手。"他告诉我，就是各自都动了手的家事纠纷。"在与探长的谈话中，辛普森有悔意，有歉意，答应去咨询家事顾问。

法诺的证词本是可有可无，无非佐证了前两人的证词，却被考克兰挖到了金矿。他问其他辖区警官是否也应警去过辛宅？听起来，不合常理。辩方自找麻烦，授柄于人？

法诺承认，不少。他曾在西洛杉矶分局做过普查。

"你曾自某个警官那里得到一份报告？"考克兰问道。

"很正确！"

"那个警官叫马克·佛曼？"

"对，很正确！"

佛曼的报告是唯一的文字记录，其他警官都是口头的。考克兰有意将佛曼拽进来。这个人物不可少，绝不能让克拉克将他隐藏起来。

日后达顿的回忆录记录了十二次辛府家暴事件。1977 年，在旅馆中，妮蔻被辛普森扔到墙上，她不得不爬着逃生。

1982 年，辛普森打完她后，把她锁入酒窖，直到她求饶。

1986 年辛普森殴打她留下痕迹，却对医生说，她是骑自行车摔的。无独有偶，辛普森开释后，又交了一个女朋友，也因自行车摔伤去就过医。这是题外话。

1989 年，即达顿举证的这一次。妮蔻在日记中记录：OJ 一边干我，一边抽我。

同年，辛普森打她，仅因为她提到某男子的名字。

1992年,跟踪妮蔻,看到妮蔻与人性交。此后事件都是跟踪。在众多事件中,达顿"忽略"了1985年的事件。这次应警的警官就是马克·佛曼。

(十八)石普带来惊人一幕

2月1日,证人荣·石普走下了证人席,达顿结束了两天的举证。他刚坐回自己的位子,克拉克的手就伸了过来,轻轻压在他的手臂上,用力捏了一下,表示干得不错。石普确是个有力的证人。

荣·石普是个退休警官。他自我介绍是辛普森夫妇的共同朋友。自辛普森获得海兹曼奖后,他经人介绍认识了辛普森。其时,石普还不是警察,算起来两人的交情长达26年。

石普带来了惊人的一幕。他做证,在辛普森自警察局回家的那一晚,曾向他咨询测谎之事。辛普森自称头脑混乱,常有一些念头奇诡怪异。当晚11点30分,辛普森在自己的卧房讪笑着对石普坦白:"做过杀死妮蔻的梦,而且不止一次。"

1989年元旦事件后,妮蔻曾专门向他咨询家暴之事。届时,石普正在警察局做家暴顾问,训练警员处理家暴,为那些家暴受虐者提供心理辅导。妮蔻看了他的教学大纲,认为那些范型,辛普森都有。辛普森也看了单子,却全盘否认。只有一条,承认接近:病理性的嫉妒。

这才是达顿举证的原意,证明他嫉妒,这有关动机。杀人梦一说算不上什么证据,只会在心理上影响陪审团。至于测谎,美国司法不接受,不允许用它断案。

就在这一年,1989年,石普自警界退休。

（十九）我这样是为了良心

家暴一事，辛普森的律师们并不在意。即使在意，也是无奈。此事已是尽人皆知。倒是杀人梦让他们紧张，即使不能作为证据，此言一出，必然影响陪审团的判断。杀人梦一事，在辛普森律师中间不算什么秘密，辛普森也曾多次对他们提及。这也包括探监的亲友。这本是私话，现在被石普端上台面，见诸记录，这可非同小可。辛普森坚称从未对石普说过，石普必是听他人转述。这是辛普森的版本。

质证由道格拉斯主刀。几个星期前，石普甫列证人名单，道格拉斯曾对他面询验证。石普未透露任何不利于辛普森的事情。

恰在质证前，道格拉斯得知，最近市上出了一本书，书名《愤怒的心》。书中披露辛普森有个密友，化名里欧，提到这个杀人梦。在控方举证前，克拉克将录音转给辩方，道格拉斯才确定，里欧就是石普，石普就是里欧。

石普步入证人席，面色沉郁，目不斜视，尽力回避辛普森的目光。

"你现在和被告仍是朋友？"道格拉斯问道。

"我仍然爱他，不过我坐在这里有点离奇。"石普摇摇头。

"你不曾告诉过我这个杀人梦的故事。你对我撒谎了？"道格拉斯话锋立转，直指上次验证。

"我确信是的。"石普只得承认。

在此之前，道格拉斯已经逼他承认，在克拉克和范纳特取证时，石普也未提及此梦。

"这么说，你就此事撒谎不止一次？对吗，先生？"

"对，我承认。"

"之前，你可曾向写书人透露过你和朋友之间的秘密？"

"从来没有。"

"从来没有,以前也没有?"

"没有。"

"你可曾说过,与辛普森的谈话正在吞噬你。这是你的原话?"

"是的,很正确。"

"而你希望借助告诉作者,去减轻这份痛苦?"

"对,我是这样做的。"

"你就不认为,向警察局吐露,也能减轻这份痛苦吗?"

考克兰在旁顿觉不对:这会把质证引入歧途。辛普森也感不安。道格拉斯过于亢奋,自认揪住了兔子尾巴。

石普脸上挂不住了,恼羞成怒:"我这样是为了良心,不致沾上妮蔻的血。"

贝雷在一旁急得低吼:"封他的嘴,封他的嘴。"

为时已晚。石普下面的话跟上来了:"不像其他人,我晚上睡得着觉!"

这是质证的大忌,上来就捅马蜂窝。道格拉斯本该文火慢炖,一步步把证人不诚实的形象堆砌起来。用细节的盘问,到处凿洞,让对方的思路一盘散沙。现在的局面反成了鱼死网破。石普一怒之下,借良心之说,反而有点英雄好汉的意味。这种话决不能让它出口,质证不需要对方证人的观感结论。质证只要漏洞,只要前后矛盾,只要无法自圆其说。

姜还是贝雷的辣。所谓封口,提另一个问题就可打住。证人不允许口若悬河,离问万里。

一炮下去,力道虽足,难免被后坐力顶个人仰马翻。

道格拉斯未另提问题。石普转向辛普森,口中念念有词:"悲哀,OJ,这真是悲哀。"

道格拉斯只得草草收场："你有酗酒的问题？"

"在过去，我有。"

道格拉斯转向伊藤："今天到此为止。"

（二十）他说，老实坦白！

次日，2月2日，道格拉斯继续质证。这次辛普森拉了一个单子。事无巨细，足够道格拉斯文火慢炖。

质证未几，夏皮若要求"边厢"。他告诉伊藤："石普瞪着我们，口中念念有词，脸上嘲笑加鬼脸。这种行为乃是法庭禁止的，尤其面对陪审团，认真起来可抓他个藐视法庭。"

伊藤把录像调来，看过一遍，证明所言不虚。控方顺竿而上，达顿要求伊藤允许他问问石普，为何如此。道格拉斯坚决反对，昨天的失当不能重演。贝雷好奇，抢问了一句："这家伙到底说了什么？"

伊藤命令达顿告诉诸位。达顿未开口，已经乐不可支："他说，老实坦白！"

辩方律师一听，集体噤口。这门官司立刻打了退堂鼓。

道格拉斯照单说话。有三个问题极具杀伤力：

（1）石普是酒徒，曾因酗酒被警队停职，他的退休也与此有关。他承认。

（2）他之所以接近辛普森，乃是冀望辛普森对他的演艺梦施以援手。他坚决否认。

（3）他曾借用辛宅的涡流按摩浴缸，与一位金发女郎洗鸳鸯浴。他不承认也不否认。此问最具杀伤力。石普有妻小。

质证结束，克拉克提出动议要求补传，因达顿问得不周全。伊藤不许："到此为止，你们只能认了。"

这个补传与再传有区别。补传是补充新证，再传是加强已传过的证据。

当晚，道格拉斯遭到媒体的狂轰滥炸。白皮肤的专家评论对他极尽嘲讽。思本斯尤其刻薄，他集中批评道格拉斯的低效，让证人把不该说的话说出来，前后次序颠倒。

而黑人社区则相反。考克兰刚回到办公室，电话就如潮涌至。大骂石普出卖朋友，是黑色的犹大。考克兰越听越喜，这不仅是兄弟的支持，也是民意测验，自动上门的，不期而遇的。陪审团中的八个黑人兄弟姐妹做如何想，还用揣测？

达顿这边也是如此。黑人社区的朋友，对石普表示厌恶，清一色的。他们并未站在辛普森一边，但也认为石普违反了"兄弟"原则。达顿同样想到陪审团里的那八位兄弟姐妹。

这个黑白分明的反应，予考克兰以喜，予达顿以忧。

晚上，道格拉斯接到老板考克兰的电话："OJ真给我出了难题。从今而后，他只让我和夏皮若质证。"言外之意，道格拉斯再无机会了。道格拉斯并不意外，因为散庭后辛普森已经斥过，夏皮若也敲边鼓：口气太鲁莽生硬，高腔大调，易引人反感。

如此这般，道格拉斯的头排座次已无希望，本来就是末座。这下往后坐，与豪格曼做伴，各自安心去做大内总管。

（二十一）1993年911录音

2月2日，达顿还传证了另一位911接线调度，对1993年事件做证。此时，妮蔻已经搬出罗金汉，尚未搬到邦迪。她租住在格林街。达顿放了1993年的这段录音，音质极为清晰，能明显听到辛普森踢门叫骂声。这次，妮蔻并未报告任何暴力伤害。

这个911电话之后不久，警方又接到一个911。来自妮蔻在格林街的邻居。这对夫妇看到有一个黑人男子在妮蔻门外周游。丈夫寇比做证说："这种人，在这个时间，打算做什么？"打过911之后，寇比认出是辛普森，观感立变，不再是"这种人"了："我对打911感到尴尬，因为我并不认为，辛普森对我对社区有任何威胁。"

最后一句，辩方爱听，至少是聊胜于无。达顿引入这个证人旨在证明，辛普森经常跟踪监视妮蔻。

下一个证人，顺理成章是兹罗姆索维奇。

（二十二）兹罗姆索维奇到场待传却没做证

2月3日，出乎所有人的意料。兹罗姆索维奇并没有出庭做证。

兹罗姆索维奇是玛萨卢纳餐馆的老板。某晚与妮蔻约会，共同回到妮蔻家中。干柴烈火，迫不及待。没有上床，就在沙发上干起来了，然后又是口交。这一幕被辛普森看到。届时两人已经离婚。次日，辛普森找到二人，没吵没闹，指责他们不顾家中有孩子，灯火通明，肆无忌惮。整个交涉还算和平，临去还握了手。

事实上，当天，兹罗姆索维奇已到场，坐在走廊上等待传证。为什么控方改了主意，无人知晓。控辩双方放弃证人乃是常事。日后，克拉克在回忆录中，对达顿在开控词中提及此人颇有微词。称达顿杠头，不听劝告。

辩方可是期待这个证人，好大做文章。此人可以坐实辛普森追踪监视妮蔻。但控方怎么自圆其说？辛普森看到前妻与人做爱，并未动刀杀人，相反却吞下那口气，和平解决？那么，6月12日的命案，以辛普森以嫉妒沉湎为动机，如何能够服人？

兹罗姆索维奇终于没有现身，而日后，辩方也曾动议传他，他仍然没现身。看来他是双方的烫手山芋。既想吃，又怕烫舌头。

（二十三）他抓住我把我也扔了出去

出现的人仍然出乎意料。她是妮蔻的妹妹德尼丝。德尼丝与妮蔻的外貌极像，只是一个金发，一个青丝。

"我们都在喝酒嬉闹，大声喧哗，摇滚跳舞。在某一刻，OJ抓住妮蔻的私部耻骨，说孩子都是从这里出来的。它属于我！妮蔻就是那么无所谓的样子。这种事对妮蔻而言，早已司空见惯，但我认为是极大的羞辱。"她就红葱头餐馆的事做证。

"那是撒谎！"辛普森压着嗓子对身边人咆哮，"妮蔻是剖宫产……"

达顿："辛普森看起来恼怒？或者愤恨？"

"不，他没发火，看起来就像，这是我的，这属于我。"德尼丝说着说着，嘴唇抿起，弯下去，泪水已在眼眶中打转。

考克兰站起："尊敬的法官，我们要求删去这段，这个证人充满敌意，对被告不公平。我们在努力控制我们的当事人。"云云。

达顿趁机要求早点收庭。德尼丝已经接近号啕大哭了。

伊藤不准，不致如此："一个周末足够她解颐为欢了。"

达顿继续问："你还好？"

德尼丝点点头，眼里仍含着泪花，又开始讲下一个故事：辛普森如何在一次大派对后，态度狂暴，大发雷霆。

"OJ把相框、衣服到处乱扔怒摔。他把妮蔻拎起，用力扔到墙上，然后扔出门外，把妮蔻摔了个四仰八叉。"

这回德尼丝的眼泪终于下来了，因为轮到了她自己："她被OJ扔出门外，坐在地上，在那里大哭大叫。然后，他抓住我，把我也扔了出去。"

辛普森在下面恨恨有声："嘿，她白吃白喝整整六年。我付她工资，我给她东西，她就是个母狗。"

声音大到前排陪审员足以听见。

达顿一看又是一个机会："你还好，布朗女士？"

德尼丝咬着牙："这实在太难了。"

达顿再次请求休庭，这次伊藤批准了。

当晚，星期六、星期日，德尼丝的眼泪，一直在电视上流。音像媒体不断播放，乐此不疲。达顿的目的达到了，本周是德尼丝周。

（二十四）你们在屋里抽了大麻？

2月6日，早上开庭，达顿继续传证德尼丝。

"当你说辛普森对妮蔻的指责无中生有，他是如何反应的？"

"他换了一个人,脸色大变,目光狂暴,下巴紧锁,咬牙切齿。"德尼丝已经拿不出什么事证了。达顿又将几个细节补问几句。此时的德尼丝就已经恢复常态。正如伊藤所云,一个周末足矣。

在达顿传证中,辛普森继续拉单子。如同对付石普那样,对夏皮若发指示。夏皮若将质证德尼丝。夏皮若挺着腰板,专注着达顿的传证,有意无视辛普森。

被逼急了,他才转过头,极为严肃:"我是你的律师,你付我工资。如果你想操纵一切,你不需要我!"

夏皮若开场非常绅士,眼前是一位"淑女"。每个问题都是那么平静,那么客气。

"你是否和达顿先生排演过做证?"暗示那眼泪是达顿导演的产品。然后,查问她的记忆、日期、时刻,等等,等等。这给道格拉斯上了一课:什么叫文火慢炖。

在质证前,辛普森指示他:"要绅士,不要对抗。"真的开始质证了。辛普森又嫌他太软太绅士。

夏皮若问起将德尼丝扔出去那一晚,她是否喝了酒。德尼丝承认。

"然后,你们在屋里抽了大麻?不是吗?"

德尼丝当然不会承认,那是犯法:"我们只是又喝了一些酒。"

承认不承认,夏皮若都点到了。凿个窟窿,来个无风不起浪,在陪审员心中布下疑云即可。夏皮若又问她可知道辛普森的禁吸政策,暗示这才是辛普森大怒的原因。

德尼丝的"男朋友吸了"。吸了什么,夏皮若不指明,让陪审员自己去想。

"妮蔻不是偶尔在衣橱里吸吗?"仍然是只有一个"吸"字,"难道麦凯比没有给她烟?"

辛普森仍不满意，觉得不过瘾不解气。

（二十五）夏皮若放了一段录像

真正的好戏在下午。夏皮若给德尼丝放了一段录像。

这个录像到辩方手中，不过数天而已，实在是天赐之物。上个周末，辩方律师们集体看了录像，如久旱之荒野，突来了及时雨。

前不久，即在开庭，传过第一个证人后，考克兰办公室接到一个陌生人的电话。那人自称是股票经纪人。6月12日那天，恰好自辛普森女儿表演独舞的学校经过。当他看到辛普森，大为兴奋。名人也！就多此一举，将当时散场情景录了下来。中心人物自然是辛普森。

谋杀案发生后不久，他将录像寄给检察院，希望对查案有所帮助。不承想，泥牛入海，连个回音都没有。

看到案子已经开始，这个经纪人不免着急：我那个录像他们用不用？情急之下，又给辩方打了电话，将此事捅出。考克兰们方才知道，世界上还有这么个东西存在。

辩方电询对方，证实确有这个录像。控方并未违规，因为他们不把录像列为证据，也就无义务知会辩方。如果对方问了，硬说没有，那才算违规。美国司法行对抗制，瞒证压证，稀松平常。有力的证据归自己，不利的证据听对方的，自己无可奉告。不知道没掌握，那是活该。就是通过证据的对抗，或对抗的证据，来完成司法的正义。

在录像中，一众人站在学校外面。德尼丝热情地亲吻辛普森的面颊。辛普森又亲吻妮蔻母亲朱蒂莎·布朗的面颊。礼节完毕，辛普森继续和布朗家族寒暄，彼此笑容满面。最后，辛普森又抱起儿子佳斯廷……

这与德尼丝的做证不符。她称当日辛普森在礼堂里，恼怒阴沉，满脸官司，挑个角落，不与布朗家族坐在一起。

"你能说说录像中的情景吗？"夏皮若仍是那么绅士。

"我看到我们在和辛普森说拜拜。"德尼丝的话有几分无奈。

夏皮若把录像停下，回放，定格。画面上德尼丝正吻得起劲。

"你们在干什么？"

"我给他一个拜拜吻。"

又是一个定格，辛普森在吻朱蒂莎。下一个定格，辛普森与妮蔻父亲在握手，温暖，亲切，看不出任何芥蒂。随后，辛普森又举起佳斯廷亲吻。录像结尾：辛普森和德尼丝合影。

"这就是表演后的情景吗？"夏皮若问道。

"他们照相时，我不在场。"德尼丝有点把持不住。

"我说的是，这就是表演后的场景吗？"

"我猜是的。"

夏皮若再无一词，转身坐下。辛普森不满意："我要你做这个……"

"你这是愚蠢。"夏皮若回击。声音虽然都很低，但两人在大庭广众之下，僵持起来。

辛普森有意让夏皮若再放他举起儿子那一段："我很吃力，因为骨节很疼。他很重，我喊了一声啊，我几乎把他摔下来。"

"毫无意义。你把他举起来了，看不出那么糟。"

"我要你放，我当时很疼痛。"

这时，达顿的补传刚刚结束。考克兰要求暂停。然后，几个脑袋挤在一堆。全世界都在纳闷。

最后,考克兰下了命令:"OJ 是委托人,照他说的办。"

夏皮若怒气冲冲,僵僵站起,执行命令,既是辛普森的,也是考克兰的。

"停在这里,定格!"夏皮若转向德尼丝,"你能辨出,辛普森举起儿子时,非常疼痛吗?"

"不能!"德尼丝回答。

(二十六)媒体对德尼丝做证的评价

十二楼,检察院的下一层,记者团工作厅。说是休息厅,或者观战厅,亦无不可。凡是未获准进入法庭的记者,皆在此集结。

记者们在辩论,分享观感。一个周末,反复重播,让众人倒尽胃口。显然电视台的编辑们不在乎前方的反应,乐此不疲。前方记者观感大不同。他们普遍认为,这个举证,不过是几天前德尼丝接受 CBS 芭芭拉·沃特采访的翻版,严丝合缝。

美联社记者林达问同行:"你们看德尼丝的表现如何?"她使用的词是 performance,这个词在广义上是指职场或学校中的表现。同行回答:"就是你说的这个词,'表演'。"这个词狭义上专指舞台表演。

他们得知,下一个证人由克拉克传。这意味动机,也就是为什么杀人,已告结束。他们对达顿的举证大不满意。家庭暴力有了,那么跟踪监视呢?

最重要的证人兹罗姆索维奇未出庭,尽管他已到场。没有他,跟踪何以成立?没有他,那段床上风云,前夫观战,岂不打了水漂儿?没有他,如何娱乐大众?当然,没有他,记者们的笔下也要打饥荒了。

这几天的达顿举证完全是炒冷饭。辛普森打老婆,尽人皆知。现在,克拉克出马，意味朱蒂莎·布朗也不会出庭了。妮蔻母亲的口中应有不为人知的细节。这些记者就要细节，非如此不能生动，不能取悦大众。他们何曾在意，这是杀人刑控案。达顿是在向陪审团举证。他们也不在意，朱蒂莎的证词也许会帮助辛普森脱罪。

（二十七）克拉克的第一组证人

2月7日，第三个陪审员出局。六十三岁，白人妇女。只因与被告有渊源：两人同看过一个医生，风湿科的。这个医生已被辩方列入证人名单，如此这般，因此与此案有利益冲突。伊藤还有另一个理由：这位白大婶不易相处，与同事们扞格甚多。日后，辩方得到消息，这个陪审员在休庭后，曾公开宣称，她自有定见，不会人云亦云。无人能强迫她投无罪票。这已与讨论案情无异，而且公开择边。

取代白大婶的是非裔候补，一个五十三岁的男子。这对辩方有利，自然要松一口气。至此，陪审团组成：七女五男，九黑一白一西加上一个土著与白人的混血。

克拉克的第一组证人，来自玛萨卢纳餐馆。6月12日，西德妮独舞表演之后，妮蔻遇难之前，布朗家族就是在这里度过的。

第一个证人是服务生嘎文。她证明布朗家族8点45分离开。

第二个证人是调酒师史沃德。他看到勾德曼离开餐馆是9点50分。当晚他和勾德曼有约，准备到酒吧熬夜，彻宵通欢。他告诉法庭，勾德曼的住处离餐馆5分钟，而从他家到妮蔻住处也是5分钟。因此可以推算，勾德曼到妮蔻家的时间应在10点到10点15分之间。足足够够。

III | 它不合手

凯琳·克劳福德，玛萨卢纳的经理第三个出场。她做证，在 9 点 37 分接到朱蒂莎的电话，称将老花镜忘在了餐馆，请克劳福德帮她找一下。克劳福德在餐馆外的地上找到了老花镜，她回电告知。又 5 分钟，妮蔻来了电话，指名要勾德曼接。勾德曼放下电话，告诉克劳福德，妮蔻要他把眼镜送到她家。克劳福德就老花镜放入一个信封。

"他大约 9 点 50 分离开。"与调酒师的证词大致吻合。

这三人由夏皮若质证。蜻蜓点水，他意思了一下，实在也捞不出什么油水。

今天第四个证人为帕勃罗·范维斯。此人是作家，检方的重头戏，关键证人。

作家的家在妮蔻家北面，两家共用一条车道，名副其实的隔壁近邻。两个房子之间的距离有七十码。

作家做证，他正在看 10 点新闻。他听到了那只狗 Akita（阿基塔，日本秋田犬）在悲嗷。

"当时，你看了多长时间新闻？"克拉克问。

"15 分钟到 20 分钟吧。"他把时间锁定在这个范围，"我认为这只狗叫是 plainful wail（哀嚎），就是动物极不愉快的那种。"这个时间正合克拉克的意，与餐馆人士的证词也能接上。

考克兰质证："在和警察交谈时，你尽你所能，就每个细节如实陈述，对吗？"

考克兰设了一个小圈套，等他说"是"。

果然，作家说"是"。

考克兰举起一份警察调查报告，当众念道："在 10 点 15 分至 10 点 30 分，听到住宅外有失控的狗叫。你还记得这是你的原话吗？"

"和我做证一样。我告诉他们是10点15分到10点20分。"

"那么是警察错了？"

"那有可能。"

之后，考克兰带着作家将狗叫前后的细节，筛了一遍。从楼上到楼下，从新闻到狗叫，着意寻找破绽。然而徒劳，作家咬定青山不放，仍是10点15分到10点20分。就为了10分钟。考克兰实际告诉人们，辩方准备焦土抗战，挑战每一个证人，每一个细节。

整整一天，辩方有攻无陷。他们并不沮丧，他们也有时间证人，不过是时候未到罢了。

最后一个证人是艾丝丽·提斯达特。她住在妮蔻对面，隔街相望。她透过窗户看到狗在无目的地逡巡。她向警察报警，警察反应：一只狗，关我们何事？

这个证人证明了什么？留给众人的只有纳闷。

（二十八）伊藤宣布辛普森前妻必须做证

这一天，休庭前还有一个插曲。道格拉斯终于能出口气了。他站起来，指控检方蓄意隐瞒游客那份录像："这个录像明显有利被告！"

而达顿应答，正是道格拉斯几天前的翻版，不过是主客易势。

"这是另一个无恶意失误。"他轻描淡写，"因为证据如山。"

以后这样的指控还会有。人们对这种指控，随审判进程渐渐习以为常。

最后，伊藤宣布辛普森的前妻玛格丽特必须做证，控方的传证有效，玛格丽特律师的禁传保护动议被拒绝。

III 它不合手

检方传证玛格丽特，费尽周折。检方传她，原因有二：一是有警察报告，1970年，他们应警，见过玛格丽特。也是911，也是满脸的伤。二是1993年6月17日，即妮蔻遇害不久，她与辛普森通过话。检方要调查谈话内容。

玛格丽特闻讯，立刻搬出原住处，人间蒸发。检方调动全市警力调查，用了几个星期，才查到她的新地址。她的丈夫开着一辆崭新的BMW，车在阿纳丽名下。阿纳丽和杰森乃玛格丽特所生。

为了顺利将传票送到玛格丽特手中，达顿和克拉克略施小计，虽然有点龌龊。

达顿先派检察院探长去敲门，佯称有人在那辆BMW旁边，似乎有意偷车，将她丈夫诓出门外。然后达顿和克拉克现身，要求与玛格丽特谈话，送出传票。

在美国送传票是件极不容易的事，而签传票则是易如反掌。法院有专门书记，无论是刑事，还是民事。不管任何一造，控方辩方，原告被告，填好文书，即为有效。法庭不做任何干涉，也谈不上什么准与不准。必要时，法庭也会自出传票。传票一出，地动山摇。做证是美国公民的法律义务。

传票送到手中却有规定。通常律师们会雇信使，将传票当面递交。公民接到传票那一刻，法律生效。必须出庭，无理由不按期，很可能警笛一响，手铐送到。至少传票上是这么说的。

传票如果是邮寄或代转，被传人可以未收到推脱。因此当面送到手中，万无一失。

玛格丽特当场答应。事后却来了一位律师，向法庭申请禁传，申述玛格丽特与本案无关。说来也正常，玛格丽特与妮蔻有夺夫之恨，岂能为她做证？整个审判，玛格丽特都站在辛普森一边。

（二十九）狗叫的时间

2月8日，控方先传了另一个邻居伊娃·斯登。她当时在睡觉，狗吠惊梦，时间是10点15分。声音极大，无法再入睡。她的室友10点45分到家，正在门口检查邮件时，狗跑过来对他咆哮，他急忙掩入门后。她的时间印证了作家的说法，10点15分，听见狗叫。

"我看见一个女士卧在地上，浑身是血。"这个证词来自信狗由缰的那位女士。

那只狗由斯蒂芬·史沃伯转交。他做证，发现狗在邦迪街边，妮蔻住处的小广场上周游，时间是10点55分。

考克兰质疑他对时间的记忆：人们在无意中发现狗，很难注意时间，即使注意也是大概。史沃伯则极为确定，他一向在固定时间遛狗。他出门的时间是10点30分。狄克·范达克节目刚完，回到家中，泰勒·摩尔节目刚刚开始。他在灯光下观察了狗，发现狗爪上有血，又将狗牵出门外，遇到波兹台皮夫妇，请他们代管，才有了发现妮蔻尸体的那一幕。

（三十）克拉克的证人并未涉及辛普森

2月9日，克拉克传第一个到达现场的警官雷斯克。两人一问一答倒也明快。

到场原因？有人报警说门外有强盗。

到达所见？报警人门口，有一对男女，牵着一条狗，声称街对面，有女性尸体。

命案现场条件？光线极暗，无街灯。经费力分辨，方才看清死者。后借助手电，查明死者为二人。女人在血泊中，男人半坐半倚，也无生命的迹象。

如何反应？避开走道上的血泊，自草地和灌木丛接近，然后跨过女性尸体。

然后？发现公寓门户洞开。而现场有一只手套，一个信封，还有脚印、狗爪印。他小心越过证物，又自邻居墙外，接近那具男尸，检查后，证明已经死亡。

警官继续搜索，进入门户洞开的公寓。在桌上看到一封信，上有辛普森的回邮地址。他随手拿起室内的电话，向上级请援。派警官，派探长，派救护车。

再有？在公寓里继续搜查。洗手间清水满缸。缸沿立满彩色蜡烛。录音机里浪漫小曲，低吟浅唱。沿楼梯下，一辆吉普停在车库，栏杆上有一杯冰激凌。反身上楼，发现一对小儿女，正在熟睡。

克拉克将证物投影，雷斯克一一指认，现场位置无误，显然未经移动。

搜索完毕，雷斯克退出。拉好黄带，封锁整个现场，警戒，等候援兵到场。

考克兰质证：训练和资格？六个月警校，一年实习。所有出警走现场的经验来自工作和资深警官。日后人们知道，谁要上来，坐上那把椅子，第一件事就是翻简历，连李昌钰那样的人物都不能幸免。

进入公寓，用电话前，可有人采集过指纹？没有。这是挑出来的第一个错。

当你看到冰激凌时，有没有动过？没有。可观察过融化程度和品牌？没有。第二个错。

时至此时，克拉克的证人并未涉及辛普森，只是对案发后的回忆、描述、确认。完全中立的证词。因此，考克兰有点敷衍塞责。

同天,戈查斯被捕。罪名,信用卡欺诈、盗窃和欠账。涉及金额 23000 美元。这个人正式从辩方证人名单上消失。

(三十一)洛杉矶又空了半座城

2月12日,洛杉矶又空了半座城。陪审团依照伊藤的指示,走现场。正式名称:辛普森犯罪现场行。

这是星期天,天空万里无云。即使在阳光灿烂的南加州,这也是难得的好天气。可是此行的起点却是肃杀之气充郁。

克拉克到达时,几位检察官已等在那里。法院大楼前,平时的嘉年华集市不见了。法警们连夜搬来拒马,一放就是几条街。广场上站满法警,颇像要送什么人去行刑。

行程起自监狱门口的广场,平时这里就是戒备森严。整个院子常常空无一人。今天这里的空气如此肃杀,连雀儿飞过,都会颤颤巍巍。

伊藤法官西装革履,黑袍不穿了,又是一番景象。深色阔边的眼镜,修饰精巧的络腮胡子,一副大指挥官的气派。

大司命出行,仪仗威威。

先是辛普森被法警带出来,衣着修整。他和12个法警被塞入一辆厢型车。另有十辆警车前后左右随扈,把要犯围得铁桶一般。伊藤的车紧随厢型车之后。再后,控方辩方各乘一辆厢型车。最后是一辆豪华大巴,今天真正的主角,陪审团坐在其上。

院外骤然间一片马达轰鸣,原来还有二十辆摩托骑警在院外等候,在前面开道。一驶出大院,控辩双方皆目瞪口呆。所过街道,户户深闭,只有电线杆立在那里。没想到伊藤会弄出这么个大阵仗。一行十六英里,高速路上连车都没有。路肩上站满人群,与野马追捕时的情景一般无二。沿途到处是警车,紧张地监视着人群。上空悬着四架直升机,民用的,一律禁空,今天无份。真不知道,洛杉矶警察局今天要开出多少加班费。

媒体这回玩不出什么把戏,没有直升机跟踪追拍。气派去了一大半。大队后面又跟上一辆记者团巴士。伊藤居然没有忘记他们,事无巨细啊。

记者们享受着伊藤的恩惠,其实也是可有可无,聊备一格。除却沿途的景象,现场不许去不许拍。对陪审团仍沿法庭旧例,也不许曝光。

因此,今天除去看热闹的仪仗,超过总统的出巡,几十辆车,还有车上的号码。整个世界都蒙在鼓里。

(三十二)克拉克走现场建议正中辩方下怀

邦迪现场和罗金汉辛宅早已被警戒得水泼不进。纵使几条街外的看客,也只能见车不见人。布兰伍德地区今天着实热闹。平时无人影的街道聚满人群,鲜少有本地居民,出没的都是游客,个个如无头的苍蝇,希望目睹辛案的大人物,克拉克、考克兰、达顿、夏皮若还有法官伊藤、被告辛普森。

走现场的始作俑者是克拉克。她看到家暴举证,并不理想,就有心把陪审团从抽象叙述中拉回血淋淋的现实。让他们走现场,与死亡交流,并把凶手带回案发地,唤醒陪审员们的良知。

她的动议并未遭到阻击,相反正中辩方的下怀。双方对此事"同床异梦"。

克拉克期望陪审团看到现场何等逼仄,两个凶手绝不可能。克拉克提出夜里出行,让陪审团体会案发时的时空,看看在无街灯的暗处,凶犯出现之突然之隐蔽，足以让两位死者措手不及。

而辩方则期望让陪审团体会，一人杀两人时，其中年轻男子，明显经过殊死搏斗。而"凶手"，除去中指有伤，却是毫发无损，希望陪审团得出结论：这不合常理。

辩方就势而上：既去邦迪，也应去罗金汉，那里也是警察声称的犯罪现场。

伊藤也不反对克拉克的动议，但是只能在白天，而且辩方的要求也应满足，方才公平。

辩方的顺势，让克拉克始料不及。她慌忙救急：要去也行，但不能进宅。从司机帕克的角度看看，按凯伦的路线走走，再亲临那条小道，观察三声巨响的空调，还有罪证手套的现场。足矣。

她生怕陪审团进入辛普森的豪宅，被其中的奢华震慑。由此产生疑问：一个人拥有如此的富贵尊荣，怎么会为了一个女人抛去一切？

她的担心正是考克兰的期望。两造想到一处去了，于是又起了攻防。克拉克明确反对入宅。而考克兰辩说，袜子是在辛普森的主卧室发现的。再有，石普做证，辛普森在卧室里对他承认有那个杀妻梦。陪审团完全有必要去亲眼看看产生证据的现场。

克拉克万万没想到，先手优势即行被夺。伊藤则站在辩方一边。非此不算公平。既然想走现场，那就走个彻底。

克拉克带着沮丧，退无可退，开始了现场行。

（三十三）克拉克将辛普森"带回"现场

到了邦迪现场，又加一分沮丧。不知何时，布朗家族将家具搬空，公寓内徒有四壁。他们在卖房子。连凶宅都想变现，让克拉克大失所望。警官瑞斯尼科的描述无法印证。小院内，所有血迹、所有垃圾都被清除。克拉克想唤起对妮蔻的同情，与死亡对话，成了泡影。克拉克拟将死者的照片放大，放在陈尸处，这个动议又被伊藤禁止。

在克拉克眼里，陪审团懒散，表情悠闲，在院里转了一圈，仿佛随旅游团逛博物馆，无一人记笔记，也无人认真观察、细致勘探。

一位陪审员身着四九人队服，这是辛普森服役过的球队。球衣在人群中如此刺目。克拉克和达顿都记住了这个人。他的名字叫诺克。一个危险的因素。

克拉克有意将辛普森"带回"现场，看看凶手的反应，不承想布朗家族坚决反对，不许他踏上邦迪一步。辛普森那边也作如是想，宁肯坐在警车里。双方竟是如此默契。克拉克的努力再遭挫折。

辛普森留在车里，卡达辛陪在一旁。两人低头絮语，旁若无人。

陪审团五人一组，控辩双方各出一人陪同，再加一名法警，将几个重点区域看过。众人默默地进，静静地出。伊藤有禁口令：只准看，不许说。就这样无问无答无议无论，自正门入，后门出，转了一圈。

在到达邦迪现场前，车队自勾德曼公寓、玛萨卢纳餐馆，绕了一圈，才到邦迪。两地皆无停留，坐在车上看看而已。

从邦迪去罗金汉辛宅，又让克拉克大倒胃口。车队没有选择最近的路线，反而绕了一大圈，仍是警察扈从，慢慢悠悠。这如何体验辛普森归家五分钟的时间？克拉克的失望又添一重。

到了罗金汉，克拉克已是怒火万丈。

一到罗金汉，辛普森立时有了生气，与卡达辛漫步在门前。法警在身后保持几步距离，不像看守，倒像保镖。辛普森向法警们介绍院中的奇花异草，自称皆是亲手种植。他又钻进车库，拉下法拉利的车罩，仔细检查。法警们站在一旁，兴致勃勃。辛普森摆出屋主的派头，热情亲和好客。

法警们站在那里，吉吉大盘小盘地往外端，各种三明治，让法警们吃个够。就像朋友聚会，还在那里开黄腔。有个候补陪审员，牛仔裤紧绷，面有几分姿色。几人嘻嘻哈哈，评头论足。

"看看她的裤子，真想拿下她。"辛普森色眯眯的。

"是啊，确实迷人，不过看起来有点蠢。"一个法警接茬。

"管她蠢不蠢，看看她的裤子。"辛普森继续过口瘾。

克拉克和达顿看在眼里，恼在心头。犯人一般出行，虽不似旧时，手铐脚镣，铁链银铛，但应有电子脚铐，法警手中也应有电子发射器。一旦犯人异动，可以高压电击。眼下，一切都没有。若忽略法警，他就是一个正常人、自由人。这样与陪审团混在一起，怎么让陪审团保持距离，保持中立？

（三十四）克拉克踏勘第二现场辛宅

在现场行之初，克拉克和道格拉斯进去踏勘。一遍未了，克拉克已经恶语相向："上帝饶不了你们。在这些墙上，在辛普森的一生中，从来没有像今天这么多的非裔人像，卡尔。"

道格拉斯早有准备："玛莎，你竟敢这么想？"

克拉克所言不虚。

就在前一天，辩方忙了整整一天。花去上千美元，将豪宅布置一新。首先在门廊,放上波拉·芭比艾瑞的巨幅照片。进入客厅,到处都是挂像,一水的黑皮肤。往日那些白皮肤名人、演员、总裁、高尔夫球友的照片,一幅都不见了,换上的都是考斯比大叔那样的非裔风光人物。一夕间,辛普森的价值认同转向黑人社区,散发着草根的气息。在楼上,卧室里挂着母亲的像,壁炉上放着圣经和书籍,透着宗教的虔诚和文化的景仰。

壁炉里还燃着炉火,室内鲜花盛开,一派富贵气象。还有一幅画极为瞩目。一个学龄女童,在联邦法警的护送下,踏入纯白人的学校。这是美国黑人民权运动的肇始,意在提醒陪审团的兄弟姐妹,辛普森没有忘本,辛普森是自己人。

这些非裔画像照片并非辛普森所有,都是考克兰办公室的摆设。人们应考克兰之命,来了个偷梁换柱,来了个移花接木。

克拉克在6月13日案发后,来过此处,当时就对辛宅内有众多的白人照片颇有微词。如今见了此状,能不勃然大怒?

这还不够,按律,现场必须保持案发原样。邦迪是布朗家所为,检方已是哑巴吃了黄连。这里又是另一番景象,一空一满,一冷寂一热闹。岂不是一减又一加?

根据夏皮若在预审时的辩论,自凯伦屋后的空调小道到辛宅的主门前,还有两道门可以进入主宅,并不需要绕道,再经大门返回主宅。

克拉克从凯伦那里得知,当时,这两道边门皆不得入。一个自车库入,已被巨大的衣柜堵住,上面还放着电视机。另一个通向洗衣房,门自里面插上,门后放着登高梯和洗衣筐。

如今通往洗衣房的门洞开,出入无阻。这是有意误导陪审员们。

踏勘未毕,克拉克已经跳入院中,向伊藤抱怨,要求禁入。伊藤面色不悦,在草地上开起特别边厢会议。律师们围成半圈,可苦了法庭书记,一字不差,都得记录在案。

"他们在奏交响乐,里面没有任何证据价值。"克拉克抗议。

伊藤也有同感,那些非裔名人的照片令他不安。他问考克兰有何说法。

"关于那些照片,你得问道格拉斯。"考克兰一推六二五,"我对这些指责,不反应。这是颠倒黑白。"

道格拉斯答得更妙:"6月13日,我并未到过这里,因此,这些照片之有无之摆放,本人一无所知。"

"6月13日,我在。"克拉克抢进。

"我不会问克拉克,让她告诉你,吉吉,那个管家,她应该告诉你。"考克兰打断她。

伊藤很赞同,问吉吉。吉吉打了圆场:"当时他妈妈的画像不在。"

管家显然说谎了。6月13日,她不在。而日后披露辩方内幕的回忆录也坦承,考克兰授意重新布置了舞台,克拉克那奏交响乐的指控并没有错。克拉克继续大怒:"她不是探长,她是管家……"

伊藤命令将辛母照片取下,壁炉中的火灭掉,然后爬上大巴,警告陪审员们:"忽略那些照片。"

现场行照旧。陪审员进入辛宅,兴趣盎然的。他们在奖杯奖品面前流连,看得很仔细很投入。克拉克恨在眼里,怒在肚里。正义的优势就像海沙一样从指缝间流下。

一路走下来,辛普森抱怨起来:"你们应该挂起美国国旗。"

这一天,还有一位更为愤怒。那是达顿。

初到罗金汉时,达顿坐在院中的板凳上,辛普森对他怒吼:"离开我的板凳!"

达顿不理他,直接对考克兰说:"在我给他套上口嚼子之前,你最好约束你的当事人。"

现场行结束后，一队律师又聚在草坪上，集体收官。克拉克要求将控方的抗议完整记录在案。克拉克的声调很低，其他律师不得不围住她，仔细听。

达顿突觉有人撞他，转头一看，是辛普森，手插在裤兜里。达顿立刻撞了回去。就这样，两人一左一右，撞了起来。其他律师和法官却浑然不知。

这一天还有一个插曲，不足为外人道。在陪审团"参观"辛宅时，夏皮若附在探长兰的耳边，悄声调侃："嘿，你听到了吗？刚才辛普森在那里抱怨：这不是那天我回家的路线。"

当然，夏皮若、兰均不在辛普森的囚车上。兰不会认真，但是传入辩方团队耳中，一定会起大风波。

（三十五）警察证词让辩方暗喜

2月13日，传证回到警官雷斯克。上个星期四，克拉克对他做过预防清场。与其让辩方问，不如自己问。

"在你的训练课中，警校可曾对你做过保护现场的训练？"克拉克问道。

"他们并未认真地训练过，他们就是抛光了一下。"雷斯克很诚实。

克拉克日后解释："这证明保护现场、查证证据，并非制服警察的工作。"达顿对克拉克的问法有异议。就这么把雷斯克玩到辩方手中？让他们的理论，警察办案无能、草率立案的说法大杀四方？

辩方果然暗喜：这是第一个到达现场的警官，他却承认没有受过足够的保护现场训练？

（三十六）考克兰歪打正着

2月14日和15日两天，辩方对雷斯克连续质证。考克兰不胜其烦，再让他诉一遍到现场的经过。雷斯克学乖了，一边"走"，一边辩申，他没有碰过任何证据，没有检查过垃圾箱，这不是他的工作。他没有测试浴缸的水温，那无意义。他没有观察冰激凌的融化程度，不能碰，也没有细看狗的爪子，这不是必需的。

考克兰向雷斯克出示两张照片，第一张是毛线帽、信封和那只手套。他特意让雷斯克复述三者的位置。第二张仍是三者的，但彼此之间的角度距离已然不同。考克兰并不注重证物已经动过。他却问此刻拍照片之际，佛曼是否在场。醉翁之意不在酒。

克拉克立刻反对："这种事，考克兰一直在做。这是另一次歪曲，又一次忽悠。"

她向法庭指出，第一张照片有勾德曼的脚趾，第二张没有。那是在移尸前后，分别拍的照片，就为了记录当时的情景。

克拉克成功化解考克兰牵连佛曼的意图，但却坐实现场的证物确实不是案发时的状况。考克兰可说是歪打正着。失之东隅，收之桑榆。

考克兰并不收手，他又出示一段录像。片中有一个制服警官的背影，正在血泊中蹚过。他说："这段录像，检察官从来不曾提供。"

克拉克反驳："这段录像又不是警察拍的，我们怎么提供？片上也没有时间。从日照判断，那是下午时间。"她暗示可能在取证之后。

这段录像乃是沙克浪里淘沙，自新闻播报中，一帧一帧搜出来的。考克兰可不会干这种苦活，他是饭来张口的大将军。

克拉克所言不差，克拉克不愧是捷才。一面水来土掩，一面派助手去查此段录像来自何方。因为她发现,左下角有台标。

达顿认为考克兰最出色的一击,是逼雷斯克承认他使用妮蔻电话向局里报告,使查询妮蔻最后一次与何人通话的机会完全丧失。

考克兰又出示了许多控方的现场照片,拿移尸前后的照片对比。尽管这与第一个到达现场的警察无关,考克兰也不在乎他的回答是与不是,只是倚他为托,证明一件事,现场证据并非如雷斯克所说,什么都没动过。这是典型的借人头的手法。

最后,克拉克再传证,让雷斯克不断回答:这不是我的工作!

这一局下来,辩方似有收获,而控方似无所失。

(三十七)贝雷心神不定令考克兰担心

法庭本来禁止携带任何食物和饮料。如果需要补充,请到庭外。有的法庭视其为法庭的尊严,一丝不苟。可是,庭审日见冗长,双方律师都不愿离开,变得懒惰起来。不知是否经过协商,反正不约而同,律师们在桌下藏起杯子,乘人不备,抿上一口。伊藤视而不见,从不见提醒或执法。渐渐地,法纪开始松弛。终于,人们在辩方桌上看到一个保温杯。这个杯子堂而皇之,蔑视法官,引起人们的注意。

杯子的主人贝雷自案子正式开始,除去家暴专家达藤医生,还未有机会真正质证过。因此,他那意态悠闲,也是法庭一景。别的律师在对方传证或质证时,都是埋头记笔记。只有他,一个字都不写,也不与任何人交换意见。有人好奇,偷看他在干什么。他常常在手中的电脑上点来点去,毫无意义的。

同事更注意到,他的手常常颤抖,不免生疑。贝雷酒名在外,最著名的段子，就是醉驾。最后由夏皮若在法庭上为他摆平，这也是两人当年密切的证明。

一日，卡达辛见他往杯子里倒了一些东西，心里不踏实，生怕是酒精之类的。就趁他不在，在众人注目下，拧下盖子嗅了一下。还好，他满面笑容：咖啡！

看着贝雷这样百无聊赖，心神不定，考克兰真正担心了。毕竟佛曼由贝雷质证，这是本案成败之关键。考克兰一直在打腹稿，也许自己应该取代他。但是出个什么题目，把他请出去？总不能师出无名，言而无信。

巧也不巧，雷斯克走后，控方临时推出一个证人。案发当晚警察现场指挥罗西。在程序上，辩方完全可以叫板。临时塞进来，无时间准备。控方把他塞进来，只为支持其他警察的说法。当晚佛曼并无单独一人的机会。

辩方不拟作对，十个人说与十一个人说并无两样。遇事则反，有碍舆论。考克兰发令：贝雷上。潜台词，干得不好，别怪我废了他。这份心思，两个亲信兼员工是心中有数的。

"你可知道足印和足压有什么不同吗，警长？"

"不，我不知道。"罗西显然对这两个词有点陌生，有点蒙。

"假设，如果你能够，足印是二维的印痕，而足压是三维的压痕，你是否认为这两种痕迹都值得保护，以备探长过来取证？"

"是的，我会的。"罗西对下面的话似无准备。可是辩方律师们都揪起心来。他们知道，贝雷开始张网布陷阱了。

"你知道有些足印无法看到，除非使用偏光束，才能辨别？"

"我猜那是可能的。"罗西彻底糊涂了。

"如果你在那里走动十分小心，意味着什么？你在避免踏上明显的证物。"

"完全正确。"

"如果那些证物不明显,肉眼难辨,你能避免踏上它们吗?"

"如果我看不到,不能。"

这无异于承认不慎踏上现场证据。辩方律师大乐,只有夏皮若大怒:这是滥杀,过分。

其实这个质证并无实际意义,无非是让警察承认"可能"踏上,暗示警察疏于保护现场,与佛曼有机会移动证据毫无关系。但是,辩方律师看到的,乃是贝雷的才智。随便设个陷阱,就天衣无缝。贝雷斩人的刀法之娴熟,施力之精巧,让考克兰手下的两位亲信兼雇员大为叹服。他们自然要游说老板,莫三心二意。考克兰当然识货。贝雷是个老狐狸兼老猎人,精于下套。对付佛曼就需要设套,越多越好,但是他们还是低估了佛曼的能耐。

还有一条,在考克兰心中不为人道。一个非裔律师对一个白人至上的警察,似乎除去火药味,难有佳评。让白人律师去指控更有说服力,能恰到好处。

(三十八)豪格曼归来

中午休庭前,伊藤宣布,他在等待豪格曼的公文,就近来的动议,拿出控方的意见。人们才蓦然想起这位大将在法庭上已经消失有些日子了。听说他已经康复,但是妻子坚决反对他抛头露面。

女人的心思永远难测。有人希望丈夫做公众人物,对其露面,乐观其成。有人则相反,坚决反对。尤其是场上还有一位作风强硬、气焰高涨的女强人。

豪格曼虽退下做后台总管,但与道格拉斯不一样,他完全隐居在十八楼。

豪格曼应声而入,满面微笑。人们也是满脸堆欢,欢迎他的归来,有如久违的朋友。

"最近你的缺席，本人也有一定责任。"伊藤这话不知从何说起。

"别自责，完全是我自己的原因，你的歉意让我心里舒坦。"

人们突然怀念他了，尤其是辩方。豪格曼虽是敌手，但他的谦谦君子风引人敬重。这些天达顿、克拉克与考克兰之间的你来我往，挖苦羞辱，让人麻木，豪格曼的出现有如乱山中的一股清泉。

豪格曼之后是罗德尼·哈门。他来自阿拉麦达郡检察院，以 DNA 见长，是克拉克特别借过来的。

"哈门先生，我已经收到你的信。你提到联邦调查局将对血样中的 EDTA 做检测。他们建议从 2 月 20 日开始，距今天还有五日。"

"对，我们已经做好准备，全心全意，去证明辩方的指控虚妄。这个虚妄让所有参与此案的侦控人员蒙羞。"

控方无疑下了一个大注，让辩方也是一震。谁知结果如何，辩方的指控可能在某日醒来化为乌有。有如在赌桌上，某豪客将所有的筹码向前一推。其结果，即使是看客，也会大抽冷气。

不仅如此，邦迪后门、野马车的变速箱，还有地毯的血样 DNA-RFLP 的结果也还没有出来。这对双方都是压力。

这样双方只能在半明半暗中，肉搏前行。

（三十九）警官菲利普斯做证

当日之余，克拉克继续传证警察，佛曼的顶头上司菲利普斯，她获得菲利普斯的证词，红口白牙。佛曼根本没有机会，单独一人。而日后佛曼在回忆录中，自述曾在妮蔻的沙发上，单独一人做过现场搜证记录。这是后话。

两位领导,都证明佛曼即使想栽赃,也无机会。这就是克拉克要的,双保险。

菲利普斯的作用远非如此,他还是去罗金汉辛宅的四探长之一。当时的原委,自然应由他道来。

"上司命令我们,用尽任何办法,不遗余力,也要找到辛普森。亲口通知他妮蔻的死讯,绝不能让新闻报道抢在我们前头。"

因此,四位探长去罗金汉,一非自作主张,二非有意侦查。

越过墙去,见到阿纳丽,才知辛普森人在芝加哥。菲利普斯遵照上司命令,亲口通知。

辛普森接到电话后,大叫:"噢,上帝,妮蔻被杀了?"在菲利普斯的口中,辛普森反应极为疯狂。"可是他并没有问究竟发生了什么。"言外之意,辛普森早已知道妮蔻的死。疯狂大叫不过是做戏。这又是克拉克要的。

考克兰质证,不事纠缠,上来念了菲利普斯的报告:"他问,你这话是什么意思?她被杀了?"

菲利普斯承认确有其事:"我没有机会回答。因为他处在歇斯底里的状态。"

考克兰也得到了他要的。辛普森并非没问,反是警察没有回答。美国刑控中,双方各得所需,乃是常态。因此只有质证,才能让陪审团兼听,才能鸡蛋里挑出骨头。

(四十)现场证据抵达纽约州

同日,辛普森案的现场证据抵达纽约州的首府阿尔伯尼。一队三十个警察，分乘几架飞机。这个行动足够危险。飞机一旦失事，此案将大打折扣。只因辩方不断动议，伊藤不胜其扰，同意，却只给三天。这还不够拆与装的时间呢。

辩方的三位罪证大将：李昌钰、巴登和沃尔夫到机场接收。沃尔夫博士在这里主持一个罪证实验室。

证据到时，大雪纷飞，许多南加州的警察都不曾亲历过下雪，他们在机场兴奋不已。李昌钰三人造访过洛杉矶警察局罪证室，但是只许看，不许碰。这次不然，伊藤法官允许他们上手检查。

三十个箱子，只有三天。三位专家只能走马观花。

他们发现，洛杉矶警察局的证据保全，实在是低质，让人忍无可忍。朱蒂莎·布朗的眼镜，少了一枚镜片。此事，控方从未提及。当三人询问时，出乎意料。对方反咬，是三位大将弄丢的。剩下的那枚镜片，上面有血迹、泥土，还有粉色不明物。这个不明物没有任何记录，又有一个痕迹，看起来像指纹。

信封上有压痕印迹。李昌钰初次查看证物时，已经注意，这次再次证实。印迹极像鞋印。对方对此也无任何记录。勾德曼的胃里杂物大部已被丢弃，尚有少量残存物。而尸检报告明文记载，只有液体。李昌钰发现有番茄、葡萄干等食品。

血样样本最可疑。包装上有明显的血印，显然包装时血迹未干。这不合程序，很容易交叉污染。当然后面还可能有更大的文章。

三天验证之结果，疏忽不当处众多，让辩方弹药充足，找尽警方的麻烦，绰绰有余。

（四十一）探长兰做证

2月21日，首席探长汤姆·兰出庭。各方期待已久，标志审判真正进入采证侦破阶段。克拉克却对此颇有腹诽。她不想传汤姆·兰。证据已经收集齐全，本身就可说话。辩方对警察虎视眈眈，太多的警察做证，反成了他们练拳的沙袋。这个借口十分勉强。在兰之后仍然有警察做证。不知为何，她不喜欢汤姆·兰。

可是控方团队中人人不同意。首席探长不出庭做证，于理不合，自取示弱。如果到了辩方的反证阶段，他们照样可以传。自己不传，却让对手传，岂不棋输一着，怎么都不好看。反正晚痛不如早痛，横着一刀，竖着也是一刀。

这个理由，人多势众。克拉克无法反驳。

汤姆·兰沉静迟缓，其实是个理想的证人。辩方对他并不反感，算得上有几分人缘。

克拉克用他做道具，出示了两个现场证据，一副手套，一顶毛线帽。

兰做证，在发现罗金汉辛宅手套后，他曾回到邦迪现场，查看了另一只手套。两者实为一副，颜色大小皆相符。这是他肉眼的结论。

在两位死者死亡先后上，兰给出了判断：妮蔻赤足，脚上无血，明显没有踏过血泊。证明先被扑倒，后被杀。而勾德曼的鞋上有血迹，且渗入足趾间，显然经过反抗搏斗，也可佐证，丧生在后。

这与日后尸检的说法略有出入，非细心人不能辨别。

这个顺序配合了控方的说法。凶手的目标是妮蔻。勾德曼只是不意撞上，辩方则做相反推断。

兰还做证，他做探长二十年，侦办过二百五十起案子。这份阅历是克拉克们的财富。他还向法庭表述了妮蔻的死状，她的卧姿似腹中胎儿，手臂外伸，双掌做临亡前垂死一握。寥寥几句，惨状如在眼前。

他又讲述了如何通知布朗家庭，施出精彩一击："朱蒂莎泣不成声，德尼丝则歇斯底里：'是他干的！辛普森！'"

邦迪之后是罗金汉。兰详细罗列了佛曼的举止。这是克拉克最最需要的。兰叙述了越墙入宅的经过，称一切责任由自己这个首席负。有话在先，免得日后辩方骚扰。这次搜索毕竟是无证入侵，兰列举了三个理由，证明未先请批搜查证之正当。

理由：辛宅内有灯光，却无人应门。宅内应有管家，也未见踪影。野马车停车角度不正常。门把上有类似血迹的东西。

"我感觉屋内可能有罪案的受害者，可能正在淌血甚至更糟。当时佛曼离门最近，他说，我能爬过去，我说好，爬过去。"

做证时，范纳特留在庭外，法律禁止警察搭档在现场旁听，这是过时的陋规。原意旨在防止统一口径，这明显是掩耳盗铃。此案既然直播，范纳特的耳朵自有去处。即使不直播，当天就可拿到法庭记录，控方自会安排。自相矛盾的事很难发生。

克拉克传证兰用了不到一天。

（四十二）探长兰成了考克兰的沙袋

2月22日，汤姆·兰果然成了沙袋，被考克兰攻击。其实不管是谁，或张或王或李，坐在证人席上，都不能幸免。辩方一定尽其所能，大打出手。兰替后来的警察挡了不少炮火。

考克兰的质证证明控方多数人是对的，控方不传，辩方也会传。他们不会放过汤姆·兰。无数理由,一定要陪审团知道。果然是晚痛不如早痛。

考克兰自汤姆·兰接到电话开始,问出,兰接电话是夜里3点。

"然后自西米谷到犯罪现场?"考克兰不说"你家",却强调西米谷。

"对。"

"自西米谷到现场用了多少时间?"把西米谷再说一遍。

"五十分钟,一小时?"

考克兰看似在问行程,实际是在影射。两次提到西米谷,这点用心只有洛杉矶人明白。兰也是无奈,又不能不答。

这个西米谷臭名昭著,在洛杉矶黑人社区尤为如此。一个中产社区,一个纯白人社区,里面住着许多白人警察。在驰名的罗德尼·金被殴案中,警察的暴行被加油站的保安录像录下。青天白日,上来就打,被媒体播了不知多少次。可是西米谷的全白人陪审团却裁决暴行警察无罪释放。这激起洛杉矶黑人暴动,烧杀抢掠,焚屋毁宇。让美国这个民主法制的民族大熔炉,现了原形,见了真章,被全世界耻笑。

考克兰小棒一挥,奏出序曲,提醒陪审团的兄弟姐妹们,种族因素乃是本案的一部分。若说是借题发挥,煽动种族情绪,也不过分。白人警察和黑人兄弟,你们选谁?

兰早上5点5分到达罗金汉辛宅,6点45分离开返回邦迪现场。

"你想必是倾向证据收集越多越好,对吗?"考克兰问。

"我宁愿如此。"兰知道考克兰的意思。他尽量把话说圆,留有余地。

"那邦迪后门的血迹,为什么收集晚了?"

"我已经要求丹尼斯·冯(冯丹尼)去取证了。"

"事实上,到了7月3日才取证,三个星期以后,对吗?"

兰嘴软:"是。"

它不合手
何罪之有 | 辛普森案实录

"你是否清楚,邦迪现场在 6 月 13 日或 14 日某一时刻已被冲洗过?"

"我知道前门走道被冲洗过。"意思是后门并没有。

此事说来,兰的责任无可推卸。办案之初,现场罪证收集是兰的分工。辛普森这条大鱼回到罗金汉时,兰正在邦迪现场指挥搜证。辛普森现身后,兰和范纳特于 12 点 30 分携辛普森回市警局。届时,探长们声称,尚未视辛普森为嫌犯,只是例行问讯调查。

当兰再回邦迪现场时,已是下午 4 点 30 分,搜证早已在四十五分钟前收摊了。警察将黄带收去,外人可自由出入。看来,兰对询问一个非嫌疑犯比收集罪证更有兴趣。

中午休庭,汤姆·兰到辩方这边寒暄,这是他与范纳特的不同之处。范纳特永远视辩方为敌,铁脸钢眉,从不过话。

考克兰半开玩笑半认真:"也许我要告诉他们,你住在西米谷,汤姆。你把鞋带回西米谷的家中。"

众人哈哈一笑,没人当真。

一复庭,果然开问。兰承认,他在辛普森的壁橱里发现几双锐跑鞋。他将其中若干放入鞋盒中,再放入车子后厢,带回西米谷家中,次日,才带到罪证室比对,证明与现场脚印无关。

看完这一出,辩方律师笑难合口,快乐无比。

考克兰不仅抓住把柄再提西米谷,也对照洛警局的规章,证明兰将疑证私存,草率办案,完全不在乎证据链的完整。没有攻击他操弄证据,算是便宜了他。

考克兰还迫兰承认,妮蔻背部的血,因尸检处理不当而失去。让警方失去调查来源的机会,这血极可能来自凶手,虽然过错在尸检部门,但兰疏于提醒,也难脱干系。此事起因,乃是兰发现妮蔻摆放姿势不对,才想起她背部有血迹。他自己也从不曾督促罪证室取证。

（四十三）达顿的奇举

当晚，达顿在办公室里与同事抱怨：几天来的警察表现越想越闷气。为什么就不能直起腰？他们没做错什么事，为什么看起来倒像有罪？他无意中看见桌上的留言字条，都是来自媒体的邀请，脑中灵光一闪，何不借助媒体促促警察？杰拉多·瑞佛拉节目在这段时间，专门讨论辛普森案，声望颇高。他想起近来曾向制片人借过录像带，手中正好有他们的电话号码。

按捺不住，拨起号码，那头有了反应。节目正在直播。达顿自报家门，要与瑞佛拉通话。

电话转至现场："哈喽，哈喽。这是瑞佛拉节目吗？"

那边惊奇不已，当然也欣喜若狂。这个怪脾气的黑皮肤检察官居然自己送上门来了。瑞佛拉曲意逢迎，快不可言。

"我希望警官们，主动进取。辩方提出的问题，我认为极其荒谬。我希望他们能向陪审团秉诚直言。"

放下电话，意犹未尽，仍是怒气未绝。他又沿着长廊直奔克拉克的办公室，一进门，口气十分简慢："我想应该让你知道，我刚和瑞佛拉通了话。"

"你说什么？"克拉克大惊。

"我刚告诉他们，我希望警官更强硬一点！"

"克里斯，请你告诉我，你没有！"

克拉克心中无奈多于愤怒。这个搭档如此桀骜不驯。控方团队早有公约，审判期间，绝不与媒体过话。克拉克尤其担心，达顿会把与考克兰的恩怨带入本案。考克兰对激怒达顿有瘾，可谓乐此不疲。

次日，探长们也知道了，反应可想而知。无奈，现在案子是人家的，克拉克和达顿的。自己只是牵线傀儡，道具而已。

也是次日，达顿起晚了，好在兰是克拉克的证人。达顿不必到场，虽然这是极少的例子。达顿在家中看了一会儿电视，转到CBS的早晨节目。看到了嘎塞提，自己的老板，居然在那里大谈判决后的事情。控案未到中途，连四分之一都没有，尤其是现场罪证还未举证，老板已经在未雨绸缪了。"如果是悬判，我现在就告诉你，即使是11：1，向无罪倾斜，我也要再起控案。"他向公众表示决心，非拿下辛普森不可。达顿大感不祥，觉得与哭丧相去不远。

（四十四）辛普森的鞋

2月23日，考克兰先找麻烦。他放了一段录像，录像中，汤姆·兰把鞋放入前座，然后驶离现场。并非如他所证，放入鞋盒再放入后厢。兰对证据的马虎再加上谎证，让考克兰又下一城。

考克兰续攻警方没有做强奸检查，这在东岸是例行常规。此事虽可推给尸检，但警察也难脱责，他们毕竟没有要求。对此，兰回答："据现场观察和经验，强奸只是最后一种可能。这是残杀，是泄愤。没有证据是性攻击后灭口。"

勾登博士在尸检时，确实用肉眼观察了，只是外阴部。所谓强奸检验，乃是用专门器具，深入女性阴道取样，并不完全是为了查证有无性攻击。

此事对本案尤为重要。第一个警官做证，他进入妮蔻的公寓，床上被褥零乱。室内仍有浪漫音乐，浴缸水满，周围是香烛环绕，这是会见情人的场面。

根据勾德曼离开餐馆的证词,再加上狗叫,控方将凶杀时间锁定在 10 点 15 分到 10 点 20 分。如果妮蔻阴道中有精液,而且是勾德曼的,那么凶杀时间至少可推迟半个小时,甚至更久,这样辛普森自然获得不在场证明。

因此排除妮蔻死前有性行为,乃是应有之义,与有无强奸无关。兰如此资深,不该忽略。主动排除怀疑对象,追逐真凶,也是警察的职业道德。

(四十五)你们是否传孩子?

汤姆·兰的质证继续。有个问题非问不可,首席探长是最佳人选。

考克兰问兰是否知道当晚有人过访。兰回答没有任何证据。考克兰顺势将妮蔻女儿西德妮带入,提出西德妮在西洛分局说过:"妈妈的好朋友来过电话,通完话妈妈哭了。"

克拉克立刻反对,进了边厢。她认为此话并没有对兰说。考克兰问兰乃是不相关,到兰这里只能是"听闻",除非西德妮上了证人台,做过证。

这在技术上无懈可击,克拉克反对有理。可是伊藤也想知道当晚妮蔻这边的细节,打算放考克兰一马:"何不建立基础来源?他是首席探长,是否知道有人问过孩子,不就行了吗?"

克拉克不干:"考克兰想做的,就是在陪审员脑中留下印象,有那么一个谈话,却不让孩子做证。"

考克兰申辩,我只是想问兰,是否和孩子说过此事。这听起来也算合理。他告诉伊藤,传不传西德妮还没有决定,这不关克拉克的事,她不能替辩方做决定。

伊藤倒多了一份担心:"她真被传了。那个妈妈的好朋友是谁?是考拉?"

克拉克:"无人知道,无人知道。"明显是烫手山芋。

考克兰则说:"孩子也许知道。"

克拉克又抢断:"不。那个孩子,就考克兰……"话未完,考克兰不悦:"能让我继续吗?女士夫人,请!那是我们委托人的决定。不过我认为一个侦探警官,你遇到此事,当然应该发掘事实。我不是在抓什么听闻。我有权问……"

"尊敬的法官,那就是听闻。如果考克兰认为是孩子所说,就应该传孩子上台。"克拉克不让。

"那么你们可曾问过孩子?"伊藤更加好奇。

"没有,没有,布朗家不许。"克拉克急忙撇清。

"尊敬的法官,我们也一直想问,他们不让。"夏皮若证明。

"我们也是。"克拉克有了奥援。

"我想知道,你们是否传孩子?她将说谁是妈妈的好朋友。"伊藤可说是好奇心大炽。

"非常可能她会,我判断。我的委托人确实问过孩子,大约在案发后一个星期。但那是一个决定,他必须做:是否让孩子卷入这场审判。"

的确,让孩子坐上证人席,这个决定太残酷!可是布朗家族不配合,不许私下问。除去法庭传,别无他法!

而后,双方又陷入有关与无关的争论。

伊藤打断:"谢谢,谢谢。反对无效!"他还是好奇,还是放了考克兰一马。

兰承认,他知道此事。考克兰再问:"你自己或者派他人和西德妮谈过此事?"

"我自己没有问,但我做了。"

"谁?"

"布朗家族。"是德尼丝问的。看到德尼丝在场,伊藤把她请出法庭,让她回避。

有没有记录?有没有报告?什么都没有。那个在西洛分局谈话的警官是谁?不知道叫什么。她有没有报告?有。考克兰一路追问。兰想解释,考克兰不许。"只回答我的问题。"让兰这个首席探长看起来,对此事从不上心。考克兰始终没问德尼丝的谈话结果,最后,却突然落在费耶身上,显然他知道答案。

(四十六)同样问题两个判决

考克兰知道,克拉克们不会传费耶,即使她没有写那本书。她本可以做辛普森跟踪的控方证人,但费耶对毒品的癖好却是控方的癌症。她正是在妮蔻被害前,进的戒毒所。此前,她无家可归,就寄居在妮蔻家里。

辩方一直主张,凶杀案与毒资有关,是涉毒的后果。因此,考克兰要顺费耶之藤摸毒品凶杀之瓜。他向兰问起费耶。

"就你所知,1994年6月3日,费耶·瑞斯内克可曾搬入妮蔻·布朗的住处?"

克拉克反对:"这是听说。"按规则,听闻不能入证。伊藤批准她的反对。

考克兰只好重新组织:"你是否确知在6月12日以前,除去她的子女,另有人住在她那里?"考克兰这次隐去姓名。

克拉克再次反对。伊藤又批准了她的反对。考克兰不甘罢休,推倒再来。

"在6月3日前后,你是否知道,费耶·瑞斯内克搬入妮蔻的住处?"

克拉克第三次反对,出乎意料,伊藤居然将她驳回,允许兰回答。兰回答"知道"。这与前两个问题,既未换汤也未换药。两个批准,一个驳回。克拉克大为光火,要求边厢。

按照庭规,考克兰已经大大超越制度。在质证控方证人时,只能质证控方传证过的问题。如果控方传了甲乙丙,辩方也只能质证甲乙丙。质证丁就是犯规了。

控方传证时,不曾提及费耶,而考克兰却拿来质证。这是克拉克光火之所在。而法官允许考克兰质证费耶,也不算大错。在法官从权的范围内,他对此事极为好奇。

所谓辩方只能质证甲乙丙,不能质证丁,并不能阻止考克兰向兰问"丁"这个问题。只是按规则,不能在此时,克拉克的案子,举证阶段。

考克兰完全有资格问这个问题,不过是在自己的案子,反证阶段。那时考克兰仍然可以传汤姆·兰。如果他不合作,就可宣布为敌意证人,届时就可为所欲为,大问特问费耶·瑞斯内克了。其结果就是重开一局,徒耗精力,浪费时间。伊藤从权,也意在节省时间,因此无可厚非。

克拉克反对也有道理。称费耶一事为听闻,就是押在辩方不敢提及费耶那本书。书中有不少内容是嫉妒家暴跟踪。考克兰们避之唯恐不及。不提此书,辩方欲涉及费耶的问题就没有构建合格的基础来源。这也是规则。法庭不允许提无根据无来源的问题。如果考克兰先提到费耶那本书,就是构建了基础,有了来源。不提这本书,则只能算无中生有的听闻。

不提那本书,也是控方的宗旨,里面进戒毒所的内容,同样犯了大忌。

那么有什么办法,既回避书,又构建问题的基础来源呢?那就得有人做证。这个证人只能是西德妮,一个九岁的孩子。

（四十七）达顿杠上伊藤

克拉克对考克兰走私费耶入案，怒到极点，在边厢里发难："不管此说（费耶住妮蔻家）有无争议，我们在法庭记录中有了证据。该律师（考克兰）在陪审团面前问，你是否听说，你可曾知道。"

伊藤不耐烦："克拉克小姐，我的问题非常简单，那是有争议的？那是个是与否的问题。你否认费耶1994年6月住在那里？"

"你那个'住在那里'是什么意思？是她在这里或那里过夜？可能。还是有一段时间，比如十天？可能。我不知道。"克拉克话中有气。

"我们将证明它，尊敬的法官，他们知道是哪种。"考克兰接上，乐得助拳为伊藤解困。

"那为什么现在不证明？让他传证人。"克拉克也接上，气盛之余加上简慢。

"不，不。"伊藤制止，有些乱了套。

考克兰不停："我对证人自有选择。他们长期没有控过案子了，明显不知道如何办案。这是质证！"这话没错，质证不能传自己的证人。他明显占了上风。不过，一个他们，连达顿都捎了进去。

达顿这两天也是火气大盛，未经法官许可，立刻抢入："你这是在说谁不知如何控案？"

伊藤早有庭规，一方一次一人。既然克拉克对上考克兰，他人就只能旁观。要介入，先得请示法官，更何况克拉克在对着自己歪打横战。

伊藤立刻发话："等等，达顿先生。"

达顿不听制止："他是这里唯一懂案子的律师？"

伊藤大怒："我将控你藐视法庭！"

达顿仍然不停:"我是应该被控藐视法庭。我坐在这里,听他……"

伊藤将其打断:"达顿先生,我现在正式警告你。"

达顿突然把怨气撒向伊藤:"这个质证已经走火入魔,脱轨了。"

伊藤立刻停止边厢会议,把律师们带回法庭,然后宣布陪审团下课回避。他要专心料理达顿。

"达顿先生,让我给你一点建议。深呼吸三次,我也同样。我要好好想想,你将会说什么。你是需要一点时间?我们可以休庭。"

"我没有要求休庭。"达顿是上足了发条,软硬不吃。他这几天已经压不住了。

"好,我已经听到你的观点。我现在正式传你,请问你的反应。"伊藤启动正式程序,这是非同小可的,尽管他不情愿。

"我希望有个顾问,尊敬的法官。"这是要求允许找个律师。这个要求也是非同小可,几乎就是应战。

全场惊叹,噪声骤起。其中一人声音奇大,这是思本斯。他似乎忘记了自己是列席记者的身份,又自认是法庭一员,大律师了。他把笔记本砰然合上,口中喃喃有词,明显对达顿不满。达顿知道自己犯了众怒,但绝不肯后退一步。

伊藤大声回应:"思本斯先生,我们这里不需要你的评论。"这也是一个警告。

"你们可以有一个律师。"伊藤转回,面向达顿,"需要你们的上诉处,下来一个人吗?"

克拉克一看,已成僵局,就起身接应:"我愿意代表达顿先生。"

伊藤求证:"是代表?"

克拉克确认:"我们现在这里关心的,尊敬的法官,是考克兰的某种质证方法。"

伊藤不想再纠缠，提什么质证："对此，我不感兴趣。当我邀请该律师深呼吸，好好想想下一步该说什么，那是给个机会。我昏了头，我向法庭道歉，我向律师们道歉。我们就可以继续了。如果，你们想和法庭对抗，我们恭候！"说完径自宣布休庭。

趁空，克拉克劝告达顿收摊。达顿极为顽固：不退，一步也不退，大有破罐破摔的气概。十八楼上，群情激愤。团队们跳起来为达顿凑钱，捋胳膊挽袖子，对着电视屏幕大叫。

克拉克立刻通知郡法律处，并问达顿："我能代表你吗？"

达顿点点头，不胜感激："唯一要求，不被逮捕。"

法庭再开，克拉克要求伊藤允许郡法律处再出一个律师，就此事举行一个正式公平的听证。

伊藤拒绝："这属民事藐视，律师，必须当堂立即进行。除非你想把此事搞成刑事藐视罪。"

"那我们能要求同一个陪审团吗？"出个不大不小的难题。这表明态度，不在乎什么民事刑事。

伊藤不耐烦了："我已经给了你们三次机会。"

克拉克心一横。你玩，我们也玩！慢慢站起身，开始摘身上的项链手链，以示与达顿共进退。

在场的人们又是一惊。有人脱口而出："上帝基督……"

还是思本斯。这次伊藤未置一词。

"克拉克小姐不要轻率，我已经给了你们三次机会结束此事，此事非常简单。如果达顿先生有机会看看法庭记录，相信他有足够的智慧。"

说完，又将众人带入边厢。这次贝雷一跃而起，跟着进去了。他贴着达顿，边走边说，口气极为诚恳："克里斯，为此让律师监理会出单，不值！"

这话说到点子上了。达顿不仅面临法庭的治罪，还会受到律师监理会的惩罚。后者会留下永久不良记录，影响一生一世。任何律师都会畏惧的。

达顿冷静下来，和克拉克看了一遍刚才的庭对。经验告诉他们，绝无胜算，徒取其辱。克拉克拉着他的袖子："道歉吧"。

回到庭上，伊藤又说："我告诉你怎么办。你向我道歉，我再向你道歉。我们继续。"足够宽宏大量了，足够仁至义尽了。

达顿终于低头："看起来法庭是对的。我的评论也许不合适，我向法庭道歉！"

在走道上，达顿遇到思本斯。大律师兼评论员咧嘴一笑，竖起大拇指。这是律师对律师的赞赏。可是现场的记者风评不佳。他们把此事和前日晚的电话联系在一起，认为达顿偏执。原以为是怪，现在才知道是真怪真不成熟。此后达顿会时不时听到媒体的风言风语。

（四十八）辩方证人失踪了

洛佩兹失踪了，考克兰急如热锅上的蚂蚁。开辩词中的两个明星证人，戈查斯刚刚判了刑，这一位却是人间蒸发。在2月21日最先通报的是洛佩兹的律师琼斯，他告诉伊藤，他与洛佩兹失去联系已经一个星期了。媒体立刻使出无远弗届的本事。

2月21日，还在传证汤姆·兰，消息传来，KMEX电视台的记者找到了她："我们找到了她，她不知所措。她看起来很悲哀，孤立无援。自从被辩方提及以后，她的身份被媒体锁定，就辞去了工作。"

她躲到了女儿的家中。

夏皮若随后告诉法庭，洛佩兹准备回国，萨尔瓦多。伊藤命令琼斯通知她出庭。下面一段对话颇为有趣：

"我会的，尊敬的法官。虽然我并不真想提及她的言论，我希望向法庭指出……"

话未完，伊藤打断："你对我说，我知道眼下的情况。你我多年老相识。我永远愿意听你说，你知道的。"

"绝对感激。对她出走，我不曾鼓励过一次。"这不是律师对委托人的责任，"她问我他们为什么要逮捕戈查斯？我告诉洛佩兹，她不会被捕。如果她选择不走，不会被捕。如果她走，也不会被捕。这是我们谈话的范围。只有最愚蠢的人，才会认为我怂恿她离开这个国家，并且剥夺证人自我辩护的权利。我不明白为什么他们要激烈反对她做证……"他们是谁，不言而喻。

自从考克兰在开辩词中提及她的名字，她的雇主家就被媒体包围，也被私人侦探盯住。无论进出，都在掌握之中。辩方无须费力，自有媒体代劳。但是洛佩兹欺敌有术，终于在众人的眼皮底下消失。

消息播出后，麦坎南剑及履及，将她堵在藏身处，也在众人眼皮之下。洛佩兹说，她只想回萨尔瓦多。待众人离去，洛佩兹对着麦坎南抱怨："考克兰错了。不是 10 点 15 分，只是比 10 点晚一点。"

此事起自她女儿。女儿记得她曾说过是 10 点，因此发怒。难道妈妈要去法庭做伪证？洛佩兹因女儿的怒而失去方寸。

麦坎南与她捋了一遍过程：出发遛狗前，她看表是 10 点。然后，她在微波炉里热了水，后泡了茶，再然后携茶出去遛狗。麦坎南一听，难不成帕佛里克误以为她是在炉上烧开水，自己凭空加上 15 分钟？微波炉烧水，一分钟足够了。

他急忙向帕佛里克求证："比尔，你从哪里得到那个晚 10 点 15 分的？"

帕佛里克坚持那个 10 点 15 分有根据,绝非罔测擅加,"我有录音带,绝不会错。"

麦坎南放心了,帕佛里克是个老警察,言出有据,绝不会错。此事即使有出入,错也不在辩方。但是,他疏忽了,言出有据是一回事,考克兰是否详知,则是另一回事。那是考克兰的明星证人,心肝宝贝。他没有再向道格拉斯核实通报。他并不知道,道格拉斯和考克兰对录音的存在,一无所知。麦坎南只是告诉他们 10 点 15 分是个麻烦,我们只能说 10 点以后。

麦坎南算是交了差,媒体并没有闲着。立刻有报道,辛普森另一个邻居的管家说,洛佩兹期望从做证中获得金钱报酬。

这已经是 2 月 24 日了。汤姆·兰的传证暂时中断。法庭全力裁决洛佩兹做证一事。考克兰坚持要传证洛佩兹,免得她逃之夭夭。这等于是加塞儿。眼下不是反证阶段,不是辩方的案子,法庭估计,控方离结束举证至少还有五个星期。事后证明,这个估计太保守。

(四十九)女管家洛佩兹坐上证人席

洛佩兹坐上证人席,她有一张农妇脸,圆圆的。皱纹纵横且极为木讷。身着休闲绒衣绒裤,在满堂严装的肃穆法庭上,也是一景。陪审团留在酒店,难得浮生半日闲。

"你真的要回萨尔瓦多?"达顿问道,冷冷地。

"我打算明天走。"

"你已经订了机票?"

"是。"她用西班牙语回答。

达顿又问是否有人如此建议。听起来，果然是对着她的律师琼斯。因为辩方绝对不会。洛佩兹否认，说是自己的主意。克拉克在一边想起什么，写了一张纸条推过去。纸条上提醒：什么航空公司，什么时间。达顿问了。

"塔卡国际。T-A-C-A！"

达顿问她一些小问题，似乎在陪她散步。一会儿，柴瑞出现在法庭门口，然后疾步走入，在达顿耳边说了几句。

达顿陡然挺起腰："洛佩兹女士，我们刚刚打电话问过塔卡航空。他们没有你预订机票的记录。"

"因为，我准备买，一旦我从这里出去，我会去买张机票的。如果你们愿意，可以让摄像机跟着我。"洛佩兹当众改口。

"你对我们撒谎了，不是吗？"

洛佩兹哑口无言。达顿转向伊藤，据此提出，洛佩兹声称回国，只是谎言，反对考克兰的动议，加塞儿传证她，立刻！而且她已做伪证，应该惩罚她，立刻。达顿的心思在一棍子打死，一劳永逸。

她真的说谎了？麦坎南一个电话，请来另一个证人，旅行社订机票的代表。洛佩兹刚下证人席，她就被召入。因此两人绝无串证之嫌。经双方反复几轮，大致轮廓出来了。

2月初，洛佩兹订机票回萨尔瓦多，单程，2月15日，与她的律师琼斯的说法吻合。他劝罗佩兹不必走，没人会逮捕他。到发现她时，差不多一星期。她明显听从劝告，并没有走，只是藏在了女儿家中。2月21日，也就是被媒体发现那天，她又改订3月13日，这次是双程，意味还打算回来。可是在今天做证前，她又改了主意，确实订了次日飞萨尔瓦多的票，而且是单程。达顿有一点没弄清，订票与购票有区别。订票后24小时有效，付费才构成购票。不付费，票没出，航空公司自然没有记录。超过24小时不购票，则自动作废。

因此前两次订票都自动作废了。

克拉克质证，力图指向辩方操纵。但就是那么一个订机票的代表，就是那么一份工作，与洛佩兹不过是客户关系。替洛佩兹在法庭上圆谎，傻子都不干。克拉克的努力归于失败。

伊藤的裁决一波三折。他先倾向考克兰的动议，暂停质证汤姆·兰，插入辩方传证洛佩兹，防止她再度失踪，以致真的归国。继而，他又急就章，命令当晚召回陪审团，挑灯夜战。

克拉克立刻反对："我晚上有照顾孩子的问题。"此话当然合理。但是不肯打无准备之仗才是反对的真谛。她需要时间。伊藤应允。其实，机会稍纵即逝。这一刻伊藤裁决，传证时陪审团入场。

伊藤给洛佩兹两个选择，要么待在监狱里，要么当堂保证星期一到庭。

洛佩兹当庭哭了起来。好在美国法庭不禁止哭。"我一天都不愿意在这里待，这些记者摧毁了我的生活。我哪里都不能去，我怕极了，不知道能说什么。"

最后她还是顺从了，抽抽搭搭地："我一定出庭，只是因为你，尊敬的法官。"

伊藤最终的裁决又变了。洛佩兹星期一出庭，但是陪审团不出席。陪审团从出席到不出席，前后不过几分钟。传证洛佩兹全过程录像，备存。到了辩方反证阶段，她仍需出庭做证。如果不能，对陪审团放录像代替。

其实，人人都知道，她不会再回来了。

（五十）又是道格拉斯

2月27日早晨，考克兰和道格拉斯把洛佩兹叫入密室，为传证做准备。控方传过话来，需要洛佩兹更多的资料。看到控方的备忘录，道格拉斯大骇，控方手中的证人声明和自己手中的声明不是一个，日期不符。这说明证人声明不止一个。经查，其实有三个，一是帕佛里克单独调查，一是帕佛里克和麦坎南，一是考克兰和帕佛里克。

这下，乱了套，怎么都无法自圆其说。

克拉克对法庭说："据我们所知，辩方访谈多次，我一分钟都不相信，他们没有记录。如果他们辩方站起来否认，我和他们没完。"

道格拉斯硬着头皮，摄像机对着自己，全世界都在看，苦不堪言："就在今天早晨，尊敬的法官，我第一次注意到，我们手中的两页证人声明，并非是送给控方的那两页。"汗流浃背，如是云云。

又是边厢。达顿再加压力："其他的声明，还有录音，你们究竟还有什么？"道格拉斯否认还有存货。

到了外面，道格拉斯当庭重申："没有调查录音，任何一次调查都没有。"这次可是载入法庭记录。

却哪知，庭外有人大起恐慌。这是帕佛里克。他在第一次单独调查时，确实做了录音。只因辩方内讧，贝雷把资料拐走，造成交接不良。他把此事忘至脑后。道格拉斯信誓旦旦时，他正在边工作边看法庭审案。

他慌忙致电夏皮若："鲍伯，我该挨×。我确实有第一次调查的录音，天杀的，我有。"

不旋踵，夏皮若回到法庭。其时，道格拉斯正好落座："我刚刚和帕佛里克通了话，他手中有录音。"

晴天霹雳，道格拉斯顿时面红耳赤，这种事还有个完？这可是当着全世界！

不久，帕佛里克到了，被传入法庭，夏皮若正在与法庭交涉。这是他的人，不能不有所担当。克拉克则在一旁怒不可遏。法官伊藤也是高高在上，一脸怒气，对着这个倒霉时刻出现的倒霉蛋，一字一顿："任何便条，任何事情的记录，任何手记的材料？"

帕佛里克没想到，自己的英名会这样传播到全世界。他嗫嚅低语："我可能还有。"

"你有调查录音？"

"我确实在第一次调查时，录音了，是去年7月那次。"

全场异口同声，大叹一口气，故事到了最精彩处，谜底揭晓了。

"我尽最大努力，把它们传上来。"

"不，不是尽力，明天全部带来！"伊藤法令如山。

（五十一）考克兰放逐帕佛里克

次日，2月28日，录音带送到法庭。一众人在伊藤的签押房里听了一遍。帕佛里克所言不虚，洛佩兹亲口提到：是10点15分至10点20分，看到野马车。但是，录音也留下把柄。洛佩兹说9点左右，她听到有人在窗外走动。帕佛里克忙纠正：9点30分，或9点40分。此后是大段沉默时间，间有翻纸的声音……

帕佛里克则一人坐在楼下的咖啡室里发呆。昨天，考克兰怒极。这个丑出的。就通知他远离此案，这无异于驱逐。卡达辛正好路过，看到此状，问明原委，不免恻隐。安慰一番，表明愿意为他缓颊。道格拉斯也于心不忍，对他不舍。毕竟是本案老人，而且忠诚不渝。更遑论他在警察局有丰沛的人脉，还要借重他的侦探经验。道格拉斯私下自作主张，通知帕佛里克："抽身不远离，低调不歇班。待宣！"

辩方本要求当天传洛佩兹。可是，伊藤又多给了控方两天，推到3月2日星期四，算是对辩方的薄惩。

利用这两天时间，控方认真查了一下洛佩兹。此人乃是辛普森的管家米谢尔的密友。米谢尔离去，才来了吉吉。米谢尔与妮蔻水火不容。妮蔻动手抽了她一记耳光，是她离去的肇因。只因洛佩兹对米谢尔提及，当晚她在路边看到野马车，米谢尔立即动员她去见辛普森的律师。于是这个雪球就滚起来了。

3月2日，传证随之进行。证词被录像，以待后用。

她的证词：1994年6月13日晚上，她出去遛狗，未戴手表，但出门前看了时间，10点过后一点。一分钟是过后，十五分钟也是过后，还是含糊好。当然，她在遛狗时，看到了野马车。大约11点，她听到辛普森在外面的说话声。这是请她做证的关键，野马车在，辛普森就在。她的话要能成立，辛普森就有不在场证明。

次日早晨，佛曼排查到了她。此后，再未出现。尽管她对佛曼提及午夜，也就是辛普森走后，有人在外边大声说话。辩方一直在追查。佛曼是否去罗金汉两次。第一次是和搭档，第二次是和兰们。非常有趣，佛曼的搭档在全案中隐身，无人提及。

克拉克又在法庭上发难，在质证洛佩兹之前，她告诉伊藤：在7月29日的录音上，洛佩兹只字未提野马车。从录音中听到，洛佩兹听起来像手中有稿。与帕佛里克一问一答，配合默契。帕佛里克口不停句，一口气问到底。洛佩兹一路配合，一串的"是"，而且一"是"到底。这些问话全部用英语。尽管今天的传证专门配置西语翻译，洛佩兹也一直使用西语回答。

在录音中，洛佩兹还说，她的朋友西尔维亚·瓜拉可以佐证。可是在8月18日的文字记录中，她的朋友消失了。

"当辩方发现西尔维亚·瓜拉声明，她将宣布洛佩兹撒谎，那天，她并未在洛佩兹处，也不曾看见野马车。这个有佐证的说法也很快从8月18日的文字记录中消失了。"

7月29日录音里没有野马车，却在8月8日的记录中出现了。

因此，克拉克的要求立即升级：严惩辩方律师有意隐瞒操弄证据。他们应被报到州里律监会，吊销他们的律师执照。她指夏皮若和道格拉斯，至少是其中之一。

（五十二）考克兰的两个明星证人

"我病得很重，吃不下饭，睡也睡不好。这不是我的错，我要休息。我不愿再回答任何问题。"这是罗莎·洛佩兹再次出庭接受质证的开场白。

这是法庭，问就得答。达顿质证，先自洛佩兹的衣着开始："这些衣服是考克兰给你买的？"

"不是。"洛佩兹否认。

"那么是坊间小报？他们许诺五千美元？"

"不是。"她再次否认。达顿不在乎，这叫点到为止，即便是无中生有。

问及看到野马车，洛佩兹又用了10点以后。

"你不知道是10点以后多久？"

"对，我不知道。"

达顿没有提那个 7 月 29 日的录音。投鼠忌器也。控方不喜欢 10 点 15 分。这个说法永远不要出现，不管是真是假。

"辛普森的律师将给你五千美元，此事可真？西尔维亚说，你告诉她，如果她说看到野马车，她也将获得五千美元？"

"我从来没说过。"

"西尔维亚在撒谎？"

"百分之百！"

此后，洛佩兹对达顿所有的问题，一律答"我不记得了"。

考克兰的两个明星证人，一个下大狱，一个口口声声不记得了。能证明辛普森不在场的证人，被克拉克和达顿摧枯拉朽，彻底清除。辩方自然在日后"忘记"了她们。

此时克拉克倒真该后悔。如果不反对伊藤挑灯夜战，这场猴戏陪审团就看到了。

最后，伊藤下达裁决，罚帕佛里克、考克兰和道格拉斯每人 950 美元。再加一条：日后，辩方使用洛佩兹做证，伊藤将警告陪审团辩方操弄证据。

这与克拉克的动议相去甚远，她当然是大不满意了。

（五十三）达顿灰头土脸，考克兰土脸灰头

3 月 1 日，考克兰传证罗佩兹的前一天，又有一个陪审员出局。他的大名是诺克斯，就是那个身穿四九人队服的非裔。控方不知从何处查实，此君在入围做陪审员前，用一周的工资与人打赌，押辛普森无罪判决。这个罪名不小，

伊藤自然不能留他。舆论界公认，控方去了一个眼中钉。出局后，诺克斯接受采访，声称控方的案子很强，指向辛普森有罪。没人当真，尤其是考克兰们，坚信他是自己人，做如是说，不过是报复控方。

3月6日到8日，考克兰又对着兰这个沙袋挥起拳头。

一场风波过去，藐视法庭让达顿灰头土脸。一场风波过来，洛佩兹也让考克兰土脸灰头。不过，考克兰见多识广，打起精神，继续质证兰。经藐视法庭一役，克拉克的反对明显少了。

几天下来，收获甚丰。这场屠杀，沙克功不可没。考克兰一向不拘细节。是沙克帮他整理演习，一个一个地。因此上得场来，看起来驾轻就熟。沙克总是告诉他后面还有一场大屠杀，超级的。一定要借汤姆·兰构建问题的基础来源。大师风范，破茧欲出。

考克兰又放了一段录像。这些录像都是沙克和布莱希尔的功劳。去年圣诞—新年季，别人都在闹政变抢席位。他两人躲在酒店里，从电视台的新闻片中，一帧帧地搜。这点精神感天动地，因此天道酬勤。

录像中，妮蔻的尸体已被一条床单盖住。考克兰问："当犯罪现场解除封锁后，这个床单仍留在地上？"

"那是我的理解。"兰的语言很丰富。

"身为一个资深探长，总是留意保存证据，对吗？"

"正确。"

事实上，那个床单并未保存，不知去向。汤姆·兰随后做证，床单是他本人盖在妮蔻身上的。意外之喜，不打自招。考克兰再问，这个床单会不会有其他人的毛发，甚至辛普森本人的？毕竟在妮蔻死前，两人还有来往。考克兰向陪审团暗示，证据有交叉污染。日后，辛普森的毛发痕迹，就大有可疑。

辩方的理论：证据链不仅应该完整连贯，也应与其他来源完全隔绝阻断。

（五十四）哥伦比亚项圈与毒贩

"你听说过哥伦比亚项圈吗？"考克兰问道。

"我相信听说过。"兰答。

"那么这是真是假，哥伦比亚项圈即如下情景，毒贩将欠资人的脖子割开，包括颈动脉。为了恐吓，并传递一个信息，不付毒资或做警察线人……"

"听说过。"

这个回答令克拉克和达顿气结。

克拉克希望兰顶他："不，我无法与你一致。此案看不出涉毒。毒贩只需一枪一弹。他们不可能有意留下证据，把现场抹得到处都是。这是泄愤凶杀案。"

汤姆·兰当然没有而且绝不可能。兰与范纳特早就定下做证规矩。问一答一，绝不生发，更别提反驳了。

传证与质证截然不同。规矩摆在那里，传证只能问开放的问题。如：今天晚上10点钟，你在干什么，在哪里？绝不允许问引导的问题，如：某某是你杀的吗？所谓开放的问题，常有几种答案，有时能大大出人意料，弄巧成拙。因此，不知道答案的，戒问。这是律师们的头号戒律。所谓引导的问题只有两种选择，是与不是。将是答成不是，或者相反，铁定是伪证。

兰问什么答什么，绝无大错，合规合矩。

他更重视保护自己，这在克拉克眼里，不免自私，让她大为不满。中间休庭，克拉克把兰拉到一边："汤姆，你在干什么？爷们。"

兰不置可否，仍是面来面去："你可以在再传证时，让我澄清。"

"宝贝，等到再传证时，陪审团对哥伦比亚这事已经想过好几遍了。你必须还击。"

一次做证，大致分四个阶段：传证，质证，再传，再质。到了再传再质，不允许提新问题，只能针对旧问题。

中午休庭，克拉克和达顿把两位首席探长召上十八楼。达顿怒不择词，直批兰不肯抗争。他认为兰对警察栽赃的质疑没有表达足够的愤怒。尤其是考克兰提出死者的手没有包扎，没保护手上可能留下凶手的痕迹。兰本应指出这是何等荒唐。

达顿对警察大为不满，直至兰，以前几位警察个个都是待宰的羔羊，让考克兰的荒唐问题看起来可信合法，让他在陪审团面前威风八面。达顿把怒气都泄在兰一人身上，谁让他是首席探长？

兰仍是不紧不慢，解释这不是自己的风格。实际考克兰是在极力激怒他，挑衅他。待他发怒后，再在陪审团面前羞辱他，摧毁他。两位探长知道，毕竟有短处抓在辩方手里。在质证时，律师具有巨大的权力，证人此刻只会言多必失。保护好自己，就是保护好案子。

范纳特也支持兰的主张，就这样二对二，检察官与探长的裂痕愈见扩大。

（五十五）是项圈还是领结？

考克兰提出哥伦比亚项圈，乃是在质证兰的中间，德休威兹自波士顿发来的传真。他在波士顿家中看直播。传真指出，就妮蔻的伤势而言，像极了毒品谋杀。从尸体照片看，这种行刑方式被毒品圈内称为哥伦比亚领结（Columbian Necktie），旨在惩罚赖账人和警方线民，也用来恐吓他人。

考克兰看了传真，就随口问出哥伦比亚项圈（Columbian Neckie）。哥伦比亚项圈少了一个字母 t，足证他对毒品一事并不专精。

还是中午休庭，有人告诉汤姆·兰。考克兰说错了，不是项圈 Neckie，是领结 Necktie。哥伦比亚项圈是南非政治谋杀的行刑，将轮胎套入受害人的脖子，然后点燃。南非的政治谋杀能有什么，还不是白种人对付黑种人的手段？

而毒品行刑则是将受害者的脖子割开，将舌头自割断处扯下，悬在伤口处，看起来像领结，Columbian Necktie，哥伦比亚领结之名由此而来。

考克兰下午开场又问："什么是哥伦比亚领结？"这次他问对了，显然也是有人好意奉告，但是考克兰仍然不知道二者的区别。

兰这边明明听到考克兰这次说对了，却装傻充愣："就我所知，就是把轮胎套在人的脖子上，然后点火。"

考克兰一听，这与德休威兹所说不符，情急之下，只好自己给出答案："你可听说哥伦比亚领结是指涉毒谋杀时，一个人的脖子被割开，然后将他的舌头自割开处扯下？"

"没听说过。"斩钉截铁，装傻装到底。

考克兰小挫，但是信息传到了，让陪审团知道辩方的质疑：涉毒谋杀是可能性之一。

之后，考克兰又辟另一通道，问兰是否考虑过勾德曼是凶杀对象，而妮蔻却被牵及？这次兰很强硬："我绝对没有其他证据，可以指向另一方向。"

考克兰点到为止，让陪审团多一份疑问。

（五十六）探长兰的煎熬结束

3月8日，汤姆·兰的质证结束。屈指一算，在证人席上坐了8天。好一场煎熬。

辩方其他收获：

汤姆·兰承认从未调查过费耶的背景。警方认为此案与毒品无关。

在去罗金汉的路上，菲利普斯提及死者乃辛普森的前妻。佛曼介绍了辛普森虐妻一事。

考克兰出示的两张照片，帽子和信封的位置有差异，显示证物被动过。兰无法解释。

警察对后院的轮胎痕迹未做搜证。兰说痕迹太多，无意义。

警察入现场未套鞋套。不过加州刑侦对此无任何要求。

胃中的食物未做保留，不利判断死亡时间。预审时，夏皮若已将验尸人勾登博士攻得鸡飞狗跳。在加州，除非死因涉及毒物才会保留胃中的食物。此事牵连警察，只因破案需要什么，探长有责任向尸检提出要求。

判断死亡时间，向来是凶杀案的关键。勾登博士尸检时，二位首席探长都到场，对疏忽不能说无干系。为此，巴登博士常常为勾登博士抱屈。

兰判断凶手为一人，只因勾德曼鞋上的一滴血，是勾德曼和妮蔻血的混合物。证明只有一把凶器在行凶。现场也只有一双脚印。妮蔻指甲中的血是她自己的。辩方一直怀疑是凶手的。

兰这个说法引出辩方抗议。他们在兰开口前，对血液测试结果一无所知。

伊藤裁决，他将考虑命令陪审团忽略这个证据，指甲中的血。

传证后，兰对克拉克和达顿颇有微词。在八天中，审案前后均有些小节目。法庭裁定，辩方可以调阅市警局对14名警察的内部调查，但是有所删节的编辑版本，旨在调查佛曼有无移动证据的机会。辩方也可以调阅佛曼是否评论过妮蔻的隆乳。但是对收集纳粹证章一事，被否决，理由是与本案无关。

证章调查为辩方急需，非此不能证明佛曼的种族仇恨立场。日后，随着审判的发展，人们方知，伊藤之不许，是其来有自。原来这个纳粹证章能把伊藤法官的老婆卷入其中，此事邪也不邪？

这几日，控方也有收获，证明辩方无事生非。克拉克看到那个警察蹚入血泊的录像，就寻找录像人。然后将录像调来仔细一看，证明是在警察撤去警戒黄带之后。在再传证时，把全过程一放，也赢回几分。

3月6日，控方临时插入一个证人，证明他于10点20分听到狗叫。三言两语，忽忽带过。

（五十七）达顿认为克拉克利用自己的肤色

达顿知道，佛曼不仅是公众的宠儿，也是自己团队的至爱。除去自己，所有人都对他有好感。任何时候，佛曼人一露面，个个都要争相接纳。当佛曼接到死亡威胁时，有人立刻送上保镖。五大三粗，一边一个。加上佛曼自己也是高大汉子，还有英挺的相貌，所过之处，着实引人注目。

达顿本来对这个分配就有微词，认为克拉克利用自己的肤色，请一个黑人山姆大叔，传证一个白人探长。克拉克有心拉个天作之合，抵消软化非裔陪审员的敌意。

在分配证人之前，佛曼常来十八楼。达顿奇忙，从未认真接待过。交谈更谈不上，都是柴瑞迎上，很有几分柔情蜜意。自从定下由达顿传证后，佛曼就主动上门等待。达顿则借口太忙，将其冷落一边，随随便便就是半天。佛曼有气，却也无可奈何。案子一入法院，检察官就是爷爷，探长们只是他们手中的算盘珠，任由他们拨来拨去。好在每次来都有柴瑞嘘寒问暖，备极殷勤。还有一个戈登，也很喜爱佛曼，两人自然成了义务接待团。

在克拉克眼里，佛曼只是一个证人，一百多人之一。她手上有四十多个证人。既然已分给达顿，就取个不闻不问的态度。渐渐地，克拉克耳闻，佛曼常常托大。在达顿那边信口开河，怨气十足，抱怨检察官不信任他。不过他最大的怨言是伊藤，明说伊藤不公，同意N词入证，乃是受了老婆约克的影响。

一提约克，佛曼就咬牙切齿：约克撒谎，敢说不认识我？伊藤当然知道。如果伊藤对我×蛋×，我让他一起下油锅，大家同归于尽。据柴瑞说，就这个话题，他能骂上一天。

其实约克也是检方的难题，把她扯出来，只能雪上加霜。她出来只能做证佛曼的3K，十字勋章，也许还有其他劣迹。能把她藏住，已是阿弥陀佛了。辩方那边也是心明如镜。隐忍不发，不等于不发。他们对伊藤尚有期待。

克拉克清楚，辩方引进N词，有三张牌。一是某惯犯，指责佛曼在逮捕他时，用N词骂他。此人不足为惧，问他坐了几天牢就够了。一是佛曼的退休案子。看心理医生的官司，早被伊藤挡在法庭之外。最后就是凯瑟琳·拜尔，尚不好对付。如果再弄出一个高阶警官约克，坐实种族主义，佛曼的日子不好过，克拉克的日子也不好过。

因此，佛曼骂归骂，不骂上法庭就好。这是克拉克的原则。

近来洛警局送来内部调查报告，对若干传闻做了结论。谈妮蔻隆胸，画3K，查无实据。这个报告也送至辩方，未见他们有任何动静。克拉克暂时松了一口气。

辩方对佛曼实行半阴半雨，每天找点话题，提起佛曼，绝不让佛曼这个名字，在公众面前，有片刻消失。她并不知道，考克兰在私下公关，劝达顿退出传证佛曼。

（五十八）让那些白人出头，为佛曼辩论吧

正式开庭月余，达顿步入法庭见辩方正在讨论，似乎关乎某坊间杂志。达顿懒得搭理，未打招呼，就归入自己的位子。突然，觉得有两只手搭在肩上。回头一看，是考克兰，一脸的似笑非笑。考克兰轻轻搂住他，把嘴压在达顿的耳边："我们不能再干那类事了。"口气如同自家人。他指的是N词的辩论："这不应该是你的事，让那些白人出头，为佛曼辩论吧。"

"我不能。"

"为什么不能？就是别干！"说完，转身离去，口气完全是对自己人的忠告。

达顿看着他离去，考克兰再转过脸，只剩一副无动于衷的表情了。达顿怀疑考克兰意在瓦解控方。揣摩之下，又觉得考克兰的话中有莫谓言之不预的意思。日后，审判结束，达顿在回忆录中，认为在这个时刻，考克兰早已预知有惊天之大秘密。承认考克兰的警告善意大于恶意。以后，考克兰隔三岔五，过来吹风。挽着胳膊，搂着肩，苦口婆心。达顿的固执逐渐动摇了。

在考克兰动作开始前，曾与道格拉斯议论过此事。道格拉斯坚决反对："×他，让他干去。他就是叛徒，奸奸！"

考克兰不同意："他还年轻，他进来是黑的，出去仍然应该是黑的。这事我必须干！"

（五十九）大陪审团庭的闹剧

总统日那天是法定假日。克拉克难得有个完整的一天，她正埋在卷宗里，

与凯托·凯伦对话。

柴瑞闯进来，急如星火："我不知道，你是否知道他们在干什么？克里斯把马克（佛曼）弄到楼下大陪审团庭，还有好多检察官在审他！"

克拉克一惊，为什么在大陪审团庭？为什么？她气得一挺身，在地上连连跺脚，嘭嘭嘭。

这时，有一个头伸进来，案子的助理，达顿的好友，也是非裔黑皮肤。

"欠×的在下面都干了什么？"她气得口不择言。

"他们用问题炮轰他，他否认说过 N 词。"

"现在人呢？"

"刚散了一会儿。"

克拉克怀疑，达顿有意迫他承认 N 词，把传证佛曼的事搅黄。近来，克拉克听说，达顿与佛曼公干，不超过五分钟，总是能躲就躲。他还常常暗示，不相信佛曼没说过 N 词。要在传证时，宣布佛曼为敌意证人。所为何来？替辩方查证？砸克拉克的台？克拉克有点疑人偷斧了。

总之，克拉克已察觉达顿的变化，但绝未想到，考克兰私下动了手脚，确实影响了达顿，让他的直觉和猜测混作一堆。考克兰收到了蒋干盗书的效果，让达顿对佛曼疑云大起。

据此态度，能善待佛曼？

佛曼对达顿也是一肚子气。但对达顿担纲传证他，看法与达顿惊人一致：克拉克是拿达顿的肤色做文章。这对佛曼本非坏事，可以大大中和所谓种族仇恨的色彩。

佛曼却不买账，被检察官冷落，日复一日，被检察官敌视，无时无刻，而且是个黑皮肤。在被冷落时，佛曼总是坐在对面，任由达顿专心工作。同时，他细致观察达顿，用那双探长的眼光。在佛曼眼中，达顿欠成熟，头脑易热，自控能力弱，更是皮肤第一，专业第二。在佛曼眼里，达顿才是种族主义者。

达顿有时拖不过去，也会问一些无聊的问题，如你最崇拜谁？有什么爱好？佛曼就回以加倍的无聊：乔丹、伯德，都是NBA的神，有黑有白，让你问了白问。

佛曼也会造访克拉克，倾诉与达顿不和谐的苦恼。言中之意，有与达顿拆对的愿望。佛曼得机会就警告克拉克，若不及时改变，将铸成大错。这早在克拉克意料之中，因此顾左右而言他。

现在在大陪审团庭闹出轩然大波。模拟本来是准备传证的方式之一。克拉克怒在太正式，卷入了团队以外的人物。

选在大陪审团庭，有些意外，并非达顿的本意，至少他是这样解释的。缘由总统日是假日，大楼的空调大部分关闭了。达顿本来邀了几位同行，参与准备。无奈人有点多，办公室闷热不堪，就走下几层，寻找有空调的地方。几经转换，才进入大陪审团庭。这里有独立的空调系统，地方也足够宽敞。当然更提供了现场感，达顿满意之余，忘记了保密。

团队中有人好奇，又来了几位。是自己人，达顿也不在意，可以多听一些反馈。

佛曼带着保镖进来，一看有好几十口子，而且是大陪审团庭，敌意顿生，直觉是达顿要给自己难堪。他一改表面顺从的姿态，有意不按达顿的意图行事。这又引出无数的争执讨论。达顿的顾问个个不甘寂寞，问题不过问了十几个，却个个不满意。看着顾问们争论，佛曼大有快意，趁着他们切磋，大嚼潜水艇三明治。这次模拟，达顿无功而返。

所谓无功，只是对模拟而言，达顿本人却有收获。众人离去后，达顿并未走。他把大门关上继续准备，有几个问题非问不可，而且不能当众问。就在克拉克在楼上发怒时，达顿在楼下有了斩获。在不久前，达顿每问一个问题，都会把顾问请出去,问他们的意见:印象如何?是不是种族仇恨分子?有人铁口直断,就是,而且不是一个两个。所以达顿要问个水落石出。

"如果你曾经说过 N 词,如果有人问你是否说过 N 词。你将如何回答?"

"我想法官已经裁定只能问凯瑟琳·拜尔。"达顿意思不会那么宽泛。在达顿的脑中,这叫闪烁其词。

"可是,这个法官一向对自己的裁决不那么遵守。如果有人问在过去十年,你是否说过 N 词,你怎么回答?"

佛曼明显犹豫了一下,回答:"没有。"

达顿又问他对异族婚姻的看法。佛曼保证,绝不反感,也不仇视。

"那么你的嗜好是什么?"

"我喜欢收藏'二战'的古董纪念章。"

"什么纪念章?"

"勋章。"

"任何特别的种类?"佛曼顿时不自然,换了一个姿势,"别误会,就是德国人的勋章。"

十字勋章!达顿得到了想要的东西。

(六十)玛莎,我对付不了那个 X 娘的

克拉克听完柴瑞的报告,怒极。这一段共事的成见涌上心头:不甘寂寞,不万众瞩目,不成为英雄决不罢休。一点小事,到了他那里,非搞成嘉年华声光秀不可。总之,克拉克一肚子苦水。

接近黄昏,达顿终于露面了。

"场面够壮观,谁写的本子?"克拉克负气挖苦。

"嘿,大楼里没空调,所以,我让泰利打开大陪审团庭。有些人在那边,他们愿意给咱们一点建议。"达顿说得够轻松。说完侧转身,给了克拉克一个肩膀,端详起冰箱上的收藏杯。

"你看,玛莎,我对付不了那个 × 娘的,我不信能传证他。"他停了片刻,才把话说出来。听起来轻松,其实不然。

"你把他当垃圾倒给我?"克拉克近乎咆哮,"我这里都快埋到脖子了。"

克拉克正在准备凯托·凯伦的传证。这家伙吞吞吐吐,不那么合作。

"那就让汉克去干。"

"汉克手上有丹尼斯·冯。"这是另一个重头证人,现场证据之采集者。

"那,我很抱歉,我仍然干不了。"

克拉克头埋入卷宗,疲倦,沮丧,不接不行了,人家撂了挑子,真希望这事发生在几天前。她知道,达顿什么都没干,一直敷衍到最后。

再抬起头,叫一声克里斯,人早就没了。

(六十一)达顿要同事们测谎

次日,克拉克正在吃薯片,补点精力。一只手搭在她的手臂上。佛曼的另一个粉丝戈登:"有人把那件模拟的事透露给《新闻周刊》了。"

克拉克不无好气:"既然,马克全盘否认,透露又能怎么样?"

"那可不是文章中说的,"戈登继续,"文章暗示,佛曼承认他用过 N 词。"

在他人办公室里,克拉克终于见到了达顿,之前可是众里寻他千百度。达顿正在来回兜圈,脚步促促匆匆。他也知道了。一见克拉克,劈头就是一句:

"我要每个人都去测谎。每个人！×的，立刻，我要掘地三尺。"

嘎塞提也在场，不无嘲讽："你就不认为，那个敢泄密的家伙，会把测谎也泄露出去？"

继而，嘎塞提召集紧急会议："任何人干了此事，可私下告诉我。我会为你保密，不会有任何干系。"

达顿死硬，大唱黑脸，当着嘎塞提的面："我要做内部调查，非把那孙子挖出来不可。"

一副将在外君命有所不受的蛮横决绝。

于是调查真的开始了。一时间，团队内满城风雨。达顿甚至动用私探，这是自动上门为佛曼服务的。达顿让他查查佛曼周围的线索。

达顿的调查走火了，佛曼也没闲着，他对柴瑞说："你知道吗，克里斯怀疑是你泄露的。"这个达顿居然会怀疑佛曼的粉丝？

"有何根据？"

"不知道，是他告诉帕利瓦诺的。"就是那个私探。

柴瑞打上门来，当面质问达顿。

"我并没有具体说是谁。我只是要帕利瓦诺调查与佛曼要好的人。"

"但是，那包括我，凭什么包括我？"

"那……"达顿眼神一躲，避了开去，"只因我觉得你已经上了他的床。"

其实，达顿判断是佛曼本人，他在玩灯下黑的把戏。

（六十二）佛曼像热锅，克拉克像蚂蚁

考克兰们也知道大陪审团庭的那场模拟。次日开庭，就以《新闻周刊》

III 它不合手

为由，要求控方提供文字记录。克拉克坚称这是准备，不是调查。因此，未做任何记录。贝雷的辩论让克拉克大吃一惊。他居然对当日出席的人数、姓谁名何都了如指掌。这些资料《新闻周刊》并未刊载。这些细节连克拉克自己都知之不详，恐怕达顿都未见得能说全。

显然团队里有"有心人"，而且直通敌营。

辩方追索记录，本意要查清，佛曼是否真如文章所说，承认或默认说过N词。辩方可不喜欢这个脚本，他真承认了，此劫立归无效。毕竟，说过N词，与栽赃尚有一大段距离。

人同此心，心同此理。克拉克和达顿也作如是想。佛曼能退一步，对控方而言就是海阔天空。让辩方一拳打空，力道全无。

可是，佛曼坚决不退：我没有说过，句号。克拉克贵为首席，却在这问题前徘徊。她不能命令，不能教唆，连暗示都不行。

佛曼自那场模拟，变得越发多疑。他对检察官们大有看法。即使是克拉克亲自操盘，他也是慢慢周旋。他坚持要克拉克传证自己的搭档罗伯茨，让他证明自己无机会单独接近证物。可是克拉克大不赞同：罗伯茨到邦迪现场比佛曼晚。罗金汉辛宅也没去。佛曼发现手套时，又不在场。他只能证明，佛曼做了记录，其核心也就是那后门的血指纹。真有点哪壶不开提哪壶。全因兰和范纳特的疏忽，血指纹根本没有提取。最重要的证据都敢马虎，那岂非坐实辩方的说法，草率侦办，仓促成控？佛曼这边看似好了，兰那边呢？岂不是快了拳疼了脸？

就为此事，争论不休，耗去不少时间，传证准备的局面渐近僵局。菲利普斯出了一招，力见改善。他建议把警察中的真神请来，不是局长，不是管区司令，只是一位资深探长，洛警局的传奇。此人不仅破案无数，而且为了兄弟，是个敢言的角色，论年资也是老大哥，什么事只要他插手，人人都要让几分。

他一来，果然不错。佛曼听话许多。一遇佛曼固执己见，他就会打断，直言规劝。不觉中，他成了准备传证的半个导演。克拉克由此享受起庖丁解牛之乐趣，一刀刀地，游刃有余。

其间，佛曼出去舒舒筋骨，克拉克趁机向半个导演讨教。是不是、能不能提出种族倾向问题。老大哥直言，此事最好按下不提。别碰，一碰就炸。克拉克相信他的判断，顺其自然。让此事过去，但也会因此丧失机会。克拉克心中绝不相信佛曼未说过N词，也希望他留个活话。她又问："但是，你是否同意，面对此事更好。先面对，再留个活话。半否认半承认，软化哪个麻烦？"

"你们这样做是隔离他。小心他在证人席上，取敌意态度。"老大哥劝告。

这个警告很现实。克拉克退了下来，彻底打消提N词的念头。

日后，克拉克对未提此事，错失良机，不无遗憾。相较之下，达顿明显聪明。在凯瑟琳现身之初，她披露的故事耸人听闻。媒体纷纷接近她，希望面对面，她把机会给了CNN的赖瑞·金。克拉克特意让佛曼看了这个节目。佛曼回电说："我可能遇到过她，可是在电视上看，无印象，不太像。我实在无法说我们见过。"

这无疑是个活话，但克拉克没有顺藤摸瓜，恳劝佛曼牺牲小我，退他一退，保全大局。

克拉克的准备大局初定，达顿出现了，一脸冷嘲热讽。这个表情，佛曼从未见过，即使二人也"搭档"了两个多月。

"记住，你在过去10年内，从不曾说过N词。"

说完，走得比来时还快。

佛曼像热锅坐在火上，克拉克像蚂蚁，则在锅中煎熬。传或不传？不传虽可获得暂时的平静,却会铸成永久的大错。克拉克预敌机先,站在辩方一边,设计了一套问题:传佛曼,然后宣布为敌意证人:"控方是否对你出过传票?他们可曾告诉过你为什么不传?是你在罗金汉发现的手套,对吗?你是否同意那只手套是不可回避的证据?他们不传你是因为你将被迫承认栽赃?"

就这样,一步一步,直逼栽赃。找尽借口,不断提"栽赃"二字。控方只能噤口束气,坐看屠戮。反对不是,不反对也不是。这个图画太可怕,克拉克吓坏了,承受不起。因此,任何时候提起传证佛曼,她都是永无悔意。英雄运去不自由,不传也得传。

(六十三)克拉克传证探长佛曼

3月9日,对任何人都是大日子。佛曼坐上证人席,全世界屏声止息,看他走上去。

在佛曼之前,控方先传了勾德曼的继母,就现场发现的一个超市购物单做证。帕蒂·勾德曼证实,单子是她的亲笔,放在一个包里,交给荣·勾德曼的。这个单子在荣的裤子里发现。现场发现的香蕉,也在那个单子上。

这个传证简单,三言两语,提醒人们,这是双杀案。除去妮蔻,还有一个年轻男子。辩方也意思一下,让她过去。

佛曼落座后,克拉克开口:"佛曼探长,你能告诉我们,今天做证,心情如何?"

"紧张。"佛曼坦言。

气氛的确如此。所有的人都紧张。

"OK。"克拉克没提下一个问题。

"勉强。"

"你能告诉我们为什么？"

"到如今，自 6 月 13 日起，我好像看到许多证据被忽略。而许多个人的事情被摆上台面，我觉得太糟了。"

"OK，从媒体那里听到你自己，对吗？"

"天天如此。"

"事实上，先生，你告诉我们，对做证紧张。你曾在几个检察官露面在场时，将证词过了一遍。这个说法，想必你已从辩方听到？"

"是的。"

"在这个特别的准备中，先生，内容是否涉及你的工作，即在邦迪和罗金汉踏勘现场？"

"没有。"

"只是谈了一些相关的琐事？"

"是的，就是如此。"

这是堵考克兰们的嘴，并没有什么记录存在。这是克拉克的风格，事无巨细，面面俱到。达顿觉得过于琐碎拖沓。

辩方无一人反应，站起说点什么。他们只关心，佛曼会否承认 N 词。有没有记录不那么重要。

对克拉克的开场，达顿腹诽不已，并不欣赏，从未有人如此开场。

克拉克转入 1985 年："你曾应警去过罗金汉街 360 号？"

佛曼叙述应警的经过。那时，他不过是个年轻的巡警。他和搭档到达时，辛普森正在车道上。一个女人靠着一辆奔驰跑车，低头哭泣。佛曼说没看清她的相貌。这就是那年的妮蔻·布朗·辛普森，正是她报的警，称辛普森用球棒击碎了车窗。

III | 它不合手

这正式印证了，佛曼见过妮蔻。辩方的质疑有了结果，至少是部分。

"她用手捂着脸，在低泣。"

克拉克转入另一个话题太快，至少佛曼认为如此，颇有几分意犹未尽之意。

佛曼看到罗金汉的形势已经平静，最火爆的时刻已经过去。这时佛曼可以做几件事，写报案人的叙述报告、警告，甚至逮捕，但是，逮捕需要妮蔻合作。佛曼问她，她是否打算对丈夫做个犯罪报告。她说，不。这样逮捕条件自然消失。

佛曼警告："这是你的生活。"试图唤起她的正视。克拉克认为这个话说得太冷酷。其实，这个冷酷正是佛曼所要的。他希望提醒人们，如果他有心为难辛普森罗织罪名，这是最好的机会。但是，他却没有为难罗织。

克拉克的决定至高无上，她不往下问，佛曼不能继续。

克拉克转入凯瑟琳·拜尔。她的意图与佛曼并无两样。她急于把两件事编织在一起。她不打算在佛曼见过妮蔻的事上恋战，言多必失。

此时巧就巧在，凯瑟琳的指控正发生在1985年。具体说法是1985年或1986年。克拉克有意联系在一起，证明凯瑟琳所言有虚，佛曼并不是她所说的种族仇恨分子。

克拉克自认是匠心独运，得意之作。

"现在，我们回到1985年或1986年。你能告诉我们，是否认识或见过某人，她的名字叫凯瑟琳·拜尔？"

"我可以告诉你，我不曾认识或见过。"

克拉克将凯瑟琳的信用幻灯投影。非此不可，其中内容说不出口，太刺激。

这封信出现已经近9个月了。自从佛曼被媒体传闻，有种族仇恨倾向，它就出现在克拉克的桌上。

"亲爱的考克兰先生,佛曼警官是那种人。我和他有过不幸的会面,佛曼这个种族主义分子远远超出你的想象。"

凯瑟琳叙述那"不幸"的会面。她曾在瑞当都海滩一家地产公司工作,这里离佛曼家不远,公司楼下是陆战队招募站,因此,她出出入入,总要进去盘桓,说声哈喽,套个近乎。在那里,她见过佛曼几次。之所以印象深,是因为佛曼高大英挺。

"佛曼警官说,如果他看见一个黑鬼,开车带着白人女士,他会截停他们。我问他,如果他没有任何理由怎么办,他说会找一个。"

拜尔信中叙述佛曼声称,把黑鬼圈在一起,然后放火,将他们烧成灰烬。没有比这更让他快乐的事了。

这个说法如此耸动,克拉克是不信的。她认为这个陈述,与此案黑男与白女的异族婚姻,高度吻合,有量体裁衣之嫌。她因此派柴瑞做过背景调查。一个陆战队招募官说,凯瑟琳是个肥女,常常到招募站调情,并邀他们出去午餐,总之是热情如火。大约在1985年或1986年,一个叫佛斯的招募官曾在佛曼访问招募站时,介绍过彼此。据他观察,凯瑟琳明显动了心,但佛曼有礼貌地将她拒之千里。另两位招募官则称,从未见他们在过一起。两招募官之一是非裔。

克拉克派员去约见凯瑟琳,但她请了律师,声称控方意图挑衅,陷她于伪证。直接接触对方的证人,并没有明文规定不许,但多数律师避之,不允许自己的当事人见面。有话可以在法庭上质证,这是行规。没什么不对。除非是像李昌钰那样的专家,不需要律师,也不怕对方刁难。背人私下调查是禁忌,试图影响对手的证人更是禁忌。利诱是鼓励伪证,威胁是阻挠证人的宪法权利。哪边被咬一口,都要吃官司。

III | 它不合手

"在信中，凯瑟琳·拜尔所述的对话可曾发生过？"

"不，不曾发生过。"佛曼的口吻轻松淡定。

话是这么说，佛曼心中大大不满。佛曼一直反对克拉克主动提凯瑟琳·拜尔，认为无论怎么清障防御，也无法三言两语排除自己的"种族因素"。这是人家画蛇，克拉克添足。其结果，放弃了在质证时，反对的权利。对方质证控方的传证内容，天经地义。这一层，佛曼比克拉克想得远。克拉克又想与种族主义保持距离，又期望辩方无从着手，难做文章，这怎么可能呢？

一个自认是神来之笔，一个认为是无事生非。两人同台异曲也。

此后，克拉克的传证平稳细腻，大体是按佛曼的现场笔记的内容过了一遍。尽管这些证据已被他人举证过了。这一刻，佛曼只是一个证人，几个警察之一，法庭上的托儿。

佛曼告诉法庭，去罗金汉乃是菲利普斯命他带路，到达后，联系了三十五分钟，仍无回应，然后他才在周围徘徊，由此而发现野马车上的血。

"我们已经讨论过，可能还有受害者，也许是绑架抢劫谋杀加自杀的案子。此刻，我们对案子无成见。"

之后，佛曼对范纳特说："你愿意我翻墙过去吗？"范纳特准了他的自告奋勇。

在质证兰的时候，兰曾说过，越墙而入，乃是他的决定。

克拉克引导着佛曼，详述了发现手套的经过。他自辛宅前院南行，经过车库，折而向东，踏入辛宅南缘小道，去搜索凯伦提及的三声巨响处。这些巨响仅仅发生在几小时以前。

"我行进了十五英尺到二十英尺远，看见一个暗色的物件。我继续行进，直到某点，你能辨出那是一只手套。"

他说，他没有接触证物，只看出皮革色暗，潮湿黏腻，看起来与邦迪那只相似。

这才是佛曼有价值的证词，还有那个未采集的血指纹……

（六十四）贝雷的手套栽赃说

克拉克一面传证，一面观察对手贝雷。她发现这员主将沉稳到了无动于衷，没有反对，没有笔记。她暗自揣测：此人要么是天赋过人，能过耳不忘，要么是早有脚本，准备按图索骥。前者她不信，后者才是绝对的答案。因此心生一计，给他一个曲线球，来个节外生枝，让他乱乱分寸。

传证至3月10日下午，克拉克认为大事底定，随即抛出撒手锏。她向佛曼出示了三件证物：一把铁锹，一段木头，一个黑色塑料袋。佛曼说，这是他在野马车后发现的。佛曼当众展开那个塑料袋，足以装入一个人。

克拉克再无多话，宣告传证结束。

当日，正是星期五，法官伊藤不拟继续，处理一些琐事就休了庭。贝雷的质证推到星期一，让大家有个精神充沛的开始。

克拉克的结束，立刻引起舆论的遐想。周末，媒体开始了大猜谜。

可是，克拉克哪里想到，整个检察院的电话跳起了集体舞，电话如潮涌至。内容空前一致，铁锹和塑料袋是野马车的标准配备，那个塑料袋是装爆胎的。

一个小花样，凭空招来羞辱。整个周末，克拉克把肠子都悔青了，想不出星期一如何面对公众。她发誓，再也不敢心血来潮，耍这种小聪明了。

3月13日，律师贝雷质证探长佛曼。陆战队对陆战队，这是贝雷的豪语。这一天果然有个精力充沛的开始。

III 它不合手

整个法庭，一片肃穆。空气凝重，只要擦一根火柴，就能爆炸。佛曼步入，虽然状似轻松，但人们能辨出他肩上的重负，举手投足都在下意识地控制。

而贝雷看上去仍是懵懵懂懂，只是嘴角上挂着几分嘲讽。在控方眼里，不过是虚张声势，也在强撑。

辩方这边比控方更加心中无数，自从贝雷领受任务之后，再也听不到他提过什么，只是见他的文件夹，日渐加厚，然后一个变成两个，等到这次入庭，居然变成了六个。黄色贴条，如杂草丛生，足证贝雷很有心得。

开锣的不是贝雷，却是克拉克。她大咽口水，铆足了劲儿才问："OK，还是那个塑料袋，你是否偶然得知，它是野马车的一部分，或者更多？"

"嗯，现在我知道了。"佛曼小心配合她。

"那是什么？"

"一个备用的袋子。"

"OK！"

"具体说，当轮胎被卸下来，它很脏，你把它放入袋中，可以放在野马车后厢载货部分。"

"这是野马车的标准配置，对吗？"

"我想，是的。"

这一幕让考克兰们看得目醉神迷。打自己的脸，谁不爱看？

轮到贝雷正式质证，他要求陪审团缺席。又有新动议了。

动议所及，辩方期待已久，求之不得：既然克拉克先传证了"凯瑟琳"，等于自动将 N 词带入本案。证明凯瑟琳做证 N 词一事，控方已放弃了反对的立场。他们门户大开，法庭应对 N 词全面解禁，允许他们扩大质证和传证的范围。辩方最期待孔急的就是心理学家对佛曼评估的报告。为了提前退休，佛曼口中的 N 词脱口而出，多不胜数。比张三李四的指控要扎实。顺带再次提出3K，男人反对女人。

贝雷不吝言辞："（佛曼）绝对是一个嫌犯，把手套自邦迪带入罗金汉抛下。我们的证据将比控方辛普森杀妻的证据更硬。"这个海口夸的，当着全世界。

克拉克起身反驳："辩方从来不曾，也将不能证明，佛曼探长栽赃了任何东西。无论是机会，还是实物。"口气倒像是主客易位。贝雷控，克拉克辩。罪犯是佛曼。

这是本案奇妙之处，辩方自始至终，都用警察栽赃，对抗辛普森杀人。进攻多于防御，反客为主。控方被牵着鼻子走，好不辛苦。而辩方并没有证明什么人有罪的责任，他们只需对控方的证据凿窟窿。

伊藤维持原来的裁决：除去凯瑟琳，心理评估报告及其他免问。

（六十五）贝雷质证佛曼，陆战队对陆战队

"早上好，佛曼探长。是什么时候，你才弄明白，你在辛普森野马车中发现的塑料袋，是随车配备的？"贝雷不会放过天赐良机。

"我相信是星期六。"佛曼十分恭顺。

"所以，调查了九个月后，你终于发现，这么重要的证据，竟然与本案完全无关？"

此话够损。贝雷先声夺人。

对此事，克拉克和佛曼在自己的回忆录里各有交代，各说各话。

克拉克在回忆录中明白道出，佛曼提醒她，这个袋子是辛普森打算用来转移妮蔻尸体的。克拉克直陈，这是佛曼的理论。

III 它不合手

佛曼的回忆却是，当克拉克让他介绍完木棍以后，又让他打开那个塑料袋，佛曼一层层打开，才发现这个袋子巨大。自他看见这个塑料袋以后，从不曾有人向他提及任何说法。言外之意，对克拉克举证塑料袋一无所知。

两人都将此事推得一干二净。也许这个理论的版权本属两人共有？

贝雷下一个问题，辛普森与兰们的谈话录音。辛普森赴洛警局的询问录音，控方还不曾传过。因此，贝雷质证本无基础来源。可是，控方没有反对。伊藤因此作壁上观。克拉克表现得出奇沉默。

贝雷问佛曼是否与兰们讨论过这个录音。佛曼坚决否认。贝雷之意不在深究，只为引入此事。兰们也未见得愿意让"外人"插手。这个录音是个大话题，日后还有风波。贝雷不过是铺垫一下。

控方在大陪审团庭的模拟，贝雷绝不会放过。克拉克传证过，佛曼告诉她，来了三个检察官，问了大约十个问题。

贝雷故作惊讶："在这个地球上，你认识任何律师，他只能问三个问题。"贝雷算术不错，三三得九，离十只差一个。

佛曼作答："眼下还没有。"半调侃半挖苦，暗示贝雷不会罢休。

贝雷也够机智，做了个鬼脸："呜——"言外之意，让你说着了。

顿时，哄堂大笑。娱乐的气氛立时见高。

不待铺垫，贝雷问起佛曼与凯伦的交谈。佛曼说他的谈话策略，是不着边际。东一个西一个乱问。有时不待回答，又提另一问题。意在打乱对方，发现漏洞。佛曼说这是他的破案手法。

贝雷不待他说全："你通常问某人一个问题，然后，在他回答之前，打断他，再问新问题？"

又是哄堂大笑。贝雷岂不是在说自己？娱乐气氛更高了。

贝雷转入邦迪，贝雷追问佛曼观察勾德曼尸体的时间。佛曼答曰：3点30

分。贝雷质疑，他有时间捡起手套。佛曼则说，时间只够他观察勾德曼的伤势。并没有否认他一人在现场独处。贝雷不在乎答案，不在乎时间长短，第一次在陪审员面前，问出佛曼有单独在现场的机会。尽管几个警官证明，佛曼从不曾单独一人。

"在你那小小的观光中，你是不是干了这些？"小小的观光指佛曼观察勾德曼的伤势，"你看到了刀伤，是不是？"

"是的，先生。"

"没有其他？"

"我不相信还有，没有。"

"那么，那一副手套呢？"贝雷出人意料，直捣黄龙。

"原谅我，请再说一遍。"佛曼处变不惊。

"你看见了一副手套留在那里？"

"不，我只看见了一只。"佛曼微微一笑，不上当。

"在预审时，你谈及手套，你的舌头漏了，你说：它们（复数，them），你没说吗？"贝雷砰然一击。

"是的。"

"你很清楚，这一段录像已经给陪审团放过。这个它们，不是很清楚的吗？"

"是的。"

"那是你闪了舌头？"

"不是。"

贝雷没有再问，又把佛曼带回罗金汉，一个证据一个证据地问。野马车门把上的血，是佛曼单独发现的，墙是佛曼自告奋勇翻过去的，对凯伦是佛曼单独问的话，辛宅南缘是佛曼单独去的。这段时间，在贝雷的逼问下，佛曼承认用去十分钟。贝雷又问去凯伦房后的细节，距离环境，细之又细，试图找出破绽。

"单独一人到南墙去，不是你的目的？"

"不，不是。"

"但是事情就是那么发生的，是那样吧？"

"我甚至不知道南墙那边过得去。"

"事情就是那么发生了，你离开房子，调查了十五分钟或更长，单独！"

"那的确是这样发生了。"

佛曼四平八稳，无懈可击。

又是突然，贝雷问："你知道野马车内有血？"

"我不知道。"

"你曾经做过证，野马车中有血？"

"我很难确定，曾经就那个在预审中做过证。"佛曼似乎有点动摇。

"你曾在野马车中用手套抹过血，佛曼探长？"

贝雷对答案并不抱任何希望。典型的法庭技巧，不管是与不是，都要把这疑问种到陪审员的脑袋里去。毕竟，佛曼承认有段时间是他单独一人。

佛曼又笑了，很轻松："没有！"

（六十六）贝雷直捣证人动机

贝雷不负众望，终于提到凯瑟琳了。贝雷从凯瑟琳的朋友安德丽雅·泰瑞入手："如果有一个安德丽雅·泰瑞出来证明，她和凯瑟琳在酒吧与你见面，并且听到你说，如果你看到异族男女之类的话，你将说这是编织出来的故事？"

这个泰瑞，据凯瑟琳称，乃是她有意介绍给佛曼的。

"我不知道她为什么这样做，我将说是的。"

贝雷放了一段赖瑞·金采访凯瑟琳·拜尔的片段，然后拿出一张凯瑟琳的照片。

"佛曼探长，请你看一眼这位金发女郎的照片。告诉我，这是不是接受赖瑞·金采访的那一位，当你应检察官要求看这个节目的时候？"

克拉克心中暗惊，贝雷连这个细节都知道。这可是她克拉克的杰作。

"我回忆不起来，曾在招募站见过这位女士，或在其他什么地方。"佛曼并未断然否认，留出一丝余地。克拉克为之宽慰。

"好，在你做警官时，可曾或可能与凯瑟琳·拜尔有过任何相关的接触？"话问得如此概括，真是难为了贝雷。

"我无法确定，这个凯瑟琳·拜尔，钟并未……"

"你是不是要说，这个凯瑟琳·拜尔并未有敲响？"贝雷抢下他的话。

又是哄堂大笑。不仅因为贝雷抢去佛曼的妙语，拜尔就是钟，而且贝雷再次把佛曼打断。连陪审员都绷不住了，扑克脸上漾出笑意。

佛曼在断然否认和承认之间动摇，至少承认1985年访问过陆战队招募站。也许在他访问招募站时，确有女性自楼上下来。答案摆向承认。

"请形容一下，你见到的那个妇女。"

"我无法。"佛曼也有底线。

"金发，褐发，红发？"贝雷施加压力，"短的，长的，蓬蓬的，还是精梳细扎的？"

"我没注意。"到此为止，佛曼不退了。

"你正在说，如果你曾见过凯瑟琳·拜尔，但你无法辨认。她的确出现过，

III 它不合手

但你并不注意?"

"嗯,她可能出现过,我吃不准。"

贝雷不甘到此为止,继续逼问。

"你说,你肯定从来没遇到过一个女性,名叫凯瑟琳·拜尔?"

"我不记得,曾在招募站或其他地方,见过这个女人。"

"好,我想界定区别,是记忆中缺乏,印象不确,还是绝对肯定,你从不曾见过她,直到你在电视上看到她?你是哪一个?"

"我无法辨认这个女人,是我曾见过的。"还是不能界定佛曼是否绝对肯定,话口仍有余地。

"你可说过,在任何时候,有任何女性在场时,包括凯瑟琳·拜尔,再没有比看到把黑鬼们放在一起杀掉更快乐的事了。"

"没有。"

贝雷终于把N词说了出来,也把佛曼的断然否认逼了出来。

而后,贝雷进入另一领域:"你失去这个案子,让你不满?"贝雷暗示佛曼栽赃的另一动机,是留在案子里。

"我确实为失去这个案子失望,这个案子诱人而且复杂。"佛曼属顺水推舟,仍让贝雷无从着力。

"你不是那种人?在整个职业生涯中,期待着一个机会,用你的话说,超级逮捕?"

"不,不是。"佛曼把门关上。两人鏖战,暂无胜负。

（六十七）贝雷悠悠一问，佛曼不留破绽

陪审团入庭，贝雷开始第二天的攻势。

贝雷不胜其烦，自佛曼接警开始，至离开罗金汉，逐件盘问，尽管他昨天已经问过。问得仔细，有如熬腊八粥，文火慢炖。佛曼也怡然享受。毕竟，在贝雷高速机枪的火力下，日子够紧张。看客们、同事们经过一天，没有见到翻天一击，不免失望。此刻，也把心放下，跟着贝雷慢慢走。

"通过那个栏杆，才在极近的距离内细察男性受害者。而且，往下看，我能看到'它们'躺在他的脚边。"这是佛曼在预审时的原话。

贝雷加重语气，念出"它们"。

"我指的是毛线帽和那只手套。"佛曼从容不迫，水来土掩。

"请你指出在哪一页，有什么地方提到了毛线帽？"贝雷好整以暇，悠悠地问出一句。

"哪一页？没有。"佛曼不动不摇，就事论事，定力十足，看你能怎么样？

这一天，人们听得闷不可言。贝雷的海口，"摧毁"在哪里？但是，有一个人却对贝雷赞赏有加，这就是克拉克。她对贝雷鸡蛋里挑骨头的功夫颇为佩服。什么人能将同一件事在不同的场合说得严丝合缝？贝雷就是抓漏子的大手笔。整个辩方团队都不在她眼里，唯有这个贝雷，能让她"欣赏表演"。贝雷始终不失方向，紧紧扣题。克拉克紧张之余，倒有几分享受。

（六十八）贝雷下套布下铜网阵

第三天，3月15日，陪审团入庭后，贝雷继续质证佛曼。其实是收官了。

III | 它不合手

前两天，贝雷的陆战队对陆战队，遇到强硬抵抗。贝雷虽偶有上风，大体上没有占到任何便宜，攻势已成颓态。

贝雷又将几个问过的问题，让佛曼再答。每个问题都是三遍以上。贝雷再次把信息传达给陪审团：第一个到邦迪的探长，第一个发现野马车的血，第一个进入罗金汉，第一个见到手套。然后再问，手套是不是你放的，野马车里的血是不是你抹的。对最后一问，佛曼回答多了一些内容："我根本没打开车门。"这是一道缝，他没有说车门是锁还是未锁。

"你可曾在那个房间里（大陪审团庭），告诉检察官们，你从未用过N词？"

贝雷用模拟做跳板开始了收官之战。

"这个问题，从未被提出过。"

"他们的问题中，可曾要求你说，那种语言是你日常生活中的一部分？"贝雷换汤不换药。

"我可能给过某种答案。"佛曼的回答变得有点含糊。

"啊，告诉我们，你在那个房间里，给了检察官哪种答复？"佛曼乘隙追问。

克拉克反对。伊藤驳回。

"你愿意回答吗？"

"我说，我不用那种语言形容任何族裔。绝非凯瑟琳说的那样。"

贝雷再问几个相似的问题，克拉克都保持沉默。而这件事的始作俑者达顿却按捺不住，在下面低吼："反对，赶快反对。"克拉克不敢，也不情愿。因为贝雷明显掌握了内情，十分准确。不情愿是因为，克拉克始终在观察陪审团。他们也明显对反对有愤怒有敌意。他们渴望听佛曼回答。克拉克不愿让陪审团把自己看作扯谎人，甚至种族主义者。克拉克觉得一条无形的绳子，捆住自己，也捆向佛曼。

克拉克没有反对，伊藤却不满意。几次让贝雷重新组织，太模糊，太笼统。

贝雷终于找到最简单最直接的："你可曾告诉那些检察官，你从来没用过'黑鬼'一词？"

"他们从来没问过。"

"你可曾用'黑鬼'形容过别人？"这对贝雷也是重大变化。此后，他一直使用黑鬼，代替N词。连珠炮一般，让考克兰们听得大皱眉头。

"没有，阁下。"

"你可曾在十年以内用过那个词？"

"在我的记忆中没有。"

贝雷选择十年，并无法律根据。只是伊藤拒绝1983年的警察局的心理评估。而凯瑟琳一事是1985年发生的。一推正好是10年。

"你的意思是，如果你曾称某人为黑鬼，你忘记了？"

克拉克紧张起来，她私下希望佛曼抓住机会，说个也许之类的。贝雷实际是给了佛曼逃生门。

让克拉克大失所望，佛曼回答："我很难确定，我能回答这个问题。"

"你对理解这个问题有困难？"

"是的。"

"那我重组一下，我要你确定，可能在某时刻，自从1985年或1986年，你称呼某非洲美国人为黑鬼，这是否可能，在你那一方，忘记了？"问题很啰唆，但是极清楚。

"不，这绝不可能。"回答很简单，也极清楚。

"你因此正在说，你在过去十年中，没有用过这个词，佛曼探长？"贝雷及时堵住疏漏，关上了那扇"忘记"的逃生门。

"对,这正是我在说的。"

贝雷没完:"在宣誓之下,你做证,不曾称呼任何非裔为黑鬼,或者在谈论黑人时,称其为黑鬼,在过去十年中?"

贝雷又祭起一道铜网:宣誓之下,过去十年,称呼黑人,谈论黑人。周周密密,一点生路都不给。只剩下回答,是,或不是。

克拉克心中已经在乞求:"马克,求求你,说十年那太长了,十年前有可能,留个活话。"

"那是我正在说的。"好一条硬汉,打死不退。

贝雷收紧网口,准备系扣了:"那么任何人走上这个法庭,指证你用那个词对待非裔美国人,他们一定是扯谎家?"

"是的,他们将是。"

"所有的,对吗?"

"所有的。"

贝雷把网扎死,佛曼已经无路可逃。克拉克听得冷汗如浆,痛恨佛曼的傲慢。

贝雷的结尾很奇妙。他几乎在复制克拉克传证的第一个问题:"在提及那些问题时,当时你在想什么?"

"是那被指控在重案中触法。"他指栽赃。

"这是唯一困扰你的问题,当你在法庭上?"

"那是我唯一在意的问题。"

"另一个,指控你用种族仇恨的语言,你完全不在乎?"

"我没说过,我不在乎。"

贝雷海底捞月,顺手又捞了一票。佛曼这个回答,又把克拉克惊出一身冷汗。不在乎?陪审团里的非裔绝对在乎这个"不在乎"!

再复庭，控方提出动议，质证应该到此为止，如果贝雷不能提出新问题的话。伊藤支持这个动议，但是，一如既往，也给辩方一点好处。佛曼的传唤依然有效，待辩方传过凯瑟琳们之后，辩方还可以继续质证。这个裁决非同小可，日后便知。

再传证，克拉克不想，但同事们不依。克拉克又问了几句，结束传证程序。

"当你南下走在罗金汉360号的时候，你可确切知道妮蔻和勾德曼的死亡时间？"

"不知道。"

"你知道，辛普森在凶案发生时，有不在场证明？"

"不知道。"

"你知道任何人看到了凶案发生？"

"不知道。"

"你知道，任何人听到现场声响或对话？"

"不知道。"

"你知道，在你之前，凯伦去过南墙？"

"不知道。"

"你知道，在发现的手套上会有野马车的纤维？"

"不知道。"

"你知道死因吗？"

"不知道。"

克拉克用这些问题建立根据，证明佛曼不会栽赃，但是犯罪本身永远是冲动疯狂的，有理智就不会犯罪触法。不过这些潜台词，陪审团是听懂了。

（六十九）又一个陆战队对陆战队

同日，复庭后，伊藤裁决辩方可以将安德丽雅·泰瑞加入他们的证人名单。泰瑞将佐证凯瑟琳·拜尔，他们在酒吧听到佛曼说N词。

这不够，贝雷又有了新证人，希望法官批准传证。此人就是那个招募站的非裔招募官，名叫马克西姆·阔杜巴。贝雷告诉伊藤，阔杜巴1985年在招募站驻站。某日，佛曼曾进来递交加入预备役的申请。

美国各军种的预备役并不天然归退役军人。这是付工资的，是一份工作。平民也可参加。定期训练，按规定一个月执勤若干次。如果战争来了，要接受征召。

佛曼虽是退役陆战队军人，仍需申请。他进来后，先见到阔杜巴。阔杜巴没有经手此事，就对另一个招募官说："嘿，你的小子来了。"这个"小子"在日常交往中，意思就是你的熟人。

"佛曼随之对着阔杜巴说：让我们把话扯直。这里唯一的小子是你，黑鬼。"

这就不是日常交往的说法了。现在这个"小子"意指黑人，是蓄奴时代，白人对黑奴的蔑称。因此，如果两人熟识，说小子大体无恶意。但如果一个素不相识的白人对黑人说，就是侮辱，是大禁忌。何况佛曼后面又加了黑鬼。

阔杜巴听完就离去，而佛曼不依不饶，一直跟着他到停车场。一路不停，咒骂"黑鬼"。

这个情节太刺激。克拉克站起来反对，她已经忍怒沉默一天了。

"这个说法越来越无耻。他（阔杜巴）从来没说过。他从未宣称佛曼说过这样的话。"

克拉克的话大有根据，阔杜巴本是控方证人，现在，突然变成辩方的，而且这个新说法,克拉克闻所未闻,叫她如何不怒?

自从凯瑟琳出来指证佛曼的种族仇恨,克拉克立刻派人去招募站查证。阔杜巴成为控方证人,专门驳斥凯瑟琳的。1994年9月16日,阔杜巴告诉调查人,他不记得听说过凯瑟琳所说的情节。他只字未提贝雷眼下的说法,什么小子、什么黑鬼。阔杜巴所说,是有录音在案的。1995年1月17日,他说,甚至没见过凯瑟琳和佛曼同一时间出现过。

三天后,阔杜巴又亲到检察院,乃是达顿和柴瑞接待。他仍未改口,不过他的记忆又多了一些东西。他记得有人称他"小子",不是佛曼,就是别人。这个说法吓着控方了,他自然从证人名单中消失。

没想到这个"小子"的说法,到了贝雷口中,有声有色,有眉有眼,又直接与N词挂了钩,成了贝雷的王牌。克拉克能不气煞?

"阔杜巴这样做证永不可能。法庭不应允许陪审团被激怒,只因为这种瞬间蒸发的说法。"克拉克放了大话。

贝雷站起来说:"尊敬的法官,我和他在电话上谈过。陆战队对陆战队。我绝无一毫怀疑,他会正步走上证人席,告诉全世界,佛曼是怎样骂他的。"

这个话更大!

伊藤左右逢源。辩方可以传证阔杜巴,但必须在控方再次与他面对面调查之后。辩方这个传证不允许,什么时候可以,听控方的。几个月后,阔杜巴对记者说,这个小子——黑鬼说,是他一梦之后回忆起来的,也是一个梦!

当晚,克拉克有一个聚会,都是慕名的人,追星族,也有人戏称"追腥足"。总之都不是那么重要的人物。克拉克勉强敷衍一番,找个借口,拖着一身疲倦,回到家中。

人未坐定,电话进来,是达顿:"快,快!看《日线》!"

打开电视,竟是阔杜巴。他正面对主持人否认:"没有和贝雷通过话,没有陆战队对陆战队,也没有任何其他形式的接触。"

克拉克对天浩叹,上帝,谢谢啦。

(七十)录像在放,贝雷也在歇斯底里

克拉克到达法庭时,仍未脱去昨日的疲倦。她想把对贝雷这一击,交给达顿:"昨天,孩子在我床上,东一脚西一脚,没睡好,软得像一摊泥。"

达顿微微一笑:"这是你的事,上帝啊,给老爹撅下点东西。"

克拉克只好关照助手,令一下,就放录像。她有预感,场面会极其火爆。

开庭后,陪审团尚未入场。克拉克站起来,面向伊藤:"那是胡说八道,它能让一个律师恶名远扬。贝雷意图让法庭以为,他与证人交谈后取得证词,陆战队对陆战队,那是胡扯!"

克拉克示意助手放录像,贝雷预见到克拉克的举动,立身咆哮:"不能容忍,无耻。"

"贝雷先生,"克拉克不理他,却面对伊藤继续说,"你能看到他是何等恼怒,他撒谎被抓住了!你真知道什么?不是这个案子。你跑不了,有太多的人看着……"一会儿他,一会儿你,这都是在说贝雷。

录像在放,贝雷也在歇斯底里。伊藤置若罔闻,全身心听阔杜巴说:没有陆战队对陆战队。很显然,伊藤不知道这个采访。

看完后,伊藤转向克拉克:"你看,怎么处罚?"

这正是克拉克要的。这几天,风头都在贝雷那边。当务之急,封杀阔杜巴。他虽然不承认陆战队对陆战队,但他也坚持小子——黑鬼说。克拉克承受不起。

"贝雷须被裁定藐视法庭,罚款,而且重罚。因为他公开在法庭撒谎,他毕竟是法庭干部。"在美国,辩方律师与检察官在法庭上平起平坐,被视为法庭官员,是法庭的一部分。

伊藤表态,改变了昨天的裁决。阔杜巴不会再讨论,这个名字画上句号。辩方传证无望,但是,允许贝雷当庭解释给出自己的说法:他和阔杜巴的交谈是在辩方私探与阔杜巴谈话中间插入的。阔杜巴忘记了。

听过解释,伊藤自然息事宁人。他对贝雷有几分偏爱。伊藤要求两人相互道歉,鞠躬谢幕。

克拉克不肯:"我不道歉。无任何理由,他撒谎,然后再圆回来。"

伊藤向达顿使了个眼色,达顿站起来替她谢幕:"我代表我们的勇士致歉,如果你能代表自己致歉。"

幕落下,克拉克怨气更盛。私下里怪达顿,对着达顿 × 声不绝。达顿乐得双肩乱颤。

(七十一)这是小号的,我猜是贝雷的尺寸

贝雷过了这个坎,并没有停止。一个小挫折不算什么,他有百毒不侵的厚皮,他又掀起另一个话题。

贝雷当庭翻出道具,一个塑料袋和一只手套,还是棕色的。他要求伊藤允许他示范,佛曼是如何把手套带入罗金汉的。克拉克传的证人一致证明,佛曼当时未着夹克。因此无论怀揣,还是兜藏,都是匪夷所思的,很容易被人看出。

贝雷告诉法庭,陆战队有个传统,常将重要的东西藏在袜子里。他给出

了佛曼如何将手套带入罗金汉的答案。

克拉克踱过去，拿起手套端详了片刻。

"这太荒唐了，这与案子有什么关联？不同大小的手套，不同颜色，这只是辩方制造的凭空想象。没有任何证据基础，与此案无任何逻辑关联。"

"他们是特大尺寸，尊敬的法官。"贝雷插入。

"不仅如此，"克拉克把手套贴在手上，比了比，"真正的手套应该是阿瑞斯牌的。我甚至无法确定，这是男式，还是女式。"

克拉克又低下眼，看了一下："这是小号的，我猜是贝雷的尺寸。"

法庭顿时嗡嗡嘤嘤，开了锅。人们都联想到其中的性暗示，与阻街妞嘲笑嫖客的黄腔相去不远。这可与克拉克的身份不符。

伊藤看了克拉克一眼，大摇其头。众人也都似笑非笑，气氛尴尬。克拉克此时顿然懊悔，为口无遮拦，逞一时之快，本来已将贝雷的面子扳倒，自己又送上门去，供人嘲笑。

贝雷倒是一脸不解，等于是损了白损，骂了白骂。

伊藤裁定：不许。枪毙了这个示范。

（七十二）媒体休息室里一片欢腾

佛曼下来，第一个道喜的就是克拉克："你是我见过的最棒的警察证人。"不知是指本案，还是指她整个检察官生涯。从日后克拉克的回忆录看，她如此说是言不由衷，有夜里吹口哨过墓地的意思。其实她的心悬在半空。传唤令仍然有效，为辩方做证的证人们，个个都是定时炸弹。充其量，只是暂得缓解。

媒体休息室里一片欢腾。有人好胜，做了个现场民意测验。结果是一边倒。所有记者都投了佛曼。所谓佛曼的葬礼，完全归零。神探长佛曼完胜。名律师贝雷大败亏输。贝雷抛出四坏球，送佛曼安全上垒。他们哪里知道，这只是佛曼葬礼的序幕。

辩方这边也是沮丧。惊天一击，不过是墙上画饼，期待几天，失望几天。只有考克兰和道格拉斯评价尚可，算得上差强人意。为弹劾佛曼，为日后打下深厚基础。唯一不快：贝雷一口一个黑鬼，脱口而出，二人心中颇为纠结。

最满意的倒是辛普森。几天下来，他端坐一隅，静静地，不写纸条，不讨论。是他贯穿整个审判，唯一一次不参与任何意见。

走下证人席后的一个星期，佛曼所到之处，赞美，鲜花，卡片，拥抱，亲吻，宴会。人人视他英雄凯旋。

次日，探长联谊会盛大宴会。佛曼的做证被视为成就，经典，荣耀。前洛警局局长盖茨与佛曼比肩并坐。佛曼引以为荣。盖茨就是那个料理了罗德·金案大暴动的局长。他的名言就是把"匪徒"重新打回底层。克拉克本人也在邀请之列。她婉谢，没有出席。在宴会之初，佛曼向盖茨敬酒："让我们为永远的局长干杯！"而现任局长，保持沉默，连句话都没有。

次日的次日佛曼正式办理退休。回到爱达荷那个家，也就是那片种族主义的亚利安圣土，等待继续质证。

（七十三）佛曼眼前的一段浪漫曲

3月16日，克拉克草草结束佛曼的再传证，又传证了斯班·格勒，西洛分局的局长。至此，克拉克已经传了六个警察。

格勒做证，他没有看到佛曼单独一人在邦迪现场。这对辩方毫无意义。贝雷已经证明，在佛曼自承下，佛曼曾单独出现在凶杀现场。哪怕如他所说，短得只够观察勾德曼的伤势。因此，辩方草草了事，放他过去。

他走以后，法庭又丰富精彩起来。另一个共同首席探长范纳特坐入证人席。传证的检察官是达顿。

如果对传证佛曼，还有人忧虑的话，那就是达顿。他对佛曼和贝雷都恨，似乎超出案子本身。

在贝雷最后下网扎结时，达顿催克拉克反对，连续几声，近乎咆哮。他不仅恨佛曼傲慢，更恨贝雷将"黑鬼"一词说得满天飞。这是达顿一身黑皮肤使然，与考克兰、道格拉斯一样。

达顿对贝雷的恨远远超出两军对垒。日前，克拉克站起来与伊藤交涉，正好站在贝雷身边。贝雷坐在那里，望着克拉克的屁股，目不转睛，色眯眯的，好像在他家的起居室，足足十五分钟。这是达顿的说法，在他回忆录中，白纸黑字。这实在有趣，达顿居然会将时间记录下来。这十五分钟里，他达顿又在做什么？当然是盯着贝雷，也许还有克拉克的屁股。

休庭时，达顿把考克兰叫过来，告诉他多带这个蚊子出去遛遛，免得在大庭广众之下发痴。考克兰不反对，此后贝雷见到达顿便横眉怒目。考克兰也有意思，坊间小报总是发掘克拉克对他挑逗发嗲。

在传证佛曼之初，人们并不知道传证的检察官已经换人。当时，达顿一进法庭，就对考克兰竖起中指。然后，人们才发现传证佛曼的是克拉克。

还是达顿，仍是克拉克，这次关乎佛曼。达顿一直觉得佛曼对克拉克有意。且不说自己和佛曼水火不容，佛曼以准备为借口，常常泡在克拉克那里，达顿自然不快。

传证佛曼中间休庭时，达顿决定玩个恶作剧。他把克拉克拉到一边，将她轻轻一搂,又将她的头压在自己肩上,要她什么都别说,自己假装对她私语,故意在佛曼面前徜徉。佛曼看到后,脸上由白转赤,由赤而黑,显出怒意。达顿此举不知是查证佛曼的妒意,还是他对异族恋的立场。

(七十四)陪审员肯尼迪出局,魔女进入

3月17日,肯尼迪出局,魔女替补扶正,控方显然受益。魔女是白人,魔女这个绰号出自辩方,足证他们对此女甚为恐惧。这个判断双方并无异议。

控方诸将的眉色眼看着晴朗起来。

卡达辛仍想驱逐夏皮若。耿耿于怀,却是有心无力。按说委托人更换律师可以随心所欲,并无大碍。被放弃的律师受着法律约束,不得违背委托人的意志,透露不利委托人的隐私秘密。这个约束不是一时,而是永远。

英美法律是成文法和案例的集大成。即使是成名的大牌律师,即使执业多年,也难穷尽。而且成文法在不断修改更新,案例也在无序地膨胀丰富。这不是平民百姓能够应付的,于是就产生了律师制度。这个意义上的律师,没有善恶良莠,仅仅是委托人意志的延伸。他们的存在与顾客买一双鞋、一件外衣并无区别。鞋用来走路,从甲处至乙处。衣服则用来蔽体御寒,遮羞生色。因此,律师的服务究其实也是有价的商品。当政府说某人这不对那不是时,被控人就要购买服务与之对抗。但是这种有价服务一向极其昂贵,平民百姓无法负担。于是联邦政府又拨出款项,推出公众法律援助。这种援助通常免费。至此,莫要认为政府仁慈。钱来自纳税人,羊毛用在羊身上,民众受之自应无愧。

但是这种法援质量堪忧。法援律师资浅薪薄却工作繁重。公众法援大致

III 它不合手

仅仅是法律人进入此行的跳板、桥梁。

无论律师执业状况为何,律师是委托人意志的延伸,这一点在美国,百年不易,颠扑不破。

下面的故事催人泪下,足证这种律师/委托人的约束何等严酷:

一只箱子藏在床下,蛛网尘封,26年矣。里面有一份宣誓书,一本护照及某人的遗嘱。箱子防火不是问题,主人叫迪尔·寇万崔,是个律师。这封宣誓书有关他的委托人,名叫安卓·威尔森。两年前,另一个律师,吉米·昆茨,来过一个电话,询问这份宣誓书是否仍在,口气颇为急躁,希望对这份宣誓书有所措置,可谈话结果仍是无可奈何。

2007年1月,昆茨又来了电话,告知寇万崔,他们的共同委托人安卓·威尔森在狱中自然死亡。于是一个震惊美国的冤案大白天下。

1982年,一个黑人青年,名叫阿尔腾·罗根,与另一罪犯同案被捕,因为一桩抢劫凶杀案。

案件发生在芝加哥,两个麦当劳保安在歹徒抢劫中一死一伤。经过受伤的保安指证,锁定两名嫌疑人。其实这个保安的指证并不正确。一个对了,名叫埃德加·侯坡。另一个错了,就是罗根。在审判中,检方又找到了两个目击证人,指证罗根枪击保安致死。而罗根的母亲和哥哥在法庭上做证,案发时,罗根正在家中睡觉。亲人的不在场证明全然无用。美国法律从不要求亲属大义灭亲,但也从不相信亲人的证言。于是十二人的陪审团判决凶杀罪成立。

真正是人在家中睡,祸自梦外来。

宣判后,真犯埃德加·侯坡告诉自己的律师,同犯不是罗根,是安卓·威尔森。

罗根无辜。

它不合手何罪之有 | 辛普森案实录

侯坡的律师闻知大惊，立即通知了安卓·威尔森的律师。他的通知并没有违反律师/委托人特权，说明真相是侯坡的意志。

就在麦当劳案发生后的一个星期。安卓·威尔森因枪杀两名警察被捕。他的指定律师就是迪尔·寇万崔和吉米·昆茨，两人当时都是公众法援律师。

寇万崔和昆茨也立即来到监狱询问威尔森。一点不错，威尔森双臂交扣，咯咯地笑。仿佛这只是一场游戏，警察抓错了人而已！寇万崔紧追一句：人是你杀的？威尔森说：是！仍是嬉皮笑脸还有几分得意。但是，威尔森并没有担下罪责的意思。这是委托人的意志，因此两位律师对此不能泄露不能违背。

尤其是威尔森也被检察院起诉寻求死刑。

届时，罗根定罪后进入决定刑罚的阶段。通常，陪审团在有罪判决后，刑罚就是法官的事了，可是此案检方要求死刑。这个刑罚仍要由陪审团定夺。

宣判当日，寇万崔心悸若沸，赶到法庭。那颗心在胸腔里飞奔翻滚。如果，罗根被判死刑，这个冤案反而活了。死刑对律师/委托人特权是个例外，也是唯一的例外。一旦宣判死刑，寇万崔就可以高呼刀下留人，向法庭指出真凶。

可是，陪审团十比二。十人赞成死刑，二人反对。罗根获判终身监禁。

两位律师只好继续保持沉默，遵从委托人的意志。

两人此后不断咨询同行、律师公会、法律道德监察部门，等等。能找的都找了。当然委托人的姓名保持绝密。可是所有的答复都是不能，不能，不能，不能。

两人万般无奈，写下宣誓书，五行字，在公证人面前签名。然后深藏箱中，不觉间弹指二十六年。

签完宣誓书之后，寇万崔又去了监狱，问委托人安卓·威尔森，如果他威尔森死后是否能够公之于世？

这次，威尔森点了头！

其实，在警方侦破威尔森枪杀警察案时，已经发现威尔森行凶的枪可能与麦当劳案为同一支，但是警察没有进一步追究。对多数警察而言，办案就是工作，对得起工资就行。奉命办案，办下来就妥。至于其他的案子就与己无关了。犹如厨师，肉剁碎了，菜切好了，油盐酱醋，下锅一炒，端上饭桌就算完成。至于留在砧板上的肉余菜屑，那就随它去了。可怜的罗根就成了零肉余屑，被警察无视忽略，即使被判终身监禁。

寇万崔和昆茨找到了罗根的法援律师，该律师正在策划重审。因为在狱中，罗根为威尔森替罪一事早就在狱友中流传。罗根也发现，威尔森的外貌很像自己。种种原因，罗根直接质问威尔森。威尔森笑而不答，既不承认也不否认。同一监狱，面对真凶，朝来夕往，罗根这二十六年的煎熬无助可想而知。

那是何等的岁月啊。罗根不数日，也不数月，而是一年一年往下数。一数就数出了苍颜鹤发，数出了一颗想死都死不成的心。

两位律师二十六年前的宣誓书成了铁证。尽管检方不服，凶神恶煞，威胁重诉，罗根仍然无罪平反。联邦索赔诉讼最终和解，州政府赔了两千万。这就是美国律师／委托人特权的最佳诠释。以二十六年的无辜监禁为代价。

可是这样的铁律未见得就能锁住夏皮若。他的交游太广，又不那么本分。众律师对此忧心忡忡。与其放羊，不如将它圈起来。日日相见，心中反而踏实。时间一长，此议自然平息了。

（七十五）达顿传证探长范纳特

达顿推掉佛曼，自然要承担范纳特。人人都知道，此事艰巨，视为畏途。

达顿对范纳特的印象不坏,老警察,老探长。达顿以控诉警察为业,是警察眼中的"公敌",但他与高级警探队的关系一向不错,其中也有故旧。

开庭前,范纳特坐在他的办公室里,神色紧张。他目睹了兰在证人席上坐了八天。有如病人上手术台,不紧张才怪。达顿会意,上去轻轻按住他的手臂,安慰加鼓励:"不管发生什么,记住,你是好警察。别让那帮孙子糟蹋你。"

和汤姆·兰不一样,范纳特是发现罗金汉与邦迪有联系的另一人,除去野马车门把上的血,车中的血,自野马起,经车道至门廊的血,都是他发现的。

范纳特陈述了菲利普斯带他们走邦迪现场。自前门入,经血泊去后门,再自车房的吉普车绕回,又返至公寓门前台阶,他看到血脚印,后门的血。他没有提后门中部的血和血指纹,这是他的隐衷。这两处,佛曼笔记都有记载,可是罪证室并未采集。此事范纳特的干系不小。因为佛曼的现场记录就在范纳特手中。他们没看这个记录,无论是采集前还是采集后。每提及此事,佛曼就怨声不断,克拉克也小有微词。

有了血指纹,一是一,二是二。辛普森是不是真凶,立等可判。指纹是罪证的天下唯一,更何况是血指纹。

达顿问起血脚印:"在这些血脚印附近,你看到了什么?"

"我看到三滴血,在血脚印左侧。"范纳特指着投影照片说。

"这与血脚印有什么重要的关联?"

"它明显有别犯罪留下的痕迹。这些血脚印,就我理解,是凶手离去时留下的。这血是滴下的,要么是自身的血,要么是携带的什么物体在滴血。"

这个判断有两个方向。其一指向辛普森左手的血,其二指向凶器。分辨很容易,DNA检测之后,不是辛普森的血,就是凶器上死者的血。他把既不是辛普森的,也不是受害人的第三种可能完全排除,为日后痕迹辩证打下基础。

克拉克把现场证据，给每个警察分一点，也是煞费苦心。

（七十六）达顿的制高点

"下一步是什么？"

"探长菲利普斯转达上峰有令，亲自到罗金汉通知死讯。"范纳特强调"亲自"，自然排除电话。布朗家就是用电话通知的。

"我意识到这将是高曝光的案子。尤其是两个孩子还在我们那里，我们需要将他们送到亲人手中。再者，我们也需要向他了解情况，所以我们登门通知。"

解释够细，其实前面的几位警察都证明过了。

"这时，你们认为辛普森是嫌犯？"

"不是。"这个答案所有人都知道。

"你们用了多长时间，自邦迪到达罗金汉？"

"大约五分钟。"

"到了罗金汉，你们看到什么？"

"我注意到一辆野马车，明显停得很匆忙，尾部偏离人行道。看来是匆匆停下，匆匆离去。"

主宅二楼的灯开着。探长们按门铃，十五分钟无果。范纳特四周转转，观察野马车。探长们发现，此宅有警铃保安系统，属西技安保公司。菲利普斯有无线电话，就与该公司联络。"之后，佛曼向我们指出，车道上有木棍，车前后有一些物件。"

佛曼比范纳特观察得更仔细。

"你在里面看到了什么？"

"看到铁锹和塑料袋。"

"那个木棍在车道上有什么显著的相关意义？"

"这个木棍显然与罗金汉环境不合。那个院子齐整，纤尘不染。这看起来有些突兀。在车后有个包，上面印着奥兰索制造。我知道辛普森的名字是奥兰索·詹姆斯。在那一刻，我意识到这是辛普森的车。"

就木棍而言，说了等于没说，这个证据能证明什么，控方始终没有给过任何答案。倒是丹佛那个作家有解释，认为是佛曼用它将手套挑起，放入罪证袋的工具。只是仍有不明处，它为什么会出现在辛宅的车道上？如果是佛曼所为，他为什么将它带到罗金汉？不过确有蓝色小袋在现场出现，控方并未向陪审团出示。

"在某一刻，你们发现了车门把手上的血？"

"是的，佛曼探长过来告诉我，这辆车在赫兹公司的名下。我站在街中，他走回野马车，片刻，又回来，叫我去看野马车。"

这就是"发现"血的肇始。发现权属佛曼，尽管范纳特自己观察过。

"你为什么命令罪证专家过来？"

"我意识到刚从一个血腥的凶杀现场出来，这个宅子里应该有人，但是全无反应。"此话，极难理解。刚离开凶杀现场，与此宅应该有人，两者之间有什么逻辑联系？

"我们得知在住宅里有个入住管家，我变得紧张了，这可能是另一个凶杀现场。也许有人在其中被杀或受伤害，所以，我们必须有一个罪证专家在场。"

范纳特没有说，他们是从哪里知道，其中有一个入住管家。是安保公司？是佛曼？或者只是事后的圆说。有一个传说广为流传：佛曼曾向同事炫耀，他见过妮蔻的隆胸。若是如此,他在 1985 年应警后,应与妮蔻有来往。这个传闻在佛曼回忆录里也有记载。这里聊备一说。

"我相信这里不对,必须进去看看。"范纳特终于绕到了入宅的原因。这就是范纳特的解释。警察不经许可,闯入私宅,乃是违法。但是,有紧急状况,可以从权,事后要补充法律文件。

进入辛宅后,主宅不得其门入。探长们绕到后面,发现凯伦房内有人,敲门,人出。然后是阿纳丽出。

"我听到菲利普斯探长问她,父亲在何处。我们有紧急事务,急于通告。阿纳丽向住宅做个姿势:'他不在那儿?'我说,'他在吗?我们能进去看看吗?你有钥匙吗?'她说有,就把我们带入主宅。"

进去后,查了管家的卧室,齐齐整整,无任何可疑迹象。

"那一刻,你们干了什么?"达顿问。

"我想检查第一层,看看是否有人受伤。佛曼探长进来叫住我。"这里有件事,非常有趣。阿纳丽不知道辛普森在何方,而凯伦是知道的。他们已经见过凯伦,难道他们仍不知道,辛普森在芝加哥?有人受伤说不免牵强。

"你和佛曼探长有一段谈话?"

"佛曼探长告诉我,凯伦坐在外面。我应该与他谈谈。他告诉我要出去探查。"凯伦对他讲述了屋后巨响之事,"之后不久,佛曼探长进来要求我随他出去,到辛宅南墙。他要让我看一样东西。"

"你看到了什么?"达顿传证到了制高点。

"就在那里看到一件东西,它是一只右手棕色男式皮手套。"

"这样,在某一刻,罪证专家到达现场?"

"是的,他到了。"在越墙之前,在得知辛普森去了芝加哥之前,就已经通知罪证专家了。发现关键证据,专家正好到达。真有几分天衣无缝,算无遗策。

"当我照亮手套时，它明显有血，或看起来类似血的东西在上面。明显不是溅到表面后干了的血迹，它是潮湿的。"

"在你们5点钟离开邦迪时，那里的血迹已经干了？"

"没有。"

达顿在此为案子打了预防针，既然，离开邦迪，现场血迹未干，这边手套血迹犹湿，应属正常。

"你是第一个被带去看手套的探长？"

"当时不知道，后来才知道不是。"

"现在如果你能记住，那是什么时间？"

"大约是早晨6点30分。"据控方判断案发时间为10点15分，已经过去八小时之多了。这就是说，在当时的露天气温下，经过八小时，血迹仍然未干。如果相信常识，就大有疑问。如果相信科学，就只能听专家的。许多好事之人为此做了试验，日后自有分教。

"我要求他（佛曼）回邦迪现场，开始调查。看看是否为同一副手套。我们经过讨论后，决定兰应该回到邦迪现场，开始调查。"

"兰走了以后，你做了什么？"

"我在院内的车道上，我开始仔细观察四周，在一辆车附近，我注意到地上有明显是血或像血的东西。"

"你观察像血一事，有什么意义？"

"看到血滴引向一个事实。我看到了一条血链，来自邦迪。我又发现了四滴血，把我引向住宅的门廊。其他探长也发现门廊下有血迹。我命令后到罗金汉的探长：'这里已是犯罪现场，封锁它，等我回来。我去申请搜查证，以便进入主宅。'"

"你们不是已经进过主宅了吗?"

"我们并没有搜查。"

"在此之前,你告诉我们,辛普森不是嫌犯?"

"不是。"

"那么此刻,你们认为他是?"

"绝对的,是。"

继而,达顿询问了辛普森自芝加哥归来被铐一事。留住辛普森是范纳特的命令。因此,门口的警察铐住辛普森,并不是错。在威兹曼的要求下,范纳特命令下铐。

"他当时已经被捕?"

"不,我问他能否自愿随我去帕克中心,他同意。威兹曼要求和他一起,并要求提供一个房间,和他单独谈。"

达顿立刻将他打断,问另一个问题:"如果我们回到当时某一时刻。在你下铐时,你看到被告的手吗?"

"是的。"

"可曾注意到有何事不寻常?"

"他手指上有创可贴。"

"你当时能观察到他的伤势吗?"

"能,他的手指明显肿胀,这是中指的上关节。"范纳特又配合幻灯投影,重述了伤势、位置、程度、数量。

达顿与范纳特,一问一答,十分圆满。达顿打断威兹曼一节,为了避免引进辛普森在帕克中心的录音。在录音中,辛普森坚决否认犯案,辩方希望陪审团听到。

辩方这边也有难题。威兹曼也在极力反抗,不愿就帕克中心一事为辛普森做证。此事尚在未定之时。辩方需要由头,才能引入。因此,达顿及时掐断,不让辩方利用。

最后,达顿问:"你听到考克兰的那个话?仓促定案?"

"听到了。"

"你们仓促定案了吗?"

"没有。"

(七十七)前夫应对此案负责?

3月20日,质证范纳特由夏皮若担纲。他一入法庭,就引起一点风波。夏皮若胸前戴着一个徽章,格外刺目。自警察在辩方强力抨击下,某警察组织、市议员及警察局长们,专门定制了徽章:支持洛警局。一位朋友送了夏皮若一枚。夏皮若就戴在胸前。此事也许是无意,也许是为日后保持他交易律师的身份,他并无必要视警察为敌。像考克兰那样,与警察作对一辈子。

但是,今天非同平常,人们注意到了。考克兰劈头就问:"这是什么?"就差说你是脚踏两只船了。夏皮若轻描淡写:"这是朋友送的。"辛普森看到,脸色很难看。对夏皮若,他向来鲜有微词。记者们看到,立刻将此事编入法庭花絮。

范纳特在证人席上也看到了,他并不买账。夏皮若仍是死敌。

夏皮若上来,一个微笑,暖暖的,有如邻家大叔大爷,考克兰看在眼里,很不痛快。开场的调子很昏暗。

"从你二十六年前,成为警察起,我能够想象刑侦犯罪学已有长足的进步。"

"是的，"范纳特谨慎回应，"很多变化，是的。"

"你愿意形容变化为急剧吗？"

"差不多，是的。"

夏皮若定下调子，将范纳特的二十六年经验贬值。看起来是闲闲一笔，先给陪审团倒点开胃酒。

"你可熟悉正确采集 DNA 的技术手段吗？"夏皮若向搜证上引。

"我不是罪证专家，"范纳特迅速躲闪，"我不是这方面的专家。"

这不重要，有些话是说给陪审团听的。所谓听话听声，锣鼓听音。

"你可知道，一个正在实习受训的新手被派往现场？"

"是的。"

"你愿意这样的人归在你的指挥下搜证？"

"那是他们派来的。"听起来不愿担当。

夏皮若再重复一遍："你不理解我的问题？"因为范纳特没有回答，是或不是。

"我控制不了这个，我当然希望派合格的人员做事，但这不是现实世界。"

推归推，还是承认搜证人选不当。足够！

"如果你没有被培训好，就进入犯罪现场，会有什么危险？"

"摧毁和污染证据。"范纳特被夏皮若牵着走。夏皮若开始露出两手了。

"DNA 证据极其微小，有时甚至是显微级的技术，不是吗？"

"不知道，那与我的专业相去甚远，我实在不知道。"

辛普森不满意，开始递纸条，认为太温和。

"这是否真实，你离开犯罪现场，去辛宅，是因为你得知那里曾有家暴报警？你立刻怀疑前夫应对此案负责？"

突然一击，强硬直接。是否来自辛普森的抱怨，不得而知。不过夏皮若一向是自作主张的。

"不，那不真实。"嘴上虽硬，脸却成了红脸关公。

"在观察辛普森先生的手时，你得出结论，他的中指有大小划伤，而这些划伤引起肿胀，这样说可正确？"

"是的。"

"如果因某种医学原因长年肿胀，而非划伤引起，是否也在你的考虑中？"

"我猜这有可能，但是那天早上，应是划伤引起的。"

"好吧，请法官批准，你何不再看一眼，告诉我们他今天的状况和13日那天有什么两样？"

经伊藤批准，辛普森站起来走向证人席，后又移到陪审团。陪审员们伸直脖子，后排甚至站了起来。辛普森的手离他们几英寸远。这是第二次展示，上次是考克兰在开辟词时。考克兰已经告诉陪审团，辛普森家有大骨节风湿病史，他母亲尤为严重，因此目前离不开轮椅。

范纳特返回证人席："这看起来算不上肿胀。"这是今日第一次强硬应对。

对手上的伤势，辛普森对范纳特有过两个解释：家里到野马车的血迹可能是他取手机时划伤的。而从芝加哥归来时手指上的创可贴，则是在芝加哥因激动打碎杯子所致。后一说，芝加哥警察局确有报告，洗手池中，有打碎的杯子，也有染血的毛巾在床边。

范纳特们并不采信，认为有作假之嫌。

（七十八）夏皮若随口一问，同事汗水立奔

3月21日，夏皮若继续。第一个问题是遵照辛普森的要求。

"你是否问过阿纳丽,辛普森在哪里。她转向主宅说:'他不在这儿?'我问她,'他在这儿?你有钥匙吗。我们能进去看看吗?'然后,她带我们进了主宅。"夏皮若复述范纳特做证的原话,"你问过辛普森的卧房在哪里?"

"不,我没问。"范纳特答得有点无可奈何。

"如果,你确实关心辛普森,你就不想上楼去他卧室看看?看他是否在睡觉?"

"如果没有查对他的情况,是想的。"

根据探长们所述,在阿纳丽带他们入主宅时,无人知道辛普森不在。直到阿纳丽给兰达打过电话后,才知道辛普森的去向。

范纳特在回忆录中有详细记述:看完管家房间后,他到厨房,佛曼进来要他和凯伦谈。在范纳特之前,兰已经与凯伦谈过。凯伦是知道辛普森去向的,至少知道辛普森不在。范纳特详细记述他与凯伦的谈话,却只字未提辛普森的去向。

这样,当时情况有二:如果他们从凯伦处得知辛普森不在,不上楼可以圆说。如果他们是从兰达处得知辛普森不在,那么范纳特就无法解释,为什么不上楼查看。毕竟从入户到阿纳丽给兰达打电话,有一段时间。而范纳特不上楼查看,担心有人受伤,就是谎言了。

进入主宅后,阿纳丽追问究竟发生了什么事。范纳特本该上楼去查证,但他却要求阿纳丽给辛普森的秘书兰达打电话,查证辛普森的去向。此刻,证明他已断定辛普森不在。

"但是,他(辛普森)并没有被立刻查证?"夏皮若强调"立刻"二字,逼得范纳特无处躲藏。

"不,他没有立刻被……"

"是什么时间你确证辛普森在芝加哥的?"

"早上6点过一点。"

夏皮若另开问题，继续追击："在刑侦案中，要求有一个按时间顺序的记录，是否如此？"

"是的，阁下。"

"那么，在此案按时间顺序的记录中，有哪一条记录，你们之中有任何人发现了手套？"

"记录中没有。"

此事轻则是警察懒惰粗心，重则是罗金汉根本就没有发现过什么手套，是警察日后编造的。后一种推断，绝大多数人不会相信，辩方也无意做什么文章。

到这里必须提到搜查证。早在1994年9月21日，预审时，也是夏皮若唱独角戏的时候，夏皮若提出范纳特申请搜查证的错误。一是宣称辛普森去芝加哥为临时决定，隐瞒此行早在计划之中。二是称罗金汉发现血迹，其时尚未做检测证明是血。三是隐瞒辛普森自愿回洛杉矶配合警察调查。四是法院有二十四小时热线，专门为警探开通，也有法官轮值。范纳特们先斩后奏，并不合法。当时，夏皮若意图说服法官，警察获得证据在申请搜查证之前，而且搜查证是靠欺骗获得的。他向预审法官提出罗金汉的证据无效的动议，被拒绝。

在质证前，夏皮若旧事重提。伊藤当着范纳特面，直言批评："这不仅仅是查证疏忽，这是粗暴鲁莽！"这段话陪审团并没听到，他们尚未入庭。

但是，伊藤对这个旧事，仍维持旧议。罗金汉的证据仍属合法。

夏皮若继续："你告诉我们，自罗金汉前门至主宅门廊，有一条血链。这正确吗？"

"有一些血滴，明显形成血链，是的。"

| III | 它不合手 |

"这是你的结论吗?杀人犯回罗金汉时,正在淌血。"

"是的。"

"而后,在罗金汉有了一次全面搜查血迹,即从罗金汉(主宅)到发现手套处?"

"是的,正确。"

"在那里发现多少血迹?"

"没有任何。"

"我想确证,此问没有任何误解。自手套发现处至罗金汉主宅,没有发现任何血链?"

"没有,没有发现任何血迹。"

夏皮若又回到野马车:"你说野马车在罗金汉时,你希望将它警戒保护,借助警戒,你确信,来自野马车的证据被保护,不致被人操弄。"

"正确,确实如此。"

"你事后发现,媒体从业人不仅出现在周围,而且还将保险杠泼上咖啡?当时,你的警官正在保护野马车?"

"我在拖车记录上看到咖啡的记录,是的。"

"你看到有平民上前,手触你发现血迹的地方,对吗?"

"我看到明显有一妇女在照片上,正在向车内看。"

范纳特是一路顺应,真真不容易。

再转回邦迪现场,那只手套。"你检查过辛普森的食指。"这次不是中指,"而且观察到有一处伤,正确吗?"范纳特没回应,夏皮若继续:"我猜你检查过邦迪的左手手套,这正确吗?"

"我没有,我派别人检查过。"

"在邦迪左手手套上,也就是辛普森手伤之处,你发现有割破的地方吗?"

"没有。"

两只手套均无割破。这只能收一时之效,经不住细究。也可理解,手套滑落在前,手指受伤在后。

夏皮若的质证进入尾声。他开始一场大赌博,下了一个大注。他准备问范纳特带辛普森的对比血样到罗金汉一事。

这个问题,达顿已经传讯过,意在清场防御,危机控制。

"你为什么把血样带到罗金汉?"这是达顿的原问。

"我知道罪证专家在罗金汉,我亲带血样,交给他是为了监护证据链,保护这份证据。"乍听有理,细想荒唐,辛普森的血样并非现场证据,无须保护。人在,血就在,随时可以抽取。

"你能够造册存入帕克中心?"还是达顿原话。

"我能够,但是我没有分局的案件号码,也没有本案代码。如果我造册存入,它将坐在那里,失去控制。"原来罪证室那么不可信,罪证存入,会失去控制。这是辛普森的血样,不是罪证。只能用来对比。随时需要,随时可取。并不需要控制。人控制住就行了。

在范纳特的回忆录中有一段记述:

> 为了加速批捕辛普森,范纳特亲去尸检所提取勾德曼的血样。尸检所把血样交给他。范纳特承认此举不寻常,这不是探长的事。只是为了加快速度。尸检所保管员将勾德曼的血样自冰箱中取出,封入信封,然后让范纳特在保管簿上签名。注明时间,证明血样已在探长之手。范纳特开车五分钟,到洛警局帕克中心罪证室。罪证室主管马特桑亲自接待,让范纳特将血样交给考林·雅马乌齐。马特桑告知,今后在罪证室,此案证据检测归雅马乌齐负责。勾德曼的血样经马特桑,交给雅马乌齐。

III | 它不合手

"现在，你将血样登记入档？"范纳特问。

"对，我将负责一切。"雅马乌齐答。

雅马乌齐又将血样交给冯丹尼，冯注册了一个样本代码。

整个过程在范纳特手中没超过十分钟。从这个过程看，死者的血即使经范纳特之手，只需交马特桑或雅马乌齐即可。说活人的血样立在那里，会失去控制，很难圆说。也很难解释辛普森的血样为何却是另一做法。

6月13日，辛普森被抽去一管对比血样，下午3点50分，辛普森与探长们分手。至5点20分范纳特亲手将血样交到冯的手中。其间一小时三十分，血样在范纳特手中。此事无论如何解释，都是这位首席探长的麻烦。一个比十分钟还要短的过程。约谈辛普森在帕克中心，抽血在帕克中心，罪证室也在帕克中心。范纳特没有近水楼台，却将嫌犯的血带回犯罪现场。

辩方想知道，这是范纳特一向的做法，还是"偶一为之"？

夏皮若赌博的代价巨大。如果是惯例，不提，疑问尚在。提了，文章就难做大。这直接违反质证的禁忌，天字第一号的。学生一入法学院，教授第一个传授的就是，不知道答案的问题，禁问！这是律师课程101宝典。这是命，是致命，是至高无上。

日后某一天，达顿就犯了这个天条。

"你曾经有过多少次，将血样自帕克中心带入某个犯罪现场？"夏皮若的话听起来像随口一问。整个辩护团队立时腰杆子僵直，汗水立奔。

"我不知道，这可能是第一次。我不知道，我现在无法回忆有另一次像我这样的。"

一句话，让众人大喜过望。陪审团也不会错过。

最后一个问题是知道答案的。

"你曾在犯罪现场仍被禁入的时候，踏入血泊？"

"没有,阁下。"范纳特否认得很痛快,是质证中难得的一次。

很不幸,夏皮若放了一段新闻片段:范纳特站在血泊中,尸体上覆着床单,黄色胶条,仍在现场周围。

(七十九)感觉好极了,不紧张

下面的证人,出乎辩方意料。他们以为是冯丹尼。从发现证据到搜证,冯是搜证的主角。可是克拉克上报的是凯托·凯伦。辩方由此猜测,控方需要时间,准备冯的传证。

这个判断并不正确,传证过兰、佛曼和范纳特后,再传凯伦也合逻辑,乃是向陪审团印证,为何将罗金汉定为犯罪现场,为何锁定辛普森为嫌犯的举证远未完成。

凯伦之为关键人物,他不仅为发现手套提供契机,而且是当晚案发前后,最后见到辛普森的人物。他的身份特殊,是死者和嫌犯的共同朋友,打开两者关系秘密的钥匙。他的证人地位在克拉克心目中非同小可。

克拉克先核实凯托的来历:"凯伦先生,凯托是你的名字?"

"不是,是昵称。"

"人们用它代替布赖恩?"

"是的。"

"你好像有点紧张?"克拉克的策略,希图瞬间拉近距离。

"感觉好极了,不紧张。"凯伦把头一甩,一脸憨笑。满头乱发,飘飘扬扬。全场哄然大笑,陪审员也欣眉喜目的,只是没有前仰后合。只有克拉克面露不快,但是稍纵即逝。

III 它不合手

"好吧,凯伦先生,你认识某人。她的名字叫妮蔻·布朗·辛普森?"

"是的。"

"你能告诉我们,你是如何认识她的吗?"

"在埃斯平,科罗拉多。"

"是在什么场合?"

"在圣诞节假期,我和一个朋友前往,就遇上了。"

对凯伦如何遇上妮蔻,已有正宗媒体坊间小报披露过,星星点点,大致可理出一幅图画。

凯伦,一个威斯康星州密沃基小子。中学时,已是孩子中的笑星。大部分兴趣集中在演艺。在当地上了一半大学,就去洛杉矶闯荡,做起了好莱坞梦。

到了天使之城,开始了西漂生活,半工半读。读只是聊胜于无,工才是养活自己,进而圆梦。直到此案发作,他也没把大学读完,据说只差几个学分。

所谓西漂,人数众多。主要谋生手段是一面做侍者,一面拉关系。进来靠小费,出去称艺人,如勾德曼这一类。偶尔地,也能拉到一点广告小角色,在广告里露一面。慢慢积累,等待导演们看上一眼。凯伦的演艺是去喜剧酒吧,那是自由世界,凡是进来的,只要一杯酒在手,哪怕是啤酒,就获得登台娱乐的资格。段子自编,笑话自说,你上来,我下去。登台的人希冀台下坐着星探,听完笑话就将自己网罗,然后签张支票,开始好莱坞之旅。

凯伦开始乐此不疲,很快发现徒劳无益,从未有人过来关心一下。渐渐地,他转入交际,靠拉关系圆梦。

好莱坞是聚会的天堂。你永远不知道,什么人什么时候会"扔出"一个聚会。凡是沾点边的都会去共襄盛举。凯伦成了"追会族",常常不请自往。凯伦天生善交往,该憨则憨,该甜则甜。人又诙谐,很快就认识了一些演员,也渐有来往。也有传说,凯伦也贩点毒品,真要如此,追会就更有实质内容了。

某时某刻,他邂逅了格兰特。在凯伦的朋友中,格兰特算是一个大牌。曾在连本剧中,有过一个角色。这在凯伦们眼中,已是成功人士。而凯伦却只能归入"望那比",美语,"WANNABE",明星梦预备役。

1992年圣诞—新年季,格兰特和凯伦相约去埃斯平闯会。埃斯平是旅游地,有山,可以滑雪。洛杉矶是个阳光城,冰雪对它的居民而言,是奢侈品。美国人的圣诞和冰雪连在一起。没有冰雪,圣诞老人的雪橇怎么办?洛杉矶没有冰雪,圣诞倒成了一年中最扫兴的时刻。因此,好莱坞圈子,将埃斯平视为耶诞圣地,连过节,带聚会,带冰雪运动。

凯伦和格兰特无请自来,名为休假,实为蹭会趟路子。妮蔻和费耶刚好也在这里。

两位单身女子,应说是富人前妻,到此也有蹭的意思。年前,二位在纽约认识了一个闻人。对此人也只能如此称呼,他的真实职业不便启齿。辛普森称其为高级皮条客,一听到这个名字,辛普森就会暴跳如雷。私下还有传说,此人也有毒枭的身份。这不奇怪,无娼不毒,无毒不娼。敢拉皮条,就敢贩毒。两者都是刀尖上挣快钱的买卖。有初一,如何不能有十五?

这个闻人对淑女们一向慷慨,妮蔻和费耶就是过来借光的。闻人在埃斯平有别墅,妮蔻和费耶一人一间,白住。

格兰特在聚会中看见妮蔻,就主动搭讪,坚称在以前的聚会时认识。毕竟,格兰特是电视剧中的"人物"。妮蔻也就欲就虚推,无可无不可。两人一拍即合,当晚就住在一起,玩了个圣诞一夜情。两人都有同伴,自然应该是凯伦对费耶,但凯伦无兴趣,只做了旁观者,置身度外。

"你们在一起,整整一个星期?"

"不少人,但基本是我、格兰特、费耶、妮蔻,还有其他人。哪些人我记不太清楚,总之,还有其他人。"

III | 它不合手

这个其他人就包括杰瑞·金斯伯格,那个为两位单身富人前妻提供免费吃住的闻人。

圣诞—新年季过后,妮蔻和格兰特成了一对,凯伦因此不仅认识了妮蔻,而且开始了交往。

克拉克又问:"你和她涉及过罗曼蒂克的关系?"

"你是说我吗?"凯伦核实。

"你有过?"

"没有。"

"你们成了朋友?"

"是的。"

"自从 1992 年 12 月,在埃斯平见到她……第二次见妮蔻是什么时候?"

"在 1 月,我见她次数很多。在她家,格莱特纳·格林街。"

格莱特纳·格林街是妮蔻和辛普森正式离婚后的第一个地址,在邦迪之前。

正是 1993 年 1 月,格兰特和妮蔻出双入对,俨然是谈婚论嫁的意思。

一日,妮蔻在新住处开堂聚会,凯伦自然过去捧场。届时,凯伦正计划搬到好莱坞附近,但这对一位常年拮据的西漂来说,比登天还难。布兰伍德地区,好莱坞的后院,这里的居民百分之九十是吃好莱坞饭的。"富贵"二字,稀松平常。

在聚会中,凯伦发现在游泳池对面,有一个客房。

克拉克继续问:"好,是什么引起你去布兰伍德她的住处?"

"嗯——有一个聚会,我在邀请之列。"

"当你进入那个宅第时,你注意到在后部有一个客房?"

"是的,我注意到了。"

"请你告诉我们,你是否与她谈了那间住房?"

"我谈了。"

"是什么样的谈话?"

"我说:'妮蔻,什么人住那边?'她说:'没人。'然后我说:'我能吗?'妮蔻说:'如果你住,你需要自己打扫。'我说:'那太棒了!'"

妮蔻的住处是租的,一共两层。客房在后院的角落,与主宅隔着一个游泳池。客房空间很大,有自用洗手间。唯一不便,没有厨房。

妮蔻很慷慨,扔了一套钥匙,许凯伦在任何时候,自由出入,使用主宅的厨房。厨房在一楼,妮蔻的卧房在上面,不会干扰起居。厨房的皇后是妮蔻的保姆。因此,凯伦不会在吃饭前后,打扰她们。能见缝插针,已经足够。

妮蔻如此慷慨当然是看格兰特的面子。凯伦是铁哥们,妮蔻又在与格兰特热恋。

"你与妮蔻达成协议,是否与房租和居住有关?"

"是的。"

"四百五十美元到五百美元。"

然后,可照顾孩子,妮蔻将根据服务,减免或不交房租,视凯伦的工作多少而定。

(八十)凯伦,妮蔻的爱情顾问

凯伦入住时,妮蔻已经沉湎在与格兰特结缡的梦想中。格兰特是她的"下一个"。因此,入住之初,凯伦也是情报员,格兰特的日常起居、工作交往,随时要备妮蔻顾问。妮蔻也会在疯狂之后,抒发感受,以尽余兴。

III 它不合手

凯伦自然知道格兰特的心思。一个性伴侣,其他无多,玩玩而已。格兰特有真正的热恋对象,而且准备做"那一个"。

逐渐地,妮蔻的话题转为酸苦,由热恋进入苦恋。两人间的冷热已见端倪。

1993年,美式足球超级碗。辛普森是特邀嘉宾,并为双方掷币选边。此时辛普森的荣耀仍是如日中天。辛普森邀妮蔻同往。两人虽然离异,遇到重大活动,辛普森仍会邀请,妮蔻也会配合。但是这一次,妮蔻临赛爽约,加入了格兰特的超级碗观赛聚会。

超级碗是美国人的超级节目,聚众观赏乃是一年中的盛事。妮蔻立刻发现,自己的身份不过是情妇,未来正娶的另有其人,二十岁都未出头,一个小妮子。

晚上,妮蔻把凯伦邀入主宅,开始了顾问,这次,凯伦再不隐瞒,承认格兰特的真实意图,妮蔻把症结归于年纪,第一次向凯伦承认,年过三十。一个女人向另一个男人吐露自己真实年龄,这是一种信任,真友谊的信任,至少是在美国。

从花言巧语到渐冷渐离,经过几次感情的轮回。这次,在凯伦面前,妮蔻软着陆了。妮蔻做了一个决定,非常坚决:"从今而后,不许格兰特踏入格林街一步。"

凯伦乱了分寸。格兰特是他的老朋友,不许踏入,这不是赶自己走吗?凯伦忙说:"你的意思,我也该搬走?"

妮蔻一听双手乱摇:"不,不,没那个意思。你留下,你留下。"

凯伦松了一口气,继续做她的房客。而妮蔻与格兰特的关系处理得极其大气,见面说话,绝无扞格。男女之事放在一边,画上句号。

妮蔻之后,仍是处处笙歌,夜夜聚会。日落之时,才是一天的开始。不过,每天一早，仍按时起床，亲操羹饭，送孩子上学，母亲做得不输任何人。

孩子上学了，母亲的角色立即转换，变成一个闲适的女人。洛杉矶天好，日头足。她常常半敞微裸，享受阳光。这事在私宅，本无麻烦。

可是，凯伦常感不便，出入有时进退两难。妮蔻并无挑逗之意，觉察到凯伦的尴尬。因此，也在凯伦出入时，配合一下，隐藏重要部位。对此，凯伦心存感激。

两人仍是好友，仍是无话不谈。凯伦也仍是顾问，妮蔻仍向他简报任何艳遇，咨询他的观感。妮蔻甚至不回避她的隆胸，颇有几分志得意满。

妮蔻离婚后的生活漫无目标，几个闺中密友也常过来。所谓密友，也只是以妮蔻为中心，妮蔻是地球，密友们是月亮。月亮们之间，不仅不亲密，而且常常恶言相向。

凯伦与这几位也无交往。虽然月亮个个是单身，广寒宫的嫦娥，但人家都有过富豪的丈夫，凯伦与她们属两个阶级。年龄相仿，却玩不到一起去。凯伦口袋里没钱也，生活的追求也不一样。

（八十一）妮蔻凯伦，房东房客

最初的两个月，凯伦常常自告奋勇，替妮蔻看孩子，西德妮和佳斯廷都喜欢凯伦。妮蔻因此夜夜笙歌，极为放心。主宅的密码交给他，家里现金到处乱放，完全视凯伦为家人。

两人本是口头协议，凯伦自认做够家务，可以换得免租的权利。

到了第三个月，事起变化。妮蔻夜夜挥霍，手头开始觉得紧了。而凯伦一以贯之，替她看孩子，自认为房租不是问题。可是一日归来，发现床上有个便条，乃是妮蔻的手笔，提醒凯伦房租欠交。在便条上，她列出了自己的开销：四千八百美元/月的房租。四千三百美元的学费，西德妮和佳斯廷的。八百美元的管家工资。然后是水电、食物、保险、汽油，等等，等等。

凯伦蓦然想起，妮蔻这两天抱怨辛普森，原来是暗示。她抱怨辛普森食言。原说在生活费外，支付儿女的教育费用，现在却说包括在生活费之中。二万三千美元一个月，在妮蔻的眼里是个很弱的数字。这个数字，凯伦一年能否挣到，都是个问题。不承想，辛普森又缩减支付，由一万七千美元而至一万美元一个月。凯伦算算，还真不够。难怪妮蔻留下这个便条，口气气急败坏了。可是五百美元算什么？杯水车薪而已，还不够一夜的挥霍呢。如此奢侈，前夫不减才怪，是养前妻，还是养她的情夫？一万美元显然是离婚协议所定。否则，妮蔻早就告上法庭了。在美国，前夫如果对前妻欠养，不要说法庭，连国税局都不放过你。你的退税拐个弯，就进了前妻的账户，除非你连国税局一起欠。同样地，在美国谁敢欠税？欠一次，尤其像辛普森这样靠名吃饭的人物，就能让你下十八层地狱。

凯伦赶忙去交房租，妮蔻见到凯伦，尴尬不已，自认失态，不该写那张条子。但是，事情说开，反而明白。两人就托儿抵租的明细有了规定，不再是一笔糊涂账，人情账。凯伦也解决了一个难题，发现周末可以出去盘桓了。亲兄弟，明算账，更何况房东房客？这个插曲就这样收场过门了。

妮蔻的托儿解决办法？把孩子扔到罗金汉。在默契下忽忽一年，凯伦不曾晚交过一回房租。

（八十二）凯伦守口如瓶的品质

"1994年，妮蔻决定搬出格莱特纳·格林街？"克拉克继续传。

"是的。"凯伦继续证。

"在哪里？"连这样的细节，都要问，难怪达顿有微词。

"在邦迪。"

"你曾经搬进去过？"

"没有。"

"为什么没有？"

"我将要，我搬进了OJ的住宅。"

"为什么没有？为什么要这样做？"

"因为搬到辛普森那里去。"

忽忽一年中，凯伦认识了辛普森。

辛普森与妮蔻的离婚，似乎没经过苦战，而两败俱伤，然后形同陌路。辛普森有无限的访问孩子权。这明显是妮蔻同意的，并非法庭判决。若是法庭判决，一定会限定天数，甚至时段。一万美元/月看来是底线。妮蔻没有上法庭兴风作浪可以证明，究其实，妮蔻即使是手头拮据，也仍是锦衣玉食。以凯伦的现状，一辈子都难拿到那个数字的年薪。

因此，妮蔻虽然抱怨，也是无可奈何。

辛普森初来格林街时，似乎有意回避，半冷不热。凯伦处理也是礼数周到，不卑不亢。又没有吃软饭，怕什么？

而后，辛普森的秘书兰达常来，与妮蔻处理一些家务，与凯伦也渐渐熟了起来。

一日，她告诉凯伦，辛普森曾让她了解凯伦的角色。最后，确认没有问题。

Ⅲ | 它不合手

当然，问题是指与妮蔻的关系。

妮蔻是单身，有异性交往也属正常。辛普森似乎听之任之，至少在格林街期间。以后纵然有隔窗观戏的事发生，也未见暴力。妮蔻继续以凯伦为异性知己。不断倾诉，不断顾问。凯伦虽不着意了解，但信息仍是源源不断。因为她的倾诉始终没有外传，妮蔻心中有数。此时，凯伦的角色，又类似神父，让信徒自由告解。

马克斯·艾伦与妮蔻的交往，凯伦也是了如指掌，有时，也会一同出游。凯伦一直守口如瓶。

随着经常遇见，辛普森与凯伦也熟悉起来。一个前夫，一个房客，往日无仇，近日无怨。说说话，称兄道弟，盘桓片刻，也常常有了。一日，辛普森邀请凯伦观摩他的新片——《裸枪》。这让凯伦见识了好莱坞的阵仗。辛普森给他介绍了主演，辛普森自己则演的是警察，与他在《卡桑德拉大桥》的角色近似。正面人物，有正义感的好警察。

不知是有意无意，这一天，凯伦是贵宾待遇。辛普森与他无话不谈，连正在交往的女伴性事，也不隐瞒。不过，辛普森再三叮嘱，不要透露给妮蔻。似乎是暗示，他仍然在意前妻。

凯伦守口如瓶的品质不变。这次是另一个瓶，另一个标签，名叫OJ.辛普森，连美国总统都关注的人物。

（八十三）克拉克想要的，凯伦不给

"你为什么这样做？"克拉克问了第二遍。

"因为辛普森要求我搬进他那里，这是交易的部分，代替搬入妮蔻的住宅……"

"被告在要求你搬入他住宅时,对你说了什么?"

"我们就此谈了,就是那种正确的事是不应该在同一屋檐下。我不应该去。去他那里,OJ给我一个地方住,不要房租,想住多长时间,就住多长时间。一旦他需要我搬出,会通知我。"

"他指出,在这方面,他认为你事实上住在同一个房子里?"

"不,不像那样,但是那可能不太合适。"

妮蔻经过盘算,觉得租房不如买房,就在邦迪街买了一套共同公寓。共同公寓有别私宅,除去房子、院子,还有集体共有的设施,如道路、外围绿地,等等。要交一定的共同维持费,地税水暖自己交。

美国除去私宅、共同公寓,还有一种房产形式,名为合作公寓。合作公寓业主没有产权,只是拥有房屋公司的股权。所住单元,计算为合作公司的股权。每月交一笔维持费,地税水暖都包括其中,有的包括电费,有的不包括,但煤气费是自付的,这是极小的部分。合作公寓的价格比前两种便宜许多,但自由度低。买卖要经董事会批准。董事会公开调查买家,然后决定准不准交易。绝大多数合作公寓不准出租,极少的也准。

这是美国房产的三种形式,概莫能外。

妮蔻买的这套共同公寓,也有客房,只是一个房间而已,不同格林街,与主宅分开。的确是在同一屋檐下。

"为什么不合适?"

"我没有答案。"

克拉克想要的是辛普森"吃醋"。凯伦不给她。

"他是否提及你与妮蔻同住在一个屋檐下?"

"他们正在修好(复婚),我说我理解。我想我不应该是那个房子的成员。"

III 它不合手

至于，凯伦如何折冲，克拉克没有细问。坊间也有精彩描述。传说妮蔻盛怒，直接找辛普森交涉。届时，两人正在尝试复婚，几起几落。终于在妮蔻的盛怒下，凯伦搬入罗金汉。日后，妮蔻与凯伦的关系冰炭水火，视凯伦为路人，妮蔻甚至在与辛普森复婚意浓时，欲赶凯伦出罗金汉。但是，辛普森没有改变诺言，凯伦仍是不交房租的房客。

"你就收拾好行李，搬进了罗金汉？"

"是的。"

"在罗金汉，你住在何处？"

"那个游泳池边的客房。"

"现在，你是一个全心投入的演员？"

"是。"

"你认为在被告处，与他交好，有助于你的职业？"

"我没那么想，从来没提过任何类似的要求。"

"啊哈，"克拉克口气中露出不屑，"你是否认为住在他那里，有助于你的演员生涯？"

"我从来没想过，也没要求过。我只希望自力更生，你知道，如果他主动提供……我不认为我们是同一类角色。"

又是哄堂大笑。克拉克眉头一皱，怒色微露。

"在5月下旬，被告是否要求你搬走？"

"他要我搬走？没有。"

"他对你暗示了什么？有关他与妮蔻的关系。"

"他们之间的一切都结束了。"

"他告诉你，彻底分手为上？"

"是的。"

（八十四）凯伦传证终于转入案发当天

次日，传证终于转入案发当天的情节。

"你还记得 1994 年 6 月 12 日，你初见被告的情形吗？"

"我想差不多是下午 2 点或 2 点 30 分。"

"在何处？在那时是偶然见面？"

"在厨房就餐处。"

"你们之间有次谈话？"

"是的。"

"他是否提出那天晚一点儿，他有什么计划？"

"有个独舞表演，西德妮的。"

"他打算什么时候去？"

"下午 5 点。"

"他是否对你谈起，或提起妮蔻？"

"嗯——那是——他们不会在一起。"

"这是如何提起的？"

"在谈话中，我在读报纸，就那么提到了妮蔻。他们的关系变了。"

"在那天下午某一时刻，你出去了？"

"是的，我出去了。"

"什么时候？"

"3 点半或 4 点。"

"你什么时候回来的？"

"差不多 6 点钟。"

"你回来后，干了什么？"

"和 OJ 聊天。"

"你们的话题？"

"关于比赛，谁赢了。"这是凯伦自己的活动，他出去打篮球了，"还有独舞表演。"

"有关西德妮的独舞表演，他说了什么？"

"他说西德妮的表演棒极了。"

"在谈话中，他是否流露有关他、妮蔻和西德妮的话题？"

"OJ 想和西德妮待一会儿，妮蔻不给他时间相处。所以，他们两人吵起来了。"

"他告诉你，是否和西德妮相处了一会儿？"

"很短的时间。"

"他提及任何关于妮蔻在表演中的事吗？"

"关于她？她的着装。"

"他说了什么？"

"没谈她和谁在一起。说她们穿紧身衣，在想，成了祖母以后，仍会穿这些上街？"

"他做了什么评论，关于那天晚上她的着装？"

"那是紧身的穿着。"

"你们谈及那天晚上他有什么计划？要干什么？"

"谈到了，就是他将，他要准备飞往芝加哥。"

这个问法别提多费力气了，凯伦就是一点点在挤，想要的怎么也问不出来。

（八十五）克拉克暗度陈仓，辩方一串反对

克拉克把问题转向波拉，把波拉因素引入："关于波拉你们谈了什么？"

辩方在沉闷中惊觉，一串的反对。

"就我记忆而言，波拉想去（看西德妮表演）。我相信OJ并不想让她参加。"

"这就是说，他并不想让她陪着去看表演？"

"是的。"

6月12日早晨，波拉留下电话录音，就去了拉斯维加斯。在6月10日晚，波拉与辛普森联袂参与了一场慈善募捐会。波拉、辛普森共同主持一个摊子，以男女朋友的身份出场。据波拉回忆录记录，这个录音是一个决裂的留言。日后，民事案中，波拉也作如是说。

如果妮蔻确为辛普森所杀，波拉因素在此案中占什么地位？事情就是如此"巧"。波拉"断交"、辛普森"杀人"都在同一天，1994年6月12日。

但是，留言本身无存。从当天的通话记录看，辛普森有联络她的记录。毕竟波拉的回忆录和民事案证言是一面之词。辛普森这边却无只言片语，只是在自杀留言中说："波拉，你是那么的特殊……"云云。因此，凯伦的回答能提供一些注解。显然，凯伦知道的不少，但他宁可不说。克拉克能不恼怒？

"他告诉你关于波拉的感觉？"

又是一连串激烈的反对，辩方显然不愿将波拉卷入。伊藤仍然开了绿灯。

"他无法确定她是那一位。也许是，也许不是。"

"对不起。"克拉克觉得回答太含糊。

"就是那种，你知道，白头到老的意思。"

"好，他不能确定，她是他的那一位？"

仍是一串反对。

III 它不合手

"请你告诉我们，被告关于波拉的感觉，是如何对你说的？"

"不能确定，如果波拉是终身伴侣，就是没决定。"

在辛普森试图与妮蔻复合时，波拉始终是个重要因素。在格林街，辛普森那次大闹，就涉及了波拉。起因？辛普森与妮蔻约定，将波拉的照片自罗金汉清除。辛普森照做，却在格林街住处发现了妮蔻和某位前男友的合影，一场大吵，还招来了警察。

另一说相反。辛普森发现妮蔻处有与男子的合影。妮蔻随之撤下。日后，妮蔻发现波拉的照片仍在辛宅。也是大怒，也是一场大吵。两说也许并非一事，但波拉在妮蔻与辛普森之间，却无异议。

1993年，圣诞—新年季，妮蔻到罗金汉，准备与辛普森"阖家人"过个年，这也是复合努力的一部分。可是妮蔻看到有人送来一个大花篮，她认定是波拉所为，又是一场大吵。

克拉克的目的是证明波拉对辛普森可有可无。辛普森仍然耽溺在对妮蔻的爱中。

波拉因素，虽然不能不提，而且有目的之利用，会使案情复杂。就控罪而言，不算聪明。克拉克的原意是，辛普森杀妻，肇因得不到她，就消灭毁掉她，这是辛普森杀妻的唯一动机。但是引入波拉因素，只能徒增疑问，于事无补。事实上，辛普森与波拉的关系远非其他性伴侣可比，波拉从不在罗金汉过夜。辛普森为她专门在凡西·维尔舍大道买了一套公寓，也算是金屋藏娇。

而美国刑控并不需要证明动机。克拉克把这个案子搞得过于铺张，非玩个经典，大而全不可。这在后来屡屡招致恶评。

（八十六）案发当日辛普森的电话录音

接下来，是另一个女人。

"他是否有另一个电话谈话？与一个女人，在6月12日下午？"

"她是谁？"

"翠西·阿黛儿。"

"她是谁的朋友？"

"我的。"

翠西是模特兼演员，常常上杂志封面。辛普森偶然发现，凯伦居然认识她，就求他介绍。凯伦照办，给对方留了言，说辛普森想认识她。留言中留下辛普森的电话号码。翠西打回来，辛普森不在，留了言，请辛普森打回去。

"你和翠西通话了吗？"

"非常简短。"

"之后？"

"把电话还给OJ。"

"你听到他们谈了什么？"

"没有听到全部。首先，我有意不听。"

这个谈话与案情无关，凯伦又滑如泥鳅。克拉克把问题拉回辛普森看女儿表演回来后的谈话。

"你又和他谈了一会儿？"

"是的。"

"那是什么？"

"我问，我是否可以使用他的涡流按摩浴缸。"

这个浴缸，凯伦用完后，忘记关上。刚回到房间，辛普森敲门进来，问他是否已经用完那个浴缸。而后，告诉凯伦，他会替凯伦关上。凯伦颇有几分尴尬。

这段插曲，凯伦已在预审说过，克拉克并无兴趣。但是，她手上还有一个电话录音。大约在晚7点35分，辛普森给美式足球宝贝打电话的留言：

"嘿，克来春，甜心宝贝，这是OJ，他现在正处在生活中的某一点，就是完完全全与世隔绝。哈，哈哈哈哈。我猜我要搭红眼班机去芝加哥，我将于星期一晚上回来。"

这个录音意味什么，只能仁者见仁，智者见智。克拉克则选择忽略，选择与案情无关。因为它并不愤怒，也不沮丧。

此女在辛普森出狱后，荣任后审判时期的第一任女友。

另有一件事，也不在克拉克的雷达屏幕上。在辛普森与凯伦谈话中，辛普森请凯伦搞一个聚会，商定在星期二，邀请一对姐妹。凯伦应允，并有电话往还。

星期天晚上预谋去杀人，星期二又要搞聚会。辛普森这个杀人犯足够冷血了。

（八十七）屋后的巨响

克拉克终于把战场摆到了凯伦见到辛普森的最后时刻。辛普森再次造访了凯伦的客房。自称晚上去机场，要付搬运工小费。只因手头都是百元大钞，希望向凯伦借个二十元的票子。

"我给了他钱，他说要去买汉堡包。我说，我能一起去吗？"

"你自我邀请与他一起去？"

"是的。"

"他的反应如何？"

"当然。"

"他看起来有你同行很高兴？"

"你不会吗？"凯伦调侃一句，换来全场前仰后合。四两拨了千斤。

"谁开车？"

"OJ。"

"几点钟？"

"大约9点10分。"

"去麦当劳的途中，你和被告聊天了？"

"是的。"

"那是个什么性质的聊天？"

"关于搭机的事。"

"到麦当劳大约几点？"

"9点22分吧。"

而后的情节，在预审时已经证过。买汉堡包是凯伦付的钱。辛普森将找回的零钱，交还凯伦。这时，辛普森身上有一张向凯伦借的二十元票子。克拉克在回忆录里提出疑问，既然辛普森去买汉堡包，他自然可以将百元大钞破开，完全无必要去借。因此，辛普森实际是制造在家的假象，以骗取不在场证明。这个疑问，克拉克并没在传证时提出。不过她写在了回忆录中，她似乎有一件事并不明白。美国麦当劳不接受五十美元以上的钞票。因为他们怕是假钞。

"好，等你们回到罗金汉，接着发生了什么？"

"嗯，我下了车，拿着我的汉堡包。我向厨房走去。我觉得又是不请自来。"

所以一转,直接回了自己的房间。"

"接着发生了什么?"

"我开始吃,又打了一通电话。"

"你打给谁?"

"另一个朋友,瑞切尔。"

"那是什么时间?"

"10 点 10 分。"

"在通话时,发生了某种奇怪的事?"

"我听到几声怪响。"

"多少声?"

"三声。"克拉克追问,这三声听起来如何,凯伦用拳头在证人席上,敲了三下。砰砰砰,间隔均匀。

"这些响声来自何方?"

"来自墙后。"

"你听到这些响声后,你房间里有什么现象发生?"

"什么?墙上的画动了。"

"听到墙上的怪响,你的谈话有多长时间了?"

"约有半个小时。"

"听到怪响的大约时间?"

"10 点 40 分。"

"你记得以前做证是 10 点 40 分到 45 分?"

"记得。"

"此后,你又做了什么?"

"我仍在电话上……我问她:'我们刚有个地震?'"

洛杉矶地震不断，人们早已习以为常。线那边的朋友告诉他没有，引起凯伦的反应。他猜定是墙后有人。

"我仍然在电话上，我告诉她，我要去查一下。"

"查看后面什么？"

"后面那条小道。"

"进入那条小道，你感觉如何？"

"吓坏了。"

"你在小道上看到什么了？"

"我没看见任何东西，直到我接近车道。"

"你看到了什么？"

"看见了一辆豪华礼车。"

"此时，你行走的方向？"

"我正在退出小道。那个礼车仍在那里，我想也许应该让他进来。"凯伦就按电钮，开门把礼车放了进来。

礼车进来后，凯伦问司机，刚才是不是地震了？"他说，不不，就我所知，我坐在车里，一点儿感觉都没有。"

他继续描述："不知是我说的还是他说的。OJ睡过头了，但是我说了，他还要赶飞机。"

克拉克问起辛普森的行李。

"我知道在某一刻，高尔夫球袋在那里。我把袋子装到后备厢里。然后，我打算去查看巨响。"

"在你走向礼车时，有什么东西引起你的注意？"

"我看见一个书包模样的包。"

"这个书包在什么地方？"

"它在右侧后车灯下。在草地处,一半在草地上。"凯伦形容它像大学生的背包。

"你就这个包和辛普森说了什么?"

"我要去取过来。他要自己拿。"之后,凯伦没注意辛普森是否拿了。

"你可曾注意他的手?"克拉克问。

仍是我没注意。凯伦认为这个过程大约五分钟。装完车后,凯伦告诉辛普森他的住处后墙有异响,要他帮助找一个手电。辛普森与他进主宅,看到钟已近11点,说了一声会这么晚了,就转身出门,坐上礼车,匆匆离去。这些细节,众人耳熟能详。毕竟在预审时已经说过一次了。

"根据你以往的见闻,他的举止有什么异常之处?"

"那是我第一次见他急赶飞机,我无法比较。他确实急急忙忙,有点儿气喘吁吁地上车了。"

"你还记得曾告诉某人,他是紧张加气喘吁吁?"

"不,我从没有说过。"

这个某人就是格兰特。

(八十八)凯伦朋友的留言

按照控方案发时间的版本,凯伦在案发次日,被带入警察局。警察称为协助调查。但是,一入局,就来个下马威。先晒了两小时。两位探长将凯伦带入问讯室。说过一会儿,回来问话。凯伦坐在那里等待。因内急,开门去洗手间。才发现,门被反锁。千敲万敲,才敲来一个警员,带他去了洗手间。买饭也是如此程序。自早上7点起,直到中午,探长才来,问了个把小时。

同样的问题，不断重复。然后又出去个把小时，再回来重问，仍是同样的问题。就这样进进出出，凯伦竟被非法限制自由八个小时之多。

最后，凯伦要求打个电话，查查留言录音。方才知道，录音留言如潮涌至，比勾德曼的留言录音更惨。朋友们听到另一死者是男演员，立刻猜到是凯伦。他与妮蔻的关系乃是尽人皆知的。因此，他们断定凯伦已经踏上黄泉之路。留言是一片哀悼，凯伦听得毛骨悚然。

调查结束后，他去了格兰特家，住了一夜。次日，他不听劝阻，回到罗金汉。三天后，再返回格兰特家。两人之间自有交谈。

而后，在大陪审团，再后是克拉克和范纳特的询问。凯伦在克拉克那里备受煎熬。克拉克忽而冷脸，忽而友善，以唬带哄，凯伦自然心生反感。以后法庭上的不合作，也是因因有果。克拉克从不自省，坚认凯伦是为了保护自己的演艺事业。

最后，是预审。预审后，凯伦一日间发现，自己居然驰名全美，说全球也不为过。开始心情大好，走在路上，亦会有人截住求签名了。

等回到格兰特那里，方才得知，格兰特竟然把自己卖了。他们的非正式谈话，已被格兰特在电视节目上说了。而格兰特的女友也在侧，证明格兰特所说。两人合作竟得了数以万计的酬劳。格兰特还成了克拉克的座上客，专为传证凯伦做顾问。

凯伦怒不可遏，这个朋友不做了。若论出名，小小的格兰特早已不在话下。因此，对格兰特的说法，一概否认。

（八十九）夏皮若温言软语营造温馨气氛

克拉克的传证告结。夏皮若开始质证，他温言软语，把气氛营造得格外温馨。

"你初识妮蔻的时候，妮蔻是否已经与辛普森离婚了？"

"是的。"

"她在和别的男人们约会？"这包括格兰特。夏皮若用的是复数。

"那么他（辛普森）是否清楚，她与别的男人约会？"

"知道。"

"他曾经说过，他很在意？"

"没有。"

"他曾经显出愤怒和不快，就她与别的男人约会而言？"

"没有。"

"你曾经和辛普森讨论过你与妮蔻的关系？"

"没有。"

"这曾经让他介意过？"

"没有。"

"当妮蔻去见OJ，在罗金汉，你可曾在场？"

"在过。"

"你看到他们如何相处？"

"是的，还过得去。"

"你可见过他们之间有肢体接触？"典型的殴打暴力的法律表达，也许包括性交。

"他没打过她，没有身体接触。"

"你见过任何身体接触？"夏皮若把概念"接触"摊开。

"没有。"

"任何推，任何搡？"

"没有。"

夏皮若再问1994年两人的复婚努力。

"在2月和3月，OJ和妮蔻仍然约会，她是否试图与他复合？"

"不太肯定，她一会儿分，一会儿合。可能吧。"

"在那段某一时刻，OJ曾经说过不起作用（指复合努力）？"

"在某一时刻，确实如此。"

"你能给一个精确的时间吗？"

"上帝，精确时间？无法精确。大概是3月，说不出具体日子。"

"你和OJ是朋友关系，你和他日夕相处？"

"不是。"

"你天天和他交谈？"

"没有。"

"你因此知道他的来，他的去？"

"不知道。"

夏皮若旨在削弱不在场证明的作用。

"那么在2点30分（6月12日），他的举止？"

"看起来挺好。"

"刚才你说很好。"

"他是——"

"正常的OJ？"夏皮若迫不及待，替他说了。下桩钉钉，意在加深陪审团印象。

"刚打完高尔夫球,和你现在一样,我猜,我猜我们有一番谈话。"

"他看起来不愤怒?"

"不。"

"他看起来被激怒?"

"不。"

"他看起来萎靡不振?"

"不。"

"他看起来情绪低落沮丧?"

"不。"

"他看起来精神恍惚游离?"

"不。"

"看起来心不在焉,另有所思?"

"我记起,他提到计划中的出差。"

夏皮若把时间推到几小时后。

"你又在几小时后看到他?"

"是的。"

"大约什么时间?"

"晚上8点30分,他到我的屋子里。"

夏皮若再把同样的问题问一遍。愤怒否,沮丧否,若有所思否。凯伦一串的"不"。凯伦怎么看都是辩方的证人。克拉克能不气煞?

"你们的谈话涉及汉堡包?"

"是的。"

"你自我邀请一同前往?"

"是的,自我邀请。"

"他对此没有介意?"

"没有。"

"他说了宁肯自己去?"

"没有。"

到了晚上 11 点左右,夏皮若更简单了。

"你最后见辛普森是 11 点左右?你可曾于 11 点那一刻看到门前有血?"

"没有。"

"任何地方有血迹?"

"没有。"

"这直到次日早上,警察告诉你走路小心,把你的注意力引向血迹。这是否正确?"

"正确。"

这种看到与没看到的把戏,永远是美国法庭的话题。在证据力上,没看到永远不如看到。

夏皮若又问,看到辛普森手上有血?没有。看到手上有创可贴?没有……在有与没有之中,夏皮若完成了质证。

最后,夏皮若话中充满体贴:"你已经竭尽所能,去回忆当时发生了什么。但是,你无法绝对确定你做证的每一件事,你能吗?"

这是大实话,言外之意,克拉克把凯伦逼得太苦。凯伦不过是个旁观者,与此案无关。凯伦委屈得眼泪都要掉下来了:"每件事,我都是实言以告。就是按这个宗旨做证的。"这对克拉克已近乎控诉了。

夏皮若的质证在辩方内部颇得好评。夏皮若的简单常常切中要害,而他的绅士风,与克拉克的步步紧逼相比,自然讨好许多。

（九十）辛普森的包

克拉克的传证分三个部分：（1）凯伦目睹妮蔻与辛普森的关系。（2）辛普森的家暴。（3）6月12日当天案发的辛普森。前两部分几乎是铩羽而归，反让夏皮若占去上风。6月12日当天，一半一半。凯伦一直对辛普森的表现没有提供"异常"之证据。克拉克的收获只是一小时四十分钟的空窗期。墙上的巨响和辛普森的行李，都无答案，并不能证明什么，大可怀疑而已。

关于辛普森的包，卡达辛有发言权。6月13日，辛普森返回罗金汉，只带了两个包。一个LV包，当时在兰达手里，兰达转交给卡达辛。卡达辛试图随辛普森入内，被警察挡在院外。卡达辛只好将LV包带回自己家中。传证凯伦时，克拉克重点查问的包。在她的开控词中，已列为"从此再未见到"。

考克兰曾要求卡达辛问辛普森，当天晚上，为何不让凯伦提那个包。辛普森的说法：他把包放在本特利旁边，是为了将高尔夫球自本特利后厢装入包中。上车后，他将球都倒入高尔夫球袋，那个深色的空包，也随之放入高尔夫球袋。所谓深色，其实是蓝色。

他自芝加哥带回两个包，一个是LV包，在卡达辛手中。另外一个是呢料的野营旅行袋。他自己背着，带入院中。那个高尔夫球袋和空包，即"从此再未见到"的包，没有随机返回，是卡达辛和辛普森次日去机场取回的。

辛普森迁入卡达辛的住宅后，高尔夫球袋和那个蓝色的包早在那里，被辛普森放在房间的壁橱里。那是卡达辛女儿的房间。日后警察上门逮捕辛普森时，也搜过这个房间，并未将这两个包扣作为证物。此后，卡达辛和柯林斯专门检查了这两个包，看是否有匕首之类的物件。翻遍所有的袋子，所有角落，除去球杆、球、手套及零星物件，连血迹都没有。二人大大松了一口气。

卡达辛将此事告诉考克兰，考克兰请伊藤法官派特使去卡达辛的车库中取回，交给控方。特使仍是那个王姓法官。而这两个包，从此泥牛入海，再也无人提起。

（九十一）这是你的证词？

3月27日，克拉克再传证。这是程序，在辩方质证后，允许控方就有关问题补充传证，当然，辩方也有权再质证。再传证，再质证，甚至再次重复传质证，都随各方意思而定，再不再均可。传证、质证本身已经构成完整的法庭程序。任何做证，没有这个过程，就不具证据效力。因此，道听途说，他说她说，小报流言，在法庭上都是零。

克拉克在传证中所获有限，夏皮若倒是在质证中连下数城，心中不免急躁，不过这离她的作战计划不远。她本来计划在传证时，把能拿到的拿下。到再传证时，方行高压手段。她对凯伦始终有戒心，尽管这是她的"证人"。

克拉克一出来，直入要害："当他谈及表演，他是否不快？"

克拉克用的词是UPSET，这个词的范围较宽，有失望、沮丧、不快、生气的意思，近乎人们对事物负面反应的集大成，乃是被人们广泛使用的词，须根据语境判断。夏皮若在质证中问过凯伦，他使用这个词范围何在？凯伦将其定位为悲伤不满，属最低程度。

克拉克自然要在此切入。

"是有某种不快。"凯伦仍是这个意思。

"在某一刻，那不快是否在增加积聚？"这是逼着凯伦说生气愤怒。

"没有。"

"从来不曾？"

III 它不合手

"关于衣服?"凯伦反问,确定"不曾"所指。

"对!"

"是的,有,提及表演,他更为不快。不许他和西德妮说话,他不满更甚。"

"是那个意思吗?你想载入记录,凯伦先生。在提及西德妮时,他的不快更甚于谈及妮蔻(的衣服)?这是你的证词?"克拉克严厉求证,语带威胁。

"那——是的。"凯伦明显犹豫了。

克拉克提醒他,在预审时,他提及辛普森谈到西德妮时是轻松无怒的。

"现在,你正在做证,他谈到西德妮不快。"

"在那时,我是这样记忆的。"

"你不记得此事(指不快),可以回溯到1994年10月12日(预审)?"

"是的。"

"现在,你想起来了?"

"是的。"

克拉克又问一遍,凯伦仍然坚持。克拉克读了预审记录。凯伦提及辛普森对妮蔻的衣服很是不快。

"你记得那个证词?"

"是的。"

"你并没有说,他只是有点不快,对吗?"

"嗯——没有。"

"你现在正改变你的证词?"

"不,没有。"

"他到底是不快,还是没有,当他谈及妮蔻?"

"没有,不是真的不快。"

克拉克怒极,撕烂他的心都有。她转向伊藤:"尊敬的阁下,我请求法庭批准,将他宣布为敌意证人。"

于是,满堂皆惊。除去律师和法制记者,绝大多数公众,还是第一次听说这个词:敌意证人。可以说是有生以来。宣布为敌意证人,克拉克可以对他如辩方证人,质问他,提指引性问题,逼他说是与不是。其后果是随时让证人陷入自否自劾,落入伪证。

又是一轮煎熬。克拉克统统踢到铁板。凯伦咬紧牙关,死猪不怕开水烫。

(九十二)凯伦出书的交易

最后,夏皮若再质证,问了几个简单的问题。

"凯伦先生,有小报找过你?要买你的故事吗?"

"是的。"

"谁找过你?"

"所有的人(指坊间小报)。"

"他们开价多少?"

"接近百万。"

"你接受了开价?"

"没有。"

这一问,画蛇添足了。

此问一答,有人在电视边坐不住了。此人乃是知名罪案和传记作家。他和凯伦还有交易。为了帮凯伦出书,凯伦对他详谈了他对妮蔻和辛普森的观感,全部录音。在签合同的最后一刻,凯伦拒签。在律师陪同下,扬长而去。作家空有一张无效合同,还有十几卷录音。

III | 它不合手

作家走投无路,气急交加。见到以上一幕,就向自己亲近的法界朋友咨询。该朋友曾任联邦法官,现为执业律师。他一手操办,接通了克拉克和达顿。克拉克第一句话就是:"你有没有录音?""有"。作家尚难吃准,这是否是个正确的行动。"请你交出来。""不行,你们必须开传票扣押。"

这岂非敬酒不吃,吃罚酒?这些罪案作家写书,靠非官方渠道。保护消息来源是行规,一旦犯了,等于敲自己的饭碗,衣食父母们不仅有罪犯,也有执法内部的深喉。你能卖甲,就能卖乙卖丙卖丁。从此之后,乙丙丁将避你唯恐不及。

因此,涉及重大案子,常常有新闻记者被法庭逼迫交代内幕来源,也因此看到记者们宁肯坐牢,也要捍卫"新闻自由",究其实是捍卫自己的饭碗。

为来源保密是立身之本,更何况这位作家乃自由撰稿人?吃饭全凭手中的笔。

克拉克们一共下了三张传票,才将录音拿在手里。日后到了4月17日,达顿正式向法庭提出:将录音暂时封存,列为证据,等相关周边举证完成,再交辩方。

达顿说:"就我所知,在此刻,我不倾向视凯伦为犯罪嫌犯。"所谓周边证据,包括出版合同。此刻不视为嫌犯,那么搜证完成呢?如果视为嫌犯,又是犯了什么罪?这个罪,就是伪证,乃是夏皮若那一问,带出的麻烦。

控方可以根据录音再传凯伦,抓个伪证,报复他不合作,出一口恶气。

控方这一出,辩方不怕,相反乐观其成。夏皮若初入主此案时,已经向凯伦取过证,也同样录过音。一切是按法律程序走的。即使控辩双方的录音出入甚大,辩方也不在意。证人是克拉克的。凯伦毕竟提供了对控方有利的证词。没有他,更好。那个空窗期,那个巨响,那个包都归于零,如何不好?抓他伪证,他的相关证词全部作废。法律不允许说,他这里说谎了,他那里还是真实的。要么照单全收,要么一文不值,没有中间地带。

因此辩方一声不吭。最后,克拉克、达顿再未追究,让这个录音沉到海里去了。而另一个录音成了定海神针,让克拉克们大败亏输,那是后话。

下一个证人,凯伦的朋友,6月12日晚,煲电话粥的对象:瑞切尔·菲拉拉。她的证言很简单,证实当晚与凯伦通话时,凯伦问她可有地震,她说没有感觉。凯伦要出去查看,临走时,开玩笑:"我如果十分钟不回来,你就开始担心吧。"之后,凯伦并没有再打电话,瑞切尔也没担心。却真出了大事,大到要陪着凯伦上证人席,大到举世闻名。

至此,墙上异响一说,有了佐证,证明凯伦所言不虚。凯伦当堂示范,乃是间隔均匀的三声,砰、砰、砰。很难设想,一个人在慌乱中撞上某物,如空调,在失去重心时,会均匀地连续碰三次。辩方始终认为无法解释,除非是有人特意示警,或暗示。此刻,佛曼尚在几十英里以外,三声异响应与他无关。因此,辩方不打算深究,让他过去。

(九十三)克拉克传证礼车司机帕克

3月28日,克拉克传证礼车司机帕克前,有一个边厢。据公布的法庭记录看,控方找到一个证人,证明案发当天下午,辛普森用手机通话,语气极为愤怒。该证人乃高尔夫俱乐部的女职员。控方掌握的通话记录证明是辛普森打给妮蔻的。时间是2点18分。通话长约四分钟。克拉克说:"我们找到一个证人,观察到辛普森通话时愤怒地大喊大叫。"伊藤裁决,这个证人可以传。但是,终其全案,也未见克拉克再提起此事。

同日晨,CNN报道,洛杉矶郡为此案已用去三百二十一万美元,仅2月一个月，就用去七十四万。3月的耗费尚未统计出来。若以2月的耗费计，本案已花去四百万。

克拉克传证礼车司机帕克。帕克是白人小伙，英俊，未染世俗。一脸的诚实，克拉克对他赞赏有加，辩方也无恶感，称其为青年阿比·林肯。

贝雷得知，帕克的母亲是刑辩律师，就主动接近示好。他是阔律师，有游艇，有直升机。他驾机到罗金汉勘察地形，遂邀其母一同前往，两人同行见同行，两眼泪汪汪，交谈甚欢。贝雷自认是质证帕克的最佳人选。几次游说，道格拉斯不为所动。他与贝雷一向亲密，只为老板已经定下，要亲自下场。

也许是贝雷自我感觉不错。其实，帕克的母亲，这个刑辩同道似乎更接近克拉克。

辩方认为帕克母亲很好相处，建议请帕克走一次现场，模拟当晚的情景，意在"塑造"帕克的证词。帕克的母亲老到，一面借口需控方参与，一面告知克拉克，让此事胎死腹中。但是，从做证后看，走现场对帕克未必是坏事。

帕克母亲之所以更接近克拉克，缘于夏皮若入主首席之初，曾将帕克的谈话秘密录音。录音并无大错，错在应事先告知。好在交换证据时，夏皮若没有隐瞒，将录音如数奉上。因此，克拉克们小有怨言，却难翻起大浪。而帕克母亲这位同行，自然意存小心，保护自己的儿子。

（九十四）你在10点55分看见那个人？

帕克做证，克拉克十分仔细，与小伙子反复过了几遍。

"在6月12日，是否接到公司的指示，接人去机场？"

"是的，接到了，到罗金汉360号，接辛普森。"

"什么时间？"

"晚上10点35分。"

"你过去接过辛普森去机场？"

"没有。"通常接辛普森另有专人，这次是帕克代班。

"好，当你进入罗金汉路，是什么时间到辩护人的住宅的？"

"10点22分，10点23分。"

"那么，你在寻找地址，地址在马路沿边。你看见一辆车停在那里？"

"不，我没看见。"这是克拉克要的第一重大证词。她再问一遍。

"10点22分，你驾车经过，那辆白色野马车停在那里？"

"不，我没看见。"

帕克找到360号，见罗金汉大门关着，又前行右拐，上了阿什佛德街。

"什么时间，你停靠在阿什佛德街的？"

"10点25分。"

"你怎么知道？"

"我看表了，收音机上有时间。"

在阿什佛德街，可以看到辛宅侧面大部分院子。车道大部也在眼底。宅内人出入可以一目了然。

见院内无人，帕克南行折回罗金汉大门。仍是无人，帕克又驶回阿什佛德街。一去一回，再一去。帕克没见到任何野马车。

这是克拉克要的第一个重大证词。

帕克将车停在阿什佛德街，下车抽了一根烟。回到车中大约10点39分。帕克将车驶向车道，车道一端对着阿什佛德街大门，另一端对着罗金汉大门，呈L形。此时，帕克与院内车道一门之隔。门一开即可驶入。

"你驶向车道大约是什么时间？"

"10点40分。"此时,凯伦听到墙后的砰砰砰。

"你怎么知道?"

"我看表了。"

"那晚,你看了许多次时间?"

"很多。"

"为什么?"

"因为当你是电召豪华礼车司机,你必须遵守时间。所以,你看看是否准时,用多少时间到机场。就是那些事。"

帕克下车去按门铃,无人应答。他就致电老板,老板不在。帕克又给母亲打电话,查老板的手机号码。查到后,留言,请求回话。这些电话皆有记录,克拉克一一核实。

"在10点52分17秒,你和老板通上话了?"

"通上了。"

"你坐在车里,你说了什么?"

"我告诉他辛宅无人。"

"你老板告诉你什么?"

"他说辛普森常常会晚。等在那里,直到11点15分。如果仍然无人,就可以回家了。"

帕克告诉辛宅内无灯光。老板指示他看看车房附近有无电视光,辛普森常在那边看电视。帕克去了仍然没有,回来继续与老板通报。

"在你与老板通话的某一点,是什么东西吸引了你?"

"一个男性白人,从宅后小路出来,手中有个手电筒。他停了下来,在踏上车道前。"这就是凯伦了,"我告诉老板,家内有人。"

"请告诉我们,他在看着什么方向?在做什么?"

"他向着我这里,他就是看着我,站在车道上。"

"现在,在看到凯伦时,你还看到其他东西?"

"是的,我看到一个人过来。嗯,不是过来。但是我看到一个人到了主宅门口。就是车道的开端。"

"描述一下外形,那个人看起来像什么?"

辩方激烈反对。伊藤驳回。准克拉克问。

"六英尺,二百磅。全身深色衣服。"

"你能辨出是非洲裔,还是高加索裔?"

"黑人。"

"好,这个六英尺二百磅的非洲裔,穿着深色衣服。他走得快,还是慢?"

"不快不慢,看起来速度正好。"

"向着什么方向?"

"进房,我看正在进。"

看到此人10秒到30秒,帕克结束和老板的通话。电话讲了两分五十五秒。记录表明,10点55分12秒结束。

"这就是说,你在10点55分,看见六英尺二百磅的那个人?"

"是的。"这是克拉克要的第二个重大证词,10点55分前主宅没人。10点55分,才见到辛普森走进主宅。

"三十秒钟后,你做了什么?"

"我出了车,重新按门铃通话。这次有人回答了。他是辛普森先生。他告诉我,睡过头了,刚刚冲了一个澡,一分钟就出来。"

"当你看到那个六英尺二百磅的人进了门,你能分辨,他是自罗金汉车道,或是从车房后南端小路过来的?"

"我不能。"

III | 它不合手

这个"不能"无法让克拉克如愿得到自南端小路进入的证词。虽不如意,模糊一点也不坏。

根据警察报告,辛普森的血迹,自罗金汉门,沿车道至主宅门口。若与凯伦听到的巨响和佛曼发现的手套相联系推论,辛普森应是先越墙,撞到空调或后墙,遗下手套,然后再反身越出墙外,沿墙西行,再折向北行,自罗金汉大门入,沿车道进入主宅,这是控方的理论。根据血迹,只能这样解释。

辩方则反驳,凯伦房后的匹克隆金属栅栏齐人高,完全被灌木丛包围。灌木丛茂密非常,一个人跳进去,再跳出来,而无任何枝干折断,不可思议。而且,墙后手套处,也无血迹。总之,辛普森回家的路线成谜,如果他真是杀人归来。由此,辩方坚称,辛普森并未出门,血迹是他去野马车取手机时划伤留下。辩方从未正式建立这个模式,他们并不需要证明什么,证明的责任在控方。

"接着发生了什么?"

"回到车里坐了二三十秒,凯伦过来开了门。"

这是另一个疑点。帕克先看见凯伦在车道上,而且向帕克这边看。帕克又看到辛普森走进主宅。那么凯伦看到辛普森没有?凯伦做证从未提及,克拉克也没问。

"你和凯伦先生有一个谈话,涉及地震?"

"是的,他问我是否感到地震。"

"你还记得辛普森出来的衣着吗?"

"石磨蓝牛仔裤,白领衬衫,外罩黑色外套,只是不记得是穿着,还是手里拿着。"

"接下来是什么?"

"他拿来一个像古奇的包(实为LV)。那个包半叠着,看起来像西服袋。

他出来把那个包放下，放在另两个包的边上。我记得，我从那里把包提起来放入后厢。在记忆中，他走向别的车。

这里他使用了复数，意味着辛普森院内不止一辆车。

"好，我们再返回一分钟。请你告诉我们那个六英尺二百磅着深色衣服的人进入主宅，到辛普森出来，有多长时间？"

"应该五分钟到六分钟。"

"接下来发生了什么？"

"辛普森又进去几次，两到三次，进进出出。"

"你看到他拿出更多的包？"

"没有。"

"那个服装袋是他拿出来的唯一的包（LV）？"

"就我记忆，是的。"

"接下来？"

"这时另一个包在车道上。"指本特利边上的包。

"那是什么包？"

"这是另一个，看起来是小号呢面书包。"

"你能用手比一下，这个包的大小吗？"

"就我记忆而言，我在一段距离之外。它比另外两个要小。长约一英尺半，宽约半英尺。它不太大。"一个包的宽度只有半英尺，那实在是太小了。帕克表达虽不准确，并不妨碍让人知道，这是小号的包。

"你能分辨，它是什么颜色？"

"看起来是深色。"

"现在，那个包发生了什么？"

"是什么引起你注意那个包的？"

"当辛普森把那两个高尔夫包递给凯伦的时候,我注意到那边还有一个包。"

"现在,那个包发生了什么事?"

"嗯——在某一时刻,当凯伦问我有没有手电那一刻,辛普森出来了。"

"从哪里出来?"

"不记得,他出来,凯伦主动提出帮他拿那个包。他说:'不,不,我自己拿,我自己拿。'"

他佐证了凯伦的证词。有一深色小包,辛普森不让别人碰。这就是克拉克在开控词中提及的不知去向的深色小包。前面,辛普森向卡达辛解释过,不让凯伦拿,只为需要将本特利后厢的高尔夫球装入。上车后,放入了高尔夫球袋。

这是克拉克要的第三个重大证词,有个小号深色包,辛普森不许人碰。

"在去机场的路上,被告说了什么?"

"有几次,他重复感到热。两三次吧,他说哥们太热了。我告诉他可以打开空调。"

"他打开了?"

"我听到空调响了……他还把车窗摇下,好几次。他重复,匆忙穿衣,实在不值。或者有些话像:'我知道我忘了什么东西。'我说:'你若是出行,这些事经常发生的。'"

"自空调开后,他还说热?"

"没有。"

"你能形容那天的天气吗?"

"就我所记,那天是温和的,6月有雾多云天。"

"你能记得温度吗?"

"68度、70度上下吧。"（约合20摄氏度到21摄氏度）

"你正在出汗？"

"没有。"

"你觉得热？"

"没有。"

"好，大约什么时间到达机场？"

"11点35分吧。"

"当被告下了车，你可曾观察过他。有灯光在那，你能看到他？"

"他看起来很热。"

"是什么让你相信这一点？"

"他的额上有汗珠。"

这是克拉克要的第四个重大证词。当时天气不热，辛普森却喊热。到了机场，热到额头有汗。若以克拉克的凶杀时间计算，此刻距杀妻已经一个小时以上了。

（九十五）帕克没看见野马车

轮到考克兰质证。辛普森的第一张纸条，要求他质证睡觉一事："问他，我从未说过睡觉。"

考克兰无动于衷，他说了，就让他说吧，实在不必为这种细节劳神。人家若是一口咬定，反而加深陪审团印象。这个小伙子看起来诚实，一味挑战，得不偿失。

考克兰先问了帕克与辛普森分手的情景。是否见到辛普森手上有伤？帕克说没有。考克兰从右手问到左手。辛普森用右手与帕克握别,但左手才是关键。

辛普森的条子又递了过来:"问他,他说在车道上看到两辆车。没有两辆车,只有一辆车(本特利)。"阿纳丽的车是午夜后才回来的。这个问题很扎实,考克兰欣然接受。

日后,克拉克也承认,这是帕克犯的错误。不过实属轻微。她承认在准备传证时,看罗金汉的现场照片过多,种下恶根。辩方认为是次日看电视新闻留下的印象。那时阿纳丽的车在车道上。

"你在之前做证,你看见车道上停了两辆车?"

"是的。"

考克兰再问一遍,以示强调。帕克仍不改口。

"请形容一下这两辆车?"

"一辆本特利,另一辆是深色的。"

考克兰微微一笑,正中下怀,言多必失。

"那第二辆车,直到夜里1点以后才回来,这个说法是否让你记忆更清楚?"

"不。"帕克斩钉截铁,诚实得可爱。

轮到野马车。

"你当时注意力在门牌号码。你的注意力不在车上,尤其是停在路边的车。这样的说法是否正确?"

"是的。"

"你无法肯定地告诉陪审团,那辆野马车是否停在门外,你能吗?"

"不能。"诚实得更加可爱。

之后,考克兰将帕克在大陪审团的证词念了一遍。接着是警察调查记录。

帕克在三个记录中，均称载上辛普森去机场后，出罗金汉大门时，没有看到野马车停在门外。前面，帕克往返三次，都未见野马车。出门去机场是第四次，仍然未见野马车。

控方偏偏需要野马车此刻停在那里，因为辛普森从邦迪回来了。

"当你离开罗金汉大门，而且你准备开往机场，在那一刻，你不记得看见任何车停在街上，这不正确吗？"

"正确。"考克兰们都大舒了一口气。

考克兰还要板上钉钉。

"在整个你的做证中，你总是尽力提供准确的信息，正确吗？"

"是的。"

考克兰意犹未尽。问完眼睛，又问耳朵。

"那个特定的夜晚，自10点30分到11点，你能说那条街上是相当安静的？"

"相当安静。"

"你能听到街上的声响，自你所处位置，你能，还是不能？"

"是的，我可以。"

"好，当你在那时，你可曾偶然听到一辆车驶近，或驶近并在那边停车？"

克拉克反对，伊藤驳回。

"没有，我听到车经过。但我没听到一辆车驶近并停下，没有。"

仍是诚实得可爱。这次，克拉克们无法受用了。

而后的再传证和再质证，集中在帕克是否有机会观察辛普森的手，在有和无之间缠斗。这已是强弩之末了，对双方而言，皆是如此。

（九十六）思本斯的大姑娘风波

又是边厢，又是停顿。

思本斯站在法庭里百无聊赖，等着两造律师出来。烦闷兼好奇。

如今的媒体无冕王们，人分三等，食分五色。思本斯高居顶端，享帝王级之香火。他在法庭里有常设席位，经月不换。他还可以和律师们自由交谈。大姑娘似乎已经接受现状，视而不见，听而不闻。次一等的是三大媒体加CNN记者，还有若干洛杉矶报业的地头蛇。但是就那么几个座位，大家轮换。再次一等的就是闲王野妃们，在九楼媒体休息室里一边观战，一边交换据说传闻，倒腾流言蜚语。

不仅如此，思本斯眼看自己在庭外演播室里的戏份儿增加。他不仅为NBC服务，而且是CNN的座上宾。不时地还会走穴客串主持人。他几乎忘记了自己的律师身份。

夏皮若出来了，一步一趋，带着怒气，走到思本斯面前仍是握手，仍是寒暄，思本斯甚是狐疑，不知什么人动了这位老兄什么筋。

夏皮若将头向后一摆："你知道那个狗儿子几分钟前对伊藤说了什么？"

后面出来的是考克兰。

"什么？"思本斯隐隐觉得有些不祥。

"他建议法官把你轰出法庭，就因为你对大姑娘说的那些话。"

"真的？！"思本斯刹那间手足冰凉。

"绝对，当真！"夏皮若越过他继续勾肩搭背个人公关。

既是考克兰的意思，当然不能问他。

正好达顿也出来了。抿着嘴，眯着眼，乐不可支。思本斯上前截住："克里斯，我听说你们几位在里面讨论，专门提到我？"

"是啊，盖瑞。"达顿的嘴咧到耳根。

"我听说有人建议伊藤法官把我轰出法庭，就因为据说我对大姑娘说了什么？"

"一点不错！"

"是谁，哪一位说的，请法官驱逐我？"

"夏皮若！"

大姑娘的故事只是插曲闲章。真正震动思本斯的是另一个女人。一日他蓦然发现在贫嘴嘉宾中多了一个女人，臭名昭著的寡廉鲜耻的。

她的名字叫费耶。

吃惊之余，他问主持人："我们不能为了收视率，就如此厚颜无耻吧？"

主持人反问："我什么时候做节目仅仅是为了收视率？你不是也因此推销了你的自传吗？"

蛇打七寸，恰到好处。思本斯只剩了个瞠目结舌，百口莫辩。

终于，思本斯动起凡心，决定收摊了。几天后，在节目中，他正式向观众告别："评论辛普森案子，今天是最后一晚。"

把制片导演们晾在演播室里捶胸顿足，徒呼奈何。

（九十七）克拉克达顿相携度假旧金山

还是边厢，还是停顿。

九楼记者休息室里却是另一番景象。这里的记者都自封大牌，如今却委屈在这里，看着法庭里记者席那五个座位浩叹。其中之一，还被思本斯长期霸占。一个反派角色，一个兼听则明的托儿。

III 它不合手

百无聊赖间，大牌们玩起小道消息。其实这类奇门遁甲，早就在市面上满天飞了。那可是无聊下流小报的一亩三分地。不是甲的前妻就是乙的后夫，警检律庭陪审证人苦主嫌犯，凡是与案子有关的，亲亲戚戚边边角角都被掘地三尺。只要有点腥气腐味，就立刻嗡嗡嘤嘤鼠奔蝇突。这些名门正宗媒体还真插不上手。那点高尚善良方正的面子不能不要。

这个案子涉及的几位女性，像转炉烤箱里的火鸡，早就被小报们翻来覆去，烹得焦熟。妮蔻的情人，费耶的毒瘾，波拉的性事，还有七大姑八大姨的婚姻子女喜怒好恶。

今天轮到了克拉克。小报称其为三姓家嫂。

在达顿入围之初，请来的两位家暴专家就铁口直断：达顿和克拉克之间有那么一种紧张，两人迟早要上床。这些记者并不知道有此一说。但是，法庭上，二人眉来眼去，打情骂俏，却是在光天化日之下，难逃众人法眼。

尤其两人都是首席主控，名高望众。一黑一白，孤男寡女，现成的真味实料。媒体早就探明，克拉克还有另一桩案子。这次是她自己的。前夫克拉克借辛案审判，对仍冠其姓的前妻兴讼。以克拉克没有时间照顾，要求法庭把一对小儿女的抚养权判给他。媒体也确实查明，克拉克出庭那天，是达顿陪同。如此一来一去，怎么看都是恋人，而且又是一场黑白恋，也许是另一场异族婚姻。如此上好的题材，却不能下手，众人那个心痒难熬，可想而知。

今天，有消息传来，上周末，二人出现在旧金山某加油站。又有人信誓旦旦，分明看见两人一袭休闲装，在旧金山闹市出没。但是更多的消息却是二人进了酒吧，在万众欢呼下，尽享免费啤酒，吧友们排着队为他们买单。

这些说法在九楼汇集一室，为众人排遣乏味无聊。

本案结束后，两人的回忆录出版。克拉克只字未提，而达顿却披露了若干细节。他不仅承认确有旧金山一行，而且确实是休闲，为着疏解案子的压力。

他自称住旅馆时，二人各处一室，一梦到天明。达顿还自承常在克拉克家中过夜，听音乐跳舞。夜深了，达顿会在客厅沙发上将就。不过次日出门，就撞见小报记者，揉着倦眼，举着相机，对着他的车牌猛拍。

总之，他并不回避这段过从交往，用"暧昧"两字形容，不算过分。

甚至二十年后，2014 年，辛案二十周年，媒体又推出系列短片，回顾那滚烫疯狂的时光。

这次，克拉克开了金口，称两人是同一战壕里的战友。

（九十八）物证阶段，风波再起

克拉克最后两个证人一是机场服务小弟。他做证看见辛普森站在垃圾桶边，把袋子放在一旁。他看见辛普森也曾弯腰做过什么。他的证词无法证实，也不知道证明什么。其实，警察早将机场翻了个底朝天。那架去芝加哥的飞机也搜遍了。有用的东西，半件都没有。

另一证人是辛的邻居，在 9 点 30 分左右出去遛狗，路过罗金汉大门，也未见野马车停在那里。这就是考验陪审团的记忆力了。凯伦明明做证 9 点 22 分，他和辛普森到达麦当劳。9 点 30 分，没有看见车，意义何在？也许野马车在院子里，也许野马车在另外什么地方。而此刻，辛普森绝对不在邦迪，或者去邦迪的路上。他和凯伦去了麦当劳，驾着本特利。此时，野马在与不在，并无意义。这个证人有多大的分量，说明了什么，只有陪审员们自己知道。克拉克也是唤上来草草一问，辩方了了一质。完成的程序，大家散伙。

克拉克可以喘口气了。下面是传证罪证专家，进入物证阶段。克拉克退入中军，做起佘太君大帅。不过尚未坐稳，风波再起，不大不小，让考克兰们又添了几分彩头。

4月3日，辩方就新移交到手中的一卷录像带发起攻击。该录像摄于1994年6月14日，杀人案后的第三天，却迟至1995年3月28日，也就是几天前才出现。深藏不露，九个月有余。

克拉克解释：对此事一无所知。她也就是上周，才知道的。"我甚至不知道他们录了像。如果我知道，我会很高兴。这段录像会成为我举证的一部分。"

在考克兰眼里，克拉克一推六二五。这回不是帕佛里克，不是洛佩兹录音了。他怒气冲冲，站起来，要求法庭传唤克拉克，让她坐证人席。他考克兰，大律师要传。请佘太君佘大帅一五一十地答。请大检察官宣誓保证。这个奇想也惊住全场，史无前例也。但这是辛普森谋杀案，这里的人个个都想创造历史。

伊藤大法官自然不同意："没有必要，她本来就在法庭里，是法庭的官员，可以直接问话。"如此这般，宣誓保证，坐证人席就免了。

伊藤命令把问题集中："我想知道这个录像是怎么回事？它为什么消失，它又为什么出现？它是怎么现身的？谁知道它的存在？还有什么时候？"

于是，当事人探长戴尔博托·鲁波被传。

鲁波告诉法庭，这个录像与辛案无关，只是为了保护辛宅的财产完整，对搜证前后做个记录，免得日后被告提出民事诉讼，告警察动了财物。这个说法十分有趣，近乎掩耳盗铃。录完像，就不能动财物了吗？

6月14日，他自摄像师手中拿到录像带，然后放入抽屉，就全然忘记了。后来这卷录像带又被移入辛案卷宗柜，直到1995年2月才想起。他立即知会洛杉矶市的律师办公室。这个办公室，专门代表市政府各机构，说起来就是这么简单。

但是，考克兰岂肯依饶。"在我眼前，有一份辩方动议，要求法庭惩罚控方。包括罚款。"法官告诉众人，考克兰是要报前面的几箭之仇。毕竟，考克兰、道格拉斯、帕佛里克都被罚过款。伊藤话到此，却无任何结论。当日休庭。

次日，4月4日，伊藤下了裁决，顾左右而言他。他要求陪审团无视若干证据，一张机票、一个行李签。警察获得不合法，搜查机场没有申请搜查证。控方不该用来举证。

轻轻一打，算是有那么一回事。

对录像带没有裁决，只要求控方拉个单子。有关无关，检察院、警察局，还有其他相关机构，一律汇总，呈报法庭。

此事看起来告一段落。谁又能料到，就是这卷录像带，日后掀起风波，认真热闹了一阵。

（九十九）一个中国姓，一张华人脸

3月3日、3月4日，主角当然不是鲁波探长。这只是一段插曲，一宗伏笔。

这两天的真神是丹尼斯·冯，一个中国姓，一张华人脸。按中国的习惯，以后称他冯丹尼。传证他的是检察官汉克·勾德伯格。

进入罪证阶段，才算见了真章。这个阶段包括搜证、化验、分析、鉴别。就此案而言，具体指血液、毛发、鞋袜帽子等现场环境证据。除了汉克·勾德伯格，还有诺克·哈门、伍迪·克拉科。

冯丹尼的做证包括6月13日、6月14日和7月6日的三次现场搜证。

接手传证之初，克拉克警告过勾德伯格：冯丹尼是个极困难的证人。她在预审时，已经费过一番力气了。

勾德伯格在准备中，对SID，即洛杉矶警察局罪证室大口叹气。缺经费，工资明显低于同行。干才都离开，另谋他就。即使与之平行的法警局罪证室也比它待遇高，资金充足。

勾德伯格自己也有问题。虽然资历不浅，却并不曾传证过罪证专家。这不奇怪。以前刑控经历中，现场证据，不过三五件而已。因此，在控过的案子中，也没有什么辩护律师去找是什么搜证的麻烦。

辛案不一样，仅血证就有五十一款之多，款款致命，牵一发，动全身。

准备之初，勾德伯格寄望于两位同事，诺克·哈门和伍迪·克拉科。诺克来自阿拉梅达郡检察院。伍迪来自圣地亚哥检察院。二人专精 DNA，却对搜证一无所知。但是，他们警告勾德伯格，与他唱对台戏的沙克，十分厉害，也许用一个"十分"不够，必须说十分十分的厉害。在 DNA 律师中享有盛名，而且是世界范围的。

勾德伯格临时抱佛脚，向罪证专家借来专业书，从头读起。好在勾德伯格是读书的料，在检察院内向有能学善写之名声。虽不如克拉克那样善打街战野战，有丰富的随机发挥之能力，但是预则立是他的信仰。克拉克把这段交给他，算是人尽其才，没有看走眼。

除去读书，就是泡罪证室。反复论证，不断采访，把搜证的环节摸得透熟。一日，他问冯丹尼，是否知道 DNA，竟然将其问住。冯丹尼犹豫半天，自承不知。勾德伯格不信，启发他，你是学生化的，岂能不知？冯丹尼又彷徨片刻，试探了一句："难道是核糖核酸链？"

一点不错，他把学名说出来了。

仅此一事，可知在当时，刑侦司法界对 DNA 有多么陌生。辛案至今不过二十多年。可是在这十七八年间，应用科技发展之迅速，令人瞠目。DNA 技术之普及，有如电脑、互联网络、光纤通信、无线通话、搜索技术、卫星定位、数字传播、基因转换、异地数据库、云计算，等等，等等，都是在这二十多年间出来的。

不要忘记，在审判辛普森案时，连笔记本电脑都是稀罕物。

那时的互联网刚现雏形。大学有自己的区域网，只对本校学生。连接靠电话线，没人听说过宽带。而且入网必须通过门户网站，如 AOL 等。在辛案开审之初，已有人借助电视转播，记录下庭审，然后制盘卖钱。那时的盘，不是 CD，不是 DVD，不是 U 盘，更不是网络下载。那时用的盘早已被淘汰。

就手机而言，那时是富翁的奢侈品。人们通信靠电话，靠有线座机，连无线分离电话都没有。在辛案的回忆录中，拥有手机的，也就是辛普森、波拉、卡达辛三人。

同样，用 DNA 作刑侦，用 DNA 控罪辩诬，在当年司法界也是凤毛麟角。刑侦方面，李昌钰应是先驱人物。控罪辩诬上，沙克和纽费尔德则先声夺人。在介入辛案之前，两人已用 DNA 技术，从大牢里捞出无辜蒙冤者，达十人以上。

DNA 技术被司法界广泛应用，应归功辛普森双杀刑控案。正是此案，让人们大开眼界。DNA 技术开始享有与指纹同等的至尊地位。这是背景，也是后话。

（一百）传证很顺利，辩方很沉静

与克拉克、达顿相比，勾德伯格心思缜密，更具学者风，在陪审团面前更能讨好。他将可能遇到的陷阱打了一个单子，对这些地带做了防范。

勾德伯格先查冯丹尼的履历。冯丹尼持此工作十年，参与了 500 起杀人伤害案的搜证。老资格，惊人！

而后，请冯丹尼叙述搜证过程、手法、保护、存证及记录。一个证物，一番陈诉。重点在采集控制，意在向陪审团表明，搜证过程，合规合矩，无交叉污染。

勾德伯德要重点打理 115 号、116 号、117 号证据。这三份证据直到 7 月 6 日才被提取。冯丹尼和玛珠拉均称在 6 月 13 日没看到。而范纳特和佛曼则称在 13 日已经看到。这是控方的大难题。

此案发生后，冯丹尼由玛珠拉通知，应召去了罗金汉。最先见到范纳特，此时，兰已经去了邦迪现场，料理侦破。时间为早晨 7 点 10 分。

冯丹尼和玛珠拉应范纳特的要求，先在野马车取证，然后随佛曼去凯伦房后提取了手套。时间为 9 点 30 分。

嗣后，冯丹尼去了邦迪 875 号，时间为 10 点 45 分。兰带他走了一遍现场。届时，尸检所尚在移动处理妮蔻的尸体。兰向他们指点血迹、血脚印、手套、信封、眼镜、毛线帽。

最后，勾德伯格又把冯丹尼带回罗金汉。冯谈了门廊下的三滴血，还有楼上卧室里的袜子，大体按当时的取证先后顺序。

这一天内容丰富。说的人有一说一，听的人对现场证据第一次有了通盘的了解。勾德伯格把局面控制得很出色。辩方是一路沉默，鲜少反对。火药味不浓，却隐隐藏着杀机。

（一百零一）指纹

4 月 4 日，冯丹尼传证的次日，内容正是搜证的次日，案发的第三天，1994 年 6 月 14 日。

"14日早晨，你又因搜证去了其他什么地方？"勾德伯格开局一问。

"是的，那是洛警局的指纹库。"冯答。

"当你打开门时，看到了什么？"

"我看到了那辆白色的野马车。"

"你以前见过那辆车？"

"我前一天在罗金汉360号见过。"

"14日那天，你在车里取了血样？"

"是的。"

至此，冯丹尼的传证可以封盘。但是指纹库及野马车却留有几个陷阱，勾德伯格只能点到为止，不能做任何清障防御。

冯丹尼收集血样后，指纹科做了全车的指纹提取。司机一侧门把上，有一可辨认的指纹。肉眼观察是血指纹，更晚的比照显示居然是柯林斯的。

勾德伯格知会达顿。后者兴奋得挥着黑拳在空中飞舞："如果那是血指纹，我们将逮捕柯林斯，控他帮凶。"

但是，此事有两层意义：一是证明指纹提取比照太晚，已在达顿卷入之后。那时，经过了预审，刑控案已立。二是控方理论立即破产。凶手不是一人，而是两人或以上。普通指纹不能说明什么。柯林斯与辛普森亲如兄弟，乃是辛家的第一挚友，用他的车稀松平常。家属也证明柯林斯如一家人，常常使用野马车。如果是血指纹，还多出一个方向：辛普森不知情，此事发生在辛普森乘机去芝加哥之后。如果知情，柯林斯不仅动过手，而且是同谋。

如此这般，这个案子只能推倒重来。到底控谁，都是问题。真真不愧是：仓促立案，草率成控。

经与指纹专家讨论，得出结论。这份指纹"可能"并不在血斑范围之内。这个"可能"一出，柯林斯免罪，控方的唯一凶手说也得以保全。若没有这个"可能",控方还有更大的难题。柯林斯有不在场证明,而且很坚实。

另一个陷阱也令人头疼,拖车司机的报告。在拖车时,发现电池和充电器处在工作状态,这个记录非同小可。非用钥匙将车门或将前盖打开,才能使它们处在工作状态。这意味有人进过野马车。警察们自然矢口否认。

当晚在罗金汉,范纳特曾问凯伦和阿纳丽是否有野马车的钥匙。进辛宅后,也曾找过。找到与否,并无下文。

辩方通过秘密渠道,获得两份警官冈萨雷斯的报告。一份记录他当晚在罗金汉的所见所为。警察没有提供,检方也只字未提。如果报告为真,可以证明另有警员到过罗金汉。这样,范纳特的通报说救援说,就会破产。冈萨雷斯报告中提到,冈萨雷斯和埃斯滕警戒野马车。

另一份更为震撼:冈萨雷斯在到罗金汉之前,进入过邦迪花园,仔细观察了妮蔻的尸体。当时那条狗阿基塔尚在,他还逗了一会儿狗,观察了狗足的血迹。这又制造了一个可能,该警察进过野马车。野马车的血迹,也许来自该警察,即使是无意的。

除去兰等四人,另有人到过两个现场,也与野马车有某种接触。难道他们是野马车血痕的媒介?

辩方的困境与控方类似。佛曼栽赃说,也因之立即破产。为此,辩方也未追究过这两个报告。

至于那条狗,阿基塔,没有报告也没有任何提取,控方不交代,辩方不追索。所有方面都保持沉默,居然是如此的默契。

（一百零二）玛珠拉取现场血样明细

冯丹尼和玛珠拉共取血样五百一十二份，份数与血滴数并不相当，只因有些血滴取了多份。

大体而言：

6月13日在罗金汉现场，自野马车到主宅门的车道上共取六份。在门廊门内共取二份，在主卧浴室取一份，主卧地毯上取一双袜子，在后院取一只手套。

同日，在邦迪尸体周围取八份血样，五份在血脚印左侧。一套血脚印。一只手套在两尸之间。一顶毛线帽，一个信封，一个黑黄色眼镜。信封上有部分血脚印及溅血。

在野马车内取样十一份，分布在司机一侧的门把、方向盘、仪表盘及护板、地毯上。

6月15日，自尸检所获得妮蔻和勾德曼的对比血样。

7月3日，在邦迪后门取了三份。7月6日，再自野马车取证。

对这些证物分析，冯丹尼用去两星期，共做了1000多页笔记。

冯丹尼取样用一个方形布签。先浸湿，将水分抹在血迹上。在这个过程中，血迹就被采集。待完全干后，用纸包装，放入冰箱保存，待化验员检测。同时，做污染检测，即在血迹周围用水取样，结果阴性，则证明无污染。

沙克上场前已经接到忠告，不要给洛杉矶的律师当枪使。他们为了在当地继续执业，让外地律师去得罪警察，去做恶人。这些忠告来自纽约的亲友。说来也巧，沙克的任务本是贝雷的。同样是外来户，其实本地户夏皮若和考克兰都质证过警察。沙克不为所动，他心血澎湃，杀气盈胆，准备通杀四方。

勾德伯格结束传证后，在庭外遇到纽费尔德，就随机试探，问他和沙克质证冯丹尼和玛珠拉需用多长时间？纽费尔德答，一星期左右。勾德伯格提醒，夏皮若说需一个月。纽费尔德一脸轻蔑："他懂什么？"事后证明，用去八天。

这8天风诡云谲，让举世看得目瞪口呆。

（一百零三）东部来的矮个律师

在传证之初，勾德伯格多次问及玛珠拉的身份。冯丹尼回答是罪证专家。沙克从此入手，开始零刀碎剐。

"你被勾德伯格问道：'玛珠拉是个实习生？'你回答：'不，她是罪证专家。'你还记得？"

"是的。"

"现在，你在当年8月做证，你曾告诉我们，8月13日，玛珠拉仍在受训。"

"不记得当时具体的话了。"

"这是否真实，在邦迪，除去55号、56号，玛珠拉是采集所有血样的人？"

"这完全不对，不真实。"

"那么哪一份是你采集的？"

"我无法精确回忆，哪一份是我帮她的，但确实有一部分是我亲手采集的。"

等于间接承认，有一部分是玛珠拉独立完成的。这个案子是玛珠拉下场的第二个案子，叫一声专家实在勉强。

随之，沙克改称玛珠拉为子鸡，这可不太好听。通常人们将一年级生称为子鸡，尤其是体育竞赛中，意指新手。勾德伯格立刻反对，伊藤支持，禁止沙克使用"子鸡"一词,"有的子鸡当年就是 MVP(最有价值的球员)!"

沙克重问:"罗金汉野马车门把上的血是她采的?"

"在我的监督下。"

"邦迪那只手套也是她捡起来的?"

"是。"

"就是她捡起来,放入黄色牛皮纸袋中的?"沙克不胜其烦,着意说给陪审团听的。自从被称为子鸡,玛珠拉的身份低人一等了。

沙克又回到大陪审团,冯丹尼曾做证,门把上的血是他采集的。初试结果,红斑确实为血。这与他刚刚承认玛珠拉采集立成矛盾。

"你是否不愿承认,邦迪基本是玛珠拉采集的?"

"她采集了相当一部分。"

"那么罗金汉都是她采集的?"

"她采集了绝大部分。"

开场至此,冯丹尼一路败退。

沙克再追问冯丹尼接玛珠拉通知后的行程。5 点 30 分接到通知,7 点 10 分到达罗金汉,先在罗金汉取证。10 点 15 分到达邦迪。冯丹尼被迫承认他 7 点 10 分一到罗金汉,范纳特就告诉他,另有一个杀人现场,在邦迪。

"通常而言,一个罪证专家,不会绝对期望在尸检所人员之前到达犯罪现场?"

"是的。"

"期望先于尸检所人员到达,是为了有机会在尸体移动前检查现场?"

"是的。"

又是一条辫子。冯丹尼知道有个杀人第一现场后,仍然在罗金汉勾留了三个小时。

III 它不合手

罪证专家不仅应采集证物，也有责任记录现场证物尸体诸方的关系。一旦尸体移动，机会不再。冯丹尼在罗金汉勾留，自属责任有亏。

沙克续问野马车为何没有用黄带隔离。这本非冯丹尼的错，但沙克仍然问，无非传递信息说明，警察搜证粗糙，完全不负责任。沙克有照片为证。有妇女趴在车窗上看，手正好扶在门柄上。野马车前面还有咖啡痕迹，看来光顾者不少。

沙克对冯丹尼发难，既然是两个现场，为什么不派两组人员采证？这在东部是常规。避免搜证横跨两个现场。冯丹尼无奈，他也希望有两组，但范纳特说无必要。沙克再问，他又改口，一组人员搜证有利证据链完整。

总之，沙克砍了一刀，不在乎怎么圆说。

下一刀，后门的三滴血。冯丹尼不记得探长兰曾经提过。他和玛珠拉也没看到，沙克不深究，正中下怀。没提到，没看到。左右都是错。

床单是下一个目标，尽管已经被抨击过。兰用床单覆盖尸体，本意是防止媒体录像，与冯丹尼无关，但沙克仍不放过：

"当你到达邦迪时，就你所知，尸体被发现已在十小时开外了？"

"差不多是那样。"

"你看见一条床单覆盖着妮蔻·布朗·辛普森？"

"不记得到那里有那么快。到达时，尸检所已在处理尸体了。"

言外之意，有那么一回事，但未亲眼看到。

"它放在尸体附近？"

"是的。"

"就你调查所知，那条床单覆盖着妮蔻女士的身体？"

"是的。"

"那么，你又得知这条床单来自妮蔻·布朗·辛普森的公寓？"

"当时是的。"

"假设辛普森先生曾到过公寓,在那条床单上坐过或躺过,留下毛发,而那条床单被放入现场,以你专家的判断,它会是现场证物的第二来源?"沙克很费了一番口舌,来广开思路。

"这可能。"

这不够,仍有利用价值。

"那条床单被留在现场,不曾入证,做进一步检验?"

"确实如此。"

"这是一个错误,不是吗?"

"这可以说是一个。"

这回不是探长兰的错,却是冯丹尼本人的错了。这个床单,可谓物尽其用。

最后一刀,逼冯丹尼承认,应兰的要求,把罗金汉的手套带去邦迪做对比。把证物带到另一现场,也有交叉污染的危险。冯丹尼一面承认不妥,一面坚称,手套封在塑胶袋中,不曾拿出来。

其实沙克的用意难经推敲。辩方既然认为这只手套,本来就来自现场,是佛曼带到罗金汉的,带回邦迪,不过是去而复返,何来污染?沙克哪里在乎什么推敲。还是那个道理,物尽其用。

一天下来,法庭内外,大开眼界。没想到这位东部来的矮个律师,竟是如此言辞犀利,横扫千军。气势之别开生面,连辩方自己都难以置信。

（一百零四）当天的明星不止沙克

当天的明星不止沙克，还有一位，当晚坐上 KCAL 电视台的贵宾席，大谈辛普森案陪审团的内幕。

此人名叫简内特·哈里斯，陪审员号码 462，当日被伊藤法官宣布出局。哈里斯，三十八岁，非裔，职业电脑技术员。在她之前已有麦克·诺克斯、翠西·肯尼迪离开。两人也都是非裔。前者违规，后者不堪忍受隔离，自动求去。

至此，陪审团走了六位，还剩六位候补。补哈里斯的也是非裔女性，四十四岁。

审判不过两个月，候补去了一半，还剩六位。大批的证人还在后面，大批的证词有待聆听。

陪审团的生态没有重大改变，九女三男，八名非裔，三名白人，一名西语裔。

休庭时，考克兰和道格拉斯坐在伊藤面前，怨言盈庭，怒称是控方利用法警局和警察局，有意搅局。"检方利用法警和刑警的权力把我们好的陪审员清除。"

伊藤两眼一翻，不容分说："此事已定！"

早在遴选陪审员之初，琼·伊兰就给哈里斯打过高分，被辩方视为陪审团内支辩派五核心之一。保住她们，至少是悬判。

所谓悬判，就是十二个陪审员不能达成一致，即使是十一比一，也是无效（hungjury）。以后是否再控，由检方决定。相当多的悬判由此不了了之，一是成本太高，二是证据有欠。

消息确实来自控方。有人报告，哈里斯曾因家暴申请法庭保护令。1988

年,哈里斯与丈夫争孩子监护权时,向法庭称,她丈夫麦尔文推她搡她,还强迫性交。她在遴选陪审团答卷时将这个保护令隐瞒。她在电视上辩称是忽略,并非有意隐瞒。她的婚姻至今仍然存在,丈夫也仍然是麦尔文。这事在她眼里不过是小风波一场。

家庭暴力是本案的重头。哈里斯之隐瞒一经举发,伊藤当然不能留,想留也留不住。

在电视采访中,哈里斯口无遮拦,大诉隔离之苦,批评法警们善待白人陪审员,制造种族不公,这些内容既出人意表,又在意料之中。种族之间的分歧没有才怪。

对控方的评价,哈里斯说:"就目前举证而言,我认为他们在让轮子空转,并没有实质内容,一大堆废话。"

她还直言,家暴无法证明谋杀。佛曼栽赃?相信。陪审团私下交换看法,到此为止,她不认为辛普森有罪。

她的预测是悬判。

这个预测,考克兰们一则以喜,一则以忧。喜的是结局所料大致相当,忧的是悬判之前,变成流审。

所谓流审(mistrial),是审判未及终局,有如生育流产。法庭在审判过程中,有重大违规或利益冲突,将是流审的重要根据。而陪审团低于十二人,就可宣布流审。流审是法庭的权力,检方无权置喙,辩方则有权提出,法庭也可自行宣布。因低于十二人涉及被告受到公平审判的宪法权利,总之,检方只能在台下使劲,暗暗推动,如果认为审判于己不利,最佳方案就是驱逐陪审员,使之降到十二人以下。

这就是考克兰们之愤怒所在。

（一百零五）哈里斯飓风登陆法庭

4月6日，哈里斯飓风登陆法庭。伊藤宣布对哈里斯所言，正式调查。巧也不巧，三名陪审员告病，此日无审。

在陪审员缺席下，辩方提交动议。指控控方骚扰辩方专家证人，派员跟踪他们。他们到任何地方开学术会议，必有控方人物在场。考克兰们指名道姓，哈门，或者是受其委派，偷听干扰他们的通信。这些专家包括巴登和李昌钰。

指名哈门，事出有因。辩方有一个专家证人，是诺贝尔奖获得者。他将为辩方做证，在邦迪的取样，无法做正常的 DNA—PCR 的检测。这个重量级证人，正是 DNA—PCR 的发明者。

前几日，3月30日，辩方在庭审前，就此人的证人资格与控方辩论。辩方要求在做证时，禁提个人生活问题。该证人在禁药和女人上有懈可击。

在伊藤面前，哈门回答十分傲慢："在质证他的那天，我会很高兴问他，在做证前是否用过禁药，或者他已被带到戒毒中心戒了毒？这样，我就不必再问这个问题了。"

他扯得如此之远，法庭内外自然动了众怒。伊藤更是怒斥："哈门先生，我不想听那类事。"

伊藤当面训斥，让哈门颜面扫地。中间休庭后，纽费尔德如厕，正逢哈门便后欲出门。纽费尔德幸灾乐祸，嘲笑他："诺克，你一定很疼，就是你刚干完的那件事。"暗示他踩了自己的老二。

这是美式骂人之调侃：踩了自己的老二。类同中国的说法，挖坑埋自己，或搬起石头砸自己的脚。

哈门怒极，拉上拉链，夺门疾出。未及择路，一头撞在门上。纽费尔德和汤普森差点哈哈大笑。

当日休庭后，考克兰立即召开新闻发布会，指控控方作局，正在发起清除亲辩方的陪审员战役。陪审员处在调查中，旨在合法驱逐他们。"我们的老大哥之所为，远超出看顾我们，他们在我们的陪审员身后，合唱送客。"

老大哥就是汤姆大叔，就是政府。

考克兰把伊藤也包括其中，因为伊藤在得知哈里斯之事后，已宣布全面调查。考克兰最后将了法庭一军："我们拒绝流审。即使陪审团低于十二人，我们也接受他们的判决！"

嘎塞提隔空回应："控方只有真相，控案将符合道德，严守专业，诚实无欺。"

（一百零六）辩方私探跨州旅行

一日调查陪审团，一日法庭有事，等于连停三天。三天中，唯一正事：伊藤本人开出法庭传票，传前陪审员哈里斯做证，调查法警局违规之说。

一个星期前，辛案的辩方私探们，开始跨州旅行。此事列为高度机密。

取证对象一，安德丽雅·泰瑞。住在犹他州，曾与凯瑟琳·拜尔在一起，听过佛曼的种族主义宏论。她支持凯瑟琳，佛曼曾对她们说过，如果他看到非裔男子与白人妇女在一起，将会逮捕那个非裔。他还称所有的黑鬼都应捆在一起，放火焚灰。

取证对象二，娜塔莉·辛格。她与佛曼搭档的女友曾为室友。佛曼随搭档造访过她们。佛曼满嘴黑鬼，不断赞美希特勒。在警车后备厢中，长期保存一颗保龄球，准备让黑鬼享受。他还夸耀如何用枪顶住他们的头，吓得他们尿裤子。娜塔莉怒极，将佛曼轰了出去。

取证对象三，罗德里克·豪格。曾被佛曼逮捕，罪名贩毒。佛曼命令豪格和同伴脱光衣服，撅起屁股。佛曼嘲讽他们："你们这些黑鬼的腚眼看起来都一样。"此案判决，豪格无罪释放。

还有，这次取证的是法官，女性，在得克萨斯州高就。这位女法官，直接电告辩方：她曾访问洛杉矶，向佛曼问路。同时一辆敞篷车也在问路。车上一男一女，男黑女白。佛曼给了方向。在他们走后，佛曼对女法官抱怨："这些天谴的黑鬼。"女法官是在看电视转播时认出佛曼的。

（一百零七）沙克重开质证冯丹尼的战局

加上周末，五天过去。4月11日，沙克重开质证冯丹尼的战局。沙克的质证有两套计划。如果冯丹尼合作，同意批评探长们，他会高抬贵手，对事不对冯丹尼。如果他不合作，沙克将肆行攻击，绝不宽贷。

冯丹尼在辩方眼中是个关键。他承探长们于前，肩罪证室于后，处在攻击洛警局的枢纽地位。犹如锦州，攻下则敌方进退失据。

第一天就格局底定，B方案，强力打击，从专业到人品。尤曼在预审曾质证冯丹尼，对沙克的强悍大惑不解。冯丹尼并不邪恶，不应将他与探长们相提并论。

沙克道出因由："他为好多人掩盖。在录像里，我有证据，在证据记录里，我有证据。"

沙克给冯丹尼扣的帽子是"包庇掩盖"，而非阴谋陷害之同谋。沙克对他有区别。

第二天的质证，遇到勾德伯格的强力阻击，不断地反对。一个问题需重组七八遍，才能获伊藤的批准。法庭问话，皆有所指，都含暗示。你不反对，法官不干涉。大体如此。"反对"才能赋予法官批准否决的机会。有时反对能使某个问题胎死腹中。"反对"对辩方尤为重要，每个反对都构成未来上诉的条件。因此，法庭上的"反对"是技术的必需，并非主观上的不道德。这点外界很难理解。

沙克炮火猛烈，勾德伯格顽强阻击。真相在搏斗对抗中涅槃。

沙克照片在手。照片上一只赤手，无橡胶手套，拿着一个信封，上面血迹斑斑。冯丹尼否认是自己的手。是谁的手不重要，没戴手套方为大错。

沙克还有录像在手。

"那是你，从玛珠拉手中拿到眼镜信封，你赤手拿着信封，不是吗？"

"不，我知道我的指纹不在上面。"

沙克来回放了几遍，犹如猫在玩弄老鼠，然后定格，大叫起来："那里，那里，这个怎么样？冯先生，这能让你重拾记忆吗？你自玛珠拉手中，赤手接过信封？"

冯丹尼仍然否认："这可能是笔记本，可能是任何东西，但不是信封。"

在沙克的逼问下，冯丹尼承认，就他所知，那个信封内有老花镜，曾在邦迪现场被移动过两次。那只手套被移动过一次。都是为了移尸。此时，冯丹尼尚在罗金汉。而邦迪杀人现场的罪证关系已遭破坏。这也间接证明在移尸之前，警察对保护现场失职。真是拔出萝卜带出泥。

沙克的另一收获，自野马车在取证后六个星期，冯丹尼又在仪表盘护板上发现新的血迹。他没有上报主管。冯丹尼解释，他在6月14日只取证了一处，所以才有血迹留下。

麻烦渐多，也不好圆。没有上报怎么说？

冯丹尼承认，辛普森的卧室地毯上没有血迹。床边的一双袜子上却有血迹。

沙克质证取证与收尸的程序。冯丹尼承认搜证开始时，收尸尚未完毕。正常步骤应是：警方在收尸前，完整记录证物、环境与尸体之间的位置关系。包括死者的姿态，甚至表情。然后是收尸。最后是取证。

沙克再放录像，冯丹尼在取证时，收尸工作仍在进行，背景有尸检所人员："所以，你确实在尸检所人员离开以前，开始搜证。难道你以前的证词不作数？"

"那是就我最好的记忆而言。"这种前后不一何时能了？

这些看起来都是细节，不妨忽略。到了沙克手里，就是大棒。乱挥之下，被沙克聚沙成塔，证明警察办案没有规则，没有程序。犹如军队没有条例，没有战场指挥。人自为战，岂非一个"乱"字了得？

又是一段录像，这次手套在床单上。勾德伯格坚决反对：这是角度光线造成的假象，不足为证。伊藤不支持："让陪审员自己判断！"

录像获得通行，这次沙克问道："你知道这是手套？"

冯丹尼："我不知道。"

沙克不让："你知道，你被录像抓住了！"

又是一个高潮。

沙克把搜证向 DNA 方向引，勾德伯格坚持 DNA 不是冯丹尼的专业，不应回答 DNA 的问题。沙克念了一段刑侦教科书：未干的血迹不应放入塑胶袋，这种做法可使细菌繁衍，从而吃去 DNA，扭曲化验结果。

冯丹尼承认知道，他放入塑胶袋只是暂时保存。沙克不再问，留个劫材，备用。

"就单个血证而言，你没有记录他们的份数？"

"对的，每个血证份数不一。"冯丹尼承认他没有记录。

"所以，你绝对没有记录放入塑胶袋多少血样？"好一笔糊涂账。冯丹尼现在只有承认的份，不仅没有单个血证的份数，连总份数都没有记录。

临近下午休庭，辩方律师在等待，等待一个惊人的高潮。

"你在传证时说，不记得探长兰曾指挥你去取后门的血迹？"

"我不记得他特意指点过。"

沙克再重复两次。冯丹尼又改口说可能指点过，但坚持没有看到后门的血。

正中下怀，看到反而不好了。沙克在屏幕上投影出一张照片，是7月3日的。

"你看到上面标出的血迹了吗？"

"看到了。"

"这是7月3日的？"

"是的。"

"让我们看看6月13日的照片。"

人们屏住呼吸。一张照片在屏幕上。奇迹发生了。沙克一字一顿："它——在——哪——里？"

"在这张照片上，我看不到。"

（一百零八）哪里，哪里？它在哪里？

4月12日，媒体的头条个个是沙克。有的大标题甚至是，哪里，哪里？它在哪里？大幅的录像截图也来凑热闹：沙克侧着脸，抬着手，指着屏幕。说是嚣张，也不过分。媒体突然发现，有一个超人藏在辩护团中。远超夏皮若、贝雷、考克兰。媒体怀着发现新大陆的惊喜。烦琐的质证，竟然如此娱乐。沙克真真具有魔术大师的品质。

当然，冯丹尼还得继续留在证人席上。如同坐在丹炉里，听任太上老君煽风点火炼他的仙丹。

沙克昨天留下的劫材，今天要用。

"在邦迪，你们什么时候开始采证的？"

"差不多11点，11点30分。"

"那辆车里很热？"沙克指罪证室那辆收存证据的采证车。

"隔一段时间，我会过去看看，是否太热。"冯丹尼的话言不及义。他没有回答，热还是不热，热了又怎么办。

"直到晚6点30分，你并没有将这些未干的血样取出塑胶袋？"沙克不紧不慢。

"是的。"这是承认没有取出。

"好，让我们看看，那差不多有七个小时。"晚6点30分减上午11点或11点30分。七小时有余。

"是的。"

"在收证车里有一个冰箱？"沙克问得不怀好意。

"那是因为冰箱，它停了，几个小时后它不工作了。"再怎么解释都是此地无银。人们一听就知道，血证保存在常温或高温之下。沙克的目的很明白：塑胶袋，高温，还有七个小时。听伊藤的话，让陪审员自己去判断。

沙克继续炼丹，转向7月6日，冯丹尼重访野马车。

"冯先生，这是否真实，7月6日你并未在野马车门底部发现血痕？"

"不，我确实在门底部发现一处血痕，初验结果是阳性。"

"这是否真实，冯先生，你从未在7月6日，自野马车门底部提取任何东西，去做血迹初验？"

"我确实就门底那个变黑的血痕做了血迹初验。"具体位置在门框底部。沙克一问，冯丹尼一答。究竟是哪一份血证，沙克没有提。至少这份血证不在控方举证中。

"你提取了一些，是为了初验，证明是血？"

"是的。"

"这是否为真，你7月6日去访野马车，仅仅是为了做证，重温旧事？"

冯丹尼坚持只是为了证明是血。

"8月8日，你曾告诉某人，你去野马车那里，只是为做证重温旧事？"连日期都点出来了，只省略了何人何姓。

"我不记得说过。"冯丹尼的口气立时变软。

质证中，有时明明知道对方会否认，自己证明又有不便，就此例而言，明显是深喉卷入供料。沙克不便挑明，证人承认与否，沙克并不在意。意在暗示，布下疑云。

沙克又问，为什么，6月14日取证时，他没有看到这个血痕？以至要到7月6日再来检验是否为血。沙克怀疑无论是6月14日，还是7月6日，冯丹尼都没见到血。而佛曼在做证时声称在那部位见到血，时间是6月13日。

"你给陪审团做证，是否急于掩盖探长佛曼？"

"不。"

沙克要时时提醒陪审团，不能忘记佛曼。

（一百零九）冯丹尼的这一天

还有范纳特也不能忘记。范纳特做证，6月13日，在辛普森抽血之后，他将辛普森对比血样带到罗金汉。可是在罪证室记录上，却是6月14日存证，究竟是哪一天？具体到几点几分？

而冯丹尼做证，血样交接是在辛宅的门廊。拿到后，他还打开检查过。

"你能叙述一下，尽可能详细。你们的交接是如何发生的吗？"

"探长范纳特说，对我说，大致是那个意思，我有辛普森的样本血，请你登记存证。"

"好，你是怎么做的？你是如何把它带到罪证室的？"

"我可能是装在纸袋里。我不确定放进去了，也许它在存证盒里。"沙克就需要这样糊里糊涂，他又转到探长兰。

"当你14日见到探长兰，你意识到，他将鞋带回家了？"

鞋子能过夜，为什么血样不可能在范纳特手上过夜？

"我不知道他是否拿回家了。"

沙克立刻由此及彼，由鞋及血。

"就你们罪证室的习惯实践而言，任何一位探长将辛普森的血保存在手中过夜，是否不妥当，然后于14日转交给你？"

听起来有点绕。问的是妥当不妥当，其实直指辛普森的血脱离证据链达一夜之久。

"这要因他们如何保存而定。"回答很模糊，血究竟有没有在外过夜？这个回答是开放的。

沙克追问交接细节，冯丹尼回忆，地点在辛宅的门廊下。血样装在一个灰色的信封里。

"在我的记忆中,这种事从未发生过。"他指把血样交出,却未在罪证室登记存入。

这一天,冯丹尼惶惶终日,神难守舍,越答越乱。沙克却高歌猛进,延续他的质证传奇。临结束,沙克放了两段录像,控方称第一次见,需要时间研究,玩了一个缓兵之计。

(一百一十)笔记的第四页

次日,4月13日。沙克放了这两段录像。

第一段记录了冯丹尼与玛珠拉离开罗金汉。冯丹尼手中拿着一个黄色纸袋,还有一个黑色公文包。录像结尾有声音。冯丹尼对玛珠拉说,我们还要再回去看一次。

第二段录像里,冯丹尼出来,两手空空。

"在某一时刻,你离开门廊,回到你的采证车?"

"是的。"

"好,你正拿着灰色信封?"

"要么它放在存证盒里,要么在纸袋里。"

"这一定是三者之一,存证盒、黄纸袋,还有赤手拿着的灰信封。这个问题昨天问过吧?"

"是的,被问过。"

"当你看了这些录像,冯先生,你意识到说谎露馅了,不是吗?"

"没有。"

"好,你已经告诉这个陪审团,你拿着血样试管,要么在存证盒,要么在黄纸袋，或者拿在手中，对吗？"

"我是这么说的。"

"但是，当你看这段录像时，你意识到，当你把存证盒、黄纸袋放入采证车时，探长范纳特的车并不在那里，对吗？"

"那，我，"冯丹尼一时词穷，"那个时候，我并未注意，放在哪里。"沙克的意思很明白，血样不可能在存证盒或黄纸袋里，因为范纳特没到。

沙克的录像并非控方提供。就在辩方内部权争之刻，圣诞—新年季的那段。他和布莱希尔埋头搜索了手头所有的录像。绝大多数录自媒体报道。慢放定格，一帧一帧搜出来的。

自然，被沙克如此使用，警方也得抱憾，当初做好现场警戒，把媒体推得远远的。他们哪能拍到这些细节？

也是当然，如果辩方没有沙克这号人物，夏皮若、考克兰是决不会做的。

"现在，此刻，伊藤法官问你，在玛珠拉手中的那个塑胶袋里是什么。"

"是的。"

"你告诉他，装着辛普森先生的样本血？"沙克的口气，对冯丹尼的说法大大怀疑。

"我忘记了这个塑胶袋。"当然，他也忘记了对伊藤的答复。可怜的冯丹尼，真正是晕了。

对比血样的事还没完。

"现在，你可以读你手中的复印件，如果它对你有帮助。证物17号，一双网球鞋，锐跑牌，由冯丹尼自探长兰手中接收，正确吗？"

"是的。"

"在右上角，就是冯丹尼名字处，有一个日期：1994年6月14日。"

"正确。"

"下一条写着,证物 18 号,血样试管自范纳特。"

"正确。"

又被沙克抓住。按正常程序,真如冯丹尼所说,辛普森的血样应在锐跑鞋以前收到。

"在 6 月 13 日以后,可有人问过你,辛普森的血样为何排在 18,而你自己的报告里却排在 17?"

"被问到?是的。"

"然后写了备注后,你决定涂去?"

"是的,我确实把它涂掉了。"

"在核查犯罪现场证物表时,你又发现另有一个问题给你带来麻烦?"

"关于什么?"

"我在谈该表第四页。"

"它怎么了?"

"如果有某处注明,你是 5 点 15 分离开现场,而你写在信封上的时间是 5 点 20 分,时间上就会不一致。"沙克说 5 点 15 分只是假设,并非真有其事。他仍然对冯丹尼是否与范纳特见面,持疑问。

"如果注明时间,那会的。"冯丹尼的回答也变得难懂起来。会什么?不知所云。他可能意指,如果上面注明时间,可能会出现不一致。

"这就是你为什么毁掉第四页原件,冯先生?"

"那不真实。"

"那是因为第四页上有相互矛盾的时间?"沙克把第四页投影在屏幕上,"这一页没有订书钉的孔?"

"是的。"

"这是因为它不是第四页原件?"

Ⅲ | 它不合手

"对我而言,很明显,是的。"冯丹尼还能说什么?百口难辩。

沙克把手中的第四页取下,请陪审团传阅,然后堂而皇之收场。

沙克心思缜密,全场震惊。又被他抓住一个把柄,而且不小。不是原件,必有隐情。那么原件在何处,真的有不一致之处?

休庭后,勾德伯格将再传证。临近开庭,勾德伯格忽然若有所悟。既然呈堂是原件,而且,都经过复印,冯丹尼是否会有装订错误,误将复印件与原件混在一起?

"看看你的笔记夹,第四页是否放错了?"勾德伯格问道。

冯丹尼打开夹子一看。上天有眼,第四页的原件果然在。

一开场,勾德伯格神采飞扬:"休庭时,先生,你是否有机会查看文件夹,并发现了第四页?"

"是的。"冯丹尼这回脱口而出。

又是全场皆惊。不旋踵,就扳回一城。这次轮到勾德伯格得意了。他依样画葫芦,把第四页发下,让陪审团传阅。

沙克立刻危机控制。指控控方违规,未将原件提供。有意设局,造成误读。伊藤打个圆场:是个错误,并非恶意。将这一页翻过去了。

(一百一十一)勾德伯格和冯丹尼跳在空中

今天是星期五,勾德伯格用这个话题结束再传证:"你和玛珠拉卷入掩盖赤手交接证物?"

"没有。"

"好,现在在你脑中,如何精确记忆从范纳特手中拿到证物,对你是那么重要？"

"不，不重要。"冯丹尼顺着话轻描淡写。

这一对哪里想到，"精确"二字竟会变得那么亲近，那么触手可得。

当日，豪格曼在十八楼，看到沙克的录像。几经录转，雪花飞舞。他与媒体交涉，请他们交出13日在罗金汉录下的资料。这些录像让他们大吃其苦。也想看看，有什么可资利用的。

ABC送来了当天的录像。他们完整保留，也是为了保护自己。

4月16日，星期天。勾德伯格和冯丹尼坐在一起，边吃边看，专门挑范纳特进院那一段，仔细寻找。这部分只是素材，新闻报道并未使用。画面上有录制时间，明显不是播出版本。

5点17分，范纳特进罗金汉辛宅。身上侧背一个书包，像学生上学单肩挎的书包。在书包顶端有一个灰色物件。细看，居然是一个灰色信封，上有金属扣。范纳特向里走，又能看到信封上订有表格。装血样的信封，无疑！

冯丹尼跳起来，贴着屏幕看。5点19分，镜头拉回，录像中，冯丹尼一手执塑胶垃圾袋，一手持着灰色信封。5点42分，冯丹尼与玛珠拉离开罗金汉。这次玛珠拉手提那个塑胶垃圾袋。正是沙克放的那一段。

勾德伯格和冯丹尼跳在空中，庆祝辩方血样过夜理论破产。终于扳回一城，结结实实的。

（一百一十二）夏皮若的种族玩笑

4月17日，一开庭，最先站起的是夏皮若。他向法庭解释，前日，休庭时发生的事，没有恶意，纯属玩笑。他告诉伊藤，已在法庭外，向冯丹尼道歉，现在再次道歉。这个转播可是全球范围的,足够夏皮若歉意一回了。

事情缘起,上星期五,休庭时,夏皮若拿出一包幸运饼。这是美国中餐馆的噱头,行之有年矣。

"这都是含芳餐馆的。"含芳餐馆的英文名:Han Fung。夏皮若一边向记者们分发,一面开玩笑:"We are having fung now"。这是拿冯丹尼的中国姓开玩笑。这个 Fung 与冯姓谐音,又与开心 Fun 谐音。但是这个玩笑并不好笑,有双重意思。一是我们开心,二是我们逮住了冯。这种玩笑是大不敬,含有强烈的种族歧视色彩。

届时,媒体正在收线,没承想现捞了一条新闻。当晚,含芳餐馆幸运饼和"我们逮住了冯"成了话题。夏皮若也成了众矢之的。亚裔社区抗议汹汹。

夏皮若凭空惹下麻烦,这对被批评打种族牌的辩护团,倒是一个小小的消遣。也是前几日,辩护团客人席上坐着另一个中国人,和冯丹尼正好成对照,一个悻然坐在上面,另一个却风光十足坐在下面。下面的大马金刀,律师们不知道此为何人。

中午休庭,皮质的菜单在律师们手中传递。原来此君是唐人街的富翁,号称有百万之身家。于某慈善招募会上,花五千美元,标下与大律师们共进午餐之荣耀。大律师们步下大楼,两辆豪华礼车在洛杉矶的艳阳下锃光瓦亮。这位百万富翁站在那里,笑得脸上快找不到鼻子了。

这是夏皮若的杰作,大律师们赞不绝口。哪想到日后他会捅出这么个娄子。

（一百一十三）沙克拒绝伊藤的收兵令

同日，开庭后，勾德伯格放了那两段录像。范纳特那个血样信封有了下落。沙克眉头大皱。过夜理论破产，煮熟的鸭子飞了。好在血样在范纳特手中至少一个半小时。它本该待在罪证室，却到了现场，尚可聊以自慰。

伊藤看着这场质证，大动恻隐之心，从未见过如此摧残的场面。他把律师们召入边厢，明白要求沙克停止。沙克拒绝，杀心正盛，岂能罢休。法官可以缩短打断问话，却不能强制停止质证。案子在沙克手中，他说了算。

你如果以为沙克就此收场，那就错了。他口袋里还有戏法，他继续追逐每一个可利用的细节。沙克并非蛮搅，他确实还有货，而且刀刀见血。

沙克火力不减："现在，你是否有这个习惯，只要有助于控方的案子，你的记忆立刻就模糊了？"

"当然不是，"冯丹尼否认。

勾德伯格传证，曾让冯丹尼解释，为何辛普森卧室的那双袜子会在取证七个星期后才发现有血。沙克当然不能放过。

"在6月13日，你观察袜子的踝骨部位，你看到了血迹？"

"我没有仔细看，所以，我没看到血迹。"

"你是在意，还是不在意，这个袜子可能是杀人犯穿过的？"

"这有可能。"冯丹尼承认，但仍是答非所问。

"那你会不检查有无血迹？"

冯丹尼能说什么？还有警方的录像，将镜头在卧室内摇了一圈，镜头中并无袜子。沙克问冯丹尼是否知道？冯丹尼答已知道："我在录像中寻找过袜子，但是它们不在里边。"

这个录像，辩方有意留到自己的案子中使用。因此，没有播放呈堂。让这把剑悬在头顶上,足以抵消血样过夜论的破产。警察栽赃的文章刚起头。

沙克最后问道:"你看过前面证人的做证?"

"是的,我看过。"

"在你脑子里形成判断,对佛曼探长而言,是什么受到打击?"

"是他的整个诚实受到质疑。"

"你以前在预审做证,你曾于7月6日再查过野马车?"

"是的。"

"是克拉克女士告诉你,有一个探长做证,他在野马车的门框上看到血迹?"

"她告诉我,一个探长告诉她,自野马车外看血迹明显。"

"你没有在门框上取证?"

"正确。"只是去验证佛曼的说法,却不取证?这个证正是佛曼们越墙的根据。这个根据原来并不存在?

沙克最后一刀仍然砍向佛曼。佛曼是个纲,纲举目张。

(一百一十四)冯丹尼爬出证人席走向辩方律师

这几天,法庭上,冯丹尼被传证质证。你来我往。虽然刀光剑影,伊藤仍然忙里偷闲,每天用三五十分钟传哈里斯,听她做证陪审团的内幕。这可是法官的领地。

伊藤告诉众人,他将询问陪审员,幸存的十二名当值,六名候补,一个一个的。4月19日,将全天休庭。伊藤邀请双方律师出席参加调查,辛普森除外。

4月18日这天是传冯丹尼的第八天，正应了纽费尔德的八天说。不过这一天是草草收场，也有令人惊叹的一幕。

最后收官是勾德伯格，沙克没有再质证。勾德伯格问道，含着同情兼歉意：

"冯先生，你以前在任何案子做证，曾有过八天坐证人席的经历吗？"

"从来没有。"

"现在你为结束而高兴？"

"极其的！"

伊藤也随之宣布："此刻，冯先生，我将正式结束你的质证。"

待伊藤说完，冯丹尼爬出证人席。在众目睽睽之下，走向辩方律师席。辩方律师看着他，齐刷刷的。微笑着，紧张着，不好意思着。冯丹尼不是魔鬼，他是好人。不期然，冯丹尼伸出手："你们这些家伙干得很棒。祝你们好运。"

夏皮若不仅握手，而且拥抱。更惊人的，冯丹尼也与辛普森握了手。

全场为之感动，为他的诚恳大度。其时，陪审团也刚刚起身离座，准备退席。这一幕看在眼里，清清楚楚的。

同一天，另一个新闻是洛杉矶郡检察长宣布，将再传凯托·凯伦。只因专栏作家马克·埃里欧特在电视中说，他曾计划与凯伦合出一本书。为此，他录了17个小时的谈话。"如果你听了录音，又听了他的做证，你会听到完全不同的版本。"合作出书发生在12月与1月间。凯伦的律师代表凯伦说，凯伦从来没有签过任何出书合同，也无计划出版任何书。

检察长嘎塞提公开宣布要再传，足够把人吓得半死。但是，与众多宣布一样，终其结案，也未见成真。

（一百一十五）这一天，还有热闹的

这一天，还有热闹的。当日下午，香·查普曼接来一位客人，竟然是洛杉矶现职检察官露西安妮·蔻曼。

蔻曼是克拉克的闺中密友，在检察院中无人过之。她们婚礼联袂举行。新婚前，也是一起约会周游。而蔻曼与香也是旧识，两人相得甚欢。

蔻曼讲述了她与克拉克近期的故事。

克拉克刚拿到案子时，志满意得。蔻曼出于好意，问她有多少实料。克拉克告诉她在辛宅发现了手套，而且院内有血迹多处。蔻曼是检察官，自然不会轻信："对你而言，那实在不足信。"

克拉克闻言大怒："你，不知所云。"

蔻曼碰了个大钉子，她也实在是鲁莽了一些。克拉克正在兴头上，好言相告，不是时候。

三个星期后，《纽约客》的文章出来，透露夏皮若的策略，准备拿佛曼开刀问斩，罪名是因种族仇恨而栽赃。

蔻曼认为指控过分，绝不至如此。可是与她相熟的警察却有异议。透露了佛曼的劣行，不止一个警察如是说……

一个警察安迪·波迪评论说："此事八九不离十。我和他共事过，我的那口子是犹太裔，他就在我的衣柜里画纳粹卍字。他是种族主义者，我不会认为他是无辜的。"波迪还指称，佛曼在以前的案子里做过伪证。次日，另一警察马克斯·威尔告诉蔻曼，在一次野餐会上，佛曼曾夸口，见过妮蔻的隆胸。他赞不绝口。这位警察唯一不能的，是指出具体日期。

蔻曼仍是好意，当面转告。豪格曼也在场。克拉克又是大怒："我不想听见任何这类牛粪。我对别的DA（检察官）捞过界，想卷入我的案子，觉得恶心。滚出我的办公室!"

蔻曼含羞而去,又含愤向香披露此事。考克兰无疑又多了筹码。传蔻曼,传波迪,传马克斯·威尔。

(一百一十六)伊藤按下葫芦浮起瓢

4月19日、20日,伊藤全力对付掌中之乱。他邀请双方律师出席观礼,一对一了解陪审团的内部不谐。

在哈里斯放话后,已有一位非裔女陪审员抱怨过。她是453号,空姐。"我无法忍受下去,这些法警在过去三个月恶待我。我希望你们撤换他们,那可能让我舒服一些。"话未尽,已是泪汪汪了。

而后,若干陪审员指出三位法警,确系陪审团内种族紧张的源头。她们背靠背,又是如此集中。伊藤很难不信。

控方对这些指控也无异议。达顿直言:"不是大问题,好解决。"伊藤有几分犹豫:"总要问过法警再说。"考克兰火上浇油:"你总是说,最重要的是让陪审团心情舒畅。现在你又想照顾法警的感受,你不在乎牺牲陪审团的代价?"

伊藤手上的本钱已经不多,只剩下六名候补。而控方的案子顶多三分之二,辩方的也不会短。结审似乎遥遥无期。既然双方无争议,何乐不为?当下,伊藤向法警局发出命令,撤换三名法警。一小时之内,三位倒霉的法警已经随陪审团进了法庭,又照程序,由其他法警送出法庭。众目睽睽之下,好不难堪。三人满脸羞怒,气愤不平。

然后,将453号唤入,伊藤温言软语:"他们将立刻更换,深呼吸一下,跳下车，说：'嘿，好个酒店，就像跳下空服员通勤车，到了一个新酒店，新机场。你知道那是什么感觉。'"

453号非裔空姐连声道谢，口口声声要坚持到底。众人算是松了一口气。

伊藤哪知，这回是按下葫芦浮起瓢。换法警立刻成了唯恐天下不乱的局面。这不仅成了媒体快递的素材，洛郡法警局长也立刻召开新闻发布会，公开指责伊藤："我理解法官要保持现有的陪审团，但是这个决定是在法警们背后做出的。此乃冒犯！"

这让公众得知，原来洛杉矶郡五马并驾，警察、检察、法院、尸检、法警互不相属。

法警局长的抱怨挡不住伊藤的决定。庭审继续，勾德伯格传证玛珠拉。

勾德伯格简单明了。先为玛珠拉正身份。针对沙克称玛珠拉为实习生，未出试用期，因而蔑称子鸡。勾德伯格要证明她是罪证专家。

玛珠拉读过四年罪证专业，有大学本科文凭。毕业后，在肯郡检察院做过毒类罪证专家，一干18个月。玛珠拉修过多门化学、生化、化学分析课程，1994年1月转入洛警局，又在警校加修了采证和处理，才进入现场采证的职位。可以说玛珠拉经过充足的专业训练，并非什么子鸡菜鸟。

继而，勾德伯格请玛珠拉示范采证。玛珠拉做了几个动作，即告结束。勾德伯格问："就这么简单？"玛珠拉回答是的。

小小插曲，告诉陪审团，采证没那么复杂，没有沙克那么危言耸听。勾德伯格放了玛珠拉手提垃圾袋的录像。玛珠拉含糊其词，但明确排除血样不在袋中的可能。

最后，勾德伯格问了玛珠拉应召前后及与冯丹尼的互动。他获得确认，玛珠拉与探长们从无交集，也不认识，以此反击阴谋论。这个反击有点文不对题，辩方从来没指控采证专家参与构陷。他们指责冯、玛掩盖包庇，轻忽马虎，不负责任。

纽费尔德登场，离休庭不过一小时，只质证了一个小问题，算是大餐前的开胃小菜。玛珠拉承认，修改了若干采证记录，帮助冯丹尼圆谎，使得关键证据的采集看起来是熟手所为。纽费尔德不忘反击勾德伯格的正身份运动，仍提玛珠拉的试用地位。毕竟这只是她下场的第二个案子，经验无法论及。

玛珠拉的身份和经验，控辩双方各取所需。经勾德伯格一问，玛珠拉的资格确实好看了许多。

（一百一十七）陪审员造反了

4月21日，法庭人已聚满，控辩双方全员到庭，准备观礼纽费尔德的大屠杀。这个沙克的搭档，已因沙克的绝杀，获得另眼相看。纽约的律师，应该出手不凡。人们期待着，人们也恐惧着。

出乎人们的意料，陪审员席空无一人。法官满面阴沉，通知各位，他和陪审员之间有要事处理。

原来，陪审员造反了。

他们不满伊藤撤换三名法警的决定，留在酒店，拒绝登车，要求法官登门，听他们的抱怨。你不来，我不去。伊藤法官后门失火，径自宣布休庭两天。他要和陪审团折冲。

在美国，法官与陪审团关系奇特。法官看起来是监管，从遴选到审判，所有纪律指示都来自法官。法官有权更换驱逐陪审员，权力大到可以将整个陪审团的武功废去，宣布流审。但是到了定罪，是陪审团说了算。

这有点像拳击，台上有裁判，管维持比赛秩序。比赛胜负，台下三个说了算。除非台上某方被击倒，而且读秒后不起，台上的裁判才能宣布胜负。这称为 KO。罪犯在审判中，改口认罪，就如同 KO。

废去整个陪审团，就是流审。这不是光彩的事，也是法官执业记录。法官们并不情愿出现这种局面。

若说陪审团全员造反，也不准确。究其实是十三人造反，尚有五人保持沉默。这五人是指证三位法警的陪审员，自然是清一色的非裔。令辩方吃惊的，却是抗议人中有几名非裔，原以为黑皮肤是基本力量的推测大打折扣了。

法官自有尊严，也是法律赋予的权威。他不可能移樽就教。这关乎法庭，不是某个人。法官可以开除陪审团，陪审团不能倒行逆施。开除法官，理论上控辩双方都有要求之权利。陪审团公开叫板法官，也是美国司法史上的第一次。不过就辛普森案而言，再多几个第一次，都难令人惊讶。

伊藤坚持，陪审团先到庭，这是义务，也是命令。不经批准有意缺席，不仅可以开，而且可以关。

陪审团屈服，终于到庭，算是完成了当日的程序。开不开审是法官的职权。十二名当值和六名候补中，有十三人是清一色的黑色着装，表达他们的抗议，也让所有人看清，陪审团内确有隔阂，确有分歧。这个汉界楚河到了媒体的眼里，就是悬判了。不过评论员们出言谨慎，毕竟 DNA 结果，尚未呈堂，人人在等着克拉克的定海神针。

伊藤将陪审团召入边厢。仍是控辩双方列席，仍是背靠背。当天，约谈了七人。次日，继续约谈，三名法警也获得申辩机会。十三人要求伊藤重新考虑撤换法警。伊藤听了也就是听了，让他们发完怨气，仍是不改初衷。三名法警没有回到审判中来。

（一百一十八）布鲁克林口音

4月25日，伊藤法官的做派明显不同。这几天延误，招来无数批评。媒体对无端的休庭大表不悦，指责伊藤主持如蜗牛，停停顿顿。媒体也如上了药瘾，一天无新闻炒作，就难耐寂寞，熬不过去。

伊藤的火气也由之转盛。纽费尔德不幸，成了敲打对象。不知为何，伊藤对纽费尔德极度不满，而且妙在从不掩饰。

上次把纽费尔德发回纽约，了结他的旧案时，伊藤在大庭广众之下，直言不讳，不希望纽费尔德再回来。这份反感来自何方，无人知晓。

早上开庭，伊藤已经对考克兰发过火。命令他抱怨不得超过60秒钟。到了纽费尔德开始质证，他的话更难听了。

"你说话的语速和布鲁克林口音，令他们有很多困难……"他指法庭书记员记录问话十分困难。克拉克这边吃吃笑，辩方那边也大皱眉头。这真的是个问题。

所谓布鲁克林口音，说来复杂。人们提及，多少有几分轻视的意思。

布鲁克林是纽约的一个郡，官称王郡，原本独立，人口曾位居美国第四。后率先与曼哈顿岛和布朗克斯郡组成纽约市，而后，有皇后郡和斯泰登岛加入，才堆起了一个世界第一的大都市，形成目前五郡规模的纽约。可以说，没有布鲁克林，就难有纽约市。

布鲁克林最早的居民是荷兰人，而后英国人进入，打败了荷兰人。以后，大批欧洲移民迁移美洲。纽约市以优越的地理位置，成为首选口岸，而布鲁克林则是新移民们落脚的第一站。这里集中了舶来的贫穷和尖锐的文化冲突。

再后，定居此地的移民以意大利裔、爱尔兰裔和犹太裔居多。这三个族裔安土重迁。他们建立了自己的社区，逐渐扩大，保持自己的宗教，天主教和犹太教，保持自己的文化。与新教徒相比，在美国国土上，他们不算正统，而且从地缘上看，他们的国家在欧洲处于弱势。正因为画地为牢，他们的美式英语不那么纯正，乡音较重，在重音位置上也与正统美音有差异。

不仅如此，意大利裔和爱尔兰裔在入境之初，以劳工居多，被视为少教育的下等阶层。了解了这些背景，就知道提布鲁克林口音带有歧视的成分，虽算不上种族歧视，至少是民族歧视、文化歧视，兼阶级歧视。如果再说地域歧视，就类似上海滩阔佬富婆口中的江北人。

其实，正宗的美式英语，既不在东岸，也不在西岸，公认的是在中西部。中西部的美语才视为普通话，媒体播音以中西部为尚。

到了辛普森案时期，无论东岸还是西岸，口音区别已经不大，皆拜广播电视覆盖几代人所赐，能带布鲁克林口音的人，即使在布鲁克林区，也是凤毛麟角。因此，将纽费尔德挑出来讥刺，有泄愤之嫌。

好在纽费尔德有纽约人的韧劲。冒着法官的枪林弹雨，质证"玛珠拉"。纽费尔德先对玛珠拉和冯丹尼的角色分配发难，迫使玛珠拉承认，大部分采证由她完成，而且是单独执行。这自然为沙克长了威风，为冯丹尼的证词添了麻烦。

1993年8月23日，冯丹尼和玛珠拉曾坐下来，面对面核实，谁干了什么。"在那以后，你在记录旁边，加了更正？"

玛珠拉不能否认，墨迹犹在。而控方打出投影，却是未经修改版。两版差异，明明白白。这次，不仅是采证马虎，而且出证更甚。

这一锤子砸在了克拉克的头上，方才吃吃的快乐，一扫全无。

纽费尔德又完成了勾德伯格的未竟之业。勾德伯格曾问垃圾袋中辛普森血样一事。玛珠拉的回答，似有似无。纽费尔德这次下力向玛珠拉追索，玛珠拉到底是否知晓袋中有血样？玛珠拉开口，直到第二天，才知道袋中有辛普森的血样。至于袋中究竟有什么，她始终一无所知。因此，她才会将垃圾袋随手扔在前座上。

至于血样的交接，她未目睹，两人交接时，她正在辛宅沙发上休息。

"那好，在任何时候，你运送或处理了血样？"

"我无印象。"

"这仍然是你的立场，当你坐在证人席上？"

"当时并不知道（袋中有血样）。"

纽费尔德放了一段录像，让玛珠拉这只子鸡很不好看。录像中，玛珠拉把手压在地上跪着，然后用那只手擦采证用的镊子。站起来后，用戴手套的手去掸膝盖上的灰土，还将棉签掉在地上，再捡起。

纽费尔德逼玛珠拉承认，她用一个棉签，采了野马车三处血迹。她自辩，她的训练告诉她，不能这样，应该用不同的棉签取证。可是，这是冯丹尼的指示。用一个棉签，也要冯丹尼的指示？

这一天，纽费尔德收获甚丰，足以抵去伊藤的羞辱。

（一百一十九）纽费尔德的路线

后两日，26 日、27 日，纽费尔德在采证以外的题目上做文章。

"玛珠拉小姐，你可是捏造了这个说法，你闭上了眼睛？这样，冯先生可以做证，说他收到血样时，你没有看见？"

纽费尔德的路线：冯丹尼包庇掩盖探长们，玛珠拉包庇掩盖冯丹尼。伊藤干涉，不许回答。这是对纽费尔德的"优遇"。无须控方反对，直接介入制止。

"你不记得捡起手套和毛线帽，却能记住在沙发上闭了眼睛，而且是十小时之后？"

"是的。"玛珠拉回答很坚决。控方对玛珠拉很欣赏很满意。玛珠拉的风格，就事论事，不留空子。不似冯丹尼说话没勇气，附和辩方的期待。

纽费尔德的最大成功日后方能显现。他为后续部队留下了宝贵财产。玛珠拉承认，在预审做证时，她在血样样本上都套了纸套，并在上面简签。所谓简签，就是姓名缩写，两三个字母而已。多为名姓的第一个字母，以示责任归属。

纽费尔德反复提醒，那是她预审的证词，逼她不能改口。然后，要她指出，控方出证的纸套和硬币纸封，哪一份有玛珠拉的缩写简签？

逃无可逃，避无可避，玛珠拉只能承认全部失踪。

"你何时发现简签没有了？"纽费尔德又问。

玛珠拉说，她路过罪证室，看到血证陈列在一张桌子上的时候。

纽费尔德质疑，罪证室极大，中有一张巨型长条桌，上面放着许多不同案子的样本。玛珠拉如何能一眼看到？纽费尔德暗示这是便宜之说，后面应有隐情。

不管怎么说，纽费尔德已种下疑问："你是否明白，如果控方不能出示原有的封套，这对他们是个大灾难？"这个灾难至大至巨，血样样本被人动过手脚。

控方立刻反对，伊藤立刻批准，玛珠拉也缄口不言。但是，纽费尔德这句话已经传到陪审员耳中。

纽费尔德重新组织："你是否同意，没有合理的记录，没有妥当的备案，很容易让某些人舞弊，操弄证据？"

"是的。"

"所以你的简签失踪，是否让你脑中生出疑问，原有的证据被某些人操弄？"仍被伊藤挡下。

纽费尔德质证玛珠拉时，另一件事让勾德伯格揪心。控方举证照片中，有一张摄自辛宅浴室，一件衣服的颜色与司机帕克所述相仿：暗色深色。但是，玛珠拉没有扣下取证。勾德伯格问过，玛珠拉承认看到了。

勾德伯格问她："为什么没有扣押留证？"

玛珠拉理直气壮："没有人命令我这样做。"

勾德伯格无奈。玛珠拉在现场敬陪末座，是听喝的角色。探长或冯丹尼不指示，怪她理上有亏。克拉克对此事却恨恨不已，也许那就是作案的血服。

这是大疏忽，警方居然舍近求远，把机场翻了个遍。

如果纽费尔德对此质证，警察们也是百口莫辩。愚蠢是小事，大事是与控方理论直接冲突。控方颇费了一番力气，传证机场人员，力图营造辛普森在机场，有销赃毁证之嫌疑。

万幸！纽费尔德没有就此做文章，也许有投鼠忌器的意思在其中。

（一百二十）高科技DNA月

冯丹尼和玛珠拉做证，加上陪审团一闹，几乎用去整个4月。下一轮做证正好落在5月1日。以后整个5月不妨称为高科技DNA月。双方的战场终于摆在真凭实据上。

5月1日，勾德伯格传证格利高里·马特桑。马特桑是洛杉矶警察局罪证室的首席化学家，罪证室主管当家的。

在开锣之前，有人唱了一出辞官戏。伊藤用去九十分钟，与众律师谈非裔空姐453号，翠西·汉普顿安静了几日后，又提出请伊藤放人。她"再也无法忍受了"。原来撤换三位法警的调查,正是召见汉普顿之后发生的。就是猜也能猜出,是汉普顿告了恶状。挺法警的人们,对她不依不饶,冷嘲热讽,话里话外都跟她过不去。黑空姐本来就有去意,这下死灰复燃。

伊藤对双方说,她有足够的理由,因此决定放453号一马。辩方也未做任何努力,如此娇气,留她何益?随她去也。伊藤选中1427号,二十八岁的西裔女,地产估价员。

由是,当值陪审团的成分为七黑三白二西语裔,男女无变化。这个结构,在辩方眼中,悬判有余,脱罪不足。候补只剩下五人,倒是应该担心。

料理完陪审团,格利高里·马特桑登场。

马特桑是冯、玛的上司,四十岁,正在当打之年。马特桑基本是甩手掌柜。对辛案的罪证只分析了一例,还是常规血型,最最基本的,算是意思意思,纯是个没有也罢的人物。但是勾德伯格视他为清洁工、守门员,传他是为了洗刷冯、玛之冤,为罪证室正名。

马特桑有十三年的从业履历,曾是加州罪证专家协会的主席,算是本行的大佬,德高望重。

陪审员有幸,刚被冯丹尼和玛珠拉培训过如何取证,马特桑又带他们在图板上周游,对罪证室有个通盘了解。

罪证室的缩写为SID。所处地的楼名叫什么管道理工实体,很古怪的名字。该建筑硕大无比,楼顶是直升机机场,警用机在上面起落,很是威风。罪证室在楼中,无窗,有如直升机航母的底舱。除去通风,可说是与世隔绝,终年不见天日。罪证室由一串化验分析室组成,中间一个U形走廊。化验室对走廊一面是落地玻璃墙。在辛案之前,勾德伯格从来没有到过罪证室。这次有幸,冯丹尼和马特桑各带他走了一遭。罪证室对公众开放,只是无人知道而已。每个实验室门外都有按钮,一按下去,实验室内的声音立刻传至走廊,参观者可以身临其境。罪证室对外完全透明。

马特桑和勾德伯格一唱一和，按照验证之程序，把罪证的五脏六腑都翻了出来。

第一个所在是证据流程室。面积超大，如小型仓库。中间有两条长桌，墙上布满大片的风钩，用来挂涉案行头，衣裤鞋帽。隔壁是分板库房，所有生化罪证都在这里风干。风干后才会包装记存。包装记存后是放入储存室，都是橱柜式的装置，有门无锁。玛珠拉做证血样放干后，包装简签即在此处。

之后，证据送入控制室，该室空间巨大，宽30英尺，深140英尺。沿墙有冷藏柜，人可走入。一进去，满目灰色信封，就是录像中在范纳特书包中冒出头的那种。信封都夹在转轴上，寻找血样需上下翻转。这样的证据室在洛杉矶郡有三十多处。仅1992年，罪证室就取证了八百五十六个凶杀案。各种分板加在一起，竟有两万八千个之多。

证据如此之多，在证据流程室中，那两张长桌上，各种罪证同时整理处置。正因此，纽费尔德才会对玛珠拉一进去，就注意到血证简签失踪的说法大表怀疑。

勾德伯格传到此处，借马特桑之口，告诉陪审员，若在此处，寻找一个特定证据，有如麦垛里寻针，全无可能。勾德伯格并不知道，中国人有更气派的成语，叫作大海捞针。如果知道，他一定会用。

内部工作人员想找一个特定证据，要先查电脑。找到证据的电子扫描码，才能追踪到具体证据。非罪证室的人，即使溜进来，也是两眼一抹黑。找辛案证据难于上青天。探长们即使有心，也难得力。

最后是血清分析化验室，与控制室一样，沿墙都是走入式冰箱。辛案的所有证据都放在一个大箱子里。辛案的血样血衣（妮蔻和勾德曼的）全部都在，这个箱子并未密封。这点细节，勾德伯格只字不提，一提前面的麦垛寻针之说立即破产。好在辩方律师也曾造访过一次,对证物集中放在纸箱内未提任何异议。更加万幸,辩方似乎忘记了那个纸箱,对他传证的麦垛之说,也未质疑做什么文章。

罪证室介绍完毕,宗旨只有一个,告诉陪审员,在 SID 作弊,绝无可能。

勾德伯格又着意问了冯、玛二人 13 日采证后,离开流程室的时间。马特桑做证,两人晚 7 点离开,至次日早上 10 点雅马乌齐进来。罪证室入门皆用密码卡片,出入电脑有记录。此前电脑记录显示马特桑于早 6 点 30 分进入。那么流程室有任何地方能藏人吗?马特桑回答当然没有。

此日马特桑的做证对属下最大的辩护,乃是不管冯、玛二人犯了多大的错误,都无法改变血证的归属。听起来,警察倒成了被告。辩方把功夫做到这一步,也是蔚为可观的。

当晚,媒体大吹集合出操号,军列严整。他们大为满意,真货色出台。绞索开始收紧了。好个期待了得。几个月来,对克拉克们能表扬的地方实在不多。

(一百二十一)马特桑终于把 8 毫升凑齐了

5 月 2 日,马特桑告诉陪审团,罪证室做了几个血型分析。血证 49 号,血脚印左侧的血迹,与辛普森的血型相符。这种血型殊为少见,占人口的千分之五,也就是二百人中有一个。邦迪手套上的血型与勾德曼相符。百分之二十的人口有这种血型。妮蔻身下的血,则是 40% 的人口与之同类。

他解释,常规血型分析检测,意在排除,并非认定。那个 0.5% 的血型之作用,只是不能排除辛普森到过现场。DNA 鉴定,洛警局罪证室不能做,已将 45 份血样送到第三方实验室去做了。

马特桑另一辩护是妮蔻指甲下的血。考克兰在开辟词中宣称，这个血样与辛普森、妮蔻、勾德曼的血型都不符，可证明凶手另有其人。

马特桑的解释令人忍俊不禁。他的理论竟是辩方攻击冯、玛取证的翻版：指甲下的血迹已经衰减，以致到了给出错误结果的地步。

"那么究竟是谁的？"勾德伯格问道。

"极大的可能是她自己的。"这是控方证人的结论，出自加州罪证大佬，主席之口。极大的可能。昨天他刚刚说，冯、玛采证的错误不会改变血样的结果。

除去三个血型结果，马特桑不得不面对另一个血。

袜子一事，勾德伯格不能回避。在 6 月 29 日的证据报告中，正是马特桑本人亲笔写下结论，袜子上，无血迹。

在传证中，马特桑给出了大贡献，提出光线理论。沙克质证冯丹尼，反复问血在哪里，拿下大彩头。现在，马特桑给出控方版本。

马特桑这次澄清，他也注明，日后对那双袜子，应该仔细观察和鉴定。但是，为什么在两个星期后，仍未做任何仔细观察和鉴定。罪证室当家人，没有任何解释。

"既然袜子上有血，你应该看得见。"勾德伯格问。

"这取决于袜子的颜色和材料。如斜纹粗布类，如牛仔裤的材料，很难看出血迹。黑色的布料也难看出血迹。只有在实验室的强光灯下，才能看出。在法庭的光线，或在高质的照片中是看不见的。"这个说法精妙无比，将没看到血的所有说法一网打尽。这个解释，能否过陪审团那关，不得而知。

马特桑第三轮的辩诬，是辛普森样本血的去向。警察局护士帕拉蒂斯说他抽了 8 毫升血，但沙克根据记录计算，有 1.35 毫升不知去向（减去 0.1 的正常损耗）。为说明这 1.35 毫升血的去向，勾德伯格请出图板。马特桑则用备忘贴，一一道来。检测中，血会沾在橡胶手套、实验仪器，或者试管壁上。三减两扣，连推测带估计，等贴纸贴完，8 毫升的数量算是完整了。这个游戏有点不高明，辩方实在不明白，勾德伯格为何出此下策。

（一百二十二）辩方顺藤摸瓜不客气了

既然控方主动问及血样失踪一事，辩方也就顺藤摸瓜，不客气了。次日开庭，沙克、纽费尔德、布莱希尔、汤普森四位高科技 DNA 律师向法庭动议，要求传警察护士萨诺·帕拉蒂斯。他在大陪审团和预审两次做证，抽了 8 毫升血。马特桑的贴纸游戏又把控方置于两难境地。

沙克们提出 1.5 毫升失踪时，帕拉蒂斯曾向克拉克解释，他的数字只是估计，他相信实际应为 7 毫升到 6 毫升。马特桑如果不用备忘贴把 8 毫升凑足，控方完全可以用帕拉蒂斯的改口之说去回应，"估计有误"四字就能圆说。一个凑足了 8 毫升，一个改口实际应 7 毫升或 6 毫升，现在，控方自己给出了自相矛盾的版本。

5 月 2 日、3 日，布莱希尔质证。布莱希尔得到沙克的延揽，先斩后奏，考克兰们没异议。有料的人一张嘴就能辩出，布莱希尔与沙克一样，好奇且酷爱细节。这种鸡蛋里挑骨头的品行，往往是克拉克深恶痛绝的。可是对布莱希尔，她却恨不起来。学者风，儒雅。自从纽费尔德被伊藤发回纽约，了却旧案，他就一直与沙克搭档，远避纷争，在录像和卷宗里淘金。二人所获甚丰。在使用收获时，细水长流，人人有份，让每一个辩方律师看起来都那么出彩。

布莱希尔上来亮出真章,他手执一份加州警方采证验证指引。与沙克使用的教科书不同,这是纪律部队的条例,天条。他把玛珠拉的采证置之条例之下,一一对照,把马特桑逼得走投无路。

马特桑承认,冯、玛采证均违犯了指引。玛珠拉用一根棉签去采证三处血迹,显然不对。野马车中许多证物 13 日未采也是错误。玛珠拉将野马车的脚垫卷起,使不同区域的痕迹相互污染。

布莱希尔延续沙克、纽费尔德的路线,把警方向着交叉污染兼作弊的路上引。他成功迫使马特桑承认,根据辩方提供的科学根据,妮蔻指甲下的血样,的确与三人都不一致。

布莱希尔带来若干科学论文,指出由 AB 型血衰减成 B 型血的几种路径。这几种路径都不会导致马特桑估计的结果:妮蔻的 AB 型血,衰减为 B 型血。极大的可能,其实是绝对的不可能。

(一百二十三)8 毫升说后患无穷

对失踪的血,布莱希尔不能放过。他追问,马特桑的说法可有记录,他玩的那个游戏,可有所本。马特桑只能承认无任何记录。而沙克的计算来自罪证室的记录,再与帕拉蒂斯的证词对照,以子之记录,攻子之证词,不可能得出第二个结论。那 1.5 毫升的窟窿怎么也补不上。

勾德伯格和克拉克在回忆录中,都解释血样试管上没有刻度。这一说很难服人。

到了再传证,还是失踪的血。马特桑又做了一次模拟,找出 0.5 毫升的去向。这次,他不劳费心。摈弃 8 毫升之说,改以 7 毫升为准。控方显然知道 8

毫升说后患无穷，硬着头皮改了过来。至此，帕拉蒂斯的改口成了官方版本，举起估计有误的大旗。

这五天的传证质证，都是高科技之问答，让法庭上的人们倒尽胃口。尤其是辩方，人数大减。只有夏皮若、考克兰的屁股最铁，坐在前排，纹丝不动，其他人纷纷溜号。连辛普森本人也赖在铁笼里，不肯出来。这让道格拉斯大动肝火：你，一个被告，难道不在乎这些？对其连哄带吓。可见这五天是多么熬人。这份沉闷枯燥，甚至无聊，可真难为了陪审团的兄弟姐妹。他们必须从开庭坐到休庭。而且，还要扮出认真听证、面无厌色的样子。

这一星期，媒体沉寂许多。只有一个新闻让他们打起点精神。那个黑空姐在离开陪审团隔离处一天，又进了急诊隔离间。精神紧张，极度虚脱。

（一百二十四）我们正在踢你们的屁股

马特桑做证一完，勾德伯格大舒一口气，把资料装满小推车，打道回府。没承想，纽费尔德立在走道中，满脸不屑："谁出的主意，问那个傻问题，一定是别人的主意。"勾德伯格一愣，立刻心情大坏："傻主意，你在扯什么？"

"就是那个问题，你问马特桑，如果后门血没有 EDTA 显示，那就能证明，血不是栽赃的。"

纽费尔德没注意听审。现在勾德伯格告诉他："你没注意？布莱希尔恰好问了同样的问题。他问，如果后门血有 EDTA，可能证明血是栽赃的吗？我的问题是伊藤批准的，你居然有胆子问？"

伍迪·克拉科帮助勾德伯格把车推出去。纽费尔德不干不净，满嘴的挑衅。勾德伯格站住，转过身："皮特，我和各种律师都打过交道，各种品行的。

在我的工作中，只有你和白瑞（沙克）令人恨。沙克正好在旁边，无端卷入这场争执，一脸的无辜，一脸的不解。茫然不知所措："我怎么了？"

勾德伯格又把怒火烧向沙克："你抽风发火，就因为质证冯丹尼走火入魔，把案子搞糟。现在让格莱格（马特桑的简称）抽你们一顿。"

纽费尔德反击："那为什么诺克（哈门）说，整个4月都是我们的，你们只能等到5月？"

"我们正在踢你们的屁股。"勾德伯格一改文静的风度。他对传证马特桑自我感觉不错。真个是控者见赢，辩者见胜。

走进电梯，勾德伯格有些后悔。毕竟天性善良，是不是该去为冲动道个歉？克拉科一句："你敢！早就告诉你他们二位的德行了。"言外之意，不许。两人一路上了十八层。得胜回朝。

（一百二十五）控方终于把核武器请入法庭

5月8日，控方终于把核武器请入法庭。人们突然发现，这个核武器如此娇小，金发轻披，四十上下，一副金边眼镜，分明是一位精干学者。坐上证人席，平视四方，静若处子。眉宇间，不怒自威，毕竟是一室之尊，贵为塞尔马克诊断公司实验室主任。在马里兰州，德国城，乃是美国最大的DNA实验室，说一句享誉全美，恰如其分。

若彬·克腾是分子化学博士，今天带着天文数字来了。

克腾博士用去三天为陪审团办DNA速成班。三天的课程真是难为了陪审团，先发加替补，十七人中，只有三人大学毕业，而且无一是生化专业。

就因为本案没有目击人，因此A角就归了克腾女士。控方对她寄予厚望，真正是千呼万唤始出来，做足了扭扭捏捏的功夫。

一上来敲山震虎，先报履历，光彩煌煌。曾做证九十案，足迹遍布二十个州的法庭，名气地位数量足以比肩辩方的大牌证人。

第一天只是半天，大戏之前跳加官的是拖车司机。他证明在拖野马车时，门是锁着的。以此回应辩方之说，有人进过野马车。

传证的检察官是伍迪·克拉科，和勾德伯格得胜回朝的那一位。他也是稀有的 DNA 检察官，克拉克借自圣地亚哥郡。

以后两天在授课和争论中前进。所谓 DNA，学名脱氧核糖核酸，也被称为基因指纹，或基因蓝图。当时，提取 DNA 主要有两种方法，一是 RFLP，二是 PCR。两相比较，前者更可靠，但需要足够的 DNA。提取过程复杂，耗时甚长。PCR 对样本数量要求不高，一点点足够，提取成像也快。

塞尔马克只做了四例，就是受样本质量所限。多数样本不够资格进入 RFLP 程序。因此，只好留给 PCR。

几乎每一个人类细胞都含有 DNA。每个细胞内都有一条带子。这条带子由一对螺旋体组成，这些螺旋体由化学物质连接，有如梯子上的一级级踏板。

提取 DNA 分三个步骤，第一步是冯丹尼们的活。这一步骤在证人席上饱受敲打。

此案证据提取，主要三处，邦迪、罗金汉、野马车。帽子手套袜子的提取过程在罪证室完成。这些证据提取后，先放入储存室的橱柜里阴干，然后放入冰箱，延缓 DNA 的衰减消解。这个阶段从提取到贮存，被辩方大打出手，有目共睹。

第二步是分解，然后制作电泳图成像。分解方法是将血签放入试管，用化学剂将细胞发起来，使 DNA 分解游离出来。然后加入某种酶，也称为生物剪刀，切割 DNA，使之成片段状的 DNA 分子，并一段段依序排列。

再后，用电质分子推其在胶液中运动，越短走得越远。将之印在尼龙胶片上，加热或用化学剂令其按两条螺旋体附着，最后 X 光成像。这个过程极为复杂，只有生化专业才能讲清楚。

成像后就是对比，看是否吻合或相同。肉眼可辨，当时能对，不能则请电脑出山，这个过程多数是排除。一旦吻合匹配，第二步骤即告成功。

DNA 一旦吻合，并不能将人锁定。第三步是计算吻合的概率。若是十人中或百人中就能有一个，那是一点意义都没有。非得众里寻他千百度，那厮却在灯火阑珊处，才有 DNA 意义。

如何寻那厮？用数据库中的样本借助统计算出频率。只有频率极低，才能确定是"那厮"。

克腾讲起来游刃有余，又有许多图表。可是众位化学凡夫俗子仍是听得十分泄气。这门课本是一学期的教程，三天速成，苦不堪言。其实理解与否不那么重要，只需要神化它，使人敬畏。等把数字拿出来，膜拜它即是成功。

传播 DNA 宗教之余，双方争执如何传证所谓三人 DNA 混合的证据。控方主张克腾怎么说，就怎么传。辩方坚持，只有澄清三人 DNA 的精确度，才能传。争论中控方承认，方向盘上有一处显示辛普森的 DNA 与某人的 DNA 混合。而这个某人既不是妮蔻，也不是勾德曼。控方辩称这可能是用过此车的人，与本案无关，不会就此传证。而辩方也未在日后对此发难，毕竟是在野马车里。不要歼敌八千，自损一万。不提也罢。

速成培训结束前，克腾将 DNA 的成像胶片，投影在屏幕上，留个伏笔，卖个关子，且听下回分解。

（一百二十六）克腾女士的天文数字

5月10日、11日，克腾公布了手中的天文数字。

一是邦迪现场的52号证据。RFLP的结果与辛普森的DNA吻合，可能出现频率：一比一亿七千万。这只是针对白人和黑人人口。若加入西语裔人口，可达一比二亿一千万。

二是罗金汉门廊的12号证据，RFLP的结果与辛普森的吻合。该证的PCR的结果也与辛普森的吻合。前者出现频率为一比一亿七千万，后者为一比五千二百。

三是辛宅袜子13、13A号证据。RFLP的结果与妮蔻的DNA吻合，频率为一比六十八亿。PCR的结果也与妮蔻的吻合，一比两千五百。

四是邦迪现场78号证据。妮蔻、勾德曼DNA的混合，没有频率，也无任何证据意义。

其他证据质弱量薄，只能做PCR。简述如下：

邦迪现场五滴血链，与辛普森的吻合，频率为一比五千二百。

血足印，与妮蔻的吻合，频率为一比四十八。

妮蔻指甲下的血，与妮蔻吻合，频率为一比两千五百。这个证据，辩方始终在挑战。

野马车方向盘的血，辛普森与妮蔻的混合，没有频率，不知所据为何。

罗金汉车道，与辛普森的吻合，频率为一比四百一十。

综观这些证据，在辛宅发现辛普森的血，不足为奇。手上有伤本是事实，只是解释不同。控方说是杀人所致，辩方则称偶然自伤。

邦迪的五滴血，虽与辛普森的吻合，但是一比五千二百的频率，在洛杉矶这个千万人口的大都市，总也有几千人。

邦迪的血足印是妮蔻的血，不用 DNA，也无人怀疑。因此那个一比四十八，只能当笑话看。

妮蔻指甲下的血被指与妮蔻自己的吻合，辩方是绝对要斗的。血型为 B，与妮蔻的 AB 型不符。马特桑解释是衰减所致。布莱希尔则搬出科学论文证明不可能。不管如何解释，是个大疑问。可说是公婆各有各的理。频率一比两千五百，也算不上什么铁证。

野马车方向盘上的血，克腾定为辛普森与妮蔻的混合，没有给出频率。人们甚至不知道，如何计算这种混合的频率。充其量一碗粥而已。

另外，78 号证据定为妮蔻与勾德曼的混合。对此不必细究，不是才算奇怪。

总之罗金汉出现辛普森的血，邦迪出现妮蔻的血，都无发掘之价值。只有邦迪现场的辛普森之血，罗金汉现场的妮蔻、勾德曼的血才是本案的真神。

因此，只有邦迪现场的 52 号证据，辛普森卧室袜子 13、13A 号证据才是真正的核子弹。两者都是经过 RFLP 的 DNA 检测，亿级证据也。

媒体也是类似的解读，集中大炒上述三个证据，其他证据都是一带而过，泛泛而谈。

媒体对伊藤、克拉克的进度仍有批评，说来也是人之常情。晚上克拉科回到家中，打开电视，看雷诺的脱口秀，舒缓心中的沉闷。没想到，雷诺把他的传证当笑料，与嘉宾唱起 *Staying Alive*。克拉科的理解是别打瞌睡。这个 DNA 太烦人了。

在传证克腾的方略上克拉科与克拉克有分歧，而且不小。克拉科尚简，与夏皮若近似。他的简洁在加州的法庭里，颇有口碑。法官们都喜欢他。因此，也常善待他。

克拉克不同意，非要他上 DNA 科普讲座。不惮细节，死而后已。可是陪审员个个眼中空空，茫然无趣，看得克拉科暗暗叫苦。

在克腾将 DNA 结果一一道出后，才见陪审员埋头记笔记。手肩眉眼的表情，一紧一张，十分生动。控方终于看到了核子弹的冲击波。勾德伯格甚至看到了失望的表情，只有最后这一段，才将人们惊醒，振聋发聩，使传证活了过来。只有这一段，让控方重拾信心，眼看着陪审员活过来了。也许是起死回生，钟摆正在摆向己方。

（一百二十七）沙克们坚信 DNA 证据能够挑战

进入团队之初，沙克和纽费尔德极力主张，不能挑战 DNA。他们涉案更深后，态度全然改变。坚信控方的 DNA 证据不仅应该挑战，而且能够挑战。这个结论获得布莱希尔等人的支持。考克兰这类 DNA 盲们，闻之当然是喜出望外。

纽费尔德的质证也是三天，内容算得上丰富，比克腾的 DNA 科普提神许多。纽费尔德提了几个问题，表明辩方不拟挑战辛宅辛血的方针。相反老生常谈，提醒陪审团，邦迪现场辛普森的血来路不真。

然后，直击命脉，对着塞尔马克的血样数据库开刀。在塞尔马克的对比数据库中只有 240 个黑人 DNA 样本。仅来自底特律，取自红十字会的献血人。这个数字一说出，全场明显骚动。240，让人吃惊。陪审员又是奋笔疾书。

纽费尔德挑战克腾：你那个一亿七千万的数字是怎么得出来的？克腾解释了一堆计算公式。先就一段独立的 DNA 基因码，算出它的出现频率，然后再彼此相乘，最后的结果就是这个 DNA 在人类中出现的频率，更严格地表达：可能概率。

纽费尔德又质证妮蔻指甲下的 DNA。克腾重复先前的结论：是她自己的。

纽费尔德用马特桑的检测结果：B 型血，攻击克腾的 DNA 概率。

"你是否同意，这些证据的解读具极大的争议？"克腾未及回答，又是伊藤，直接禁止，反让纽费尔德白白偷了一回腥。提醒陪审团，却没有任何反驳。

（一百二十八）把支票本拿出来，立刻

第三天，纽费尔德倒霉，又被伊藤摆了一道，这回算是吐了血。不过，伍迪·克拉科也被拉起陪绑。

纽费尔德对克腾发起新一轮的讨伐。他先给克腾女士念了一串名字，问她是否认识。然后推出一个展板，上面是这批人的名单。很明显是一封信的结尾，信的内容阙如。

伊藤截住他："记入记录，这是给《科学》杂志的一封信？"

纽费尔德："不是。"

"那是什么？"

纽费尔德未及张口，克拉科抢入："我们能到后面吗？尊敬的法官，请了。"

伊藤没那个耐性："不，那是什么，仅仅告诉我那是什么？"

纽费尔德转向克拉科，只因他站在展板与伊藤之间，挡住法官的视线："我能展示我的展板吗？"

"让我先看一眼。尊敬的法官，这明显是一封信。"克拉科忘记了这是法庭。此举犯了大忌。通常在反对时，不能争论，只是简单反对。待法官批准或驳回，方可继续。眼下伊藤正与纽费尔德交涉。他克拉科不仅插进来，而且替他回答，岂非是目无法官？

纽费尔德也不省事,自认有理:"尊敬的法官,现在你要一个评论?"话未说完,伊藤大怒:"律师,这是什么?"这已是对纽费尔德的第三问了。

"一封给《自然》杂志的信,共有二十五个科学家签名。"

"那,法官,那已被拒登了。信从来没发表过,因为……"克拉科显然知道此事。危机处理虽然快,却不当。岂不是承认有25位科学家联名反对克腾吗?从统计到结论。便宜是让纽费尔德占到了。

法官失去控制,手掌在桌上一拍:"等等。"

就在同时,纽费尔德的话也出了口,覆水难收:"那是——"

三人话打话,撞到一处去了。

"你们两位,"伊藤怒指,"法庭要重申反对的规矩,无评论反对。两个律师各罚二百五十元,把支票本拿出来,立刻。"

全场大抽冷气。此事发生之快,处理之决断,只在一分钟之内。

纽费尔德何辜。他何曾反对过什么?他是被反对的一方。

纽费尔德拿出支票本,乖乖的。看来早已未雨绸缪,料定必有如此一天。克拉科身无分文。达顿在一旁气定神闲,也在意料之中。一欠身从兜里掏出一沓钱,不紧不慢,数够二百五十元,递给克拉科。

所谓无评论反对,是法庭天条。各州大同小异。这种违例在某些州,甚至可用来推翻判决。若有人滥用,也是上诉的根据。

有评论反对能造成三种结果。一是提示证人,引导他们作答。二是不经程序,借机将异议直接传递给陪审团。三是干扰对方,让他字不成句,句不成章。

准反对,不准辩论。只有到了终控词、终辩词阶段,才允许双方解读辩论。此事错在克拉科,他一再介入打断。纽费尔德付罚款有些冤,谁让伊藤和他是冤家呢。

（一百二十九）纽费尔德仍然纠缠统计

　　罚完款，质证继续。纽费尔德仍然纠缠统计。他提了一个极专业的问题，为什么有五个数轨。只与两个黑人的对比。这是专家之间的讨论，外行人听成了天书。可是两个黑人之说，即使外行，也觉得蹊跷。克腾的解释仍然让人不懂。

　　纽费尔德又回到采证。克腾承认，把血样放入塑胶袋，再放入没有空调的车，这种事，她宁可不做。话很委婉，出自实验室大主任之口，远胜过沙克在那里吼。

　　不过，她又补充，DNA血样质量衰减需要相当一段时间，似乎又把话圆了回来。

　　最后，纽费尔德质疑塞尔马克实验室本身的记录。克腾承认，在1989年，她的实验室出过若干的错。其中一例：在模拟现场采证时，竟在一个干净的现场，测出人类的DNA。这可称为无中生有，比测不出来可难看多了。克腾强调，这是模拟，不是犯罪现场。以后的一百三十多例，都是记录完美。

　　检测的费用也不能放过。暗示克腾的做证，是经济利益之驱使。这的确是民用实验室的短板。拿了钱，能不为客户服务？辩护律师常常使用这一招。对公家实验室，如FBI、加州罪证室，他们就不玩这一套了。

　　最后一个问题："你是否同意，你并没有任何科学根据，去评估贵室的错误率？"

　　克腾回答得很干脆："不，我不同意。"

（一百三十）辛姆斯没有遇到克腾那样的抵抗

克腾下去，辛姆斯上来。

辛姆斯是加州司法实验室的 DNA 专家，公家的人，有十九年的阅历。DNA 技术发明于 1984 年，由英国科学家发明。加州司法实验室只能做 PCR，而 RFLP 是现炒现卖，不能和塞尔马克的权威比。在今天，此事很难想象。如今，距辛案超过二十年，DNA 技术已臻神化。你在现场留下的痕迹、戴过的眼镜、握过的方向盘，都能检验出 DNA，头发皮屑也不在话下。仔细想想，那时的网络、数据库、无线大众通信，都只是呱呱坠地的婴儿。细说起来不过二十年上下而已。

还有一个原因，也许值得一提。在辛案之前，加州法院系统，对 DNA 技术不那么尊崇。三个上诉法院，两个接受 DNA 证据，一个不接受。

辛姆斯告诉法庭，辛宅袜子有二十滴血，两只加起来共四十滴之多。他们对此也做了鉴定，使用方法也可称为 RFLP，但与塞尔马克的方法完全不同。他们得出同样的结论，血是妮蔻的。

下一个问题针对辩方，伊藤把陪审团请了出去。控方要问辛姆斯用了多少采证样本，证明辩方完全有机会自己鉴定。这个问题就是要辩方好看。沙克们自然坚决反对，此事与本案无关。伊藤批准了这个问题。

辛姆斯告诉陪审团，加州司法罪证室共检验了 108 份血样样本（一证多本）。这个数字仍然只占总数的小部分。他们留下了足够的血样，辩方完全可以自己鉴定。如果辩方认为 DNA 鉴定有问题，那么辩方自己的呢？

辛姆斯还做证，野马车仪表盘护板上的血样属辛普森、妮蔻、勾德曼三人的混合。另一处是辛普森、勾德曼二人的混合。司机脚下有一处属妮蔻。这样，勾德曼的血向野马车报到了。

罗金汉辛宅的手套,共有十处血,手套内无名指处是勾德曼的,可能概率是一比一百二十亿。中指部分是妮蔻的,可能概率是一比六百万。其他都是三人混合。

手套中有勾德曼或妮蔻的血,辩方并不挑战。罗金汉手套腕部是辛普森的血,只够做PCR的,因此,可能概率为一比三千二百。日后,沙克对此也有另外一说。

袜子分两处,脚踝上是妮蔻的,脚趾上是辛普森自己的。

辛姆斯的鉴定多为几人混合。这与克腾一样,凡是混合的,都没有可能概率。

辛姆斯给出的可能概率,都是针对单一血证。辛普森在邦迪现场留下的血由塞尔马克的一比五千二百,升至一比二十四万。而妮蔻在袜子上的血为一比二百一十亿(加州罪证室与塞尔马克的RFLP不同)。地球上的人口有那么多吗?

DNA含量最高的是后门的血。加州司法实验室RFLP检测,可能概率竟达一比五百七十亿。真不知道,这个数字又需要多少个地球来满足。

这些天文数字已经使人麻木了。辛姆斯没有遇到克腾那样的抵抗。

沙克质证辛姆斯。还是老生常谈,污染对鉴定的影响,问题也越发趋于细节。可找到专家了,有些问题问的,辛姆斯都承认,不懂,不知所云。伊藤也收紧了尺度。法官早烦了。有反对必批准,沙克只好重组。不见回答,不停问。时间就是如此消耗了。此刻的沙克离人民公敌相去不远。

终于,沙克对着证据13号、13A号发难。他请辛姆斯解读袜子蓝点的数量为何超常,而同时采集的其他血证却远没有那么高。辛姆斯回答是反复检测所致。沙克继续挑战这个异常。辛姆斯寸土不让:结果合格,解读正确。

休庭前,伊藤安抚吃尽苦头的陪审员,许愿这个周末请他们看美式歌舞剧《西贡小姐》，陪审员的脸上立刻阴云四散，一片光彩。

　　同一天还有妙闻。那个诺克斯，前任陪审员，获准出版他的回忆录。辛案又造就了一个百万富翁。此事与伊藤无关。克拉克们坚决反对出版，和前任陪审员另打了一场民事官司，要求法庭禁止，联邦法官也因此发过禁止令。出版商直接挑战禁止令，并且获得胜判。出版界终于收获了第一茬庄稼，媒体也终于不再独霸辛案。辛案结束后，出版社才大面积丰收。克拉克们也在其中。

（一百三十一）DNA鉴定的大戏落幕

　　5月23日，控方又召来第三员大将。州司法局的DNA专家瑞尼·蒙特格尔。她的DNA检测是PCR更新加强版，江湖法号DIS80。老妹子上来又是科普，告诉陪审员，这种方法与常规PCR有什么不同。然后解读克腾和辛姆斯的结论，而且是统计的角度。看来控方不把陪审员彻底搞疯，绝不罢休。

　　三份自尸体向后院离去的血证，三份后门铁栏杆外侧的血证皆指向辛普森。这六份血证都与妮蔻、勾德曼无关。野马车的血证属三人。勾德曼的比重最大。辛宅袜子上的血属妮蔻。

　　至此，DNA鉴定的大戏落幕。

（一百三十二）雅马乌齐失口，天赐良机

　　人们不明白，DNA做证为何由考林·雅马乌齐压轴。按顺序，他是第一

个做 PCR 的实验室人员，应在克腾、辛姆森之前。做证中，他没有宣布任何结果。是资格不够，还是只为送检做准备？

他确实在传证时详述了冯、玛二人将血证采集后，他是如何处理这些样本的。毕竟他是证据链的一环。他对过程的详述，与预审比，不那么粗糙了。克拉克极为满意。

传证的检察官是诺克·哈门。为了证明雅马乌齐对辛普森无成见无机心，哈门问道："根据你从媒体报道所闻，在你做这些测试之前，你对检测结果有什么期待？"

"我从新闻中听到，他有不在场证明，一个无懈可击的。他人在芝加哥。当时我，噢，好，他可能与此案无关。"雅马乌齐也急于证明自己无罗织之心。

检察官的原意是让他表达当初是如何崇拜辛普森的，绝无理由去构陷他。在与检察官们准备证词时，雅马乌齐表达过这层意思。

荡开一句，为何一个日裔会崇拜他，这关乎辛普森在美国社会中的地位。中国人对乔丹、阿里都很熟悉，神一般的偶像。辛普森就是美国体育界中，这一级别的人物。尤其是他的纪录至今无人打破，基本处在美式足球第一人的位置。美式足球是美国第一大体育运动，有这一层，他的至尊地位底定。乔丹、阿里虽然有人爱，但无法站到他的前面。此人不仅球玩得好，还是影视广告三栖明星。

其实在中国，四十岁上下的人对他应有印象。改革开放初，中国引进西方大片。也许是新中国成立以来的第一部——《卡桑德拉大桥》。片中有个 FBI 探员，伪装成牧师，追捕毒贩，而后又与张伯伦医生一起向车后攻打，争取自由，这个角色就由辛普森扮演。

辛普森出生在贫民窟，周围环境遍布凶杀抢劫强奸吸毒。他本人先天又患骨关节风湿症，小小年纪，穿着铁鞋矫正。就是在这个环境下，他奋斗，成了美国英雄。他是中小学生励志的楷模。

这是为什么，辛普森杀人，如此轰动。这也是为什么律师们为卷入此案，不惜代价，有如飞蛾扑火。能为辛普森、乔丹、阿里这类体育偶像辩护，至荣至耀。

伊藤立即打断雅马乌齐。辩方跳起，天赐良机。法官把人们带入边厢。

"我们遇到一个天大的问题，我们刚刚引入被告的陈诉。"根据加州证据法第356款，只要某方提及部分陈述或文字，另一方就可引进全部内容。这岂不是为辛普森在警察局对兰和范纳特的谈话录音开了绿灯？考克兰与沙克低语，毕竟外来的律师，对加州的法律不那么熟。

辩论开始，考克兰力争："他们把这件事带出来。我们现在将有权对警察的陈诉引进（质证）。控方已经为卡车打开大门，我们就能把车开进去！"请伊藤批准将辛普森在帕克中心对探长们的谈话入证。

克拉克不让："雅马乌齐只是叙述他脑中的想法。他没有提及那个陈诉，他只说听媒体报道。"她的话也有道理。

这个谈话录音，辛普森否认涉案。对克拉克而言，好处不多，坏处不少。录音中唯一可用之处，是辛普森承认，去野马车取过手机。罗金汉的血，可能因此划伤而留下。克拉克认为，这证明辛普森10点30分在野马车中。若再深问一步，仍无什么大作用。在野马车中，就能证明去了邦迪，就能证明杀人？何况，克拉克手中有通话记录。10点30分这个电话，辛普森打给了波拉，不需要录音也能证明。

坏处就是灾难，而且是大灾难。兰和范纳特问辛普森，妮蔻是否接到过恐吓电话。辛普森抱怨："你们，你们这些家伙还没告诉我任何事情。我，我对发生了什么还一无所知。每次我问你们这些家伙，你们都说会告诉我一些。"

这一段出来，警察的证词就成了谎言。前面警察做证，辛普森芝加哥接到电话后,并没有问发生了什么,暗示辛普森早就知道发生了什么。录音告诉陪审团,事实相反。直至案发次日下午,警察都对辛普森隐瞒案情。

整个录音中,辛普森否认涉案,从始至终。如果这段录音入证,辛普森不需坐上证人席,就可把信息传给陪审团,这是克拉克最不甘心的。她要辛普森坐上证人席那个蓝椅子,她要问辛普森一个底朝天。她自信能够摧毁辛普森。这个机会不能白白丢失。

伊藤把律师们请出,他要仔细研究那些录音,次日经过辩论再做决定。克拉克急奔上楼,让勾德伯格立刻撰写动议,阻止警察局录音呈堂。

(一百三十三)下岗的陪审员,陪审团造反的领袖

5月25日,双方辩论未起任何波澜,不过是重复昨天而已。这一日的新闻还是陪审员。伊藤老板又开了一位。宣布时,只说有足够理由,下岗陪审员的名字没有公布。媒体立时查出,三十八岁,白人,陪审团造反的领袖。正是哈里斯指控,对她拳脚交加的那一位。她的真实罪名:写书,并托人谈出版合同。

真如此,果然是理由充足,谁也救不了她。控方备感无奈。

递补人是七十一岁的非裔女性。至此,陪审团八黑二白二西语裔。男女对比照旧。候补席上只剩四位公民。案子未过一半,前前后后走了八位,考克兰看着心惊。

延至26日,伊藤的裁决下来:"我不认为雅马乌齐的话与辛普森对范纳特的谈话有任何联系。"

克拉克一场虚惊。考克兰白高兴一场。一天半下来,控辩双方有失有得。

雅马乌齐再度登上证人席，就面对着沙克了。沙克此前，已就证据交叉污染做去大篇文章，但他仍觉说服力不够，意犹未尽。几位控方DNA证人都坚称，即使采证存储马虎，也不会改变DNA的基因码，顶多是严重衰减，无法测出。因此，沙克对雅马乌齐这一环，极为下力。即使控方不传他，沙克也不会放过。这块肉太肥。

　　伊藤的裁决让沙克不甘心。一开质，他就有意将雅马乌齐向辛普森对探长谈话那个方向引。雅马乌齐提到，冯丹尼告诉他，探长们说，辛普森手上有割伤。沙克立即顺藤摸瓜，问他可曾听过，辛普森接受了警察的盘问？克拉克反对，伊藤批准。

　　克拉克愤然，出口伤人："没有哪位律师，只有半个脑子，或者智商只有5的，会问这种问题。"这个评论足够粗鲁，要是纽费尔德早就还击了。沙克面不改色，淡淡回答："这个问题并无不当。"

　　克拉克继而得寸进尺，要求伊藤惩罚沙克。伊藤指斥沙克制造混乱，浪费时间，并没有裁他抗令，也没有让他拿出支票本。与纽费尔德比，伊藤对沙克还有几分敬意。倒是克拉克，直至终审，都视沙克为头号大敌。这是本案的另一对冤家。

　　这一天，沙克又获丰收，从雅马乌齐那里捞出不少实料。

　　克腾做证之初，沙克想起，几个月前，帕佛里克曾出示过一张照片。照片中，试管外部有血污。难道克腾的DNA样本并非来自现场，另有来源？难道来源是罪证室的对比血样？

　　他将雅马乌齐的笔记仔细梳理了一遍。从顺序看，雅马乌齐第一步打开了辛普森的对比血样，下一步是罗金汉手套。这样罗金汉手套上的辛普森血就有了来源。而后，沙克又将测出的辛普森血证按DNA质量高低，排列顺序。手套的质量最佳。51号证据其次。如此这般，逐个递减。犹如有人蹚水过河后，走得越远,脚印越浅。

这就可以解释,克腾们检测出的 DNA 实际来自辛普森的对比样本。也正好证实,辛普森的对比样本血就是如此流失的。

这个推论,与警察栽赃说水火不容。日后,克拉克的回忆录也着实嘲笑了一番。沙克并不担心。辩方没有举证的责任,辩方的责任就是质疑。把控方的证据捣得千疮百孔,就是胜利。何况或者栽赃,或者污染,就不能兼而有之?信与不信,是陪审团的事。

沙克言归正传,仔细盘问雅马乌齐。雅马乌齐突然想起,他在打开辛普森的对比血样试管时,他的手套上确实沾了血。沙克的第一个推测证实了。之后,雅马乌齐又坚称他换了新手套。沙克就他的实验记录一一问过。这次潦草马虎,倒帮了雅马乌齐的忙。除去前三步能厘清外,以后的是一笔糊涂账。沙克的立说很难证实,不过疑问也确实建立了。

最大的收获,还是袜子。雅马乌齐承认,没有看到袜子上有血。这样罪证室的三员大将,全部到齐。没人发现袜子上有血。加上辩方这边的巴登、沃尔夫、李昌钰,数目可观。

雅马乌齐提供了细节。在袜子下面的试验纸上,也未见血的粉末。通常血干之后,证物一经移动,会有血粉落下。

目前,对袜子的血迹,唯一能圆说的就是马特桑的颜色加光线论。

最后,雅马乌齐又送了一份大礼。他做的最后一件事是在现场手套上简签。他简签时,是捏住手套腕上的金属环。无巧无不巧,辛普森的血就在此处发现。

（一百三十四）陪审员的表情

5月31日，DNA月结束，但DNA还要走几步。

初开庭，伊藤又有裁决，同意尸检照片呈堂，允许陪审团看四十四幅照片中的四十幅。勾德曼二十三幅，妮蔻十七幅。在裁决中，伊藤形容这些照片极为恐怖，但照片的价值远远超过偏见。

偏见正是辩方反对的理由。他们争辩，让陪审团看过这些照片，会激起厌恶反感。没有人看了不会受创倒胃。他们担心陪审团会扭曲理智，心生偏见，不能客观判断。总之，这些照片对被告不利。

控方坚持，这有助陪审员理解证词。

伊藤对此判道："这些照片可以帮助陪审团理解几个要素。武器的数量，死亡的时间，死者是否反抗，杀人是否预谋。"

他又裁决，这些照片不得使用投影，只能放在展板上。面向陪审团，只有相关的人，才允许看到，法庭上的其他人不许看。

这个裁决为尸检做证铺好道路。

沙克开始打扫战场。在雅马乌齐的笔记中，专门记了一条：李昌钰检查袜子，没戴手套。这看起来甚为特殊，笔记中，其他的内容都是血样。

沙克直捣黄龙："你对李昌钰博士没有敌意或愤恨？"

雅马乌齐从容不迫："没有，他看起来是好人。"

问题无法扩展，伊藤大不耐烦。只给沙克十分钟，质证此事。沙克无趣，草草收场。但此事并不简单，日后李昌钰另有说法。

雅马乌齐对质证处理得当，对错误，并无过多解释。沙克也就事论事，网开一面，没有大打出手。

6月1日，辛姆斯又回到证人席，完成哈门的再传证。他这几天奔丧，法庭将再传证宽延。沙克可不这么想，在他眼里，这是精心导演的，意在补漏。

辛姆斯搬来一台显微镜，让陪审团亲眼看看袜子上的血。他告诉陪审团："你们只有通过显微镜，才能体会这大量的血。"

沙克抗议了，这是走私。这些内容，传证并未涉及。而且，他的质证中也没有。控方只能针对质证再传，不能节外生枝。否则，再传证的范围就会不断扩大……其实沙克只是虚晃一枪，诱辛姆斯入彀。

伊藤驳回沙克的反对。于是，陪审员走下来，一个一个的。显微镜下是辛宅袜子自踝部剪下的布片。

看完显微镜下的血迹，陪审员返回就座。沙克旋即施出惊人一举。他快步上前，从显微镜下取出那布片，放在掌心，直接送到众人眼前。陪审员又纷纷站起，俯身围观。

控方未及反对，伊藤也难阻止，控方的颜色和光线理论，即时破产。在法庭的光照下，肉眼完全可以看到血迹。陪审员的表情告诉旁观客，他们看到了。

沙克攻完袜子，又转攻后门的血。他先请辛姆斯确认，植物也会污染血迹。辛姆斯无异议，然后，沙克出示后门的照片。后门血迹处，有浓密的植物覆盖。而这处血迹的 DNA，即无因细菌污染而衰减，也无植物的 DNA。这一日，伊藤不断将双方律师请入边厢，都是不入记录的，外界无从得知。媒体声称，据知情者言，又有陪审员被伊藤盯住了。

同天，辛普森案的卫星庭事，又开一场。辩方传马克斯·艾伦出庭，为他与妮蔻有染之事做证。正是这个马克斯，在与妮蔻上床之后，使辛普森在罗金汉，为他举办了婚礼。当然新娘不是妮蔻。这证明辛普森并非如控方所说，是个妒夫。马克斯的律师向当地法庭申请禁止令，堪萨斯地方法院批准。在美国，跨州传唤，不能如愿也是常事。

（一百三十五）DNA 落幕，尸检登场

DNA 落幕，尸检登场。有实质的举证接踵而来。控方挟重兵入场，有腥风血雨之威。这次领衔主演的是 L 博士，洛杉矶郡的尸检长，全名为拉克施马南·萨斯雅吉瓦兰。姓名之长，令人瞠目，于是人称 L 博士，算是众口一字母，省却许多麻烦。

传证的检察官是布莱恩·凯尔伯格。凯尔伯格也是洛杉矶郡检察院的老人，资历与克拉克、达顿相当，都是可以坐拥助手秘书的专阃大员。凯尔伯格富有大案之经验，素喜单打独斗，对团队控案毫无兴趣。

与达顿不同，他没有自荐，对此案亦无欲望，纯是克拉克几顾茅庐，恭恭敬敬请过来的。因此，他的行事有某种特权。将在外，君命有所不受。不承想，特权一行使，就是八天，创下控方传证的最高纪录。凯尔伯格是控方出场的第六员大将，加上豪格曼、柴瑞，克拉克团队有至少八员资深检察官。就这样，克拉克仍不满足，在回忆录中嘲笑辛普森有钱，雇了众多大牌。其实细数下来，考克兰团队多不到哪去。考克兰团队约有十名，而克拉克用去公帑逾千万，绝非辛普森这个富翁能匹敌的。

凯尔伯格演出了一场惊险剧，后面将详述。

传证尸检，原在豪格曼名下。自预审后，检方对勾登博士存了戒心，让夏皮若一阵难堪接一阵羞辱。克拉克实在消受不起，年初，就决定到外面去借证人。反正尸检已是过去式，现在是鉴定是结论的时候，有错没错，无关宏旨。

克拉克属意斯佩兹，其人一再推托回避。克拉克四顾茅庐，都未请动。而后，又在名单上试了几位，皆是一口回绝。无人愿意替勾登博士擦屁股。夏皮若质证勾登博士，举世皆知。万般无奈，只好请 L 博士出山。他毕竟是

尸检处处长，责无旁贷。

勾登博士是他下属，其尸检也关乎洛郡尸检处的名誉。L博士曾为勾登的报告做过修改更正。他对外则称，错误虽有，无碍大局。

不请他，能请谁？

克拉克向法庭报告，先传L博士，再传勾登。提勾登不过是障眼法，取一时之利。

豪格曼身体有恙，老婆又禁止他与克拉克同台，因此而退居十八层楼上，做个大内总管。凯尔伯格因此成为唯一人选。此人懂医学，善逻辑，只是特立独行，好在克拉克与之交情匪浅，不是一日两日，过去的案子，常借重他的智慧，把这一摊交给他，克拉克心里很踏实。正因为器重他，对尸检这一摊也放手。但凯尔伯格却为之不满，以为克拉克忽视这个环节，很抱怨了一阵。直到克拉克忙完自己的证人，才腾出手来。凯尔伯格也转怨为喜，两人敲敲打打，渐入佳境。

在控方阵营中，克拉克忙自己证人，无暇顾及时，俨然分出两个阵营。凯尔伯格的，达顿的，两人彼此看不顺眼。达顿本在后台经营，自然有羽翼。凯尔伯格单身入户，居然也能网罗党徒，足证此人不凡。

说起来，凯尔伯格肩头的分量不轻。一要证明杀人乃一人所为，二要证明如何在短时间内，解决两条生命。

传证的第一天，沉闷枯燥至极，人们无法记住，究竟有什么实质的东西。凯尔伯格先解决，为何无尸检专家到场。当然是政府缺钱，云云。L博士手下有十七八名尸检官，真正有执照的是十二名，一年处理一万九千起尸检，不仅涉及凶杀自杀，车祸事故也要做，平均每人处理三四百件。因此，尸检有错，实属正常。人们并未注意到，一人三四百件，十二人不过四千多件，十八人不过七千多件，离一万九千件差很远。

凯尔伯格最下力的还是清障扫雷。在他指引下，L博士将勾登博士的错误，不吝细节，款款道来。

（一百三十六）陪审员被送入炼狱

6月5日被伊藤借去一天，另有大用。这一天也是热闹非凡，容后再表。

6月6日，陪审团被送入炼狱，忍受煎熬。那些尸检照片，伊藤批准的，将陪审员们团团围住。在传L博士之初，伊藤已经警告过，若有人当场受不住，可提出离开，或暂停片刻。

这些照片分两组，一组是邦迪现场的，一组是尸检台上的。其中最可怖的是妮蔻的。除去脊椎骨，头几乎被割了下来。这些血淋淋的照片岂止恐怖，任何人看了都可让肠胃翻江倒海。

检方向陪审团公布现场照片，本是惯例，旨在激起陪审员对罪行的愤怒，以利接受控方的证据。因此，克拉克坚持呈堂，并无大错。只是时间太长，数量太多，整整六天，整整四十幅，难保陪审员不会把愤恨转移到克拉克身上。

此前一天，考克兰就为辛普森申请避席，说辛普森不打算看这些照片。这对辛普森太困难了。克拉克也不反对，因为法有允许。不过提出，要缺就从头缺起，不能中途退出。

真把照片摆上来，展板角度则有意将辛普森隔开，使他看不见照片。辛普森也就留在法庭上了。

L博士继续细述勾登博士的错误：勾登对妮蔻脑部的钝器伤未做任何记录，将勾德曼的胆汁记录成尿液。勾德曼的衣裤上有明显泪痕，却被忽视，理应为妮蔻手掌留印。这些错误都是夏皮若不曾在预审提到的。

控方简直是慷慨输诚了。

较有价值的内容,由 L 博士指出。妮蔻死时头朝下,死因为颈部被割,失血致死。在凯尔伯格的邀请下,L 博士还原现场,以凯尔伯格为模特,手执一把尺子,权作匕首,模拟割喉之场景。

而更震撼的场景在陪审席。捂住嘴的,大喘气的,低头不肯抬的,脸上痉挛的,当堂落泪的,让法庭上的旁观者看得惊心动魄。电视观众看不到,终其审判,陪审团的面目始终向全世界保密。

凯尔伯格则继续给 L 博士当模特,不时地挨上几刀。

中午休庭,L 博士悄悄接近卡达辛:"你是一个了不起的朋友。我告诉你,我希望有你这样的朋友。"他当然是赞扬卡达辛对辛普森的义气。卡达辛忙不迭地称谢。那种认为美国平民百姓只重利益的误解可以休矣。美国平民百姓对"朋友"二字还是相当看重的。L 博士又补了一句:"我只是在做自己的工作。"大有各事其主的遗憾,这让卡达辛大吃一惊。

这一天,又有一桩卫星审判有了结局。那个戈查斯夫人,骗吃骗喝骗住骗东西的辩方证人,被判定三款盗窃罪,刑期六年四个月。

(一百三十七)伊藤庭训

6月8日、9日,L 博士就勾德曼做证。他做证凶手应与辛普森的体格相似,杀勾德曼只用了不到一分钟。行凶时,自后把住勾德曼,先在颈部轻划几下,然后一刀割开颈部,伤及颈动脉,使其大出血而亡。

针对勾德曼颈部几处平行浅伤,L 博士解释,这是凶手威胁勾德曼,留下的伤痕。这个说法奇特,超出人们正常思维的范围。既然过程不到一分钟,凶手不灭口，却要威胁？他威胁什么？这个L博士就不说了，他没给出任何答案。

8日，终于有一个陪审员缴枪了。她起身就走，因为勾德曼尸体的照片触手可及。伊藤不得不叫停。

9日，伊藤庭训："评估证据，你们不得因愤怒、抵触、同情、热衷、偏见，还有公众舆论好恶，来左右自己的判断。"

12日，是妮蔻、勾德曼遇害周年。辩方提出休庭一日，伊藤不准。控方向法庭通报，不拟再传勾登博士，传L博士足矣。障眼法解除了，控方不传勾登博士，但仍然清算他的错误。这一天，等于是让L博士为夏皮若打工。L博士全天主讲勾登尸检的错误，真有除恶务尽的劲头。将夏皮若可能利用的地雷全部拆除。夏皮若得知控方不传勾登博士，怒不可遏。当堂宣布，他夏皮若要传，传他做敌意证人。

L博士一面清空地面，一面拆除引信。他说勾德曼手上的肿胀伤痕是在绝望中挥舞，击中栏杆所致，凶手此时在身后。一劳永逸，解决了辛普森身上无伤的难题。

这一天是妮蔻的忌日，也是提出民事诉讼的截止日。再不诉，就无机会了。妮蔻的父亲布朗，正式上告。此前，勾德曼的民事赔偿诉讼已经立案。

下午，又有一名陪审员告退。

（一百三十八）L博士传证结束

6月13日，一开庭，夏皮若怒气冲冲，请伊藤终止传证："这明显是无终点的马拉松。这已变成看着水晶球算命。人民（控方）在无休止地讨论细枝末节。对多数人而言,这些都是无解的。请你进来阻止。"

但是,伊藤仍然给了整整一天,讨论勾德曼的几处致命伤。大致如下:脖子、掌上、右胸、后脑、左股、脸部、右耳后。有些伤口达六英寸之深。其实都是不说也罢的。

L博士还给出两人的死亡顺序。凶手攻击妮蔻在先。她失去知觉后,凶手又转攻勾德曼,一分钟内解决,再返回从容送妮蔻归西。这样10点15分到10点30分的时间就分配妥当。十分钟往返,五分钟杀人,安排得像小说一样。

难道就没有其他版本了?

L博士传证结束,克拉克对凯尔伯格的传证极为满意,赞誉有加。地雷大致清空,看你夏皮若传证勾登还有什么用?可怖的照片撤去,陪审团终于熬出了头。

(一百三十九)被伊藤借去的那一天

再回头说6月5日,被伊藤借去的那一天。伊藤借这一日来料理他的陪审团。陪审团先被送回酒店。伊藤约双方律师进边厢,讨论他们的命运。

伊藤要讨论陪审员1427号。四天前,伊藤知会双方,他在考虑让查瓦丽雅下岗。这位地产估价员,在前面计划出书的那位佛兰馨·邦藤一案中,扮演通风报信的角色。这个警告写在报纸上,被法警搜出。在白纸黑字下,成就了邦藤的去职。当时,并未处理查瓦丽雅。现在伊藤做出决定,考克兰自然有理由手舞足蹈了:"她撒谎了,她当然该走,现在正好。"

克拉克无法阻止,就直言不讳,把事情挑明:"她是辩方废除的目标,353

III 它不合手

号邦藤也是。他们驱逐不喜欢的陪审员。到目前为止，是心想事成。"这对伊藤而言，近乎要挟。

此话不假。克拉克在连失两位明显亲控方的陪审员后，岂能善罢甘休？她站起来："这里有一个男人，频繁骚扰他人，恐吓他人，是陪审团的恶霸。他能和其他同事理智成熟地讨论判决吗？他对陪审团的和睦有着极大的威胁。"

她指的是1489号威利·克瑞文，控方的眼中钉，所谓挺辛的四人帮之一。四人帮中的汉普顿、哈里斯已经出局，再把克瑞文废掉，就只剩一人了。但是，最后一人是谁，只有克拉克心中有数。

伊藤买一送一，连泥带水，把克瑞文一并驱逐，使双方又打成平手。五比五，这个数字很好看，但十二名替补只剩了两名。控方看起来至少还有一个月迁延。这可急煞了考克兰。休庭时，对着辛普森大呼："我们又被×了。"

边厢再开，考克兰要求休会，将克瑞文留在陪审员席上。辩方将向上诉法院，抗诉伊藤驱逐克瑞文。

达顿和克拉克不依，要求克瑞文立刻卷铺盖走人。"如果伊藤判决不正，唯一的药方就是流审。"这可将了伊藤一军。明显地，如果只有一人不愿流审，那就是法官。如此大的审判，世纪大审，也许是有史以来，在自己手上有始无终，实在是日后不太好看的一件事。法官也是人，谁不想青史留名？

考克兰又提出休庭四十八小时，允许他们上诉。伊藤不许："这形同逮捕拘留他。"此话有趣，确实是个问题。酒店回不去，又不能回家，难道在陪审席上坐四十八个小时？

辩方急就章，请德休威兹在波士顿匆匆写就上诉状，递到上诉法院。下午5点，奇迹没有发生。上诉庭回绝："在此事上，法官享有不能挑战的权利，由他说了算。"

就这样,伊藤用去一天,赶走了两个陪审员。这两个位子一补,只剩两个候补。辛普森的审判生死存亡,辩方眼看着只有流审,期待的悬判危乎殆哉。

(一百四十)十位去职陪审员的从法简史

现在,可以简单回顾一下十位去职陪审员的从法简史了。

开审第一月,走了两位。第一位,姓名不详。中年白人妇女在遴选问答时承认曾向法庭申请过家暴禁止令。辩方让她通过,又反悔,借她前男友之口,提出驱逐动议。伊藤接受。

第二位,姓名不详,非裔,赫兹租车公司的雇员。辛普森是该公司的代言人。克拉克本有意踢走,被豪格曼劝说留下。而后,有人揭发。他不仅认识辛普森,而且组织过相关活动。克拉克以此为由,将其驱逐。

一个月后,第三位,有号无名。2017号,高龄白人妇女。正式理由是她与辛普森看过同一个医生,而这个医生将出庭做证。这个女人的离去,双方都有抱怨,都说对方作局,不知谁是真谁是假,但克拉克自认是自己的人,视为一大损失。

第四位,诺克斯,那个出了书的非裔。他的错就是穿戴了辛普森球队的队服球帽,暴露了他的取向。正式罪名,曾因绑架前女友,上过铐子。这个信息自不会来自考克兰。

三四月间,第五位,肯尼迪先生。看上去是纯种白人,但表格显示有印第安人血统。有人告发,他心不在案子,却关注同事们的行止,并不时记点什么。法警介入,发现一个手提电脑。电脑中确实有相关记录。克拉克虽不情愿,但也无奈。

4月，第六位，哈里斯，非裔妇女，462号。控方眼中的挺辛四人帮。还是家暴，有匿名信揭发她隐瞒申请防止老公接近的禁止令。罪无可逭。她离去后，引发风暴，在电视上指责法警种族歧视，也引发了陪审团造反。这个人克拉克当初在遴选陪审团时，就想踢出去，也是豪格曼保下的。此人下岗，克拉克承认是控方的杰作。

第七位，非裔空姐，汉普顿。克拉克眼中另一个四人帮，娇气脆弱。因哈里斯在陪审团受气，最后，下堂求去。连考克兰都没有遗憾。

快入5月，一封匿名信到了伊藤手中，宣称来自某文化公司的秘书，揭发三十八岁的白人妇女，佛兰馨·邦藤打算出书，书名：《独行特立，投妮蔻一票》。这还得了？此事本无太多证据，但事情出在第九位出局的西语裔查瓦丽雅身上。她被人揭发，给邦藤通风报信，警告写在报纸上。伊藤闻讯，立刻派法警搜查。白纸黑字，果有其事。邦藤坚称没见到警告，无用也。控辩双方再次打平。

第九名查瓦丽雅和第十名四人帮之一克瑞文，被伊藤买一送一，打发完事。

最后那个四人帮，名叫伍兹，非裔，一直坚持到判决。

（一百四十一）勾登博士何在？

"拉克施马南博士，你在证人席上坐了有八天吧？"夏皮若问道。

"是的，阁下。"L博士回答。

"你能告诉我们，就医学确定的合理判断，妮蔻·辛普森和荣·雷利·勾德曼两位受害人是死于刺伤吗？"

"是的。"

"你又告诉我们,就医学确定的合理判断,两位是死于失血过多?"

"你不能告诉我们,就医学确定的合理判断,他们死于何时?"

"的确如此。"

"事实上,你凭借专业得出的说法,任何平民百姓都能说出。他们最后被人看见仍然活着,是晚上9点,而被人发现死亡是凌晨12点15分。这可真实?"

"嗯,这也是我的判断,9点到12点30分。"

"借重你的训练、经验和教育……有多少人对二位死者负有责任?"

"我已做证过,一人,一把单刃匕首。"

"就医学确定的合理判断,你能告诉我们,多少人对此凶杀负有罪责?"

"不能。"

"就医学确定的合理判断,在凶杀中,有多少种凶器被使用?"

"我已说过,单刃凶器可能造成所有的刺伤。就医学确定的合理判断,我不能排除有第二把匕首。"

"就医学确定的合理判断,你能告诉我们双刃匕首不可能造成多数伤口?"

"我说过,多数……某些刺伤可能来自双刃匕首。不可能是所有伤口。"

"两把单刃凶器可能吗?"

"可能。"

"三把单刃凶器可能吗?"

"可能。"

夏皮若又三把单刃加一把双刃,三把单刃加两把双刃。——递进。

L博士的回答则是可能,可能。

III | 它不合手

"所以就医学确定的合理判断,你只能告诉陪审团四件事实?"

死于凶杀,死于刺伤失血,不能说死于何时,死于一凶手,一单刃凶器。八天只证明这四件,无疑是对凯尔伯格的侮辱。

凯尔伯格怒起反对。伊藤驳回。L博士承认:"那些致命伤口都是来自单刃匕首,其他有些伤口,不能排除是双刃凶器所致。"

夏皮若继续施压,不怕重复:"所有伤口为一件匕首所致?你以你的信誉为誓?"

"我不能这样说。"

凶器暂放一边。夏皮若另起质证。这是他不能放过的:勾登博士。

"勾登博士病了?"

"没有,他仍在尸检处工作。"

"他休假了?"

"不,他没有休假。"

"你什么时候发现他不再做证了?"

"在凯尔伯格宣布不传他的时候,星期一早上9点30分。"

"你作为负责人,能预期一个做了尸检的医生,没有生病,没有休假,也无其他事情阻止他出庭,却不做证,你能吗?"

凯尔伯格立即反对,这次伊藤批准。夏皮若不在乎再问一遍。重复有时是求之不得的。

"你的政策是否为尸检的医生应该做证?"

凯尔伯格跳起来反对:"尸检处无权决定谁能做证。"伊藤驳回。

L博士回答:"那确实如此。"

"在你被告知,勾登博士不做证,理由是什么?"

"他们感到陪审员足以理解我的举证,他们不想重复传证。"

"在刑事庭上，勾登博士做过多少次证？"

"很多次。"

"多少？十次。"夏皮若有意夸张。

"不，上百次。"

"你在做证时，喜欢'范围'，你能给我们一个范围，你期望尸检专家用多少小时，为上庭做准备？"

"两个小时足矣。"

"你自己做证，你说用了二百个小时做准备？"

L博士承认有过此证，并做了详尽的解释，抱怨案子超常复杂。至于如何使用了二百个小时，有记录为证。如果可以，他可以取来。

"我不想用八天时间，把你的记录过一遍。"夏皮若的话不无嘲讽，"你估计一下。尽你所能，你是什么时候涉入此案的？"

"尸检之后。"

"谁是你首先接触的？"

"尸检是6月，照片一向由检察院提供，克拉克就和我谈了话。"

"你实际参加了尸检？"

"没有。"

"你能给我们一个估计，到底有多少尸检错误？"

"至少十几个。"

"当你得知有严重错误时，你关心了？"

"我发现脑部有钝器伤时，我开始注意了。"

"你写报告了？"

"除去匕首的报告，我没有写。"

"你是否写报告纠错？"

"没有。"

"你打算什么时候写?"

"审判结束后。"

"你觉得这合适吗?一年以后,待审判结束了?"

一串激烈的反对。夏皮若不在乎答案,能出气就行。

(一百四十二)"这还行,收回反对。"

"你看到死者妮蔻背上有若干血斑?"

"是的。"

"如果妥善保存和分析,又如果既非死者的,又非辛普森的,这对你是否重要?"

"是的。"

"为什么?"

"因为将指出另有其人的血在她背上。"

再换一个问题。夏皮若虽然频繁转换话题,但节奏却是明快。

"你就凶手的体形给过一个判断,你没有吗?"

"我没有就体形提出观点,但我同意在特定情境下假设的体形。"L博士又是我同意,我相信。一番辩解,其实是不知所云。夏皮若紧逼:"这个假设是谁的,克拉克的,L博士自己的,还是眼前这个嫌疑人本身就是一个假设?"L博士答得昏天黑地。

夏皮若再来一组问题,刁钻犀利。

"今年有多少次,当做尸检的医生可以出庭,你却出来做证?"

"没有。"

"去年在尸检医生可出庭时,你出来做证?"

"没有。"

"自从你做了首席验尸官以后,在尸检医生可以出庭时,你出来做证?"

"我不记得有实例,没有。"

"有人和你讨论过,他们因勾登博士而难堪,不希望他出来做证?"

这属听闻,凯尔伯格居然没有反对。

"无人这样告诉我,他们说我将做证,勾登也将做证。没有人提及勾登博士不再做证。"

"你可知道,检察院试图在全国范围寻找尸检官们为此案出庭做证?"

这回,凯尔伯格起来反对了。

夏皮若重组问题:"请其他尸检官来做证,你们是否讨论过?"

"有。"

"谁与你们讨论的?"

"豪格曼。"

"你推荐了?"

"我推荐了迈阿密的戴维斯,纽约的海尔奇。"

"你可知道这些人被邀请过来做证?"

凯尔伯格反对。伊藤顶回。L博士回答:"不知道。"

"当你被征召出庭做证,你是否知晓其他人拒绝出庭?"

凯尔伯格反对,且告诉伊藤,他将对这组问题,句句反对,一反到底。伊藤批准。夏皮若只好搁置。不许问不重要,陪审团应该听懂了。

夏皮若问可曾有人帮他准备,暗示那是炮制。L博士承认确有律师过来帮他们学习如何做证,但是集体开班授课,并非只对他L博士一人。

III 它不合手

夏皮若突然一转:"何人曾经告诉你勾登博士的结论与控方的理论不符?"

这明显是探听听闻。凯尔伯格反对,伊藤批准。

"无人告诉我。"L博士脱口而出,已经答了。

"这还行,收回反对。"凯尔伯格乐了。

"对不起。"L博士发现自己抢跑,连声道歉。

"你读了勾登博士的记录?"

"是的。"

"你也读了预审时,他的判断依据?"

"是的。"

"你清楚,就死亡精确时间,他的判断的根据至少有三种不同的标准。它们都把死亡的时间推到11点以后。你认为不是吗?他没有这样做证吗?"这一刻,夏皮若爱勾登博士爱得要死,他的那些错误可以原谅了。

"他使用尸僵、尸色和肝脏的温度三项标准,是的。"

这一刻,也让人觉得L博士更像夏皮若的证人。几乎有问必答,配合良好,夏皮若要什么就有什么。

所谓尸僵,是指从尸体的僵硬度,可推测出死亡时间。而尸色既能判断死亡时间,也能帮助判断其他因素,如尸体是否移动过。

"你意识到这与控方理论不合?"夏皮若又绕了回来。凯尔伯格没有反对。

"你那'不合'是什么意思?你能告诉我他们是如何说的?我不知道那理论是什么。你能告诉我吗?"

"你不知道控方的理论?"

"凶杀发生在10点到11点,而非11点到12点。这是你的意思?我不清楚那准确的理论,但我们认为是10点到11点。"不知道凯尔伯格跑到哪里去了。这边已在讨论"控方理论",而且大张旗鼓的。

"因此,勾登博士在预审时,按三项标准得出死亡时间是 11 点以后。难道不是与检察院的理论不合?"

凯尔伯格这才反对。伊藤批准。夏皮若走小路,轻易走通了。

"你清楚勾登博士在预审说了什么,还有他对死亡时间的判断?"

"我清楚……"

"他在宣誓后做证,他没有吗?"

"他是在宣誓后做证。"

之后,夏皮若绕来绕去,就是那勾登判断 11 点以后。凯尔伯格一路阻击。L 博士也咬死手上没有预审记录,不肯说一个"是"字。而夏皮若手中显然也无记录,算是美中不足。只好搁置这个问题。

(一百四十三)加州驾驶证说,六英尺!

"你做证曾去过现场。一次是去年 11 月,另一次是今年 2 月,对吗?"

"不是 2 月,在我记忆中是 4 月。"以后又改口是 3 月。

"勾登去过现场?"

"去过,和我一起。"

"在现场改变之前去,不是很重要?"

"将是重要的,如果他在尸检后去现场,我不会反对。"

"博士,这是否真实,不管你 11 月去或 3 月去……都无法取代 6 月 13 日去现场?"

L 博士同意:"死后去现场,当然更好。"

夏皮若问 L 博士是否自己做尸检。博士说，做，但是不多，主要是管理监督。这个案子 L 博士未参加尸检。因此，伤口的长度测量都是根据同比例照片测量的。L 博士强调，与勾登博士的数字无出入。

"那么就勾登的错误而言，你怎么知道他的长度测量不会出错？"

"我可对证他的数字。给你一个例子。勾德曼脖子边有一个伤口。我对同比例照片测量，与他的测量严丝合缝。所以说他的数据可靠。"

几番进退攻守。夏皮若要求伊藤准他用凶杀卷宗，伊藤批准。

"这是勾德曼的驾驶执照。"L 博士看了夏皮若提供的文件后说。

"你做证时说，勾德曼五英尺九英寸，这可正确？"

"这是我们处贾曼巴先生测量的。"

"这里，加州驾驶证说，六英尺！"

又着了夏皮若的道。两者相差三英寸。这不是小数目。

（一百四十四）一把真匕首

6 月 15 日，夏皮若为他的质证锦上添花，示范起不同的杀法。抄起一把匕首，真的匕首，对着空气舞来舞去。

"就你做证而言，这些凶案发生时，你不在现场？"

"正确。"

"也没有其他目击者？"

"我是这样理解的。"

"也没有凶器被发现？"

"我是这样理解的。"夏皮若借博士之口，宣示一个事实：此案无目击者，无凶器被发现。

"那么你说可能或也许是推测?"

L博士大费口舌,长篇大论。伊藤不耐烦地插入:"当你用'可能',那是一个医学判断的词?"

"这个'可能是'不是医学判断,但它基于教育和得知的条件,是极大可能发生的。"

夏皮若乘虚而入:"当你回答凶手或凶手们与死者的位置,你回答'可能是'并未给我们任何医学确定,不是吗?"

L博士承认:"没有给……"以后乱了套,又是解释,长篇大论。夏皮若不听,打断他:"你能确定杀妮蔻·辛普森的是一个凶手,还是几个?"

"我不能确定。"

"凶手是左手还是右手?"

"我不能确定。"L博士顶不住,节节败退。

"你能告诉我们,右手持匕首,有多少种方法,既然你是专家。"

L博士坚持只有一种:"如果你给我一个匕首,我能示范给你。"

夏皮若转向法官:"我反对证人向我提问。"

伊藤反驳:"这是回答。"助了L博士一拳。于是两人僵在那里。一个要答案,一个要匕首。

伊藤又是一声呐喊,像极了中国戏剧中县太爷的口吻,可惜没有惊堂木:"罗伯森夫人,"她是伊藤的法庭助理。夏皮若立刻会意接上:"罗伯森夫人,我们这里有匕首吗?"

"从我的证物收藏里给你一件。"伊藤随即发令。

伊藤问第一天展示的匕首是否还在,凯尔伯格承认还在。这样L博士的要求可以满足了。匕首拿出来,夏皮若却自己耍了起来。正手握,刀刃向下,刀背在上。然后刀背向下，刀刃在上，角度方向一一试过。再反手握，在角度方向一一试过。边试边在空中刺来刺去，右手完了，再换左手。L博士只好回答可能可能，忘记自己应展示"就一种握法"。

"这样就有四种可能，对吗？"

"是的。"

不觉中夏皮若手中的匕首越来越靠近证人席。凯尔伯格连声大叫："对不起，你离得太近了。"

哄堂大笑。

夏皮若退后两步，又展示从背后刺人的方法："又是四种，对吗？"

"是的。"

"你无法判断他们的方位，因为有太多的无数的方法，这可正确？"

L博士不能不缴枪。八天的重建杀人过程毁于一篑。至此，夏皮若于两日间，用了半天多一点的时间，把控方的版本打入小说级别。

（一百四十五）夏皮若的律师惯例

夏皮若没有休战的意思，在方方面面发起挑战：都有什么人参加尸检？有记录吗？其中有没有佛曼，有没有不相关的人闯入。既然尸检可根据照片量长度，那么能量深度吗？尸体的颜色与现实的差距，有没有做显微摄影？把L博士问了个人仰马翻。

这还是客气的，就事论事。夏皮若忍不住，循着律师的惯例，开始质疑证人的人品。

"作为主检官，你并没有审阅勾登博士的工作？"

"这个案子？是的。"

"直到巴登博士和沃尔夫博士通过我安排拜访，审阅你们的尸检，集中在寻错时，你才审阅，对吗？"

"只有脑部伤我审阅了，其他都是勾登博士的工作。"

"说到脑部钝击，这是否正确，在6月22日，在我指引下，他们重新审阅了你们的结论，第一次提出脑部有钝击？"

"那是正确的。"这等于承认脑部钝击伤是辩方专家发现的。而L博士在传证时，口吻俨然是他本人发现的。

"在那时，巴登口述这个发现，沃尔夫记录，不是吗？"

"我也同时注意到了这个伤，因为我和他一起检查的。"

"你是就巴登的发现做笔记，是，还是不是？"

L博士不松口，这是共同的版权。夏皮若话锋一转："你还记得阻止他们拍照？"

"这是处里的规定，不允许外人对尸体拍照。"

"你认识巴登博士很长时间了吧？"

"是的……"

"你曾在他手下受过训，不是吗？"

"是的，我在他手下受训两年，是半职。"

"你有何理由，阻止他在你们尸检房里拍照？"

"这是我们的规矩……"

"巴登博士是否就新发现与你沟通？"

"没有。"

"你不曾告诉他，检察院禁止你与他沟通？"

（一百四十六）夏皮若高效质证让团队叹服

夏皮若的质证足够丰富，他也并没有放过勾登博士。你们不是清障吗？我来帮助陪审团复习。人不在，错误在。一项一项地过。自然那把匕首也没闲着。对着控方的版本，寸土必争，对每一种说法都给出另外的可能。非要证明自古华山不是一条路。

尸体未做强奸/性交检查，控方始终坚持这是谋杀案，不是强奸案。夏皮若通过质证提醒陪审团。如果死亡前有性行为，不管和谁，自愿还是强迫，都会把死亡时间大大推迟。不做检测，就不能排除。在美国东部，阴道取样是例行检测，绝不能少。

夏皮若质疑L博士传证时称勾德曼胃中只有少数的菠菜。夏皮若请出尸检照片，请他一一辨认。L博士不得不承认胃中的菜加起来有五种之多。这只是出气，并无实质意义。

夏皮若就是如此剥茧抽丝，给众人上了一堂质证课。这一节，不输沙克质证冯丹尼那一堂。

虽然，夏皮若再也无缘羞辱勾登博士，充分消费他的错误，但是，夏氏高效质证，让辩方团队叹服。尤其是那11点后死亡说，被他大力开发，为日后辩方自己的版本铺了路。

最后，凯尔伯格再次用L博士的嘴说出：一个凶手，一把单刃匕首，长度六英寸。为这场尸检传证收场。此役胜负，双方冷暖自知。

休庭后，伊藤又面对众媒体。原来，他们请来宪法律师，向伊藤的法庭挑战。重申媒体有宪法第一修正案的权利，非要看那批尸检照片。伊藤无法回避，只好折中：主要媒体，一家出一人。只许看，不许摄。趁着法庭未收摊，陪审团已离去。让他们到炼狱去走一遭。

一共两组，分批绕行。其结果？出来时，人人面如死灰。很多人瘫在旁观席上，久久地站不起来。这些惯于喧嚣的主儿们，此时连一个字都没有了。

这几天，陪审员的苦难可想而知。

（一百四十七）达顿传证手套采购员

下午开庭，达顿传证佛梅克女士。佛梅克女士是布鲁明岱尔百货公司的服装采购。

"你熟悉款号 70263 的手套吗？"

"那是阿瑞斯皮制轻薄型手套。"

"1990 年，12 月 18 日，你卖过这种手套？"

佛梅克告诉法庭，卖过，零售价五十五元一双。在圣诞—新年季打了三折。该手套特征，皮革极轻，薄如纸。缝法特殊，称为布洛希尔缝法。透气孔在掌面，V 形开口也在掌面。开司米衬里。

应达顿请求，一双证物手套摆在台面，请佛梅克辨认。

"是的，这是阿瑞斯皮制轻薄型手套。"

"这种手套专为布鲁明岱尔特制？"

"是的。"

"就你所知，一共采购了多少双？"

"一万两千套。"

"这副手套什么颜色？"达顿指着台上的手套。

"棕色。"

"尺码？"

III 它不合手

"特大号（Extra Large）。"

"那么 1990 年，棕色特大号阿瑞斯轻薄型手套共有多少双？"

"最多 300 双。"

她告诉法庭，这种款式只对美国境内的布鲁明岱尔。1991 年至 1992 年仍在卖。因此 1993 年的不是眼前这一款。

继而，她对 372 号证物收据辨认。证明是该店的凭证。517 是部门号，222034 是售货员号。售货员的名字叫郝丽娜·菲普斯。55 号是品种号，代表已经售出。953 号是厂商号。

"在 953 的右边是 70268，那是什么号？"

"是手套型号。"

"再右边那个 2？"

"那是买了两双。"

"付款凭证是 70268，但手套是 70263。错在 8 应为 3？"

"是的。"

"布鲁明岱尔进过 70268 吗？"

"没有进过。"

达顿下面的问题，就是清障了，免得让辩方问去。

"现在，这个凭证上有尺码吗？"

"没有。"

"有颜色？"

"没有。"

这是从妮蔻处发现的收据。经辨认只能证明 1990 年 12 月 18 日，妮蔻·辛普森在布鲁明岱尔买了两双阿瑞斯皮制轻薄型手套。颜色尺码均无证明。与眼前的证物不能吻合，无尺码无颜色。有距离，很接近，两步之遥。从此后发展看,竟是咫尺天涯。

"好,在右下角有一组数字,开始为3713,这组号码是什么意思?"

"是信用卡号码。"

"凭据上有签名?"

"是的。"

"请读出来。"

"妮蔻·布朗。"

(一百四十八)三个臭皮匠,赛过诸葛亮

短暂休庭后,考克兰质证。

他首先质疑70268,问佛梅克女士是否检查过,这个号码可曾存在。佛梅克称,在她的记录里没有。为此,她曾致电现任阿瑞斯总经理斯蒂芙·佛格森,该公司是否有这个款。考克兰追问答案。达顿一律反对,理由是听闻。考克兰问及她是否知道有一个叫赫云的人。回答都被达顿强力反对,成功阻止。最后,考克兰得到答案:那个总经理没有回答。70268是否存在,没有结果。

考克兰再问了几个问题,问得有些兴味阑珊。考克兰抓起右手手套,套在手上:"这好像有点小?"

佛梅克有异议:"这看起来有点大。"

考克兰就草草收兵,让位给传证下一个证人。这位证人是手套专家儒宾,曾任阿瑞斯总经理。法庭暂休片刻。人们三三两两,打个招呼道个乏。

出乎意料,夏皮若走到证物手套前,伸手拿起,就往手上套。大庭广众之下,全无顾忌。两只手都试了以后,才放回原处。他并没有戴薄膜手套,

III | 它不合手

这是法庭的要求。这个规定并非怕证物污染,既然检测已经结束。这个规定为保护人们,不受艾滋血液感染。此乃常规,并非为某案某人所设。夏皮若竟是如此大胆,不惧艾滋。

然后,他快速走到里面,进了辛普森的囚笼。他上前抓住辛普森的手,把自己的手掌往上一合:"它们绝对不合你的手。"

辛普森的手掌超大,这是做跑锋的本钱,腿快手大是饭碗。而夏皮若的手刚好能戴上那只手套,自感紧紧的。

夏皮若又转身去找考克兰,两人密语片刻。考克兰又看了自己的手,比夏皮若的大。然后也走过去,做了同样的试验。考克兰把手硬挤进去,却摘不下来了,只好一个手指一个手指地拉,费了大力才脱了下来,然后,也反身进了里面,与辛普森的手一合,得出与夏皮若同样的结论。

这一切,法庭内不少人都看到了,也看在贝雷的眼里。他早就注意到辛普森的手超大,也存心弄个明白,现在夏皮若、考克兰证实了他的猜测。

非常幸运,对克拉克、达顿们而言,也许是非常不幸,这一幕,他们没看到。如果看到了,历史将可能改写。检察官们通常是退到十八楼去,那里是他们的地盘。

达顿再入法庭,贝雷迎了上去,附在达顿的耳边:"你的卵蛋只有小田鼠那么小。"这是南方俚语,这种小生物小得能在棉桃上尿尿。

贝雷与达顿甚为相得。尤其是自上次与伊藤冲突,贝雷好言相劝,帮助他化解僵局,颇得达顿好感。因此达顿不以他的嘲笑为忤:"你们在我背后发现了什么?"

"你不敢让我们的当事人试手套吧?你八成根本不想知道。不过,我们会帮你们的忙。你们没那个卵蛋试试。不过,在以后某一时刻,我们会让他试给你们看!"

贝雷这边连激带将，达顿那边微微一笑，很有几分不屑。

再开庭，达顿的第一个问题："1990年阿瑞斯·伊索纳波可曾有过70268这个款号？"儒宾说，确实生产过这种款号的产品，但是只限在欧洲，从不曾在美国销售过。至1989年，已经停产。依正常推理，妮蔻所买的款号应为笔误，该厂为布鲁明岱尔专制的款号是70263。

达顿让儒宾辨认证物手套，先邦迪后罗金汉，从款号到厂家到销售公司。儒宾是一路配合，印证佛梅克女士的证言。问答都简单，记录不过两页。

（一百四十九）试手套抢先机，达顿意醉神迷

考克兰上场，不胜其烦，不辞劳辛，请儒宾提供1990年到1992年的生产数字。其意在扩大范围基础，达顿则是尽力缩小。二百双，超大，棕色。考克兰不问尺码，不问颜色，只问总数。毕竟妮蔻的收据既无尺码亦无颜色。

儒宾估计两年大约生产了两万双该款手套。1992年改变缝制方法，不应算入。考克兰又问1990年是否为第二年生产？他蓦然发现，原来此款手套是1982年开始生产。到1992年改缝法，这款手套在菲律宾已有十年的生产历史。考克兰意外收获，范围立刻扩大。眼前的证物手套上并没有年份，儒宾也不敢说就是1990年的产品。

两人又粗粗估计一番。考克兰问："我们正在讨论的是1982年到1992年期间，每年大约有一万双？"

"是的，但是早年的数字很低，产量是逐年增加的。"

即使如此，考克兰也足够满意了。这意味眼前这个证物手套实为几万分之一。达顿借布鲁明岱尔的销量和妮蔻的收据，把手套们拉到一步之遥（二百

分之一），而考克兰又将证物们推出千里之外（几万分之一），真个是咫尺天涯。考克兰的法宝就是无尺码、无颜色、无年份。那个收据其实什么都没说。

为了巩固成果，让陪审团明白自己的意思，考克兰又问："在这些手套上没有可见的款号？"

"在外面没有。"

"你看那布签，上面有70263？"

"布签上没有。"

"在手套里是否有这个款号？"

"在生产之初，里面有三组数字。我不知道以后的产品有没有。"

考克兰不让他混过去："就你眼前的手套，你看到这些数字了吗？你看到了？"

"没有。"儒宾还能说什么？

"在这里，没70263的款号，这正确？"

"没有，款号本不在这三组数字中。"这不是敲自己的嘴巴？刚才考克兰明明问证物手套里面有没有款号，儒宾用以前有三组数字应付，最后方承认款号不在三组数字中。绕个弯子，也没混过去：证物手套里没有款号！因此，足以得出结论。尽管佛梅克和儒宾口径一致，说它是70263，空口无凭，这就是考克兰要陪审团知道的。

考克兰质证时，达顿的脑子在飞驰：早上，刚入庭，夏皮若曾当着自己的面，公开要求法官允许他把手套带入辛普森的囚笼。法官生生拒绝。达顿不作他想，猜测夏皮若试图给辛普森一个机会，练习如何表演。虽然他也怀疑是作局，但是只在脑中一闪而过。而后，贝雷的一席话，刺激他坚信，辩方一定会让辛普森试那双手套。与其给他们机会作伪，不如抢过先机，这个念头让他意醉神迷，走火入魔。

如果说其他佐证,达顿不是没有。很多人送来辛普森室外采访的照片。达顿也请儒宾一一过目。儒宾铁口直断,就是阿瑞斯轻薄型。唯一不足,也许是致命不足:都是黑色的,而且也无法证明尺码。如果借重照片,它的后坐力无从得知。越想越是非干不可,达顿把头转向克拉克:"让我们给他戴上,现在!"

克拉克本不反对让辛普森试手套,但绝不是证物手套,是该公司找出的同款同尺码手套。这样不必戴薄膜手套。

为慎重,达顿也仔细观察了辛普森的手掌。联想到论身高论体型,范纳特最接近辛普森。因此,他把范纳特找来,目测他的手掌,自认相差不大。又请他试证物手套,也是裸手。范纳特戴上并无滞碍。

这一幕发生在达顿再传证,他的再传证无任何新内容,三言两语,无以为继。这时,有人从后面递给达顿一个纸盒。达顿打开看了一眼,突然转向伊藤:"尊敬的阁下,我将提供另一个展示。我能和考克兰商量几句吗?"伊藤批准,两人当堂低语。

片刻,考克兰发话:"阁下,我们能去边厢吗?"伊藤再次批准。

到了里面,考克兰对伊藤说:"我实在不明白,他想干什么?"

伊藤向着达顿:"好,达顿先生?"

"尊敬的阁下,它们是阿瑞斯手套,与证人面前的手套(证物)同款同号,这样我们也许会在某一时刻让辛普森戴上它,决定现场手套是否合手。"

考克兰立刻反对:"我们反对,尊敬的阁下。首先我们没有时间打这份交道。在未来某一时刻,如果辛普森做证,我们希望他试戴证物手套。此刻,没有任何比照依据。这是为什么我要求边厢。此刻此境,让辛普森戴手套,不合适。它非直接……也不妥当。"考克兰指证物手套的身份并未证明。

"我注意到它是在质证时送过来的。你打算打开它?"伊藤问达顿。

"是的，尊敬的阁下。"

"你理解比照依据尚未成立？"伊藤明显同意考克兰的结论。

"我完全理解。"达顿也没否认。

考克兰立刻插入："尊敬的阁下，我们从未见过此物，这是第一次见。我宁可建议目前尚不合适。"

"我相信这是唯一的证人，可立下依据。他将于明天返回纽约。"达顿的意思是刻不容缓，非要抢在儒宾离去之前。

"它能证明什么，就这手套？"考克兰不让步。

伊藤从盒里拿出手套，端详了一会儿："好吧，法庭已经查证过这双手套。它们有标签，大意是阿瑞斯皮质轻薄型，100% 开司米，尺码超大。我想已有足够的证据力，证明这明显是同种手套。我驳回辩方反对。"

考克兰欲擒故纵，并不那么在意："还有一个问题，法庭将允许他们让辛普森试戴吗？"

"我认为让他试戴另一双则更为合适。"

考克兰立刻顺竿上，一秒钟都不耽搁："那正是我的观点……"

话未完，伊藤打断："我说的是现场发现的手套。"

克拉克坐不住了："唯一的问题，他必须戴薄膜手套，因为有感染危险。这将扭曲尺码。"真是个聪明女子。

"等到那一刻再说。"伊藤急于回庭。考克兰仍是千反对万反对，把欺敌的功夫做足。

（一百五十）它们不合手，它们不合手

戏码演到这一出，话要说回去。

克拉克并不反对让辛普森试手套，但反对达顿急于求成。她对此取极小心极慎重的态度，视其为诺曼底登陆。小心计划，周密准备。

她私下对达顿如此急躁有个人解读。在她之后，凯尔伯格对达顿的地位已构成挑战。不仅因为各有圈子，各有景从，还因为他对 L 博士的传证，在检察院内部广有佳评。克拉克也不隐瞒自己的激赏。达顿在本案的关键场次并未登场。那个家暴实在分量不足。因此达顿急于建功，近乎不计成本，不惮代价。让辛普森试戴手套成了他的中途岛决战。

可是，克拉克从未想到他会打现场手套的主意。传证儒宾开始时，她正在关心阿瑞斯送来的手套为何没到。豪格曼告诉她，相信手套已到。克拉克催十八层赶快送下来。盒子送下后，就有了上面一幕边厢会议。

众人返回法庭，儒宾重上证人席。

达顿开口，对着伊藤："尊敬的法官，在我手上有一双皮手套，它们可以成为 372-C 吗？"

伊藤批准，372-C 这是证据号。法庭新给的。

达顿将手套递给儒宾："你看这手套，它们是阿瑞斯手套？"

儒宾将手套翻来覆去地看："它们是阿瑞斯手套，但不是阿瑞斯轻薄型手套。我们曾经讨论过的那一种，即自 1982 年到 1990 年。"

真是鬼使神差，没有这一出，考克兰也难如愿。

儒宾说，这是 1992 年改变缝法的那一种："如果，我不得不推测，实际我不能推测。我要告诉你，这双手套 372-C 实际比那双要紧要小（指证物手套）。"

达顿大失所望，同款同号同品牌当场破产，法律比照依据不成立。

III 它不合手

"你注意过辛普森的手?"

"我没有实际观察过。"儒宾昨天刚从纽约赶到,今天就坐上了证人席。

达顿万般无奈:"你不能告诉我们,这手套是否合他的手?"

"我冒险说,几乎每一个手套,由阿瑞斯菲律宾厂生产的,从中号到超大,都能合他的手。有些可能紧点,有些可能松点,但它们一定合手。"

这可真称得上冒险。儒宾实际把辛普森的手定为大号,两端都可逢源。真是阴错阳差,没有这个冒险,促不成考克兰的伟业。

随后,伊藤让达顿将刚命名的 372-C 拿回去:"我想你可能不会用它。"

达顿沮丧至极:"也许不会吧。"

克拉克抗不住了,向法庭告便,把达顿拉到一边:"这 × 的究竟是怎么回事?"

"我不知道。"达顿一副手足无措的样子,"我们必须让他试这些手套!"

"凶杀现场的手套?"克拉克大惊,诺曼底登陆八字还没一撇呢。

"今天早上,夏皮若要求看这双手套。"他完全不知道,人家已经试过比过了,"他们将做练习,如果我们不做,他们也会。"

"谁在乎?让他们做,薄膜手套会变更扭曲尺码。我们不能做,克里斯。让我们等等,直到新手套到了。我们可以再传儒宾。"

"我告诉你,我们必须现在就干。"达顿的牛脾气上来了。

克拉克让了一步:"让菲尔(范纳特)先试试。菲尔的手至少与辛普森的一样大。"

范纳特应克拉克的要求先戴好薄膜手套,再将邦迪手套戴上,略紧,但仍过得去。

克拉克看着,仍不放心:"别干这个,我警告你。"

达顿不退,誓死不退:"我们必须干。"

"为什么你×的,不听我的?这是陷阱。"克拉克低声咆哮。

"这是我的证人,"达顿发起横来,"我说了,我们必须让他试手套,现在!"

达顿百毒不侵,孤注一掷,让克拉克气结。

"我们打算让辛普森先生戴上那双原证手套!"达顿向伊藤申请,伊藤自然批准,这本是他自己的取向。他虽为法官,也与他人一样,好奇!

又是边厢,考克兰欲擒故纵:"我看现在不合适,不妥当。我的当事人原则上不反对。问题是,他不想在电视摄像机转播下去做。我不愿意让他不戴薄膜手套去试!"

陪审团回到法庭,达顿这边只问了一个问题,就敲起了开场锣:

"好,尊敬的法官,现在,人民要求辛普森先生上来,试试邦迪和罗金汉手套。"

"你同意吗?"伊藤问考克兰。法庭必须给考克兰反对的机会。

"不反对!"考克兰简直是在唱歌了。

"好,我请辛普森先生站起来。达顿先生,你从哪只开始?"

达顿左手操起邦迪的左手手套,递过去。在两造条桌的右面,有一个小小的天井,将二排律师们和家属隔开。天井对面就是陪审团。两造共用一个条桌,面向法官和陪审团,控右辩左。辩方这边,辛普森坐中间,考克兰、贝雷一左一右,夹着他。考克兰左边是夏皮若,贝雷右边为道格拉斯。辛普森说是上前,实为后退。他刚起座,两个法警随即跟上,在他身后一左一右。达顿在前,法警、辛普森、法警一行行至天井。

贝雷和考克兰看上去仿佛全不在意,无忧无惧,无喜无悲,木木然甚至都不肯扭头看一眼。待辛普森面向陪审团席站定,考克兰才侧身退出座位,跟了过去。而贝雷仍是端坐不动。

Ⅲ 它不合手

一行人越过控方座位时,克拉克坐在那里,并未起身,面色平静,乍看似带微笑。

辛普森先套上薄膜手套。达顿绕过道格拉斯,将手套递给辛普森。辛普森戴上,明显地紧,后半个手掌仍在外面。辛普森将手套费力往上拉,动作夸张,但手套确实不合。他在指间压了又捏,表示再也无法挤进,然后,手掌向上,伸在达顿眼前。达顿背对镜头,表情无法得见。辛普森对着达顿,嘴里说:"它们不合手,它们不合手,你看,它们太紧。"镜头推向手套,手心手背,辛普森翻来翻去。克拉克才站起来,达顿又递出另一只手套。辛普森又是愁眉苦脸,费力挤入。两只手套都停在半途,手掌明显在外,而掌面紧绷,无法全张。这次辛普森两手张开,一举一摊,上上下下,脸上挤眉弄眼,嘴里哼着:"它们实在太小。"镜头拉出时,可以看到法庭的看客都站起来,挤在法警身后。

片刻,辛普森觉得差不多了,开始摘手套。摘至半途,达顿又命他再次戴上,达顿递过一支笔,示意握住,辛普森握笔并无问题。试戴结束,辛普森摘下手套,递给达顿。达顿不要,又递给克拉克。克拉克也无反应,辛普森就把手套放在桌上。

达顿因此犯下一个最低级的错误,它是每个法学教授都要灌输给学生的格言:永远不问不知答案的问题,永远不做不知结果的展示。不承想,这个辛案的共同首席主控官,就这样永远住进了教科书,永远留在了课堂上。还能找出比他更生动的例子吗?

它不合手 | 辛普森案
何罪之有 | 实录

（一百五十一）这场大剧，全世界都看见了

这场大剧，全世界都看见了。直播啊！而后，又是重播，不下上百次上千次的重播。如果相信眼睛，判断应大致相同。看起来，手套的确不合手。在日后的控方回忆录中，皆说是辛普森表演，作势欺骗。理由不外乎有三：薄膜手套的错，辛普森假意挣扎，手套缩水。后来又添了一条，没有吃药。

各部归位，达顿请儒宾观察辛普森的手。儒宾口硬：辛普森的手与手套尺码相符。都是他冒险一说闯的祸，现在岂能改口？

中间一刻，儒宾从证人席上探身过来，与辛普森对掌。辛普森的手明显大一圈，儒宾本人又试戴了证物手套。进得去，满满的。

几个周折，达顿做了危机处理，只是无力回天。

若说人们的观感，有一个最好的例子。勾德伯格当时没在庭上。回到十八楼时，对此事一无所知。两个娃娃检察官（新手）迎上来，面容沮丧，气色惊慌。将试手套一事告知，这两个子鸡检察官的表情就是明证。人的眼睛很难欺骗，所谓眼见为实也。

休庭后，克拉克一路疾走，避免和达顿同电梯。怪谁？人是她克拉克自己选的。达顿发现同事们都避得远远的，或疾或缓，让他独乘电梯上了十八楼。

回到办公室，里面挤满了人，人人面色凝重，将试手套的录像反复回放。须臾，嘎塞提挤了进来："是谁的主意，让他试手套？"

达顿不胜尴尬："是我，我承担全部责任。"

嘎塞提转身出去，达顿跟上："基尔，这还没结束。我们会抓住他，我保证！"

楼下，法庭里，确实尚未结束。辛普森的律师们向伊藤请求：让辛普森再试一回，不戴薄膜手套。伊藤允可。

于是，众人又围作一圈，看辛普森再试，仍然不合。这次伊藤也是看客。手套合与不合，他心中应该有数。

（一百五十二）手套之后是皮鞋

手套之后是皮鞋。

邦迪现场留下了凶手的血脚印，这是本案的重要线索。勾德伯格传证FBI专家威廉姆斯·博兹埃克。博兹埃克专精痕迹，也属专业内全国驰名的人物。洛警局只能确定那血脚印绝非来自被兰搜去的锐跑鞋，也与辛宅的所有鞋都不符。再进一步，只好求助联邦调查局了。

博兹埃克和同事们四处搜寻，终于在一个意大利的小工厂，发现了同样的鞋型。这种鞋产量极低，名为布鲁诺·马格里，一共生产过二百九十九双，欧洲尺码四十六号，美国尺码十二号。

在美国共有四十家商店卖过。折合下来，一个商店连10双都没有。零售价一百六十美元。

当时普通皮鞋的价码与之相去甚远，只有有钱人才会买。可是他们找不到证人。这些销售人员无人有任何印象，曾接待过辛普森或妮蔻。

博兹埃克带来了一双马格里鞋。他唯一能做的，就是把这个鞋和辛普森的锐跑鞋一对，然后说："两双鞋尺寸一样，十二码。能穿十二码鞋的，在美国有百分之九的人，身高六英尺到六英尺四寸。

辛普森身高六英尺二寸。除此而外，控方再无法做出什么文章。

本来这个段子枯燥无味，掀不起什么大风波。质证的是贝雷。

贝雷质证佛曼以后，久疏战阵，每天只是过来坐坐，从未见其认真准备过什么。对这个证人，辩方也不太在意。警察手里没鞋，说什么都不管用。

勾德伯格的传证很短，明显难以为继。贝雷也该快马加鞭，意思意思。让这个无物之"证"，早早寿终正寝，赶快进入下一站。辩方现在最怕节外生枝，只剩两个候补陪审员了。

可是贝雷偏要生出花样。他已经对同事们夸下海口：让那双鞋自己踩着博兹埃克过去。好大的口气。

勾德伯格传证时，贝雷的反应让考克兰心中无底，他很少提出反对。这意味他的精神并不集中。许多该反对之处，都被他轻易放过，贝雷也不记笔记，始终让考克兰如鲠在喉。除非他已成竹在胸。

现场有两组脚印。最令人不解处，是它们都是沿着走道向着后门，彼此却成45度角。而且，痕迹是只有去，没有回。这需要解释，而洛警局选择忽略。放着最重要的事情不做，却去查牌子查厂家，然后把它与辛普森的鞋一对。尺码一样，再加上昂贵，就是辛普森的鞋？

贝雷的工作很简单。就是逼他重建现场，说说怎么回事。博兹埃克判断，此乃一人的脚印，同品牌同尺寸。"没有任何证据能证明是两个人的脚印。"

这两套脚印在图板上分别标为 M 和 O。

"你是说那 M 和 O 是来自同一个人？"贝雷问道。

"是的。"FBI 专家点点头。

"他是一脚外翻那样站着？"

仍然是的。这本是疑点。一个方向指向后门，一个方向却是无解。但是专家似乎已接受冯丹尼的教训，绝不轻易退后一步。

贝雷又玩起考问佛曼的战术，慢慢推磨，寻找空隙。这样要求他自己先站稳。非常不幸，FBI 专家的错隙没捕到，自己先出了丑。首先鞋的尺寸说错了，接着证人的名字又错了，称其为迪德瑞克，这是贝雷的下一个证人。对这些错误，全场闻之愕然，一个名满全美的大律师，突然成了风烛老人。

考克兰这边早已是怒上心来。

博兹埃克将两组血足印的不同，解释为凶手来回走了两次。这个解释反而支持了辩方的理论。凶手在现场的时间远非控方所说的那么短。贝雷本该好好利用开发。

"好了，既然没有折回的证据，那么假设两人穿着同样的品牌同样的尺码呢？"

博兹埃克立刻有了机会，有点喜形于色了："不可能。如果两人穿同品牌同尺码，那应该是普通品牌大路货。"

贝雷本意是凶手有意迷惑警方，反侦查。博兹埃克指出，既是反侦查，为什么会穿如此特殊，价格昂贵，品种稀有的鞋呢？不仅如此，还有技术上的困难，如果其中一人并非十二码的脚，穿上十二码的鞋，如何保证迅速脱离现场呢？博兹埃克问得振振有词。

贝雷的奇思立刻摇摇欲坠。

"在我查过的案子中，同品牌同尺码，由两个人穿的，一只手能数过来。"这就是说，贝雷的假设并非无边无际，"但是全都是大路货。"

这是拿经验说事，搪塞解释。贝雷给了他这个机会。

辛普森在一边已经坐立不安，考克兰则怒目而视，希望贝雷住嘴。

"你所指的是巧合。我的意思是有意设计，同品牌同尺码。"贝雷不停。

"你是指他们有意为之？"

"绝对的。"局面成了证人问，律师答。

"他们真要作局，会买普通鞋。他们不会寻找160元以上的鞋……"

"但是，这是否可能？"

"以己之见，绝无可能，这是荒谬！"

此事贝雷若不深究，本是无解，留下疑问，岂不是很好？现在提出这么一个怪论，把招数使老，让人家反攻上来，反而落了下风。

整个辩方团队都怒了：好端端的局面，看上去却像胡搅蛮缠。

（一百五十三）辛普森：今后不必给贝雷派活

辛普森让卡达辛传话，他不需要贝雷再上庭，无论质证还是传证。这是休庭后，贝雷去辛普森那里邀功，两人争吵的结果。

更重要的是他打乱了辩方的部署。辩方确有两个凶手的牌，绝不是什么同品牌同尺码。辩方视此为高度机密，能瞒多久，就瞒多久。

贝雷自认是重大胜利，可是整个团队都不同意。卡达辛再次充任影子总管，于次日将主要人物聚齐，塔夫茨、考克兰、夏皮若、道格拉斯、查普曼。

卡达辛正式传达了辛普森的意见，今后不必再给贝雷派活。这次，贝雷最亲密的盟友考克兰，也没有说一句好话。不过最快活的，另有人在。座中笑容谁最多，交易律师夏皮若。

唯一例外，下一个证人仍是贝雷的活。因无人能接，太仓促。不过，贝雷此役的恶果，对他个人的影响，日后才能看出来。

（一百五十四）辛普森再试手套

控方的案子渐入尾声。除去 FBI 的毛发痕迹专家，尚有一传。其他都是缝缝补补，锦上添花了。

III 它不合手

6月20日，控方收回妮蔻母亲的传证，也放弃就EDTA传证FBI专家。克拉克的理由：控方已经证据如山，没必要画蛇添足。

这一日，控方传证了布鲁明岱尔的销售经理，正是妮蔻买手套的那一家。他证明卖过辛普森四五双鞋，但不记得卖过马格里鞋。这个证人到底证明了什么？

之后，传证辛姆斯。据上次做证，已经一个月过去。他向法庭提供了新的DNA结果。与以前的证词无大区别，辩方无可无不可，质证几句，草草收兵了。

一双新手套终于抵达了，控方的救命草。6月21日，儒宾被召回。达顿和儒宾仔细核对：70263，丝毫不差，而且是崭新的。

儒宾在证人席上说，这个尺寸与辛普森的手"绝对合"，可以很轻松地戴上。

那么现场手套不合？那是因为经过风雨高温血浸，收缩了。至少百分之十五，儒宾如是说。达顿还在传，克拉克悄悄退出。她想让辛普森再试一回。此举甚冒险，克拉克一人承担不起。这回是新手套。她向十八楼打了个电话，接话人是凯尔伯格，她的新主心骨。"我看可以试试？"凯尔伯格同意，"告诉他，就这么干！"

克拉克有了支持，递了一个条子给达顿："让辛普森试！"

达顿的脑子里从无这个想法。他已经破了胆。几天里，达顿备受冷遇。克拉克一直负气，见面无话，再也没有过去那份亲热了。达顿本就是独居，女儿在前妻那里，早就尝尽情之冷暖。这几夜，混个孤枕难眠。更难堪的，几个资深律师开会，不再通知他达顿，把他晾在一边，真正被同事们流放了。如今的达顿，不过是黑皮肤的木偶。

现在，让他再试一次？这个麦城走不了。看达顿没有反应，克拉克凑上去急催:"快啊!别犹豫,这回一定合手。"

达顿同意了,虽然迟疑。他向法庭申请让辛普森再试,这次赤手,不戴薄膜手套。

老天有眼,辛普森戴进去了。达顿眉飞色舞了,请儒宾发言。儒宾宣告:"我以为它们相当合手!"

控方皆大欢喜,自认扳回一城,克拉克尤其如此。尽管听了克拉克的劝,达顿仍未挽回失宠的局面。此后几周,克拉克对他还是寡言鲜语。如果没有试过现场手套,此举也许就定了乾坤。试过那双现场的,陪审团还能买多少账?辩方显然更有数。

(一百五十五)不打倒佛曼不算完

这几天,辩方又得秘密武器,准备用在佛曼身上。不打倒佛曼不算完!秘密武器?麦坎南给李昌钰的一份备忘录,大意如下:

自从贝雷听了你的建议,我们做了一个刑侦对比试验:测试邦迪和罗金汉的手套。我于6月12日(妮蔻被害一周年),买了一双黑手套。在1995年6月12日晚10点30分,请医生在手上抽了3毫升的血,涂在手套上,整个过程全程录像。

左手手套放入保鲜塑胶袋,然后放在佛曼发现手套处。右手手套则放在室外地上,让它们过夜,也是全程录像。

两处皆有人戒备,不许任何人碰。

6月13日早上5点30分,我和贝雷返回原地,整个过程仍是录像存证。

在塑胶袋里手套上的血,仍然潮湿。完全暴露在空气中的手套,上面的血则已经全干了。

备忘录附有照片,录像。

同日,控方传证了电话公司的人,就辛普森的通话记录,拉了一个单子。

下午 2 点 18 分,与妮蔻通话,时间 3 分钟。2 点 22 分,与佛罗里达波拉的家通话,未接通。2 点 23 分向洛杉矶波拉住处打,1.5 分钟。2 点 24 分向佛罗里达打,仍未通。晚上 10 点 3 分,辛普森又向佛罗里达和洛杉矶打了几个电话,还是无通话。

另一件事,密苏里法官裁定,马克斯可以豁免去洛杉矶做证。辩方传证他的努力宣告彻底失败。

(一百五十六)亲爱的朋友又发臆想症了

克拉克继续清仓,回到 DNA。DNA 技术十年有余,渐被法界接受。但是,两人以上的混合鉴识,仍是前所未有。

辩方早在 3 月,就已递交动议,要求对此先听证,后传证。两者区别:前者无陪审团在场。

控方的证人是威尔博士,原籍新西兰,人口统计专家。他的数据给出来很晚,没有赶上 DNA 传证。因此,辩方这边,纽费尔德窝在考克兰律师楼,连日补课。现炒现卖,难矣。

若是仅仅如此,还好说。威尔给出的公式不仅前所未有,即使是统计学家也是初次尝鲜,而且,他的方法不断改变,一个报告接另一个报告,不知是用不同的方法求证,还是同一种方法递进修改完善。

这还不够，他最终并未使用同一方法去统计不同的混合，而是用不同的方法去对付不同的混合。真正是换一个地方，打一枪。因此，辩方坚持听证，反对立即传。

听证时，人们听到了从一百亿到一千亿级的数字。这等于他说是，那就是了。地球上绝找不出另一个组合。

伊藤裁决，可以传，不出众人所料。法官禁止某人某物入证，需要极大的理由，极大的意愿。这极大的意愿对法官而言，就是极大的不可能。伊藤也不例外，辩方更不意外，算是一场质证的操演。

手套的事仍未完。在威尔听证之前，众人又去了边厢。达顿告诉伊藤：“我们得知，在辛普森试手套时，有一件事让我们很在意。辛普森日常服用抗风湿药。我们查过，其中一种是抗肿胀的药。据我们所知，在试手套那天，他没有服，因此造成骨关节肿胀。”

这个态度很有趣，辩方始终强调，辛普森有风湿症，手脚不便，就是想杀人，也力不从心。控方不买账，坚称这是借口，那份健身录像可以证明他行动便给。现在，他的遗传风湿要为手套不合负责了。

考克兰冷笑一声：“我亲爱的朋友，又发臆想症了。人家服了药，他不希望生病受罪。”

达顿继续推进，控方手上又有了新证据。有人寄来照片，证明辛普森戴过阿瑞斯手套。控方正在传 NBC，要他们提供 1993—1994 年美式足球季，辛普森的采访录像。

（一百五十七）我相信你找到了我的错误

6月23日，纽费尔德一开场，就咄咄逼人。

"在你的职业生涯中，你犯过什么错误，就你的专业而言？"

"我，肯定我犯过。"

"你是否同意，博士先生，即使你有深厚完善的理论，在未来某个时刻，也会最终被完全驳倒？"

纽费尔德话说得太大，威尔不能退。但是，陪审团明显警觉起来。这话后面深不可测，只怕又有好戏。陪审团的经验已经够丰富了，他们早就学会从辩方的口气中预测了。

"我不信，我不信任何我的学术出版，会如此。"

那纽费尔德就不客气了。

"你的统计包括了塞尔马克、FBI和加州司法处罪证室的数据。那么你的结论为什么把洛警局罪证室的DNA数据吐掉了，难道不是？"

威尔承认，没有将洛警局的数字纳入。

打蛇打七寸，纽费尔德紧逼："你可知道，洛警局也做了DNA的测验？"

威尔十分无奈："我是昨晚8点钟才知道的。"

纽费尔德开始庖丁解牛："你选择不包括下列一对基因码，应该是1.2等位基因码。难道这不正确？"

"我相信你找到了我的错误，纽费尔德先生。"威尔极力保持面不改色，但在天文数字还没落下时，已有出师未捷身先死的况味了。

辩方这边，幸运还未满二十四小时。昨晚，辩方律师汤普森回到住处，边看新闻，边想白天的听证。突然一个灵感落入脑中，鬼使神差的。他蓦然发现，威尔有一个报告，没有用。细读下来，报告上有一个公式很陌生。他发现，威尔忽略了一组隐形同位基因，即纽费尔德所提的 1.2 等位基因码。这些基因都有码，在测试中，并未得到所有的码。有的码被遮盖，必须通过推演才能得出。

简言之，当两人的血混在一起，一个人的血被另一人的覆盖，意味会有一人的等位基因码被另一人的遮挡，威尔博士忽略这个因素，未将所有辛普森的等位基因纳入统计。如果纳入，这些忽略的等位基因码的概率变化由小向大。这个错误是单向的，其结果不利辛普森。

汤普森发现此错，当即跳了起来，冲出房间，人在走廊里奔，心在天上飞。纽费尔德立即领会了其中的含义。两人临阵磨枪，设计了一套新问题。

"这些数字，被你放在展板上，是选边，对辛普森不利，不是吗？"

"这些数字，看起来，是那个意思。"科学家的良心受到重创。

考克兰看到此景，乐不可支。他万万没想到，纽费尔德会在统计上也玩出花样。他原以为，这一出，只能公有公理，婆有婆理。

"我诚意表示遗憾歉意，我自感羞愧。当我计算时，没能考虑到任何刑侦因素。如果你认为我是那样（偏见选边），我愿立刻补救。"

还能有比这更好更轻松的证词吗？冯丹尼的是和可能是也只能望其项背。

当然还有一套典型的美国逻辑表达：虽然有这些错误，并不影响结论，尤其不影响塞尔马克、FBI、加州法务局的结论。因为他们的统计都是针对单一血样的。犹如我们听惯了美式谦虚：虽然我们有这样那样的错，我们仍然是最好的。这种表达挂在所有控方证人的嘴上，概莫能外。

大体而言，威尔的数字更空泛，令人难以把握。比如，他给出勾德曼鞋上的血，如果来自两人以上，其概率是三百万分之一到一万亿分之一，跨度大得没边。所有计算过程，对陪审团而言有如天书。小孩子看不懂大哥大姐的微积分考卷，但是足以看明白叉子和对钩意味什么。

（一百五十八）纽费尔德质疑控方基因库

6月26日，纽费尔德继续，这次质疑控方三家DNA的基因库。这是早有准备的，也算旧事重提。

威尔统计的对比样本，不外乎根据塞尔马克、FBI和加州法务的基因库。威尔承认确实如此。威尔同意，如果有个全人类的基因库最好，但这绝无可能。纽费尔德暗示三家的基因库，差之远矣。

纽费尔德建立了如下事实：塞尔马克至少有一个基因库，没有亚裔基因。FBI基因库的一部分，没有黑人的基因。因此，纽费尔德称其为便利基因库。他们并非随机抽样所得，不具代表性。

威尔不同意，认为纽费尔德提及基因库的种族构成，有意误导陪审团。这三家的基因库，完全可以接受。这就是考克兰预估的局面，各执一词。

但是，有一样，威尔无法圆说，那就是微积分考卷上的叉子。他不得不承认，他的计算是连续出错。出错的原因？电脑软体的错误。"这比我想象的更糟！"

纽费尔德还有一个绝招，牵着威尔将计算一个一个地过。威尔在周末计算时，未做第二遍验算。其结果，得出了不同的得数。他承认这些经过修正的结果，有利于辛普森。如仪表盘周边的血，来自辛普森三人混合的概率由原结果的一千四百分之一，降为五百七十分之一。

（一百五十九）手套的故事还在继续

手套的故事还在继续。不过这次在辩方，在庭外。

6月23日中午12点,一个布朗家和辛普森家的共同朋友致电考克兰,称在1990年或1991年圣诞节,妮蔻·布朗送了他两双手套,都是阿瑞斯的牌子。现在,他手上有两只,一只深棕色,内为开司米。一只黑色,内为普通皮毛。他已经将这些手套的另一半,送给了控方。

他在电话中说:"我在新闻中看到辛普森戴的手套,很像妮蔻送给我的那两双。"此人名叫汤玛斯·麦科考伦三世。妮蔻被证明在1991年12月18日买了两双阿瑞斯。看起来,那两双自布鲁明岱尔买的手套去向,似乎有了着落。辩方仍然为难,他们无法证明此两双,就是妮蔻买的彼两双。

而控方收到手套后,只字未提,显然无意入证。辩方此刻吃不准,如何应付这个报料人。毕竟手套一事已见胜负,把此人扯进来,会不会画蛇添足?因此,辩方也将此事搁置,日后也再未提起。

(一百六十)克拉克寄望最后一战

控方案子最后的时刻到了。自6月27日到7月5日,一共用去五个法庭日。这五天,其意义有如中美上甘岭之战。最后的时刻,最后惨烈的争夺。其战并不影响全局,只是关乎收官是否精彩。

也可称为毛发痕迹大战。毛发痕迹证据往往能把嫌疑人带回犯罪现场,在DNA时代以前,乃是刑侦人员的所爱,其可信程度仅次于指纹,具有易辨易懂的优势。它的相似性可通过显微镜放大后直观。这个直观极为重要,眼睛就能办事,比动脑子、看数字简单。对来自各行各业的陪审员而言,说服力很高。

克拉克对最后这一战寄予期望,尤其是在搜证、DNA、手套脚印三大战役备受挫折之后。

这一战的主要证人是 FBI 的毛发痕迹处处长,也是本案中有数的高阶官员。克拉克把他留给了自己。为了结尾光彩照人,克拉克将原定要传证的家暴证人砍去,这也包括妮蔻的母亲朱蒂莎·布朗。

这个决定,让达顿气煞,抱怨不曾与之沟通。家暴是达顿的领地,家暴一战,不咸不淡,食之无味。佛曼明显是烫手山芋,原计划利用他达顿的肤色,缓解一下,但他生生拒绝。手套一事鲁莽,中了对手的计。唯一能再出点彩的家暴,被拦腰砍断,火能不大?

不过,达顿的日子今非昔比。他已经没有话语权,失去了嘎塞提以降的信任,处境颇似辩方的贝雷。克拉克趁势收回了决策权,现在是一人说了算。

(一百六十一)大处长的图板

6月28日,克拉克传苏珊·布罗克班克,一位收集毛发及其他痕迹的罪证专家。克拉克仍是细节至上。让布罗克班克从戴手套起,一件一件叙述,手套、毛线帽、血衣、毛巾,还有铁锹,最后自辛普森头上取了九十三根头发,过程枯燥沉闷,然后又是刑侦科普。

另一个警察唤来,仅是如何登记造册。诸般琐事,竟被克拉克用去一天,实在是被辩方的刁钻整怕了。

辩方毫无兴趣,三言两语将他们打发了。

当天最后一个证人登场。道格·迪德瑞克大处长。他带来许多图板,克拉克对此极为满意,先请辩方律师过目。不想考克兰、贝雷们一看就炸了,几人近乎鼓噪。他们看一个,脸色就难看一回,最后对着一块图板发难。

这块图板记录了：勾德曼衣服上的黑色纤维与罗金汉手套及袜子上的相符，等于直接将勾德曼与辛普森连在一起。两人除去这场谋杀，断无可能有任何机会接触。

辛普森的律师们转向伊藤，要求禁展。理由？此前从未见过。还有一张照片，是当晚辛普森所穿蓝黑色外衣的照片。此照片来自何处，无任何说明。

克拉克辩论，图板并非证据，照片也不是，它们只是与大处长调查细节相符。辩方已经见过这些调查细节，因此控方并未隐瞒。伊藤裁决，该图板留给辩方，回去看过再说，缓用。

另外三块展板，辩方也有异议。

一是有关狗毛的展板。这也是自狗叫传证，那条狗再次进入本案。展板上，一组照片比较了狗毛。白色阿基塔的毛出现在两只手套上，邦迪的，罗金汉的。这问题倒不大。白色阿基塔在现场，罗金汉手套上有，也不是问题。辩方一向主张为佛曼栽赃，可是类似辛宅的黑色阿基塔的毛，却出现在犯罪现场，而且在邦迪手套上。其意义就是，手套绝对属辛普森。

贝雷愤怒指责，控方有意隐瞒了一个细节，意在误导陪审团。展板未将勾德曼住处的类似黑色犬毛包括进去。伊藤裁定，展板可以呈堂，贝雷也可在日后质证时提出勾德曼住处的狗毛。

第二块展板是妮蔻的衣服纤维出现在勾德曼的身上。

第三块展板，在辩方反对之初，并不显眼，乃是罗金汉手套和邦迪现场的毛线帽上均有米色纤维，这与野马车的地毯近似。

所谓近似，是伊藤定下的规矩，只因毛发远不如指纹、DNA，而DNA的用词也受到限制。只允许用一致，不准用吻合。"吻合"一词只能留给指纹。三种不同表达：近似，一致，吻合。这反映了证据力的轻重。

对后面的三块展板，伊藤一律通过。辩方反对无效。其实，伊藤那个暂缓裁决，也是通过，无非给辩方一夜的时间。一个展板一张照片还需要几天吗？

此日由是结束。控方没有传。

（一百六十二）克拉克掉进油锅

6月29日，FBI的毛发痕迹处处长道格·迪德瑞克入场。他明显受到礼遇。前面的证人都是坐在庭外，等候法警带入，而这位处长，却是坐在控方席后面，栏杆席之内。也许是最重要的证人，也许是身份崇隆。没有人对此提出异议，至少伊藤没有说什么。

正是这个特殊的礼遇，导致上甘岭战役开打。如果他依例坐在庭外，也许什么都不会发生。

开庭初争论仍集中在展板上，克拉克回去查了记录。这块展板已经让辩方看过，而且一个月有余。她说，是负责此事的律师，自然应是贝雷。辩方不认。

在争执中，考克兰突然发现，迪德瑞克手中有一个夹子，就好奇地问克拉克："那是什么？"

克拉克回答："不知道。"

两人就过去查看。考克兰一打开夹子，原来是一份报告，详述野马车地毯的颜色、构成和年份，题目是《寻找来源》。考克兰一看就炸了，原来其中有惊人的秘密。

这批地毯为1993年、1994年野马车特制，此前此后皆未用过。辛普森的野马车是1994年新车。这样范围大大缩小，几乎锁定来自辛普森的野马车。

尽管这款野马车很俏，但是，说凶手也凑巧有一辆，恐怕是太巧了。

克拉克这回不说不知道了。她解释，迪德瑞克的调查都是来自公共记录，因此，她以为辩方应该已经调查，已经知晓，没想到细节却是来自私有渠道，实在出乎意料。这个理由并未解释，为何报告没有交给辩方。

考克兰如何能干，这样重要的细节一直瞒到现在？其实，这也是辩方一直玩的把戏。他们只要求自己的专家证人尽量不记笔记，只准备结论。即使有笔记，也要等到最后时刻，才交给控方。尽量利用规则，延滞对方的有效反应。但是，他们毕竟都向控方公开了。为这类事，双方不知干了多少场仗。

如今，下一分钟就要开传。这样致命的细节却藏在证人的夹子中，这显然不公平了。

考克兰几乎失态："这是本案中，最险恶最极端的违规。"证人大处长的解释为，他认为依据洛杉矶证据法，这份报告在豁免之列。

克拉克立刻掉进了油锅。即使是真的无辜失察，违规一事已成定局。伊藤也焦躁起来。在克拉克的眼里，是同情她的处境，却恨她玩小聪明，葬送了一个有价值的证据。不幸，证据法摆在那里，一切都在公众眼皮底下，想帮她也难。

考克兰援引加州证据法：必须将导致结论的细节笔记，交给对方。考克兰狮子大开口，针对这个严重违规，动议禁传这个FBI的处长大人。

克拉克退无可退，索性来混的，撇开法规说事："他们并没有被隐瞒任何事。在历史上，从来没有一个被告，像他那样，能让所有人对之俯首鞠躬。"

考克兰一听更怒："没有一个被告曾经有过如此多的政府部门和法律官员排着大队来指控他。"

考克兰告诉伊藤，辩方确实就地毯纤维问过福特公司。与FBI的途径一样，却被告知是普通地毯。福特公司隐瞒了这一细节，却让FBI持有另一版本。

"我们正在与政府的权力作战。"考克兰然后手指传证的讲台,"当 FBI 一打电话,就是另一个局面。"

(一百六十三)伊藤痛苦的裁决

伊藤裁决下来了,表情十分痛切:"证人可传,图板可展。毛发痕迹与野马车的地毯一致,但是处长笔记的细节不许说。"因此,陪审团无从得知,这批地毯为 1993 年、1994 年野马车特制。

克拉克转向伊藤,哀求道:"我也是刚知道的。我从未要求他写任何报告,如果法庭定我们疏忽,我请法庭直接惩罚我个人,不过请不要惩罚本案的证据。"几分钟前,她刚说过,没有隐瞒任何事。

伊藤读了一遍报告,才开口:"这确实有分量,它的确缩小了地毯纤维的来源。"伊藤随之下了裁决,表情更为痛苦:"控方禁止提及报告中的任何细节。"

克拉克传证还是从资历开始。

迪德瑞克入 FBI 二十三年,做过五十万例的痕迹对比试验,为四千个案子做过证,这样资历丰富的老手却误解了加州证据法?

6 月 30 日后的三天,迪德瑞克做证。他遵照伊藤的命令,使用"近似"一词,表述本案毛发痕迹的证据:

近似妮蔻的毛发在两双手套上。罗金汉的,邦迪的。

近似勾德曼的毛发在罗金汉的手套上。

近似辛普森的头发在勾德曼的衣服上。

近似辛普森和妮蔻的头发在邦迪现场的毛线帽上。

近似野马车里地毯纤维在毛线帽和罗金汉的手套上。这种罕见的纤维也在野马车中毛巾塑料袋和铁锹上,"罕见"一词被他用了。贝雷没有反对,被他偷垒成功。

最后,近似妮蔻的衣服纤维在勾德曼衣服上。这一情节被克拉克仔细利用,借助迪德瑞克的嘴,建立了途径:通过辛普森的手套,完成了纤维的飞跃。这证明辛普森先击昏妮蔻,再去收拾勾德曼,遗下纤维,再回来割妮蔻的喉。克拉克可谓善用证据,但是如果在凶案前,两人拥抱过呢,即使是礼节性的?克拉克当然不会同意。克拉克终其本案始终避免暗示两人的情人关系。既然如此,渲染家暴,力度欠了几分。

此外,还有近似毛线帽的纤维在勾德曼的衣服上,近似手套的毛在勾德曼的衣服上。近似蓝黑色的衣服纤维在罗金汉手套上,在毛线帽上,在辛普森的袜子上。

(一百六十四)贝雷质证无功而返

贝雷入场质证,两边期待不一。克拉克推测,贝雷会着重逼证人承认,毛发痕迹远不如 DNA、指纹。因此,无须多费口舌,点到为止,让它们近似去吧。

而辩方知道,贝雷已不可能带来任何戏剧性的翻盘。让他质证只为一时无人接手。希望他中规中矩,提出可靠的疑问,多多益善。

可是,贝雷上来先讨论什么"随机""同样"和"近似"让众人在不知所云中盲目期待。期待这些词背后能生出什么花样。可是吊足众人胃口,却不曾抖出任何包袱。

III | 它不合手

从他的表现看，并没有做任何功课。众人跟着他的思路晕头转向。考克兰和道格拉斯坐在那里，大生闷气。

贝雷还质疑大处长的资格。发表过多少文章，参加过任何学术协会。难道做过五十万例比对，为四千案子做证，入FBI二十三年，身为大处长，资格还不够吗？这又是近乎无理取闹，使人怀疑他并未跟踪克拉克的传证。

但是，贝雷的质证也并非一无所取。他逼迫迪德瑞克承认，没有比对到场警察的衣服纤维，警察的也是蓝黑色。他还拿不存在的痕迹毛发垫补：野马车上没有死者的毛发，邦迪手套上没有辛普森的毛发。袜子上没有两位死者的毛发。难道这真是什么疑点？众人想不出究竟。

他唯一重要的贡献是让大处长承认，现场发现近似的辛普森毛发，都没有头屑，而在辛普森头上取证的头发都有头屑。这也不是来自贝雷自己的功课，只是日后辩方将推出自己的证人，证明辛普森的头发有头屑。

克拉克再传证，对贝雷又是几棒。他让迪德瑞克说明，辛普森的头发在他入狱后一个月，方才取样。言外之意，狱中卫生状况，或辛普森自己的状况，导致出现头屑。警服是纯毛的，与现场毛发纤维不同，颜色也非现场发现的颜色。

最后，克拉克又给迪德瑞克机会宣示，他的研究与其他DNA验测隔绝。他并不知道人家的结果。因此，他的结果不受任何外界影响，完全是独立得出。

查点战绩，贝雷大致是无功而返。辩方自考克兰以下，无不大失所望。辛普森更是恨声不绝。而克拉克相反，对他的质证评估却是差强人意。

贝雷质证之后，控方又读了三份约定。所谓约定乃是双方同意，不传证人，只读相关文件，对此不传不质。

第一份是朱蒂莎·布朗关于就眼镜与妮蔻的内容。1994年6月12日9点40分。第二份是朱蒂莎给餐馆电话，给妮蔻电话及警察给辛普森电话的记录。

第三份则是两张凶杀现场死者的照片。

这三份文件都是铁板钉钉,辩方也不愿劳神去质证,且随控方去吧。

至此,控方的全部控案完成,历时五个月,传了五十八个证人。展板四百四十八块。三万四千五百页法庭记录。解职了十名陪审员。试了两次手套。

控方证据建筑在家庭暴力、犬吠、DNA和毛发痕迹之上。无目击者,无凶器,无作案时的衣物,除去袜子手套。

它不合手 何罪之有 | 辛普森案实录

许卫原 著

Ⅳ 何罪之有

人民日报出版社

图书在版编目（CIP）数据

它不合手　何罪之有：辛普森案实录 / 许卫原著.
-- 北京：人民日报出版社，2018.11
ISBN 978-7-5115-5691-2

Ⅰ．①它… Ⅱ．①许… Ⅲ．①刑事犯罪－案例－美国
Ⅳ．① D971.24

中国版本图书馆 CIP 数据核字（2018）第 233930 号

书　　名：它不合手　何罪之有——辛普森案实录
作　　者：许卫原

出 版 人：董　伟
责任编辑：马苏娜
封面设计：主语设计

出版发行：人民日报出版社
社　　址：北京金台西路 2 号
邮政编码：100733
发行热线：（010）65369527　65369512　65369509　65369510
邮购热线：（010）65369530
编辑热线：（010）65369522
网　　址：www.peopledailypress.com
经　　销：新华书店
印　　刷：大厂回族自治县彩虹印刷有限公司

开　　本：710mm×1000mm　　1/16
字　　数：840 千字
印　　张：66.25
印　　次：2019 年 6 月第 1 版　　2019 年 6 月第 1 次印刷

书　　号：ISBN 978-7-5115-5691-2
定　　价：168.00 元（全四册）

目录 Contents

（一）赢是律师们的终极目标 …………………………… 001
（二）法庭上的黄花 ……………………………………… 004
（三）这一天传了六个证人 ……………………………… 008
（四）辩方动议将妮蔻的求和信入证 …………………… 010
（五）一对盲约男女 ……………………………………… 012
（六）两个证人坚守阵地 ………………………………… 014
（七）辩方的第三个时间证人 …………………………… 016
（八）最后证人距目击者一步之遥 ……………………… 017
（九）不不，我不认识那个人 …………………………… 020
（十）达顿的条子 ………………………………………… 026
（十一）我知道那是 OJ，这必然是他 ………………… 027
（十二）贝雷的新活儿 …………………………………… 030
（十三）回程机上的辛普森 ……………………………… 032
（十四）泰山的爷爷 ……………………………………… 035
（十五）凯尔伯格放了一段录像 ………………………… 037
（十六）我们并没有在这里演戏 ………………………… 039
（十七）辩方马不停蹄引入一个证人 …………………… 041
（十八）考克兰早早收场的绝顶秘密 …………………… 044
（十九）录音确实是佛曼的声音 ………………………… 046
（二十）车里的血迹 ……………………………………… 047
（二十一）辛普森的卧房里没有袜子 …………………… 054
（二十二）达顿的质证，别开生面 ……………………… 055
（二十三）沙克隐藏李昌钰的宝贝 ……………………… 057
（二十四）EDTA—袜子—后门血 ……………………… 058
（二十五）布莱希尔拎出 EDTA ………………………… 061
（二十六）克拉克对 EDTA 的反攻 ……………………… 063
（二十七）挡住了洗衣粉，却没挡住食品 ……………… 065
（二十八）布莱希尔拿 FBI 探员牛刀小试 ……………… 067
（二十九）马尔兹受到司法部训诫 ……………………… 070
（三十）纽费尔德：吓唬人呢，只管传 ………………… 071
（三十一）"麦当劳"教授的结论 ……………………… 072
（三十二）克拉克顺势而上，另立其说 ………………… 074

1

（三十三）这个传证被我否决 …………………… 076
（三十四）辩方追查袜子的新闻来源 …………… 080
（三十五）有记者愿就新闻来源做证 …………… 083
（三十六）辩方"传证"护士录像 ……………… 084
（三十七）克拉克们的醒悟，N 词只是小事 …… 086
（三十八）交叉污染的证据 ……………………… 087
（三十九）贝雷的传真：我们赢啦 ……………… 089
（四十）沙克一出法庭就高叫：巨大，巨大 …… 092
（四十一）你没注意？他们早就明白了 ………… 094
（四十二）明天我真能见到，我会欲仙欲死 …… 097
（四十三）肉弹斯达克黛尔口中的波拉 ………… 098
（四十四）约克这个名字，第一次出自伊藤之口 … 101
（四十五）亨利认为巴登更好 …………………… 102
（四十六）巴登的名望是优先开发的金矿 ……… 104
（四十七）袜子上的血迹 ………………………… 106
（四十八）两人一问一答力攻 L 博士的结论 …… 108
（四十九）还是佛曼录音 ………………………… 109
（五十）辩方版本的妮蔻死亡过程 ……………… 110
（五十一）巴登分析勾德曼的伤势及成因 ……… 112
（五十二）巴登不能再谦虚了 …………………… 114
（五十三）凯尔伯格直奔巴登笔记 ……………… 117
（五十四）巴登不给凯尔伯格任何机会 ………… 119
（五十五）吃饱到消化的辩论 …………………… 123
（五十六）他们不许我们碰 ……………………… 125
（五十七）妮蔻背部的"鞋印" ………………… 128
（五十八）道格拉斯的嘴咧到耳根 ……………… 129
（五十九）克拉克桌上的佛曼录音 ……………… 131
（六十）佛曼录音的所有人现身检察院 ………… 132
（六十一）佛曼录音文字稿到达辩方手中 ……… 134
（六十二）克拉克醒来，又是一个女强人 ……… 137
（六十三）贝雷悲哀地发现没有自己那一份 …… 139
（六十四）佛曼录音究竟说了什么 ……………… 140
（六十五）录音中的警察恶行更让人瞠目 ……… 143
（六十六）没有手套？拜拜！…………………… 148
（六十七）伊藤：也许宣布流审 ………………… 150
（六十八）克拉克就法官妻子做证开出条件 …… 153
（六十九）考克兰的反对 ………………………… 156
（七十）换掉伊藤，谁能进来？………………… 158

| 目 录 |

（七十一）敦促伊藤辞审的信传入法庭 …………… 160
（七十二）克拉克的胜利 …………… 162
（七十三）这么收场，只因为法官老婆是警察？…………… 162
（七十四）今天我打算出一口气 …………… 165
（七十五）加州最高法院的判决 …………… 168
（七十六）谁是那个高层？谁批准了他？…………… 170
（七十七）袜子的简注 …………… 171
（七十八）证人克斯特勒的困境 …………… 175
（七十九）考克兰原计划中的李昌钰 …………… 177
（八十）新闻来源的难题 …………… 179
（八十一）三个专家证人多而无当 …………… 181
（八十二）费耶前任男友查德证言 …………… 183
（八十三）法庭上的不速之客 …………… 184
（八十四）沙克传证李昌钰 …………… 186
（八十五）李昌钰的美国警察生涯 …………… 187
（八十六）酬劳的去向 …………… 189
（八十七）李昌钰的歉意 …………… 191
（八十八）法庭上的几对冤家 …………… 193
（八十九）他们的脸色：我不受欢迎 …………… 196
（九十）一波方平，又生一波 …………… 198
（九十一）某事蹊跷 …………… 200
（九十二）质证李昌钰的压力 …………… 204
（九十三）勾德伯格质证李昌钰 …………… 207
（九十四）无视劝告，李昌钰的成名作终被提起 …………… 210
（九十五）李昌钰捍卫他的名言 …………… 213
（九十六）勾德伯格另立一说 …………… 216
（九十七）那，你们就打一架 …………… 219
（九十八）控方背城借一，辩方垓下之围 …………… 222
（九十九）伊藤让克拉克七窍生烟 …………… 225
（一百）佛曼录音所有人麦金尼小姐 …………… 227
（一百零一）伊藤判决让辩方大怒 …………… 230
（一百零二）考克兰被激怒了：我恨这个口气 …………… 233
（一百零三）我们认为打开了一个新的口子 …………… 235
（一百零四）没拍照时，他离手套有多近？…………… 236
（一百零五）录音里都是真名实姓 …………… 238
（一百零六）这轮证人一完，她将看到辛普森 …………… 242
（一百零七）贝雷又获三个证人 …………… 243
（一百零八）地产商拜尔的证词 …………… 245

（一百零九）控方质证拜尔 …………………………… 246
（一百一十）这不是那个满嘴"黑鬼"的警官吗？ …… 249
（一百一十一）考克兰传证得到三样东西 ……………… 250
（一百一十二）佛曼至少有三段时间无人相伴 ………… 252
（一百一十三）麦金尼得到警告，达顿将肆行攻击 …… 256
（一百一十四）再来个深呼吸 …………………………… 258
（一百一十五）达顿：我将出示她给佛曼的情书 ……… 261
（一百一十六）这是辩方的底线，也是威胁 …………… 262
（一百一十七）达顿质证豪格 …………………………… 264
（一百一十八）考克兰的运气 …………………………… 266
（一百一十九）佛曼入庭 ………………………………… 268
（一百二十）问他如果他栽赃了手套 …………………… 271
（一百二十一）佛曼离庭 ………………………………… 272
（一百二十二）辛普森自证是画蛇添足 ………………… 273
（一百二十三）伊藤的指示被上诉法庭推翻 …………… 275
（一百二十四）伊藤瞪着火眼："现在！" ……………… 277
（一百二十五）天上又掉下一块馅饼 …………………… 278
（一百二十六）布莱希尔精彩震撼的大戏 ……………… 280
（一百二十七）抽血护士改了口 ………………………… 281
（一百二十八）控方反击李昌钰的两个杀手说 ………… 283
（一百二十九）琼·伊兰的模拟投票结果 ……………… 285
（一百三十）众人笑考克兰幻想 ………………………… 286
（一百三十一）夏皮若宣布范纳特为敌意证人 ………… 287
（一百三十二）FBI 探员的报告 ………………………… 288
（一百三十三）辩方传唤 FBI 的污点证人 ……………… 289
（一百三十四）布希无奈的证词 ………………………… 291
（一百三十五）最后一位证人 …………………………… 293
（一百三十六）克拉克让全场震惊 ……………………… 295
（一百三十七）陪审团终审判决 ………………………… 297

后　记 ……………………………………………… 298

（一）赢是律师们的终极目标

赛程过半，也许是大半。又到了总结的时候了。辛普森律师团队再开全员会。这次，人人心中充满渴望。他们士气高涨，都想坐下来，享受大打出手之后的快乐。然后，仔细筹划，再来一次，大打出手。

但是，有人不同意，主张走温和路线。此君自然是夏皮若，夏皮若主张就打两张牌。一是合理疑问。这已足够丰富了，多到不可想象。二是动机。控方的杀人动机是最弱的一环，他主张不要冒险，不给控方任何机会反击，更不要强行推销辩方的版本。仅凭陪审团有个白皮肤女魔，最好的结局也是悬判。

这与考克兰的判断自然不合：悬判已是定局，为何要止步？为何不争取无罪？更何况，考克兰还有自己的使命，和种族主义的警察没完，他要把反对白人至上的民权运动在法庭上进行到底。

主张最激烈的倒是卡达辛："如果你只想一个悬判，当然可以打稳妥牌。鲍伯，这不是我们到这里来的目的。"

卡达辛代表了大多数的意见。赢是律师们的终极目标，控辩双方莫不如此。让他们收手？难！夏皮若倒是个异数。难怪众人对他腹诽终其审判。

大方向底定，也就是卡达辛的调子：甘冒风险，攻击！

辛普森此刻又胃口大开，一心要修补形象。他忘了自己还住在牢里，只能通过电话，与律师们讨论。

辛普森坚持传马克斯·艾伦，尽管人家州里法院已经裁决不许。他要证明自己足够宽容。马克斯与妮蔻上过床,但他仍让马克斯在罗金汉家中举办婚礼。这足可证明,忌妒不是他辛普森的本性。他在电话中向马克斯提出后,被马克斯一口拒绝。辛普森为之愤怒,一口气咽不下去。

律师们听完哈哈一笑:"忘掉他,不必节外生枝。"

辛普森不肯罢休:"传他!"他这次不是为了清白,而是报复。你不义,我就要你好看。

有人提出折中办法,既然辛普森如此在意,何不传兹罗姆索维奇?辛普森看到过他和妮蔻性交,那可是最应该宰人的时刻。控方把此人放入证人名单后,再也没传。显然克拉克们看出,传兹罗姆索维奇,实际是挑战正常人的智商。请他证明辛普森忌妒,有悖常理。

好吧,雇主说了算,写入计划。法官早对此事打了回票,让辛普森做梦去吧。

然后,布莱希尔通报了辛普森自证的准备。布莱希尔自北加州请来两位女律师。庭风极为泼辣,一点不输克拉克。在见到辛普森后,几句话就把辛普森问了个七魂出窍。

人家一进来,辛普森摆出惯用的明星脸,亲和阳光,邀人心的老招数。两位女律师不买账,直指他提及亡妻,还嬉皮笑脸,冷酷无情。辛普森顿时乱了阵脚。回答问题,磕磕巴巴,好不狼狈。在场的律师们大摇其头,他们可不愿意为山九仞,功亏一篑。只有贝雷力主可以训练。他愿做恩主,两位女律师的费用归他。他可实在是个阔佬,别人在忙着挣钱,他却在撒钱。

布莱希尔汇报至此。众人纷纷摇头:智者不为。非到命悬一线,不做此想。这是惯例,大多数刑辩律师是不准当事人开口的,这也是威兹曼遭同行批评的原因。他居然同意辛普森单独接受警察的调查。

他们讨论了妮蔻给辛普森的求和信,这是阿纳丽自纽约取回来的。以什么因由把此信摆上桌面，让他们大伤脑筋。律师们不愿给控方更多机会对此反驳。

控方已经举证完毕，原则上不能节外生枝，追加证据。如果辩方提出此证，无疑又给控方开了门。控方驳斥，就不算追加证据。最后结论，多一事不如少一事。如果，辛普森不得不自证。这封信倒可用来孤注一掷。

对辛普森家族首先出马，有人有异议。之后，应是行为证人。这些证人都被警察调查过。但无一人被传证过。这组人大有可为。6月12日当日，和辛普森有过往的有高尔夫球友，费耶的前男友，机场工作人员，机上旅客，芝加哥接待人员。也许应有那天辛普森通过话的女友，但对此人无定论。时间证人，绝对要传。你不传我传。

再后就是搜证DNA证人。那个EDTA，控方逃了。这个题目绝对不能放过，重头戏也。辩方也有自己的专家：EDTA真实存在！

还有几个问题，没有结论：

控方知会，他们有一批辛普森戴手套的照片，准备再传证。如何应对，没有定论。

那个抽血的护士，控方未传。控方说此人病重，不能到庭。如何应对，没有定论。

另外帕佛里克虽然被考克兰禁入，但他与道格拉斯一直联络。他传过话来，范纳特不仅将辛普森的血样带入现场，他身上还有妮蔻和勾德曼的血样。这些血样是范纳特去尸检处拿到的。交接人有名有姓，盖瑞·西格拉，尸检处的专家。这些血是过了夜才登记的，这件事已经质证过。传不传这位尸检专家，没有定论。

佛曼的事没讨论。其实也不必。不传谁，都不会放过他。更何况对他的质证只是暂停，随时可以请回法庭。

全员会还有两位专家，巴登和李昌钰。李昌钰人在康州，通过电话与律师们沟通。

（二）法庭上的黄花

辩方反证，正式开场。

第一位证人是阿纳丽·辛普森，辛普森的大女儿。传证者，考克兰。领衔首席，理所当然的首发。

"在你出生的那一天，有什么特别值得一提的事吗？那是1968年9月4日？"确定证人身份后，考克兰问道。

"是的，我父亲在那一天获得海兹曼奖。"阿纳丽紧缩的眉头一展，甜甜一笑。

海兹曼奖被视为美式足球的最高荣誉奖。获奖人不仅要天下第一，而且须积功经年，才能功德圆满，远非一年一度的MVP可匹敌的。辛普森也是球季跑码数纪录保持者，至今无人打破。

考克兰把问题转向阿纳丽的母亲："她今天也在这里？"这是辛普森的原配。

"是的。"

"她就是那个戴着黄花的女士？"

"对，那是她！"阿纳丽脸上溢出光彩。刚坐上证人席的一脸忧虑消解了。

今天，辛普森家族除去西德妮、佳斯廷都到场了。五位女士加上辛普森的前妻、阿纳丽和杰森的母亲。女士们胸前皆佩戴黄花，在法庭上颇为瞩目。黄色，在美国人的生活中意义不凡。它代表团结，代表一致，代表支持，也代表思念。

每当美国发动重大战争,黄色就成为祝福的颜色,象征决心,象征祈盼。战争一来,美国大兵的家里、门前树下,常常挂满黄色丝带。若有声援集会,也是一片黄色。

当然,黄色还有另一用途,谁家被它封围,那一定是犯罪现场,往往涉及人命。这是警察的专用色,代表了止步禁入。

让家属上场,在全员会时,有过大争论。以贝雷为首,主张先上时间证人,对家属证人并不看好,认为她们很难提供实质的帮助。

美国司法一向对家属网开一面。既然嫌犯本人都可保持沉默,那在家属身上又能捞出什么?舆情也不愿意看到司法纠缠家属,警方更是绕着家属走,除非有证据证明家属也是同谋。知情不举,从来不是问题。因为,家属也享有沉默权。

家属享有不成文的特权。但是,他们真出来做证,可信度也难服人。毕竟隐恶扬善是亲情的一部分,古今中外,概莫能外。

可是,考克兰坚持家属先上,理由很简单。陪审团里黑皮肤为多数。黑皮肤中,又是女人的天下。让一组黑人妇女先出马,最容易建立心灵的沟通。考克兰视与陪审团建立关系为刑侦辩护第一要务,他们毕竟都是人。

在考克兰的眼里,陪审团相信你,而不相信他。这并非是证据本身能解决的。这是老牌刑辩律师的经验,也是迷信。在他心中很有几分无往不利的分量。

考克兰再把问题转到狗。那只狗的下落,控方不曾提及。除去证人听到它的吼叫,再无其他信息,它的来龙,它的去脉。发现狗的夫妇没有做证,则有几分怪异。

阿纳丽告诉法庭,辛普森有两条狗,其中一条在 1993 年 2 月 3 日死去。

这对辛家不算小事,这条狗跟了他们许多年。它见证了辛普森和妮蔻的婚姻岁月。此时,妮蔻已经搬出罗金汉,去了格林街。这条狗死在游泳池中,阿纳丽将噩耗报知妮蔻,妮蔻立刻赶来奔丧。她与辛普森及阿纳丽商量它的后事,郑重其事,完全视它为家人。

最后的决定是妮蔻做的,把它埋在罗金汉辛宅的前院。妮蔻亲手挖坑,亲手葬了它。

而后,辛普森又买了一条狗。就是在犯罪现场的阿基塔,取名凯托。这也是凯托成为凯伦昵名的由来。因为他常常照顾此狗,孩子们就这样叫他。

因此凯托真正的主人是辛普森本人,这条狗的家在罗金汉。公众一直以为是妮蔻的,这是误解。

考克兰问道:"在某些时候,妮蔻会过来牵狗吗?"

"是的。"

"请形容一下。"

"她通常早上来,要么牵它去见孩子,要么牵它去跑步。"

"哪条狗是她常牵的?"辛家另有一条狗,黑色,名叫查奇。

"凯托。"

"为什么?你知道原因?"

"查奇有关节炎。"

"凯托有时会在邦迪过夜?"

"是的。"

这样,凯托的来龙是清楚了。案发当天,凯托留在邦迪过夜,但是去脉却不清楚。狗去了哪里,辩方也未查问。

下一个问题是波拉、妮蔻和辛普森之间的见闻。自从妮蔻离开罗金汉,罗金汉便成了辛普森的旅馆,他隔三岔五地来来去去。为此,辛普森把阿纳丽从外面叫回来，授予辛宅女主人的职务。阿纳丽一直是老大不情愿的。

阿纳丽见波拉是 1992 年 7 月 9 日。其时，妮蔻已经搬出。1993 年 3 月到 1994 年 5 月，辛普森与妮蔻修复婚姻那一段时间，波拉消失了。待婚姻修复失败，波拉又出现了。修复婚姻期间妮蔻和辛普森时而过来，时而过去，留宿还有各种亲密举动。阿纳丽算是知无不言，言无不尽。两人的努力达一年两个月之久。

然后，考克兰自案发当日早晨起，一直问到辛普森自芝加哥归来，事无巨细，相当篇幅用在了警察到罗金汉的见闻。有分量的证词不过是她离开罗金汉时，并未看到门廊下车道上有血。辛普森从来不穿深蓝色的衣服，也不曾有过。

最后，石普出现了。

阿纳丽说，辛普森归来当晚。她看见石普始终坐在酒吧里喝啤酒，并没有去任何地方。意指石普的杀人梦说是谎言。阿纳丽的证言正如贝雷所言，并无实质意义。不过她还是扔了一颗炸弹。

"在此前一个星期左右，你是否见过他？"

"见过。"

"说说你都看到了什么？"

"他在打网球，晚上，他在涡流浴缸里。"

"他和另外什么人在浴缸里？他和另外什么人在浴缸里？"考克兰问了两遍，不怀好意。

"是的。"

"是谁？"

"一个女士。"

"请给我们形容一下。"

"她很高。一个金发的，就是那种有点脏的金色。"指暗色的金发。

"他坐在浴缸里？"

"是的。"

"他在喝酒？"

"是的。"

这就足够，辩方就要石普看起来是个酒鬼，而且还会偷鸡摸狗。谁会想到，这个荣·石普是考克兰的远房表弟呢？他当然知道金发女郎不是石普的妻子。

克拉克起立，轻声慢语，对着辛普森的大女儿："6月12日，晚10点到11点，你不知道辛普森在哪里，对吗？"

阿纳丽坦承不知道。克拉克随即落座，再无多话。

（三）这一天传了六个证人

政府排着队指控辛普森，家人就排着队为他申冤。

阿纳丽之后，是辛普森的妹妹卡米丽塔。夏皮若传证，卡米丽塔做证，自她到达辛宅，到离开，石普始终在喝酒。她看见石普在辛普森的卧室里仅仅几分钟。姐姐舍丽和丈夫始终陪着辛普森。言外之意，石普没有机会与辛普森私谈。她形容石普双眼迷蒙，口中喃喃有词，沉醉不堪。

达顿质证，问了三个问题：你是否知道，他哭是什么样子？你是否知道石普当晚为妮蔻哭泣？你能看到每一个人上楼去见辛普森？这个小妹妹只能一连三个不知道。

第三个是辛普森的母亲尤尼斯，她是当日的明星。尤尼斯自开审以来，即为法庭的常客。她出入皆靠轮椅,她起身做证时,道格拉斯扶着,一步一挪,蹭到证人席,过程颇为艰难。

尤尼斯坐好,先是道难诉苦。单身抚养五个子女,为了照顾他们,宁做夜班,她患有严重的风湿性关节炎,具遗传性质。不仅自己痛苦煎熬,也遗传给了下一代。受苦最重的就是明星儿子OJ。这个说法尽人皆知,并非临时夸张。在辛普森的传奇中,年幼时,必须穿铁鞋校正骨骼。而后,克服先天缺陷,一举成名,乃是他的招牌,媒体早就广为宣传。尤尼斯旧事重提,不过是迎合考克兰们的版本。辛普森痼疾仍在,无法杀人。

考克兰转而问当日她在辛宅的情景。尤尼斯称自见到辛普森后,儿子就执着她的手不放,直至上床入寝。如此一来,石普的话又成了"谎言"。尤尼斯形容当时的石普神色漠然。平时,他是一个充满奇思异想的家伙。

当日的传证,到此算是一个高潮。辛普森的另一个妹妹,也做如是说。主旨即是,石普那个梦,所言不实。

辛家四个女士,互相印证,考克兰的表弟做梦杀人说,子虚乌有。但是,她们的印证,也证明并非如辩方先前所称,石普不过是崇拜辛普森,处处跻身的粉丝,他在辛宅能够登堂入室。

随后,辛普森的一个熟人,新潮,作曲加慈善的伙伴,叙述6月11日辛普森在慈善会上的举止,还有他与波拉的互动。另一名证人是室内设计师。她在一个星期以前,与辛普森和波拉见面,讨论装修辛宅的事宜。原因是波拉将入主辛宅,设计师当日拿到定金。

两位女士都证明,辛普森与波拉互动亲密,明显是恋人关系。

就这样,这一日传了六个证人,有点快不可挡。控方也配合,让她们轻骑过关,显出少有的自信。

（四）辩方动议将妮蔻的求和信入证

这一天临结束之际，辩方终于忍不住，一改初衷，向法庭提出动议，将妮蔻那封求和信入证。伊藤断然拒绝：这封信与本案无关。辩方这个劫算是打完了。

是否与本案无关，参见全文如下：

亲爱的 OJ，

我希望见你，和你谈谈。但是，我知道你不能。我参加了几次聚会（集体心理辅导），帮助自己由消极转向积极，抛却自己的愤怒。我学到，顺其自然，让它过去（最有力最有用的获益）。我学到，任何事情或东西能激怒触犯我，都只是我现状的一面镜子。我知晓我们之间的问题是围绕我。我只是不能确定为什么是围绕我。所以，我只是怪罪你。我才是那个控制局面的人。我希望你忠实并做一个完美的父亲。你的个性，我一直不接受。只因为，我不再喜欢自己。对这几年的种种，我很困惑。我知道，这起自新年那件事。我陷入沮丧，我无法控制。现在，我同意你的看法。这是三十岁危机……我承认我在放弃。我放弃了爱你。我们开始各持成见。我不知道如何恢复原状。对你的爱，我从不曾停止过。我停止了自爱，对于你的关系，失去自信。

我有很多话要说。在信中，很难表达自己。我希望我们能在街上边走边谈，就像过去那样。这比面对面交谈容易。

我想让家庭恢复既往。我希望孩子在父母面前成长。我自认能幸福地以一己之力抚养西德妮和佳斯廷。但是，现在我（字迹不存）……

我想在你身边。我想爱你疼你并让你笑。我想早上醒来有你，晚上能抱住你并每天吻你。我愿像过去一样，没有任何夫妇能与我们比。我不相信你还爱我。我无法忍受。但是，上个月我看了结婚录像和家庭影片。我能看出我们真心爱着彼此。这在我们朋友中是完全见不到的。随信有两盒录像，请看看。看的时候请关上电话。它们确实好看。

OJ，我真的想回家，我想重聚一堂，我想随你去任何地方。我们可以留在此处。我不想把你晒在一边。

自从离开，我回过二十次家。但是，我从不曾完全确信，直到现在。我知道我爱你，知道又陷入爱恋，我知道我愿意和你在一起到永远。

请看看录像。我知道你对我仍然愤怒。但是你对孩子和我们有欠。我有同样的愤怒。我不会让它再发生……

我同意你六个或八个月前所说。下次再在一起，将是最好的，我现在充分体会了。如果，你允许，我们明天就到。我不会感到尴尬的，我不在乎别人怎么想，我只知道我爱你，我们的孩子将是世界上最幸福的。

如果你对现在的生活自感幸福，我能理解，尤其是你真有所爱而且知道会有结果，那我不能搅局。如果我不能很快得到你的回应，我会面对。我将永不会纠缠你，或要你明说。

OJ，你是我的爱，且是唯一真爱，比以前更甚。

永远而且总是爱你。

我画了一张笑脸。

就是这封信，在民事诉讼中被准许入证。辛普森的民事律师以此证明，两人尝试复婚，起自妮蔻。

（五）一对盲约男女

7月11日，姐姐登场。舍丽和丈夫在辛普森归来之日，始终在他身边。舍丽形容辛普森的状况是沮丧、哀哭、悲伤，不相信此事为真。舍丽当然没放过石普，称石普不曾与辛普森私谈。这已是强弩之末，让人听得疲倦了。

下一个证人是辛普森的高尔夫球友，叙述与辛普森打球的情景。他回忆，辛普森的精神颇佳，对粉丝有求必应。握手合影，十分亲切。但那是6月8日，案发前四天，传他实在是隔靴搔痒。

辛普森的行为传证暂时打住，尚有一批案发当天的证人待传。现在插入一组时间线证人，挑战控方的版本。这是辩方的第一出重头戏。

首先上场的是一对。所谓一对，乃是案发前后，一对男女在玛萨卢纳餐馆盲约。所谓盲约，指两位男女从不相识，经人撮合，自行订下约会。其时，连对方长什么样都不知道。

男的名字为丹尼·曼代尔，索尼电影的高管。女方名字为依兰·阿蓉森，是动画品牌的玩具生产授权人。两位都是吃好莱坞饭的精英人物。

曼代尔由夏皮若传证。夏皮若首先确定曼代尔二人，当晚经过邦迪875号的路线。邦迪全名南邦迪道，西北东南走向，875号在多若西街和达林顿街之间。第四面，也就是和邦迪街平行的西门街。四条街按顺时针顺序是邦迪—多若西—西门—达林顿。

玛萨卢纳街餐馆在高汉姆街，与多若西街平行。依兰·阿蓉森住在达林顿街。三者顺序高汉姆—多若西—达林顿。从地图上看，三条街为纵，邦迪和西门街为横。

按照曼代尔的叙述，当晚，盲约收场后，他们两人自玛萨卢纳出来，经后侧门走入西门街，右转走上高汉姆街，等于是又路过餐馆正门。走到高汉姆与邦迪街交口，左转经过多若西街，经过 875 号，妮蔻住处，到达邦迪与达林顿街交口，再左转回到依兰·阿蓉森在达林顿街的公寓。

弄清方位路线，夏皮若秉承一向的风格，只问了七个问题。离开餐馆的时间？大约 10 点 15 分。路过妮蔻的门前？是的。有无任何异常？无。听到什么？没有。狗叫？没有。看到尸体或侧影轮廓？不曾。看到血迹？无。

"你是如何判断时间的？"夏皮若最后问。

"一面根据信用卡签名时间，一面根据路程长短的估计。另外在达林顿街，阿蓉森住处不远。我偶然看了一下表。"

"当你看表时，是什么时间？"夏皮若抢了一句。

"指针正指下端，大约 10 点 30 分。"

"当你看表时，妮蔻家离你们有多远？"

"差不多三分钟，三分钟到四分钟步行时间。"

这个证词直接挑战了 10 点 15 分案发说。根据检方的证人，此刻凯托正在狂吠，惊动了周围的邻居。

克拉克质证仍没有多话，她直扑要害。根据曼代尔所述，他们大约在 10 点 23 分经过妮蔻的住处。然后悠悠地问道："如果有人从邦迪街南边的家里向北望，他应该能看到你们……"

夏皮若立即截住："反对，这是推测。"

伊藤支持反对。克拉克重组问题："你可知道有人做证说，他自家中向外望去，并没有看到任何人走过，那是 10 点 25 分。"

"我没听说过，不知道。"

"现在，你最初的陈述，路过 875 号是大约 11 点？"

曼代尔否认。

"而且，在最初，你告诉警察，你走的是另一条路线？"

曼代尔仍然否认。

克拉克不无挖苦:"是为了 15 分钟的出名?"

然后克拉克:"我没有更多的问题。"

曼代尔之证,直接挑战控方版本,克拉克们岂能放过?

(六)两个证人坚守阵地

质证阿蓉森,克拉克火力全开。阿蓉森的证词与曼代尔大致吻合,但是那"11 点路过"说原出自她阿蓉森,并非曼代尔。

克拉克将警察报告投影在屏幕上。

"证人和她的约会人,经过公寓那个犯罪现场是 23 点,亦即晚 11 点。"

"这是警察调查报告。证人确定时间是因为看了表。"克拉克念到此又问:"你是否这样向基尔陈述的?"

"我记得有过对探长的陈述,但我做了更正。"

"你确定承认,你曾告诉探长是 11 点钟路过的?"

"我不承认,那是我的陈述。我告诉他,我看表时是差 10 分。我想是差 10 分 11 点。我并未说是路过邦迪。"

"你认为你说差 10 分 11 点是在玛萨卢纳?"

"正确。"这下更不得了,路过妮蔻家真真是大约 11 点。

"那么你经过的时间是 11 点了?"

"不,我告诉他,我看表时,我们坐在那里谈了一会儿。然后出后门路过那里,我并没有给他 11 点那个时间。"

"不管怎么说,你告诉他那是差 10 分 11 点了?"

"不,我告诉他是差 10 分钟。我认为是差 10 分钟 11 点。但是我还需要核实,我不能肯定。"

核实的结果是,她知道曼代尔看过表,她又要曼代尔去查手上的信用卡账单。如此往返三次,每次都很简短。最后阿蓉森确定是差 10 分钟到 10 点。阿蓉森又向室友核实,那个室友比她晚回几分钟。

克拉克自女招待到探长,自探长到曼代尔,再到阿蓉森的室友,认真地兜了一圈。她细细地问,意在寻找破绽。对四十五元的餐费,也要细说,认为两份餐没有那么贵,在日后的回忆录里,克拉克承认,那是暗示他俩喝酒了。

依兰·阿蓉森应付得从容,那些细节也实在不能说明什么。最终,克拉克只能收兵。

"所以,那份记录是正确反映了你在 1994 年 4 月的陈述?"

"那份记录是正确反映,但是丢掉了一个非常重要的陈述。"

"那是?"

"当时,我对时间并不清楚。我给他(探长)打电话时,我还没有核实任何东西。"

两个证人都坚守了阵地,和最初的警察调查报告各执一词。辩方案发时间版本正式发表。

这对男女萍水相逢,盲约后再无来往。男方并不情愿卷入此案,曼代尔是被女方拖进来的。而阿蓉森也未想过做证,她给探长打电话,只是提供当时的见闻,帮助警察查案。她不曾联系辩方,是考克兰自己从警察调查报告中发现的。因此说他们有出名癖,实在是过分了。

除去指出这对盲约男女的证词与调查之初的说法不一,克拉克明显没有收获。而媒体则大有非词,认为克拉克不分青红皂白,直贬证人的人品。这对好莱坞精英,在他们眼中是乖乖牌。这个质证走火了。他们哪里知道,律师眼中的证人只是炉子里的柴火，只是用来加工做饭的。火着得不好不旺，一盆水泼熄了事。

（七）辩方的第三个时间证人

辩方的第三个时间证人，就有点近乎笑话了。

佛兰西斯·卡哈曼，旅馆集会主管，在夏皮若的传证下，陈述当晚参加了一个晚餐会，地点在多若西街。她的回程路过邦迪875号。她路过妮蔻家门时，没有看到任何异常之处，也没有听到狗叫。她经过的时间是10点20分，这与那对盲约男女的说法相符。

可是达顿质证，形势否变。她承认开车时，车窗只开了一道缝，她的车灯照不到妮蔻门外的车道。她当时还在听广播，只看前方，并未观察人行便道。自然，未觉异常也属自然。这让夏皮若白白费了一番功夫。

丹尼丝·皮尔纳克则是真笑话了。她就住在邦迪街，妮蔻家附近。她做证有两点，一是接近12点才听见狗叫，二是10点18分，她站在门廊上，未见任何不寻常。这是直接挑战控方10点15分版本。

她将当晚与女友出行吃饭起的行程拉了一张单子，时间精细到分钟。可是她记录的餐馆、地址却都是错的。

提到站在门廊上，考克兰追问了一句："你确信那是10点18分？"丹尼丝·皮尔纳克捋起袖子，显出腕上戴着两块手表。一块机械表镶着金边，一块电子表，数字显示。她不无自豪地宣布，对时间有着超常的关注："我去任何地方都离不开它们，这对我很重要。"

这一标榜让辛普森的律师们大皱眉头，而克拉克则是大举扫荡，把她问得捉襟见肘，最后一问："你能告诉我们，今天你在法庭上有多少时间？"

证人面红耳赤，她记不得是何时进的法庭。说完讪笑着，偷眼看陪审团的反应。接下来是皮尔纳克当晚盘桓的女朋友，佐证她的说法，说自己10点25分驾车路过875号，没听到任何声音。对她们，控辩双方都是走个过场，她们被可有可无地送出门。

（八）最后证人距目击者一步之遥

最后一个证人名叫罗伯特·黑兹特拉。与前面四位相比，他的所见所闻还真有货色，距目击者一步之遥。

黑兹特拉住在多若西街，沿街向邦迪走，转角就是妮蔻的875号，应该算是近邻了。黑兹特拉在那里住了十七年。与邦迪街相比，他的住处更接近西门街。

黑兹特拉是法国人，养着两条狗。他每晚10点会出去遛狗。两条狗一老一少。为了照顾老的，每晚都是固定的速度，跟着老的走。

6月12日，事有凑巧，黑兹特拉有点事未结，出来晚了一点。时间是10点15分。他出门向右转，向西门街行进，也就是背离邦迪街。到了西门街左拐，走在了高汉姆街上。这就是曼代尔、阿蓉森的路线。而曼代尔们离开餐馆是10点15分。这样曼代尔在前，沿高汉姆街向邦迪，而黑兹特拉在后，沿多若西街向西门街移动。待黑兹特拉转到高汉姆街，曼代尔们差不多也到了妮蔻家门口。

黑兹特拉称高汉姆街很长。当他接近邦迪街时，曼代尔们应已转入达林顿街，甚至到了阿蓉森公寓门口。

在这期间，如果开车的证人话属实，她经过邦迪875号，应在曼代尔转入邦迪街之前。而皮尔纳克10点18分站在门廊上，那对盲约男女，尚未经过。这个前后移动的场景，珠联璧合，近似天衣无缝。这四个人均说当晚异常安静。这在那个时间，星期天晚上，那个地点，好莱坞后院，邦迪街这样的社区，实在是太平常不过。次日，人们又要开始工作了。

"你走向邦迪街了？"考克兰问。

"我几乎转到邦迪街，那是个弧形大转弯。"

"你到达弧形转弯时，什么事发生了？"

"什么都没有，极其安静。"

"极其安静？"

"我停下了，只因为，突然，不知来自何方，阿基塔狂吠起来了。"

考克兰打断他，又问了一遍时间行程，确保无误，再进入那个"突然"。

"这差不多需要20分钟到达那里。所以自10点15分起，10点30分，10点35分。"

"好，你认为是10点35分？"考克兰要板上钉钉。

"嗯，差不多。"黑兹特拉不肯钉死。

考克兰就再强调一次，把狗叫时间锁定在10点35分。

"你知道有条阿基塔养在那一带？"

"我以前见过它，它站在门后面。"

"以前，你听过它叫？"

"从来没有。"

"听到它叫，你做了什么？"

"有点晕，发生了什么事？我更担心我的狗。阿基塔是大狗，很敏感。我不想把狗牵到邦迪去。"

"那你往哪里走?"

"我也不想循原路沿高汉姆返回。和妮蔻的房子对街(多若西街)有一栋房子,房后有个夹道,与邦迪街平行。"

考克兰获得伊藤允许,把黑兹特拉请出证人席,为陪审团在地图上指点方位。

"尊敬的阁下,证人指出的夹道与邦迪平行。"

他又转向黑兹特拉:"这正确吗?"

"绝对的。"黑兹特拉继续,"我往回走,进入那个夹道,转入多若西。"

"你的狗没有叫?"

"没有,他们很安静。阿基塔一直不停地叫,歇斯底里。差不多一分钟后,我听到另一条狗叫,是这边房子里养的。"

"是什么时候两条狗都叫?"

"10点40分吧。"

"听到两条狗叫,此后,又发生了什么?"

"突然,我听到两个声音。"

"那两个声音说什么?"

"首先听到一个明显年轻男子的声音,'嘿嘿嘿!'"

"你以前听到过这个声音?"

"不不不,从来没听过。"

"接着,又发生了什么?"

"我只听到大约15秒。我猜是两人在争吵。"

"你能辨出他们说的任何话?"

"完全不能。"黑兹特拉重复三遍。

"再后?"

"我听到摔铁门声。"

"多少次?一次,两次,许多次?"

"就是一次。"

"你听到摔门声后,又做了什么?"

"什么都没做,完全没做。"

"那是什么时间?"

"10点40分,差不多是那个时间。"

然后,黑兹特拉自夹道转入多若西街,返回家了。也就是避开妮蔻的住处,向西门街方向左转了。等回到公寓,仍然能听到狗叫。过了片刻,狗叫戛然而止。然后他进入房间,打开电视,正是11点晚间新闻。

(九)不不,我不认识那个人

考克兰转入另一问题,警察是如何找到他的。黑兹特拉告诉法庭,大约一个星期后,探长佩兹找到他,只因他向自己的客户讲述过这段经历。恰好客户的女秘书与勾德曼是朋友,就向警察报告了。

"探长向你调查过?"

"是的。"

"你并没有在记录上签字?"

"没有,从来没有。"

"你今天所说,与报告一致?"

"绝对的。"

"你曾有机会见过克拉克女士?"

"是的。"

"在什么地方?"

"我想是在豪格曼办公室,因为她坐在办公桌后面。"

"你和他们谈了多长时间?"

"不过一二十分钟。"

考克兰临结束不忘插克拉克一刀,狠狠的一刀。

"你能确定,这次谈话是在预审之前还是之后?"

"是之前。"

"那么检察院传唤过你?"

"从来没有。"

所谓兼听则明,历来如此。达顿上场要另开局面,他从野马车开始。

"就我理解,你在穿过夹道到达多若西街时,看到了一辆车?"

"当我走上多若西街,经过几座房子,回头看时,看到一辆车自多若西,向着邦迪街西去。"

达顿随之发出一串提问:"是白色的吗?有暗色窗吗?有铬钢的保险杠吗?"完全按照野马车的版本。黑兹特拉则含糊其词,不肯给个是。

达顿继续努力:"是运动功能车吗?"

"不是,是客货车或者吉普那样的。"

所谓运动功能车,简称 SUV,是介于小车和卡车之间的车,实际是两种车的混血。S 代表 SPORT,U 指 UTILITY,即具备载重越野能力。野马车是其中翘楚。车高力足,四轮驱动。它的市场对手是雪佛兰的 BLAZER。达顿下力往野马车上引,而黑兹特拉坚称客货车或吉普型,是强调它为纯种越野车,不是混血。

"你告诉过警察是野马车?"

黑兹特拉断然否认。

"你曾向其他人形容过这辆车？"达顿显然不是空穴来风，"你曾经对2频道记者说过那是野马车？"

"不记得，我记得说像家庭车、客货车或者吉普车。"

"你认识一个叫帕翠希亚的？你告诉她是野马车？"

"没有说过。"黑兹特拉陷入防御战。

"你为一辆奔驰车清洗上光时，它的主人叫菲尔兹。你没告诉他是野马车？"

"那可能是BLAZER，它和野马车很像。"黑兹特拉在节节败退。

"你和他谈话时，用过'野马车'这个词？"

"我不记得，那是很长时间了。"

"当它转弯时，你没听到轮胎急刹车的声音？"看来检察院倒是对黑兹特拉做了一番调查，而且甚为仔细。

"它开得很快，我没听到声音。"

"你有没有奇怪，那个人为什么那么急？"

"不，不。我不认识那个人，我不认识他。"有点答非所问了。黑兹特拉已经意识到，达顿拐弯抹角在诱证了，因为他因此坚守阵地，绝不承认说过野马车。

达顿转向另一个话题，更加龌龊。

"你在此事中有经济利益？"

"没有。"

"你认识巴莱特，"就是那个帕翠希亚，"你是否告诉她此事一完，你会挣很多钱？"

当然，他不承认，不过嘴上撬出一道缝："可能有点，我从未说很多钱。"

达顿把话又扯开去。问他职业住处，看似平常。黑兹特拉则步步防范，小心翼翼。

"你没有告诉菲尔兹先生，事毕，你会有罗尔斯·罗伊斯？"这可是天价车，牛吹得不小。

"从来没说过，从来没说过。我很喜欢罗尔斯·罗伊斯。"

达顿再问当天的狗。就是东一榔头，西一棒子。黑兹特拉则死守严防，并没有露出什么破绽。人们从这无边际的问话中，也能得出一些有用的信息。那个帕翠希亚是牙医林格的秘书，黑兹特拉为牙医洗车，牙医又是辛普森的隔壁邻居。洛佩兹，那个西语裔小妇人，正是牙医的管家。而黑兹特拉也认识洛佩兹，两人曾说过话。这样达顿为下一步留下伏笔。

"你听到的第一个声音，如你所说是？"

"'嘿嘿嘿'，三次。"

"你说，像个年轻的男人声音？"

"是个清楚的声音，是个清楚的声音。"

"是个年轻的声音？"

"我不知道有多年轻。"

"当你听到声音，你认为是一个年轻白人男子的声音？"

考克兰立刻跳起："反对这个问题。揣测，揣测。"

伊藤不悦："反对无效。"

考克兰不依不饶："揣测，揣测！"这个"揣测"二字是律师最常用的反对理由，使用率极高。

伊藤继续："反对无效。"

"尊敬的阁下，你如何辨别那是一个白人的声音？"考克兰誓将反对进行到底。

达顿不理会考克兰的反对。

"我怎么会说那是一个白人男子？我不知道那个声音。那可能是任何人。"

"你不曾告诉斯蒂文斯，我的探员，听起来像个白人男子？"

又是从来没有。

"那第二个声音，比起第一个声音听起来低沉许多？"

"有点，因为狗叫，几乎听不见，短促几句而已。"

"那第二个声音听起来像黑人男子，对吗？"

考克兰怒极："阁下，反对反对！"

伊藤立即制止："反对有效！"刚才听声音像白人，伊藤放它过去，现在听声音像黑人就不行了。

但是黑兹特拉的回答已经出口："当然不是。"

伊藤大怒："停止，停止！"

考克兰又递上一句："给我一点时间。"

伊藤不理，转向陪审团："先生们女士们，请你们回到里面去。黑兹特拉先生，你也可以下去。达顿先生，你究竟往哪里走？"

"我们能先让黑兹特拉出去吗？"达顿问。

伊藤同意。黑兹特拉被请出法庭。达顿给出了解释："谢阁下给我解释的机会。尊敬的阁下，尊敬的阁下，在书面调查中，我们已经提供给辩方了。在帕翠希亚的陈述中，她告诉探长汤姆·兰，黑兹特拉告诉她，他听到一个年轻的男子声音，大吼'嘿嘿嘿'。他还听到一个极为愤怒的年长男子的声音，听起来像黑人。这是真实善意的根据。"

真实善意的根据是法界用语，是质证的基础。质证不能随心所欲，将恶意的道听途说拿来乱问，不能天马行空，要有根据，有来源，有善意。

"考克兰。"伊藤允许考克兰发言。

"首先,我们没见到这个陈述。同时,我憎恨这个说法(听起来像黑人)。这是我一贯的立场,我憎恨这个表述。你能辨别声音是黑人的,或者不是。我不知道这个表述来自谁。帕翠希亚,还是兰,我憎恨,那是一个种族主义的表述。你不能辨别声音是否年轻,你能辨别是不是个孩子。我憎恨这个话题,它完全不妥。我们至今未见这个陈诉。他只是走过来,交给道格拉斯。这个陈诉目的明确,来自帕翠希亚,什么黑人白人的。我恨它!这是公然冒犯。在1995年,我们还要听到它,并受这种折磨。"

"我并没做那个陈诉。"达顿见缝插针。

"法官,我说一件事。当我要提及早上达顿先生的那种行为,在提问前,当着陪审团的面,我走到他面前预告。这是尊严的约束。他当着陪审团问那个问题极不合适。在开审前,在边厢,我们有过协议。如果有争议的地方,我们保证先知会对方。我们没有这个协议吗?"

"我们确实有过。"伊藤肯定。

"我一直以为种族问题在此案中大有问题,"达顿回到声音辩论,话有所指,不仅是这个声音,还有佛曼的N词,"如果这个证人的陈诉令你不满,那她是种族主义者,不是我。"

"我没说你是。"考克兰又犯了大忌。不待伊藤批准,就抢话。

达顿也是立刻接招:"那是你的暗示,那已经给我和家人带来麻烦,那个有关种族主义的陈诉。"

伊藤暴怒,厉声制止,但两人已经擦枪走火过了。

"停止,停止,我对你们的行为非常生气。我要控你们蔑视法庭。休庭十五分钟,如果看到你们再这样的话。"

这次达顿学乖了:"对不起,我道歉。"

伊藤不理,愤然起身,把法袍的大袖子一甩,真正是拂袖而去。达顿被晾在当场,电视直播之前。他也怒极,暗下决心,从今而后,再无任何道歉,哪怕真去坐几天牢。

(十)达顿的条子

这一段时间,达顿诸般不顺。怨怨来自四面八方。自从手套一事,他在团队里,已是名声扫地,从上到下。高层开会,他不再被召唤。克拉克兵棋推演,也不再被邀请。克拉克现在完全倚重凯尔伯格。双首格局已被打破。达顿对克拉克的最大不满是克拉克擅作主张,将后续的家暴证人全部砍去,仅仅因为手套?到了辩方反证的阶段,克拉克后悔了,递过一个条子:"你认为还有什么家暴证据可传?"

达顿一个条子打回去:"这太晚了,你已经拒绝我的建议。我觉得极不舒服。"

另一边的压力则来自考克兰,在开审初,两人的关系亦敌亦友。自从达顿出面辩论 N 词后,两人的关系明显向着敌对的方向恶化。

在庭前庭后,两人会交换一些嘲讽。考克兰会说:"好自为之,小心你的兄弟。"兄弟是非裔社区自己人的意思。达顿会反击:"我本来就是兄弟,小心你的白人至上者。"意指他的同事,白皮肤的律师。

如此枪来剑往,本是半开玩笑的性质。但是考克兰越来越认真。一日,他对达顿说:"剩下的日子不多了。低下你的头,我们看看有什么办法把你拉回来。"达顿这次没有反击。这不是玩笑。这个"回来"是指回到非裔社区。有时考克兰还会摇头:"你这么硬,让我们很难把你带回去。"

达顿明白,他如今在非裔社区,就是个山姆大叔的形象。黑皮白心。

法官那边,也不清静。伊藤常常倚老卖老,让达顿不忿。

这些场景总是让达顿在意,这些怨恨在达顿心中交织,甚至煎熬。达顿关于家人深陷麻烦之说,深深打动了道格拉斯。他知道这是发自内心深处,是痛苦愤怒的抗议。休庭后,他截住考克兰:"你要是激怒达顿,乱他分寸,我没意见。但是你若真的如此认为,我坚决反对!"

考克兰不动摇,也是动了真怒:"两者都是!"言外之意,达顿确实是黑皮白心。

(十一)我知道那是 OJ,这必然是他

随后众人聚到辛普森的囚笼,细读那份只有一页的陈述。考克兰并未夸张。他们连佛脚都来不及抱,就被控方摆了一道。在辛普森的囚笼里,他们才知道。帕翠希亚告诉警察,黑兹特拉对她声称:"我知道那是 OJ,这必然是他。"

突然间自己的证人落入对方之手,接下来,控方将传帕翠希亚去揭黑兹特拉,形成与佛曼一样的局面。

这还不够乱。夏皮若也没好脾气,他听说贝雷又获得一个证人,向辛普森发难:"他是蛇,是所有向媒体泄密的源头。我不能容忍他再卷入此案。如果你听他的,他能让你拿到有罪判决。"好不危言耸听。

开庭以后,伊藤再次警告,向着所有的律师:"绝没有下一次。这类事再发生,绝不轻饶。"

黑兹特拉刚坐定,又被请了出去。伊藤继续申诫:"至于控方是否对黑兹特拉证谎究伪,在证据法 1235 条款下,770 款已经提及。我明显看到这个进程。

此时挥舞种族主义大旗，我认为与这个话题无关。陈述与证词不一致，依据你怎么诠释陈述，可能并不相关。我已经允许辩方对佛曼探长做同类的证谎究伪。"

下去后，伊藤显然做了思考。他支持达顿对黑兹特拉的质疑。这无疑为控方开了绿灯。可以传相关证人，与黑兹特拉打对台。可惜，至审判结束，达顿们也没动手。事实上，在最后的结控词中，控方还是引用了黑兹特拉的部分说法。如果达顿们真的启动证谎究伪的杀伐，那黑兹特拉的证词将一文不值。

发表完决定，又把黑兹特拉请回来，继续达顿的质证。

黑兹特拉再次入座。伊藤好言相劝，仿佛刚才并没有对他做出不利的裁决。黑兹特拉此刻已是满面怵惶，已是畏畏缩缩。

"我希望你能理解。我没有生你的气。我脑子里是几件事纠缠在一起。深呼吸，吸口气。"

黑兹特拉突然发了一问："你说维持（针对律师们在庭上的反对），就是不许说，闭嘴？"

真是难为了老百姓。黑兹特拉对这个词尚有疑问，这傻傻一问，让满座粲然失笑，气氛轻松了下来。

达顿将那份一页的陈述，投影到屏幕上。

"你可曾告诉帕翠希亚小姐，你离家时，是 10 点过一点儿？"

"不，10 点 15 分。"

"你可曾告诉她，'嘿嘿嘿'似乎是个年轻的男子声音。"

"是，一个年轻男声，像是青年人。"

"第二个声音是否是个年纪较大的男子声音？"

"可能年纪大一些。"

"你是否告诉她，第二个声音年纪大些，而且是黑人？"

"从来没说过，从来没有，从来没有。我听不见那个声音。"

话到此，达顿按照规定，就是考克兰重新提起的约定，向伊藤提出去边厢。

到了边厢，他告诉伊藤，下一个问题将是问："他是否对帕翠希亚说过：'我知道那是OJ，那只能是他！'"

考克兰立刻反对，理由是没有真实的根据。伊藤也有些怀疑："你的意思是说，他知道是OJ，仅根据他的声音？"

达顿："我正是要这样问他。"

"问题是，这只是隐含的意思。我知道是他，应该是他。他并没有说：'我肯定是他，或者我知道是他，因为我看到他，或者听到他的声音。'所以，我可能会支持一个352反对。你可以试着建立一个基础根据。但是我有一个感觉，这是推测。所谓352——"

考克兰顺竿而上："352？我们到这里是为了节省时间。"

话未完，伊藤打断他："今天，我不喜欢，你们中的任何一个！"

考克兰毫不退让："我告诉你，我的感受，尊敬的阁下，我们到了这一步，我们能最后得到一个承诺，这是所有的证据。除去这个陈述，他们还附有其他若干陈述。我认为是相关的。为了节省时间，我只举一例。在所有陈述中，完全没有提到保险杠、颜色、铬钢，还有暗色车窗。"这是说达顿偷步取巧。他完全是按照野马车的特征在发问，并非有人在陈述中提及。

他意犹未尽，再举一例："还有那个有钱的事，黑兹特拉说他将挣很多钱。因为这是检察院说的，他能用这些钱去买罗尔斯·罗伊斯。"

既然伊藤已经定调，达顿也就放弃了。否则当晚的电视新闻一定是《我知道这是OJ》。

考克兰再传证时，让黑兹特拉逐一否认达顿提及的那些说法。除此而外，考克兰剑指那个报料人帕翠希亚。考克兰对她并非一无所知。

帕翠希亚不仅自己参加了电视的脱口秀名牌节目《硬证》，而且劝说黑兹特拉也去应访。

考克兰问道："你去了吗？你参加过这样的采访吗？"

"没有，我回绝了所有的邀请。"看起来远比帕翠希亚干净。

黑兹特拉这个高地究竟落入谁手，只有陪审员自己知道。但是，黑兹特拉的"嘿嘿嘿"说，撼动了凯伦的"砰砰砰"说。它们都发生在10点40分左右。

（十二）贝雷的新活儿

7月14日，辩方又着了几闷棍。传证费耶前男友一事，虽被伊藤批准，但是，只能传案发当日，与辛普森之间的电话，有关费耶涉毒一事，禁止提出。辩方的本意是一箭双雕，既证明辛普森当日行为正常，也将费耶的毒事扯入，为陪审团另开思路。伊藤的理由很简单，目前所有的证据，均未涉及毒品。

加州高院早就此类案子有明确释法。提出第三方的机会和动机，不足以构成合理疑问，必须有实证可以依靠。这对辩方是个重大挫败。考克兰曾在开辩词中明白提出毒品是此案的另一可能。伊藤如此一限，考克兰的毒品致杀说顿成了无米之炊。

到此地步，考克兰们只能希望陪审员们的记性不好了。

这一天，又是一组证人，走马灯一样的，都是辛普森往返芝加哥途中，遇到的他的证人。他们分别证明，辛普森除去悲伤，看起来很正常。他们也证明看到辛普森的手，去时无伤，回来时，贴着创可贴。

这组人中，有两人是辩方倚重的。一是去程的机长，一是归途中的邻座。

传证机长的是贝雷。他又让同事们出了一身冷汗。昨日，夏皮若与辛普森大吵，皆因为此。

让贝雷坐冷板凳，不许再上场，本是辩方的共识。对此，夏皮若、考克兰和卡达辛高度一致。贝雷自从进了冷宫，总是不断找道格拉斯。两人私谊一向甚佳。道格拉斯不仅敬他三分，而且也真心喜欢他。无奈这是考克兰的命令，也是辛普森的意思。于是，道格拉斯对他一面敷衍，一面又为他说项。贝雷不甘心，还看中了卡达辛，不断打电话。他知道卡达辛为人义气，有一副豆腐心肠。卡达辛听后不置可否，其实心中有几分恻隐。遇到道格拉斯主张给贝雷一两个无关紧要的证人，就给予支持，让贝雷的面子好看一点，毕竟他是辛普森团队的一员，而且，也曾是考克兰扶正的功臣。在去法庭的路上，考克兰与夏皮若听到卡达辛缓颊，皆一口回绝。这是两人难得的一致，也因此让夏皮若有底气大吵。

卡达辛决定先问问辛普森，其实也是借辛普森压一压。在进囚笼时，他问法警，里面是否有人。出乎意料，贝雷已经先入一步。事后，辛普森告诉他，贝雷谈了两件事。一是邀请旧金山的那两位女律师，过来为他准备自证。钱不必担心，贝雷自己掏腰包。这与他人毕竟不一样，别人是伸手要钱，他贝雷是慷慨施财。不过辛普森不想再引入任何律师，此话就打住了。二是要求给他几个证人。前有自掏腰包的高天之义，后则不好说不。因此这个圣旨算是请下了。夏皮若能不跳起来？

道格拉斯有了圣旨，就先分机长给他，先试试水，摸着石头过河。

机长斯丹菲尔德是辛普森去程的机长。他和辛普森的互动无非是求个签名。传他不过是请他谈谈自己的观感，仅此而已。

这本是一个小小的段子，而贝雷偏要往大里作。签名是在飞行记录上，这可合了贝雷的意，大肆渲染起来。贝雷自己有飞机，有飞行执照，因此对航图提一些纯专业问题。细节繁多，从飞机型号到飞行高度，再到格林尼治时间，开起了航空科普讲座。如此拖延，让同事们如坐针毡。考克兰气急了，低声呵斥："你在说什么娘××的？陪审团根本听不懂！"

贝雷面红耳赤，解释原因，这后面有包袱。辛普森也恼得大翻白眼。

考克兰低声继续："我们传他，只有一个原因，就是听他说，OJ手上无伤。"

贝雷又是解释，实在舍不得他来之不易的上场时间，他的科普。考克兰下了命令："现在就问！"

贝雷只好就范："你是否注意到他手上有伤？"

"我唯一印象是他的手超大，至于伤和其他的不寻常，则没有看到。"

就这么一句话，贝雷失望至极。他那个包袱，无人再感兴趣。达顿简单质证之后，贝雷消失了。

（十三）回程机上的辛普森

回程证人叫马克·帕崔吉，众位的同行，也是律师，不过专吃好莱坞饭。执业版权商标，是哈佛法学院的出身。

6月13日，辛普森自芝加哥返回，乘全美航空1691航班，在公务舱里，辛普森坐9D，帕崔吉坐9E。

帕崔吉在前晚，已经知道辛普森前妻之死。他与辛普森邻座，就没闲着，一路观察他的举止。辛普森身着一身石磨蓝牛仔装，神情不快，焦躁恼怒，一路叹气，眼睛仰视，开开合合。

飞机起飞后，辛普森立刻向空姐提要求，索要电话。其实电话就在身后。

辛普森打了几个电话，并不避人。帕崔吉听到一些内容。

帕崔吉在他打电话时，注意到他的手，也是超大。无名指上有伤，用手纸包着。

之后，帕崔吉问辛普森发生了什么事。做证未及深入，克拉克反对阻断，理由是听闻。克拉克不想让陪审团听到那所谓的交谈。伊藤支持。

"在他的回答中，你可曾了解他的生活中发生了特别事件？"考克兰问道。

"我了解了。"帕崔吉不敢说。他是律师，知道规矩。

两人只能空来空去。谈话究竟涉及什么，不能呈堂。

"你能给陪审团一个形象陈述，而又能避免提及你们的谈话吗？"

"他一路唉声叹气，打了几个电话。"

"你知道他的职业之一是演员？"

"我理解，是的。"

"在你眼中，他是在做戏？"

"不，他的举止非常本真。"

"那引起你某种想法？"

"我想一个好人正在面对影响他一生的大事。"

"基于这点，（和辛普森交谈）在某一刻，你是否觉得该给辛普森先生一点建议？"

"是的。"

"你确定给了？"

"是的。"

"落地后，你可曾再见过他？"

"不曾见过。"

"6月13日之后，你可曾联系过洛警局？"

"是的，我联系了。"

"他们可曾来人调查？"

"没有。"

到了10月，有个探长来了个电话。谈了约十分钟，再无下文。6月15日，帕崔吉曾写了一份六页的简述，记录了他和辛普森的谈话，送给了控辩双方。该探长这次谈话，距送出简述，已有四个月。

考克兰最后问道："你可曾卖掉这些故事？"

"没有！"

考克兰本意是想证明辛普森对此事十分坦荡，完全不避陌生人，但没有谈话内容，白纸一张。

克拉克质证，紧咬帕崔吉的动机：帕崔吉写简述时，辛普森尚未被指控，因此帕崔吉写简述的动机可疑。她在回忆录中特别提及此事。在克拉克的眼中，帕崔吉同情辛普森。他在简述每一页上，都注上：1994年，帕崔吉，版权所有。抓住这点，克拉克问道："身为一个律师，你为什么要在每一页加注，版权所有？"

"这是防止人们流传，不经我的许可。"

"这是否意味在这版权所有中，你也有经济利益？"

帕崔吉表示不理解这个问题。克拉克对此十分得意，认为抓住了兔子尾巴。帕崔吉自己是版权律师，职业习惯要求他保护一些独家信息。在美国，人们的创作和记录都是自我保护，并没有专门的保护版权的机构。有了纠纷，法庭上见。通常的版权保护，一是签字画押，注明日期，才肯出示；二是将文字密封，用挂号信寄回自己的住址，不拆封，保存。一旦版权遭到侵犯，签字画押和挂号信可以呈堂，由法官当场验，当场开封。检验寄出日期，据事件先后，决定版权归属。

因此，版权保护确如帕崔吉所言。主要是防止人们不经许可，谋取商业利益。此做法意在保护，离商业利益尚远。而帕崔吉既然将记录寄给控辩双方，他们一旦使用，立成公共资产，何来商业利益？克拉克的用心过深了。

帕崔吉之后，是 6 月 12 日当晚，辛普森抵达 LAX 机场的两位搬运工。二人互相印证，辛普森举止正常，无异于其他旅客。其中一人得到辛普森的签名。

达顿质证，无意纠缠："这是你第一次与被告面对面？"

证人："的确如此。""所以，你实际不能告诉我们，他的正常举止是什么？"

一句话将其打发。

此外，还有三名证人，一个搬运工，一个学生，一个赫兹租车公司的接待员，证明辛普森表现正常。他们的证词无足轻重，即使当天的媒体报道也是只字不提。

（十四）泰山的爷爷

案发前后，辛普森的举止行为做证结束，辩方翻开新的一页。罗伯特·惠辛尕，另一个哈佛毕业生，执业内科及外科矫正，曾是洛杉矶攻击者队的队医。

辛普森归来后，夏皮若一接手，立刻请他出山，多次检查他的身体。野马追捕当日，他也在卡达辛家，与巴登、李昌钰一起被警方留置。

他向法庭举证，辛普森家有长期癌症史。被告本人也是骨风湿症的常年患者。案发前后，正处在发病周期。惠辛尕初次检查，发现辛普森手有三处伤，分别在无名指和中指，在四分之一英寸到四分之三英寸之间。这些伤痕，多指向玻璃划伤。惠辛尕排除了刀伤。辛普森的骨节明显肿大，那是风湿的结果。他在案发后，仔细检查了辛普森的身体：周身上下，无一处有伤。左腕做过手术，来自美式足球生涯。骨风湿最严重处在左膝，严重到限制他的行动。

证词大致符合考克兰、夏皮若们的要求：风湿影响行动，浑身无打斗伤。

夏皮若将辛普森受检时的照片投影。辛普森只穿一条短裤，在接受惠辛尕的检查。

"这看起来与常人无异，你的最终诊断是什么？"

"虽然他看起来像（人猿）泰山，但走起路却像泰山的爷爷。"

满场闻之莞尔，陪审团也忍俊不禁。这是考克兰精心设计的台词，当晚成了媒体的话题。

用这个比喻形容惠辛尕的证词再恰当不过。很快，凯尔伯格让他寸步难行，又如泰山的爷爷了。

凯尔伯格重细节，问证以冗长著称。传证时，如同施催眠术。辩方已做好打盹的准备。

不期然，此时的凯尔伯格一改沉闷拖沓之风，上来刀刀见血。惠辛尕的证词说，辛普森长期夜里盗汗，一副极虚弱的体质。

"自从1994年6月15日，你是辛普森的医生，就你所获资料，辛普森上次看医生是什么时候？"

"我相信是1993年7月13日。所以，不管辛普森看过哪个医生，你的检查是在十一个月以后？"

"正确。"

在惠辛尕口中，辛普森病病恹恹，却是十一个月没看过任何病？惠辛尕的话动摇了。

盗汗也被凯尔伯格攻击。在检查后，惠辛尕给夏皮若写了一封信，问他对检查结果是否合意。信的最后一段：辛普森抱怨盗汗可与司机帕克的证词一致。他做证，当辛普森迈入礼车时，OJ 看起来很热。

"这是你写的吗？"

"是我写的。"

凯尔伯格继续："在传证时，你告诉夏皮若先生，他能够握住一把匕首，对吗？"

"对的。"

"那么，他也可以抓住妮蔻的头发，把她拉起，然后割喉。他的左手有足够的力气这样干吗？"

"固定不动的情形下，是的。"

"你的观点，他的右手也能割喉？"

"如果是固定状态推断，那也是可能的。"

"自从1994年6月15日，你可曾建议辛普森去看骨科医生？"

"我与他的骨科医生讨论过，他没有紧急严重的理由去看骨科。所以，他没有看。"

"你是否同意，更有资格来做证的是骨科医生？"

"我无从辩护。"

"医生，举个例，你如何判断他的上身？"

"绝对肌肉丰满。"

（十五）凯尔伯格放了一段录像

7月17日与18日，辩方终于有时间打盹了。凯尔伯格故态复萌，又跑起了马拉松。凯尔伯格拿出惠辛尕的著作，讨论肾上腺素，认为肾上腺素激增能使人获得超常力量。

惠辛尕的书中举了两个例子，一是某美式足球球员手指骨折兼错位，仍在激烈对抗中一往无前。二是一个柔弱的母亲，在幼儿被车轧住时，居然一人把汽车抬起，救出孩子。

惠辛尕承认："杀人犯在激怒时，会有肾上腺素激增现象。"

凯尔伯格放了一段录像，让众人精神立旺。这段录像距案发两个半星期。录像中，辛普森几次挥拳击空，直拳加钩拳，然后满脸坏笑："在练功时，和你老婆保持距离，你懂我的意思。你可以永远将此归罪练功。"

夏皮若怒起，要求法庭排除："辛普森明显是在开玩笑。"

凯尔伯格不让："这明显反映他对老婆的态度！"

另一个录像则为维他命代言，把该产品吹为神丹妙药，百病立除，也包括他的风湿症，让他不必再服药。

接近尾声，凯尔伯格又就一张惠辛尕与巴登的照片发难。夏皮若要求边厢。夏皮若问凯尔伯格是否打算把所有的事摊开。这个问题涉及了巴登。如果凯尔伯格触及，就意味辩方需要传证巴登。此时，巴登的名字尚未进入证人名单。辩方尚在犹豫，尸检请哪位出山，巴登还是沃尔夫。这样仅凭这一个问题，就可借力，让两人都登证人席。

这张照片的问题，已超出惠辛尕的专业。凯尔伯格对手伤的形成反复质问。他迫使惠辛尕承认，在打斗中，也能形成不规则的刀伤。惠辛尕坚持，只有在极慢的运动中，才有机会形成，因此他坚持是玻璃伤。

在凯尔伯格质证这一段，夏皮若一直以此非惠辛尕的专业反对。毕竟惠辛尕当时检查辛普森的身体，只是做个记录，真正的专家是巴登，他能解释伤口的由来。

面对夏皮若的威胁，凯尔伯格退了下来。对付巴登需要慎重，而且是极为慎重。把巴登临时激出，实为不智。

这质证的两天半，仅记录就达三百页之多，材料没什么可资品味的。陪审员的煎熬困顿就可想而知了。

控方并不知道，其实，辩方对辛普森的手伤也是心中无数。他们在周末专门讨论过。他们对辛普森的说法，也有疑问，尤其是门廊下的血。辛普森在帕克中心，对探长们的回答含混不清：也许是在厨房，也许是在野马车里取手机的时候。主要的伤，他说在芝加哥打破了杯子。

辩方所受煎熬远超过陪审团，他们生怕凯尔伯格问出个子丑寅卯。惠辛尕已经结结实实落入控方之手，承认辛普森杀人无碍。让考克兰们看得哭笑不得。

（十六）我们并没有在这里演戏

下午，辩方传证警官汤普森。6月13日那天，辛普森回到罗金汉，一入院子，就被汤普森截住。汤普森把他引到一个僻静处，媒体镜头扫不到的地方，将其铐起。汤普森是当时院中资历最深的警官，他说，基于被告的尊严，我把辛普森引离，远离媒体，然后上铐。我不想在车道上，送他们一个惊喜的场面。

其后，在辛普森的律师威兹曼质问下，范纳特下令解铐，并邀请辛普森去帕克中心谈话。汤普森证明，上铐之命来自范纳特。

这个证词让辩方十分满意，足证警察是仓促定案。达顿认为小事一件，问了一个问题，意图减弱证词，又引起一场舌战。

"你理解事出有因这个词吗?"达顿的意思是上铐有原因。

"这是妄论,尊敬的法官,这个问题极为不妥。"

眼看争执又起,伊藤把陪审团送出去,请达顿解释。达顿回应:既然,考克兰认为上铐无理由,他达顿就要证明在辛普森归来前,警察看到邦迪血案,又知道妮蔻是他的前妻,然后看到罗金汉的血,这一串事件,就构成肇因。达顿准备一一问起,证明上铐事出有因。

听完解释,伊藤不屑:"我只需要问三个问题,就能完事。"

达顿强作欢颜:"如果我问了十五个问题,将更有戏剧性。"

"但是我们并没有在这里演戏,达顿先生。"伊藤完全不解风情。

"我没演戏,"达顿被激怒了,"我再也不会。"

伊藤的讽刺让达顿心中火起:"连幽默都不懂?"

"不再会了,"考克兰趁机火上浇油,"对,自从试了手套以后!"

伊藤勃然大怒,对着考克兰一吼:"这是廉价攻击,占低级便宜!"

达顿也借卸磨而杀驴:"考克兰先生道歉了?"

"还没有,他会的。"伊藤恨恨不已。

考克兰不退让,而且笑嘻嘻地:"法官只需两三个问题就能搞定,够棒的。尊敬的法官,您现在再也不是在检察院,这是他的工作。"

真不知道考克兰是在夸谁损谁。这几乎打中了达顿的心思。达顿一直认为,法官对检察院不敬,常常语出轻慢,根源就在他伊藤出身检察院,倚老卖老,不仅低看他们,而且有意切割,以示公正。

"我不是廉价攻击。"考克兰继续,且肆无忌惮。

"这就是!"

"这就不是!"

"这是。"

"这不是。"考克兰退了一步,"不过这是你的态度,如果你认为是,我就道歉,但是我仍认为不是廉价攻击。"

"我正在和达顿讨论问题,你却插一杠子。这对我而言,就是廉价攻击!"

"可我还是不认为是廉价攻击。"

"休庭!"伊藤怒不可遏,离座转身,对着背后撂下一句,"考克兰先生,你可想清楚了。"

这个场面让众人惊掉下巴,继而莞尔解颐,伊藤居然被气跑了,考克兰却毫发无损。

伊藤再回来,风平浪静。

(十七)辩方马不停蹄引入一个证人

离休庭还有一个小时,辩方马不停蹄,引入一个证人。这次传证仍是考克兰,控方却换了克拉克。首席对首席,掌门对掌门,其分量可想而知。

证人莫拉兹,1994年6月时,受雇于警察车库,拖车司机。证人在该停车场工作了25年。这个停车场虽名为警察车库,但属私人,乃是洛警局的签约停车场。这里停着,其实是扣着,各种违规拖吊、罚没拍卖、涉案调查的车辆。有雇员五十人。

6月15日,莫拉兹奉命去洛警局指纹处,拖回辛普森的野马车。

大约11点,莫拉兹接到电话,命令他去拖车。到达指纹处,由警卫把他带至存车处。

考克兰问道:"在你拖吊之前,可有机会进入野马车内部,做一些调整,如方向盘之类的?"

"是的，我进去了。"

考克兰将相关手续投影到屏幕上，为该车验明正身：福特，野马，白色。上有交接警察的名字，也有莫拉兹的签名。收单中还有签注栏目，其中注着：指纹，证据，给予特别关注。再下一栏是抢劫凶杀处简写：RHD。

"那个方格（栏目），被打钩的说是指纹？"

"不，这一方格没有对钩！"这说明指纹尚未提取，或者已经提取却忘了打钩。

"好，这里说，待存，直到发还给赫兹租车公司的代表？"

"是的。"这说明野马车并非辛普森的财产，而是来自租赁公司。辛普森是该公司的代言人，他为赫兹公司做的广告，家喻户晓。如果是供他自用，也不奇怪。

"在离开指纹处，你有机会观察这辆车？请为先生们女士们叙述一下。"

莫拉兹先检查了方向盘和手刹，然后套上吊盘。

"你看到方向盘了？"

"是的。"

"看到上面有任何血迹？"

"不，没有看到。"

"你同时在车内看到任何血迹？"

"我没看到任何血迹。"

这就是考克兰要的。没看见任何血迹！他再核实一遍："你看车内是有意看看有无血迹？"

"没有，直到我把车拖回警察车库。"他指的是仔细查找，"在指纹处，我没看到（血迹）。"

途中，莫拉兹发现有媒体跟踪，就在红灯处停车劝阻。媒体车不停，一直送他进了警察车库。

"现在,到了车库,请你告诉我们,接下来发生了什么?"

"停车场的员工都在等我。"

原来把车拖出后,他就通知车库:我正在拖辛普森的车。所以,同事们都聚在门口,夹道欢迎,要亲眼看看这个传奇的谋杀工具。

"有多少人?"

"大约十人。"

这也是考克兰要的,野马车的去处,并未保密,不仅车库同事知道,媒体也清楚。

莫拉兹把车停在T3区,主要的停车场。没有安全保护,人人皆可接近。

"这次,你是否有机会进入车内?"

"是的,我进去了。"这次是仔细从容地观察。

"你注意到任何东西?"

"我没有看见任何血。"

如果陪审员把他的话当真,栽赃陷害说就有了腿。

"你在车内看到任何提取指纹的粉末?"

"车没被提取指纹。"

"你怎么知道?"

"那么多年了,我对那种粉末已经很熟悉了。那是或黑或灰的粉末,车里没有任何这种粉末。"

"现在,那些雇员,那十个左右的雇员,在你到达时,也过来了?"

"他们也好奇。"

"他们开始观察这辆车?"

"是的。"

考克兰打住，告诉伊藤，今天到此为止。这一天，除去凯尔伯格质证用去半天，辩方传了三个证人：理发师、警官和拖车司机。理发师的传证非常短，他只证明他是辛普森长期固定的理发师，辛普森的头上有头皮屑。

（十八）考克兰早早收场的绝顶秘密

还是7月18日，考克兰之所以早早收场，皆因有个绝顶的秘密。他和夏皮若要去见两个神秘的客人。就在他们定下这个约会时，考克兰们尚不知道这个秘密有多大。

早在一个星期前，麦坎南例行公事，将多日堆积的电话留言过了一遍，多数是无聊取乐。有一个电话居然是有名有姓，而且留下回电号码。麦坎南打了回去，人是真人，名字却是化名。对方明言，真名保密。

他告诉麦坎南一个惊人的线索。供料人是个电影制片人，好莱坞最当红的职业。最近，有一个女人，名字叫罗拉，向他投稿，推销她的电影剧本。剧本素材来自一个警察录音，此人姓佛曼。制片人看到了部分稿子。他告诉麦坎南："值得你们一听，这些录音与你们的案子大有关系。"

他还告诉麦坎南，此女可能来自北卡，然后提供了她的电话号码。

麦坎南虽然不相信天上会掉馅饼，却仍然拨通了电话。接话人正是罗拉，她不肯透露姓氏，让麦坎南联系自己的律师。麦坎南再拨通这个电话，接话人居然就在脚下。一个年轻律师，办公室也在同一座楼——世纪大厦里。

麦坎南一听姓名，犹太人，立刻打起种族牌。他大谈佛曼如何热衷德军勋章，如何对有犹太老婆的同事，画3K，又如何崇拜纳粹。其中有有根有据的，也有道听途说的，可谓倾囊倒出，对方听了明显大受刺激。

不过对方自称要出城休假一个星期，就把见面的日子定在了7月18日。

无独有偶，更早帕佛里克也得到了消息。不愧是老警察，他的一个线索透露了类似的信息，并告知有人在兜售这些录音。这提醒他，年前有警察朋友提及佛曼曾因电影剧本被人采访过。在当时，这种线索看不出任何价值。人家一提，帕佛里克一听，从未当回事。

在7月初，有一个电话来自旧金山，专找夏皮若。此人是丢掉牌照的前律师。他曾向辩方提供费耶的信息，因此，帕佛里克知道他有料。

接通电话，也是这件事：世上存在与佛曼有关的录音，他明告录音里有黑鬼N词。目前有人在兜售，已有电视台在讲价钱。

帕佛里克当机立断，狮子大吐气："告诉他们，我们出三十万！"

三天后，正是麦坎南打电话前后，帕佛里克拿到那个律师的电话和地址。这也是为什么那个律师要去"休假"。用一个星期和帕佛里克交易，有或没有，绰绰有余。

帕佛里克立刻致电道格拉斯的秘书。他虽被考克兰流放，但与道格拉斯一直单线联络。他要求秘书下传票，先把法律手续做足，避免录音真的落入电视台脱口秀手中。传票一出，就是法证，商业买卖绝不许可。

辛普森的秘书兰达的儿子，被派去执行任务。敲开门，出来一个年轻人，告知被传人休假去了。日后，考克兰们才知道，这个年轻人就是罗拉·麦金尼的代表律师史沃兹。

在美国，递送传票，无论刑事还是民事，诉讼双方都有权发传票。填好传票，上面已有法官的签名，派人送到证人手中就是。证人接到，大功告成。证人不愿做证，到法庭上去说，不到庭，也不申请豁免，那就去坐牢吧。

两个渠道，殊途同归。辩方才知道，天上真有馅饼。

（十九）录音确实是佛曼的声音

周末，7月15日，也有电视台提及罗拉的剧本，但是语焉不详，也未见报纸跟踪。媒体不信。

辛普森的律师们有了预感，一场超级大剧的帷幕正在升起。这就是考克兰、夏皮若密会的背景。

会见地点在桑塔莫尼卡，是考克兰的友人借给他的地方。该处无人知晓，因此在媒体警检视线之外。

他们到达后，两位律师已经等在那里，年轻稚嫩，热情洋溢，满面惊喜。明显是两位初出茅庐的律师。两位年轻人的对面，是当今最大的大牌，考克兰、夏皮若、道格拉斯。

无须费口舌，年轻人告知，录音确实是佛曼的声音。此刻罗拉的商业利益，已被抛诸脑后。能亲身涉足此案，让他们意醉神迷，惊喜不置。于是口无遮拦，知无不言，言无不尽。

夏皮若迫不及待，上来就问："有无炮制证据，罗织罪名的内容？""没有。"

"那么黑鬼？""从头到尾，到处都是！"

唯一不能说的是主顾的姓名。考克兰们并不在意，麦坎南早就查清：劳拉·哈特·麦金尼，在北卡州立大学电影学院教剧本写作。

律师们解释，劳拉只卖剧本，不卖录音。不过，想卖已晚了，传票一出，地动山摇。劳拉并不想帮助控方，她相信辛普森有罪。

主顾虽然不想帮，律师却是大力输诚，建议考克兰到法庭上提动议，强迫劳拉交出录音。罗拉虽不愿做证，但绝不会对抗法庭。

这话听起来，有点半推半就，犹抱琵琶半遮面。

（二十）车里的血迹

7月19日，考克兰继续传证拖车司机莫拉兹。

考克兰先让莫拉兹把拖车经过再述一遍，帮助陪审团复习功课。然后，请他详述警察车库的布局。警察车库分五个区。从T1到T5。T1区是长期停车区，车辆都能驾驶，并有钥匙。T2区是有监管的区，外人不能涉足，主要供在室内提取指纹。T3区是主要的停车场，以各种理由停放各色车等，包括废车。T4、T5区的车轮子都被卸下，但车身完好。

莫拉兹将野马车拖入车库，首先停在T3区。考克兰再次确定，在拖车表格上，只有置留打了钩，而指纹提取栏是空白："从表格上看，该车尚未提取指纹？"

"是的。"莫拉兹再次说。

"你是否和同事讨论过？车中是否有痕迹？"

"嗯，报纸已经有报道，车中有血迹。我很好奇，我仔细看，有什么血迹在车里。"

"你看见了？"

"我没有。"

考克兰一部分一部分问，得到一连串的没有。

"当你第二次在车里，你注意到收据或凭证什么的吗？"

"是的，两张收据在那里。"

"你能介绍一下吗？"

"一个名字是辛普森，一个名字是妮蔻·辛普森。"这些收据是洗衣店的。

"然后，你做了什么？"

"我把它们放进上衣口袋，然后让同事们看。"

此时,野马车停在 T3 区,车门未锁,该地区对公众开放,人们可来也可往。随后,莫拉兹再次应召出车,直到下午 5 点才回到车场。届时,野马车已被移入 T2 区,即专用提取指纹的区域。

"告诉我们,你又做了什么?"

"我决定把收据放回野马车。"

莫拉兹声称,车门仍然没锁。他将收据放回原处。离开时,车附近无人。他又看了内部,仍未发现什么。此后的故事急转直下。

5 点 40 分,经理来电话,要他过去,追问是否拿过收据。他矢口否认,撒了谎。经理不信,当场要求他把兜里的东西都掏出来。他拒不合作。经理宣布,停职!

莫拉兹未作反抗,离开了两天。17 日,他接到经理电话,回到车场,这次是经理和老板两人。当着老板的面,他承认拿过,但是,咬死已经送回。

三人离开办公室查看,这次莫拉兹发现车又移动了。在 T2 区换了一个地方。这个地区,公众不能进入,员工却可自由出入。

途中,老板有事,与两位探长离开。经理和莫拉兹去野马车查对。那两张收据不在那里。这是莫拉兹第四次进入车内。考克兰自然要问血,问车门是否锁着。答案照旧:没有,没有。

第五次进入,绝不可能了,莫拉兹已经因此被开除,也因此兴讼索赔。莫拉兹做证时,两名律师坐在旁边。话到此处,考克兰又问出,车内完好,无损伤,只是司机脚垫部分被割去一块。

克拉克质证,与莫拉兹讨论"盗窃""犯罪""未经许可",遭到莫拉兹的顽强抵抗,绝不领受以上三个词。克拉克每提一个问题,就能得到十几次反对、十几次批准,然后再重组问题,也是十几次。再后,收获无数的"不是""没拿""还回去了"。

莫拉兹身边坐着他的律师，严格把关。如果莫拉兹松一次口，他的民事索赔官司就得寿终正寝。

狂轰滥炸后，克拉克另寻出路。

"我注意到你不得不戴眼镜，你开车时也戴？"

"只是阅读。"

"T3区的标志是什么颜色的？"

"粉红色的。"

"你是色盲，不是吗？"

"我不认为是。"

"你是说箭头，还是点？"克拉克核实。

"你的意思是箭头？"莫拉兹问。

"我说的是点。"

"那是绿色的。"

克拉克只好退下，他不是色盲，他能认出血。

克拉克也不是全无收获。莫拉兹承认，车是警察用钢丝开的锁。这证明警察没钥匙。

克拉克转入正面对抗：

"请你看一下这张照片，证据529，不要戴眼镜，你看到任何血了吗？"

"我看到在22号处有血，23号、21号处也有血。"

"你知道它们是什么时候拍的吗？"

"不知道。"

"它们是6月14日拍的。先生，在你6月15日之前。你承认说没看见血是个错误？"

"我没看到任何血迹。"

"你并没有告诉陪审团，车中没有血，只是告诉他们没有看到血？"

"我没看到任何血。"

而后，克拉克就车内的一个灯泡发难：莫拉兹有责任将车内的任何损坏缺失，一一检查，写入报告。莫拉兹没有写过一个字。

考克兰怒起，要求边厢，抗议对证人如此吹毛求疵。他告诉伊藤，克拉克信口开河，说照片是6月14日拍的。照片上并没有时间。沙克发现照片是8月拍的。

伊藤问道："克拉克女士，我们不是浪费时间吗？拖车司机不会注意车里的灯泡。我不能说这是荒谬，但这确实是。他们只关心拖车时造成的损害。"这给了克拉克一个大钉子。

考克兰仍然不依不饶："我们不知道照片是什么时候照的。车没有严加保护。不是也是相关的？"

伊藤继续，明显站在考克兰一边："如果你看见车中有血……我的意思是，人们在报纸上看到车中有血，这种经验（指查看）并非不正常。你不应该用这张照片为难他。"

考克兰大喜，连声道谢。克拉克则无话。

回到法庭，克拉克重组灯泡话题："你不知道野马车的灯是如何工作的？"她并未罢休。

"我从来没开过野马车。"莫拉兹顶了回去。

"你不记得车内的灯亮不亮？"

"我没注意灯。"

"你也没注意血，对吗？"

"报纸都在说，我当然好奇。"

"所以，你在寻找血？"

"我，还有其他的员工在那里……"言外之意，他不是唯一在寻找血迹的人。

克拉克这一炮，有了后坐力，让莫拉兹扯出旁证。克拉克只好用此前做过证的警察去堵：他们看到过血迹。这个伤害已经造成。警察已被大肆攻击，陪审团究竟能相信他们几分，无人能知。

克拉克询问莫拉兹与辩方的接触，得知是私探先接触的莫拉兹，然后去见了尤曼，随后是索赔官司。莫拉兹承认与私探讨论过请律师兴讼的问题。克拉克把问题引向辩方：这两个律师是否来自辩方的介绍，甚至金钱的支持。

"本案律师帮助你得到律师？"

考克兰待不住了："反对，百分之百的错。"

伊藤下令：边厢。到了边厢，伊藤问道："你这么问可有根据？"

克拉克说，莫拉兹与私探交谈应算根据。伊藤认可。考克兰当即发飙："我和夏皮若根本不认识那两个家伙，从来没有任何瓜葛。"夏皮若也随声附和。

伊藤发话："克拉克女士，请不要浪费任何时间。"

克拉克不服："等等，我没说他们俩，这是一个庞大的律师团。"

伊藤也认可："他承认和私探交谈，法庭已有记录，可以问。"

质证继续："他们去你家，话题中有一项为你兴讼索赔？"

"我一直在试着找律师。"

"对，他们和你讨论了此事，正确吗？"

"没有，他们没有讨论此事。"

克拉克又转换话题，闲闲一笔。克拉克问他知道警察停车场门禁有多严。

门上有激光报警系统。莫拉兹说，也严也不严。人们要想进来，并不难。很多时候，他们关上激光，因为他们要移动车辆。很多人进出不会引发激光报警。

克拉克突然重返旧话题:"那么你承认自车中偷了东西?"

"我没偷。"

伊藤制止:"打住,下一个问题。"

"你从来没被指控自野马车里偷东西?"

"正确!"

"这是不是你的理解,辩方不会指控你偷窃?所以,你愿意来这里做证?"

图穷匕首见,这是她休庭前最后的问话,留个伏笔。

下午开庭,克拉克继续未尽的话题:"这是你的理解,今年4月,考克兰表示无意追求指控你偷窃?"

"就我所知,无人有意。"

"是你相信考克兰不会?"

"我被告知无人有意指控。"

"你被告知考克兰无意指控?"

考克兰反对,伊藤驳回。莫拉兹重复,我被告知。

"当你说他们,你指的是辩方,考克兰先生?"

"是的。"

"当你说他们,你指的是谁?"

"我指的是考克兰先生。"

克拉克终于攻下一城。她由是打住。

考克兰不甘示弱,转手也是一击。他顺势传证调查莫拉兹的探长凯利·穆尔多佛。探长承认,有关野马车的留置,没有任何记录,没有任何文字。扔在那里,门也确实未锁。无人看管这个坑,控方很难填平。

克拉克在这个拖车司机身上如此下功夫,反复攻坚,不屈不挠,全因这个证人的证词指向车中本无血,证据无人监管,门户大开,有足够机会供警察栽赃。此人非同小可,重要性不次于黑兹特拉。他的证词拉开了第二战役的序幕:警察操弄证据栽赃说。

拖车司机传完,马不停蹄,再传下一个,沃尔夫。沃尔夫是美国健美名人。他主持的健美节目,常年在各大广播网播放。案发前两星期,《花花公子》与他签下合约,再造一组新的节目,专供俊男美女追随。他颇为意外,《花花公子》选定了辛普森做他的搭档。他以往的搭档多为医生和教授。他们专事评论,增加健美的科学学术分量。

动作组合一向由他设计,因此沃尔夫极为关注辛普森的运动能力。在录像中,他注意到辛普森的肩手膝盖均有问题,完成动作很吃力。他只好修改了一些动作,迎合辛普森的状况。他自认因此获得灵感使关节有缺陷甚至残疾的人,也能从节目中获益。

具体例子,他只提供了两个。一是在彩排前,需要提一个30磅的沙袋,辛普森完全无能为力;二是每到间歇,辛普森都必须在膝部敷冰袋。若间歇过长,则会站不起来。

达顿质证,要再放辛普森即兴玩笑那一段。伊藤制止:"这已经放了三遍了。"他把凯尔伯格质证医生的那一次,也算了进去。

达顿无奈,只好问:"当他提到健美时,与老婆保持距离那一段是录像脚本中的话?"

"不是。"

"这出乎你的意料?"

"出乎意料。"

"他只说了一次?"

"不,两次。"

对这个证人,双方隔山打牛,不痛不痒。

（二十一）辛普森的卧房里没有袜子

警察栽赃的战役仍在继续。当日最后一个小时，考克兰传证了警察摄影师福特。这个证人的出现，也是沙克的功劳。这位工作狂加细节迷，在众人过节时，独自一人，把这个黑人警察从新闻中捞了出来。他发现有个黑人警官在罗金汉身背摄像机，一闪而过。沙克灵机一动，去查当日警察现场出入记录，没发现任何与之相关的影像证据。他问了控方。克拉克承认确有录像资料，这些资料只有行政用途，为了证明警方没有动过辛宅与证据无关的财物，防止日后被辛普森状告。

辩方当然不信，非要不可。伊藤也大有怀疑。凭着伊藤的支持，辩方拿到了录像。

沙克们一看，大喜过望。录像中，在辛普森的卧房里，没有袜子。正是这个录像，让沙克再拔一城。自传证警察搜证后，冯丹尼、玛珠拉还有马特桑，都没有看见袜子上有血迹。而李昌钰造访也未发现血迹。到了8月4日，才有人发现血迹，此事怪也不怪？

而福特的录像里没有袜子，此事又落了个怪上加怪。

这还不够，在袜子送出检验DNA之前，媒体就知道，血不是辛普森的，不是勾德曼的，也不是混合的。血是妮蔻的。

考克兰先确认福特到达的时间，根据现场记录，福特与上司阿德·金斯于13日下午3点10分到达现场。他们在外面遇到一位探长，交代他们拍所有的财产。楼上楼下，只要是能拍到的，上锁打不开的不拍。

"到了楼上，"考克兰问道，"你在某一时刻进入辛普森的卧房？"

"是的。"

"你进去时看到床脚地上，有任何袜子？"

"没有。"

"这是 1994 年 6 月 13 日下午 4 点 13 分,你经过那里?"

"是的。"

"如果你看到袜子,你会拍下来吗?"

"一定。"

"因为那是你的任务?"

"是的。"

"你结束录像大约 4 点 15 分?"

"差不多。"

当时已经进入夏季,因此 4 点 13 分,可能为冬季时间 3 点 13 分。福特 4 点 30 分离开,次日把录像带交出,再无过问。直到考克兰传证,他才看过一次。到了临出庭,又看了一次,仅此而已。

福特也看过袜子在地上的照片,但那张照片,不是他拍的。福特自始至终没有见过袜子。福特也拍了一些照片,领带、衣架,等等。

(二十二)达顿的质证,别开生面

达顿质证,攻势凌厉。

"你是辩方证人,你理解吗,福特先生?"

"知道,阁下。"

考克兰反对:"他是法庭证人,法官阁下,不是辩方证人。"

"错!继续。"伊藤不给面子。这惹起哄堂大笑。

问完福特的职掌,达顿又问:"你接受指示,在搜证之后,才去录像?"

考克兰听出名堂，立刻反对，伊藤驳回。

"正确。"

"那是为什么我们在画面上看不到袜子？"

"正确。"

达顿问福特是否认识另一个摄影师。福特承认认识，并在现场碰到。他手中也有照相机，这个人的身份才是罪证摄影师。

"你知道他在你到达之前拍了许多照片。你看到他拍照了吗？"

"没有，我没看到。"

这个回答不如意，却也无关大局。达顿向陪审团传递信息，真正的罪证摄影师另有其人。

下面的问题有些意思。达顿拿出照片与录像对比。

"让我们看看，如果，我们有办法确定袜子的位置。"

照片中粗毛方毯是方格图样。他们确定自壁炉以下，竖数共有五个方格。横数自左至右，又是五个方格。

然后，达顿调出录像，指出在第二个方格，也是床脚处，录像没有拍到。因此，在这个死角中，如果有任何东西，画面自然没有显示。其实，这一节，道格拉斯在反复研究后，已经发现。

达顿进而问摄像机的来历。福特告知是罚没品。因此日期时间是否准确，福特是一无所知。达顿又告诉法庭，这些时间可以经过调整。福特只是拿来用，并没有调整过。再加上一条，冯丹尼收集袜子的时间是4点30分，这是板上钉钉、记录在案的。

对付这双袜子，辩方还有许多弹药，那些坎，控方很难过去。接下来的证人是吉吉，辛普森现任管家。她证明辛普森有洁癖，从不乱扔东西。把袜子扔在床边，不合他的习惯。

当日，还剩一段时间，辩方手头暂无证人。这并非他们的错。他们准备的证人，被伊藤推迟传证。控方需要周末去准备。

伊藤逼辩方再传一个，考克兰想起，探长鲁波曾自抽屉里搜出过一只手套，就传了他，求个聊胜于无。

不承想，平白送人一局。考克兰没问出什么。轮到达顿质证，问鲁波可曾见过袜子。鲁波回答见过，时间可能是中午 12 点 30 分，比福特录像时间早了近四个小时。

当日最后的节目，伊藤公布了四名陪审员驱逐的原因。这是媒体和公民知情联盟诉讼结果，上级法庭的命令。

第一个陪审员，姓名未公布，是赫兹租车公司的雇员。他隐瞒了这个细节。与辛普森有利益冲突。

诺克斯，隐瞒曾因家暴被捕。

哈里斯，正相反，隐瞒申请对丈夫的限制令。

克拉温，害群之马，骚扰六位陪审员。

（二十三）沙克隐藏李昌钰的宝贝

7 月 21 日，无庭可开，控方需要时间准备。辩方也终于有一天可以做个总结。主要人物都到齐了。通报进展，制定下一步方略。

人们承认，前一段证人过于琐碎。什么都想证明，却什么也未见得证明。真有分量的是"嘿嘿嘿"和拖吊野马车。而证明辛普森无力杀人的证人，则几乎落入敌手。夏皮若坚决主张压缩传证，与其伤其十指，不如断其一指。

人们也注意到，克拉克质证的质量，一点不输辩方。承认有低估之嫌。

接下来，不可轻敌。

沙克谈及李昌钰做证，其中的宝贝，他舍不得让对手早早掌握，妨碍奇袭之效果。他太迷恋砰然出手，满阵皆惊。不过隐瞒证据，虽有短暂之利，前车之鉴，不好玩的。克拉克关于野马车的地毯报告，被伊藤封杀。克拉克那绝望的表情、撕心的哀鸣，刻在每一个人心中。众人一致同意，拖一拖可以，挑战规则不行。

布莱希尔通报了他的证人，李德斯、马尔兹和麦克达诺。这是一场袜子—EDTA战役。目标指向栽赃。戏份儿不轻。

沙克还向众位通报，辛姆斯正在做野马车的另一个DNA测试。初步结果是辛普森与勾德曼的混合，最终结果尚需几个月。能不能赶上判决，是个问题。不过，拖车司机和探长凯利·穆尔多佛的证词在那里，野马车像是不设防的城市，什么结果都有可能。辩方并不那么担心。

最后是佛曼录音。考克兰通报：传票已经发出，据麦金尼的律师说，内容丰富，远远超出想象。从1985年3月到1995年2月，录音是爆炸性的。到处是N词，还有他在西洛杉矶局的行为，就像3K党。

沙克不看好：哪有那么好的事？他不信天上会掉馅饼。

考克兰通报众人，他将亲征北卡，要求当地法官下令麦金尼出庭。跨州传讯，如果证人不从，要走这个手续。马克斯可是没走通之一例。

他将和尤曼、夏皮若二人前往。

（二十四）EDTA—袜子—后门血

经过一个周末，辩方也算是好整以暇，发起另一个大战役EDTA—袜子—

后门血。

袜子已经过了两道坎。在控方的案子中,沙克借质证,告诉陪审团,袜子经过几人之眼,都不曾发现有血。直到 8 月,才突然出现了血。这个血迹可在正常光线下看到。在辩方的案子中,又借警察录像,提出袜子出现在搜证之后。

现在,辩方要证明袜子上的血含有防腐抗凝剂 EDTA,以此说明是来自妮蔻的样本血,而后门的血,冯丹尼在 6 月 13 日没看到,摄影师也没看到,到了 7 月 3 日,才被采证。这无疑是二次采证的产品。在 7 月 3 日以前,邦迪现场早已解禁达半月之久。这个血证,也有 EDTA,因此来自辛普森的样本血。

这个 EDTA 事关全局,因此克拉克决定穆桂英挂帅,亲征!达顿不赞成:那是科学家伙的事,还是让勾德伯格或凯尔伯格干吧。看着克拉克憔悴消瘦,还有两只熊猫眼,达顿动了几分怜香惜玉之恻隐心,尽管近来对她颇有微词。

克拉克摇摇手,不再有二话。在进入 EDTA 的几周前,她就在 FBI 特工马尔兹的辅导下,熟悉了这门"科学",EDTA—毒理学。有一点克拉克很为难,很难释疑。早在 2 月,洛杉矶检察院就委托 FBI 帮他们查 EDTA。在控方的案子结束前,结果已经出来,控方却选择不传马尔兹。

辩方自然不能放过,你不传,我传!

既然传马尔兹检测的 EDTA 结果,辩方当然要准备自己的专家证人,解读结果。这个专家是毒理学家,该界的顶尖人物。这个人物本也是克拉克追逐的,排在 EDTA 证人名单第一名。又是辩方棋先一着,抢了下来。到克拉克联系时,李德斯已被辩方先到先得。

克拉克的回忆录中专门提及此事,认为辩方本意请专家布雷克出证。因为布雷克代表辩方跟踪了控方验证的全过程。但是,考克兰们怕布雷克说实话，才改择李德斯。这个说法忽视了布雷克不是毒理学专家，他只是罪证专家。而李德斯与 EDTA 打交道，行之有年矣，可以上溯到 1953 年。论资历，论经验，无人能出其右。辩方对名牌一向胃口极大，一向乐此不疲。

回到上星期四，又是按照沙克的思路，辩方尽量推迟移交李德斯的笔记，让控方临时抱佛脚抓瞎。克拉克怒气冲天："辩方行事让我忍无可忍。这是埋伏突袭遍布的审判。"她历数了辩方的恶行，点出李德斯 2 月就接到马尔兹的结果，却在做证前，才"完成"笔记。辩方只有暗笑。

辩方传证的顺序，也让她加倍不满。居然先传解读，后传结果。也就是先传李德斯，后传马尔兹。

"这是丑闻一般，居然发生在此处？"她克拉克忘记了，这是辩方的案子，反证阶段。她希望马尔兹能取先入为主之优势，辩方又何尝不想得到先入为主的便宜？毕竟顺序是辩方说了算。

"我相信，这是精心设计，意图阻止人们能足够了解这个做证。我的意思，公平在哪里？"在陪审团不在场之际，克拉克愤然。

辩方反击："你们那个丽萨·坎说了对李德斯随时恭候。"

克拉克打了回去："这是本案中，最大的厚着脸皮睁眼说瞎话！"

伊藤制止："不许人身攻击。"然后就辩方突袭表态。这就是星期五休庭一天的原因。星期五加周末，克拉克勉强获得三天的时间去抱佛脚。

布莱希尔被克拉克激怒，正是他传证李德斯。布莱希尔反唇相讥："我难以相信，克拉克女士会说对马尔兹准备好，却无法面对李德斯？"

这是真的不公平了。克拉克并不知道李德斯会说什么，让她如何准备？伊藤裁决："这次没有为难辩方已经给了辩方巨大的宽恕和容忍了。"

"噢，得了。"克拉克对布莱希尔一向客气。她认定布莱希尔是辩方团队中唯一的君子，"这明显不当，马尔兹将是诚实的证人。他会如实做证，这样，会容易一些。"

那么李德斯呢？这无异又是人身攻击。伊藤立刻介入："克拉克女士，今天早前，我已经警告过你，不要人身攻击。"

克拉克知道失口，忙不迭地道歉。伊藤不宽容："罚款二百五十元。在离开法庭前，别忘了写支票。"

（二十五）布莱希尔拎出 EDTA

7月24日，李德斯入庭。

布莱希尔先为他立万：博士，美国驰名的医学服务实验室主任，术业专攻毒理学。自1953年起，浸淫 EDTA，自尿液分析始。1976年，开始运用色层分离法辨别 EDTA。曾发表过有影响的学术文章和演讲，两者加起来超过一百次，至少一半发表在有同行评审的杂志上，其中关于 EDTA 的有十一二篇。

"你曾被要求解读 FBI 的实验？那个实验室检测了辛普森卧室的袜子和邦迪后门的血样是否含有 EDTA？"

"是的。"

"你检查了 FBI 的结果？"

"是的。"

"你同时也检查了该检测是否有效？"

"是的。"

"在某一刻，你还向 FBI 提供了检测的方法？"

"是的。"

"你还为他们提供了一些原料，供他们使用？"

"是的。"

"根据你的判断,他们的方法是否合格有效?"

"当然,合格有效。"

这一连串的"是的",比唱歌还好听。

"那么,其中含有EDTA?"

"绝对的!"

就这样毫不拖泥带水,把EDTA拎了出来。这是先上敬酒。然后,李德斯解释,FBI使用的是百万量级的分析,还有一个是十亿量级的分析,两者相差一千倍。EDTA的分子重量是292,但是292分子重量并非只有EDTA一家。这个数字相当高。数字越高,有同等重量的化学物质越少。在EDTA上再加一个有能量的氢原子。这样292,就成了293。这个充电的氢原子是群光谱分析所需。这个293被称为母离子,就可分割了。所谓分割不是像打碎啤酒瓶那样,大大小小不一,也不规则。这种分割如同钻石那么规整有序。分割后得到女儿,数字160。这样就有了两类可辨别的物体,母女体都被测到,那就是EDTA了。这个概念贯穿了整个传证过程。这个概念对非化学专业的人实如天书。

另有一法,更好理解。在一个特定的距离,让不同成分的物质,犹如不同的人,在起点同时开跑。不同物质有不同的速度,到达终点时,就有了不同的滞留时间。这是辨别EDTA的重要手段。这种方法可以不断重复。它的速度都是大致相同的。如果你不断地测到这种物质,你可以说这是EDTA。

即使如此,每次测试都有些差异。然后同时放入另一种物质,极接近EDTA,但又绝对不是。这个物质和EDTA的速度或滞留时间形成一个比率。它们即使测试时的用量不一,但它们的比率永远一样。假设EDTA的滞留时间是一分钟,另一物质是一分半钟,那么两者比率永远是1∶1.5。即使每次数据不同，比率也不会变。

马尔兹使用的方法是群光谱分析法，而其设备是举国唯一。李德斯的实验室没有，只因它太昂贵。

而 FBI 的唯一，未见得是真掏了钱。设备生产商在量产以前，往往会免费供政府学校使用。获得认可后，才会商业推广。谁让 FBI 是金字塔的那个尖儿啊。

这个检测，实为辩方下的套。按说，辩方说有 EDTA，就该辩方出证据，但是他们不能做。一旦结果没有 EDTA，岂非搬起石头砸自己的脚？他们私下怂恿哈门去做。哈门坚信没有 EDTA，就在内部游说。克拉克们也有心打破这个指控。这就是请 FBI 出山的原委。其实不测又怎么样，让沙克们说去。无本之木，无源之水。这样有或没有，辩方都不怕了。有了弹冠相庆，没有就指控 FBI 择边偏向，让控方里外不是人。

经过两段过滤，看到 293 和 160。李德斯的结论早在预料之中。袜子和后门的血，皆有 EDTA。这正是辩方要的，几近完美。

之后，布莱希尔问了两个预防性的问题："那 EDTA 是否会来自洗衣粉？"

李德斯很坚决："来自血液，不是来自袜子本身。"

"那么 FBI 的检测是否提供了量的可靠数据？"此指 EDTA 在血样中的含量。

李德斯认为马尔兹的检测没有提供。

（二十六）克拉克对 EDTA 的反攻

克拉克一开口就问："你做证说人类的血液不会超过十亿分之二或四的

EDTA？"

"不会超过四。"在十亿级量级里四就是天,"这是食品安全局 EPA 说的。我没有更佳的说法。我接受它。"

"你手上一定有报告,对吗?"

"是 EPA 的一个刊物,叫 ONTAD,是他们的刊物之一。"

"你发现 EDTA 的水平在百万量级?"

"不是我发现的,是马尔兹。我同意,根据分析是百万分之几的级别。"

"如果信息不正确(指人体的 EDTA 水平不超过李德斯所说的十亿分之二或四),而正确的信息是百万分之几,那么后门和袜子上发现的 EDTA,也就是正常人体的含量?"

"如果有报告这样说,是的。"

克拉克拿出食品安全局的文件,悠悠念道:"EDTA 在血液中不允许超过每毫升含两毫克。这应该换算成百万或十亿分之几?"

"意思是百万分之几。这个数字太荒谬。人们的血液中有那么多的 EDTA,到处都会有人失血而亡。"

这回连食品安全局也不接受了。

克拉克再问李德斯,关于十亿分之几的研究来处。李德斯告诉法庭,那个研究是让测试的人吃含微量辐射的 EDTA,追踪出来的结果。

克拉克又拿出马尔兹本人的血测,问道:"这是否真实,他自己血液中的含量与袜子后门的差不多?"

"非常惊讶,是的。"

李德斯后面还有话,但被克拉克打断。伊藤不悦:边厢!

边厢记录:伊藤问:"克拉克女士,我早前提醒你,你对做证的评论。我意识到,你在自我陶醉。我警告你,再有任何这类评论,我将重罚。我强调这个'重'字。"

如果克拉克一个一个问，袜子的 EDTA 是多少，后门是多少，马尔兹的是多少，他们之间有什么差异，这样只让李德斯对事实答是或否，就不属于评论性的问题。笼统地把结论拿出来问，让证人回答是与否，就是所谓评论性的问题，这是不允许的。

（二十七）挡住了洗衣粉，却没挡住食品

李德斯挡住了洗衣粉，却没挡住食品。克拉克又问道："你和他（布莱希尔）讨论时不知道，如今在食物中，仍然使用 EDTA？"

李德斯承认最近读到文章，提到食品中有 EDTA。他和马尔兹交谈时，马尔兹告诉他，1993 年的食品安全局有一个目录，EDTA 在允许之列。

克拉克出示了这个目录，上面软饮料、薯条、冷冻番茄都有 EDTA，而且有具体含量。

"好，你是否同意，人们实际每天都摄入 EDTA？"

"可能的。"

"你可知道人们每天摄取 50 毫克的 EDTA？"

"我同意，是的。50 毫克。"

"并不是所有的 EDTA 都排出体外，有一部分进入人们的血液。"这才是克拉克要的。

"不会超过摄入量的百万分之五。百分之七十在一小时之内就排泄掉了，还有百分之五被胆吸收，两三天才会排出。"

"现在没有任何研究告诉我们，人们能摄取多少，对吗？"

伊藤不耐烦了:"这个问题问了有五遍了。"

"这是根据。"

伊藤无可奈何,根据是发问的合法起点:"问吧,问吧。"

"没有研究,"李德斯接下,"是因为需要很多人参与,提供样本。"

"所以在马尔兹的检测中,发现些 EDTA 无可惊讶?"

答是答否都无所谓。克拉克已经向陪审团传递了信息:食品中含有 EDTA。

"我相信会有一些,但都是微不足道的。"

然后,克拉克想讨论妮蔻衣服上的血有无 EDTA。马尔兹专门取样,也做了检测。李德斯告知,没有量的数字,无法讨论。量是马尔兹的短板。李德斯径直宣布:"袜子的血有 EDTA,来自洛警局的样本血。"

最后,克拉克指着马尔兹提供的图表:"你同意,或不同意,所有的检测样本(袜子,后门,马尔兹本人的血和妮蔻衣服)都与紫盖试管样本中的血,EDTA 含量有极大差距?"

"同意。"

"你同意样本血是检测血的百倍之多?"图表中紫盖样本血是百万分之两千,而检测证据血只有百万分之二,实际为千倍之多。

李德斯回答长篇大论,人们难得要领。他又搬出一个研究,未说明出处,说研究结果表明,人血中完全没有 EDTA。

"除去马尔兹的血?"克拉克不无讽刺。伊藤制止,李德斯无须回答。

克拉克提出一个旧案。李德斯曾为检方做证,证明某殡仪馆的老板毒死竞争对手,数年后,结论被检察院自己推翻。

综观李德斯的质证,克拉克并未否认 EDTA 的存在,而是另立一说。毕竟样本血和检测血有差距,而且不小。应该说这是灰色地带,没有任何可靠的研究和共识可以依赖。克拉克腾挪有术,太极拳打得不错。

这个做证也算利落,只用了一天,双方的说法也是明明明白白的。李德斯对陪审团的科普足够简要。应该说布莱希尔功不可没。处理如此一个科学含量高的课题,他的效率有目共睹。

(二十八)布莱希尔拿 FBI 探员牛刀小试

7月25日,检测 EDTA 的本尊登堂。FBI 华盛顿总部实验室毒理处处长马尔兹,他做群光谱,可以追溯到1975年。虽然不是博士,也鲜少加入各种相关学会,但他的资历职位仍然可观。

"马尔兹先生,FBI 是否为州检察院工作?"

"是的,我们做。"FBI 在每个州都有分支,虽是联邦机构,与州级司法之间是互助的,并无隶属关系。

"FBI 是否为非政府私人辩护的案子做证?"

"嗯,每一项规则都有例外。但是,我理解我们只接受正式权力机构的案子。"这说明,FBI 基本不为政府以外的民众服务。

"那就是说,不接受辩护律师的案子?"

"不,不接受。"

马尔兹一共做过七十八次证,也是法庭上的资深证人了。"有多少次为了政府,多少次为了私人?"

"如果我没记错,只为私人做过一次证。"这就是第二次"例外"了。

"所以被辩方传证的,极为罕见了?"

"应该是如此,是的。"

"你能告诉我们什么是 EDTA 吗？"布莱希尔转入正题。

"EDTA 是一种防腐剂。在这个特别的案子中，是用来保护血样的。它还有其他用途。我相信产量有九百万磅，这是 1975 年的数字，所以这种化学品极为普通。它被广泛用来保存食物，几乎用于所有的食品工业。它还被用于纤维，用于洗衣粉，当你知道它有九百万磅的产量，就知道它是多么普通。"

布莱希尔又撇开这个话题，问他与洛杉矶检察院的接触过程。

"你手上可有那封信，叙述他们对你的要求？"

"我相信我有。"

布莱希尔把信投影出来。控方立即阻止："这是无关的。"经过短暂冲突，伊藤批准他问。

应布莱希尔要求，马尔兹念了一段："我们希望你检测这些证据，查验是否存在 EDTA。为了驳斥袜子上的血迹，即证据 13 是来自妮蔻的对比样本。59 或 72，同样的。希望你检测证据 117（后门血），以驳斥它是来自辛普森的对比样本。"

这段最关键的词是 Refute，驳斥否定，一个指向极其强烈的否定词，一点回旋模糊的余地都没有。

"你是否能诠释，这个要求实际期望一个确定的结果？"

"我没有这种理解。"

"你是否带着这个想法，用一个结果去反对另一个结果？"

"不。"

应要求，他又念了另一段："这封信是陈述，我们送给你的证据是否有 EDTA。它对这个案子至关重要。"

不管马尔兹如何逗口舌之利，控方的意思还是很明白的。布莱希尔利用这封信，为 FBI 只为政府服务留下注脚，拉起一道绊马索。

之后才是详细的检测,沉闷又不能回避。只怕是谁有耐心谁听。无兴趣的是大多数。马尔兹从未分析过 EDTA,此次是他的处女作。只有质的结果,没有量的测算。在检测前后,布莱希尔曾要求他查验 Q207,他没有做。这个 Q207 是袜子血迹的另一部分。马尔兹的检测方法前所未有。

下午复庭,马尔兹态度丕变,一改上午从容优雅的合作。他大口否认在袜子和后门血中发现了 EDTA。他承认检测证据中,某种物质具有 EDTA 的特征,但是那不是 EDTA:"它们的反应如同 EDTA,但是,根据我的图表,据袜子和后门血的反应得出有 EDTA 的结论是不当的。"

这不等于把克拉克此前费尽口舌,与李德斯的讨论一笔勾销?

马尔兹说:"我从来没有那样说,我也不相信李德斯先生说过。"

辩方不得不承认,马尔兹确实没有说过是 EDTA。他的最接近的答复是极可能很相似。

布莱希尔其实还留了一手。迄今为止,他只见过马尔兹的图表,但是原始数据在哪里,他从来没有追寻。现在,他要知道。

"那些原始数据在哪里?"

"存在电脑里了。"

"是为了进一步分析?"

马尔兹的回答让布莱希尔喜出望外:"它被洗掉了。"

布莱希尔再问:"你那些制成图表的原始数据在哪儿?"

"它们已经不存在了。"马尔兹面红耳赤,"当检测告成后,就洗掉了。"

"原始数据被销毁了?"

"嗯,也可以这么说。"

那布莱希尔还问什么,再没有比这更好的答案了。

克拉克"质证",忙忙救场。

"如果有人需要这些支持图表的原始数据,你能重做一遍,把数据找回来吗?"

"当然可以。"

"那么当初布莱希尔先生访问华盛顿时,他可曾向你要过这些数据?"

"他没有。"

如果布莱希尔要过,只怕不会有今天这场戏。

(二十九)马尔兹受到司法部训诫

次日,布莱希尔向伊藤提出,宣布马尔兹为敌意证人。伊藤批准。这样,马尔兹又重新恢复了只为政府做证的本色。

布莱希尔直扑核心:"你是不是洛杉矶检察院的支持者?你为什么突然改变说法?"

"我决定用最大限度,保持真实。我无法用是与否来表述事实。"

布莱希尔又问了EDTA在日照风雨下的影响,力图弥补那一千倍的差距。马尔兹回答,毫无影响,一面又承认这个结论,无任何根据。

EDTA如此收官,既在意料之中,也在意料之外。

在辛普森案将结束之际,辩方才获知,就在布莱希尔传证中,马尔兹受到美国司法部的训诫。他在做证中始终用"我"来讨论检测EDTA的技术,引起同事的不满。这个检测方案是集体创作,他贪天之功据为己有。

一个EDTA,引来三家联邦政府机构的卷入:FBI、司法部、环境保护局。

这种卷入还有更骇人听闻的。美联社报道,2011年,应两名前FBI探员的要求,对北卡罗来纳州调查。当地FBI下属实验室的专家,隐瞒夸张,罗织虚假血证，配合当地检察院的定罪需要。在这些案子中，有三件已执行的死刑案，还包括谋杀乔丹父亲案的两名终身监禁犯人。报告说，这些罪案专家不断地，自 1987 年到 2003 年，故意错解关键证据，隐瞒重要笔记，不向辩方通报，一共有 190 个案子被卷入这个丑闻。

（三十）纽费尔德：吓唬人呢，只管传

7 月 27 日，纽费尔德传证麦克达诺教授。他这个姓，就是我们常说的麦当劳。他是第一个在法庭上被尊称为教授的。伊藤对他也是教授、教授地不离口。截至此日，卷入此案的已有四名教授。德休威兹，哈佛的法学教授。尤曼，法学教授，法学院院长。达顿，南加州法学院的客座教授。在麦克达诺之后，还有一位教授，将成为辛普森案的翻盘手，那是后话。

辩方传麦克达诺教授，本有两个任务。

一是该教授做了手套缩水实验，但结果两天前被伊藤枪毙，理由是实验在家中所做，不足取信。

二是眼下传的血迹范型分析，伊藤批准了，但是遭到克拉克的拼死阻击。传证前几天，克拉克警告考克兰，她将摧毁麦克达诺教授。理由？原因？根据？一个字都没有吐露，这着实让辩方紧张了。麦克达诺收养了四个儿女。除此而外，完璧无瑕。难道克拉克真掌握了什么不能示人的嗜好、隐私、丑闻？

克拉克已经揭过李德斯的短，不过是一个案子。她说是错证，李德斯不承认，也算是撑了过去。辩方曾向法庭申请传证某证人。此人是诺贝尔医学奖的得主。也是 DNA-PCR 的发明人。辩方冀望借他之口攻击警方 DNA 提取

的错误。只可惜此人生活糜烂。性丑闻一堆，而且沉溺毒品，达到厚颜无耻的地步。克拉克明确告诉伊藤，她要大做文章。辩方无奈，只好忍气生生退下。眼看着一个光辉无比的大牌，在克拉克的照妖镜下化成灰烬。而这个诺奖得主，还未登场，已经身败名裂。克拉克不当众说，平民百姓如何知道？克拉克的手段厉害，辩方能不闻之色变？

传证的纽费尔德倒不担心，吓唬人呢。完璧无瑕就是品行无缺，只管传。他一秉惯例，上来先炫耀"麦当劳"教授的资历。

麦克达诺教授自1951年开始在大学任教，最高曾做到罗德岛大学化学系主任。他在当地获得赞助，渐渐步入罪证学领域。他的主业是血迹范型分析，是这个领域的领军人物。截至1992年，他已经教了35年的书，堪称桃李满天下，杏林至尊。

他在美国司法部委托下，主持过无数的血迹范型专业训练班。他那二百页的教科书，被司法部选定为常年教材。

此人得奖无数，但最引为自豪的是德诺奖，国际刑侦鉴识界的大奖。在行内，有诺贝尔奥斯卡般的荣耀。也许更为稀有更为崇隆的是，毕竟它不是年度奖，常常几年都不会授出，这个奖的第一个获奖人是前美国联邦调查局的局长胡佛。在卷入此案的刑侦专家里，还有一位获过此奖，那就是李昌钰。

（三十一）"麦当劳"教授的结论

麦克达诺的传证，虽然目的单一，却也足够复杂，乃是袜子上妮蔻血的又一章。

1995年4月2日，麦克达诺和李昌钰联袂造访洛警局罪证室，用显微镜仔细检测了血迹范型，分析后，得到出人意料的结论。

麦克达诺检验时，袜子上妮蔻的血渍，已被割去一块。整个血渍大约有美国 25 分硬币那么大，这正是马尔兹取样后，剩下的部分。

麦克达诺先讲解血迹范型分析和血清分析有何不同。前者是根据血液离开人体，泼溅渗滴，对其做物理的分析，查找血渍附着进入证物的方向、方式、方法。后者是对血液做生化分析，查它的组合成分变异。

他的一个结论，妮蔻血之附着袜子的方式，并非泼溅，也就是借助自然外力抛落在袜子表面。他解释，如果是泼洒滴溅，血液往往会渗入纤维之间。就他在显微镜下所见，也是李昌钰所见，血迹的边缘类似羽毛的外缘，且浮在纤维之上，并非渗入其间。这样，他得出结论，妮蔻的血是有人将袜子放在平面上，借某物压上的。羽状边缘，证明有人横向抹过。简言之，袜子上妮蔻的血非自然物理的产物，是人为的痕迹。

麦克达诺教授和李昌钰对这些都做了显微摄影。纽费尔德将这些照片投影出来，印证教授的结论。

然而，这只是他们发现的一半。另一半则更为惊人：麦克达诺发现，在血渍中间部分，血液渗过袜子内壁，又印在袜子的另一边内壁上。在纤维中可看到六七处球状物，而袜子另一边的外壁则无任何血渍。如果用字母代表两边内外，则是 A 面有血，B 面有血，C 面有血，D 面无血。当 B 面血印到 C 面时，袜子并未穿在脚上。如果有脚踝在其中，B 面的血不可能印到 C 面上。这个发现印证了他的前一半，是有人把袜子放在平面上用力抹上去的。

这与罪证室辛姆斯的做证相反，辛姆斯用图解释是，血迹干了，其粉末落到另一边的内壁上。麦克达诺指着显微照片告诉陪审团，这些血迹是球状，证明血迹印到另一面内壁时是液体状，并非粉末状，而且紧紧附着在纤维上。

总而言之，如果袜子上的血确实是妮蔻在现场流出的，又落在辛普森的袜子上，辛普森的脚踝在其中，另一面绝不会有血。

纽费尔德的铡刀落下来了：

"你的结论是什么？当妮蔻的血到达袜子上时，辛普森的脚踝是在里面，还是在外面？"

克拉克杏眼圆睁："反对，这是推测，无根据。"伊藤批准，纽费尔德只好重组。仍是反对，仍是批准。几经反复。纽费尔德终于没有得到"麦当劳"教授的结论。

至此，这双袜子已经过了五道坎：

第一，在录像中，辛普森的卧室里没有袜子。第二，经过数人之手，没有发现有血，直到稍晚时刻才发现有血。第三，控方声称，这血迹在常光下肉眼看不见，非有特殊光源不可，可是沙克让陪审员在常光下看见了。第四，袜子中含有EDTA。麦克达诺教授布下了第五道坎，血是袜子放在平面，被人为抹上的。还有第六道坎，辩方也不会放过。

看来，这个袜子比手套的日子还不好过。

（三十二）克拉克顺势而上，另立其说

同日，纽费尔德的传证结束。克拉克无法否认麦克达诺的分析，但她顺势而上，另立其说。她先挑战第三面血印说，提出证据经过冷冻保存，解冻后自有湿的可能。因此，第三面有血印不足为奇。

然后，克拉克又挑战压印抹血说。麦克达诺做证时，使用了两个词：抹和压。克拉克对后者很介意："这是极为重要的，因为后者是蓄谋之意。"

麦克达诺回答："这只是解读，你所说的含义在我脑子里没区别。"

"你看过现场的照片,不是吗?"

"是的,我看过。"

"如果某人穿着袜子站在受害人妮蔻·布朗附近,距离近至用她的血手足以触到他的脚踝,请问会不会造成印压的效果?"

"当然,可能。"

"或者造成抹的效果?"

"当然,可能。"

"如果妮蔻伸出她的血手,触到凶手穿着袜子的足踝,那会产生抹或压印的结果吗?"

纽费尔德没有反对,麦克达诺也没否认。但是这一坎过去了吗?克拉克认为过去了,而且颇为自得。克拉克足够聪明,也算是兵来将挡的好手。可惜,另立一说,并不能过去。克拉克的这一说,必须完全排除辩方的那一说。两说并立,就有合理疑问存在,就是失败。证罪的负担在控方,控方必须排除一切合理的疑问。

对麦克达诺教授的传质证,双方只用了半天。难得都是要言不烦,是一场高效的回合。

中午,一个陪审员因饮食不周,进了医院。伊藤就把陪审团送回酒店,然后处理积压的动议。

辩方又向伊藤提出三个证人,愿意证明佛曼是种族主义者,他曾使用N词形容非裔美国人。

控方出面的是柴瑞·路易斯,她是铁杆保佛派,铁到达顿相信她已经上了佛曼的床。

"探长的种族倾向,与本案无关,尤其是他们准备做证的段子都是八九年以前的。"她不敢说是十年前的,"因为这些段子具有挑动的性质,尤其是在以非裔为主的陪审团面前,这确有削弱人民的案子的影响。我认为任何他在很久以前是否使用了N词,都不能构成有实质意义的证词。"

她显然对佛曼录音一无所知。

尤曼反驳时,也尽力持谨慎的姿态:"辩方并不打算证明手套是佛曼栽赃,只想证明他撒谎。如果拒绝这些人做证,就是在辩方心口直接插一刀。"

此刻,他也不知道佛曼录音究竟有什么。

伊藤压下,裁决留待日后,但是定下两件事。一是星期一传媒体人,求证他们报道袜子血的新闻来源。这样,控方又面对袜子的第六道坎了。

另一项是安排夜间访问邦迪现场。这是控方的动议。他们觉得上次白天走现场吃亏了。结果终其审,陪审团都无机会再访问现场。此事在日后,被控方自行取消了。

(三十三)这个传证被我否决

7月28日,没有开庭,却比开庭还热闹。人们所有的注意力都被吸引到北卡罗来纳州。没有开庭的原因?那位陪审员继续生病,于是整个陪审团也继续缺席。这对公众媒体而言,只是小事,并不妨碍佛曼成为今天的大标题。

昨日下午,辩方借休庭之际,会商了几个问题。控方在追索案发当天辛普森给克莱春·斯达克黛尔的留言录音。夏皮若手上原有这段录音,可如今遍寻不获。夏皮若指责这是圣诞—新年季政变的恶果,一定是麦坎南送到佛罗里达去了。辩方因此慌作一团,怎么解释都是违规,等着克拉克闹场,伊藤重惩吧。

唯一的希望是夏皮若手中的文字记录稿。信不信只好由他去了。

也有好消息，辩方手上又多了一封信件。一个老警官，名叫当纳德·埃文斯。他在信中证明，佛曼与他共事时，大有劣迹。受到约克，伊藤的妻子调查。这是目前为止，唯一的白纸黑字，证明约克认识佛曼，而且有过交道。辩方不能确定，此说对辩方有多大好处，或者坏处。毕竟约克在宣誓下具结，她，不认识佛曼，也无印象。

最后，考克兰宣布下午将远征北卡，贝雷随行。原定是夏皮若和尤曼，突然临阵换将，夏皮若大为不满："如果是他去，你就等着明天上报纸吧。"

考克兰立刻作张作势，当众警告贝雷。夏皮若自然知道，考克兰不愿与他分功。这早在预料之中。夏皮若近几个月来，已学会逆来顺受。纵有不满，也点到为止，反正说了不算。

考克兰换将有更好的理由。贝雷曾在北卡执业，仍拥有当地的律师执照。那里也是他发家的宝地之一，至少有充沛的人脉。究其实，考克兰自觉与贝雷在一起，更舒服一些。

此早，考克兰和贝雷步入北卡高等法院。法官威廉姆·小武德正襟危坐，等待他们。考克兰们乘红眼班机过来，在当地请了一个老熟人，同行罗伯特·克莱格。

考克兰手上有伊藤的传票。传罗拉·麦金尼携带她的录音到洛杉矶做证。克莱格在前一日，已经入禀北卡高院，请当地法院强迫麦金尼去洛杉矶。法官小武德对外来户不满："克莱格先生，办这个案子，有你足够，为什么我们需要那些外州的律师？"

跨州传唤，在美国是一件烦事。各种案子，能免则免。若在本州，一纸传票，送到证人手中即可。对律师而言，举手之劳。他们的办公室里就有现成的传票。只因在美国，辩方律师被视为法庭官员，与检察官平起平坐，尽管他们多数不自政府手中拿工资。也有辩护律师自政府手中拿钱的，对贫穷大众做法律援助。这些拿政府工资的律师公信力差了很多，如果被告准备做无罪辩护，十有八九不会请这类律师。如果做减罪交易，这类律师反而效率不低。

传票在本州，至高无上。到了外州，就是一张纸。人家不来，没有当地法院批准，徒劳无益。

考克兰们进入法庭时，座无虚席。连平时禁入的陪审员席，也坐满了人。隔几步远，考克兰就知道，在座的都是同行。平民百姓无缘得入，座位早被关系跑光了。媒体来的也不多，毕竟座位有限。

克莱格简单代表考克兰向小武德禀告申请的理由。法官听完将手一摆，将来客延入签押房，留下满座的看客在一边着急发呆。考克兰、贝雷、克莱格还有罗拉·麦金尼坐在一边。另一边是小武德、麦金尼的律师马修·史沃兹、荣·瑞格万。录音机已经备好，磁带已经入舱。一共七个人。如果有媒体探出消息，那就非贝雷莫属。贝雷知道，是他也是他，不是他还是他。他知道其中的利害。

尽管有足够的思想准备，考克兰们仍然得承认，自己的想象力有限。录音中，佛曼口若悬河，黑鬼不离口，就像炒豆一样往外蹦。不过黑鬼在录音中，只能算小毛病。三K党、纳粹、暴打黑人、栽赃陷害、辱骂西裔犹太裔妇女同性恋，一应俱全。整个签押房里弥漫着种族仇恨的恶臭。

那个柴瑞·路易斯听到这些录音，只怕会哭。

"我是这个世纪审判的关键证人。我如果完蛋了，那个手套就得出局。他们的案子就只好拜拜了。"

这是1995年5月的录音，两个月前！佛曼的话并不大，最终证明一语成谶。

听到此处，小武德明显不耐烦了："好了好了，这不是一个善茬子。他真真是有一张臭嘴。不是吗？我听够了。让我们回到法庭上去，一切记录在案。"

这话让考克兰们听起来胜券在握。

到了法庭，麦金尼先站起来应询。这是本案第五个教授，此刻正在北卡州大下的一个电影学院教书，教电影剧本写作。

在考克兰提问下，麦金尼回答了录音是如何、为何和什么时候录的："我不认为那反映佛曼对非裔美国人的真实思想。"

问后，她的律师史沃兹也一本正经，向法庭表达法律意见："这个录音，在宪法第一修正案保护下。佛曼只是为一个剧本工作。这个录音对麦金尼而言，有显著的商业价值。一旦成为公众财产，乃是对麦金尼私产的侵犯。"

考克兰反驳："如果不允许录音入证，将是恶意掩盖佛曼的伪证。这对辛普森有罪与否，绝对相关。"

这场庭讯，对考克兰而言不过是一场双簧戏。在法官的签押房里，人人都表示了愤慨。对接受传唤，麦金尼本人并无异议。因此，他对法官的裁决毫无准备。

"这个传证被我否决！"一时间满座皆惊，至少是听过录音的几个人。谁想到法官的脸变得那么快。

"这个探长明显在扮演一个角色，那只是为了剧本。"

倒是麦金尼的律师也许太兴奋了，并未细听法官的判决，想当然地站起来，向考克兰伸出手："祝贺，祝贺。"在大庭广众之下，竟然公开做戏。

考克兰既愤怒又惊讶："你们的祝贺算哪门子事？你们赢啦。"

麦金尼的两位律师，惊在当地，难以置信，没想到把个"身在曹营心在汉"给演砸了。

考克兰赶快重组人马，又自当地请了有影响力的律师，还自贝雷的律师楼里调集人马，开始上诉。虽然这个结果早在估计中，但是小武德的出尔反尔，仍让考克兰措手不及。

（三十四）辩方追查袜子的新闻来源

检察官要求法庭逼迫媒体从业人员交代新闻来源，本是常见。可是这次，检察官居然站在媒体一边，欣赏他们保护消息来源的勇为。

传证媒体人，追查消息来源，筑成袜子的第六道坎。早在袜子送出检测之前，媒体就已经知道，袜子的血来自妮蔻。日后检测结果显示，这个消息精准。袜子上的血真的属于妮蔻，既非辛普森的，也非勾德曼的，更非两人混合的。控辩双方虽已就此恶战过，但陪审团并不知道。

这次，辩方传媒体人，意在借助传证，灌输有人栽赃，才能预知结果。

律师凯莉·萨格最先出场。她是 KNBC 的签约律师，代表记者崔西·塞维基女士。她要求法庭废除对塞维基女士的传讯。她说辩方其实就要两件事，一要塞维基说出新闻来源，二要证明相关的录像真切播出了。前者，消息来源受到加州第一修正案的保护。这个修正案经过选民投票，已上升到宪法级的法律。后者，录像播出否，不关记者的事，请问别人。

萨格就消息的生成提供法律意见，认为可能是误传，错把常规的血型鉴定当作 DNA。这已超出她的任务，力图为崔西·塞维基缓颊。

尤曼反驳："那个法律并不能压倒被告受到公平审判的权利。我们并不知道这位记者对消息来源的承诺。我们不是在讨论保护法，我们在讨论她该不该豁免传证。"言外之意，我们就是要她出庭，管她回答什么。

伊藤明白尤曼的意思："尤曼先生，让我问你，假设我拒绝豁免，让崔西·塞维基出庭。她拒绝交出消息来源，因为她有过承诺，据此要求豁免藐视法庭罪。再让我们假设,我发现那个信息对辛普森辩护有实质必要,于是我宣布她藐视法庭。然后,我签署暂停,允许她上诉。再然后,她下楼去离此不远的加州高法上诉。再假设那位法官特纳今天有大把的时间去审议。让我们假设这些都会发生,你认为有必要吗?只因为,你们的真实目的是借机向陪审团挑明此事?"

话说到此,各方已是心照不宣。尤曼不答此问,只是引经据典,这是辛普森的宪法权利。管你必要不必要。就是要传!这个报道本身直指洛警局。我们还要传洛警局罪证室的某某。

伊藤虽然挑明辩方的用意,他也无法不顾职责。就法官职责而言,就是维护公平审判,至于保护法是否适用,那是进来以后的事。法官如果拒绝,将来辩方上诉,这个理由很充足,自己会吃不了兜着走。

又经过几轮辩论,伊藤下了裁决:"谢谢各位,豁免传证的动议被本庭拒绝。本庭已知她是记者,她的报道已经播出,来源是秘密的。我需要这些都进入记录!我给辩方机会传证,也允许控方质证。"

这个听证,陪审团不在场,只好借塞维基供他们消费了。

伊藤准许萨格坐在崔西·塞维基的旁边,以备咨询。

"1994年9月21日,"尤曼问道,"你可曾播出报道,关于人民起诉辛普森?"

"是的,播了。"

"你的报道是否与辛普森卧室的袜子有关?"

"是的,正确。"

"关于袜子,你说了什么?"

"我报道这些袜子是在被告卧室中发现的,袜子上有血。这已被检验确认,结果显示这血属于妮蔻·布朗·辛普森。"

"你是否报道了检测的性质？"

"是的，我报道了。"

"那是什么？"

"我报道的检测是 DNA 鉴定。"

萨格的辩护立成谎言，什么错将常规血型当作 DNA？

"你相信那是准确的信息？"

"我准确报道了这个消息，这个消息来自多个渠道。"

"多少渠道？"

"我只怕不能回答这个问题，这受保护法保护。"

"你确定你的报道是准确的？"

"那很正确。"

"你确信这些渠道消息灵通，知晓人民起诉辛普森的案子？"

勾德伯格反对，伊藤批准，尤曼重组。

"你在报道中提及他们熟知此案？"

"我确定报道他们熟知内幕。"

"你的定义：熟知内幕？"

"他们是信息来源，记录中已说明，他们接近本案调查。"

"当你报道袜子取自辛普森的卧室，你是依据这些接近本案调查的来源？"

"我准确报道了消息。它们来自多渠道，可靠的来源。上面有血，经过 DNA 检测，证明是妮蔻的血。"

然后尤曼又一节一节地问，追着"准确"二字不放。这是多么美妙的词啊。当新闻出来时，克拉克在法庭上亲口承认，袜子还未送出，还未做任何检测。

"你向这些渠道保证，不吐露来源？"

"作为新闻记者，我承诺不暴露他们的身份。"

"这些人曾在过去给过你内幕消息？"

"的确。"

"你的消息来源包括任何洛警局的警官和探长？"

"我拒绝回答这个问题，我行使保护法权利。"

萨格插嘴："这已经超出问题基础的范围。"

伊藤打断她："不，基础问题是，如果你被问来源是什么。你是否行使保护法？我们已经到达此点。你完成任务了，尤曼！"

尤曼又问一遍，证明塞维基没有误会，就此打住。如同伊藤所说，这是辩方的目的，陪审团已经听到了，此时无声胜有声。

（三十五）有记者愿就新闻来源做证

传完 KNBC 记者，辩方果然传了罪证室的某某：洛警局罪证室主任米歇尔·克斯特勒。擒贼先擒王。很简短，没有任何铺垫。"你是否认识崔西·塞维基？"

克斯特勒也矢口否认认识这个记者。她明言，那个内幕消息绝非来自罪证室。她用词非常明确："那应来自罪证室以外的渠道。"她并没有说消息本身是谣言。

在纽费尔德追问下，她承认并没有在内部做过调查，只是约谈了几个相关的人员："我相信我们的雇员太诚实，太表里如一。他们处理过太多的案子，我从未遇到任何泄露内部结果的事情。"

纽费尔德不满意："泄密的不是内部结果，当时袜子还没有送出去，何来结果？"在纷乱的证人证词中，律师们需要不断提醒陪审团，维护他们的记忆力。

此事刚了，夏皮若告诉法庭，另有一个记者，如果能称为记者的话，愿意就新闻来源做证。此人是专栏作家，名叫约瑟夫·博斯克。他专门为坊间小报写专栏。他为《阁楼》杂志写过一篇专题，内容一模一样。

博斯克不需要任何律师，他是自愿。他告诉法庭，他的消息来源是洛警局的一个警官。比那个女记者近了一步。夏皮若再追问，他也行使保护法。

他的传证有多大分量，很难评估。新闻界并不认可这些坊间杂志。这些杂志以传播"据说传闻"为主。美国新闻界有洁癖，它们从来不与小报为伍。这些小报多数出没在超级市场。另一个例外是美国之音，美国媒体从不认为它是自由媒体。美国之音不是私人拥有，是美国政府宣传工具，员工都是政府雇员。虽然靠政府出钱，按照美国新闻法律，它不允许对内广播。美国大众媒体耻于与它为伍。

博斯克的做证更像自我宣传。当今的话说：炒作！

（三十六）辩方"传证"护士录像

7月31日，8月1日，传质证麦克达诺还在继续。开场之前，纽费尔德要求禁止克拉克在质证时，展示辛普森在美式足球季现场戴手套的照片，掀起又一轮争执。

伊藤问克拉克："你能确认这些手套与犯罪现场的手套是同一双手套吗？"

克拉克毫不犹豫："当然，我能证明！"

克拉克的笃定让伊藤出乎意料。停了一会儿，才悻悻地说："这可有点意思。"他的裁决也随之而到：等克拉克真正展示时，再依实况做裁决。

"那血渍传递到另一面，是否脚踝不在袜子中，而袜子平躺在一个平面上？"纽费尔德问麦克达诺。

"大致如此。"

"为什么？"

"除非那人脚踝上有个巨洞，否则血不可能传到另一面。"

克拉克质证，力大势足。除去妮蔻临死抹上说，又多了一个说法：也许是辛普森的手上有血，在脱袜子时，自己抹上去的。别忘记，照片中的袜子也是在平面上。应该说这个说法，比解冻说更合理。

麦克达诺不同意，指着照片说："这是显微放大照片，上面看不出浸洇的痕迹。"说法就是说法，辩方并不怕说法多，反正此事大有可疑，而控方只能有一个说法。

麦克达诺之后，重头戏是将监狱护士萨诺·帕拉蒂斯入证。控方说，帕拉蒂斯此刻重病在身，虽然在控方案子时，他的身体尚可。控方没有传他，这正中辩方下怀。将他在大陪审团和预审的两次做证录像放入法庭记录，由道格拉斯主持。他一面放着录像，一面念着记录稿。完成了证人不出席，而陪审团在场的"传证"。

预审录像中，夏皮若问道："你自辛普森身上抽了多少血？"

"大约 8 毫升。"这与他在大陪审团的证词一致。

"当你说大约 8 毫升时，你没计量吗？"

"嗯，可能是 7.9，也可能是 8.1。我看了刻度，看起来就在 8 左边，我就拔出针头，这是惯例，我一向抽那么多。"

在这个"传证"中，陪审团至少听到四次 8 毫升，如果加上道格拉斯的回念，差不多加倍了。

（三十七）克拉克们的醒悟，N 词只是小事

8月2日，沙克传证盖德斯。伊藤下了一道奇怪的命令，不得超过六小时。开庭以来，前所未有。

这个证人由辩方临时提出。就因为佛曼录音处在胶着的时刻。前景不明是双方的心病。对控方而言，辩方其实只剩下两个大证人，尸检的巴登，搜证重建现场的李昌钰。控方并没有把佛曼的事看得很严重，虽然还会闹闹。几个证人说他在十年里说过 N 词，这些人的分量远不及这两个大证人。

但是佛曼录音一出来，控方顿然憬悟，N 词只是小事，与录音中的其他内容相比，后者"其他内容"实在是丰富得太多了。

佛曼录音露头时，控方获知并不晚，也许早于麦坎南或帕佛里克。就在麦金尼的律师出马寻价时，达顿的消息来源已经耳闻。达顿得讯将信将疑，请他追查，再无下文。达顿也试图向新闻界求证，都是有耳闻，无实迹，欠细节。这与诸多谣言风里来雨里去，没有大差别。克拉克闻之则是坚决不信。

直到辩方向法庭提出传证麦金尼，扣押她的录音，方才知道大祸临头。几十个大律师，上百人的主控团队，再加上一个全美第二大的洛警局，竟会在最后时刻与闻。一时间阵脚大乱。

北卡的消息传来，还不算坏。麦金尼拒证，法官禁传。辩方明显在拖延，在焦土抗战，为录音战至最后一时一刻。在克拉克眼里这岂不是歹戏拖棚？

克拉克们因此大加反对，坚决反对传盖德斯。对控方指控拖延，伊藤不赞成："控方用了极大的篇幅，推出科学鉴定 DNA 证据。这个 DNA 是非常复

杂的科技，交叉污染确属关键。我不得不允许辩方传证。"

还是老把戏，平衡一下。由是限制在六小时之内。免得真如质证冯丹尼那样，花上几个星期。

（三十八）交叉污染的证据

8月2日、3日、4日，都是盖德斯。沙克传证只用了六小时。而控方的伍迪·克拉科，却用冗长的质证，帮助辩方拖了两天。应该说是如了考克兰们的意。

盖德斯是美国免疫学会临床部的头儿，常年从事对各生化实验室的调查。在他的调查中，有二十三桩刑侦实验室的案子。盖德斯本人是微生物学家。他的证词支持了沙克的理论。洛警局罪证室是交叉污染的化粪池。

沙克先问："那里有慎重有效的污染控制吗？"

"那个洛警局有大量的交叉污染问题，那是持续的，长年不断的，以月计算的。它不可能消失。"

沙克在屏幕上投影了一个图表，展示盖德斯的发现：肮脏的血样样本，不足以测量的尺寸，来源不明的混合样本，还有统计的错误。

沙克把冯丹尼、玛珠拉、雅马乌齐送过来，让盖德斯一一抨击，生怕陪审团忘了他们。盖德斯批评他们的搜证提取，从标准到态度，并把罪证室的杂乱拎出来抽打：试管东倒西歪，相互依靠，几个案子的证据，同时混杂处理，看不到任何区隔保障。工作量奇大，却鲜少做质量控制的对比排除。

盖德斯还发现了无法解释的现象。在DNA条码带上，发现了不可能出现的条码。模糊难辨，仅隐约可见。"这证明一个DNA基因渗入另一个DNA

基因。那个人类的 DNA 基因不应在那里。这就是交叉污染的证据。"

沙克把塞尔马克实验室检测的 DNA 条码投影出来。上面能看到若干隐隐的点状物，混在清晰的 DNA 条码之间。

"你如何解读这种现象？"

"这证明另有一套 DNA 系统。那些隐隐的点状物与辛普森的 DNA 一致。而这套清晰的条码又属于妮蔻的。直到进入塞尔马克之前，都未被发现。"

盖德斯给出两种可能。要么是罪证室的错，要么是在塞尔马克阶段。把塞尔马克的清誉拿来消费。

这是陪审团第一次看到交叉污染的生化证据。

沙克结束得很匆忙。六小时显然不够。但伍迪·克拉科却帮了忙。两天冗长的质证，给了盖德斯更多的机会去蹂躏糟蹋洛警局罪证室。

克拉科首先审查了盖德斯的资格：不是任何罪证科学组织的成员，不曾发表过相关文章，也没有 DNA 的专业实践，没有同行的认可。这是控辩双方一直在玩的把戏。最近一次，是布莱希尔审查马尔兹，意图通过资格审查，贬低对方的证人。

克拉科挑出若干证词，指摘为错，但是盖德斯不离主题，坚持咬死洛警局罪证室是他调查过的最差实验室。如果是私营，早就被关掉了。诸如此类。盖德斯反而越战越勇。

克拉科强攻一天，难有斩获。直到后一日，才有了起色。盖德斯承认并非所有的证据都在罪证室提取，有些是直接将样本送至其他实验室。他也承认 PCR 的测定与更复杂的 RFLP 的结果一样。

"这些血样是直接送到外面的实验室，这是否意味着洛警局罪证室没有污染？"

"这污染可能不是发生在提取阶段，可能发生在更早阶段。"意思当然是冯丹尼们的错。

克拉科不满回答,伊藤也因之怒吼:"回答问题,博士先生。"这时博士先生只能回答是或不是。

盖德斯只好说:"如果你限制在提取阶段,我只好回答是。"

控方得意,这是一大胜利。

伍迪·克拉科终其两天的质证,也未挑战两个DNA条码混在一起之说。正是这个定海神针,让双方都看到了一幕。那个陪审团女妖,辩方眼里的铁杆支控派,居然一边下笔记,一边却在摇头。这一微妙细节,让辩方观之以喜,让控方望之以惧。

(三十九)贝雷的传真:我们赢啦

8月7日,盖德斯的质证进入扫尾,克拉科又有新斩获。他迫使盖德斯承认,自己的做证只提供了交叉污染的可能。本案的PCR-DNA检测和RFLP-DNA检测结果的确一致。

沙克再传证,则提醒陪审团,冯丹尼们在搜证阶段已经交叉污染,检测结果一致,毫无意义。

盖德斯尚未退下证人席。贝雷的传真到了考克兰手里:"我们赢啦!"贝雷一直在北卡料理此事,上诉巡回法庭。

考克兰立刻觉得神难守舍,想在法庭上飞。

考克兰回到加州,贝雷仍钉在当地,组织人马上诉。北卡巡回上诉法院的三位法官一致裁决,命令麦金尼服从伊藤的传票,带着录音及文字稿,去洛杉矶出庭。这一局两轮下来,五个法官,四个命令麦金尼出庭。从法理而言,麦金尼再无上诉纠缠的理由。

巡回法庭之上就是联邦最高法院。每年自上万件上诉案子中，只能选出百多件审查。一个证人出庭与否，岂能入他们的法眼？

更何况麦金尼一方，本来对上辛普森案是千肯万肯。走北卡那道法庭程序，不过是半推半就。

克拉克这边，慢了不止一步。7月国庆节之后，就是在准备质证麦克达诺之前，豪格曼把克拉克请到办公室。

"玛莎，我们听到一个传言。佛曼可能与某位作家合作写书，我们的来源说，其中包括种族脏字。"

克拉克并无特别反应。关于佛曼，她听说得太多了。这算什么？语焉不详！

"好消息是这明显是个虚构小说类的作品，佛曼扮演一个种族主义分子的角色。"

从豪格曼的话中看出，他知道的比辩方并不少。能拿到这些细节，已经接近了真相。关于虚构之类的说法，近乎自欺欺人。对克拉克他既警告又安慰，其来有自。对佛曼，克拉克知道的远比这些多。她只是无法面对，希望此事是水中月镜中花，做它一回埋头鸵鸟。

早在1994年7月19日，辛案预审刚结束，有一个探长名叫安迪·波迪，自好莱坞分局去检察院，为一个谋杀案提诉。接待他的是两个女检察官，露西安妮·蔻曼和朱丽叶·萨勾雅吉安。在公事前，三人闲聊，扯一些警检内部的趣事传闻。这本是常事，既有助工作，又能培植私人交情，于公于私都有益处。蔻曼和波迪是旧识。她在性犯罪处，与波迪长期合作过，两人无话不谈。

闲谈中提及当日《洛杉矶时报》。有文章说佛曼欲退休享受伤残保险，提及佛曼有种族仇恨倾向，手套有可能是其栽赃。这本是夏皮若的杰作，开启引入种族因素的大门。

蔻曼不信："基督啊，对这篇文章你信吗？"

波迪的回答让二位大吃一惊："怎么不可能？"他与佛曼长期共事，20世纪80年代，在西洛分局，还是巡街搭档，"他的执法让我魂自窍出。"

佛曼持续虐待嫌犯，制造证据，无视工作纪律。在种族和性别方面作恶，已是家常便饭。波迪无奈只好偷偷记录，留下账，以备一旦出事，好洗清自己。

1985年，波迪成婚，娶了个犹太女子。蜜月归来，打开自己的衣柜，发现锁被撬过，里面一片狼藉，甚至有人涂上纳粹的党徽。他立刻猜到是佛曼，"因为他是纳粹分子"。

蔻曼以为只是比喻："你的意思他是右翼分子？"

"不，他是纳粹！"

在平时，佛曼公开收藏纳粹军队的勋章和军衔军章，他常把收藏摆在桌面上展览。上司发现后，命令停止，他就对上司秘密涂鸦，以示蔑视。

某次，发现他在制服翻领下佩戴纳粹党徽。上司命令他摘除，他公开宣传白人至上，将在爱达荷州黑顿湖地区买地建房。这个地区是雅利安种族组织的圣地，白人至上，臭名昭著。此话不虚。在辛普森案做证之后，佛曼就迁至此地，光荣退休。这是后话。

波迪心中有数，要求对自己的衣柜提取指纹。结果不出所料，佛曼的指纹就在那里。但是，此事被分局压下，没有上报，被主管吃了。佛曼的档案没有留下劣迹。

几日后，另一个检察官波斯汀自另一渠道听到另一个故事。七十七分局的探长安纳森告诉他：佛曼曾向人吹嘘，自他接警认识妮蔻以后，曾与其有多次性关系。问及具体来源，探长安纳森拒绝透露。

还有一个检察官伊伦·伯克,自警官马克维尔处听说,佛曼吹嘘他见过妮蔻的隆胸,并有亲密的性关系。

四个检察官至少听到三名警察亲口叙述佛曼的丑闻。四人聚到一起,忧心忡忡。而后,就有了蔻曼自恃亲密,代表四人,提醒克拉克,被她破口骂走的情节。克拉克的原话:"牛粪,牛粪,牛粪。我他×的想吐。对有些DA想插手我的案子,只为了放大他们个人,我感到恶心。"

豪格曼闻之,仍是君子风度:"这看来需要查一查。"

蔻曼被羞辱,也是恼羞成怒,对着豪格曼:"我已言无不尽,你们好自为之。"

虽然,蔻曼以后拜访了考克兰,但在开审前,辩方是一无所知。

现在,克拉克到了好自为之的时刻。

(四十)沙克一出法庭就高叫:巨大,巨大

美国是联邦制国家。从政治法理上,这个国家的联邦级的权力,乃是由地方自下而上的授予。如外交、国防、关税、国税、货币,等等。许多州保留了一些权力,并未交给联邦,因此司法系统分为联邦州郡两套系统,原则上无上下尊卑从属之分。联邦管联邦的事,州郡管州郡的事,也有一些混杂交集的事务。重大杀人的案子,就看谁在侦办。FBI的案子由联邦法院审判。联邦一系:FBI、联邦检察院、联邦法院。

地方警察局的案子交本郡本州法院审判。有些罪不够联邦级的,FBI会交给地方。而有些罪是联邦级的,如有组织犯罪,地方则会推给FBI,最后由联邦法院定罪。

那么，既然各州司法都是独立的，出现跨州矛盾怎么办？联邦法院不能对地方司法下命令，因此，联邦上诉法院管这一节，而且是有告，才有判。

这个法院常被称为巡回法院。所谓巡回并非到处转，本质是等待上诉，只判不审。

什么人可以上诉？对本州司法判决不服的，需要跨州取证执行的，对州法联邦法之间需要协调的，还有联邦行政机构与地方行政司法之间的争端，都可通过上诉法院取直。

所谓巡回，其实就是指有固定区域，固定对应若干州。上诉法庭由美国宪法第三章规定。

联邦上诉法院共有十三个。十一个由数字排序，如第一巡回，第二巡回，等等。其中一个是DC巡回法院，专管首都华盛顿哥伦比亚特区，坐镇而不巡回。

最后一个是真正意义的联邦上诉法院，它接受全国范围的上诉。这些上诉，往往涉及联邦政府与地方政府的重大问题，涉及国际贸易、联邦土地矿产权。此外，还有专门的上诉法院，涉及军事上诉、退伍军人上诉，等等。

这些上诉法院在辛普森案时期，有179位法官，都是总统提名，参议院批准，终身制，年薪184500美元，当然还有其他福利。

巡回上诉法院之上，就是联邦最高法院。每年接受的案子，极少。因此，巡回上诉法院实际是最有权势、最具影响的司法机构。

明白这些，就知道贝雷那个"我们赢了"有多么的贵重。当日，考克兰召开新闻发布会，称这个判决是辛普森案开庭以来，最重要的判决。而沙克一出法庭，就对围上来的记者高叫："巨大，巨大。"神采之飞扬，全在这两个字当中。

（四十一）你没注意？ 他们早就明白了

　　当日下午，纽费尔德传证统计学家斯比德。斯比德，统计学教授，教龄二十一年，是本案出庭的第五个教授。算上麦金尼，这已是第六个教授了。斯比德曾在英国澳大利亚任教，最后一站在加州大学伯克利分校落户。一晃八年，其中四年为系主任。能做伯克利的系主任，可不是那么容易的。他的学术地位，足够崇隆显赫。辛普森案成了名人集邮册，有能无名莫进来。

　　斯比德的做证针对DNA证据的统计，主攻那些天文数字，DNA频率统计是他专业涉猎之一。他还是国家卫生组织DNA专家，有足够的名分评估控方的数字。

　　斯比德曾与FBI的罪证室合作过DNA统计，也曾介入过加州司法罪证室的案子，他还为不少被告做过证，对做证一途熟中见巧。斯比德与控方统计证人威尔斯是朋友，有交往，这回过来踩朋友的场子，也是一个话题。

　　斯比德告诉法庭，他研究了控方的报告，尤其是威尔斯的。控方那些DNA在人类中出现的频率，如十八亿分之一等种种，既不能证明辛普森罪否，也不能指证他人，只因这些没有包括如取证污染或栽赃带出的错误率。

　　为了说明错误率之重要，纽费尔德问了一个塞尔马克实验室的例子，塞尔马克的克腾女士，在做公开资格测资时，五十个样本中，有一个统计精度达十八亿分之一。可是事后人家告诉她，那个样本是假的。克腾得知后说，那么这个十八亿分之一就是无稽之谈。

　　克腾女士正是为控方做证的那位女主管。纽费尔德借她的嘴，证明错误率是统计学的一部分，缺它不可，任何回避错误率的统计都不合法。

　　斯比德引经据典，证明这并非是他个人的学术见解，此说有据可查。纽费尔德请教根据，原来出自国家研究委员会，国家科学组织的一份报告：NRC

报告。这是一组统计学家关于 DNA 罪证的专门报告。

摘要一，对 DNA 符合的依赖，会导致忽视来源的错误和检验技术的错误。举例：陪审员的注意力集中在确认侵入者 DNA 符合的可能性，往往会导致他们轻视罪证室本身的错误。这可能基于操作人员的技术不佳，或马虎潦草，或设备故障，或其他无法避免的错误。

这段话与辩方辩护论据严丝合缝。

摘要二，我们认为应对 DNA 一类的实验室实行验资授信。对科学精确度、可靠性、可接受度，应有 DNA 证据的基本要求。

念到此，纽费尔德插了一句："你知道这个报告是什么时间发表的吗？"

"1992 年 4 月。"邦迪凶杀案发生前两年。

摘录三，对 DNA 类型的解读，不仅依赖基因的频度，而且也要兼顾实验室的错误率。两个样本一致，有两种可能的原因，一是两人有相同的基因，二是实验室操作或解读错误。这两种原因只能居其一，但两种可能不能忽视。

摘录四，尤其对一门有极高定罪能力的高科技 DNA，实验室的错误率应该背靠背测资，并持续监控，其结果必须知会陪审团。举例：如果 DNA 一致的频度为一百万分之一，而实验室的错误率为五百分之一，这两项结果都要知会陪审团。这两者都关乎陪审团的决定。

那么，洛警局罪证室、州司法局罪证室，还有塞尔马克实验室的错误率是多少？纽费尔德收紧套索。

斯比德回答，他们做过内部测试，但只是局部，对减质的样本没做。而实验室外部的盲测在持续不断的基础上，才能确定。

所谓外部，由另一个实验室进行。而盲测就是背靠背，被测方完全不知道。外面那个组织用某案某个样本复检。一个实验室在这个系统监测下，该室的错误率就接近真实。

这种监测在各业界广泛使用。如联邦高速公路管理局，就用这种方式，监测那些验尿查酒查毒的实验室。他们的错误率将决定政府是否发包聘用他们。

长篇大论之后，纽费尔德问道："你读过威尔斯的证词吗？"

"我相信他说过，不接受错误率的说法。"

"你也读过克腾女士类似话题的证词？"

"她说，我过去犯过错，但今后不会犯了。"这也是不承认错误率的样本，"她说，错误率在这里扮不了任何角色。"

纽费尔德再问："除去这个报告，是否还有其他的统计学家赞成错误率说？"斯比德说："至少还有二十六位，有名有姓的。"

纽费尔德打算一一问过。伊藤制止："你不觉得你的传证过度丰富吗？你不怕把窗户大开，让控方一一质证，我们再来两个星期？"

纽费尔德说："只问名字，不及内容。"

伊藤大为不悦："我们已经谈了，应把错误率算入DNA频度，你不是已经说清楚了吗？陪审员们已经半小时不记笔记了。你没注意？他们早就明白了。"

纽费尔德只好收官："你可知道塞尔马克没有加入外部盲试测资？"

"知道。"

"你可知道州司法局没有加入？"

"知道。"

"你可知道，洛警局罪证室也没有加入？"

"的确如此！"

（四十二）明天我真能见到，我会欲仙欲死

8月8日和9日，实在是让陪审团委屈。他们只听了不到一个半小时的质证，就回到禁闭的生活中去了。

哈门质证斯比德，无法挑战错误率，只好扯几个话题，完成质证的程序。

哈门先翻旧账，1992年，斯比德单枪匹马，对一组统计学家的报告挑战，他嘲笑他们的方法，但他的观点显然不被同行们接受，暗示他斯比德一向是个学术刺头，就喜欢标新立异。

另一话题就是人品。斯比德与威尔斯是朋友、同行。威尔斯试图联系他，斯比德却拒绝，斯比德很坦率：与威尔斯对阵，让他觉得不舒服，有歉意。但是，威尔斯不承认错误率是一个错误。

仅此而已。把陪审团送出法庭。当日，辩方已无证人。"那么明天呢？"伊藤问。考克兰打着圆场："不好说。明天下午？争取吧。"伊藤大叹一口气，当众调侃："明天我真能见到这些，我会欲仙欲死。"

考克兰这边，证人所剩不多。重要的只剩尸检和重建现场。尸检谁上，向有争论。巴登没有得到支持，令人惊异。现在团队中说话有分量的人都不吭气。沙克、纽费尔德都不置可否。巴登、沃尔夫，谁上都行。夏皮若坚决反对传任何一个人，他自认为对尸检主任L博士的质证已大功告成。既有足够的合理疑问，为何要画蛇添足，让控方有机会反攻？考克兰一时也无主意，只好告诉伊藤，证人未定。

控方不满，不管传谁，先交笔记。伊藤支持，两个人的都要。说完又悲观评论："也许直到下星期都不会有。"

在伊藤眼中，辩方在拖。三方各怀心思。不过，这个"拖"字是三方唯一的选择。佛曼录音尚未押到，里面究竟如何，目前只有考克兰、贝雷听过。

佛曼录音将是终极巅峰对决。黑云压城,甲光待日,风未入楼,雨腥弥野。有人已在大呼清爽,有人则心生恐惧了。

(四十三)肉弹斯达克黛尔口中的波拉

伊藤宣布休庭,准备离座。克拉克发问:"那个斯达克黛尔的事怎么样了?"

"我相信,你们下午就能传。"斯达克黛尔的律师已通知伊藤,证人就绪,随时恭候。

严格说,这个证人既非控方的,也非辩方的,实实在在是当值法官大人的。伊藤要追查案发当日,辛普森对她的留言录音现在何处。

下午,斯达克黛尔到庭,随之而来的是两个律师。伊藤颇为礼遇,允许他们若有必要,可去庭外与斯达克黛尔咨商。

陪审团不出场,克拉克上来就问"关系"。

"在1994年6月12日,你和辛普森很熟?"

"是的。"

"到那天止,你和他约会过?"克拉克的话中间有色彩,这可是看客们爱听的。

"我不认为是那种性质。"斯达克黛尔并未否认,"我们碰上过几次。我们的关系是有话可谈,交流无碍。1993年春天,我主要是向他征询投资的意见。"

"从1988年到1994年,你们有过亲密的饭局?"克拉克绕个圈子,用此代替约会。不过这可是六年之久。真要有什么,也算是老相好了。此刻又有谁知道,她在辛普森释放后,是辛普森后波拉时代的第一个女朋友。

"没有。"

"那段时间，你们彼此见面？"

"不，我说得很清楚，只是碰上。慈善，NFL比赛。我确实在饭馆里碰上过他。但他和波拉在一起，我们三人坐了一会儿。"

克拉克本意是追查她和辛普森如何亲密，不想追出了个波拉，反而让斯达克黛尔看起来不像小三小四。

克拉克紧追不舍："你们的谈话仅限于生意？你们的谈话涉及个人私事吗？你们讨论过他和波拉的关系吗？你们讨论过他和妮蔻的关系吗？"

斯达克黛尔不否认，有时会谈到。

克拉克顺藤摸瓜："在哪里？多少次？"

斯达克黛尔也渐渐松口："在我家，在他家，在餐馆。"交往似乎比刚才亲密了一些。

克拉克又问："告诉我们，你一共去他家几次？"

尤曼抗议，伊藤不满："我相信我们的焦点是留言录音，让我们问录音。"

克拉克哪能轻易退出，正在乐此不疲，她视伊藤劝告如无物。

"你可曾，他可曾提出你做他的女朋友？"

"没有。"

伊藤再次施压，克拉克才转换问题。

斯达克黛尔告诉法庭，辛普森的留言录音是次日，6月13日，在外面收到的。她使用留言录音公司远程收听功能。从留言录音公司的记录上看，该留言的时间是6月12日晚7点35分，距妮蔻遇害尚有三到四个小时。

克拉克获得她的同意，念起纽约《每日新闻》当日的报道此事版本："嘿，克莱春（斯达克黛尔的名字），这是奥兰索·简姆斯（辛普森的名字）。他现在正处在一生中，完全与任何人隔绝的境地。哈哈哈，就任何事而言。嗯，我有个星期天夜间,我想我将赶一班红眼班机去芝加哥。我将于星期一晚上赶回。如果你留言,请留到……"

斯达克黛尔听后,承认虽然不能记得每个字,但大意无亏。她说,她当日按了存留的按键,因此这个留言没有销掉。

克拉克意犹未尽:"这是他第一次告诉你,他是单身?而且待命?"

尤曼反对,伊藤支持:"我只关心录音在哪里。"

回到正轨,斯达克黛尔告诉伊藤,6月20日,她要求留言录音公司寄一份拷贝,普通型号的录音带。9月她把录音带交给了帕佛里克。至此,录音带去向已明。

在此期间,她曾用自己的录音带拷贝了一份。但在几个月后,因录了其他的东西,把拷贝洗掉了。

克拉克追问《每日新闻》的消息来源,斯达克黛尔断然否认接受过他们的采访。

尤曼质证:"你给帕佛里克一份拷贝,你自己另有一份,有五个月之久?"

"是的。"

"你可曾告诉他,那是唯一的拷贝?"

"没有。"

"在某日,帕佛里克曾打电话告诉你,辩方不会传你做证人?"

"是的,他告诉我了。"

"那是在你洗掉录音之后?"

"不,之前。"

辩方终于找到出口。找录音找不到我们头上。斯达克黛尔不是我们的证人。我们没责任义务保留那份拷贝,向控方提供录音。斯达克黛尔洗去录音,也无错可言。毕竟控方也并没宣布传她。如果,控方打算传她,自己去取证。

辩方这个立场，伊藤没有异议，打发克拉克去录音留言公司，看看有什么机会。

（四十四）约克这个名字，第一次出自伊藤之口

同一天，另一桩动议让某个神秘的人物浮出水面。三级警监约克，对控辩双方而言已是至为熟悉。对公众而言，大报小报时有提及，总是与佛曼如魂附体，如影随行，乃是佛曼新闻的一部分。此刻，她另一个显赫的身份，伊藤法官的夫人，尚未披露。

辩方得知，洛警局内部调查处，曾就袜子上的血做过内部调查。被调查人是已做过控方的证人克斯特勒、马特桑、雅马乌齐。辩方就此提出动议，要求公布调查报告。

巧而又巧，伊藤的妻子，约克正是洛警局内部调查处的大处长。

"我已通告各位律师及辛普森先生。"伊藤回顾接案之初，"在去年7月，当此案指定我为主审法官时，我的妻子是洛杉矶警察局内部调查处的首席调查官。她当时的警阶是二级警监。当这个新闻报道出来，我的妻子约克已升为三级警监，但是她没有介入这个调查。既然此动议涉及她那个部门的文件，我想对动议裁决，应让给另一个法官为合适。我的妻子没有介入调查让我自认心安理得，没有任何利益冲突。"

这个动议的辩方是洛警局，与克拉克们在法理上无关，因此由市府法律辩护处沃什担纲。辛普森这边是尤曼。

另请法官有个小小的麻烦。辩论双方必须转移阵地，去指定法官的法庭。法官们都有各自专用的庭再加一套专用人马。犹如各有领地，各有统属。到

了新的法庭,没有电视转播,辛普森也要旁听,这样又要兴师动众,由另一拨法警接管送押。

考克兰不愿脱离摄像机,更不愿兴师动众,就向伊藤建议:何不请伊藤出借他的位子给那个法官,这样只需动一个人,比集体大搬家省事得多。

"只要他们不改变我座位的设置(高低角度)。"伊藤调侃道。

"不仅座位设置,还有桌上的笔,其他东西。如果你能从权处置,我们将十分快乐。"考克兰替那位未知的法官保证。

伊藤让出地盘,123法庭的里德法官就位。听完双方辩论,里德法官做了裁决,足够圆滑。有如鸡生蛋,还是蛋生鸡。他要求辩方次日提出一项动议,宣布洛警局内调处的文件与辛普森案有实质性关联。如果伊藤法官支持这个动议,他里德再来裁决该文件是否移交。考克兰们听了"裁决",哭笑不得。

不管如何,约克这个名字,第一次出自伊藤口中,而且是面对公众。日后再次提及,就没那么轻松,那么心安理得了。

8月9日,果然鸡生了蛋,蛋又孵出了鸡。不出所料,伊藤裁决,辩方无法证明内调处的文件与辛普森案有关。这样,里德法官就不用回来了,从而也将两个媒体证人精确报道袜子之密的调查关上了大门。里德的空城计演出成功。

(四十五)亨利认为巴登更好

8月10日,伊藤迎来欲仙欲死的时刻。辩方传证著名病理学家巴登。

辩方眼看追查媒体人的门被关死,本在意料之中。伊藤同意追查又能如何?一个记者,一个小报专栏作家都是准备做烈士的,能在辛普森案中留下蛛丝马迹，他们求之不得也。何苦成全他们？留个悬念，克拉克们并不舒服。

其实，巴登做证才需要细心斟酌。巴登博士有个毛病：话一说起，就收不住。问一答十，漫山遍野。而沃尔夫，女人、中年、科学家的风范，做起证来温文尔雅、循循善诱，是那种在陪审团面前十分讨巧的人物。

辩方团队里早有支持她出来做证的主张。巴登本是夏皮若引进，论名望，论分量，自然是万中挑一。可是偏偏夏皮若改了主张，谁都不愿传。对二人的取舍，考克兰也没了主意。前一日晚，他给沙克和纽费尔德打电话。两人正在酒店里。考克兰这边是卡达辛和道格拉斯。道格拉斯是沃尔夫派。

"皮特（纽费尔德），我们用马克，对吗？"

如今的两位纽约客，在考克兰眼里，已是可以定盘子的大将。尤其是这个皮特，从大事到小事，皆有主张，把个考克兰律师楼的文员全部得罪光。可是考克兰从不以为忤。这个纽费尔德，总是一针见血，他的意见永远有价值。这一对搭档真真是考克兰的掌上明珠。

纽费尔德不置可否："谁都行。"

"道格拉斯说，他刚向请沃尔夫做过证的律师问过，说她像个中学教师，而夏皮若说这里的DA夸巴登好。巴登刚在这里为检察院的一个案子做完证。"

考克兰又问沙克："你想要哪一位？"

"这太难了。"沙克显然对沃尔夫的观感不错，"不过，亨利（李昌钰）认为巴登更好。巴登必须与凯尔伯格针锋相对！"

这才是担心所在。这个凯尔伯格获得克拉克倚重，绝非无由。凯尔伯格的法庭作风血马利矛，且善处理细节，功夫独到，在辩方眼里是个对手，而夏皮若走的是好莱坞才子的路子，风格华丽轻盈，强硬不足。

"告诉鲍伯，充分利用他的魅力，别让凯尔伯格占了上风。"考克兰再不喜欢夏皮若，但绝对承认，陪审员挺喜欢夏皮若的，"如果他实在不愿意，那只好换人。"

巴登就这样定了下来,李昌钰一言九鼎。

沙克、纽费尔德和布莱希尔三员大将连夜操刀,把巴登叫来,一个部分一个部分地重新排演一遍,直到东方破晓。

第二天,夏皮若面对着一个脚本,乃是沙克们漏夜准备的。他不干:"咱们传证从来不用笔记。"口气倒和贝雷是一路,还是那份才子的自信。

考克兰不客气,发下高令:"按沙克的脚本来,没商量。"夏皮若只得退让,携着沙克的脚本登场,做他一回傀儡。

(四十六)巴登的名望是优先开发的金矿

8月10日,夏皮若奉命传证巴登。考克兰们既然选择了巴登,那巴登的名望,自然是优先开发的金矿。

巴登毕业于纽约市市立学院,而后又在纽约大学获得医学博士。做了两年内科医生,后转入病理学。他的主要工作在洛杉矶被称为尸检。1968年,他被纽约市任命为副总病理检察官。他在这个位子上待了九年,之后被提升到总病理检察官。这已是市长直接任命的职务。一年后,市长征求下面的意见,纽约五个区,四个支持他续任。偏偏曼哈顿的检察长对他有意见,于是市长另有任命。巴登退回到副总。其缘由在这位检察长嫌他刺头,总是不与检察院配合。

无巧无不巧,L博士,那个洛郡尸检处处长,沿着巴登的路,走进病理办公室,成为他的雇员。巴登领导他颇有些年头,两人不仅熟,而且渊源很深。

纽约病理办公室与洛杉矶尸检处的性质不同。洛杉矶尸检处是司法系统的一部分。而纽约病理室横跨刑事民事，直属纽约市政府，每个医院都有分支。与洛杉矶比，有更大的独立性。所有的死亡证均由巴登办公室开出，巴登工作之繁重可想而知。

巴登的病理检察官的资历，使他被纽约各大医学院争相延揽，所以他还是兼职或客座教授。他的学生除去医学科，还包括司法的。这是辛普森案的第七名教授。

在纽约州一级，他是州监狱监管会的成员，虽然是无薪职，但须州长提名，议会批准。他历经三位州长的提名任职，这个职务让他出入纽约州的监狱如履平地。这是其他司法长官没有的特权。他的工作是调查监狱死亡。他还是州精神病监管委员会的成员，性质与监委会一样，确保死亡是正常的，而不是虐待。

在全国一级，巴登则更是名声显赫，堪称举国知名。美国国会组织过肯尼迪遇刺案重新调查委员会，和马丁·路德·金被刺案的调查委员会。两个尸检委员会主席都是巴登，足证在尸检上，他有独一无二的至尊地位。

他还主持过对罗伯特·肯尼迪和民权领袖艾佛加·埃德斯的尸检。

艾佛加·埃德斯是"二战"的老兵，退役后进入密西西比大学。他开始反对校园种族隔离，而后成为美国有色人种委员会的领袖。他被白人市民委员会的成员暗害，他的遇害与马丁·路德·金为同一年。1963年6月12日，死亡时刻正是肯尼迪总统发表演说支持民权运动后的一小时，而那个白人市民委员会是3K党的前身。

1964年，第一次审判，被白人占优势的陪审团搞了个悬判。审判期间，密西西比州州长公然探视罪犯。以后两次审判，也都是悬判，直到1994年，三十年之后，也是辛普森案期间，重新开棺验尸，查到新的证据，才将罪犯定罪。这个开棺重新验尸人，又是巴登。

在加州人面前最能提起的是荣·塞投斯的尸检。这是轰动洛杉矶的大案。赛投斯家的律师是考克兰，而指示发棺重验的检察官是嘎塞提。荣·塞投斯是大学美式足球的球员，被警察逮捕后，死于洛警局拘留所。警察宣称，他死于自杀。可是经过巴登尸检，证明死于警察虐待。这个案子乃是加州著名的司法丑闻，不是第一件，也不是最后一件。洛杉矶警察恶名在外。为何如此？佛曼录音可能给出注解。

再到世界一级，巴登仍是著名，近几年主持过克罗西亚种族屠杀和犹太人在加沙地带虐杀阿拉伯人的大规模尸检。

这些经历被夏皮若一一问出，让满堂上下听得肃然起敬。夏皮若一发不可收，还想继续淘金，伊藤不悦了："你问他的资历已经一小时了。下一个问题！"

（四十七）袜子上的血迹

夏皮若转入辛普森案。

1994年，巴登接到邀请，与李昌钰联袂介入此案。同时，他们也向洛警局提出，愿意帮助破案。洛警局用敌意相待，他们已有成见。嫌犯在握，不劳费心。

巴登提出能否参与尸检，遭到拒绝。理由是尸体已经移交家属。那么尸检存证照片，切割下的遗体？也不允许。这一切都发生在两人葬礼之前。如果洛警局同意，完全可以追加尸检。

由是，巴登对辛普森案的评估，只能等待，等待检方移交尸检文件。巴登自获邀请后，二十次出入洛杉矶，累计七十天左右。他的服务费是一千五百美元一天,其余费用由辩方报销。他还介入了洛杉矶检察院的另一案,收费同样,一碗水端平。

洛杉矶检察院那个案子在同一座大楼里,因此,他既做检方证人,也做辩方证人。

检察院那个案子涉及一桩诈骗案,有一人死于主犯的办公室。尸检定为心脏病复发,巴登介入后提出异议。此人年轻,从无心脏病史,最后证明是窒息致死,也就是他杀。巴登做证为洛杉矶检察院成就了此案。

夏皮若将此事特别拎出,告诉陪审团,巴登行事正派,以事实为准,为巴登后来的做证做个铺垫。

凯尔伯格传证L博士,用去八天。巴登全天候在场,听了他当年下属的证词。

与L博士相遇,在被允许造访尸检所之后。L博士陪同他查了所有辛普森案的相关尸检资料。此前几天,巴登对辛普森的身体做了观察。体检由惠辛尕医生施行。就是那天,正是洛警局下达逮捕令,而辛普森和柯林斯溜号之日,警察到达卡达辛家,发现辛普森不在,就把在场的人扣押。巴登和李昌钰陷于其中,也成就了一段有声有色的逸闻。

1994年6月22日,巴登获准,携沃尔夫访问尸检所。L博士热情接待。这次照片、笔记、部分保留遗体,一应俱全。

仔细核查遗体肌肉时,巴登发现脑部钝击伤被忽视,颈部甲状腺处刀伤未入记录。勾德曼的衬衫被扔在一边,未做任何保存处理。那件衬衫已经发霉。再自衬衫取证已成问题。

1994年,巴登与沃尔夫获准访问洛杉矶警察局罪证室,主管克斯特勒接待。他们查看了罪证室搜得的证据。所谓查看只能用眼,摄影、显微镜、触摸皆不允许。这些证据包括袜子。

"你观察了那双袜子？"

"是的。"

"看到袜子上有血迹？"

"没有。"

巴登还观察到眼镜镜框完整，但镜片已经脱离，镜框上有血。日后未见任何记录在案。自然那 DNA 报告也告阙如。

夏皮若借巴登之口，批评尸检所在犯罪现场只是搬运尸体。巴登告诫，尸检官应亲临现场，观察尸体与现场环境的关系。尤其应进入室内查看冰箱、垃圾桶，看看有无食物遗留，判断死者死前进食状况。这对一个日检几十具尸体的尸检所而言，可是不可能的负担。这个挑剔颇有几分求全责备。

巴登批评，妮蔻背部的血迹，尸检所虽然记录了，却并无保存，自然无法知道是何人的血。他对尸检所未做阴道检查，也有批评。现场另一死者是男性，嫌犯也认定是男性。在纽约，即使是八十岁的老妇，死于谋杀，这一程序也不能免。

（四十八）两人一问一答力攻 L 博士的结论

夏皮若翻山越岭，爬到一个新高地。尸检保留了勾德曼的胃中残留物，却将妮蔻的抛弃。

1995 年 1 月，巴登、李昌钰和沃尔夫在纽约州首府检验洛杉矶运来的证据，其中包括勾德曼胃中的残留物，发现有未消化的葡萄干，而他在餐馆所吃食物的食谱，并没有葡萄干。这证明，他在离开餐馆以后，或在途中，或在家里吃了含有葡萄干的食品。这也会延后死亡时间。其他被疏忽的食品有番茄、土豆、芹菜。

这些分析不过是一座桥。夏皮若借此拿妮蔻的胃中物做文章。勾登博士做了若干记录。其中有意大利面尚可辨认。

巴登告诉陪审团,意大利面类的淀粉食物,在胃液中化解很快,大约半小时,不似蔬菜能保持可辨认的特征。妮蔻的饭局在 8 点到 8 点 30 分结束。她母亲的电话是 9 点 45 分。这意味可辨认的意大利面应是饭局结束后,又进食了。所以尸检人员有必要检查冰箱垃圾桶。

然后,两人一问一答,直对 L 博士八天的传证。尸检不能确定有多少凶手,有多少凶器,它们是单刃的,还是双刃的。尸检也不能确认凶手的身高和体重,力攻 L 博士的结论:一个凶手,单刃,身高不低于六英尺。

夏皮若问道:"确定本案凶手的尺寸身高体重的机会,可与自骨灰中辨认某人是否有小胡子的机会一样多?"

凯尔伯格反对,伊藤却说:"对这个问题的答案,我倒是有兴趣。"

巴登承命回答:"是的。"

(四十九)还是佛曼录音

中午,佛曼录音解到。麦金尼的律师当堂交出十一盘录音带,另加她的原始记录。

两位律师如此年轻,在克拉克眼里,纯粹的子鸡班。克拉克最担心泄露,在庭上敲边鼓,提醒二位子鸡,一旦泄露,这份录音的商业价值将归于零。其实,所谓商业价值,在北卡上诉法庭推翻小伍德法官裁决那一刻起,就已无任何希望了。不过克拉克很难顾及这些,只要缓兵一时,管它日后洪水滔天。

子鸡们看来很是惊慌，急急地向伊藤要禁口令，声称要保护录音的商业价值，似乎真把克拉克的好意放在心上。

其实克拉克根本不知道，考克兰早将子鸡们收服，他们不过是借克拉克的话逢场作戏。他们的主顾似乎也乐观其成。

达顿这边立刻拦截："这应该给我们，我们下了传票。"

此话不假，控辩双方都出了传票，但辩方直接向伊藤申请，伊藤也是当庭准了他们的。而后去北卡，出庭加上诉，都是辩方一手做成。而巡回上诉法院的裁决，是回应辩方的状子。伊藤自然无理由让达顿们不劳而获，他指定考克兰和道格拉斯接手，除此而外，不准任何人染指，等他进一步的裁决。

话虽如此，法庭内外，已是人心鼎沸，急不可耐。巴登就是在这个局面下坐在证人席上的。

（五十）辩方版本的妮蔻死亡过程

再开庭，夏皮若进入妮蔻的死亡过程。

"你检查了妮蔻颈部的四处刺伤？它们伤口钝面是不同方向的？"

巴登解释，这四处伤可算为一组，都在左颈，但伤口因凶器造成钝面方向不一。这证明妮蔻受伤时，位置是在变动的，凶手并没有短促连续四击。这是挑战 L 博士的说法：妮蔻头部遭重击后昏迷，待到凶手结果勾德曼之后，再回来踩住她的后背，抓起头发拉起，然后割喉断命。

"那么她的手伤呢？"

巴登认为，妮蔻的手伤来自厮打抵抗凶器的攻击，手掌因之流血。她指甲下的血应是凶手的，凶手也因之应留下抓破的痕迹。这是反证，凶手并非辛普森，他身上没有此类伤。

"这是你的观点？在妮蔻被割喉前，她处在昏迷状态？"这是 L 博士的说法。

"不，不是我的观点。"巴登解释，"我认为妮蔻与凶手搏斗了一阵。搏斗中，她受了几处刀伤，也包括手上的。当她颈部遭到致命一割，她的脖子离地面至少十八英寸到二十英寸（相当于半米左右）。血自动脉洒向一个方向，洒到了第一级台阶上和第二级台阶的立面上。"这个表述，使踩住后背、拉起头部割喉的说法岌岌可危。只需试想一下，人倒在地上，背部被踩住，是否能将颈部拉到那个高度？巴登得出结论："妮蔻并没有躺在地上昏迷，她的脖子在那个水平之上（第二个台阶）。"

"所以你发现她脑部的钝击伤，并没有导致昏迷？"

"这个钝击可能会，也可能不会造成昏迷，就洒血的方位看，她没有昏迷倒地。她脖子的位置也许会更高。"

"L 博士得出结论，妮蔻倒地昏迷，她背上被凶手踩出鞋印，你可同意？"

"从照片、衣服、尸体看，看不到鞋印。勾登博士尸检时，明白写明，背部没有任何伤。那轻微的紫印，在我看来只是死后血色沉淀。她仰卧在那里直至拍照，已经很长时间了。如果是踩在那里，定会有损伤或印记。同时，在那么狭小的院子里，凶手又经过与勾德曼激烈打斗，踩在她背上必然留下泥土或灰尘。在她的衣服上没有这些东西。"

"你听到 L 博士做证，妮蔻昏迷在地，凶手踩住她的背，抓住头发将她头部拉起，然后割喉一刀。他的解释成立吗？"

"他用肺部没有吸入血支持这个结论。嗯，当死者血入肺部，妮蔻没有，勾德曼有，是凶器刺穿了气管或嘴部。然后，死者活着有足够时间，将血吸入。这会发生在颈部曲折，颔部贴在胸前的时刻，与将头部拉起，露出脖子无关。"

怕陪审团不得要领，夏皮若让巴登重复：肺中有无血，需两个条件，一是血能进入气管，二是有足够的时间将其吸入。

巴登重述了自己的版本：妮蔻身上有九到十处伤。喉上一刀是最后，也是致命一刀。这与 L 博士一致。颈部动脉那一割，导致死亡，但是没有昏迷倒地那一节。妮蔻在死亡前搏斗过一段时间。

（五十一）巴登分析勾德曼的伤势及成因

夏皮若转入勾德曼的死亡。巴登分析了各种伤势及成因，与 L 博士针锋相对。他认为勾德曼手掌手背的伤来自搏斗，并非来自树木栏杆。L 博士的说法是回避辛普森身上无伤的事实。不仅如此，勾德曼的鞋部有刀痕，证明在搏斗中，他还用脚踢过。

"我的观点是，他有多处刀伤（共 22 处），分布在身体不同的部位。前身、后背、脸部、颈部、胸部、腹部。手部的伤，证明有保护防御和进攻的动作。他的血流满衣裤，证明他站立的时间足够长。让左颈静脉的血流下，直到裤子及鞋，那是需要时间的。在其陈尸周围，景象纷乱，证明有过激烈打斗。"

"颈部静脉伤能阻止勾德曼喊叫吗？"

巴登认为，无论勾德曼，还是妮蔻，颈部的伤都不妨碍喊叫，因为都没有伤及声带，能妨碍发声的是捂嘴锁喉。

"就颈部静脉流血而言，受伤人能幸存吗？"

"如果人能及时送到医院，与妮蔻相比，动脉大出血，导致脑部缺氧迅速死亡，静脉是低压系统，血流很慢，即使伤者虚弱倒地，仍有存活的希望。"

夏皮若细问了肺部、腹部的伤，尤其是腹部的，刺穿了主动脉。

"你观察到勾德曼胸部的伤势?"

"对,右胸有两处刀伤,腹部另有一处,伤及主动脉。"

"请你告诉我们,什么是主动脉?"

"主动脉把带氧的血液自心脏注入全身,心脏压出血液,血液经过动脉,百分之二十向上进入头部,百分之八十向下进入肢体器官。"

勾德曼有二十三至三十处伤,不包括划伤。这些伤都流过血,不仅伤及静脉,也伤及动脉。

"静脉伤引起外部流血,还是内部流血?"

"外部流血,沿左边淌至鞋,手伤、股伤,也是如此。"

"腹部动脉伤呢?"

"流入内部,但已是无用之血。"

"那你的观点,静脉伤,胸肺伤,何者为先?"

"静脉伤在胸肺伤之前。"

"请你告诉陪审团,自颈静脉伤到胸肺伤有多长时间?"

"勾登博士在尸检时量过。胸肺伤的血量只有一千毫升到一千二百毫升。这是很小的量。我的看法是,当此二处流血时,心肺工作能力已大幅下降,血压很低,所以胸肺中的血流出不多。勾德曼的死因是静脉大量失血。即使他还有其他刀伤,但血量都不大。静脉流血的过程大约十分钟,至少不低于五分钟。差不多一千毫升到一千五百毫升的血后,当刺到胸肺时,心脏已经衰竭,压不出多少血了。"

"两者间,可能有十五分钟?"

"诸般因素很多。可能,可能。"

夏皮若的路线很分明,凶杀搏斗过程到勾德曼死亡是一个至少十分钟的过程,若再加上杀妮蔻的时间,应该更多。若自 10 点 40 分"嘿嘿嘿"凶杀开始算起,至 10 点 55 分,辛普森离家去机场,已可证明辛普森不在凶杀现场。

"所以,如果搏斗始于 10 点 40 分,考虑到有些伤在静脉伤之前,自颈静脉伤至胸肺伤之间,又有可能有些伤,在胸肺伤之后,以你的判断,胸肺伤最早是在什么时候?"

"10,10 点 45 分。"

"可能是 10 点 50 分?"

"可能。"

"可能是 10 点 55 分?"

"可能。"

此间,巴登有一处未做分析,即腹部动脉伤起着什么作用。

(五十二)巴登不能再谦虚了

轮到凯尔伯格质证,果然攻势凌厉,只是凌厉得有些莫名其妙。他的第一个问题透着诡异:自他,凯尔伯格进入洛杉矶检察院以来,巴登曾被该院聘过几次?经过反复攻守,火药味十足。

"博士,听仔细了,阁下,这样说是否准确:自 1989 年,除去伯格斯案,你被我们办公室聘请做过几次证?"

"没有。"

此前,巴登坚持说做过三次,后被凯尔伯格纠正。一次是大陪审团,一次是预审,因此都不算为检察院"做证",只有伯格斯案被凯尔伯格认可。这问题的用意何在,为何以凯尔伯格加入检察院为界,让人不得要领。

"博士,此案以来,你收了多少钱?"

"一千五百美元乘以七十次，大约十万美元。"

"那你不在洛杉矶的时候，你也收费了？"

"我只对洛杉矶的时间收费。"

凯尔伯格又算细账。不在洛杉矶的时候，有过多少次电话交谈？巴登估计大约二百小时。"那么，如果每小时三百元，是不是又收了六万？"

巴登未及回答。伊藤制止。凯尔伯格换道。

"在考克兰先生的开辩词中，称你为尸检病理界的顶级人物。你同意那是精确的评价？"

"我并不如此界定自己。"

"自1975年，你就认识L博士？"

"是的。"

"你认为他是美国顶级尸检病理学家？"

"他是个好人。"

"我的问题……"

"和一个不错的病理学家。"两人的问答打在一起。

"我的问题是他是美国顶级尸检病理学家？"

这是逼着巴登不能再谦虚了。自己不认为是顶级，反而要把高帽子送给当年的下属？

"我不会那样说，不是！"关键的时刻还是要明尊卑，分高下的，巴登岂能把顶级的宝座让出？

接下来的问题又落入旧套。简历，学位，学术，出版。这是双方都要履行的仪式。专拣没有的问。凯尔伯格向文章发难。

"你可曾发表过任何文章，涉及钝器伤？"

"没有。"

"任何血迹滴溅分析的?"随之而来的是现场搜证的,脚印分析的。只要他问,一定是没有。看来是做过一番调查的。总之是问什么,没什么,集合起来足有七八项之多。

"那么列入简历的八十篇文章,有多少篇是涉及毒品?"

"绝大多数是。"巴登对此解释。当他在首席病理检察官任上,这类死亡甚多,这也是他个人兴趣所在。

巴登这个人,在江湖上虽然地位崇隆,在学术上却没有专门的著作。他显然比凯尔伯格更在意。不断申明,正在写,将涵盖凯尔伯格所提的方方面面。巴登的确出了一本书,凯尔伯格抓住不放。

"你那书名的标题是《非自然死亡——一个病理学家的坦白》?"

"对,这只是大众读物。"

"你不会认为那是像斯佩兹和费舍那样的教科书吧?"此二人在尸检学术上,公认的有造诣。

"正确,他们的是教科书,我的是非虚拟类读物。"

"博士,那个题目,一个病理学家的坦白,是否暗示你承认自己有罪恶?需要在书中坦白?"

真真是撕破脸皮,不假辞色的挑衅。

"不,这意味着我致力揭露美国的罪恶,我不得不。"

"你在书中批评了自己?"

"那当然。"

"如何批评的?"

"我是问题的一分子。在书中,这个国家对非正常死亡,是举国之耻。书中多数是谋杀案的例子。有七十五例,其中大多数病理学家没经过训练。这些人受过良好的医院尸检病理训练,却没有受过刑事尸检训练。这是为什么在这个国家对谋杀案有那么多误判,其中涉及许多死刑。"

"博士,我的问题是,在书中,你对相当多的病理学家持批评态度,不是吗?"言外之意,一向个色,唯我独尊。

"是的,我确实提及这些案子,包括肯尼迪总统的尸检,它不合尸检病理标准。"

"在书中,你可曾批评自己的尸检?"

"我相信批评了,只是我现在想不起来。"

"你可曾在书中写道:我喜欢记者和电视摄像机。他们报道我的工作,可为我的工作增加分量,开创一个新维度,可以抵消其他医疗专业对这一行的鄙薄。他们认为这是,他们认为这是低能者的垃圾场,一个无法面对真实世界的医生们的避难所。"

"是的,那让我想起,如果这算是自我批评。其他医生是如何贬低这一行业的。"

这段话的本意是,媒体的关注,可以为尸检病理这一行正名,但凯尔伯格要生发开去,用它做药引子。

"博士,当你被聘后,你可曾在电视上讨论过辛普森的案子?"

"就我回忆,6月16日,我确实上了电视。但是在22日以后,我访问了尸检所和罪证室以后,我就停止了这类讨论,也停止了与媒体的接触。"

这关乎行业道德,巴登被抓了一个把柄。

(五十三)凯尔伯格直奔巴登笔记

再开庭,凯尔伯格不再绕圈,明火执仗,直奔巴登的笔记。

"博士，对此案你可曾准备了报告？"

"没有。"

"在我们检察院聘请的案子，拜鲁西案和伯格斯案，你或准备了报告，或就你的发现签了保证书？"

巴登承认正确。

"那么这个案子为什么没有？"

"没有人要求我这样做。我和夏皮若保持联络，但他没有要求。我的习惯是没有要求，就不准备。"

这实际是沙克的主意。当然对付控方质问自有妙对。可是凯尔伯格洞穿了沙克的算盘。

"博士，这是否因为你不想给对手任何预先的提示，去准备他们的质证？"

"不，不，如果你打电话，凯尔伯格先生，我会很高兴地告诉你。"巴登将凯尔伯格的揭穿赖得干干净净，"就像我们曾经交谈过的那样。"

"我们确定谈过，博士，那不是辩方律师的安排吗？"凯尔伯格话中有话了。

"我相信如此。"巴登回答不那么踏实。

"然后，你立即中断谈话，说正在电话上与别人交谈。"

巴登忙说："不记得了，不记得了。"

"事实上我不获允许，向你继续提问。我们不得不推到下一次。之后，我再也没有获得许可，除去那二十分钟的询问。此事可曾发生过？"

巴登无话可说："我不记得，我相信你如果这样说，应该是对的。"

半推半就，令人莞尔。

（五十四）巴登不给凯尔伯格任何机会

凯尔伯格继续对笔记本发难，但这次是指向内容。巴登的笔记记录了 1994 年 6 月 17 日，辛普森离开卡达辛家之前，对辛普森身体的观察。巴登的记录只记录了左手，而惠辛尕医生检查了双手。这算是一个错。可是终其质证，凯尔伯格再未提及右手。他知道右手挖不出什么名堂。

"博士，你记得惠辛尕医生的证词？左手有七处擦伤？"

"我只记得部分，我无法确定。如果有什么伤，他看到了，我却没看到。"巴登回答极谨慎，为凯尔伯格抓错预留余地。

"博士，你听到惠辛尕医生的证词？"凯尔伯格念起法庭记录，"问题：有多少伤是你能够辨认的？回答：七处。问：你数过割伤的数目？回答：是的。问：发现了多少？答：三处割伤。其中之一在第四指，分成 AB 两部分。"

巴登承认有印象。

"在你的记录中，就是 17 日的，记了多少擦伤。"

"17 日，我没有看见这些擦伤。这已经是两天过去了，我确实留证了。我没有记录这些伤，但我确实不记得看到擦伤。这已是两天以后，它们可能已经痊愈。"

凯尔伯格展示照片，巴登否认出自他们之手。因为照片中的板尺是蓝色的，他和李昌钰所用是灰色的。

"这七处擦伤，你一处都没看见？"

"在记录中没有，我需要对照当日我们拍的照片。"

凯尔伯格拿出的照片是否为巴登、李昌钰所拍，无法确定。凯尔伯格并未因此占了上风，他只能对着照片谈伤。

"这明显是擦伤？"

"这明显是痊愈,某种痊愈的疤。"巴登不给他任何机会。

"现在,阁下,1994年6月23日,你可曾在NBC提到你对辛普森的观察?"

夏皮若要求边厢,伊藤同意。夏皮若告诉诸位,对这一系列的问题,他将反对到底:"就公平而言,巴登博士不是做全面身体检查。那时,正是我们接到警告,要求辛普森10点30分去警察局投案。接到通知时,是8点30分。当时我们刚开始检查身体和精神状况。检查人是惠辛尕医生,他们不得不检查得极快。我们的时间很紧。凯尔伯格知道,这不可能坐下来仔细检查。"

夏皮若要求伊藤禁止这一组问题。凯尔伯格坚持不让。伊藤不置可否,就是默许。夏皮若争辩无果。

"博士先生,在那个节目中,一个叫约翰·拉森的记者问你,是否在17日检查手伤。你回答,我观察了所有的割伤。我想,用'割伤'给了它不应有的分量,他们只是小小的痕迹留在手背上。然后记者问,它们可能是搏斗的结果?你回答:它们也许,也许不符合搏斗的结果,但确实没有激烈的搏斗。在身上没有其他的痕迹。"

"记不得了。但如果你有日期,我同意这个说法。"

"你没有提及这些擦伤?"

"我同意,我没有提及擦伤。"

"你是否试图降低这些伤势的重要性?"

"我不认为如此。"巴登一口顶回去,"我认为中指背的不是割伤。当时我只是答人所问,并不是全面的医学报告。"

"你当时没有义务回答他们?"

"你说得对。我没有义务回答他们。"

"这是你的观点,这些伤可能来自辛普森与另一人的搏斗?"

"我想这是我说的。我不得不承认。"

"现在,博士先生,你还说过,左手中指的伤可能来自玻璃?"

"是的。"

"它不可能来自匕首,刀刃锋利的匕首?"

"那可能,但那并非我的观点。我认为,可能是,但可能性极小,因为刀无法留下锯齿形的伤口。"

以后巴登的回答都沿用也许是也许不是的路线,让凯尔伯格享受隔靴搔痒的滋味。其实,只要有两种可能,就是控方的失败。辩方无须在乎。

"博士先生,你可曾在6月17日问过,他的伤在什么时候发生?"

"我问了。他说中指的伤在芝加哥,返回纽约以前。"

"你可曾听他说有些伤是在离开洛杉矶以前的?"

"是的,他割伤了自己,但是不确定是如何伤的。他注意到流血了。他不明白来自何方,当他在罗金汉家里,搭机去芝加哥以前。"

"哪个伤口,他提及在去芝加哥以前?"

"我的解读是手指内侧末端的伤,第三指或第四指,不是中指那个伤。在看到血以前,他甚至没意识到。"

"是他告诉你的,还是你自己的解读?"

"是尽我所能的回忆,我没有录音。"

"中指那个伤,辛普森宣称来自玻璃。他向你显示是如何伤的?"

"他说,他自电话上听到那个消息后,他在洗手池那里,打破了一个杯子,在洗手池边的台子上,就那么伤了手,因为碰了碎片或破杯子。"

"他的手掌有伤?"

"手掌无伤。"

凯尔伯格指着照片:"你在小指上看到任何割伤?"

"没有,那仅是擦伤的痕迹。"

"这些不是割伤,先生?"

"不是,是擦伤。不是割伤,是擦伤。"巴登不绝口地说。

"这难道不与这些相符,当辛普森左手握住勾德曼的前胸,右手执匕首抵住勾德曼的脖子,被勾德曼抓住辛普森的手一致?正如拉克施马南(L博士)所示?"

"不,我对拉克施马南的整个模拟很难认同。我认为那是个纯粹的推测。他手的擦伤,可能发生在星期天,星期六,星期二。它的日期无法判定。我看到时,它已经痊愈了。"

凯尔伯格又转回中指:"他告诉你他如何用手背推动杯子,伤了自己?"

"他告诉我,他太激动,无法准确回忆,除去割伤这件事。"

凯尔伯格打出另一张照片。伊藤代他说:"看起来是洗手池的照片。破杯子在水池里。"这也许省却凯尔伯格几十个问题。

"任何玻璃边缘上,你看到了血迹?"

"没有。"

"在水池边沿附近,你看到任何血迹?"

"没有任何迹象。"

"中指这一部分是动脉管区域,这不是你说的吗?"

"我没说。但是这种割伤,出血很快。我不知道。这些照片明显是许多小时后拍摄的。"

"你如何知道的?"

"当他割伤自己,我断定没有摄影师在旁边。"一片浅笑,幽默时刻。

凯尔伯格再逼问无名指,巴登端出辛普森给警察的说法:"到野马车取手机或其他时刻伤的。"这种解释无法追踪。借巴登的口说出来,进入法庭记录。问题进入危险区域。

"你在任何时候，问过夏皮若警察调查的事情？"凯尔伯格远远超出质证的界限，开始侵入律师特权，绝对不许问的区域。即使不是特权，也是涉及第三方的听闻。

夏皮若要求边厢。伊藤表态："此后所有夏皮若的反对，我都将支持。"凯尔伯格不得不停止这一组关于警察调查的质证。

（五十五）吃饱到消化的辩论

凯尔伯格终于转入死亡时间。这是控方在本案的制高点。一旦让死亡时间推后，辛普森就有了不在场证明。控方的两个证人反而成了辩方的不在场证明人。一切证据都将化为乌有，反而会坐实栽赃一说。

因此，控方不能在死亡时间上失手，更不能按下不提。凯尔伯格任务艰巨，他取围魏救赵之策略，先从巴登对死亡时间判定入手。

"博士先生，你谈到胃中残留物，你熟悉本特案吗？"

"是的。"巴登亲历的案子，怎么能不熟悉？

在本特案中，巴登被纽约州警方请去做证。卓安·本特失踪了十一天，她丈夫报的案，结果警察在她车子的后厢中发现了尸体。当时处在严冬，尸体已经冻僵。丈夫报案说，两人在下午4点30分一起吃饭。两个小时后，卓安出门公干，从此失踪。

尸体解剖后，巴登得出结论，胃中的土豆尚未消化，连上面的刀痕都可辨认。因此，她死在饭后不到一小时内，她的丈夫对警察撒谎了。

确认此案的细节后，凯尔伯格开始质疑巴登的判断："好了，博士先生。你的观点是通常人们吃饭后，两个小时之内，百分之九十五的食物被消化？"

"在通常情况下,是的。"

"你的立场是根据什么研究,两小时内消化百分之九十五?"

"根据我个人的经验。给病人吃钡餐,那是放射医生的方法。当时还没有CT,然后用X光观察消化的状况。"

"你可听到拉克施马南的做证?关于伯兰萧的研究?那是用超声波观察意大利面的消化。意大利面经二百四十八分钟消化,大约四小时吧,那与你两小时理论有冲突。"

"这个冲突,源自你对消化的定义,我谈的是大部分。因为正常人的胃有皱褶,有的食物会保存于其间长达二十四小时,正常人则是两小时消化百分之九十五。"

"如果妮蔻·辛普森吃了意大利面加沙拉后,自8点30分到9点离开,根据你的理论,她的死亡时间如何判断?"

"对你的问题,我有疑问。两小时后,她胃中有500毫升食物,食物的量很大。因此,你让我假设,她在离开餐馆后,没有再进食。这是很大的假设。那就是她在玛萨卢纳吃了巨量的食品。"

巴登长篇大论,捍卫自己的理论。凯尔伯格又搬出另外三个人的研究,大致都是四小时到六小时。其中也有提及两小时理论的,认为那是基于吃面糊的试验。这番探讨令人惊奇。一个国家,核武器武装到牙齿,连月亮上都去过,居然要在法庭上辩论人吃饱了要几个小时消化。

两人争论渐次激烈,声音也越发激烈。伊藤适时介入,宣布休庭,求个双方冷静,待次日再战。

（五十六）他们不许我们碰

8月14日，质证重开。凯尔伯格仍是昨天那三枪，本特案、教科书、两小时内百分之九十五。两人问答又成激辩。

"先生，你形容本特胃中的一千毫升是一顿重餐？你不相信妮蔻吃了五百毫升的一顿？"

巴登回答近乎咆哮："不，不，我不认为，不！"

伊藤不满了："稳住，各位，你们二位放慢点。陪审团离你们有六英尺远，他们听得见。我们不能换个话题吗？我们已经讨论过这点了。"

凯尔伯格坚持不换："我还有些后续问题。"他又从妮蔻离开餐馆的时间表开始推算，前提仍是假设妮蔻归家后，没有添食。

这些问题终于把巴登激怒，一席话反守为攻："我们不知道妮蔻当时的情景。我无法告诉你。我无法告诉你，根据妮蔻胃中的残留食物，她的遇害时间是10点30分或10点40分。我从来没有说过这些，我也不会宣称这些。根本没办法通过胃中的残留食物去判断，妮蔻是死于10点15分、10点25分、10点30分、10点40分、10点50分，我不会宣称，我更没必要辩护。"

终于被他冲出重围，改变被动围剿的局面。

凯尔伯格转向伊藤，抱怨自己还没把问题说完。伊藤不无嘲讽："啊，问题是我听到你的问题了，这已是第三轮了。"

凯尔伯格陷入挣扎，他的确翻不出新花样了。他的质证并没有挑战巴登对L博士的证词之批评之质疑。

凯尔伯格对胃的最后一个问题："你那两小时百分之九十五的理论有什么公认的教科书支持？"

巴登回答："如果你需要，我会给你。这是行内常识，也是我三十年的经验。正常情况下，两小时，百分之九十五，这是我的结论。"

下一个，袜子。凯尔伯格将巴登、沃尔夫访问洛警局罪证室的笔记送上屏幕。巴登要求读一读，伊藤极为不耐烦："不，我们已经花了太多的时间。继续！"

凯尔伯格向伊藤求告："让他读一读。"伊藤极为坚决："不！"

凯尔伯格只好遵命："当你和沃尔夫检查袜子时……你们……"

话未完，巴登打断："我们没有检查，我们只是看！他们不允许我们碰，不许拿起，不许拍照。"

"看也是一种检查，"凯尔伯格自圆其说，然后指着屏幕问，"那上面说什么？"

"十三项，两只深色袜子，尚未分析。"

"你没看到，没有观察到血迹？"

"那不是我们写的，不是。"

"好，阁下，难道这不是对你很重要，记录下观察到的每一细节？当你能看时，看不到血？"

"我不会记录看不到的，我只记录看得到的。"

"你没有做显微镜观察？"

"他们不允许。正确。"

"他们没有自里向外让你们看？"

"正确。"

"你们没有在高聚光条件下检查？"

"正确。"

"当时的光线如何？"

"不那么亮，比这里稍微亮一点。"

在法庭的光线下，沙克向陪审团展示过袜子，陪审团心中有数。这一组问题，也让人惊奇。凯尔伯格居然是哪壶不开提哪壶。

最后一个问题，凯尔伯格要求巴登解释，妮蔻右侧有瘀斑，与背部"鞋印"相似。巴登认为那是陈尸过程中，血液凝聚沉淀的结果。这部分瘀斑出现在右侧，自照片看，妮蔻的身体左侧在下，右侧在上。巴登解释是尸体被移动过翻转过所致。

凯尔伯格抓住这组瘀斑，质疑：既然瘀斑已经形成（指背部）就不会有另外的瘀斑。言外之意，妮蔻背部的瘀斑是"鞋印"。

"不，这是大错。这是问题所在。当尸体被移动了，第二个瘀斑也会形成发展，只要有足够长的时间。这事发生在次日，妮蔻仰卧，背在下放着，被放了整整一天。尸检并未立即形成，第二个瘀斑（鞋印）就发展了。"

"你的观点那是第二个瘀斑？"凯尔伯格指着妮蔻背上的"鞋印"。

"是的，绝对。"

"那么背部应该看到许多瘀斑。"凯尔伯格这一问，倒是直指要害。

"她仰面躺着，衣服凌乱有皱褶，垫在身下。另外，他们为了照相方便，将背部垫起，这都要考虑进去。底线是，勾登博士和其他人在那里尸检，他们检查背部，没有看到擦伤，没有任何种类的伤。"

巴登这个反驳强调了"伤"。一个六英尺的汉子，一脚踩在妮蔻这个弱女子背上，而且将其头部拉起。这份重量，这份力道，没有伤？真真需要好好想想。

（五十七）妮蔻背部的"鞋印"

质证进入最戏剧性的一刻。

"博士先生，你可曾打电话问过他（勾登），他漏记了许多伤，这是否为其中之一？"

控方不需要尸检官勾登博士了，要为他再添一个"错误"。真个是弃之如敝屣。

"你看，我不想贬低勾登博士，他干得并不坏。以我所见，比起肯尼迪总统的验尸要好！"

一贬一褒，因妮蔻背部的"鞋印"而起，双方对勾登博士的立场来了个一百八十度大转弯。

自从预审时，勾登博士在电梯里发疯见诸报端之后，巴登就有几分内疚。自己指点几下，让夏皮若把勾登博士问了个颜面丢尽，七窍生烟。这虽是本案的旧事，但结果却是勾登博士被控方弃置，发配去做克拉克们成功路上的白骨。因此，凯尔伯格的一问，正中下怀，巴登顺势为勾登博士正名，也有还债的意思。

此时，巴登们并不知道，凯尔伯格如此无情，其来有自。原来勾登及许多尸检所同事的见解与巴登分析相去不远。

正是这一点，与控方的结论大有出入，这才是凯尔伯格另觅 L 博士的原因。

巴登们更不知道，凯尔伯格就妮蔻背部的"脚印"，专门去问过勾登，勾登也不认为是什么脚印。勾登说，如果有擦伤痕迹，他会拍照存证的。这一说太不对凯尔伯格的胃口了。

这个情节是日后妮蔻和勾德曼两家民事诉讼中，勾登博士做证所说。若是严究，凯尔伯格应将勾登的见解告知辩方。法有明定，控罪一方，若有什么新线索，应该告诉对方。凯尔伯格把勾登的分析吃了。而辩方相反，若发现不利本方的线索，则无义务通知对方，只因辩方无举证的负担。

巴登的做证让考克兰大欢喜。大夸他是明星证人，天才病理学家。他几乎忘记，几天前，还在犹豫难决，生怕巴登不能顶住凯尔伯格的攻势。实际在若干全员会时，同事们对巴登的口若悬河都心存疑惧，生怕他生发开去，让控方抓住把柄。言多必失也是庭审的戒律。

夏皮若也觉得大有面子。人是他聘的，证是他传的。回到办公室，满座佳评，让他喜难自胜。

该传证能如此丝丝入扣，真正的功劳是沙克、纽费尔德和布莱希尔。他们三人通宵临阵磨枪，功不可没。没有他们的路线图，夏皮若一向不备笔记提纲，很难把事情做得如此漂亮。夏皮若还不知道，因他一再反对巴登或沃尔夫做证，考克兰早已下了高令：他再不合作，就换人。

（五十八）道格拉斯的嘴咧到耳根

忽忽一周，法庭精彩不断，双方内部却乱作一团。考克兰这边，伊藤授权只准他和道格拉斯接触佛曼录音。道格拉斯回到办公室，七盘录音带，四盘微型磁带，加上文字记录，一张嘴咧到耳根。文员们夹道欢迎，整个律师楼，夏日炎炎，阳光灿烂。这已是第二次如此欢呼雀跃了。上次是考克兰接到辛普森的邀请，正式介入世纪大案。

这份录音，只有考克兰和贝雷听过，还只是一部分。因此，录音虽然在手，却仍是神秘无比。无人能预见核弹爆炸那一刻。那种心痒难熬，不仅是办公室里的人，不仅是考克兰团队，就是全世界，任何追踪此案的人，都在其列。

开始，道格拉斯只交给一个打字员，为了控制范围。很快发现，这样做一个月都无希望。于是又添人手，一个，两个，乃至三个，四个。二十四小时轮换，仍是蜗步难达。更难的是处在录音中的嘈杂、背景声、人声、车声，反复放几遍，都不得要领，让道格拉斯这个大总管，坐困愁城。

卡达辛得知，建议做声音处理，过滤杂音。他毕竟是音乐商出身，对此不生疏，有涉猎。他推荐辛普森的邻居，好莱坞作家史勒鼎助。

这位史勒先生，也正是为辛普森操刀写书筹款的那一位。

史勒先生不仅多才多艺，除去文笔精彩，还是好莱坞的编剧兼导演，没有这个身份，如何能住进罗金汉那一带？

卡达辛强力推荐，道格拉斯仍有疑虑，这可靠吗？卡达辛力保无碍。

这个史勒先生在本案结束后，还抓到一张大饼，那位丹佛作家的梦，在他手中实现。他因和考克兰团队有这几层交往，获得信任，也获得回报，写了一本辩方内部故事的书，这是继考克兰、夏皮若回忆录之后的另一本书，享尽近水楼台之福。在控方那边，则有克拉克、达顿和勾德伯格出了书，仅克拉克就获得六百万的稿酬，这是后话。

史勒召集了《星球大战》录音团队的精英，使用最先进的录音棚，挑灯夜战，每天自晚7点起至次日太阳升起，连战两夜，终于得到上乘的录音，道格拉斯的工作也随之顺利，赶在星期一开庭前，拿出一个辩方的版本。

控方这边，那个乱字却有几分悲哀了，很有点临终告别的意思。移交录音，伊藤限制人数，但录音到了克拉克的手里，却是优待，没有任何限制，不管不问。如果有一日，有人说控方泄露了录音，鬼才会相信，他们没有傻到自曝其短。

克拉克得到消息是国庆节刚过。届时，她正在大战EDTA，交手尚在激烈之时。虽然豪格曼不管坏消息好消息，总是自我宽慰一番，但那几日克拉克一想到此事，就做了鸵鸟，希望天下本无事，庸人自扰之。

可是风声渐紧，达顿坐不住了，以为录音就在洛杉矶。及至发出传票，考克兰与贝雷已经后脚追前脚，去了北卡，眼睁睁看着优势落入考克兰手中。

辩方的申请被北卡法官打了回票。控方上下松了一口气，自认得道多助，不旋踵，坏消息传来，贝雷凯旋了。从此而后，再无好日子过。

此时，克拉克唯一能掌握的就是麦金尼在北卡法庭的证词：她和佛曼交往已逾十年。录音中确有Ｎ词。她和佛曼的公事是为了电影剧本。何来如此之巧？贝雷问了十年，就真的有十年的录音，而且Ｎ词确凿无疑，真在其中。克拉克唯一的希望落在电影剧本上，尽管希望如此微茫。

（五十九）克拉克桌上的佛曼录音

控方的人数自然压倒辩方。可是，同样因为录音的背景声，不胜困扰。记录出自不同文员之手，错误百出，混乱难解。对话之间，无头无尾。费尽猜想，常常无法顺读。

记录送到克拉克的桌上，它像只小猫，惊惧不安，缩在硕大的皮椅中间，准备受刑。

"这些黑鬼，跑起来像兔子。"克拉克终于也确凿无疑，Ｎ词出现了。

"这些黑鬼，开着保时捷，可是看起来并没有穿三百美元的西服，你就截停他。"这还不是种族主义警察？

看不过几页，达顿过来了，斜靠在门边，怒色十足。他拿到记录后，也是一头钻入自己的天地。达顿没有克拉克的自由，可在办公室里吞云吐雾。

不过他也没闲着，烈酒一杯在手，边抿边读，粗粗算来，N 词有三打之多。

达顿潦潦草草，极不耐烦，翻到最后一页。这一页居然是 1994 年 7 月的。那时妮寇已被谋杀。佛曼向麦金尼提到，《纽约客》那篇文章揭露他谋求残退的尝试。在心理评估中，佛曼承认有种族仇恨倾向。他嘱咐麦金尼，且将剧本一事保密，留待辛案结束，他准备诉夏皮若诽谤。

这些都在达顿眼前，竟是如此真实，触手可及，怎么看都不是扮演什么虚拟人物。

达顿起身离座，直奔克拉克办公室。

"分尾？"克拉克不懂这个词，达顿也是闻所未闻。经他人指点，他们事后方才得知，这是佛曼的脏话，形容女性性器官。

达顿答非所问："×他娘的，把整个案子给砸了。"

然后，头也不回，把克拉克扔在一边。真个是来如暴雨，去如狂风。

克拉克无心再看，达顿的话点到死穴。她盲目地翻了几页，算是终读，然后将头一埋，大哭起来！

（六十）佛曼录音的所有人现身检察院

录音到庭的次日，麦金尼出现在十八楼会议室。她身后是子鸡律师，再后面是她的丈夫。一行人迤逦入内。

早起，一路上，克拉克在恨佛曼，恨他隐瞒实情。现在，麦金尼到来，正是她怒气之高峰。在克拉克眼里，麦金尼和佛曼是一丘之貉。录音记录中，二人决定，延至辛案审判后，再将剧本出售。两人连佛曼应得的份额都已敲定。麦金尼显然更贪，想吃独食，将录音而非剧本拿出去兜售。克拉克怒气盈宇，一切都是他人的错。她似乎忘记，闺中密友蔻曼是如何警告她的。

乍一看，麦金尼身材娇小，年过四十，却仍是长发飘拂。她满脸雀斑，毫无粉饰，服装奇异，松松垮垮，犹如麦克·杰克森台下的粉丝，只是老了一点。总之，很难想象，她是教电影剧本的教授。这是克拉克的第一观感。也许是意在相生。克拉克对这个麦金尼绝对无好感。

克拉克不客气，告诉麦金尼，这个谈话将全程录音。此乃常规，并非有意为难。麦金尼吃了一惊，退了两步，望着她的律师。几个人退出门外，商量一番。克拉克对着豪格曼做个鬼脸。对麦金尼的惊慌，有几分快意。

她们再进来，变得很恭顺，不似刚进来那样自信坦然。克拉克的快意又增加几分。

麦金尼回顾了与佛曼的初识。整个调查由豪格曼主持，克拉克和达顿一言不发。

1985年，麦金尼在威斯伍德的一家餐馆的桌上，摆弄自己的手提电脑，佛曼上来搭讪，举止介于小心翼翼与鬼鬼祟祟之间。他问了几个电脑的问题。那个年月，手提电脑，还是稀罕物，即使到了1994年，在考克兰团队里，也只有少数人如布莱希尔装备了这个玩意儿。

佛曼身着便服，并未当班，听起来很像出来猎艳。两下一谈，麦金尼得知佛曼是警察。她正好在写警察的剧本，这是永远叫座的主题，两人一拍就合。

不费多少切磋，立即成交，而且方向也告确定。真有些与众不同：男人反对女人，男警察反对女警察。这正是佛曼在警队中小团体的字号。于是，麦金尼开始了采访，录音记录素材。这个采访竟长达十年。而剧本在何方，麦金尼从未提及。克拉克只是确知，剧本卖过，无人问津。

麦金尼回顾时，不动声色，冷静如冰，仿佛在叙述一个与己无关的他人故事，真不愧是剧作家。克拉克想起录音中，那些背景描述。佛曼在夸耀，麦金尼在哈哈，佛曼在咒骂，麦金尼在吃吃，既无愤慨，亦无羞耻。对种族仇恨，性别歧视，看不出任何反感。

"你真相信那是他的经历？或者只是他在虚拟一个人物角色？"

在北卡法庭上，麦金尼坚称这纯属戏剧虚拟，克拉克自然希望她重述一遍。但是此刻，麦金尼却改了口："他好像是在说自己。"

克拉克的最后一根稻草，也随风而去。麦金尼此一时，彼一时。在佛曼炫耀警察暴力时，麦金尼甚至不去核实叙述之真伪。

"我只是在创作，真伪与我无关。我只是个写家。"

"听到这些N词，你干了什么？"

"什么都没干。"

"那你有任何感受？"

"没有，我只是在听，如果对佛曼提异议，将摧毁这个剧本。"

"没有？"达顿也打破沉默，"当你听到他用N词，你全无想法？"

麦金尼仍是那句话："没有。"会面随之不欢而散。

（六十一）佛曼录音文字稿到达辩方手中

8月14日，星期一，卡达辛、考克兰联袂走向法庭，头仰得高高的，神气十足。记者们有如一群饿鬼，蜂拥而上，盯住他们手中的文件夹，个个作势欲扑，大有动手就抢的意思。这个周末太难熬了。广场上空气紧张至极，一点就能炸。

"强尼，"有人大喊，"佛曼录音意味什么？它能让你的当事人无罪释放吗？"

话音刚落,长枪短炮将二人围住逼住。

考克兰还好,尚能收束心情,不致忘形:"不,是所有的证据都指向我们的委托人无罪。"

卡达辛和考克兰走进囚笼。辛普森在那里如坐针毡,一脸委屈,一脸无奈,仿佛全世界都对不起他。整个周末,他被遗忘在监牢里。辛普森迫不及待,将文字记录抓过去,埋头就读,脸上的色彩也随之丰富起来,一会儿惊,一会儿怒,一会儿喜。

法庭上,布莱希尔交代了传证里德斯的剩余事项。伊藤则将星期日晚上勘查邦迪现场一事,做了个法庭记录,其目的是决定陪审团夜访邦迪现场是否妥当。

记录完毕,伊藤问道:"好了,还有任何事情?"

克拉克接下话茬:"有,我们应该去一趟边厢。"

伊藤明显吃惊了:"是什么话题?"

"是录音问题。"口气很坚硬。

"我们不会讨论录音的内容吧?"

"不会。"

"那有什么不能在庭上讨论的?"

"是的,的确有一些事,不能在庭上公开讨论。"

"那是为什么?"

"我真的……我认为只能在边厢说。"

众人进入边厢,克拉克开口了:"我不知道,我们是否愿意封存这一部分。"

这就是美式表达,明明已经在讨论,却要客气:不知是否愿意。

"这一部分在这个法庭处理此事时,将一定造成利益冲突,这是为什么我要求边厢。这段录音记录不太长,为了节省阁下的时间,利益冲突确实在那里。"

伊藤万万没想到,佛曼录音会扯上自己,听起来匪夷所思。他连忙说:"到我办公室去,到我签押房去。"

有话不好谈,去边厢,问题严重,需要深谈,则升一级,去法官的签押房。看来,伊藤已知此事严重。

考克兰也立即附和:"去签押房最好。"克拉克本来就是这个意思。众人无话。

"我们现在在签押房。玛莎,是什么,说吧。"

"是这样,到目前,我们在记录上看到。1985年,我想还有1987年,佛曼讨论了二级警监约克。"

"他们在洛西分局有冲突。他对约克做了恶评。我不得不告诉你,这是一本书(剧本),关于男人反对女人,他贬低妇女,贯穿整个录音。"

克拉克一直把性别歧视当作大事,考克兰不愿意了:"给我一分钟,基本正确,但是他也不喜欢黑人和西班牙人。"

"还有女人或者犹太人。"克拉克本人兼有二者,女性加犹太人。现在克拉克也在佛曼仇恨之列,是受害人了。

"这将密封保存?"

"不,我不得不告诉你,不!"伊藤眉头锁起,大义凛然。

"动议,以上讨论从法庭记录里清除。"

"NO!"伊藤直起腰杆儿,简直就是义无反顾,我不入地狱谁入?"我想这必须公开,因为任何法庭的利益冲突,必须公开。你们私下提及此事,我感激你们的厚意,但是公开讨论,并载入记录,我没有任何困难。"

（六十二）克拉克醒来，又是一个女强人

那日，克拉克大哭一场，入夜却是一宿深眠。早上醒来，又是一个女强人。等她再拿起更新版的录音记录，不能不感激柴瑞的努力。柴瑞将录音内容归类，使纷乱归于条理清晰。N 词一组，警察恶行一组，"其他"一组。

克拉克读到"其他"中的一段。佛曼形容自己的女上司：白金色的头发，染过，寸头。这个女人四十啷当，溜肩上总是挂着吊裤带，本行中唯一仅有的有袋类指挥官。她的肚囊之大，可以塞进两只猫。皮带以下好像藏了一个足球，但她并没有怀孕。她也从来不出外勤，靠告状拿到这份工作。

这是当年的二级，现在的三级警监约克，伊藤法官的老婆，百分之百。再读下去，更加确定无疑。

西洛分局的日历上，在马丁·路德·金纪念日栏中，有人留下 3K。佛曼被约克召入办公室，两人大吵一架。这个故事是分局的著名段子，流传甚广，虽然细节有不同。有人说，佛曼是哆唆着出来的。有人说，佛曼是得意离去的。录音中，当然是后一版本，出自佛曼亲口。

这个故事，克拉克并不陌生。昔日闺中密友，同院检察官蔻曼早已通报，克拉克却脏话出口，把人骂跑。

另一冲突：佛曼拒绝服从约克的指挥："我不和任何人，任何不是警察的人过话。你不仅不像警察，你也不像女人。"佛曼这张嘴着实厉害。胆子也足够大，大到可以包天。

这仍是伊藤的老婆，还有怀疑吗？

两次冲突，佛曼都是全身而退。若不是他自己炫耀，警察局的记录里绝对没有。

1994 年 10 月，蔻曼通报以后，克拉克虽然嘴硬，但对传闻还是在意的。

她约见了约克,随行而来的是其律师,也是克拉克旧日同僚。约克留给克拉克的印象不坏,聪明、品位上等,约克留下一份证词,经过签字画押的。约克自道,对佛曼印象不深,也不记得曾经惩戒过他。总之是轻描淡写,当然合克拉克的意。

可是,录音中,佛曼的叙述,场面之火爆,也是人生难得,岂能全然忘记?那么以前不曾对丈夫提及,尚可接受。在检察院留证之后,伊藤依然一无所知?对如此关键的证人,就在老公的法庭之上。他们的枕头也太公私分明了。

面对这个局面,克拉克宁可自欺欺人,相信佛曼是吹牛,非此无法圆说。因此,对伊藤确有厚意,绝非做作。

考克兰则老实不客气,他忧心忡忡:"佛曼说约克是靠拍马屁爬上去的。他自夸对约克说,你是笑话,我不听。这是极其敏感的问题。我不想深谈,这将涉及诚信。因为你知道,她已声明。这个家伙,除非他是百分之百的撒谎,他和约克警监的冲突,是那种,你很难忘记的。他是一个邪恶,邪恶到对任何人都无敬意。我对你全无敬意,你不是什么法官,你不会忘记我。这家伙极其绘声绘色。在记录第九条,专门叙述了约克警官。这是极其基本的问题,尊敬的法官,这关乎诚信。"

考克兰长篇大论,沙克继而提出,佛曼还说警察的工作就是撒谎。克拉克跳起来:你撒谎。沙克是在总结佛曼的意思。在录音记录中,有不少例子。此说不算错,但佛曼并没有如此明确说过。克拉克也有根据。两人自说自话,争执起来。

此刻,伊藤可没耐心听这种辩论。

"我们也许正在讨论流审,这是双重麻烦。因为他贬低我的妻子,又诽谤内部调查。而我妻子正是内调处主管。此事形成双倍背运(赌博成语)。这明显是个问题，我们必须先讨论此事。佛曼可能必须做证。"

考克兰惊起："我们不要流审！"

克拉克则并不明说，只是说道，控方可能会传约克出庭。其潜台词谁都明白。传约克就是轰伊藤下台。伊藤下台，也许有法律规章补救：另派一个法官。实际并无可能。这就是曲线流审，既达目的，也不必担责。

伊藤签押房中立刻空气膨胀，就差划着一根火柴了。

"你知道怎么绕过去，玛莎？"伊藤脸上布满惊惧。

克拉克好像不得要领，考克兰抢入："阁下，你已经告诉他们怎么办案了。"考克兰明白，伊藤教他们放弃佛曼，将其证词撤回。这样佛曼不必再做证，佛曼的录音也就到此为止。

克拉克即使真不明白，经考克兰一点，也该明白了。撤佛曼证词？那还不如自承失败。撤案，放辛普森回家。

"我看不出另一个法官能卷进来。对这件事下一个裁决。"伊藤也是不知所措，颇有伸头待斩的意思。看来流审在所难免。

"如果控方宣布流审，我们坚决反对。"考克兰大呼。

"我也不希望流审，我只希望有个干净的记录。"克拉克表态，其实在技术上，控方并无这项权力。

"如果你希望有个干净的记录，你就不该让佛曼开口。"考克兰也是气血攻心。

（六十三）贝雷悲哀地发现没有自己那一份

边厢没有任何结论。伊藤率众出来，一切回归正常。布莱希尔继续传证

EDTA。

布莱希尔只是在唱独角戏，辩方律师无一人在意，人人沉溺在佛曼录音记录中。

辩方一共打出四份文字记录，辛普森一份，考克兰一份，道格拉斯一份，还有一份给了尤曼。记录稿刚完成时，道格拉斯亲自递送，给了尤曼一份。贝雷和尤曼住在同一个酒店，贝雷发现没有自己那一份时，就截住道格拉斯："为什么没有我的？"

贝雷哪里知道，即使他出了大力，他仍是防范对象。贝雷与夏皮若互控对方给媒体喂料，已是恶名在外。考克兰不想让媒体与闻。因此，道格拉斯回答："这是军令！"

贝雷愤怒，转圈，然后拂袖而去。一段小小插曲。

现在记录已在内部公开，辩方席上好不热闹。人人围观，传阅议论。这无异于在法庭上摆起了自由市场。

辛普森不仅在阅，而且在读。旁观席上的记者也紧张非常，看着辛普森的面部表情，飞快地记着观感，也有记者试图读他的唇语。里德斯则被完全遗忘。

（六十四）佛曼录音究竟说了什么

佛曼在录音中究竟说了什么？

佛曼与麦金尼初识于 1985 年 2 月。届时，佛曼正在为一个警察教育项目做助理，而麦金尼在写小说剧本。

录音自 1985 年 4 月 2 日开始。1985 年六次，1986 年两次。1987 年、

1988 年各一次。然后是 1993 年 6 月一次，1994 年 7 月 28 日一次。最后这次是佛曼在辛普森案预审做证之后。

第一盘和第九盘录音带被麦金尼重复录音洗去。因此，只有文字记录，没有物理记录。而第九盘，麦金尼未做文字记录。因此文字与声音之间，有无法关联印证的部分。

其中有一些话，对辩证是虚拟还是实例很重要。麦金尼在她录音的第一部分明确告知："我们需要知道你的日常细节，你的每日事件的前前后后，我们将用你做这个项目的例子。"

录音的第四盘，也有文字记录。麦金尼在录音中说："整个采访，警官佛曼贡献了他个人的经历。他使用了'我'做了这个，'我'做了那个。他频繁提到同事，用的是真名。"

黑鬼，即 N 词，出现了多少次，共有四个版本：四十次，四十一次，四十二次，而辩方的版本是六十一次。虽然差距极大，但现在争论多少，已是极为愚蠢的。因此，双方在数字上并没有交锋。

下面是部分记录：

1. 我们有女人……和傻 × 黑鬼，还有那些西班牙人，连自己的名字都不会写（指同事警官）。

2. 我正和那个黑鬼摔跤，他自后搂住我，而且触到我的枪，这一切都到头了。

3. 她很害怕，那是一个高大的黑鬼。她怕极了（指女警官）。

4. 他是黑鬼，他不属于这里。两个问题。你问他，你住哪儿？22 号，西边。你去哪儿？我去法特伯格，法特伯格在哪儿？他不知道，进车（抓起来了）！

5. 黑克曼队长，是个鸟头。他应该被毙了。他这样做只为一件事，他想做分局长，他想入市议会，他想做洛警局局长。而且洛杉矶政府里的黑鬼，应该把他们沿墙排好，然后都×他娘的毙了。

6. 我们把钱送到埃塞俄比亚，为了什么？去喂那些傻×黑鬼。

7—8. 人们不希望城里有黑鬼，也不希望有西班牙人。除去好人，他们不要任何人……任何能驱逐这些人的手段都欢迎。我长大的地方没有黑鬼。

9. 我刚进来工作时，我的教官又高又壮，而且知识渊博，一些黑鬼挡道，他们会将其抡起然后锁喉……

10. 我们不得不禁止锁喉，因为一群黑鬼，住在洛南，说这很坏。

11. 你知道，警察常用"八八"这个词，这是理喻，因为黑鬼互称"八八"。

12. 佛曼：黑鬼，我截住他们，看看是谁？麦金尼：你没有任何理由，你只想和他们谈？佛曼：理由？你就是上帝。

13. 我的意思那只是你的感觉。你已经有了二百个黑鬼，正在企图接管你的监狱。

14. 那是黑鬼生活的地方。

15. （谈及拘捕）让你做什么，你就做什么。黑鬼。

16. 你出去，碰上手执匕首的黑鬼，你只是防御？牛粪！

17. 我去工作，同时练飞腿。黑鬼们，对付你们，容易。

18. （谈及为什么没有女式美国足球）她们能和六英尺的黑鬼过手？

19—20. 我们停止锁喉……因为有黑鬼被锁喉，死了。十年死了十二个。

21—24. 去威尔舍尔分局看看，分局里都是黑鬼。全部是黑鬼。黑鬼教官黑鬼警官，在那里工作了三年。

25. （形容搭档）他的学校都是黑鬼。任何时候有黑鬼看他一眼，他就扑上去……

26. 韦斯特伍德沦陷了，因为黑鬼发现了它。他们（白人）开始移居瑞当都（这也是佛曼遇见凯瑟琳的地方）……

27.（谈及女警官）她们不肯出去和六英尺五寸的黑鬼交手。这些黑鬼在监狱催膘养了七年。

28.对麦金尼的助手：噢，你杀过多少人，亲爱的？助手：给我机会，我会。佛曼：听起来像黑鬼喷粪。

29.有一个摇滚黑鬼组合，他们去体育精品商店偷了乌兹枪。

30.那边有一堆黑鬼……他们脸上当即挨了一顿老拳。

31.那些黑鬼，跑得比兔子还快。有些警察就坐在那里看。

32.（谈及女警察）如果我刚被两个黑鬼强奸，一个妇女指望女警察出现？

33.（对警察内查的评论）现在，够逗的，内部调查处的人说，马克，你可以为所欲为，到酒吧打一架。我们愿意为好孩子打黑鬼做调查。

34.（形容对工作的厌倦）你去博克伊纳，你碰到骑自行车的和黑鬼。

35.黑鬼开着保时捷，看起来没穿三百美元的西服。你总是截停他。

36.当你暴打黑鬼时，你哪有工夫细想，他该不该挨揍。

37.有毒瘾的并非都在黑鬼和西班牙人中。

38.留下那个派出所，爷们，那里弥漫着黑鬼的恶臭，都是这些年被杀死在这里的。

（六十五）录音中的警察恶行更让人瞠目

与"黑鬼"一词相比，录音中的警察恶行，就更让人瞠目。这些恶行包括暴力致死，刑讯逼供，栽赃陷害。

1.问：如果有人骂你×娘，你如何反应。答：有目击者，还是没有？问：如果有目击证人，比如你在演出时，告诉观众排队出场，遇到有人不满，有人骂×娘。答：进拘留所……立刻把他扔到地上。我不会使用任何随身的刑器。

2. 好，我相信他没付（交通罚款）好，就因为他的态度，他可能有不少罚单。他得去派出所，理由是他没有任何证件。因为他把驾驶执照给了我，我就×他娘的撕了。

问：你以前干过？答：……（点点头）

3. 如果你发现针眼看起来是三天以前的（指毒犯），撕去疤，挤压它，看起来像血清渗出，几小时以前的。这很难识破。这不算假证，这是送毒犯去看守所。

4. 如果一个执法人出来只是摆样子，去发现某人杀人或抢劫，这个国家成什么样子。先叫停他，然后交谈。去确定他们手上有枪……我认为应该从背后射击。这就是你必须雇的人。他们能从背后开枪。他们有能力认出坏人。

所谓向后背开枪，是法律禁止的。因为嫌疑人在逃跑，并没有威胁警察的生命。只有警察的生命遇到威胁，才允许动枪。不允许从身后开枪，是警察和军人的区别，也是治安与战争的区别，更是野蛮社会与文明社会的区别。

5. 我不愿意让他们认为我是软蛋。所以，有时我被刺激干不得不干的事，尤其是当人们想伤我。我喜欢这样干（杀死）。这很好，我完成了某件事。多数戾包是不敢的。这是控制，是权力，只有某种人才能拥有。你不是想开枪伤害他们？不，我们是开枪杀了他们。现在局里说，我们开枪只能为了制止犯罪，而非杀害。那是马粪。唯一能制止某人的方法是杀了那个狗儿子。有什么了不起，你有权力开枪，就有权力杀了他们。

6. 有一个家伙在转，正是他杀了两个警察……如果我逮捕他，我会杀了他，如果我看到周围无人，我会杀死他。

问：那你怎么摆脱干系？

答：如果仅有我们两个人，死人不会开口。

问：如果你有搭档，他目睹了此事？

答：无法干，你必须有个好搭档，像兄弟一样。

7. 问：你凭什么逮捕他？

答：什么都不凭，就是把他带到派出所，验指纹，然后交给探员，比较指纹，也许抓到了一个嫌犯。

问：所以，你认为你被允许抓任何人，只因他不是当地人？

答：我不知道，不知道最高法院或高等法院是怎么说的。我不会拉裤子。如果我被追问，为什么干这个，我会说，怀疑他抢劫。我能精巧地为逮捕配制一个合理的理由。

8. 看，如果你按警校教的做，你永远他×的干不成一件事。你把两个嫌犯分开，你说，你从哪里来，他叫什么名字？他如果不回答（公民有沉默权，警察必须事先告知），你就给他肚子一警棍：孩子，听着。你最好听我的，否则我把你摔到地上……那些调查技巧没什么用。

9. 我有六十六个警察暴力投诉，在着装警服下，攻击和拷打，在着装警服下，虐待。所有的事（都如此）。两个同事中埋伏，被枪击……我是第一个到现场的。四个嫌犯蹿入政府廉租楼二层的一个单元。我们踢开门，抓住一个姑娘，用枪抵住她的头，借她做掩护，边走边警告：这个姑娘在我们手里，如果你们持枪出来，我崩了她。就这样抓住她，然后把她扔到楼下。将门反锁，开练，儿子们。

问：我们能用这件事？

答：此事未满七年，仍在不能公开保密期。我还有其他几个案子。内查处就有四千页调查报告。

不管怎么说，我们基本上是拷打虐待了他们。每人都有很多碎骨，他们脸上也血肉模糊。他们（内查处）有墙壁照片。血一路飞溅，直至天花板。还有血指印向上爬，好像要爬出去。他们给我们看照片。简直无法相信，整个房间被血泊淹没。墙、家具、地板，到处都是。他们不得不剃头。其中一位剃得精光，缝了七十针。

我在派出所给同事演示了一遍。同事们向我欢呼，欢呼我的名字。指挥官不得不强制点名，维持秩序。这是为什么内查处开始介入调查。

调查拖十八个月。我的照片让嫌犯辨认，还有现场辨认。我被十二个人认出。我相当自豪。我是最后一个被内查处传问的。主要嫌犯总是最后一个调查。他们一无所获。我们单位有三十八个家伙。他们（嫌犯）没有得到一天的拘留惩罚。

我们暴打了这些家伙后，立刻下楼，操起楼后的花园水管，洗手。我裤子上都是血，警服是深蓝色的。光线不好，很难辨认。但是，一到明处，就好像泼了红漆。我们脸上也有血。我们必须清洗。我们相互检查，然后出去，开始指挥交通。队长们都过来了。因为两位警员中枪。"嫌犯在哪儿？""我想同事把他们带到警局，我们只是铐起他们，把他们扔到楼下。他们就是这样带到警局去的。很多人都看到了。"

他们知道是我干的。他们他×的绝对清楚是我干的。他们无能为力，但我能。我们大多数在七十七派出所工作，我们抱团。我们知道该说什么。我们根本不必通电话，打招呼。然后说：好……多数警察理解。他们抓住几个人，带入小巷，然后暴打。

这个事件，有一个嫌犯死亡。佛曼不仅无事，而且没有任何惩戒记录。

10. 像我现在的搭档，他太执着规章制度。我有时生气，说：你该×的甚至不明白。这种工作没有规章。他是大学毕业生，一个天主教徒。他的道德比头发还多。他不知道怎么对付，他不知道如何做警察。"我不能撒谎。"噢，气得你肝疼。你应该不择手段，竭尽所能，将他们送进监狱。如果你不，你就滚出这个他×的游戏。

这个搭档不肯撒谎，结果停职十天。而后，他供出了佛曼。

佛曼继续：他说，我有妻儿。我说：×你。你要么是我的搭档，要么滚出这辆车。我们生死与共，你为我而撒谎。停职六个月，只要别为我丢饭碗，定罪。你被停职六个月，因为，我也会为你做同样的事……

11. 他是那种孩子，像西班牙人那么轴。踩着滑板，做着拍手游戏。你实在无法逮捕他。所以，我和他谈话时，汤姆（稍后的搭档）把滑板放在车轮下。"好，我们走吧。"有东西跳了起来。"发生什么事了？""不必为它担心。"

好的滑板几百美元。他们欺负的对象只是孩子。

12. 佛曼：他不断地撕人家的驾照。

问：你做过，他是跟你学的？

答：不，他有自己的风格。他那样：把你的执照给我，然后撕烂：你个该×的拧头。滚，下次你再无照驾车，它就是我的了。

问：如果警察撕了你的驾照，你能做什么？

答：你偷了东西（驾照），虽然这东西不属私有财产，但那是交通局的财产。

佛曼头脑很清醒，知道驾照是政府财产。恐怕大多数人并不知道。

问：你仅仅否认，不是吗？

答：只要没有目击人，如果有一个搭档，来自某一团体。他们虽然不愿走那么远，但也不甘对上司臣服。没问题……

13. 我接到911召警。在西洛杉矶。我是第三或第四到达现场的。总是由我掌控全局。那911电话来自房子的另一边。你知道那家伙强行入户。每个人都在等。我冲进去，踹开门。那家伙从车库逃出。我把他屎都揍出来了。

他的脸上血肉模糊。然后铐住他，扬长而去。然后上法庭。知道如何做证，我是唯一的。检察官说，你是第四辆车，你做证？你看见了？我看见了，别担心……为什么我要做所有的事？我不得不做。我必须抓住他，让他在警察局里闭嘴……

14. 我们曾有一个谋杀案子，你知道是他们干的。他们不说，所以，我会选择三个或四个帮派分子，把他们带到警局。先挑一个，带到地下室，把他狗屎都揍出来，甚至不问任何问题。然后，把他带进来，让他坐好。他的脸在流血，他的脸奇肿。下一个！"好了，是谁杀了他？"这就是如何得到口供的手段。

15. 对付西语帮派（他们不讲英语），我就抽他们的头：讲英语！我是英语挂帅，这是警察的工作。

16. 你去机场，有人给你麻烦，你抽他们，在光天化日之下，你不能干。但是，你去洛南那样的市区，你用警棍，胜过用嘴。你不必试着告诉他们去这到那。你仅用警棍，他们就跑开了。他们不认为这是问题。他们知道那不是他们的地盘。

上周末，我们在那个地段，我看见他整夜在那儿，而且对警察横眉立目……我走上去："动动了！动动了，我在清街。"他说不。我就是嘣，用警棍对他脖子一捅，然后收起警棍：走！你和我尺寸一样。你想找个地方练练？你想练，那咱们就练。他们后退，但必须挨上几拳。突然地，他吓坏了。

（六十六）没有手套？拜拜！

但是，佛曼录音对辩方而言，没有最好，只有更好。对克拉克们则是没有最糟，只有更糟。

简直就是鬼使神差，贝雷在质证佛曼时，特别问过一句话："你是否相信，你是不可缺少的精英证人，如果是你发现了关键的证据？"

佛曼回答："在那时，我无法做出这种判断，我甚至不知道手套有何等重要。"

一个极聪明的探长，在凶杀现场，发现了一只手套，在另一地点，又发现了另一只，他却说不知道该手套的意义？

其实在贝雷质证前半年，佛曼已经说过了，对着麦金尼的录音机。这才是佛曼的真话：

"我是20世纪最大案子的关键证人。如果我完了，他们就得输掉这个案子，手套就是一切。没有手套？拜拜！"

这还不够，佛曼又向麦金尼夸耀："最有趣处，就如我律师所说，就你此后的生涯而言，这就是你：你是血手套佛曼。就是它，你要是不能从中拿到回报，你呕心沥血，却两手空空。别放过夏皮若，他是个×。后面的录音，他嘱咐麦金尼先保守秘密，待收拾完夏皮若再说，他夸口，要把夏皮若的游泳池夺过来。"

就算佛曼的其他录音都是虚拟杜撰，仅就这些，也足够克拉克锥心刺骨的了。因此，她的所有愤怒，所有沮丧，都写在脸上。法庭里的人不必知道录音的内容，就可断定，佛曼录音，山雨欲来！佛曼录音，在那座庙里烧起了一炷断魂香！

佛曼录音，在检方，最初是送到达顿手中。他居然放了几天，不曾听过。他知道好事不出门，只好耳不闻，心不烦。而后，稿子整理出来，他只读了几段，就放下了。这次是眼不见，心不乱。他这种心境只怕比克拉克更痛苦。他与克拉克不一样，他对佛曼一天也没相信过。对佛曼，达顿早就心中有数。

这种警察多了去了。这个佛曼不是个善茬子，但是也实在不曾预料，佛曼会闹出这么大的动静。

达顿终于放弃，没有卒读，心里不知该恨谁。自己，还是克拉克？

里德斯的传证，十分孤独无聊。辩方无人在意。可是克拉克在下面笔走如飞，动作十分愤怒。轮到她质证，竟然仍是里德斯那个殡仪馆老板的旧案。克拉克拼命追踪那片肉丝。里德斯也仍是坚称，肉丝有毒。两人对此纠缠不休。变成孩子斗嘴：就是，就不是。状况之激烈，陪审团都在交换眼色。达顿一看不对，连忙递条：消消火，静一静。克拉克不理。气全部出在里德斯身上。

也难为她了。佛曼录音，风已满楼。佛曼录音，丧钟为谁敲响？

最后，还是伊藤一句话，把局面收回："让我们审辛普森的案子。"

（六十七）伊藤：也许宣布流审

8月15日，星期二，尚未开庭，伊藤一声召唤，将在场的律师们请入"签押房"。律师们鱼贯而入：考克兰、纽费尔德、布莱希尔、克拉克、达顿。

"我请各位到此，是讨论因佛曼录音引起的问题。我希望此刻明白记录在案。本法官对佛曼录音，止于各位的陈述。本庭还不曾接触录音和文字稿。

"有一种可能，一方或另一方打算传本人的妻子就佛曼所说做证。如果此事成真，据民事法规第一百七十一款A1F，我必须自我撤销本案法官的资格。

"虽然，我对妻子与佛曼的交道一无所知，当时她是西洛分局的三级警督。（管区指挥）规则说，法官应被认为对此事知情，其意思是法官或其配偶将成为实质证人。我应被认为知情，我被要求离任，也许宣布流审。"

流审指审判因未满足必要条件，中途解散。至于是否再诉，检察院说了算。而审判完成，陪审团未达成共识决，有罪或者无罪，则称为悬判。是否再诉，也是检察院说了算。一旦判决成立，若是有罪，辩方有权上诉，一层层走，可至联邦最高法院。若是无罪，则是终审，检察院不准再次开控，所谓一罪不二审。

"另一选择，"伊藤继续，"则是向双方寻求豁免。规定如此明确，我只能让各位知晓这种可能，而且给予认真考虑。"

"我的建议是于此刻把案子转入100号办公室，要求再任命一个法官，裁决我妻子是否为实质证人。"

100号办公室是首席法官的签押房，伊藤是次席。

考克兰不安了："辛案正在进行，会发生什么？难道停止审判？"

"这是另一件你们要深思熟虑的，做一点研究，看看我们现在哪里。我倾向把你们送到100号去。如果你们希望继续前行，先将未传完的做证完成。我不认为有任何障碍。"

克拉克问道："如果我们将……"

伊藤将其截断："因为是你提出要传我妻子的。"

克拉克承认："是的，我怀着极大的愉悦会见过她，我想她将成为出色的证人。"

伊藤几乎跳了起来："不，不，你不能说这种话。"他的意思是，克拉克在套近乎。这是规则禁止的。

克拉克连忙自我缓颊："对，我很抱歉。那是可能的。我，这确实依赖最终的裁决是什么。什么能进来，什么要出去。"进来出去是指佛曼录音，"这对我们的立场有极重要的意义。我们还不知道呢。"

她留了活口，也是悬起利剑："我宁肯完成审判，如果另一个法官做出判决。"

她的意思是整个佛曼录音,就此而言,看另一个法官裁决是否合意。

何为合意?将佛曼录音枪毙!

"我们双方都应该给你豁免,这样才能继续。相信辩方也是这个态度。"

考克兰连忙摆手:"我不知道,我不知道,会给予这个豁免。"他脑中似乎一团乱麻,他本应该顺竿上,对豁免大表赞成,"我有委托人,我必须先问他。法官,我问你,如果控方坚持传约克警督,那是控方提出的。你明白?如果你不得不辞审,那是否意味流审?"

考克兰终于找对路子了:"流审是控方的目的。"

伊藤摇摇头:"我不知道。"

"我们还没有结论,我们有吗?"不知道考克兰在问谁,"我不知道这种事曾经发生过。"

夏皮若是后进来的,此时插嘴:"有,我相信另一个法官可以接管,有很多成例。"

伊藤迫不及待,近乎如饥似渴:"希望我们能发现成例。我的律獭法鹰正在寻找喔。"

律獭法鹰是指他的助理。成例对美国司法极为重要。美国立法依赖两端,议会立法和法官判案的成例。案例法,也称为普通法或共同法,那是前人蹚路,后人随之。

夏皮若:"在内华达有个联邦的案子,一个联邦法官实际已被定罪,他届时正在审案中。"

纽费尔德仰面大叹:"恰到好处!"

考克兰也近乎欢呼:"太棒了!"

很显然,那个案子没有流审,否则夏皮若不会拿出来自讨苦吃。几个人探讨一番,气氛踏实了一些。克拉克也没有特别反对,现在,仍在犹豫不决,对流审尚无评估。

夏皮若又突发奇想:"要是审判中间,法官突然死了呢?"

伊藤对此倒很清楚:"这是合法原因,造成流审,有明文规定的。"

夏皮若又问:"如果双方约定继续进行呢?"

克拉克抢答:"我确信,你总是可以这样的。"

一场小型学术研讨会,难得!结论很明白,只要双方同意,就是下刀子,案子都会审完。自然无所谓某法官的去留,毕竟任何一个案子都有创例权。

(六十八)克拉克就法官妻子做证开出条件

考克兰提出休息片刻,以备与委托人交流,向后排律师征求顾问。克拉克也是同一个意思,事发突然,谁能立刻拿出方策?

十五分钟后,双方再次回到签押房,这次多了三个人,道格拉斯、沙克、豪格曼。这下,双方已是战将如云了。

克拉克的态度明朗了:"约克警督是否为实质证人,实在不是任何人能决定的,除非录音准入的内容和方式确定。"内容方式是鸡,实质证人是蛋。先有鸡,后有蛋!克拉克为千古名题,下了注解。

先谈内容,后谈约克。这正好与伊藤的意思相反:先谈约克,先决定伊藤的去留,再决定内容之准入。这也是他为什么建议将律师们送入100号签押房,先决定约克是否相关,是否实质。

"你的意思是,它(约克的证人身份)不能与更大范围的问题分割?"

"我认为不能!"

这是拿约克绑架佛曼录音。佛曼录音处理满意了,约克自然不是实质证人。不是实质证人，伊藤也不必回避。不满意呢，不仅约克是实质证人，伊藤也必须走人，自然就是流审。

考克兰当然不愿意，大大地不愿意："首先，我们的立场是要在法庭上公开辩论。"这意味着大家都出去，大庭广众之下，明火执仗，"但是，让我给你一个明确态度。我们将往哪里去？我们哪里都不去。我们不想离开此庭。哪都不去，是因为我们是举证方，就录音而言，我们将为它而战，将它带入本庭。我们已经与麦金尼谈过。"

"这个录音不涉及任何角色模拟。这是真凭实据。这个人说的就是他自己。那将被传证！"

考克兰的话与克拉克针尖对麦芒。她始终声称佛曼或是吹牛，或是角色模拟。

"涉及你夫人的部分非常非常小。我们建议，因为我们不要流审，我们不会提出。我们建议将录音中涉及你夫人的部分删掉。那与此案无关。记得昨天我们谈过此事，谈了三个方面：（1）种族敌意。（2）构陷无辜之嗜好。（3）他的诚信，撒谎伪证。我告诉你这家伙已经做了伪证。检察院可以为所欲为。但这是本案的关键。他们的明星证人在宣誓下，伪证谎言被抓住。录音已经用他的声音证明了。这与约克无关联。任何人想传她是荒谬乖戾的。

"如果他们想确证，我来帮他们。这些警察在豪伦拜克，几乎将他们打死。佛曼有66宗暴力投诉，那已被调查了。所有被他截停的，我们认识这些人。我们认识他提及的人物，他提到汤姆·白崔阿诺。他说得栩栩如生，关于黑克曼分局长，还有那些人，一遍一遍的。分局长傅维克，大队长佛兰亭……

"这些都是真实的人，都是曾经发生的事。这是他的观感，阴森可怖，冷酷惊人。他们控方必须面对，他不喜欢妇女。约克警督正好落入这个范围。这不是我们要谈的。正如你昨天所说，让我们审辛普森的案子。我们要在公开法庭，我们哪都不去。"

克拉克反驳："好，尊敬的阁下，你看到争论如何形成。他们想封杀我们驳质的做证。他们知道约克警督是出色的驳质证人。他们想告诉我们什么证人可以传。我需要他们告诉我，我该得一只猪，还是一片猪肉。谢谢，我知道如何控我的案子。"

所谓驳质，是辩方完成自己的反证，传完自己的证人以后，控方针对辩方的反证，再反驳。在此之后，是辩方的质驳，反驳控方的反驳，以资平衡。这后面两阶段，只能有的放矢。对方说一，你只能驳一，不能再出新证。举证反证在各自的案子中，已经结束。理论规则如此。其实在最后，控方还是引入了新证。

伊藤提醒克拉克："你现在需要回去，评估我1月的裁决。在那里，我对凯瑟琳事件要素的陈述。那是种族敌意，异族婚姻和构陷的意愿。这三件事已经批准入证。所以，我不知道录音上有什么。我不知道你们在谈什么。"

伊藤1月的裁决，已是开弓没有回头箭。如果佛曼录音中有这些内容，克拉克无法阻挡。这是规则。

"而现在，我们无法一致。我们只好出去，在庭上公开辩论。明文记录，在辛普森面前。我想唯一替代，是把你们送出去听证。"

他的意思是送律师们去100号。

克拉克意犹未尽："律师们说，他们永远不会传约克警督。那是当然，他们不会传一个敌意证人。"

考克兰回击："我能插一句吗？约克警督不是敌意证人。"表明辩方从不认为她有什么敌意，只有佛曼才视她为敌。

克拉克再争辩："唯一证明他是否有种族敌意，是他确否用手套栽赃。证据证明不可能。他从来没有接触另一只手套的机会。我们在这里寻找谁是凶手，不是探讨佛曼是不是种族主义分子。"

克拉克口中不停地为佛曼辩护，考克兰不耐烦："我们能往下进行吗？别在这里浪费时间。任何人我们需要说服的，是十二个人。这十二个人就在那边，让我说完。在录音中，他说的正与克拉克所说的相反。在1994年7月28日，马克·佛曼说，我是世纪大审的关键证人。如果我垮了，案子也得完蛋。他还说，拜拜。"

沙克不失时机，插入一句，直指要害："我们认为这是精心设计，制造流审。"

克拉克反唇相讥："我不认为沙克应该开口。"

她的意思是，伊藤早就定下规矩，一次一个律师。此刻既然考克兰正在开口，沙克就算违规插入。

沙克不服，一肚子怨气："你知道，尊敬的阁下，那一天，你已经听到了。她当你面反对录音，她告诉我'闭嘴'。我指出她应该停止，她骂我没脑子。我对她客气文明，她应该停止。"

沙克倒是有那个优点。虽然词锋犀利，但从不说冒犯别人尊严的话，是个很文明的家伙。在辛普森的辩护圈中，他可以和尤曼院长比肩。

众人随之被伊藤请到外面，又演了一遍。不过个人意气的攻击再未出现。他们毕竟知道内外有别。

（六十九）考克兰的反对

下午1点50分，法庭重开，但是陪审团已回宾馆。此刻他们应已用完午餐，伊藤先处理一件小事。昨天，佛曼的律师向伊藤提出，要录音拷贝，但麦金尼的律师不肯给。经伊藤协调，允许佛曼去他们的办公室，或听或阅，自行安排，然后再转入正题：辞审。

考克兰开口反对，理由十分别致："他诽谤贬低并非你夫人一个，他诽谤所有的人，光 N 词就有三十多处（最后版本未出来），撒谎掩盖殴打有 17 处。如果转交给另一个法官，耗时费力，因此，我们哪都不去，就在这里。"考克兰口若悬河，不断重复 30 和 17 这两个数字，把克拉克听得柳眉倒竖。

"今天早上，我告诉你，他诽谤所有的人。他的 N 词用来形容嫌犯、普通市民、市议会议员。我们不可能把整个郡都送出去。我念一段给你听听。"

克拉克怒不可遏，考克兰在抢跑："阁下，反对，反对。他将讨论录音内容，此时此刻极为不当。"

伊藤不接受考克兰的"好意"："问题是，我妻子明显被指名道姓，提及警衔，还有相关任务，都涉及这个人。"

考克兰不退让，项庄舞剑，意在克拉克："我们认为将你夫人引入是恶意，是红鲱鱼（俚语，扯淡）。"

轮到克拉克："我们也做了深入研究。他提到红鲱鱼，那是真的不幸。它完全搅乱了审判。有一件涉及种族的事件就与约克有关，就是 3K 事件，它将使驳质绝对必要，我们被迫用之对抗他们（辩方）引入录音……"

这样，三方态度明明白白。

考克兰："约克与本案无关。录音要进，不需要伊藤辞审。"

克拉克："有录音，就传约克。录音不进，约克自然无事。"

伊藤："佛曼已经指名道姓，当然不能回避。是否有关，请另找一位法官裁决。"

考克兰还要争辩，被伊藤止住："我已经听够了。在司法行为规范下，也在文明程序规定下，本庭正处在一个明定的条款下。把这个争论送到另一个法庭，我并不愿意，原因有二：一是让另一个法官做决定，对我而言，绝对痛苦。二是此决定之困难，也许是可列入本案之前三名。"云云。

"我深爱我的妻子，极其的。"伊藤脸色突然一阴，泪水盈眶，让目击者为之一震，"对她的批评，让我深受创伤，就像任何夫妻感受一样。我想这是合理推断，对我有某种影响……我认为有义务辞审。原因有二：一方面，通过录音涉及弹劾佛曼，有人会怀疑本庭为了报复佛曼扩大范围。另一方面，本庭为了证明无私，将弹劾范围缩小。"

因此，左右不是。伊藤决定将约克是否为实质证人，是否与本案有关，是否关乎佛曼的恶名或清誉，一并交给100号，请他们另择法官裁决。

"我怀疑接管法官会送我圣诞节贺卡。"

（七十）换掉伊藤，谁能进来？

克拉克回到十八层，发现气氛迥异，就像高压锅坐在火上，减压阀在咻咻放气。原来，克拉克在下面折冲，上面已经做了民意测验。结果一致：让伊藤彻底辞审。有人好事，已经草就了一封信，要求伊藤走人。

人们给了克拉克理由，即使伊藤把录音准入交给另一个法官，但执行裁决仍是伊藤，那么利益冲突仍然存在，等于两个法官同时在审。与其如此，不如一了百了，换一个法官就是了。

克拉克脑中一片纷乱，实在是措手不及。这些人甚至都没有征求自己的意见，换掉伊藤，谁能进来？这个审判已经进行七个月之多，新法官仅读法庭记录动议证据，要花掉多少时间？陪审团能等吗？又怎么等？继续隔绝，还是回家？继续隔绝，能不造反？回家就会知道所有不该听闻的事情。这是克拉克回忆录列出的理由。冠冕堂皇，这是全部吗？她那本书怎么办？事后人们才知道，事后人们才读到。如果案子流审，还有书吗？难道书商会签傻合同？案子流审，也照出？六百万啊！

把案子搅黄，并不那么好看。辛普森案总要有个结果。功成名败，总是有个结局。此案全程直播，从此而后不会再有。但是案子既称世纪大案，当事人不管流芳，还是遗耻，不管是百世，还是万年，总要留在历史里。尤其是辛普森、佛曼，还有她克拉克。所谓检察官们，张口人民，闭口人民。案子证据一旦于己不利，就把它搅黄，让它流审。日后，这些事至少要上教科书。在课堂上，在考卷中，在教授口中，在学生心里。难道让她克拉克为整个检察院顶屎盆子？对这一层，克拉克恐怕并不糊涂。

这哪里是换法官，这是制造流审。克拉克虽然口口声声威胁伊藤，但真走到那一步，她并没下决心。

不仅如此，克拉克虽与伊藤扞格不断，恩怨不少，但是此信一出，伊藤立刻身败名裂。难道她心里埋入了斯德哥尔摩综合征？总之是兔死狐悲。克拉克也大动恻隐，于心不忍。

"我们不会这样做。"克拉克望着嘎塞提和其他上司，"这封信出去将不会有我的名字。如果你们不想听我的，你们×的自己干！"

克拉克脸色一变，怒气冲天，大步流星，风一般地折身冲向走廊。在上司同事面前，她的粗口，她的肢体语言，她的愤怒让他们瞠目结舌。

一入办公室，克拉克抓住门把，狠劲一摔，希望大出一口气，可是人小力薄，门又足够古旧沉重，硬是没听到那砰的一声，硬是没有畅快加激动人心的片刻。门只是慢慢合上，有如无动于衷的绅士。克拉克更加发怒，怒到无法给手上的香烟点火。

怒气未平，门又敲响。达顿进来，奉命游说。克拉克坚持不肯。真个是，将在外，君命有所不受。你不能不佩服她，尽管老板上司只有咫尺之遥。

再次下楼，应法庭召唤，身边又多了一个汉克，力陈不换法官的弊端。克拉克只听不说，步入法庭。

辩方真是看走了眼，他们并不知道，克拉克正在力挽狂澜。流审让他们命悬一线，而这悬命的一线竟是死敌克拉克。

（七十一）敦促伊藤辞审的信传入法庭

控方出信，敦促伊藤辞审，已传入法庭。自然让法庭里人人心浮气躁。辛普森案已经耗时一年有余。所有参与此案的人，无不心惊。突然收摊，风卷残云。就是这么个结果？

考克兰急火攻心，抢占话筒："检察院现在要求你完全辞审，这是永远拜拜了，我们坚决反对，这不是我们的理解。"

伊藤无语，等待克拉克检察官驾临。

克拉克已经为难一路了。她虽然不打算具名，但是毕竟身为首席提控官。是与否，都得出自她口。

克拉克进来，伊藤重拾局面："考克兰先生，让我们调整一下，这是困难的一天。"

考克兰喘口气："我知道，我们仍然愤怒，现在已经不是红鲱鱼了。法官，当谈及伪证，这已不是红鲱鱼了。如果人民打算逼你辞审，那不同的事情进来，我们要听听他们的。他们现在在哪里？这样他们可以当面告诉你，到底要干什么。"

克拉克回答，颇有几分快意。此刻，她对考克兰的气急败坏倒有几分幸灾乐祸，尽管她心中实际另有打算。

"是的，那是为什么我对考克兰站在那里备感吃惊。我理解法庭召唤人民回来通报我们的立场，而我也正有此打算。我们在楼上有一个范围广泛的讨论，也与上诉律师做过咨询，仔细核对了相关法律。"

言不由衷，除了粗口，就是摔门，哪有什么范围广泛的讨论？

"经过所有人磋商，此事看起来，完全离审是继续进行的唯一出路。"

伊藤两眼发直，不敢相信："你们确信，你们准备这样做？"话中流出十二分的不甘，让他伊藤以前的义无反顾看起来有点道貌岸然了。

克拉克一时无语。两人对视良久。其实，克拉克此时也难。她本人并没有那个决心，自己的心血，就这么竹篮打水，一归于无。

虽然这个时刻只能以秒计算，但对所有的人都是足够严酷，足够漫长了。

克拉克终于开口："在走这条路以前，在砸实敲定以前，我希望有个机会，和同事们做一次深谈。如果我们在今晚做了，我将十分感谢。明天会给你法庭一个正式的书面动议。"

"好吧。"伊藤沉沉地咽了一口气。

克拉克又问道："我可以先走一步吗？我必须工作。"

伊藤忙说："为什么不再坚持一会儿？我已经传陪审团进来了。"

克拉克吃了一惊："他们在这儿？"

何等纷乱的一天，他们完全忘记，原定下午3点传罪证室主任克斯特勒。

陪审团进来，众人互道午安。伊藤开始了告别演说，十分悲凉地："首先道歉，让你们坐在冰上，整整一天。我需要与你们讨论，出了什么问题。既然你们无偿贡献了你们的时间，为本庭服务，你们有权知道细节，为什么今天会一再延误。不幸，此事涉及法律和证据准入。这，我无法和你们讨论。"

当然不能，否则，克拉克还不得跳起来，现在人家是姑奶奶。

"但是，我必须告诉你们，这是一个重要的决定，涉及我个人……我希望明天能与证人再和你们见面。"

语无伦次，一会儿有权知道，一会儿又无权讨论。伊藤已经做好上刑场的准备。最好的愿望，最坏的准备。要是今夜辗转反侧，甚至发生枕头革命，也不那么意外。

（七十二）克拉克的胜利

克拉克再回到十八层时，已经做好大战准备。这回对着老板上司。她准备一以当十，来个刑天舞干戚。

嘎塞提办公室里居然万里无云，个个笑意炎炎的，让克拉克堕入五里雾中。

嘎塞提的副手佛兰克·山德斯戴特先开了口："辞审并没有什么意义。我想把案子留给兰斯（伊藤）亦无不可，至少他会向其他法官那样，足够公平，至少他更熟悉此案。"

其他人大点其头。难道克拉克不肯签字吓住了他们？至少谁都不愿出来强行踩轧。那不战而屈人兵的快乐立时让克拉克周身舒畅。

（七十三）这么收场，只因为法官老婆是警察？

8月16日，伊藤的大限在即，人们焦灼不安。这场审判就这么收场，只因为法官有个老婆是警察？

伊藤首先把双方延入签押房，法庭里的人们鸦雀无声，仿佛冀望能听到里面的私语。

不知过了多长时间，考克兰三人联袂而出。考克兰双眼喷火，更让外人确信，此案已经吹灯拔蜡。

伊藤、克拉克们随后出来，然后各就各位。

伊藤开了口："好了。克拉克女士，你昨天下午多了一点时间讨论你们的立场，你有什么新闻带给本庭？"

克拉克站起来，语气平静："谢谢法庭给我们额外的时间，检验整个案子是我们的责任。那个冲突的争端来自辩方希望引入录音。自一开始，我们就反对引入种族问题。我们知道它将把审判引入歧途。现在，辩方另有一个杀人者的理论，及警察陷害理论已无路可走。他们找不出证据。他们现在转入N词。这成为他们案子的基石。我确信它（录音）将会伤到陪审团，如果引入的话。"

局势仍未明朗，克拉克到底要什么？

"虽然，我们常与法庭的意见不一致。我们也会挑战法庭。我们总是尊敬法庭及他的能力，认为足以成为一个好法官。"

这个铺垫一完，语气高屋建瓴，急转直下："我们要结束这个案子，我们要自陪审团手中拿到判决，我们不要流审。"

全场大舒一口气。案子死而复生，这是一波几折？

克拉克继续："我们要一个判决，根据证据，我们要一个公允的判决。"

下面的话堪称势大力沉：

"虽然我们查了法律。它指出，在法律下，我们有权追求辞审的方向，但是我们决定，这不是唯一的方向。虽然法无明文规定，可以就利益冲突，给予部分豁免。考虑了所有的因素，我们决定这是本案恰当的方向。我们决定相信这个法庭的智慧和诚信不会放错地方。"

皇恩大赦！来自一个检察官，谢恩的是个当庭法官。虽然法无明文，正如克拉克所说，但是今天一个检察官，却创了一个先例。法官遇到利益冲突，只要双方同意，可以不辞审，部分豁免。这也是创造了历史。

说是一个检察官，而非几个，绝不过分。正是克拉克以一己之力肩扛十八楼的狂澜于既倒。你不能不佩服这个女人的意志。

伊藤放下心来，问道："昨天，我们讨论过瑞德法官先决定我妻子是否为实质证人，然后本庭再审查经过修改的记录。这是一个选择？"

克拉克回道："我已经想过这些了。问题是车在马前，直到我们知道什么准入，才能知道，约克警督是否为实质证人。"

原来如此，大赦是有条件的，但总比不赦强。

"你就准入做决定。什么可进，什么不能，然后瑞德法官才能做出全面明了的裁决，约克警督是否为实质证人。"

克拉克划下道，把先后次序颠倒过来。伊藤说声好，算是认可了城下之盟。

轮到辩方致词，庆幸之余，又不甘心法官被如此操纵。

尤曼说："这不是本案第一次提及（约克），这已是第三次。"前两次，是夏皮若接案后，伊藤在接受任命时，已经预告双方，自己的妻子是高阶警官。控辩双方均无异议，这本身已是豁免了。

"你不能坐在那里，让这个争端一次接一次提起。然后，当你发现此事在战术上有利可图，就抡起大棒，来个罢审。"

克拉克义正词严："我们不能预测到这个冲突。没有人能够。阁下，没有人知道这个录音。直到十一个小时之后，我们得知了那段内容，我们立刻提出。我们没有把头埋在土里的奢侈，假装此事不存在。就像辩方那样。辩方声称这是战术决定,为的是制造利益冲突。这是我有生以来,听过的最大的扯淡!"

克拉克的话在理,辩方又做反驳,有气无力,虚晃几枪而已。再怎么说,此案能够幸存,辩方应该额手称庆了。

然后,伊藤布置,辩方先提书面动议,控方则对之提出反动议。这样,伊藤有足够的时间研究录音,最终,根据双方的动议,做裁决,什么准入,什么不准。

(七十四)今天我打算出一口气

此事一定,夏皮若站起来又掀争端。

他告诉伊藤,昨天下午,他们去见瑞德法官,控方在背后告知,准备逼伊藤辞审。这与克拉克的话有了冲突。

"今天早上,阁下听到克拉克大谈道德责任,为什么追求补正。待你有如医生待癌症病人。"

"但是,他们为什么寻求你辞审,究其实来自早上达顿在签押房诚实坦白的讨论。"

在众人出来,庭审甫开,夏皮若已经叫着,要将达顿的话放入记录,目的是要他的好看。

"考克兰先生在场,尤曼先生在场,我也在场。我们希望这能载入记录。"只是当时伊藤压下,先谈辞审。

通常去签押房折冲,不带书记员。因此,谈话讨论多不入记录。

"达顿先生坐在你的旁边,我们则坐在另一边。他说,你看起来情绪不错,尊敬的阁下。"

伊藤插一句："那是我已经把录音记录包好，准备走人了。"

"你说，你已准备休假，欠了很长时间了。他（达顿）然后直指此事的核心。他说，法官，我没有发火已经很长时间了。今天，我打算出一口气。我们认为，你对我们不公平。从凯尔伯格说起。你打断他，你允许考克兰质证六天，却不允许凯尔伯格质证。你羞辱凯尔伯格，你在陪审团面前刁难他。我们不喜欢那样。你又在下一天，打断克拉克，你在陪审团面前贬斥她。我们不喜欢那样。这才是他们威胁你辞审的原因。

"考克兰强压怒火，我也是，尤曼也是。我们因此自你的签押房夺门而出。为此，我们道歉。没有冒犯你的意思。控方绑架劫持司法，让我们震惊。我们感到必须立刻指出，必须立刻纠正。控方所为，已足以投诉到州法律公会（颁发律师证的机构），就他们的无良行为。这将是我们的意向，调查他们是否在签押房里妨害司法。把你逼入困境，动辄得咎，这足以该受严斥。我们将清楚记入记录，确保你签押房今早发生的事情，能做个完整彻底的调查。

"在我步出你的签押房时，我已提醒你，阁下，我说，他们想在自己的球场，带着自己的裁判打球。只要你不同意他们的决定，你就出局了！

"克拉克女士昨天放入记录：'在你的法庭上，我极为不快。任何法官或法庭都不曾如此恶待我。'我们都知道此事不真，此话不实。我们都知道，很多次是你被激怒了。我相信，你对我们所有人都给予极大的耐心。你曾严厉对待辩方，你也曾严厉对待控方。而且许多次，我们都承认，那是我们活该。但是，侵犯你司法独立的神圣，是罔顾道德的行为。"

这已是怒到极点，要敲达顿的饭碗了。

伊藤转向达顿，达顿原地站起："夏皮若先生的评论冒犯了我。我相信是出自考克兰的意旨。"

真是一对冤家，他与考克兰之间的冷嘲热讽、插科打诨已是过去时。

"我宁可不站在讲台那边去。他在那里站过片刻。"

这个"他"是考克兰,不是夏皮若。

"现在一年有余,辩方律师把约克警督和佛曼探长的事悬在你的头上,这是讹诈勒索。这个讹诈,一年之久,意在逼你尽可能允许种族分子及无关的挑动引入审判。"

"我进签押房只是试图敲开若干焦点。让此案进展下去,给嫌犯定罪,然后继续我的生活。如果有什么不对,或者欠道德之处,我抱歉。"

听起来还是软了,和考克兰、夏皮若两位老手玩,弄不好会吃亏。

"我进去发火抱怨,为凯尔伯格,为克拉克不平。我自认为有那个权利。如果我没有那个权利,请告诉我。如果我说冒了,请告诉我闭嘴,就像法庭过去做的那样。但是,法庭给了我那个特权。"

达顿的话不假。辩方未见得会就此勒索,但他们确实将约克警督备为逃生门。一旦,辛普森形势大坏,他们就会追求流审,对此也不必惊讶。任何一案的辩方,都会精心构建,为本案寻找一个逃生门。这是辩护的应有之义,不算什么秘密。

"他们了解佛曼探长。他们和退休警官埃文斯先生已经谈了一年了。他们知道佛曼与约克警督的冲突。他们宁肯不揭开,不告诉你,不告诉我们。他们决定等,直到案子结尾收官。当他们谈及反道德行为,这才是反道德行为。"

达顿的情报做得不错,点起来有名有姓的。那个埃文斯难道就是指挥丹佛作家的"深喉"? 达顿装作一无所知,就是言不由衷了。至少克拉克的旧日密友蔻曼向克拉克和豪格曼打过招呼:佛曼不是个好鸟!

"真正的反道德行为是在这个法庭楼下召开新闻发布会,给媒体和公众放饵喂料,泄露录音内容。挑动公众,激起他们的愤怒,对你施加政治压力,逼你允许录音入证。"

达顿的指责并无大错。这，的确是辩方的方略。

"这个案子是个马戏团……如果夏皮若先生，还有考克兰先生想在州法律公会投诉我，挺好。等案子一结束，我会向联邦司法办公室投诉。"

达顿的口气更大，滔滔不绝，愤怒益增。伊藤也忘记了，他只给双方五分钟的时间。

"我确信没有冒犯法庭。所以，记录应该是明晰的。"

这一吵，为法庭这一日，平添了几分娱乐之趣，足够把媒体喂饱了。

（七十五）加州最高法院的判决

此事算是了了，伊藤把审判扳回正轨。

下午，纽费尔德传克斯特勒，洛杉矶警察罪证室主任。主攻方向，深挖那双袜子。几日纷扰，克斯特勒一直待命。

自两位媒体人拒绝吐露消息来源，辩方转攻罪证室。辩方获知，在袜子DNA送检前，就有人知道检验结果一事，被市警局下令，做内部调查。罪证室内事关袜子的人员都被约谈过，并且留有记录。

在法庭上，伊藤也谈及内调处过问此事。但他妻子约克，处长大人，并未涉足，显然是回避了。这样辩方出手，不怕误打误中。

一个星期以前，辩方提出动议，要求将调查结果入证。警察局内部调查处享有办案特权。结果可不公开，公众无权知道。这是规则，本不能挑战。

辩方尤曼出马，举出五大理由：

1.此报告涉及本案，我们需要知道。谋杀案的调查是客观追求真相，不应草率定案，仓促成控。警察先入为主，只追求能定罪的证据。

2. 在袜子 DNA 送检前，警察对结果如此自信。极强地推断此事会发生。

3. 这个披露是否来自洛警局，而且是在遴选陪审员之际。它是否有意影响潜在的陪审员。

4. 本案中是否有人做伪证，或者掩盖包庇。

5. 是否有外部的人员能接触证据，并能操弄它。

辩方的理由有点大而全的意思。警察内部调查未见得有那么大的本事，也未见得有那么大的心力。

为洛警局辩护的是洛杉矶市律师处，凡涉及市政府的诉讼皆由他们出面。

主辩律师当堂先客气一番："我对此案不熟悉。我相信尤曼先生所说属实，无理由怀疑。但是，什么可以显示，洛警局的内部调查报告与信息泄露有什么关系？尤曼先生所称存在逻辑差距。他们不仅不知道答案，而且对是否能有答案，也无信心。因为，他们无法指证任何警员涉入其中，并且有恶意泄露。无法将内查报告与他们的理由联结起来。

听起来空洞无物，不知所云，但是人家有成例，可以借助：

"加州法院曾有个案子，其中某君寻求洛警局内部调查处的资料，有关警察虐待犯人，逼供信，然后掩盖他们的非法行为。为证明该要求正当有据，并非空穴来风，辩方还准备了若干犯人亲签的宣誓书。法庭仍然拒绝了辩方的要求，说宣誓书已经足够，不必调阅调查报告。"如此一折腾，宣誓书成了一面之词。

"而这个动议完全没有任何指证，在某时某刻，某人卷入泄密。如果洛警局在其他刑事案向有恶名，卷入类似事件，贵方也许尚有某些正当理由。如果如辩方所称，洛警局有前科——泄密和栽赃、陷害某人，也许尚有若干正当理由，要求解密内调报告。在动议中，这些理由一概阙如。我要求法庭裁决，此动议并无必要相关性。"

辩方言之凿凿,听起来有理。而市政府律师引案据例,看起来合法。有理遇到合法,胜负立判。加州最高法院的判决,伊藤自然要追随。

报告不能解密,不能入证。这是辩方传克斯特勒的背景。

(七十六)谁是那个高层?谁批准了他?

"8月26日,克斯特勒小姐,你亲自去野马车取证?"

"是的。"主任被称为小姐,显然未婚,仍是本姓。

"停车场上,野马车是保密隔绝的?"

"正确。"

"所以,媒体不可能站在路边拍照?"

"不,他们不能。"

"当你们取证时,《生活》杂志有一位摄影记者也获许在场?"

"我相信是的。"

"你个人摆姿势让他拍照?"

"没有。"

"在你们罪证室通常的工作中,摄影记者允许进入外人禁入的场地拍照,记录你们的工作?"

"不,我没有批准他进来。我从来没有批准任何人进入取证现场拍照。"

"当那个记者露面时,你不曾告诉他,不准进入,让他离开?"

"我说了,但是他告诉我,他已获得更高一级的批准。"

"你就没有尽力让他离开?"

"那时,我无能为力。"

"谁是那个高层？谁批准了他？"

"洛杉矶警察局长。"

纽费尔德问此一节，意在铺垫，野马车存放处有外人进入。这不是第一次，也不是最后一次。至于牵出警察局长，并非本意。对此案的风风雨雨，这实在不算什么。

"1994年6月和7月，是否与冯丹尼讨论过，在现场签单上，玛珠拉被注明是现场主管？"

"有过讨论，但时间不确定。"

"你是否警告冯丹尼，玛珠拉只是见习，这在大陪审团面前不好看？"

达顿立刻反对："这是听闻！"伊藤支持。

纽费尔德并不需要回答，将意思传给陪审团就行。有时不回答，胜过回答。如果克斯特勒说"没有"，岂不坐蜡？

（七十七）袜子的简注

下一个问题："你可曾被我和沙克询访过？"

"是的。"

"这是否真实，你同意见我们的条件是必须有你的律师在场？"

"那不是我的。"克斯特勒迟疑了片刻，"部分是我，但是市律师处的律师要求在场。"

"你是说，你没有能力，或授权，在会见另一方律师时，不携带律师在场？"

"我当然有（能力或授权）。但是当他们建议时，他们是律师，我总是接受他们的建议。"

"现在，在你今天做证前，检察院的人是否和你谈过话？"

"是的。"是达顿和勾德伯格约见了她。

"当你会见达顿时，可有律师在场？"

"没有。"

"当你约见勾德伯格时，可有律师在场？"

"没有。"克斯特勒能说什么？一个小小的把柄。

"当你会见时，你是否对玛珠拉被注明是主管担忧？"

"是的。"

"你是否在7月13日，会见我们时，对玛珠拉表示过关切？"

"是的。"

纽费尔德不仅在鸡蛋里挑出骨头，而且又提到玛珠拉，不胜其烦。

"你知道冯丹尼在1994年6月13日在罗金汉取证？"

克斯特勒知道纽费尔德意在何处："就我所知，他在13日同时在邦迪和罗金汉取证。"

"所以请你看这些记录，一是6月12日，另一是6月14日，两者都不对。对吗？"

克斯特勒争辩，现在已是电脑时代，这些纸上作业已经过时。言外之意，这没什么了不起。

纽费尔德继续挑骨头。在数量栏里，只有证据1标明了数量。2到14均未填写。欲证明取证无章可循。

克斯特勒指出，在证据栏中，都注明布签，而且用单数，将纽费尔德的问题轻松化解。幸亏是英文，讲究单复数，若是汉语就无话可说了。

纽费尔德回到1994年8月26日野马车取证。

"你没有惊呼,噢,上帝,看看这些血迹,在那仪表盘护板上?"

"我没有惊呼。但我确实说了,噢,上帝,还有那么多血迹留在那里。是的,我很惊讶。"

这是纽费尔德苦心所在。克斯特勒这次取证之前,野马车已经被取过证。这血迹是疏忽未取,还是另有来历?

"而且,你得知,在6月14日和8月26日之间,野马车被人光临过。这些人是无权进入的。"

达顿极力反对,但伊藤放行。

"你得知这些事,不是吗?"

"最终是的,不确定何时。"

"好,你是否知晓,洛警局探长莫多佛对这些人做过调查?"

"不知道。"

"你可曾作为罪证室的头,做过任何调查?"

"这不是我的位置。"

"你知道,有多少人进入过?"

"不知道。"

这不重要,陪审团知晓即可。纽费尔德给野马车里的血迹打了折扣,而且是大折扣。

1994年6月29日,克斯特勒、雅马乌齐和马特桑三人盘点了所执证据。自下午2点半到晚上9点。

纽费尔德问起证据13:"有一项证据,你们观察和复阅了。那是13号,一双袜子,来自辛普森家。"

"正确。"

"你们写了评估?"

"正确，可是我们并没有检验它，我们只是粗略地看了一下。"

"你们后来分析了？"

"没有，我们只是决定那是袜子，深或黑色。我们完全没有分析。"

"那篇报告的题目不是《证据分析的简述》？"

"那个题目是打印出来的，我并没有写这个题目。"她的意思是，这是电脑中文件固有格式。

纽费尔德在屏幕上投影出那份报告。这是克斯特勒亲手交给纽费尔德的。

"这个题目不是《OJ.辛普森，分析之后关于分析的概要》？"

纽费尔德其实只对"分析"二字感兴趣。它在题目中居然出现两次。

"是那么写的，但是不正确。"这次不能推给电脑了。

"你是说，你们放了一个错误的题目，送进法庭来？"

这个帽子不小。纽费尔德逼得甚紧，克斯特勒乱了套。

"这不是全错，那不是主要目的。有一些，某些分析过了。"

"OK。"纽费尔德等在那里，他知道答案。

"对袜子未做任何分析。"这是克斯特勒必须守住的底线。

"好，当你们三位观察时，是否在13项袜子旁边写了简注：礼服袜子，血迹搜寻，无明显迹象？"

"是那么写的。就看你们如何解读它。"

"这是否属实，那天所观察的每样东西都拿出来，放在纸上？"

"我相信都拿出来了，我不知道是否都拿出来了。"先是相信，后是不知道。语无伦次矣，"它们不曾被翻来覆去地检查。"

"你可清楚，雅马乌齐做证时说，每一样，所有的东西都被取出，各自放在一张纸上？"

达顿反对，伊藤命令到此为止。伊藤对纽费尔德总是很"照顾"。

"你说在当晚观察,并在报告中写下:血迹搜寻,无明显迹象?"

仍是被打断制止。

(七十八)证人克斯特勒的困境

达顿质证,给了克斯特勒解释的机会:

"我们只是试图决定,血迹搜寻,意味着我们要求做血迹查找。因为在办公室条件下,看不出明显血迹。"

"那并不意味着袜子上没有血,对吗?写这个简注,并不表示袜子上没血。"达顿为她纾困。

"我们根本没有寻找血迹。"

"所以,你们计划日后做详细查找?"

"是的,日后某个时候。"

纽费尔德再传时,先将一份文件投影。这仍然是那份简述报告。

"在报告中,你观察到血迹,你没有做简注吗?"

克斯特勒遇到了困难,因为别的证据都简注为"有血"。这很难证明,他们没有寻找血迹,而且准备日后再查找。这个说法不好圆。

"如果肉眼观察血迹明显,这很简单,但袜子是深色的,看不出任何东西。所以,我们决定日后再找。而手套上的血迹则很明显。"克斯特勒还是硬着头皮给出了解释。

"你告诉我们,那意思是我们将做血迹查找。在整个简注中,'我们将做'这几个字在哪里?"纽费尔德继续紧逼。

伊藤插话:"我们已经过了这一部分。很明显,陪审团能解读那里的意思。"纽费尔德就此罢手,算是完成了对罪证室的大包抄。参与本案的五名罪证室警察,竟是无一幸免。

传完克斯特勒,尚有时间,辩方又传证了洛警局指纹专家,阿桂拉。洛警局指纹收集与罪证室非为一体。据佛曼所述,他曾在后门上发现一个血指纹,可是邦迪现场的指挥官汤姆·兰对此一无所知。佛曼称曾向其通报,兰对此毫无反应。而冯丹尼和玛珠拉也没看到,自然没有取证。

阿桂拉在邦迪现场共取得十七套指纹,没有一套指向辛普森,其中九套指纹无从鉴别对比。他对与妮蔻亲近的人物,到过现场者都做了比对。一共比对了五十八人。

美国也许是指纹资源最丰富的国家,但仍然不能囊括所有国民和居住人。排除外国人及非法移民,美国政府只能通过如下途径获得指纹:

一是申办美国护照,或是颁发永久居留证,申请者必须留下指纹。但是有相当一部分人终生不出国,因此无申请护照的必要。证明他们美国公民身份的是出生证明。平时,主要的身份证是驾驶执照,但是有驾驶执照不等于有国籍或合法居留身份。外国留学生、商人及短期居留者都可考取驾驶执照。

二是人们被逮捕后,进入警局的第一道手续,就是留指纹。在美国被逮捕并不意味有罪,只有遭到起诉,经法庭审判方能定罪。有些人被逮捕后,连起诉一关都没过,指纹却留在了美国政府的指纹库里。FBI 的指纹库拥有世界上最大的指纹资源。

"你可有机会把这些指纹与辛普森的做过比对?"考克兰传证。

"现场指纹与辛普森的不吻合。"

"阿桂拉先生,你不会期待一个戴手套的人会在现场留下指纹吧?"达顿质证。

阿桂拉同意:"不会。"

达顿以偏概全了。至少在一段时间里,左手有机会留下指纹。不过,即使凶手不戴手套,也能保证不留指纹。手套与指纹没有必然的因果关系。这一问,也彻底打碎佛曼血指纹说。检方承认现场无指纹可鉴别凶手,等于不必再为冯丹尼们漏取后门的血指纹而费心了。

指纹证据力高过 DNA,但是现场即使有辛普森的指纹,也不奇怪,辛普森是邦迪的常客,只有那个血指纹才能锁定辛普森。

双方都对指纹一节,草草带过。没人对它抱任何希望。

(七十九)考克兰原计划中的李昌钰

帕佛里克看完这一节,心存疑问,特别向旧日同僚打探,现场是否有马克斯和凯伦的指纹。回答是:"没有。"

当日晚上,辩护精英们齐集考克兰的律师楼。收官在即,急需方略。

在考克兰原来的路线图中,李昌钰是最后一个,压轴大戏!他的知名度在辛普森团队中,仅次于辛普森本人,连考克兰都不能望其项背。考克兰算起来只能是业界圈内的闻人,李昌钰却是全国驰名,具有明星的光彩。

这源自肯尼迪总统的侄子被控强奸一案。李昌钰为辩方做证。这个案子涉色涉情涉怨,又是美国第一家庭的事,娱乐性远远高过案子本身,因此各媒体争相报道,也包括部分实况转播。其收视率之高,也是空前的。若无辛案,也许可以绝后。

李昌钰做证部分也被转播。李昌钰想不出名也难。该案最终以无罪开释,李昌钰起了大作用。

除去该案带来的名望,李昌钰又在刑侦罪证鉴识上坐定第一把交椅。辩方能网罗他，夏皮若功不可没。

对李昌钰而言，这个大案拱手放过，也是自废数十年的修为。双方一拍即合。

李昌钰发现西海岸的办案实在无法恭维。疑点甚多，不去深究，却是大干快上。很自然他与辩方团队有了交集。他是巴登引荐，尸检部分也是颠顶至极，更增加疑问。

团队中，沙克与他最相投。李昌钰是个大忙人，他的行程遍布全世界。只有沙克，他才愿意与之日日保持联系。沙克的聪明厚颖赢得了李昌钰的敬重，所谓惺惺相惜。

道格拉斯是后台总管，事无巨细，却偏偏抓不住李昌钰。遇事只能通过沙克，好在有沙克，就有李昌钰。

在案发之初，李昌钰介入了调查，但并未许身。他的结论一向在调查之后。因此，对做证有过反复。最终的调查使他确信，此案大有问题。

李昌钰能够立万，全在独立思考，聪明经验学养固然重要，但是敢挺身而出，挑战权威，挑战制度，挑战人言，挑战世俗，才是豪杰与生俱来的特质。非此不能成为个中翘楚。

李昌钰肯为辛普森做证，乃是顶着巨大的社会压力，毕竟辛普森正在人人喊打。这份勇气不能低估。

考克兰对李昌钰亦很尊崇，一心一意把他当作定海神针。所以，坚持李昌钰是最后一个。压阵收官，让辩案结束得精彩华丽盛大。

可是，佛曼录音出来，迁延甚广，一时无法定出方略。控辩审三方，斗智、斗勇、斗狠，不是明天就能分晓的。辩方的证人已经不多。可见的未来，若是佛曼事不定，就只能拖延。剩下的证人，本来就有些叠床架屋，现在更是聊胜于无。

因为佛曼录音出现，N 词证人成了规模，转为一组。凯瑟琳—麦金尼—佛曼。考克兰认为这一组压轴，风险极大，不知道麦金尼会为谁说话。有录音在，凯瑟琳也由主证转为佐证。还有佛曼会不会行使第五修正案的特权，让辩方出拳有声，着体无力。伊藤对录音的准入，也不能乐观。种种不确定，佛曼那些事，不能做收场大戏。

可是李昌钰催得很紧。日后的日程无法控制，全世界都在请他。此事悬在那里，如鲠在喉，自然希望赶快做证，一了百了。

沙克支持早日做证，却是另有打算。李昌钰的刑侦笔记已经交给控方，一个星期有余。这也是沙克一压再压的心血。他不希望控方有足够时间反应，所谓夜长梦多。

贝雷也赞成李昌钰先上，有无私心，不能断定。如果麦金尼—佛曼压轴，此事天造地设，应是他贝雷来收官。毕竟佛曼质证只是中断，并非辩方传证，而质证人只能是贝雷。

形势比人强，团队最终决定，下周传李昌钰。沙克又要熬夜，这是尽人皆知的。

（八十）新闻来源的难题

8 月 21 日，何等的一周啊，等到开庭，麦金尼的两位年轻律师又上庭了。就在星期天，《洛杉矶时报》登出部分录音，文字上可丁可卯，完全是从法庭控制的版本中抄的。他们要求伊藤调查，谁是泄密人。

伊藤拒绝。还用调查？当然是辩方。他的口吻不无嘲讽，但也并不严厉。

辩方一言不发，若是往日，必有一人会跳起来。控方也无反应，如水在掌，收不住。难不成再传几个记者,再玩一出"无可奉告"?很有几分吃下哑巴亏的意思。

泄露原稿是一事,对报纸展开调查是另一事。《洛杉矶时报》《纽约时报》,东西两岸最有影响力的报纸,同时登出。佛曼录音所述,殴打嫌犯,实有其事。1978年七十七派出所被调查过,许多细节完全吻合。而FBI的调查结论,却是查无此事。

《洛杉矶时报》的题目:录音中,佛曼所述,与1978年事件相似。《纽约时报》评论:这些录音是否为法庭的追逐目标,尚不明朗。如果辛氏无辜,这位诚信欠奉的探长,提供了足够的合理疑问。征服陪审团,让他重获自由。如果辛氏确实杀了前妻和他的朋友勾德曼,这个录音让一个罪犯逍遥法外。

典型的自由媒体笔法,左右逢源,等于什么都没说。

在周末,公众也获知,控方放弃夜访邦迪计划。这也是外界关注的一件大事。早在一周前,双方就夜访,在庭上有过公开辩论。夜访乃是控方动议,因此辩方出了一个正式信件,反对!

信中列出理由:(1)邦迪现场的灯光位置及类型,经过一年多,已有显著变化。复制案发现场的条件消失。(2)8月的树叶更加浓密,影响光流泻下。(3)树也长高了。这是邻居探长们的共同意见。因此,光线很难复制。(4)案发当日有月光,而控方建议的日子,预报无月光。(5)案发当日有雾,预定的日子也难期望有雾。

这是光线灯照,关乎陪审团的视野。

道格拉斯告诉法庭,辩方还关心声音,这与光线同等重要。在传证中,几乎所有的证人都提及狗叫,尤其是黑斯特拉的做证,与其是目击证人,倒不如说是声音证人。如果控方坚持夜访计划,辩方要求把黑兹特拉也请到现场,模拟遛狗路线,及访问听到争吵的夹道。

然后，伊藤与道格拉斯讨论摔门的地点。上星期天晚上，伊藤曾带道格拉斯、豪格曼、兰和范纳特去过现场。会合左近的两个邻居讨论勘查。邦迪一共有三个门，前门，通往后巷的中门，转入后巷出街的后门。两位探长做过模拟，无法确定。辩方自己试验，认为是中门。

狗叫模拟也是问题。狗，现在在罗金汉辛宅。因为狗本属辛普森，并非妮蔻。一对小儿女喜欢，才被妮蔻牵去，与他们做伴。虽然能随牵随到，又怎么让它模拟？

控方的态度：光线重建，我们能做到，声音模拟，坚决反对。他们可不想让黑兹特拉站在现场再次做证，为陪审团复习功课。

其结果是控方要陪审团看灯光，辩方要陪审团听狗叫。各取所需。

现在控方选择放弃，也是既在意料之外，又在情理之中。

（八十一）三个专家证人多而无当

李昌钰急于做证，在他之前，还是安排了两个证人。

芮勾，原橘郡罪证室主任，辩方特聘的罪证处理专家。他一直在追踪控方的罪证处理。1994 年 8 月 26 日，野马车取证，他就在场。《生活》杂志记者的采访，正是他提供的情报。

8 月 21 日，和前面的盖德斯一样，芮勾抨击了洛警局罪证室的取证操作。盖德斯说罪证室的污染程度很高。芮勾说罪证室取证操作低于最低标准。一高一低，说的是一回事。除去这两位，就是李昌钰，还是将就罪证做证。

这样三个人堆在一起，实在是多而无当。所谓专家证人，究其实不过类似市井交易的托儿。律师们传证他们，一是利用他们的身份专业名望，二是借他

它不合手 何罪之有 | 辛普森案实录

们的嘴,说自己不能说的话。这对控辩双方而言,莫不如此。

芮勾自搜证、尸体处理、取证操作、血清检验,一一抨击,全过程都扫荡,来了个大而全。

勾德伯格质证芮勾。早在另一个检察官质证盖德斯之前,二人就商量好。这二位证人说什么,由他。对细节不事纠缠。集中打击他们的资格,专业的,刑侦的。

"阁下,这个叙述是否准确,就犯罪现场动手取证而言,你有19年未下过现场了。"芮勾1989年退休,离开这行也是5年了。

"是的。"

"你可曾读过某某的刑侦取证学?"这是一本行中必读书,"你的观点是以它为据?"

"不是。"

"能解释一下,你有何原因?"

"我没有这本书。"

勾德伯格又念了一串书名,回答一律是没有。这就足够了。芮勾的脸色不好看了。

"在标准血清学、常规血清学方面,你自认是专家?"

"你指动手操作?不是。"如果常规血清分析都不行,还奢谈什么DNA?

最后,勾德伯格要求边厢。他请求伊藤批准,出示若干张8月26日取证现场的照片。照片中,芮勾一不戴薄膜手套,二不戴实验室帽子,三穿着便服,却在野马车里指手画脚。伊藤看后,叹了一口气:"你在毁他。"

勾德伯格对质证收官十分满意,在日后的回忆录里大书特书,而辩方并不在意。该说的都说了,贬低对手的证人,陪审团早就见怪不怪了,相信他们有足够的免疫力。

（八十二）费耶前任男友理查德证言

8月22日，辩方又自芮勾身上捡起话题，再行攻击。原来，昨天芮勾做证完毕，回身出庭，路过范纳特身边，伸出手，准备叙旧。范纳特怒目一横，当着众人的面："叛徒！"

布莱希尔向伊藤要求，再传芮勾。因为范纳特的行为正好证明，警察们有行规，不允许同行反对自己人。辩方希望让陪审团知道。

克拉克反击："范纳特有言论自由。"两人吵得正凶，伊藤遽然怒起："二位是在表演，表演给摄像机看。"威胁他们再不自制，就拔去电源。这个话题，微不足道，把再传芮勾的门关死。

之后，辩方传证了克里斯汀·理查德。理查德是妮蔻的密友费耶的前任男友，与辛普森、妮蔻相识了近十八个月。理查德也随费耶常去妮蔻处。辩方的原意是把费耶的毒瘾扯出来，以期支持辩方的质疑，妮蔻可能死于毒贩之手。费耶在妮蔻死前，去的戒毒所。这场血案或是误杀，错把妮蔻当作费耶，或是滥杀，警告费耶早还毒资。当时费耶已是囊空如洗，在妮蔻处挂单，欠毒资是必然的。

辩方几次动议传理查德引入毒品因素，都被伊藤挡住，不许传。现在，辩方退而求其次，把他定为行为证人。证明案发当日，辛普森的举止，并无异常。

理查德告诉法庭，在妮蔻与辛普森试图复合时，两人的关系有如电灯开关，一会儿亮，一会儿灭。辛普森的表现或激怒或沮丧。到了案发前那几个星期，辛普森变得轻松快乐。

案发当晚，9点左右，他与辛普森通话，聊了十五分钟。辛普森边聊边收拾行李，两人在电话中约好，待辛普森自芝加哥回来，出去共进一餐。

理查德是理疗按摩师。案发当晚,与辛普森有过接触。另一人则是凯托·凯伦。

控方质证,有问无险,并不想在他身上做文章。凯伦在理查德的电话之后,随辛普森去了汉堡王。为难理查德毫无意义。

两个证人传完。芮勾、理查德之后,李昌钰准备登场。

(八十三)法庭上的不速之客

当天,法庭又来了个不速之客,乃是久传不至的芝加哥探长。芝加哥属伊利诺伊州,加州的传票管不到。辩方也实在没什么兴趣,为他们做证去当地法庭求传。这个证人可有可无,与佛曼录音不能相比。

昨晚,博瑞斯与搭档自芝加哥赶到。考克兰也是早上才知道的。两人只谈了半个小时。

考克兰向伊藤承诺,传证会速战速决。

考克兰一传,达顿一质,考克兰再传,达顿再质,四个来回,辛普森在芝加哥的情况,有了交代。

探长博瑞斯是1994年6月13日,太平洋时间下午1点左右,应召去的酒店。辛普森已离开,此刻正与汤姆·兰们在一起。辛普森没有行使第五修正案特权,因此可称为接受询问。

博瑞斯一行三人,两个探长,一个上司。进入房间以后,勘查内部。该房不同一般,算是个迷你单元,有起居室,有厨房。

床上被子未叠,浴室洗手池里有打碎的杯子,池边也有碎片。一条浴巾堆在那里,掀起浴巾,发现有一方手巾,上面有血,但是,方正叠好。除此而外，玻璃碎片、池底、地面，均无血迹。

卧床上，两条床单上有血迹。博瑞斯请来两位搜证人员。将带血的手巾、被单、残杯碎片入证。嗣后，由鲁波探长带回。日后，控方并未将这些东西入证。或者不愿，或者认为不值。

辩方传博瑞斯也是为了证明辛普森的左手伤，来自芝加哥。控方当然不愿意。他们的版本，伤来自邦迪犯罪现场。

自己如何受伤，辛普森对兰和范纳特有过解释。控方一直反对提及警察局询问录音。辛普森在录音中否认涉案。不经质证，就让陪审团听到他的自辩，克拉克打死都不干。

达顿问出，博瑞斯发现有两个洗衣袋不知去向。他只是点到为止。此前，控方传过两个LAX机场的搬运工，意指辛普森在机场有弃凶器赃物之嫌。究竟室内可曾有过两个洗衣袋，达顿并未追问。博瑞斯告诉法庭，他问过服务员，结果为何？达顿未问。他显然知道答案。

考克兰质疑该室是否曾有过洗衣袋，也是没有深究。只怕是投鼠忌器，带出不利的证词。

该室的两个洗衣袋是个谜。但是，芝加哥警方在酒店周围做过搜查，犁地三尺，一无所获。该室的钥匙是插入式密码卡片，上面记录了房客出入的时间。因此，可以断定，记录也未显出有什么地方能让人兴奋的。

考克兰还问出，芝加哥警方知道辛普森手上受伤，乃是在入室搜证之前。博瑞斯向前台人员调查时，获知辛普森曾下楼向她要过创可贴。

究竟在芝加哥发生了什么，辛普森本人对律师们也是语焉不详。只说接到探长的电话，心情大变。不经意间打破杯子，伤了自己。考克兰们也讨论多次，疑心重重。律师们也不深究。委托人有权什么都不说。即使什么都不说，律师也应忠于委托，为他辩护。有时，律师们宁可不明真相。

（八十四）沙克传证李昌钰

芝加哥总算抹上一笔，把辩护的圈画圆了。

博瑞斯离去，李昌钰登场，其时，下午也用去一半。考克兰的速战却未速决。

沙克传证李昌钰，用去 22 日一部分时间，23 日和 25 日全天。24 日无庭。可说是三天不足，两天有余。传证效率之高，而且内容之震撼，开庭以来无前例。

首先震撼的是履历，不可不知道。不像其他证人，三言两语。沙克询问，近乎炫耀，李昌钰也乐在其中。

"李先生，你生在哪里？"

"我生于 1938 年，在国内战争期间，我家离开中国大陆。当时，我 7 岁。我们迁到台湾。父亲随后去世，是母亲将我们养大。1957 年，我加入警察部队，台湾警察。1960 年，自台湾中央警察学院毕业。而后，我成为警队队长，分配在台北分局。

"我 1964 年去了马来西亚。我妻子和我在大学里相识，我们结婚了。我在一家报社工作，自记者开始，而后助理编辑，最后任编辑。

"1965 年，进入美国，在餐馆工作，教练功夫，也浇花除草，养家糊口，并支持学业。"

"你入学约翰·J 刑事司法学院？"约翰·J 是美国第一任大法官。

"是的，同时在纽约大学医学中心做实验员。"

"约翰·J 学院给了你奖学金？"

"是的。这大约在 1970 年，获得学士学位。"

27 岁进入美国，32 岁获奖学金入学院学习得学位。李昌钰也是走了一段不短的求学移民路。

"此后,你继续在纽约大学深造?"

"是的,得到生化硕士学位。1975年又在该校获得博士,专攻分子生物化学。

"1975年,纽黑文大学为我提供了一个助理教授的职位。我在纽约大学已经做到实验科学家了。在纽黑文大学,我教证据科学。两年后任副教授,再一年正教授。"

这个履历令人瞠目,不在做到了正教授,而是只用了三年。这可是闪电的速度。尤其是一个留学生,来自非英语国家。对博士生而言,求得教职,已经非常不易。他们都是自客座教授开始,然后助理教授。五年是个坎,过去了是副教授,进入终身轨道。再升正教授,就是猴年马月了。有人终身以后,就副教授到底,也不是新鲜事。大批助理教授是过不去五年那个坎的。上不去,进不了轨道,另谋他就的,司空平常。

"在1975年,我们有个非常小的专业项目,几个学生,我是唯一的教授,唯一的项目主管。我们最初获得一点经费,然后成为全国著名的证据学专业项目。全盛时,有四个全职,十几个半职教授。"所谓半职就是客座。

(八十五)李昌钰的美国警察生涯

李昌钰重返警察序列是1979年。这次是美国康涅狄格州警察。

"州长许了我一个职位,警察署长劝说我加入州警察署。我接受减薪,离开大学终身全职工作,进入罪证实验室,任康涅狄格州首席罪证师。"

非常不容易!放弃终身教授,放弃高薪,非豪杰类人物不能做此取舍。

李昌钰开创了纽黑文大学罪证专业，纯自零开始。这次开创康州罪证室，并使之成为世界驰名的巨擘，此事非英雄类人物不能成就。

"我们现在有两个分部，鉴识和罪证。十四个处，包括指纹、留证、火器、工具痕迹、印迹、血清、免疫、DNA、化学、军火、现场重建，是个全方位的实验室。"

仅凭这些项目，就足够加州洛杉矶罪证室汗颜。李昌钰的实验室不仅为全州三百七十四个警察单位服务，其服务对象更遍及全美乃至全世界。当下，李昌钰个人手中就有三十七个案子。

道格拉斯听到这里，应该微笑：原来如此。沙克与他日日保持联系，像保姆一样追着他，也是大功一件，非常人之所能。

一路下来，控方将要质证的勾德伯格反对不断，而伊藤是大开绿色通道。正是问得仔细，阻击得惨烈。李昌钰则是气定神闲，让一段神奇的履历精彩纷呈。

接下来的内容就在意料之中了：

有二十多本著作，部分是合写。

仍在若干院校兼职，耶鲁大学法学院、西北大学法学院、康州大学、中央康州大学、西部康州大学、桥港大学、约翰·J学院，等等，等等。最后，他还在中国人民大学开过课。

在警界，李昌钰在FBI开课，主持对FBI探员的训练课程。与欧洲、亚洲的国家警察机构有正式合作，其中以苏格兰场最为著名。

还有杂志，李昌钰是若干刑侦学术杂志的编委、撰稿人。

履历勘验即将完毕，沙克问道："我去你的办公室，看起来有上百件奖状奖品？"

"大约有四百件，来自全国全世界。"李昌钰不无得意。

（八十六）酬劳的去向

"现在，李博士，你是如何步入此案的？"

"6月14日，我接到了律师夏皮若的电话，请求我帮助。"

"你有顾问费？"

"有，每小时三百美元。"

"你对此案也有收费？"

"没有，只是差旅费报销。"

"辛普森先生给了一些钱？"

"是定向劝募捐赠。"

"钱，去向何方？"

"一半到纽黑文大学，资助警官学习；另一半捐到公共安全局学习班，训练探员，购置设备。"

"到目前为止，大约捐了多少钱？"

"两边各有两万五千元。"

在报酬收取上，堪称白璧无瑕。区区五万，远不及夏皮若的一百万，微不足道。辛普森有幸。

"李先生，你可有机会在邦迪现场做案情调查？"

（李昌钰未答，法庭记录如此。也许是漏记。）

"为什么？"

"1994年6月25日，我到达邦迪现场是下午6点40分。我必须在7点以前完成，只有20分钟。再者，那再也不是原发现场了。所有证据收集已经结束。我的调查非常有限。"

沙克请李昌钰先砍警察一刀。

在转入正题前,他请李昌钰对印迹与印型做一个科普。李昌钰告诉陪审团,所谓印迹是二维概念,多在平面,长宽为限。而印型则是三维概念,长宽加深度,多发生在松软的平面。

在那20分钟里,李昌钰发现若干印迹,与意大利鞋布鲁诺鞋印相符。这是现场主要鞋型。"除此而外,我发现另有一种类型,平行线类型。"

他指着证据的照片说:"我随后将其拍照存证,存证是附上一把尺子,作为对比。"他指着证据1137B,"这个印迹在走道上,自入门台阶数起,第十块砖,与那个1137A一致,这个印迹更完整,这个印迹与鞋型相符。"

"你能确定,这类型与鞋型相符?"沙克问道。

"能!"李昌钰口气很坚硬。

证据1137B是警察6月13日所拍,"照片上的印迹与你25日的发现一致?"

"是的。"

沙克把照片递上陪审席,让陪审员传阅。

沙克又指着展板上的一张照片:"在那个地表土中,可以看到同样的印型?"这次是三维的。

沙克问李昌钰应该如何取证?李昌钰继续科普,一种是塑型留证,一种是化学留证。

"你可曾留证?"

"没有。"

"为什么没有?"

"命令非常严格,只许拍照,度量和简单测试。"

再砍洛警局一刀。自己不做,也不许辩方做。沙克换上另一块展板,上面有四张照片,上两张是原照,下两张是放大。左边照片是一片纸,不规则,上有血迹。右边的是信封,也有血迹。

"这些印迹有同样的平行线类型……有些血印相互覆盖。"

"李先生,这些印迹与布鲁诺鞋型相似?"

"这个二维的印迹不可能来自布鲁诺鞋型。"

"来自勾德曼的鞋?"

"不是。"

又扔了一颗炸弹,重磅的,沙克期待的。在邦迪现场,另有一个鞋印,不是布鲁诺,不是勾德曼的,更不是妮蔻的,她脚上无鞋。

而后,李昌钰继续插刀,状似委婉批评了。警方将纸片和信封留在现场不取,更未提取指纹。这几张照片为李昌钰所拍。除此而外,什么都不许做。

(八十七)李昌钰的歉意

次日,8月23日,传证继续。

沙克指着展板1339,上有三张照片,一是走道。二是碎纸片,上面有平行血迹,肉眼看得清清楚楚,自己能说话。三是蓝色牛仔裤。照片虽是黑白,李昌钰告诉法庭,裤子蓝色,上有血迹。他亲眼所见,亲手所拍。他分析了裤左裤右的血浸类型,标出若干处,为平行血迹。这又与走道,纸片上的平行血迹互为印证,互为补充。

"现在,二号血迹区,是平行线类,与局部鞋印相当?"

"我无法说这绝对是个鞋印,可能是。"李昌钰话留三分。

"三号血迹区?"

"它们的印迹证据(二维),明显是一些平行线,乃是被一些特定物品留下的。这个物品有特定设计,这些印迹相互覆叠,有多重影响。"他指的是那个物品在那个区域反复印制。

"你刚鉴定的平行线印迹,它们在不同地方,来自不同的方向?"

"是的。"

沙克把陪审团请下来,一一细观,算是了结了鞋印这一段。

下一个是血出类型,刑侦意义的。李昌钰在沙克的引导下,简介血形的刑侦知识:

所谓血形,指物理形状,易辨可识,与化学类型不同,前者形,后者型。

人体血液循环有三种血管,动脉、静脉、毛细血管。动脉出血为喷涌,静脉出血为流淌,毛细血管出血为渗滴。

血形鉴识足够复杂专业:低速滴,中速淌,高速喷,滴淌喷。尤其是后两者需相当的外力,血落着面不一,从平滑到参差高低。形状各异,有锯齿形、卫星形。血迹的大小又与高低有物理关系。还有着面的角度,垂直的、偏斜的。

李昌钰一面示范,一面解释,用红墨水,装在眼药瓶里,在白纸上演绎。

沙克兴致勃勃:"你能给我们再做一个示范吗?"纸上已是赤色斑斑,红云满纸。

伊藤提醒干涉:"63号让你,你正在让63号高度紧张。"63号证人是白人妇女,高龄。

"这是为什么我实在不愿做这种演示。"李昌钰不无歉意。陪审团是平民百姓,不是刑侦专业人士,看尸体看伤势,有如家常便饭。陪审团已经看够了血腥场面,很难平心看这种演示。又一次煎熬,另一次极限。

以后,李昌钰又解释了压印形状、镜像效应、静态痕迹、动态痕迹、擦与抹的区别。足够学术,足够专业,再也不使用道具,纯口头的。

终于,沙克又将血腥带入法庭,苦煞了陪审团。十五块展板,近三十张照片。每张都有几种血迹类型，每种类型都有成因。一个过程，一个效果。李昌钰款款详解，颇费周章。

在周详的解密下，图像变得异常庞杂，异常动态。让控方的版本显得简单粗浅，渐次瓦解，控方速杀说面临空前挑战。

（八十八）法庭上的几对冤家

下午开庭，伊藤发话："好了，各位律师，新规矩，陪审团近在咫尺，你们在交头接耳。我注意到，声音大到足够影响庭审，因此，禁止你们在这里磋商讨论，纽费尔德是主要的犯规人。"

考克兰接上，不无嘲讽："他不在这里，尊敬的阁下。你把他拎出来，他在纽约。"

考克兰这边打抱不平，布莱希尔那边急忙纠正："不，不，他在洛杉矶。"法庭上容不得错，尤其是面对法官，再小也是事。但是，法庭上确实没有纽费尔德。

若说此案斗到如今，还真结下了几对冤家。一是考克兰和达顿，一是克拉克和沙克。要有第三对，那就非伊藤和纽费尔德莫属了。不知为何，伊藤就是看纽费尔德不顺眼，格外地不待见。从口音到行事，常常当面训斥，纽费尔德也不省油，对之怒形于色。几次从边厢出来，都当庭将伊藤的斥责挖苦载入记录，大有秋后算账的意思。美国律师不怕法官，于此见之一斑。

一点小插曲，汤里再加一点作料。

伊藤换了话题："好了，我们的魔术表演完了。沙克先生，给我一个目录简介。"

沙克:"我们现在就有。"说完递上。

伊藤接着调侃:"看起来像电梯,我看就是电梯。"他指条目自上而下。

沙克会意,知道伊藤嫌多:"我会节省时间,新展板。"

"是的,为什么不赶快开始?"

而后,沙克的传证又添了新内容。李昌钰的评断在继续。沙克不断问:"是处在站的状态,血源自上而下?是在剧烈的运动中?"苦心营造惨烈打斗之场景。

李昌钰分析了血证以外的证据。树叶、毛发、钥匙、传呼机、信封、眼镜、扣子,附在血迹中,散落各处,都在为一个目的服务:有过激烈的打斗。这样,不仅凶杀过程在延长,而且,辛普森身上无伤,也成疑问。只是不知沙克的苦心是否让陪审团会意。

李昌钰还告诉法庭,从控方现场照片上看,妮蔻母亲的眼镜镜片双全。可是,当证物送到纽约阿尔伯尼,供辩方分析时,只有一枚镜片,另一片不知去向。照片中,信封上纸片上有泥土有毛发,但在送去的实物中,却是干干净净。勾德曼的鞋底有新的刀痕,证明勾德曼曾经将腿踢在空中。信封的位置也经过移动,一张是佛曼指着信封,另一张照片上,信封却在另一个位置。证明现场没有保持原样,被人动过。轻则疏忽,重则操弄。信封上有指形,至少外观如此。

"你能阐述机制?它是如何与指纹相符?"

勾德伯格反对,伊藤介入:"你仔细研究了照片?"

"是的。"李昌钰回答。

"你看见任何东西指向指纹?"

"只是外形。"

"谢谢,下一个问题。"指纹说宣告破产。

下一个问题是袜子。

"我准备开始讨论袜子。"展板竖起，标题：袜子的历史，证据13，1994年6月13日。给出这个数字，从编号到日期，都说明袜子的取证，远在大多数邦迪现场证据收集之前。

"我不知情，反对。"勾德伯格抗议沙克隐藏了这个展板。

"驳回。"伊藤想知究竟。

"这个展板上有三张照片，是夏皮若交给我的。"沙克推个干净。

"下一个问题。"伊藤强力推进。

"照片1是卧室？"沙克问。

"屋角地毯上有一块装饰毯。床，还有，照片中明显是一双袜子。这张照片（照片3）明显拍于不同的时间。"

"这不是在重复福特的做证？"伊藤质疑。福特是摄像师，照片非他所摄。

"不，不，"沙克急忙辩解，"我们另有方向。"

照片2是局部放大。"那是什么？"

"两双袜子明显放在两处，并非上下叠放，应分别放入两个袋子。在收取时，应检查是湿是干。内翻外，还是外翻内。物体状态及异物痕迹应该检查，然后详细记录。"

不嫌多，取证上再插罪证室一刀。

"下一个展板是13。"

"53！"伊藤纠正。

展板自角落搬出，一阵大乱。

"我想我应该给1号陪审员付危险津贴，每天六分钱。"看来伊藤度过危机，目前心情大好。满场报以大笑。马戏团的气氛渐浓，看秀的心情升温。

"2月15日，你接到我的电话？"

"是的。"

"然后你做了什么？"这种问法后面总有故事。

李昌钰应约于16日凌晨自西雅图赶往洛杉矶，检查那双袜子。好不辛苦，这就是大师的飞人生活。

"在某一时间你获准进入罪证室，你同行的有谁？"

"你和纽费尔德。"沙克纠正是布莱希尔。

"噢，可能是，你们看起来都一样。"李昌钰自我解嘲。庭上气氛极为放松。

"9点30分，10点，你到达时，检察院也有人在场？"

"是的，不少。"大侦探光临，乃是大阵仗。

"等了多久，才获允许入内？"

"长，长的等待，极长，直到12点40分。"

一众人竟然等了三个小时上下，听起来有点不恭。

"你可知道，在某一时刻，袜子将送走？"

"我被告知，下午1点30分，袜子将送往华盛顿。"

看起来是精心安排，只是有点小气，只给李昌钰一个小时。

（八十九）他们的脸色：我不受欢迎

沙克回身指向展板："这个展板定名：袜子历史，1995年2月16日，洛警局罪证室。"现炒现卖。

"在哪里检验的（袜子）？"

"小会议室。"小会议室与罪证室主体隔绝，并不影响罪证室的日常工作。

"能告诉我们用了什么设备吗？"

"在西雅图，我只是参加学术会议，并没携带任何设备。"

去洛杉矶罪证室是临时安排，在意料之外。"我要求对方提供设备。我被告知，要什么有什么。"

"到达后，他们提供了什么？"

"一个显微镜，一盒薄膜手套。"

"显微镜质量怎么样？"

"可怕，完全不能接受。"李昌钰大倒苦水，"试镜松动，检验物摇晃，也没有提供任何附件，无法让我做显微摄影。"

李昌钰对着另一张照片："七个律师，我的好朋友勾德伯格，你，布莱希尔；豪格曼，一位出色的律师；克拉克，又一个精英律师，好朋友；哈门，也是好朋友，还有实验室人员。当我进去时，我能看到他们的脸色，我不受欢迎。"

一幅照片引出这么一个感慨，让人哭笑不得。

"在开验之前，说了任何检验规则？"

"我问了检验的程序，什么能做，什么不能做。"

"他们说了什么？"

"某某人，但不是律师，是罪证室科学家，说你是专家，你应该知道！"一个大钉子碰过来。

"下一个问题我问道，有没有更好的设备让我用。同样的态度，这已是我们最好的了。我有点怒，不可理喻，难称专业。"

检验中，李昌钰只好用阅读镜，四倍放大。那袜子已非原态。血迹部分早被割去。一只袜子七个洞，另一只袜子三个洞，呈矩形留在那里。纸袋中还有纸片。照片上，李昌钰举着袜子逆光检验，这是最简单最初级的方法。手套是一验一换，无懈可击。

"你在检验中没穿专用袍,没戴专用帽,这有什么说法?"这是控方传证雅马乌齐时,有意问出的。

"无人提供实验室衣帽。这双袜子已经在同一个袋子里了。它们早已交叉污染,我穿什么有什么意义?宇航衣,全身重铠甲,仍然污染过了。"李昌钰的评论不请自来。一通宣泄,出口恶气,对罪证室的指控大举反击。

而后的做证,只是为前几个证人佐证。李昌钰见到袜子比巴登、沃尔夫晚。其时,袜子上的血已被发现。因此,李昌钰的证词只是让陪审团温故知新。

(九十)一波方平,又生一波

8月24日无庭,25日再开。克拉克缺席,勾德伯格与伊藤讨论惩戒动议,罚李昌钰的笔记交得太晚。这本是沙克的主意。

勾德伯格早上问过沙克传证的进程。沙克估计下午2点能结束。这意味,勾德伯格有足够的时间质证李昌钰。勾德伯格显然不想登场,向伊藤提出,需要时间,完善动议,毕竟动议的依据是两年前的。他要研究,两年来,法律有过什么修改,或立了什么新规。

伊藤洞若观火:"好了,勾德伯格先生,让我开诚布公告诉你,也许对你有助。拟一个惩戒动议,界定伤害性质及不公所在,最为重要。这是为什么我要求你择出笔记中的具体内容。你收到李博士的笔记是8月8日,距今已有两个星期。这十四天没有给你足够的时间?或者有内容出人意料,让你不得不应对?如李博士提出第二套鞋印的理论,应该写入其中。你是否咨询了鞋专家,这是我想知道的。我要知道违规的性质。我理解你将在下午提出惩戒动议。"

说得很客气，一点余地都没有，下午应交动议。勾德伯格辩称，伊藤此前从未给过期限。言外之意，碍难从命。他要求延至下星期。他还拿出克拉克缺席做挡箭牌，至少应给他时间去咨询克拉克。

伊藤告诉他，早上他与陪审团见面，陪审员开始抱怨了，他们实在是厌倦了。

勾德伯格终于吐露真言，希望下周质证李昌钰。伊藤不让步："坦率地说，如果我穿你的鞋子，我只用半小时质证他，把对你们案子有利的东西拿到手，质证他，用极专业的方式，符合他的名望，然后收手。"

伊藤此刻有几分信心满胸，开始指点江山了。勾德伯格再也无话，选择服从。

一波方平，又生一波，害得陪审员仍要等待。

这次争辩转入证据47号，邦迪走道上的血滴样本。争执集中在样本晾干的时间。李昌钰为此专门做了模拟实验。沙克要求入证，检察官们坚决反对。

47号证据由玛珠拉取证，一共用去十二枚布签样本。四枚送到塞尔马克，三枚送去司法部罪证室。李昌钰也得到一枚。他并没有做DNA测试。李昌钰与辩方团队有不成文默契，不就DNA做证。

从照片上看，47号证，送出的样本，外有纸包，上有冯丹尼的签字及证据序号。手续上无可怀疑。送出去的为原始证物。辩方无异议，不准备做文章。

李昌钰为什么做晾干实验？只有听完他的做证才能明了。那是后话。不过也就是几小时之后。

勾德伯格力争：当时的条件不可复制，从温度到湿度，再到保存方式。其保存时期自6月13日到8月12日，一直保存在冰箱里。保存时，试管平放，因样本上下叠放，形成三明治效应，因此内外干湿不同。李昌钰的试验则是试管立放。因此，由湿而干的环境条件不一样。罪证室是一管八枚，李昌钰是一管六枚。

总之,一个证据,被双方分析得复杂无比。除去试管,还有室内干湿度,通风皆无法复制。因此,坚决反对入证。

轮到沙克,则力辩实验的背景是玛珠拉取证后,在常温条件下,放了一夜,待其晾干,然后由冯丹尼包好,并签名。而雅马乌齐曾打开割取,他做证说,没发现异样。另一证人为辛普森抽血,8毫升。针管上有刻度。其中1.5毫升不知去向。就是在这个背景下,人们发现布签包装上有血迹。这是李昌钰做实验的本衷,看看一枚样本晾干需要多长时间。

李昌钰的实验,自现场取证起,完全按玛珠拉的证词,一步步模拟,直到晾干,只用了三个小时。因此,一夜足够晾干了。他又做了不同尺寸样本的实验,结果仍是三小时晾干。然后,李昌钰将布签放入冰箱,并用摄像机监控整个过程,种种严密跟踪下,结果仍是一样。

伊藤问:"在加州证据法中,可有任何条款说,如果条件偏向某一方,我就可以不遵守条件相似的规则?"

"没有,"沙克承认,"如果在上述条件下,他们有疑问,可以自做实验证明我们错了。"

伊藤批准控方反对,不准这个实验入证。至此,今天两个争辩,各打一棍。公平至极。

(九十一)某事蹊跷

最后一程,沙克竖起展板1356,上有8张照片。他把李昌钰请下来,为法庭讲解:1994年6月25日,他去罗金汉搜证,自大门到辛普森卧室。凡是可疑的地方，都做了辨血测试。唯一发现血迹的区域，李昌钰发现三滴，极其细微难辨。显然是罪证专家们疏忽了。沙克对这种细节是宁滥毋缺。

"这些血与手指皮伤一致？"

"极少量的血。"

"与严重割伤一致？"

"不。"

沙克要的就是这个：此血并非来自中指的割伤。用心之精微，陪审团能领会？

若干发现，若干铺垫，近乎滥竽充数，沙克仍是乐此不疲。终于，沙克祭出最后一击。

"我提请你注意这张照片，上面注明：纽黑文，能解释一下吗？"

"这是1995年4月2日，我在纽黑文拍的。原装柄斗，也就是证据布签套上纸袋。终于过来了，剩下的最后一枚。"

这张照片显示，布签纸袋上有印染的血迹。该证据，一共用了八枚布签，五枚去了塞尔马克，两枚去了联邦司法部，一枚到了李昌钰手中。

沙克又展示了其他七枚柄斗的放大照片。乃是李昌钰在场，趁开封时亲手所拍。从HA到HE。另两张是DOJ1和DOJ2。DOJ代表司法部罪证室。照片乃是辛姆斯所摄。沙克逐张核对，忙了一阵。

七枚照片中四枚纸袋有血迹印染，塞尔马克和司法部各两枚。

"博士先生，你能告诉我们这些血迹的形成吗？"

"这些血迹印染机制相当直接与简单。一个湿布签接触到纸袋的表面，导致印染传递。这不是可能，这是科学现实。"

"我们有七枚柄斗，有四种类型。"李昌钰指四种血迹印染形态，"有些属移动印染，有些属直接印染。但是我们并没有七个印染。"

听起来有点乱,但足可会意。七枚中有四枚染有血迹。李昌钰对每种印染类型都做了详细分析,耗时不短。

"李博士,你对处理证据布签可有经验?"

"有,早年做过不少。"

"那么这类布签晾干的经验呢?"沙克不用实验,用经验代替,规避伊藤的禁止裁决,"你能给我们表述一下吗?"

勾德伯格等在那里:"反对,经验太模糊。"

伊藤:"反对无效。"

"大约三小时可以完全晾干。"李昌钰说出实验结果。

"你做过,或者有人做过?"沙克得寸进尺。

勾德伯格仍是:"模糊!"

李昌钰的"是"字同时出口。

伊藤:"回答有效。"

"当你使用布签,你是等干了以后,再放入纸袋?"沙克开始文火炖肉了。

"是。"

"你可曾有过经验,把未干的布签放在纸上?"

勾德伯格又是反对,火气大盛。三小时晾干说,被沙克走私进来。

伊藤允许李昌钰回答。

"将引起印染传递,我对操作、晾干、包装有许多经验,如果你将未干布签放入纸袋,会有痕迹传递。"

"尊敬的阁下,答非所问!"勾德伯格期待伊藤阻击。

伊藤这次直接介入,越俎代庖:"你是怎么晾干的,博士?"

"我在开放空间,在试管里,在平台上,盖上东西。"这实际是李昌钰刚做过的实验。

"在你的经验中,把布签留在试管里,一般有多长时间?"

"我们一般让它过一夜。"

"下一个问题。"伊藤把提问还给沙克。

"当你们留一夜,结果如何?"

"都干了,八至十个或十二个小时。"

"好,根据这些血迹印染,你的评论?"

"说起行为方式,某人必须把布签放入纸袋,引起这样的印染传递。谁干的?发生了什么?我不知道。"

"请你告诉我们,这些布签自6月13日下午6点30分放入试管,6月14日早上7点30分取出。我们可以确定它们都晾干了?"十三个小时!

"确定。"

"那么对这些印染传递到纸袋上的血迹的存在,你有何见解?"

"在这种情况下,唯一的评论我能给的:某事蹊跷!"

勾德伯格如丧考妣:"动议,清除'某事蹊跷'一词!"

"无效,律师们过来见我。"伊藤准备边厢。

"我相信这是最后一问。"沙克生怕节外生枝。

伊藤索性将陪审团送出,再回来与双方律师会议。哪知沙克与同事讨论片刻,又提出再问三个问题。于是刚下堂的陪审团又被请回。

"李博士,你给陪审团最后的回答是:'某事蹊跷!'你能解释其中含义吗?"

"我的意思是,有七个布签,也许应为八个。"指加上他自己收到的那个。"四个血印,纸上传递的血印,如果七个都是晾干的,我应该看不见任何湿迹留痕。如果七枚都是湿的,我应该看到七个湿迹留痕,我只看到了四个。数字不对,凑不上。应有个合理解释,我没有!"

"谢谢！"沙克心满意足，不用三个，一个全齐。

"某事蹊跷"立刻成了辛普森案的名言，余音绕梁，百日不绝。日后，陪审团中有接受媒体采访者，无不加以引用。控辩双方的回忆录也专章记述，无一漏过。

（九十二）质证李昌钰的压力

早在分配质证李昌钰，勾德伯格就知道，摊上了一个大证人，有史以来的，令人生畏的。所有的人都在期待或者等待。对控方而言，有几分战战兢兢的。勾德伯格初始很是不满，认为有人卸责，有人挑拣。真的投入以后，又发现未尝不是个机会，可以建造荣耀。

预则立，勾德伯格早就开始收集李昌钰的资料，他对细节有惊人的嗜好。有如沙克一般，渐渐地，他对眼前的资料，开始怀疑了。记者们在造神。

看看《纽约时报》引述一位知名律师评论："如果我是克拉克，听说李昌钰来了，我将彻夜难眠。"

这是世界上最大的报纸，不吝用尽溢美之词。李昌钰在人们心中的地位，不言而喻。

勾德伯格有个好助手，迪安娜。三十出头，也是心细如发。勾德伯格使用起来，得心应手。她交上来三英寸厚的剪报。

李昌钰虽在本案中是辩方的重器，但在他的职业生涯中百分之九十五是为检方做证。因此有文章形容，李昌钰一出场，检方都是踏着舞步，辩方则颜色沮丧。而陪审团都是规眉顺眼，说什么，信什么。康州的律师总是告诫其他州的同行，遇到李昌钰，休打贬损牌。你越抹黑，他越君子；你越贬低，他越高大。唯一策略，简单应付，赶快送神。

这也是伊藤对勾德伯格的建议：简单就是"好"。能捞点什么，赶快捞。

勾德伯格与李昌钰通过几次电话。李昌钰总是和善风趣，但一接触实质，立刻顾左右而言他。勾德伯格也不在意，毕竟是人家的证人，究其实是敌对的。更何况，自己也是藏着掖着。大家一起玩猫捉耗子吧。

勾德伯格发现，这个敌对证人的特点。一是从不把话说死，二是有洁癖，对涉及个人名望的事很在意。

交谈中，李昌钰对雅马乌齐的"不换手套说"，耿耿于怀。反复申明，他当时一物一换。勾德伯格也在场，认为雅马乌齐所言不虚。

自然，是沙克专辟一章，为李昌钰大出腌臜之气，攻击罪证室怠慢敌意。勾德伯格比任何人都能理解，那个罪证科学家是指谁。

读罢这些资料，勾德伯格越发不语。

自1979年到1989年，李昌钰走过四千到五千现场，调查过过千的强奸案。李昌钰是顶尖的指纹专家、重建现场专家、毛发专家，还有血清专家。勾德伯格不信他有那么神，认为任何一项，都得终其一生，才敢夸耀。而四术兼备，绝不可能，尽管他叫李昌钰。

这还不够，单子上还有：笔迹，弹道，灾祸，武器，纵火，罪犯形拟，罪犯心理。

更不可思议的，康州有一座桥塌了，州里要员第一个电话就打给了李昌钰。可是李昌钰并没有任何工程背景。

学术上，李昌钰主持过上千个讲座，发过二百篇文章，写过二十本书。

他把这些说给克拉克和达顿听，两人一个听得花容乱颤，一个大喘气，不停地叹："大忙人，大忙人。"

总之，他们也不信。

但是，说起如何质证这位神探，笑归笑，克拉克可是谨慎多了。勾德伯格准备了两套方略。一个顺受逆取，客客气气中，套得对控方有利的证词，充分利用李昌钰说话留有余地，有洁身自好的癖。另一个玩坏的，强力质证李昌钰神话，造一个枪手的范型。

克拉克对后者大表不赞同："当你纠缠他究竟夸耀了什么，这对本案毫无意义。可能是这样，也可能不是这样。目前为止，他并未实质伤害我们什么。这样太危险！"

勾德伯格承认，后一方案不仅冗长，而且可能打雁不着，反叫雁儿啄了眼。质疑和手中有料，相去甚远。

此刻，勾德伯格还不能理解，什么是你越抹黑，他越君子；你越贬低，他越高大。

尽管克拉克否决后一套方案，勾德伯格仍想说点什么。李昌钰在那个飞行员杀妻案中，曾宣称两阶段纠错法，为李昌钰版本。实际，这种方法早已有之，甚至在他从警前。

克拉克立即反对："我不想让你提著名的案子，这太危险。"这个案子是李昌钰的成名作。克拉克无疑更具法庭经验，更能从利弊着眼。

"除去批评袜子存证不当，李并没有批评洛警局。我不想逼他攻击警察。如果我质证他，我会只问袜子、柄斗和脚印。就这些，走进去，跑出来。陪审团已经倦了；他们什么都听不进去。"

克拉克与伊藤所见略同。

（九十三）勾德伯格质证李昌钰

8月28日，勾德伯格质证李昌钰，他没有只花半小时，像伊藤建议的那样。也没有走着进去，跑着出来，如克拉克说的那样。他八面围攻，冷炮不断，一天不足，半天有余。

在传证之初，沙克曾在法庭外将勾德伯格截住，口气甚为恼怒："你与李昌钰通话避开我，你保证过不会这样。"

勾德伯格应答："没那事，我写信给你，告诉你，我要和李博士通话。我打电话，他说要得到你的同意。我再打电话，他说已经问过你，你说可以。"

"无稽之谈，你告诉我，谈话时会有我。"显然是沟通不良。

"白瑞，那是你的幻觉，我从不曾提过那个话茬儿。"

"无法忍受你。"沙克不依不饶，还未传证，场外已是火气十足。

到了质证，勾德伯格在走廊里遇到沙克，也是截住对方："过去这些年里，我遇到过许多对手。他们性格各异，我从未与他们有如此不愉快的关系。这只是让事情出现不必要的困难。"沙克截断，一脸诚恳："你是说，我们刀枪入库？"真是相逢一笑泯恩仇。两人都是大度之人，终于没有成为第四对冤家。

勾德伯格这个人，很像沙克，重细节，较真，但平时为人，属性格绵和一类。对名并不那么热衷，对工作足够狂热，对团队向来忠诚，属踏实苦干一类。在控方座次上，大体排在五六位，前面应有克拉克、达顿、豪格曼、凯尔伯格，算不上什么核心。倒是个肯落力的老黄牛。但是，勾德伯格善文字，笔力雄健。动议一类，大体由他主刀。这方面是公认的好。

他的口才更为出色，用词简单，句子精短，鲜有用介词、复合句，把一大堆乱七八糟的词拼在一处的造句，就像开火车一样。因此，听起来极为省力，所谓言简意赅。

文字也好，语言也好，很多人以为丰词丽藻、长篇大论就是有才。其实，达到这一步，不过是刚刚满师，将将毕业而已。真正文字江湖的大作手，往往善用小词，短句子照样鞭辟入里，力透纸背。

美国这个社会极重传播。宗教要灌输，政治要宣达，知识要推广，商业要推销，文化要传承，在在样样都借助演说。因此，美国人在口才方面一向便给。这个国家是律师当道，不是工程师治国。前者张口即来，后者闷葫芦，浮在水面，摇摇摆摆，让人看着发愣发木。

美国政客中十之八九是律师出身，提问表达，高手层出不穷。美国的政客若是不善言辞，如卡特福特等，往往不能做长。

纽约州前州长科莫，现在州长的父亲，就是演说大家。他从不用复杂的言辞，他的演说常常是慕名者趋之若鹜，但是真要投票，就未见得给他。科莫是民主党自由派，是美国政治光谱中的左翼极端，属少数派。欣赏他的人有，不分左右，支持他的人就不多了。

这与有些官员不一样，照本宣科，冗篇宏论之后，就是不知所云。眉眼低视，面无表情，言者滔滔，听者渺渺，所谓老太太的裹脚布。

若论这种品质，考克兰、夏皮若、贝雷都不弱。他们是老手，知道话说给谁听，不是对手，不是证人，更加不是法官。他们在说服陪审团，其中有人连高中都没有毕业，哪里听得了法律名词繁多的阔调？

在美国法律界，一直有一股力量，主张用简单英语，对抗复杂的律例繁文。这是一股清流，旨在让普通公民摆脱律师，自讼自应。其实许多案件都是发生在公众间的事，没那么复杂。但是平民不谙律令，不会写法律文书，不知法庭程序，只能被迫求助律师。律师则借此聚敛，使公众对律师这一行是离之不能，恨之入骨。

考克兰们对刑侦科技都是二把刀，尤其对付飞速跃进的高科技，如DNA

等。口舌犀利有如贝雷，得势时能把人逼得跳楼上吊。真遇到新事物，已无学习的兴趣，远不如沙克们、勾德伯格们。廉颇老矣！

对新事物有追求者，如克拉克、沙克，在言辞上过于律师化，一句话问完，往往煞费琢磨。深度有余，平易不足。有时表达不畅，要不断地说，这句不算，重新组织。

这些毛病，勾德伯格没有，一句是一句。因此，他遇上李昌钰，两人交锋，十分精彩。李昌钰这边并非土生土长，表达不如母语为英语的人那么自如。有人甚至讥讽他英语很破。但是他从不用大词，也是简单明白。破归破，意思很清楚，也是一种别样的享受。

可是李昌钰毕竟是李昌钰，英语不那么好，脑袋却够用。下面的精彩片段，不按话题，只按顺序：

"你们在罪证侦查中，使用RFLP技术？"

"是的。"

"你们使用PCR技术？"

"是的。"

"李先生，在罪证鉴识时，你们使用PCR技术，对人们犯罪锁定或排除？"

"是的。"勾德伯格强调PCR，乃是针对辩方专家证人芮勾。他称PCR技术不靠谱。这是以子之矛攻子之盾，让李昌钰否定芮勾。勾德伯格提起南非和前南斯拉夫集体屠杀事件。

"在你的传证中，提及人类辨认案件，你们使用了什么技术？"

"人类辨认基本是析骨技术，依赖人骨，小样本。我们使用PCR，没有其他选择。没有足够的DNA分量自骨中提出，我们不得不尽力而为。如果有足够的DNA，RFLP是当然的选择。"

李昌钰用"不得不"，传递了信息。RFLP比PCR优越。勾德伯格偷换了概念。李昌钰们用 PCR 辨别人骨，不是辨别人类中那个辛普森。李昌钰一个"不得不"，呼应了芮勾，让勾德伯格的得分打了折扣。

"李博士，这可是你宣称的立场？罪证科学家，在 PCR 技术成熟转入罪证鉴识中，最有资格评估这门技术？"

"我认为罪证科学家对我们采用的方法有发言权。"勾德伯格这一问搔到了李昌钰的痒处，李昌钰顺势发挥，"什么是可靠的程序，什么是可靠的方法，罪证科学家，我们有自己的选择。无须生物化学家，或其他的科学家，对我们说三道四，发指示。"

看来李昌钰和巴登有同样的心结。对医学界、生化科学界，自视为名门正宗，自视为正宫嫡亲，视罪证鉴识、尸检为左道旁门，为雕虫小技，为小妾偏房，甚为不满。

芮勾恰是生物化学家。勾德伯格借助李昌钰打芮勾，此时有了点意思。不知陪审团是否领会？反正在回忆录中，对此颇为自得：从李昌钰那里挖出了宝贝。

（九十四）无视劝告，李昌钰的成名作终被提起

"涉及人类尸体的案子，你那最著名的案子，你亲历，但是并未在案发之初去现场。"勾德伯格终于没听克拉克的劝告，提起那个李昌钰的成名作。

李昌钰知道他要说什么，谢字已经出口："非常感谢。"

"是人民告克莱夫茨，可正确？"

"是的。"李昌钰难掩喜悦。

"海伦·克莱夫茨被她丈夫杀害，他将尸体用碎木机粉碎。"

沙克一脸狐疑，他不知道此案，要求边厢。这可真是异数了。

到了边厢，伊藤也有疑问："我们将提及什么？用 DNA 鉴别这是谁？"

"还有常规血清。"勾德伯格补充。

沙克抱怨这是突然袭击，在陪审团入庭时，控方职员拿来一厚本资料。告诉沙克，将提及克莱夫茨案件。"他可能知道李昌钰的所有案件，但我并不知道。"

"能让他做个详解介绍吗？"沙克问道。

"我不知道他是否真不知道。"勾德伯格有几分不信，"尸体被粉碎后撒到户外，在那里有一段时间。"

"是的，我很熟悉。"张口的是伊藤，不是沙克。

"我是唯一不知道的。"沙克自嘲，"这是碎木机案子？"

"一点骨末，他们做 DNA，他（克莱夫茨）说，他妻子出走了。他给了不在场证明，说她……"伊藤续侃。

"她分居了。"这次是克拉克接茬儿。她忘记给勾德伯格的警告，休提这个成名作。

又是伊藤："她实际被撒到北边。"

七嘴八舌地，给沙克讲了一个大故事，扫了一次盲。

回到法庭上，勾德伯格继续问："生化证据，撒在两千五百平方英尺的区域里，在河边，大雪覆盖……"

"大部可能已入河中，只有极小部分留在岸边。"李昌钰补充，"我们把雪化掉，一寸一寸的。我们不知道会得到什么。树叶、碎石，我们一一辨认确定。"

勾德伯格简述了方法过程，请李昌钰证实有分量的东西都沉入桶底，然后在碎石中寻找生物证据。李昌钰纠正若干误解："不全是，有些物证可以直接收集，指甲、骨屑、牙齿，可当场辨认的，就直接采证了。"李昌钰还发现了一把剪子。

"它们还是人类生物样本和其他样本混在一起，如鹿骨。对吗？"勾德伯格的意图渐现，"即使如此，它们（证物）仍然合格。你决定使用DNA技术？"

"正确。"

20世纪80年代中期，DNA技术尚在开发阶段，李昌钰已经引入刑侦，应算是刑侦方面开先河的人物。不过当时只能辨别男女，与十年后，眼下的辛普森案，不可同日而语。勾德伯格的用意在此，那个年月，DNA技术如此初始，都能定罪，何况今日？罔论什么PCR可靠与否？

"所以，在那个案子中，即使所有的生物证据都混在一起，你们仍然能验出结果。"勾德伯格将匕首自图中拉出：相比之下，冯丹尼们何错之有？

"是的。"

"根据你的经验，"勾德伯格提出另一个话题，"不仅你的罪证室，而且遍及国内及国际，即使对极为严重的罪案，录像并非常用的技术去鉴识犯罪现场，调查现场？"

此问针对辩方指控，现场搜证时，没有实时录像。

"这是很困难，多数，多数谋杀案，我们都建议录像，而多数案子我都看到录像。不过偶尔的，也有没录像的。"不幸，洛警局搜证除去辛普森家那份就没有录像。那个录像也只是为了自保。

"你是否同意？"勾德伯格不甘心，"阁下，现实是罪证专家面临经费短缺？"

"这只是一个各自判断的问题。如果你想录像，你定能找到摄像机，不管警察局有没有。我不知道，我不是到这里告诉你洛警局的经费如何。"

生生踢到铁板上。且不说洛警局有录像机，有摄影师，也确实录了像，如袜子，周围那铁桶般围住的长枪大炮，也让勾德伯格难圆其说。

再回到DNA，却是另一个角度。

"在做DNA实验时，你们用纸巾代替吸血纸，为了省钱？"

"早期，我们不得不，我的罪证室是在男士洗手间。不夸张，真是男士洗手间。你只能因陋就简。"

"晾干设备，直到近来，生物物证都是在室外晾干？"

"那是15年前。"李昌钰纠正他那"直到近来"之说，"我们没有晾干室，甚至到现在，我们仍将衣物晾在室外。在室外晾衣，无错可言。那个味道让人受不了。不能把整个实验室的人都撤离疏散。"

"这种做法停止了，是因为一只狗，叼走了一个强奸内裤的证物？"

"我们派了一个人看守，一只野狗冲过来，叼走了一件衣物……只是一件内裤，不是全部，至此而后，我们派两人看守。"

这个段子，被勾德伯格认为是神来之笔。他和克拉克在回忆录里都有提及。大有天下乌鸦一般黑的意思。谁也别说谁。

（九十五）李昌钰捍卫他的名言

"说起荣·勾德曼的牛仔裤，你说，'我看到平行纹的印迹。与印迹一致。'那是否意味：我不肯定是，还是不是？"

"我非常确定它是。但是身为科学家，我通常只通报本人所见。"

"与某事物一致，是一个词组，通常在不确定时使用。不是吗？"有点空对空，语义学的讨论，"某些时候？"

"是的。"李昌钰承认，静等包袱抖出来。

"在邦迪现场有些证物，你无法确定是……鞋印？"

"是的。"

"信封属于哪一类?信封可能是布纹的印记?"

"我比较过布纹的类型,没有类似可匹配的。"

"是指牛仔裤,还是衣服?"

"衣服。"李昌钰心细如发,牛仔裤哪里会留下平行印痕?勾德伯格的坑没挖好。

"有任何可能是来自凶犯的衣服?"勾德伯格再试。

"我不知道凶犯穿什么衣服。"轻松化解。控方也不知道,他们从来没见过凶犯衣服的影子。

"你可熟悉,某种男汗衫袖口的编织类型?"

"不知你指的是什么?如果说织物的设计,你有编织的类型。那不可能是平行直纹类型。我看不到其他横向的类型(也许指织物的经纬纹路)。"不知道指的是什么。这个回答也费解。

"印在信封上的可能是某种布料纹路?"

"这极为困难,如果你看表面,那是一个平面。某物必须有某种重力。或本身就是平面的……不是有曲线的表面(袖口),我没有看到曲线类型,我没看到布面纹路。"李昌钰拒绝符合布纹印迹说。

"……我们现在转到47号柄斗。这是你的观点,李博士,科学经常无法对我们所见所闻做合理解释?"勾德伯格开始专攻有血迹的柄斗(棉签)。

"我干了一辈子,仍然有许多现象无法解释,无法报告。"

"那是否意味着,身为罪证专家,你看到某事无法解释,就是某事蹊跷?"

原来,勾德伯格等在这里。

"是的,某事不对!"

"这不是很平常吗?看到某事,无法解释?"

"如果一切正常,那一定能够解释。你提到47号印迹,不管如何,你看到湿印,那就是某事蹊跷。"

李昌钰捍卫他的名言,寸步不让。

"即使有湿印,这会引起该样本变成另一人的样本?"这句话见了真章,有极重的分量。

"这是非常困难的问题,如果是原始柄斗,不会改变。如果不是原始柄斗,就会改变。"

话到此,勾德伯格只差一步:如果47号样本中,湿的柄斗和干的DNA结果一样呢?那湿不湿,干不干,又有什么特殊意义呢?

"假设我是罪证专家,自橱柜中将柄斗取出,它看起来干了,我并没有脱下手套去试,看是否干了。我看起来干了?"

"有经验的专家应该知道多长时间会干,一旦你把它放在纸上,你应该看出干湿。用手试,只有业余的会那么干。"

勾德伯格终于迈出那一步:"如果我们得到的结果一致,(DNA)那包装过程,会引起错误的结果吗?"

"理论上不会。"李昌钰算是退了一步。

如果陪审团会意,勾德伯格应该化解了"某事蹊跷"。但是从日后陪审员接受采访看,人人提及某事蹊跷,却无人对这一问有什么说法。

勾德伯格未再深究,又开始问某教科书,李昌钰在其中写了一章,有关寻求干湿度的科学解释。

"你能给我们解释,多一点细节,晾干的柄斗湿度问题吗?"

"如果是我写的,我解释。如果不是我写的,就没有必要。"

"我的意思是山沙包夫的章节。"

"那让他解释。"

勾德伯格本想延伸话题，却讨了个没趣。

（九十六）勾德伯格另立一说

该谈袜子了。

"这是否可能，博士，以你的见解，在脱袜子过程中，如果某人手伤了，他会把血留在袜子的脚趾部分。当袜子的内面翻出来时（2面和3面），脚趾部分触及第三面？"

"我无法排除你说的可能。"

勾德伯格投影了两幅照片，质量上乘，明显比李昌钰的好。李昌钰感叹："质量好得太多了。我就没有特权看到这些照片，直到最后一刻！"话中不无讽刺。

"这是否正确，这双袜子自内而外翻出来了？"

李昌钰承认，至少一只如此，另一只在是与不是之间。

勾德伯格指着趾部："它是否接触到了第三面？"

"我到这里不是做推测的。但它是在那个区域。"

勾德伯格得意非常，把照片给陪审团传看。勾德伯格自认对第三面的血迹立了一说。可惜这一说并不能排除辩方的质疑，顶多是两说并立。辩方的工作是探雷，越大越多越好。控方的工作是排雷，有一个都不行。所谓排除合理疑问。此其一。

勾德伯格忘记了，袜子上只有妮蔻的血，并没有什么"某人手伤"的血。而如果是手伤的血，就不可能是妮蔻一人的。C面的血就应该是辛普森的。因为这是他的袜子。因此，立论完全无据。此其二。

又是柄斗，再见杀招。

勾德伯格投影出三幅照片，乃是血本 42 号，妮蔻的血。

"这个样本，你检查了？上面也有湿印。"

"我在笔记中已经注明。"

勾德伯格又调来以前的展板："这里显示，它说：妮蔻身下的血。我们看到过的 47 号。你相信是同样过程所致？我的意思，湿印，就我们所见，两者都有（42 号、47 号）。"

"它们是印染，但印染的类型不同。"李昌钰说，他曾试图找出原因，但并不成功。有点不知所云。没有正面回答。不知陪审团做何想。

"是因为不同的布签，不同的组合？"

"是的，是的。"

勾德伯格又是浅尝辄止，没有追问下去，既然湿印两者都有，尤其是妮蔻的柄斗也有，那就不存在某事蹊跷的可能。

勾德伯格扔下袜子，又回到脚印。这一段问答，混乱不堪，争执不断，照片质量好的，李昌钰没见过，FBI 的图表也是第一次见。总之，控方的"保密"也不差。6 月 25 日，李昌钰拍的照片与实际图表对不上，李昌钰指责放大没有包括他的"脚印"。

勾德伯格则暗讽李昌钰没用三角架，用了金属卷尺，导致角度不足，导致反光。

李昌钰再反驳，提醒勾德伯格，他在邦迪现场只有 20 分钟。一场交锋，乱得可以。

争执后，双方划出一个大概区域，把李昌钰的脚印塞了进去。双方也同意，有两个直纹痕迹，其中一个实为泥瓦匠在水泥未干时留下的。李昌钰看到照片并无异议，质量清晰。

另一个直纹印痕是勾德伯格的重点。

"好了，现在，是否有理由相信，我们确认 13 日的和 25 日的照片是同一个位置？"

"是的。"

"你见到波浪水纹形？"放大后并非直纹，但是彼此平行。李昌钰一直使用"平行"一词，因此无大碍，"在 25 日照片上，这样说是否公平，它并未出现在 6 月 13 日的照片上？"

李昌钰有异议："13 日照片因卡尺，闪光灯造成反光，影响辨认。所有的可能性，你可能看不出，随着时间迁移，这脚印变得深，变得暗，反差越来越大，变得容易辨认。除非你看到它，你才会拍照。"这也算一说。

在勾德伯格追问下，李昌钰不否认在 13 日的照片上，看不出脚印。勾德伯格继续，这次祭出一段录像，放映前，他问了几个问题。

"李博士，你是否同意，如果脚印留在邦迪走道上，是在收证之后，在警察解除封闭后。这些脚印应与罪证无关？"

"我无法完全同意，只能根据你的范围而定。有时罪犯会重到现场，我们必须纳入考虑。"

"不算某些纯属推测的事情，只说通常，如果一个警察或市民，管他是谁，在拍照之后，在现场关闭之后，留下脚印，是否与罪证无关？"勾德伯格这个"之后"，实指封锁后，再解除。

"如果在血里蹚过，那仍是很严重的。"李昌钰不留余地。

"如果是无目的的闲逛，你认为很严重？"

"是的，是的。"

勾德伯格渐渐感到贬低嘲讽的后坐力。

放完录像，勾德伯格问道："如果录像中的某位警察留下脚印，在现场关闭之后，那能帮助我们查出罪犯？"

"我不认为那两位警察留下了脚印。"

"阁下，你可曾查过录像中警察的鞋？"

"如果是警察制式鞋，我不认为是平行纹。"

"如果，陪审团已经听过见过洛警局的各种鞋样，这会改变你的观点吗？"

"如果你能把鞋拿来，我能立刻告诉你这些鞋纹的类型。"

"那非我所问。如果波兹阿克（FBI鞋专家）做证介绍过警察鞋的纹路样式，显出范围极广？"

"那，你去问波兹阿克吧。"

笑声四起。

"如果是警察、妮蔻家属、邻居走过，这种可能性能排除吗？"

"我不能排除。"李昌钰还是退了一步。

（九十七）那，你们就打一架

沙克再传，前来救火。

"现在，我们首先谈谈信封上的印迹，纸片上的印迹，还有牛仔裤上的。这是你的理解，这些证据都是6月13日收集的？"

"是的。"

"这个展板的题目是印迹，印迹证据在邦迪。李博士，这印迹1，印迹2，印迹3，它们是印迹吗？"

"是的，与印迹相符。"

"在科学事实和解读之间有一个界限？"

"是的。"

"这些印迹是科学事实?"

"是的。"

"你刚看了录像,警察们在现场关闭后走了出来?"

"是的。"

"为了在牛仔裤上留下印迹,他们必须踩在牛仔裤上?"

"理论上应该如此。"

三样证物中,至少信封和牛仔裤是在现场解除封锁前被取证的。取证前不许无关人员踏入现场,包括制服警察。

"展板1338,四幅照片。纸上印迹,同幅照片放大,信封上的印迹,同幅照片放大。一张纸片照片标明PLP,一张信封的照片标明PLP。"PLP是平行纹的缩写。

"李博士,这些都是平行纹?"

"是的,阁下。"

"录像中,警察会在上面留下印迹?"

"不。"

李昌钰做证,传证质证都很精彩。私下里,勾德伯格赢得了辩方律师的敬意。这个安静绵和的检察官,冷静专业,又不失野心勃勃。他没有放过质证大神探的机会,试图为检方挽回失分。

他在回忆录中,记下几宗,自认为是神来之笔。

他问李昌钰是否能估计打斗的时间,李昌钰坦言不能,这让他得意不已。其实,这并未改变李昌钰长时间打斗之说。

经过打斗,凶手身上应有伤痕。因此车上、罗金汉都应有大量的血迹,这是辩方的理论。勾德伯格对此质证:"如果凶手自后搂住勾德曼,一刀割断咽喉，你认为凶手身上会染满鲜血？"这是尸检处长 L 博士的版本。李昌钰回答："可能不能。"此回答不过或是一杯不满，或是半瓶空着。李昌钰的回答无任何意义。勾德伯格自认为检方扳回一分。

在克莱夫茨案中，李昌钰的证据都是经过密封，带入罪证室。勾德伯格对此质证，李昌钰并不否认。勾德伯格因此认为打击了沙克对冯丹尼们的指控。其实，沙克并未指控他们将证据密封。沙克攻击他们将血证长时间放在无空调的取证车中，使 DNA 降质。冯丹尼们收集的是血证，而李昌钰收集的是人骨，乃两种不同的物质。

还有一说，勾德伯格使李昌钰承认，用手触及证物，并不会改变 DNA。这仍是鸡同鸭讲。沙克攻击，不换手套意味同一副手套先接触甲后接触乙，会导致不同的血证相互混合，导致交叉污染。

除去神来之笔，麻烦也有。

那双袜子质地为尼龙，为了证明血在尼龙布质上晾干的时间，勾德伯格提及李昌钰参与写作的教科书，书中有表格，记录物证晾干的时间。

沙克就势要求边厢。到了边厢，沙克提醒："他把窗户打开了。"伊藤立刻意会："这个意思刚从我脑中闪过。"

考克兰见竿就上："请批准李昌钰柄斗血迹晾干试验入证。"

只因勾德伯格提及物证晾干时间。

一身冷汗，勾德伯格急辩："我只提及时间，并未提及实验。"伊藤接受。躲过一劫，勾德伯格几乎闯了大祸。沙克也应后悔，操之过急。也许再耐住性子片刻，这个门就真的打开了。

传证质证结束，李昌钰终于走下证人席。

待陪审团离去，李昌钰提议与克拉克合影，毕竟是美国有史以来第一大案，值得留念。沙克没忘记这位新对手，当庭大呼："还有汉克（勾德伯格）。"

于是三人肩并肩，茄子一咧，众人一笑，好来好散。

留影完毕，克拉克对李昌钰手中的巨人版放大镜大大赞叹。直到克拉克离去，李昌钰才憬悟，应该送给她。于是，就托勾德伯格带到十八楼去，替他奉上："告诉玛莎，这个送她了。"哪知勾德伯格面上，立现醋意。李昌钰就半开玩笑："行，那你就和玛莎打一架吧。"彼此哈哈一笑，握手惜别。

李昌钰的公关游刃有余，让人想恨都恨不起来。

（九十八）控方背城借一，辩方垓下之围

李昌钰做证一了，双方来到最后一关：佛曼录音。汉河楚界，对控方而言，背城借一。对辩方而言，垓下之围。天上掉馅饼，岂能不尽情享受，暴殄天物？

8月29日，伊藤知道，录音入证辩论一天不够。因此，敬请陪审团不要出动。他这边在庭上会见律师，控辩双方一共十九名有牌照之律师。

控方人数不多，克拉克、达顿、柴瑞·路易斯。后者是佛曼专业户，总提辖，粉丝兼保姆。初时是自告奋勇，现在是临危受命。所有涉及佛曼的事，都由她操办。

其实，控方团队中，真正和佛曼熟悉的是勾德伯格。他与佛曼认识多年，又打过交道。他也曾在回忆录中为佛曼抱屈，那是另说。今天反正未出席，待在十八层楼上。

辩方阵容盛大，考克兰、卡达辛、贝雷、尤曼、道格拉斯、布莱希尔、沙克、纽费尔德，几乎全员到齐。

市里派出两名律师代表洛警局，佛曼毕竟是警队一员。

新闻界不甘寂寞，联合聘请了律师，要求法庭公开录音，分上一杯羹。

Ⅳ 何罪之有

ACLU也派出一名律师，要求公布录音。这个ACLU的全名是公民知情联盟，历史悠久，威名天下。几乎凡是美国重大事件，内政、外交、国防、经济、选举、种族、犯罪，乃是法庭常客，无所不在，无孔不入，无役不与。法庭听到这个ACLU都是门户大开，请君进来。因此它派人进来，无人惊讶。

当然还有录音拥有者麦金尼的两位子鸡律师，只有佛曼的律师没有露面。

当日，《洛杉矶时报》《纽约时报》均有若干摘录登出。伊藤不满，盘问辩方是谁泄露。考克兰答得不痛不痒："在向法庭交动议时，办公室文员疏忽，忘记将动议密封了。"这回法庭干员也难脱干系，伊藤吃了个哑巴亏。

早上9点，麦金尼进入法庭。身材高挑，肌骨嶙峋。颜薄脂浅，骨感十足。四十有余，却是长发过肩，作少女态。

宣誓后，尤曼先问两人如何相识的。麦金尼告知：她当时是自由撰稿人，正在构思一个关于女警察的选题。她坐在咖啡馆内，正在玩笔记本电脑。那时，笔记本电脑还是稀罕物，常常会有人过来瞧个稀罕。佛曼来之前，已有人问过。因此，佛曼上来搭讪，麦金尼也不为怪。当时，佛曼未着警服，麦金尼并不知道他的身份。佛曼是自来熟，麦金尼也差不到哪儿去，二人随之热聊起来。麦金尼介绍了自己的选题，一个女警察的遭遇。佛曼立刻表明自己的警察身份，并且告知，自己对女警察极为反感，曾参与一个组织，叫"男人反对女人"。

这让麦金尼大为兴奋。说曹操，曹操就到。两人顾不上交浅言深，一拍即合。麦金尼请佛曼提供素材，并给他一个名分，剧本顾问。于是就有了这些录音。两人约定，剧本如能卖出，佛曼报酬为一万美元。

"佛曼是否知道你在录音？"尤曼问道。

"是的。"这极为重要，非法录音，不能入证。

"你把录音放在桌上？"

"是的。"光口头同意不行，还要亲眼见到。

"在你记录录音时,可做过任何修改?"

"没有。"原汁原味!

为了这个选题,麦金尼还采访了十五到二十名警察,其中也有女警官。在采访佛曼时,曾有三次,有第三者在场。

"在这些记录和录音采访中,'黑鬼'一词是否被用过?"

"用过。"

"你从来没有将佛曼未曾说过的话加入记录?"

"没有。"

尤曼谨慎前进,细细推问。

伊藤发话了,对着尤曼:"让我问问你,出于强烈好奇,你认为任何法庭会允许你将这41例全部入证?"

"我们认为有17处,应是绝对可以入证的。这些不仅证明他说了N词,也绝对显示他有种族仇恨。"

伊藤不置可否,请他继续。

尤曼每放一段录音,就会问无数问题,要知道这些问题何等无聊,请看一例:

"你记得这些话都是出自佛曼警官之口?"

"是的。"

"是何时何地?"

"在第一次录音采访时。"

"4月2日?"

"4月2日。"

"你是如何立即记入笔记的?"

"一天或两天之内。"

伊藤不快了："原谅我，麦金尼女士，就4月2日采访而言，你在一天或两天内全部记入笔记？"

"是的。"对此，尤曼以后就不能每例必问了。

但是，也有让克拉克们惊心的。

"这是一个真实事件的叙述？"

"这是实际发生的叙述，据佛曼警官所说，此事就发生在昨天晚上。"

"所以，他在告诉你，前一晚发生的事情？"

"正确。"克拉克的模拟角色之说危乎殆哉。

到了第十一例，伊藤又介入了："如果她说的都是录音中的，我不需要听了。我已听过所有的录音，也读过文字记录。"

尤曼不服，坚持温水煮青蛙："控方声称只是角色模拟，而我们认为他实际说了N词……"

"你有录音，你有文字版本，你已经将它们记入法庭记录，我们还有什么可以做的？"

两人一人一句，一个不耐烦，一个不让步。

"我们认为我们有能力让证人向你证明，她实际将在陪审团面前做证，佛曼这些陈述是定见，是他个人经验，不是文学，不是剧本创作。"

伊藤无奈："好吧，继续，请理解我已听过，我已读过。"以后数例，克拉克都出言反对，使用了伊藤的理由，伊藤却又支持了尤曼。

（九十九）伊藤让克拉克七窍生烟

中间休庭，伊藤嘱咐法警下午带陪审团去逛街。看来，他对听证并不乐观。下午回来，伊藤一席话出乎众人意料。

"尤曼先生，在休庭时，我有机会好好想了一阵，我同意控方所说，我，法庭已经得到足够的内容，已经读了全部文字。这些文字都是你打算提供的。我体会到你打算提供的，有着压倒一切的公众利益。我不愿意让法庭处在一个位置，显示法庭愿意参与压制信息，那直接牵涉到公众利益……"

"此刻，我建议，尤曼先生，你放整个录音，不要间断，我将再听一遍，为了公众利益。"

听了此话，克拉克七窍生烟，怒极，气极，晕极。赞成控方的主张？控方何曾主张录音都放？控方主张立即停止，市里也不会主张都放。这不是听任人家打自己的脸？伊藤完全是指鹿为马。

于是，尤曼顺水推舟，来个"不间断"。"黑鬼"一词在法庭上前赴后继，不绝于耳。又通过 CNN 的法庭频道传向全国全世界。

至此而后，不仅控方束手无策，就是麦金尼一方也是如丧考妣。本来，伊藤不可能将四十一例全部入证。尤曼也只提出 17 例。那剩下的部分，即使不够精彩，也能捞上一票。出个佛曼录音完整版，自有人要，总能撇出点油水来。现在一放，不间断，全部成了公众资产，一个子儿都见不到了。

克拉克的沮丧愤恨更深一层，当初放伊藤一马，其实有个约定。伊藤先谈何者入证，再谈约克是否应传。此事，伊藤本愿配合，但另一法官并不受约定钳制。他，次日就下了裁决：录音中，约克的部分与本案无关。如此一来，倒果为因，伊藤再也不必为约克担心。克拉克想反悔都不能。伊藤实际又是自由之身。控方不能再传约克，当然无理由让伊藤回避。伊藤成了断线的风筝，离弦的箭。难怪这几天，伊藤神定气闲，敲敲打打，左右开弓，仍是庭上的一尊神！

克拉克此刻大为后悔。当初真不该行妇人之仁。应该当机立断，做掉伊藤，即使不能流审，也可断臂求生。如果克拉克再深想一层，也许会明白伊藤的苦衷。可惜直到她的回忆录出世，都没有想到。

伊藤话说得冠冕堂皇，眼前却有个重大危机。按照尤曼的问法，很快就要面临警察暴行，栽赃作局，尤其是七十七分局的事。这个麦金尼不仅采访过佛曼，还采访过七十七分局的其他警官。他们谈了什么，暂时无人知道。媒体调查确有其事，FBI 的调查是既无此事，也未死人。如果从麦金尼口中说出确有此事，怎么办？

就在中午，勾德曼的父亲在法庭外召开新闻发布会，怒斥这是辛案审判，不是佛曼审判。再让尤曼问下去，岂不成了洛警局审判，FBI 审判？这可成为世界嘲笑的大丑闻。

伊藤的做法也是断臂求生，这是对整个司法系统的救赎。

（一百）佛曼录音所有人麦金尼小姐

轮到达顿，敌意甚浓。理论上，这不是质证，不是正式开庭。陪审员不在场，只是入证辩论。

"好，你会见佛曼先生时，可曾告知，你正在写电影剧本？"达顿有意向文学创作上拉。

"我告诉他我在创作，但是基于事实。"

达顿换花样，连着问三遍。麦金尼不耐烦："我相信，我回答了你的问题。"

"剧本中所有的事都是真实的？"

"我不知道，也许所有的事都是真实的。"

"你可曾查过警察记录？"

"我怎么有权查警察记录?"

"麦金尼小姐,你的印象是,我们是敌对双方?"

"你和我?"

"对。"

"不是。"

"你还记得那个事件,在豪伦博克,四个男子,据佛曼所说,被他和另外三位警察暴打?"

"当然。"

"你查过警察记录?"

"没有。"

"你查过民事案记录,看看是否有人诉讼?"

"没有。"

达顿所提,乃七十七分局的事。麦金尼告知法庭,她的剧本以七十七分局为蓝本。她的采访所及,只是男人反对女人,男警反对女警。

伊藤动问一句,倒是画龙点睛:"在你的剧本中,可有副线,警官之间,有种族仇恨的情结?"

"没有,仅仅是男警反对女警。"

此后,双方竟然激辩了近四个小时。伊藤无法当庭裁定,决定用去一天,再细细斟酌。

8月30日,无庭。伊藤法官要细细斟酌。8月31日,实际也无庭,直到下午4点。

伊藤用去差不多两天。在前日,法庭一放完佛曼录音,仅是精简版就满庭气氛凛冽,侵人肌骨,静场达几分钟之久。勾德曼怒目圆睁,锁住辩方律师。勾德曼的妹妹低声抽泣,范纳特的脸色由红变紫,由紫转黑。夏皮若对考克兰低语:"就是它,此案已定。"语中不乏乐观,不无欣喜。考克兰则摇摇头,不表赞同:"还早呢。"沙克毫无快意:"伊藤不那么简单。"最冷静的,莫过于辛普森:"不要把球踩炸了。"

以往休庭,道格拉斯总是最忙。他职司公关媒体,在九楼开"发布会",给媒体喂料。这个发布会地点在男士洗手间。每当他一出九楼电梯,此层乃媒体专用,记者们立刻蜂鸣蝶舞,随他进入男士专用洗手间。女士们则在外面徘徊,怨声载道。拦截每一位出来的人,追问有什么新闻。本来洗手间,哪层都有,道格拉斯选择这一层,求的就是非正式与媒体会面。

洗手间发布会,是男记者的最爱,女记者的最恨。那日,道格拉斯只有两个词形容:阴森,恐怖。

这两日,辩方难得清闲。聚在一起,一等裁决,二集思广益,为着最后一战。布莱希尔提醒大家,随着时间的推移,现场证据收集与预计质量之先后,应是弱向走势。此案正好相反,7月3日,后门的血才被采集。经过风吹日晒,其DNA质量竟会比6月13日的高。8月13日,在袜子上发现妮蔻的血,8月26日,才在野马车上发现勾德曼的血。至此,三人的血各自在不该出现的地方出现了。这,实在太完美了。

道格拉斯通报旅行社职员做证一事,此证人原定8月29日出庭。提交动议时,控方坚决反对,认为无法确定此人接听了辛普森的电话,只因旅馆的通话时间记录与电话公司不符,前后差了三分钟。该职员声称,通话人自报是奥兰索·辛普森。因前妻死亡,要改飞回洛杉矶的时间,与辛普森的陈诉大致相符。

除去时间差了三分钟,辛普森也未报全名,漏去中间的简姆斯。因此,无法证明,彼辛普森乃此辛普森。

伊藤裁决:"我能容忍三分钟之差异。"

克拉克没完，直指伊藤不公平，端出前例。控方曾要求传一个妇女保护中心的职员，证明在妮蔻死前几日，接到一个电话，对方自称名叫妮蔻。因前夫追逼，要求去中心避难。伊藤以无法确证是妮蔻·布朗·辛普森为由拒绝。

道格拉斯通报，控方反对的真实理由，并非什么时间差异，只因这个职员将做证，她在电话中听到杯子打碎的声音，而辛普森道声对不起，停了片刻，才重新回到电话上。

另一个芝加哥证人，酒店前台职员，将做证，给了辛普森创可贴。

沙克大有疑问："浴室中有电话？"回答："没有。""那他在哪里交谈，听到杯子破碎声音？"回答："电话在床边。"

此事乃是辛普森律师的困扰之一，而且是个大困扰。于是话题打住，有议无论，集体做了鸵鸟。

（一百零一）伊藤判决让辩方大怒

下午4点，电话铃响，是法庭助手罗伯森的。她要传真伊藤的裁决。传真前，她撂下一句话："你们不会高兴的！"

传真拷贝后，人手一份。真的是满座皆惊。尤曼一向温文持重，读着传真，高声大叫："他在×我们，只准进两条？只有四行？"

更莫提这是十一个小时的录音，一百多页的文字，四十一处的N词，还有十八件警察恶行。如此判决，还提什么栽赃？

伊藤裁决：辩方证伪，准予录放或展示如下段落：

第八条，"在我长大的地方，没有黑鬼"。

第十三条，问："他们为什么住在那里？"答："那是黑鬼的地方。"

"法庭发现，剩下的例子（三十九例）将因严重偏见之危险导致失真。这个失真将是巨量的，压倒一切的。"

"尽管如此，陪审团仍有权自麦金尼口中听到，在过去10年中，佛曼说过黑鬼，达四十一次。这将攸关他作为证人的诚信，就像此前有个证人，并未有过犯罪记录，而被想当然视为证词有假。佛曼也不应被如此认为。"

"这个特定的种族仇恨字眼，乃是当今美国社会中，最具侮辱，最具煽动，最具挑衅的词汇。本庭查验了所有42例，显示不仅是词，而且是内容，只能加剧倍增侮辱煽动的性质。"

在裁决中，伊藤严厉抨击了栽赃理论：

"对这个理论辩方唯一能提供的证据，是罗莎·洛佩兹给了佛曼对辛普森有利的证据，但是佛曼压下，不曾上报。

"记录并不支持这种声称，这个宣称需要在法律和逻辑之间有个巨大飞跃。而眼下呈现在陪审团面前的证据无法完成这个飞跃。这只是理论，并无事实支持。"

洋洋10页。人们未及读完，考克兰办公室里已是骂声一片。×的×的，不绝于耳。查普曼恨声不绝，哭了起来。这是当场唯一的女人。唯一的女性反应，唯一没有脏字的表达。

考克兰走出来说："把人都叫来，我们开新闻发布会，没什么能阻挡我们，× 他们！"

整个团队，只有夏皮若一人在外，而且很远。接到传真后，他要求等他到了再说。但无人同意，现在！立刻！火已冒上了天。

小小电梯塞得满满的，个个面色悲愤。外面停车场上，早就水泄不通。媒体一听到裁决，无须召唤，不请自来，都是兼程赶到。

考克兰站在话筒前，后面是辩方团队，这也是开审以来最大的发布会。

"兰斯·伊藤的裁决，就这个国家刑事司法而言，是误导，是最粗暴、最不公平的决定。它在误导陪审团，极不诚实。全世界都知道佛曼是什么货色，但是陪审员不知道。辛普森是被诬控的人，我们相信是被陷害的。这个无法理喻，无法辩护的裁决，坐实某些人所说。这个司法系统肮脏腐败，掩盖包庇正在继续。"

说完拨开众人，转身就走，一个问题都不回答。

当晚，夏皮若的怒色出现在每一台电视机上，恶语响彻每一间起居室，控方团队都是在电视上看到这一幕的。

次日，克拉克见到勾德伯格："汉克，你怎么想？"

勾德伯格大舒一口气："玛莎，这是最终结果。我想说"胜利"二字不为过。"

"我同意，你听到他们说兰斯（伊藤）是掩盖的一部分，是阴谋的一部分？"

"难以置信，不公平，这可能算是不道德。不过他们知道在干什么，他们在寻求回报。"

这是公开的秘密。在美国体育比赛中，你会看到主教练们对着裁判的判决张牙舞爪，暴跳如雷。其实，谁都知道，那是半真半假做戏。压迫裁判讨个回报，再给对手一个犯规。所谓会哭的孩子有奶吃。

"我猜会让他们传更多的证人。"勾德伯格同意。

（一百零二）考克兰被激怒了：我恨这个口气

9月1日，也许是开审以来最乱的一天，一则劳工节来临，人心浮动。二则伊藤的裁决，对所有人而言都是出乎意料。劳工节并无固定日期，历来是9月的第一个星期一，这一年落在9月4日。因此，9月5日才会再开庭。

伊藤裁决后，本该麦金尼出场。而辩方经过这一晚商量，决定将佛曼录音先放在一边，来个人海战术。因此，当庭提出几个证人，辩方准备传证：辛格、豪格、凯瑟琳、泰瑞。因此，9月1日这一天极为重要。他们要让陪审团在劳工节假日会见亲属时，知道越多越好。

庭一开，考克兰就迫不及待地告诉法庭，沙克有话说。不过，他先要与伊藤有个了断。

"你选择的两例，不允许我们证明，他对此案做了什么，也许在刑控司法史上，还没有哪个证据能达到如此证伪的水准。这些话能出自某人之亲口。"

考克兰继续把此事向历史未有的高度上拔："你的判决前后不一。"这个"前后不一"正是伊藤批判辩方佛曼录音的用词。现在，考克兰拿来回敬。考克兰的用词还是精心选择的。除去这一句，他向法庭解释昨晚新闻发布会，不是针对伊藤本人，而是针对判决本身，不涉个人恩怨。

考克兰这个态度应回溯到昨晚。辛普森在会见室里枯坐了三小时，不见任何律师来访，这可极为少见。考克兰总是安排律师轮流去见他，一是沟通方略，二是减少他在囚室中的时间。

昨天，因为过于激愤，竟把此事忘了。辛普森回到囚室，才有机会打电话问为何如此。

"我在律师专用室，整整5个小时。只听到妮蔻·普瓦斯一个人在那里扯，没有一个人来。我只知道被 × 了，却不知道是怎么个 × 法……"

尤曼告诉辛普森是怎么个×法。考克兰在一旁大吐怨气："今后再无法信任这个法庭。这个法庭允许做梦入证，允许恐怖的尸体照片入证，允许18年前的家暴入证……"

尤曼建议，明天（9月1日）开庭："我们将开诚布公地告诉他，他如此做法实际是认为辛普森有罪。"

这可是严重的指控，明说伊藤已经择边。这对美国法官是极为严重的事情。法官的职责是公平主持。有如拳台上的裁判，只管惩罚犯规，不管胜负结果。除非是击倒胜（KO），台上的裁判才能自行宣布胜负。这与罪犯认罪或控方弃诉相当。

"我不希望伊藤被攻击。"辛普森大表不赞同，"这是长周末，亲友将访问陪审团，他们会告知此事（攻击法官），那些女人中，有人喜欢伊藤，整个陪审团都崇敬他。我不希望任何陪审员听到法官认为辛普森有罪这句话，即使我们知道他确实如此。"

在那个时刻，辛普森是最冷静的一位。

因此，考克兰虽然知无不言，却不能言无不尽。他发泄完怨气，告诉伊藤，辩方将在9月5日开庭时，提动议，撤销裁决。

此刻的伊藤也是口气极硬："这在我意料之中，我等着。你甚至可以下楼走一个街口，去上诉法庭，如果你不喜欢这个裁决！"

考克兰被激怒了："我恨这个口气，我是一个男人，和你一样。尊敬的阁下，我恨那口气。"

伊藤命令众律师去边厢。克拉克在一旁窃喜：这回有好戏看了。算一算总账吧，本来自昨日发布会起，攻击法官掩盖继续，已足够办考克兰一个藐视法庭了。违规、罚款或上报律师监管会。克拉克断定伊藤不会容忍。

"在此刻，我已选择忽略容忍你星期四的新闻发布会，以及你已涉及藐视法庭。现在我要让你知道，你的发布会让我受伤，伤及我心。我选择忽略容忍是基于我们长期的关系。我希望能维持友谊。"

至于惩罚？伊藤再次念起："让我们深深吸两口气。"

克拉克杏眼圆睁，不相信自己的耳朵。这个伊藤竟会咽下这口气？达顿更是愤怒，想起自己几次罚款，还有藐视法庭，气火攻心。在休庭后，他一路推推搡搡，一路×的×的，骂个不断，把走廊里的人吓得不轻，纷纷走避。

达顿的失态，是辩方的开心果，叫着要为他请心理医生。还有比这个更开心的吗？这次，没有人按他那个按钮，他自己跳了起来。

（一百零三）我们认为打开了一个新的口子

"法庭可能还记得，在开审之初，我们曾要求拿到犯罪现场的照片小样。"终于轮到沙克了。

所谓照片小样是指135胶片原尺寸洗印的照片，它能反映照片拍摄的前后顺序。

"昨天，我们终于看到这些色彩美丽的部分小样。我们能看到它，只因为FBI的伯德兹艾克要求提供，以备在驳质李昌钰时使用。审查了小样，我们发现佛曼手指手套的照片是在夜间拍的，因为前一张和后一张都是夜间拍的。这里有极为严重的含义。很早以前，控方曾提供一个摄影师罗尔夫·诺克的报告。他告诉探长鲁波，他在午夜12点以后到达现场，等待范纳特和佛曼。他们到达后在他们的指示下拍照。后来，他们在回答尤曼时，又提供了经过修改的版本，显示照片是在夜间拍的。但是现场记录看，诺克的到达时间是3点25分。即使是3点25分，那仍是夜间。而佛曼经过宣誓的证词是：此照片是早上 7 点拍摄的。这也是菲利普斯的证词。这也与探长兰和范纳特的证词一致。他们让佛曼回到现场比较手套。"

伊藤会意:"所以你认为需要这套小样?"

"是的,我们需要这套小样。我们认为打开了一个新的口子。不仅可以对佛曼辨谎证伪,而且也可对其他探长在两个现场之间的来往辨谎证伪。"

沙克胃口不小,要揭开警察为互相掩盖包庇的串证。

"沙克先生,你昨天见到的小样(部分),上面有顺序号码?"伊藤问道。

"是的,有!豪格曼告诉我们,他记得几个月前,纽费尔德曾向他要过小样,但他认为小样并不存在。"

"我还记得,我们曾有过这个讨论。"伊藤突然想起。这就有些奇怪了。三方都没想到,既然有胶片在,就能印出小样。至少,辩方也未坚持,要法庭命令印出一套。究其实,就是在那一刻,辩方也未料到,其中有大宝藏。

豪格曼随之告诉法庭,小样正在洗印,坚称是刚刚找到的。

"好吧,洗印完先交给沙克先生。待他审完后,看看有什么说法。"

沙克并不想让这个话题停息:"这事重点在,我们要求了很长的时间,他们一直说没有。等到他们需要驳质李博士,突然地,这个小样就有了。"

伊藤截住:"拿到小样,你看后,我们再说。"

(一百零四)没拍照时,他离手套有多近?

此事意义何在,应回溯到昨晚。纽费尔德向团队通报,他已获得部分小样。佛曼手指手套的照片在第一卷上,前后皆是夜间的照片。沙克脑子好:"佛曼做证,那张照片是早上 7 点或更晚照的。洛杉矶那天太阳升起的时间是 5

点 30 分，而西技保安公司的保安看到他在 5 点 30 分离开罗金汉辛宅。"沙克分析，手套照片是在佛曼去罗金汉之前拍的。或者在天亮之前，有过多次两个现场的往返。

分析到此，沙克拍案大叫，兴奋至极："照片里，他的指头离手套只有三英寸远。在没拍照时，他离手套有多近？"

佛曼做证时，始终坚持，他没有机会接近手套。

之后，辛普森的电话进来了，沙克仍在大叫："我逮住他了。我逮住他了。"

贝雷到得晚，不明就里："我和这个欠 × 的家伙打交道，已有一年多了。告诉我，你是怎么逮住的？"

"我们这里有照片目录，我们有他的证词，纽费尔德还有小样。"这时沙克已经兴奋到极点，"我拿到证据了，我拿到证据了。"

辛普森的记性也不坏。他记得摄影师诺克曾说过，他在 4 点钟拍过照片。这是他初次在警察的报告中提及。

"那是对极了。他的第一次报告与照片相符。然后，他又有了不同的故事。而且同时，检察院扣住了照片小样。"

这是昨晚的事。今天沙克又增加了内容：其他警官说谎串证，显然是漏夜赶了工，查对了他人的证词。

这样，佛曼除去 N 词，又被发现了另一个伪证：手套拍摄的时间。而控方吃证，其他警官掩盖串证，三管齐下。

伊藤刚刚裁决，无证据证明佛曼有栽赃嫌疑。几乎话声未落，辩方居然卷土重来，又添了一个大乱。

（一百零五）录音里都是真名实姓

一个大乱不够，考克兰再添一个。

"蔻曼女士今天休息。她在电话上待传，只要你今天准许传她。她做检察官已经十六年了。她入行时，我是助理检察长。我认识她已经很长时间了，但这与她在本案的关系并无关联。

"1994年7月19日，她在处理投诉。她和探长或警官波迪有过一场谈话，就在这个楼里。波迪到此处是为立案，当时有关佛曼可能在罗金汉栽赃手套的传闻浮出水面。她对波迪评论，说这太荒谬。波迪的反应是，这并没有什么荒谬的。他不会放过佛曼，认为他完全清白。他告诉蔻曼自己在西洛杉矶分局与佛曼搭档的经历。尊敬的法官，那时波迪新婚，娶了一个犹太妻子。他自蜜月返回，认定佛曼在他的更衣柜上画上纳粹卍字标志。蔻曼和另一位检察官朱丽叶·瑟勾简被激怒了。波迪又告诉他们许多佛曼的往事。

"后来，1994年7月，另一个检察官艾伦·伯克又告诉蔻曼，有一个黑人警官在烧烤聚会时，听到佛曼谈及并讨论他与妮蔻·辛普森的关系：她的隆乳看起来极美妙。伯克并未说出那个警官的名字，但是蔻曼查出这位警官叫马克斯韦尔。

"也许一天或两天之后，另一位探长，名叫马克·阿尼森，来找蔻曼立案，这仍在1994年7月。他告诉蔻曼，他早就知道妮蔻隆乳那段故事。他也听过另外两个警官提及，他同样未说出他们的名字。

"然后，在1994年8月初，这个蔻曼检察官去见克拉克和豪格曼，这些传闻让她纠结不安。她与克拉克是长年的朋友。当时克拉克和豪格曼正在办公室里，蔻曼告知了耳闻。在周末，她又听到，佛曼戴着纳粹标志游逛，蔻曼也一并告知。克拉克听完：'这是牛粪。'豪格曼说：'应该找这些警官查一查。'克拉克又说：'这是辩方制造的牛粪。'"

伊藤打断他："考克兰先生，原谅我打断你，让我回忆一下。我不是曾下令，把调查这些人的报告给你了吗？"

这事让考克兰有苦难言。辩方确实收到了法庭转的内调处的报告。可是，关键处皆用涂改液涂过。考克兰一直认定是伊藤所为：将关键处抹去。

"我们得到的报告，是经过修改的。它本身说明了掩盖包庇，因为报告中看不出什么。"考克兰愤愤不平。

"容我继续，克拉克就那么牛粪牛粪不断。蔻曼女士告诫他们，这迟早会传入辩方耳中，他们一定会质问检察院为什么不通报。这就是这位诚实的检察官准备做证的内容。之后，克拉克又发怒：'我早就受够了。那些检察官试图卷入我的案子，只为了炒作自己。'蔻曼离开之后，她在走廊遇到探长阿尼森，就问他辩方是否知道。他说可能已经知道了。因为他们有帕佛里克。在他们交谈时，另一检察官伯恩斯在场。

"到了1994年8月24日，另一个关键的日子。这位检察官接到一个电话，来自波迪。波迪想知道蔻曼是否将他的谈话泄露给媒体，蔻曼否认。波迪想知道，蔻曼为何要告知克拉克和豪格曼。他火大了，告诉蔻曼，将否认有过这场谈话，否认曾告诉她任何佛曼的事情，他将就整个谈话撒谎。蔻曼告诉他：'如果需要我做证，我会如实告知。'但他仍说他将撒谎。

"一天后，1994年8月25日，波迪留言让蔻曼回电话。他告诉蔻曼，他的故事只是说明佛曼有留纳粹标志的嫌疑，并未被证实。"

这很有趣，调查此事的正是伊藤的枕边人约克。

"蔻曼提醒他（波迪），他7月所说并非如此。波迪说这是他现在的故事。他还告诉蔻曼，他留有一份记录，记下了他和佛曼搭档时，佛曼的种种劣迹。现在，在夜里3点钟，他把记录毁了。所以，他不会向检察院交出记录。"

"1995年2月，豪格曼在电话中告诉蔻曼，他曾在早餐时，听到另两位检察官谈论佛曼的劣迹。蔻曼提醒他，早在去年8月，她就和他们谈过。豪格曼则说，不记得有谈话涉及佛曼。豪格曼表示愿意向警察们调查。蔻曼告知波迪，她将用波迪后来的版本，即佛曼有嫌疑却未被证实，然后就将波迪等人的名字给了豪格曼。她还告诉豪格曼，波迪曾有记录。那一晚，蔻曼和豪格曼有三到四场谈话。1995年，豪格曼告知汤姆·兰会做相关的调查，后又告知，市警局内调处将接手。

"1995年2月14日，蔻曼又接到波迪的电话。又告诉她记录被毁掉，他将不会做证反对检察院。不管结果如何，波迪说，洛警局正在保护佛曼，因为它认为辩方在拿佛曼做替罪羊。波迪说，如果他说实话反对佛曼，他将饭碗不保。

"1995年2月15日，蔻曼实际接受了内调处的盘问，口吻充满敌意。她这样被问：'这是否确实，你认为辛普森无辜？想助他释放？除去你丈夫，还有其他人听到你和波迪警官的谈话？'

"在16日到24日，这位检察官（蔻曼）要求拿到与内调处的谈话录音。豪格曼原本答应，当天可得。过不久，又告诉她，与助理检察长佛兰克·桑兹泰特商量后，决定录音不公开，直到案子结束。

"次日，这位检察官来到我们的办公室。我不想陷她于两难的境地，我们没有对她发传票。对她的声明，我也要求她不要签字，只需口头保证真实即可。因为某位上司已要求她拖延此事。她相信，一旦签了名，将会不得不出庭，这将危及她检察官的身份。但她说，她愿意做出牺牲。因为他们的所作所为是完全错误的。这都是出自一个他们的自己人。"

如此精彩的故事，活灵活现，都是真名实姓，而且有年有月有日，连当任的助理检察长都扯了进来，听得看客大汗淋漓，张口结舌。克拉克也在场听了这些故事，不知心情如何。

考克兰讲完故事，让人实在怀疑，蔻曼还有必要做证吗？考克兰强硬要求获得相关报告和录音。

伊藤说："在此前讨论中，我确实记得隆胸一节，但纳粹标志却全无印象。你可曾约谈过那些警官？"

"我们还没有，也许你很难相信。但是，我们相信，这是一场保持沉默的阴谋。警察们不会与我们谈这个案子。他们不会与任何人谈，检察官们，他们的饭碗命悬一线，也不会和他们约谈。露西安妮·蔻曼是极为特别的一位，也许还有一些检察官会。我们只能依靠你，我确信有过讨论（纳粹标志）。我们也将涂改过的报告拿给你，蔻曼看过报告，她几乎无法辨认。她说，你如果有了录音，你就知道内调处做了什么。他们直逼她，仿佛她是世上最恶之人。这是审查，让她感到被视为叛徒。这令人愤慨。"

"让我们回到最基本的。你是想得到波迪的记录和他的回忆？"

"是的，我们希望。"

"还有什么？"

"我们要波迪，如有必要，也要蔻曼，这只是起点。"

伊藤开始阻击："蔻曼有趣，仅因为她是'听闻'的源头。某人告诉我佛曼说了这些，她主导了这些调查，但不是第一手的。

"看，如果你还记得（报告），所有的都被涂去。最好再看看。"

考克兰发起狠来："我们要波迪、马克斯韦尔、阿尼森，我们要他们宣誓。这是我们要的。我们不会相信他们，我们要置他们于宣誓之下。这是我这个动议的本意。如果你想今晚听证，我们今晚在此，如果你想明天听证，我们明天在此。我们有这个权利。"

伊藤打了圆场："你先把报告给我，我印象中只提及波迪不想卷入。让我先看看，再从那里说起。"

考克兰是否真想传警官，无人知道。那又是一场大阵仗，等于把检察院和市警局放在火上烹，把事情搅得乱到极点。直至终审，这场戏也没开锣。

不过，这个劳工节，这个长周末，陪审团的亲友，可有足够的枕边新闻了。

（一百零六）这轮证人一完，她将看到辛普森

添完了乱，言归正传。庭上对今天传谁，又起了争执。辩方给出顺序：纳塔丽·辛格、罗德里克·豪格、凯瑟琳·拜尔、安德丽雅·泰瑞。辩方之所以把拜尔和泰瑞放在后面，就是怕伊藤把辛格和豪格毙掉。

伊藤果然发话："辛格和豪格是多余，架床叠屋。"命令传拜尔和泰瑞，然后是麦金尼。

尤曼站起来激辩，坚决要传豪格："这是唯一的一次。佛曼直接骂非裔'黑鬼'，而辛普森是非裔，因此与白人妇女的证言不同。"

伊藤无奈，言之有理，与白人妇女的角度不同，于是也无意枪毙辛格，来个照单全收，而且命令从豪格开始，立即开传。

达顿站起来，怒气冲天："我到现在还没见过任何豪格和辛格的材料。我无法质证。"辩方这边也无准备。原计划是蔻曼、波迪一干证人。因此，对达顿的反对不置可否，反倒是乐观其成。场上局面竟是伊藤一人在那里急。

达顿突然对辛普森一指："让辛普森上证人席，我们可以立刻开始。我们早准备好了。"

克拉克半开玩笑："他就在这里。"众人哈哈一笑。伊藤见众人心不在此，也就自我解嘲："好建议，值得一试。"

考克兰顺势鸣金收兵:"这个周末,我们好好想想。我已经告诉她(克拉克)这轮证人一完,她将看到辛普森,既然他们对辛普森先生那么渴望!"

这一天,就这么过去了,陪审团连个证人都没见到,就回旅馆去了。新闻界并不失望,还算热闹吧。于是整个周末都给了检察官蔻曼。

(一百零七)贝雷又获三个证人

9月5日,陪审团整整无聊了6天,才再次见到证人。第一个证人是凯瑟琳·拜尔。辩方看到伊藤照单全收,就按原计划,把出场顺序又改了回来。

在开传前,拜尔的律师要求发言,伊藤准了。他告诉法庭:前不久,检察院对拜尔做特别调查,大范围,高强度。检察院的探长们传押了她的电话记录、电话号码,并且给每个号码打了电话。这些人都是拜尔的私人朋友。该律师不知道控方掌握了什么私人资料,而他从未获得过机会,与控方沟通。因此,他要求留在现场,也要求伊藤法官有所限制,不能允许控方侵犯她的隐私,尤其是二十年前有过的一场官司。他要求法庭允许他行使法律赋予他的权利,对控方质证提出反对。

伊藤批准他坐在律师席内,允许他根据法律提出反对,如有必要还可和证人出去讨论。伊藤对证人的律师一向慷慨,一向礼遇。

控方调查证人近乎骚扰,已不是什么秘密。但是有律师当庭揭露,这还是第一次。他们对证人照顾之周到,首推李昌钰。李昌钰是大忙人,四处飞行,参加各种会议。控方派专人追随,收集李昌钰的演讲或发言。李昌钰是警察,而且资深,岂能不知?他找到机会当面锣对面鼓。那人只好道歉告退,李昌钰的脚后跟便清静多了。

拜尔律师说完，柴瑞·路易斯又登场，要求法官允许在休庭期间，让辛格接受控方询问，因为此前一直没有机会。

贝雷答复："昨夜豪格曼给我电话，要求询问辛格。我不是辛格的律师，没有权利答应。几天前，我已向法庭说明：辛格的态度是，他们知道我已有半年。我在纳什维克居住地有律师，我在此地也有。这边的律师现在度假去了，现在提出太晚了。我不能接受他们对拜尔有如垃圾的做法。"

今天，贝雷是先发。头三个证人由他传，拜尔、辛格、泰瑞。此前，贝雷事实上已遭辩方内部封杀，不再给他任何证人，几乎是共识。只有道格拉斯在一旁敲边鼓，争取机会。

到了佛曼录音出现，贝雷也着实用心，在北卡出了大力。考克兰也是心中有数。贝雷看中了麦金尼，想传证她，于是做足功夫接近。他要带着麦金尼乘他的直升机，就像拉拢帕克母亲那样。这还得了。带着证人乘直升机，失事怎么办？谁都可以死，就是麦金尼不能死。考克兰警告贝雷，冷冰冰地："你的飞机如果栽下来，上面不许有麦金尼。"

贝雷碰了一个大钉子。其实，考克兰不仅怕出事，而且早将麦金尼留给了自己。

佛曼录音受阻，只许进两条，而且轻描淡写。辩方改采人海战术。道格拉斯借机为贝雷说项。考克兰开恩，一口气给了他三个证人，并在众人面前警告贝雷，两日内把传证方案交出，那种随机兴发，且战且走，决不允许。这也是为了堵悠悠之口，尤其是夏皮若的。

（一百零八）地产商拜尔的证词

果然传凯瑟琳·拜尔流畅许多，毕竟是有备而来。

拜尔的第一份工作是地产经纪。她的第一个公司恰好在陆战队招募站的楼上，让她有机缘见到佛曼。届时，佛曼正在争取一个陆战队预备役的位子，乃是付钱有津贴的。佛曼也有这份资格，与招募站的军士比，他不仅资格老，是越战后期的占领军，而且他服役过的部队也赫赫有名。因此，到了站里，就是自己人。

拜尔做证说，她初见佛曼时，就被佛曼的高大英俊所吸引。拜尔有个闺中密友，也是高大且漂亮，一心要找个高大的人物。因此她有心介绍他们认识，做一回媒婆。

在交谈中，拜尔有意提及密友泰瑞，但是却闯了一个祸。不经意间，她提及好友最崇拜马克斯·艾伦，辛普森的哥们。看来，这个黑小伙子在白人妇女中，有几分人缘。

"在介绍谈你女朋友时，你可提及一个公众人物？"贝雷问道。

"是的。"

"谁？"

"马克斯·艾伦。"

"此后？"

"他的态度变了。他说如果让他见到一个白人女子和一个黑人在一辆车里，他会截停他们。"

"你说了什么？"

"我吓了一跳，张口结舌，我又看了站里的军官，然后说如果他们没有违规？他说，他会找到理由。我又问，如果他们正在相爱？"

"他说了什么？"

"他说，那让人恶心。我看着站里的军官，他们看起来不像恶人，我正等着他们的反应。他又说：如果按我的办法，所有的黑鬼都要抓起来，然后烧掉。我看着陆战队的军官，他们一言不发，只是耸耸肩。我泪水盈眶，就离开了。"

而后，拜尔又叙述了披露此事之经过。

在预审佛曼做证时，拜尔正在家里吸地。她看到佛曼，一眼就认出了。她当时看的是9频道，主持人在画面外评论。拜尔立刻打电话，告诉他们佛曼是种族主义者。接电话的是个年轻人，并无什么结果。一个月后，9频道的一个记者才找到他。

9频道无下文，拜尔又试图告知控辩双方。先找到夏皮若的电话，只有答录录音。后又从电视上看到考克兰，得知他也加入，于是在电话公司找到考克兰的传真号码，将自己的所知写成信，传了过去。辩方很快派帕佛里克。她在此后，也与道格拉斯交谈。除此而外，她再未与辩方任何人有过联系。她甚至不知道，贝雷质证佛曼时，提到过她。

同样的信件，也被寄到检察院，但是一去不返，再无回音。

最后贝雷问："你说：（信中）'我不是辛普森的粉丝。但是，我不愿看到任何人被佛曼警官的极度仇恨所伤害。'现在，你写这封信，或披露此事是为了帮助辛普森？"

"不，我没有这个打算。"

（一百零九）控方质证拜尔

达顿质证，简短但是有趣。有时一两个问题，就能暗示什么。

"我相信,你理解那个词,这是英语中最恶毒的语言。"

"是的。"

"你觉得受到冒犯?"

"是的。"

"当你听到这个词,你哭了?"

"含着眼泪,他能看出我是极为不快。"

"这是否真实,你仍然把泰瑞介绍给马克·佛曼?"

"我没有!"

"她(泰瑞)今天在这座楼里?"

"我听说她来了。"不仅泰瑞来了,佛曼也在,候传。

"现在,当你和泰瑞在汉纳西酒吧看到佛曼探长,你可曾对泰瑞说过:对她而言,佛曼是个适合约会的人?"

"我相信我说此话是第一次在招募站见到佛曼之后,在汉纳西酒吧之前,也在第二次于招募站见到他之前。"

佛曼正是在第二次见面时,才大露本性。拜尔立刻面临政治正确的考问。

"你可曾将泰瑞介绍给佛曼探长?"

"我没有。"拜尔矢口否认。

"你可曾与佛曼、泰瑞,还有另一个女人同桌?"

"我绝不会那样做。"

辩方面临麻烦,达顿并非一无所知。

"你愿意做证?"

"我不愿意做证。"

"你不想帮助辩护嫌疑?"

"我不想。"

"那是因为你认为？"

话未完，考克兰和贝雷同时站起，不约而同地反对。谁都知道达顿要说，认为辛普森有罪。伊藤让达顿另问问题。

"早前，你所说的一切都是真的？"

"是的，都是。"

"你可曾告诉贝雷先生，你从来没用过N词？"

"我从来没用来形容另一个人。我用过若干次，绝大多数是提及与佛曼交谈这件事。"

"除此而外，你从未用过？"

"形容别人？从来没有。"

"不曾偶尔发生在生活中？"

"不曾偶尔，在我有生之年。"

"不曾偶尔，在过去十年中？"

贝雷反对，伊藤支持。达顿似乎有点料。

"你还说控方不曾试图询问你？对吗？"

"那是绝对正确。"

"市警局也不曾试图询问你，对吗？"

"我的律师做了安排，他要求法庭记录员在场。"

"你接受过莱瑞·金和NBC《日轨》的采访？"

"是的，我接受过。"

"不是也没有法庭记录员在场？"

"谈话记录就在那里。"

拜尔应对得体，显见颇有阅历。达顿也显然知道一些，但是并未得逞。

（一百一十）这不是那个满嘴"黑鬼"的警官吗？

下一个女人是辛格。

在传证前，贝雷向法庭交代了简单背景：辛格在 1987 年 9 月 24 日第一次见到佛曼。此前三个星期，她一直在住院，治疗肾结石。她的室友认识了佛曼搭档，维特瑞诺，两人在室内约会过数次。佛曼也随之过来。辛格出院后遇上过一次。佛曼口无遮拦，大放厥词，并夸耀他们是如何用棍棒拷打嫌犯，直至屈服。以后若干次，辛格都取回避态度。这惹恼了佛曼，骂她母猪，被辛格听到，一怒之下对维特瑞诺说："那个人不许进。汤姆，你可以来。"至此，佛曼只好待在外面。

辛格和拜尔不同。她的证词还涉及警察暴力和恶行，与佛曼录音颇为一致。达顿以伊藤早就限制警察恶行的证言为由，要求禁止辛格做证，以免刺激陪审团，使之判断有误。贝雷反击："既然控方试图称拜尔撒谎，我们有人佐证，另一个证人，全然不认识佛曼。他第一次见面，就大放 N 词。既然法庭允许陪审团听到'把他们都烧掉'，警察打人的证词为什么不行？"达顿坚决否认视拜尔的证词为撒谎，他不愿担为佛曼辩护的名声。

两人你来我往，一句追着一句，完全忘记了伊藤的存在。若是过往，伊藤早就以藐视法庭，罚款多少多少了。

伊藤今天倒是异常耐心："原谅我，为什么你们的评论，不对我说：请，请，请！"

最后，伊藤允许辛格做证，但是不许提警察打人。让两人各有所获，也有所失，是伊藤一贯的作风。

贝雷又要了个小花样，先表示歉意，说自己犯了错误，忘记提佛曼对辛格说：唯一的好黑鬼是死去的黑鬼。又是一番争论。这次是克拉克说，辩方从来不曾提过此事，坚决反对入证。这个反对被伊藤推翻："这句不是警察打人。"贝雷的小花样得逞。

辛格所证正是贝雷所说。与拜尔一样，看到电视，大吃一惊："这不是那个满嘴'黑鬼'的警官吗？他居然说10年之内没说过N词？"辛格立刻联系考克兰，辩方也立刻派麦坎南过来。

"他可曾专门对某一部分人使用带N的词？"贝雷的问题很绕嘴。

"是的，他用过。"

"他是如何说的？"

"这话在这里说合适吗？"

"合适。"贝雷信心十足，伊藤已经批准。

"他说，唯一的好黑鬼，是死去的。"

辛格无懈可击。克拉克质证，走走过场就草草收兵。其中也有口误，只好向法庭道歉："今天不是好日子，一句话说两遍。"

再传时，贝雷又问："他说N词时的情景？"

"就是脱口而出，带着仇恨傲慢和敌意。"

贝雷费时不多，但是得其所需。

（一百一十一）考克兰传证得到三样东西

再下一个证人出乎意料，不是泰瑞，而是某公司采购总经理布拉西尼，临时插入的。

自从达顿问过拜尔为佛曼介绍泰瑞一事，辩方大为紧张。泰瑞这个女人出生在布鲁克林，犹太裔，离开洛杉矶很久了，因此与拜尔早就失去联系。

因佛曼否认认识拜尔,传证她就是为证明佛曼与拜尔认识,她的作用仅此而已。泰瑞本人并无 N 词的说法。如今泰瑞的证词若是与拜尔相悖,岂非得不偿失?

于是,几人去了辛普森的囚笼,商量决定将泰瑞砍去,送她回家。

布拉西尼是"零件自取"公司的采购总经理。他的工作乃是标废车,拉回来供顾客自己拆取所需的零件,然后作价买走。存放野马车的那个停车场,是警察签约单位。这里常年存放警察没收的废旧车。因此每星期二,这里定期有大型拍卖。布拉西尼是常客,每年要标几千辆车,是个超大客户。

1994 年 6 月 21 日,也就是案发的 8 天以后,布拉西尼标车完毕,随停车场主管去办手续。当时另有两人,都是标车人。四人一行经过野马车,得知这是辛普森的。众人自报章电视获知,车中有许多血迹。布拉西尼们好奇,就过去观看,那个主管也未阻止。

该区在 T2 楼里,被铁链围住,但是人员进出并无障碍。它有两个出入口。一个自露天停车场,一个自大街。布拉西尼们通常是自露天停车场入。自大街门出,一向如此。

到了车边,布拉西尼拉开乘客一侧的门,国内称为副驾驶一侧。野马车为两门车,车门未上锁,一拉就开。另一人安卓·艾伦则绕到司机一侧,也是一拉就开。两人前后查看,未见任何血迹。布拉西尼坐入乘客座,也未发现任何异常。

布拉西尼不仅寻找血迹,而且寻找指纹粉末。他常年标车,警察罚没或收缴的车中,血迹和指纹是常见物。他分别在几个窗户上用手指拭,因此留下痕迹。控方就是这样发现这个人物的。可惜不能用他做证,反而成了辩方的杀器,算是为他人做了嫁衣裳。

车内有指纹粉末,司机一侧的地毯也被割去了,证明警察已取过证。他说没有看到任何血迹，门上、仪表盘、方向盘、变速箱，均未见到。警察报告，6月14日，8月24日，两次取证，都取到血证。

考克兰传证，他得到三样东西：6月21日，布拉西尼和艾伦经过查看，出于好奇，证明那辆野马车，一未设防，二未见血，三已查过。与停车场那个被开除的司机说法一致。

然后，考克兰把控方证据照片投影，一个一个过。布拉西尼一口一个没见到。实际在布拉西尼之后，又有一位他的同事见过此车。考克兰不传，控方也不传，看来这位同事的说法与布莱西尼的没有什么不一致的，否则克拉克绝不会放过。

布拉西尼两人查看野马车时，停车场主管鲍勃·琼斯在场，他并未阻止。布拉西尼自乘客一侧出来，又绕到司机一侧，不仅查看，而且又坐了进去，仍是未见异常。

考克兰问道："你是我们传来的？"

"是的。"

"不是你自愿做证？"

"不是。"

克拉克在布拉西尼的眼睛上做文章，布拉西尼患过角膜炎，因此戴变色眼镜，遇强光变暗，以为保护。布拉西尼则说，他进入T2楼时，已将眼镜摘去。克拉克两手空空，一无所获。

（一百一十二）佛曼至少有三段时间无人相伴

下一个证人诺克，案发当夜的摄影师，也是临时加塞儿。诺克并非洛警局雇员,与拍袜子的福特不同,他直属市府,外派至洛警局,不算警员。他的工作时间是每晚10点至次日凌晨5点半,每天会出差去两至三个命案现场,工作也是很沉重的。洛警局给他唯一的待遇是一辆无标志的警车。因此,他对洛警局有多少归属感,是个问题。

就在星期一,控辩双方争辩证人准入时,纽费尔德与麦坎南赴约去了帕克中心。这个约会出乎意料,由控方安排,允许他们询问摄影师。约见时气氛松散轻松,检察院探长带来许多吃的。桌上除去吃的,就是照片小样,这是辩方追求已久的。经过诺克同意,整个询问录音,那个探长似乎心不在焉,任他们自由交谈。诺克也无敌意,有问必答。纽费尔德能明显感到他的中立立场,应该是个客观的证人。

"大约是什么时候到达邦迪现场?"纽费尔德问的是案发当晚。

"接到电话是2点48分。到现场是3点20分、3点10分或3点30分,无法确定。"

诺克签入是在邦迪后门,由菲利普斯带他走一遍现场,大约用去5分钟。届时,佛曼已经在现场,他是和菲利普斯一起到的。

"下一件事?"

"我拍摄街景和出入口。"专业称呼环境留证,"以备日后找到证人,供他们指认。"

这段大约用去25分钟到35分钟。

"拍完后,又发生了什么?"

"我相信见到了马克·佛曼,探长佛曼。"

"你可承认,昨天早上,我在警察局帕克中心询问你,你说遇到探长佛曼时是4点10分。佛曼探长可曾又带你走了一遍现场?"

"的确如此。"

"昨天,你告诉我,大约在4点20分,他指示你在树丛周围拍照存证差不多自4点25分到4点40分,根据你的估计?"

"差不多。"

"佛曼探长可指示你拍手指证据的照片?"

"不,他没有,是我要求他做的。"

"那是邦迪手套的照片?"

"是。"

谁的主意不重要。重要的是时间:4点45分,与佛曼的证词不一致。

"你要求佛曼手指手套是因为那是夜间,手套很难看见?"

"是的,很正确。"

"你记得手指证物的照片拍了几张?"

"我相信拍了两张。"

"当佛曼探长接近你时,是单独一人?"

"是的,是单独一人。"

"你也是单独一人?"

"是的。"

这也是辩方要的。警方证人都证明,佛曼从不曾单独一人。克拉克在以前的辩论中,始终争辩,佛曼并无机会单独接近手套。纽费尔德并未到此为止。

"请你参考笔记,告诉我们,探长佛曼手指手套的照片是什么序号?"

"34、35。"

"此后的8张照片是你独立判断拍摄的?"

"是,我承认事实如此。"这还是辩方要的,证明佛曼又单独离去。这样,佛曼一来一往都是单独一人。再加上日后,佛曼在回忆录里自述,他曾一人坐在妮蔻的沙发上,做过现场笔记,佛曼至少有三段时间无人相伴。

"当你拍摄佛曼探长手指手套时,你用了闪光灯?"

"正确。"

"第一卷胶卷,1 至 33 都是夜间拍摄的?"

"正确。"

"34、35 也是?"

"是的。"

"我没有进一步的问题了。"纽费尔德宣布。

他犯了一个错误,没有提及佛曼做证,声称 34、35 两张是早上 7 点钟,他自罗金汉现场返回所摄。纽费尔德努力强调照片是夜间所摄,却忘记帮助陪审团复习功课。陪审团有那么好的记性吗?

达顿质证,无法改变 34 和 35 是夜间所摄,也不能回避佛曼有单独一人的机会。他从诺克的记忆入手,诺克在最初接受控方探长的询问,曾称自己到达邦迪的时间是午夜过后,与现场签入记录不符,显然记忆不佳。达顿又引出,诺克身体欠安,每天要服十几种药。因此,记忆并不清楚。

除此而外,达顿拿不出什么办法。

到了再传,纽费尔德显然知道有个疏忽。他问道:"质证时,你承认无法给出每幅照片的具体时间,但是,你可以承认在太阳升起前一个半小时,与太阳升起后的一个半小时有明显不同?"

"是的,的确不同。"

"当太阳在 5 点 41 分升起的时候,你能分辨之前一个半小时和之后一个半小时所摄的照片?"

"我相信能够。"

纽费尔德强调了太阳升起的时间,却仍然没有提佛曼做证 34 和 35 是早上 7 点所摄。那只有期望陪审团有超级记忆力了。

（一百一十三）麦金尼得到警告，达顿将肆行攻击

这一天效率够高，证人有如走马灯。麦金尼出场时，已经是第五个证人了。

传证人是考克兰。内容大体与日前听证无异，唯一区别是今天由陪审团亲听。内容公众已经耳熟能详，而陪审团是否一无所知，也是个问题。

"你能告诉陪审团，他一共说了几次？"

"大约42次。"辩方数字是41次，控方数字是40次。

"当时，他说了带N的词，他在谈什么？"

"他在谈警察的程序。"这是指伊藤批准的那两句。这两句也因尤曼建议换了一句。将其中一句换成："她们不会出去与黑鬼交手，那些六英尺五寸的黑鬼，在监狱里养膘催肥。"

"这些词出现在谈话中，是他阐述警官如何对付嫌犯，或警官程序或谈警察局内管理层？"

伊藤不耐烦，催促："下一个问题。"

"你听了这一句，有什么感受？"考克兰遵命。

"这是他的惯常表达，无法纠正，令其更好，这是冒犯，我认为不当。但是我处在新闻采访状况，为了获得必要的信息。"

这是麦金尼对录音的自解之道。实际在录音中，处处有她迎合和吃吃笑声。做证前，她由丈夫陪同在十九楼辩方休息室中呆坐，两眼泪汪汪。她已听到考克兰们的警告：达顿将要攻击她。从诚信到金钱，从附和佛曼到男女关系。

"我不需要反应，"麦金尼继续，"也不需要判断。对不得不听的，只是听。"

"这41次或42次，佛曼说出N词。你能告诉我们，他当时的举止吗？"

"当佛曼使用 N 词时,就是平常口吻,没什么特别的,仅仅是谈话。"

"'我成长时,我们那里没有黑鬼。'你说的是这一句?"考克兰问。这句话有文字,无录音,录音被删除。

"是的。"

"就是那句他生长的地方没有黑鬼。你能与其他的 N 词做个比较吗?其间有何不同?"这句话意在盗垒,考克兰有意越过伊藤的限制。

"反对,这是推测,没有提问基础。"达顿知道考克兰要干什么。

"不予批准。"伊藤显然没醒过味来。

"你可以回答。"考克兰连忙催促。

"是的,有明显区别。这一句是冒犯挑衅程度最轻微的,与其他例子相比。"麦金尼小心翼翼。

伊藤大梦方醒,这不是直接攻击自己的裁决?

"我将删除这个回答。先生们女士们,那只是判断,那不是……对这一点,你们必须忽略最后的问与答。"

考克兰盗垒成功。听进去的还能挖出来吗?

"第二句,这是我们获准的第二句:'她们不做任何事,她们不出去与六英尺五寸的黑鬼交手。'你还记得佛曼探长说过?"

"我记得他说过。"多此一问,多此一答。录音已经当堂放过。

今天的陪审团甚为警醒,一听到"麦金尼"的名字,就腰杆笔直,目光四射,眼下又是笔走如飞。麦金尼这个证人在他们心中的分量,可想而知。

"他是什么时候说的?"

"1985 年 5 月。"

"那是他的声音,对吗?"

"是的,是他的声音。"

"没有任何疑问?"

"没有。"考克兰不胜其烦,此时"多就是好"。

(一百一十四)再来个深呼吸

9月6日,达顿上来,形容一句"大打出手"绝不过分。

他先问麦金尼和佛曼的关系。麦金尼称只是专业关系,为着那个剧本。其实,达顿手中握有麦金尼写给佛曼的情书,是佛曼母亲提供的,当然也是佛曼的意思。他毕竟有妻室,有儿女。自己捅出来,总有诸多不便。届时,两人都是单身。达顿还算克制,没有走那一步。如果真走了,一个黑皮肤检察官为白人至上的白皮肤警官曝证人的男女之私,那达顿只怕再也无法回到自己的社区去了,自己人的鄙视能伴其一生。

"你可曾授权律师卖过录音?"

"没有。"

"你可曾授权律师交易录音?"

"我曾授权律师去评估录音的价值。是的。"

这始终是麦金尼的底线。否则无法解释,她的律师为何四处招摇。

达顿问及麦金尼与控方的见面:"你告诉我,脑子里什么都没出现。"他指麦金尼听到N词的反应。

"对的,我不记得最初出现在脑中的任何事。你的问题是我第一次听到N词的反应。"

"你理解那是英语中最恶毒的词?"

"是的,我如此认为,那是最恶毒的词之一。"

"你认为还有更恶毒的？"达顿口气极为轻蔑与嘲讽。

"是的，我如此认为。为什么我们之间要有这种敌对关系？我能理解这是个恶毒的词。为什么我必须界定它为最恶毒的词？"麦金尼眼中含着泪水，话中盈着怒气。

达顿不置可否："你将在剧本中使用它？"

"当然。"

"你在剧本中使用是为了卖钱，对吗？"

双方答问已近乎爆炸，考克兰连声反对，伊藤批准灭火。

达顿不休兵："当你在场，佛曼使用这个词，你为什么不制止？"

考克兰反对，伊藤准许回答。这下可捅了马蜂窝。

"为了同样的理由。我并未制止他，当他告诉我警察办案如何掩盖，还有其他细节。对，我正确理解，准备使用这样的细节，不做任何判断。我处在新闻采访的状况。我需要细节，写真实的段落。我需要知道他是怎么说话的。"

"昨天，你告诉我们，剧本中没有种族冲突的情节，可正确？"

"没错。"

"但是，你仍将在剧本中使用 N 词？"

"确实如此。"

"好，不久前，你问过，我们之间处在敌对关系，你还记得？"

"我感觉你是。我并无恶意，你有敌意。我相信你的问题有负面的意思。是的。"

如果以为达顿是在缓和，那可是大错特错。他继续："好，你第一次听到 N 词，你没有制止他？"

"是的。"

"你第二十一次听到，你没有制止他？"

"正确。"

"你第四十一次听到,你仍没有制止他?"

"我不会在谈话和对话中打断他,不会。"

"说起你在剧本中使用这个词,你以为合适?"

"不,我不认为它合适。"

"那你为什么将其用在剧本中,而最终出现在电影里?"

"因为这是某警官在特殊场景中,特殊感觉的反应。这将代表他会说什么。"

再传时,考克兰立刻抓住刚才的话柄:"谁在表达这些掩盖的观点?"

"警官佛曼。"

"提到掩盖,他对你谈及,有或没有?"达顿反对,伊藤批准。考克兰怒从心头起。

考克兰要求去边厢。伊藤反问:"你意欲提何问题?"

"他把门打开了。尊敬的法官,有许多其他的掩盖发生,我们有权利提出。我们还来不及提,你就限制我们。"

伊藤给达顿机会作答,问他为什么打开这扇大门?让他直接回答考克兰。

"她把脏货都卸在我身上,那不是对我问题的回答。她在陪审团面前把事泄露。她是他们的证人,她偏向辩方。"总之,达顿不承认是自己开了那扇门,让麦金尼说出"掩盖"二字。

"对此,考克兰先生,你打算如何反应?"伊藤又转回考克兰。

"我们有权提那个问题。"考克兰答非所问。

"这不是我问的问题,我的问题是你将如何问问题。"

"尊敬的法官,我恨那个口气。"考克兰终于失去控制,"我是个爷们,就像你一样。我恨那个口气,尊敬的法官。我恨那个口气,尊敬的法官。"

伊藤立时将脸拉下来，命令考克兰、夏皮若入边厢。法庭书记也跟了进去，这场冲突将入正式记录。两人积怨由此公开，一个恨伊藤只准两段，一个恼考克兰公开在发布会上谴责法庭裁决。

"考克兰先生，让我对你表达我的担心。有关我们两人的关系，在此时此刻，到目前为止，我一直选择忍让。宽容你上星期四的新闻发布会，那实质是藐视法庭。"

这个帽子高高悬起，考克兰立刻噤口不言。好汉不吃眼前亏。

"让我告诉你，你的应对和反应，让我恼火。我建议你我都来个深呼吸，暂停一下，然后再回来讨论问题。"

那边，达顿和克拉克二人本是幸灾乐祸，却被深呼吸激怒了，只想看到罚款训斥，哪想到仍是如此软弱。

"你卷入火爆争论，这我能理解。"伊藤又变得那么善解人意。

考克兰蹬鼻子上脸，停了片刻答道："我只是不愿像学龄少年那样被训斥。我们确实有长久关系……所以，我将来个深呼吸。现在，我准备告诉你我将如何……"

话未完又被伊藤截断："不，我也需要深呼吸。"

两人瞬间握手言和。克拉克在一旁听得呆了。长期关系，从何说起。她并不知道，两人曾为上下级。

（一百一十五）达顿：我将出示她给佛曼的情书

短暂休庭。众律师齐集辛普森的囚笼。纽费尔德和沙克这两个纽约佬，态度甚为激烈，夸赞考克兰敢顶撞。两人受够了伊藤的腌臜气。考克兰虚惊之余，又有几分沾沾自喜。只有贝雷心如明镜，警告他："别让法官再抽你一回。"考克兰悻悻然："今天还真让那个白人抽了一回。"这当然是指那个日裔，白人的女婿。

再开庭，伊藤才继续，问考克兰有什么说法。考克兰按照沙克的建议，请求让尤曼代言。伊藤不许，考克兰才继续。

既然达顿问出了"掩盖"，按规则就无法"掩盖"。伊藤无奈，限制考克兰只能提及在检察院的谈话。

"当你提到男人反对女人，那部电影剧本，你那'掩盖'是什么意思？"

"那些警察局里的女人，不愿与那些男警察的'掩盖'有任何瓜葛。"

下一问，下一答。达顿反对了十三次，而麦金尼居然没有能给一个完整的回答。

考克兰又要求边厢。他告诉伊藤，录音中应有相关部分，中午休庭，他将找出来，然后再传。这无疑向着引进更多的录音移动。

这对控方是大灾难。达顿恶人做到底："如果，午饭后，她回来，我将出示她给佛曼的情书，证明她伪证。"

"这就是我们陷入的问题所在，人身攻击！"话是这样说，考克兰还是退了下来。

达顿仍是愤愤不已："如果这个审判因为佛曼而使辛普森脱罪，那就没有正义，法官！"

（一百一十六）这是辩方的底线，也是威胁

下午，麦金尼没有回来。豪格坐上了证人席。

豪格的故事并不复杂。但是传证他,在辩方内部却始终有争论,一直延续到麦金尼做证之前。对付佛曼的这组传证,进行得有条不紊。在战术上说,豪格已经不是非有不可,尤其是传了麦金尼后。陪审团亲耳听到佛曼的声音。

道格拉斯反对,查普曼反对,两人都做过公共辩护人。所谓公共辩护人是指政府出钱,选聘律师为贫穷人士做法律援助。因此,豪格这样的人见得多了,自然觉得传他是得不偿失。卡达辛怀疑,夏皮若不置可否,最坚决的是考克兰。他的理由也很可观:这是唯一一起,佛曼直接对非裔兄弟骂出黑鬼。这比佛曼在白人圈里口无遮拦更为嚣张。贝雷和尤曼则坚决站在考克兰一边。

临传前,辩方内部就此投了票。郑重其事:六比二,传!此刻,唯一能制止的是辛普森本人。他有否决权。辛普森不喜欢豪格,也不觉得非他不可。但是他没有反对。

在传麦金尼之前,控辩双方已就传豪格有过一次激烈交锋。达顿告诉法庭,他有一份报告:"就我理解是佛曼以外的警官看到豪格卖可卡因给一个叫汤普森的人。"

考克兰不满:"我能对此事向法庭阐述,我反对他的说法。这个人经审判无罪释放。在法庭上这样说他,对他不公平。"检察官不能对法庭判决另做评论判断,这是规矩。无罪判是终审,任何人无权改变。这与国内检察院有抗诉权不同。

伊藤让考克兰继续阐述,要听个究竟。

"警察们着手逮捕豪格和汤普森先生。豪格跑了。他跑时,明显撞到佛曼警官,把佛曼撞倒在地。当时,豪格没有被抓住,他被列入通缉追捕名单。日后,他被捕,但是脱罪,就是因为没人证明他贩卖毒品,所以豪格贩卖毒品罪不成立。该案与此案无关。"

伊藤拿到报告,看了一眼:"这就是那一刻,佛曼探长说,我告诉你,我们将抓住你。"

"我们能专门为你解释此事。真正情况是，豪格非常非常了解佛曼。他截停豪格超过二十次，骚扰他，找尽麻烦，甚至在骑自行车的时候。"

美国警察不允许当街截停行人（注：9·11事件后，纽约警察允许当街检查，引起不少讼案），检查他们的身份，除去驾车。因为车辆可以成为杀人武器，在有意无意间。正常情况下，也应有正当理由。但是理由之正当与否，无人能界定。因此，佛曼才有机会或理由截停他不喜欢的驾车人。

不过，在9·11之后，美国警察又多了一个变化，允许看到任何可疑之人，可以截停，然后轻摸身体，查看有无武器。若是没有可以放行，与检查身份无关。

"豪格从来不知，他撞倒的是佛曼。当佛曼逮捕他的时候，豪格被指控有意撞警察，袭警。那个指控不成立，撤诉了。他们逮捕他时，让他手扶墙，铐起，然后进入警车。这就是此事发生的情况。他对豪格说：'我们迟早抓住你。'然后就是N词。我不想谈他（豪格）被撤诉，除非他们谈此事。"

这是辩方的底线，也是威胁：你们愿深入，我们就谈起诉罪名，就谈判决结果。

（一百一十七）达顿质证豪格

考克兰先简单问了豪格的职业：电话维修技工，现在芝加哥居留。

"警官佛曼可曾对你说了什么，当他坐在前排乘客一侧，而你坐在后排时？"

"是的，他说了。"

"你能告诉陪审团的先生和女士们,在1987年1月,佛曼对你说的话吗?"

"是的,阁下,在那一刻,佛曼转过身来,看着我说:'我告诉你,我会抓住你,黑鬼。'"

"你听清楚了?"

"非常清楚,阁下。"

"在他对你说此话时,你能告诉我们,他当时的口气声调吗?"

"恼怒,仇恨,那种发自心底的,就是那么丑陋。"

"当他那么表达时,你能告诉这些先生和女士,你的感受吗?"

"贬低,恐惧,非常非常的愤怒。嗯,我可以使用许多形容词,但是这个……"

传证就是这么简单一句话,一份感受而已。

达顿质证:"你在1987年1月13日,被佛曼和维提瑞诺逮捕过?"

"不记得具体时间。"

"你仅被佛曼和维提瑞诺逮捕过一次?"

考克兰:"反对,尊敬的法官。"伊藤批准。

达顿申诉:"我只是尝试锁定日期。"

伊藤:"日期、月年足够了。"然后召他们入内。

众人入边厢,将此前的争辩再复制一回。

伊藤告诫达顿:"为什么,你不在此刻说,豪格先生,你被冒犯,这是糟糕的事,谢谢,再见?"

达顿出来后:"你可曾为两位警官的处置手段投诉过?"

"是的,阁下。"

达顿出示豪格当年的投诉:"这明显是你对洛警局的投诉。"

"是的,它明显是。"

"在最后一页,可曾指出,1月23日,你被一个警长兰普瑞第二次询问过?"

"那上面这样说的,是的。"

"这上面并没有提到你所说的N词,可正确?"

"我还没有完整读过。"

"你可曾看到这些文件中,有'黑鬼'一词?"

"没有,我没看到。"

达顿看起来,赢得一轮胜利。当年豪格投诉,并没有提什么N词。

(一百一十八)考克兰的运气

下午,考克兰再传:"在你脑中,可有怀疑,佛曼曾称你黑鬼?"

"先生,没有任何疑问。在我脑子里,不管什么。"

"那是你忘掉了什么?"

"这事永远忘不了。"

"你遭遇佛曼那一天,你曾因他们的行为投诉?"

"先生,我一共投诉三次。"

"好,现在谈起达顿先生给你看的文件。你注意到任何纸页有不平常之处吗?你能看到这些纸页和上面的号码吗?你看到什么了?告诉陪审团你看到什么了?"

"这是6页至17页。"它们不在报告中。

"你知道它们怎么了?7页、8页、9页、10页、11页、12页、13页、14页、15页和16页,发生了什么?"

"我不知道怎么回事。"

考克兰好运气。中午,他发现6页至17页没了。真是山重水复疑无路,柳暗花明又一村。

"现在,谈到那些文件,请看右上角:投诉类型。这文件是你投诉佛曼在1987年1月13日的行为?"

"是的,阁下。"

"那说了什么?"

达顿反对,又是争执:"这个问题不当。右上角显示:不当处置,过度警力。那与此无关。"这个"此"即指"黑鬼"一词。

"先生,错了。那里说了这事,让我来证明。"考克兰胸有成竹,"他(达顿)又开了窗户。他说:不当处置,过度警力和disc,就是非礼冒犯。再让我给你看其他文件。概述此案。日期分别是1987年3月9日和1987年3月17日。上面显示:这位22岁的非裔男性针对警察投诉。不当处置、过度警力和无理冒犯,都被涂去。那个无礼冒犯就是那个N词!"

考克兰转向豪格:"当你在文件中提到无礼冒犯,是否包括他对你说:我告诉你,我们将抓住你,黑鬼?"

"是的。"

达顿听了伊藤的劝告:谢谢,再见。何至于被人发现报告缺页涂改呢?生生把一锅清汤,煮成了八宝粥。

但是这个曲直只到陪审团而已。至于公众,除非全程观看,他们的资讯只能靠媒体灌料。当日,CNN的报道可窥一斑:

"她之后,是豪格,一个黑人。他说在1987年佛曼逮捕他的时候宣称:'我告诉你,我们将抓住你,黑鬼。'

"在质证中,豪格告诉达顿,他就此事投诉洛警局。然后,达顿展示他投诉的文件，其中并未提及佛曼使用'黑鬼'一词。在再传时，豪格做证，对佛曼骂他黑鬼毫无疑问。"

CNN生生将考克兰揭露的缺页涂改吞入肚中。美国媒体这种把戏，无日无之。若说它们没有报道事实，是委屈了他们。哪一句不真？美国媒体就是用说一些，藏一些，来操纵舆论。

（一百一十九）佛曼入庭

佛曼葬礼吹吹打打，终于来到了墓地。

质证完豪格，达顿得知，佛曼此刻正在楼上，十八层，检察院。他俯身对克拉克耳语："伍登、戴克和我，在他进来时，将不会留在法庭里。"

这三人是控方团队中的三个黑皮肤成员。真难为了达顿，在佛曼葬礼中，独当一面。所有的同事都退居后排做壁上观。克拉克除去沮丧，也就是几句话而已。总之，恶人让黑皮肤的达顿一人去做。真是奇观：黑皮肤检察官为了白人至上的警察去攻击揭发种族仇恨的证人。

克拉克能说什么？虽然满肚子不情愿，也只能默许了。

范纳特数月如一日，坐在法庭里。这个面临退休的警察是辛案审判的熟客。今天也选择待在楼上，拉着勾德伯格做屏上观。这样法庭中只剩下克拉克一人，脸色疲惫，孤独无助，很不好看。不得不享受独当一面的代价。

辩方这边满堂满座，除去贝雷早早离开。贝雷传证完辛格就消失无踪。佛曼本是他的证人，乃是最应该留下的人。

在内部协调时，考克兰分派：若是佛曼不行使第五修正案特权：拒绝自证，避免自罪，贝雷是不二人选。从程序上说，二人的法庭缘分未了。质证仅是暂停，必须继续。更何况正是贝雷立下奇功，用个十年是否说过 N 词，摆下铜网阵，把个善战的"白玉堂"罩住，又用"如果有任何人举证，那是她撒谎"把那个白佛曼死死挤住，让他连腾身的余地都没有。

若是佛曼行使第五修正案特权呢？就是尤曼出马。佛曼将行使第五修正案特权，早在贝雷神算中。因此，早早离去，再无回头。毕竟看别人摘自己的桃子，并不那么享受。

休庭后，陪审团未应召入庭。佛曼的律师芒格，要求先与法庭对话。

伊藤告诉芒格：要点是佛曼是否应继续应质，希望听听芒格的见解。芒格回答：如果我的当事人能够知道问题是什么，尤曼拒绝合作，我们认为佛曼无权预知。

在伊藤协调下，辩方还是给了一个大要。芒格拿起上楼，也就是一上一下。须臾，他又出现在法庭。

一个星期左右，佛曼律师给辩方的信息阴晴不定：可能行使，也可能不行使。这也是克拉克的希望：佛曼承认在 N 词上撒了谎，但坚持其他为真。这已经违背证据法的规则：一经宣誓，必须句句是实。一句不真，句句可疑。概莫能外。

如今，纽费尔德又玩出照片小样，证明佛曼在接触手套、拍摄时间等诸环节撒谎。此时再不行使第五特权，才是匪夷所思。贝雷早早离去，就是知道，佛曼绝无他路。

芒格上下只是做个样子，他的真实意图是换取允许佛曼留在十八楼，请法庭留个记录：佛曼将行使第五特权。

辩方哪干？尤曼对着伊藤："不，法官，我们相信让他坐在证人席，面对提问，行使第五条特权。"

伊藤同意，命令佛曼下来，当众宣布行使第五特权。其实，这是一个灰色地带。加州证据法规定，在确定证人将行使第五特权后，不得再传证。程序如何，却无明文。因此，在法庭上当众宣布，也是合理。毕竟法庭外的东西不作数，更何况也有先例。至少在1976年帕蒂·赫斯特审判时，对着提问，这位被绑架且景从绑架者的大亨女儿赫斯特一连宣布了四十二次。

控方不能反对，无权！这是佛曼与法官的事，这是佛曼与辩方的事。本方已传，不能反对质证。球在另一边，人家的场地上。

法庭森然死寂。一个彪形大汉先进来，前后左右张望一番，堂而皇之，此乃佛曼的保镖之一。如今，佛曼已是公众人物，阔气起来。有人出资，出行有保镖。这是否合法，是个问题。那条通道，自开庭以后，只有双方律师、法警、证人能通过。他人若敢涉足，立即逮捕。

保镖退出后，佛曼入庭。他瘦去整整一圈，眼上黑圈深锁，除去身板仍是挺直，明星范儿尚存。他脸上已无自信，一副听天由命的沮丧模样。沮丧之外，就是恭顺。芒格陪他进入。佛曼坐上证人席，芒格坐在他身后。这是伊藤特许的。

佛曼进来，克拉克在场。她把头埋下，不观也不看。这是她的明星证人。众人把目光集中在辛普森那边。他的目光一直盯着佛曼，直视，随着佛曼的运动，转动身体。对佛曼的一举一动，都不放过。

达顿也出现在现场。他在楼上接到一个电话，说佛曼质证已完，达顿才悻悻然下来。一入法庭发现佛曼坐在证人席上，正等待尤曼发问，达顿心中愤怒，明显着了道，不知是哪位干的好事。既来了，就不能走，于是他退到门口，背向法庭。

尤曼主持，克拉克有些纳闷：为什么用他？也许是因为N词太脏，找一个学者型律师冲淡调和。这是克拉克唯一的猜想。其实，这不是质证，陪审团也不在场。就程序而言，这只是庭前听证。尤曼一直担当此任，没什么特别的。

（一百二十）问他如果他栽赃了手套

尤曼拉长声音，提高嗓门："佛曼探长，在此案预审听证上，你的证言是否真实？"

佛曼探身向后，与芒格低语，然后回身凑近麦克风："我希望行使我的第五修正案特权。"

"你可曾在警察报告上虚报伪造？"

佛曼又咨询，然后直起腰板："我希望行使我的第五修正案特权。"

尤曼再问："你是否打算行使第五修正案特权，来应对我的所有问题？"

尤曼一下子进入死胡同了。这个学者律师，显然不懂法庭的江湖规则：细细研磨，慢慢润笔。一个字一个字写，一句话一句话问，绝对不问大问题。一定细致入微，把一件事分成许多小问题，越多越好。慢慢折磨对方，细细提炼答案。不断重复，不厌其烦。记录上有 42 次，何不就此来个 43 次，把纪录打破？

观众们大失所望，一场葬礼，这口棺材就这么草草入穴？再也看不到第 43 次了，再也不能打破纪录了？

辩方律师立刻骚动。考克兰向尤曼打手势，急赤白脸。

佛曼回答："是的。"

道格拉斯急得张牙舞爪，几乎跌出座位，嘴里急念："你栽赃了吗？你栽赃了吗？你必须问！"

连辛普森都坐不住了，手脚乱动打招呼。考克兰急了："快过来！"

这时，尤曼才注意到本方的骚动。他请求伊藤允许他过去。

考克兰气得低声乱骂："问他如果他栽赃了手套。问他这个欠 × 的问题。你 × 的错了哪根筋？"

芒格顺势而起，对伊藤说："此后再问，已无任何意义！我的当事人不会回答任何问题。他已经宣布行使第五修正案特权。"

尤曼急回身："我还有另一个问题，尊敬的阁下。"

"是什么问题？"伊藤并未批准，只想知道问题本身。

尤曼不管不顾，转身向着佛曼，而非伊藤："佛曼探长，你可曾在本案栽赃或制造任何证据？"

"我行使我的宪法第五特权！"佛曼居然不待伊藤指示，抢先回答了。

辩方这边又是一片哀叹，恨声不绝。尤曼没提手套，画龙却不点睛。

伊藤捡回话头："根据证人的回答，他的律师代表……"

话未完，克拉克接上，也是气急败坏："尊敬的法官，人民对最后一个问题反对，要求法庭删除。它极不合适，毫无意义，除去对新闻标题而言。"

伊藤回答："不批准，回答有效。克拉克女士，你还有进一步的问题吗？"

克拉克无奈："没有任何问题了。"

（一百二十一）佛曼离庭

佛曼离去时，一副霜打了的样子。达顿抢先离开。在走廊中，金姆·勾德曼在哭泣。她一直在走廊里游荡，有如无坟之游魂。达顿上前搂住她。金姆依在他怀中："他为什么对我们这样？他为什么这样？我想知道。"达顿安慰："你想知道，我带你去问。"金姆只是哭，未见允可。

夏皮若出去，恰逢克拉克在等电梯。孤独，落寞，双手抱肩。夏皮若一声"哈喽"，克拉克连眼皮都不抬，让夏皮若好不尴尬。夏皮若随克拉克走进电梯，克拉克上，夏皮若下。电梯先上后下，两人一路无话，如同陌路。

在十八楼上，范纳特怒不可遏："在我警察生涯中，还没见过哪一位行使第五特权。"他指的是警察。这夸张了，至少在罗德·金案，那个引起洛杉矶大暴动的案子，就有警察行使了这个特权。也许是他气急失言吧。

一辆警车在楼下等佛曼。佛曼一入车，泪如泉涌，号啕大哭。

眼看佛曼走了，达顿搂住金姆的肩膀，紧紧压住："别泄气，我们还要斗上一阵。"

达顿不甘心！

（一百二十二）辛普森自证是画蛇添足

9月8日，今天辩方应该结传，或者传辛普森自证。卡达辛和辛普森在法院囚笼里。辛普森抱怨，希望在女儿生日前出狱。考克兰进来，带来两个消息。

一是伊藤要求辛普森公开表态是否做证。如果不做，应公开放弃。考克兰认为这个要求大可利用，既可让辛普森借机申明自己无辜，又可避免控方质证。只要简短，伊藤无由制止。而克拉克仍在痴心质证辛普森，让她做梦去。真正是明修栈道，暗度陈仓。

辛普森自证始终是辩方内部绝大的争论。夏皮若自接案之初，就坚决反对。他获得大多数律师的支持。考克兰态度暧昧，总是留有活口，总是说辛普森说了算。夏皮若以辞职威胁过，如果辛普森坚持自证，坚决支持辛普森自证的只有贝雷一人。他喜欢剑走偏锋，赌上一赌。德休威兹则放下狠话：谁要主张辛普森自证，谁就该被吊销执照。

在佛曼可能行使第五修正案特权的话题浮出之初，辛普森曾说过："如果陪审团见不到佛曼，他们应该看到我。"出庭做证的欲望反而炽烈。他视此为修复名声的良机。

考克兰顺势将他放入证人名单，只是吊克拉克的胃口。其实，他早就接受大多数人的意见。案子到此，胜算大大超过失败。辛普森自证是画蛇添足。

德休威兹得知辛普森的执着，直接警告他："让你上证人席，等于告诉他们，这案再也不是关于洛警局的作为，而是关于你做了什么。他们立刻会忘了佛曼，他们将想起你的家暴虐妻史。"

最终起作用的还是贝雷，他告诉辛普森："现在案子走到这一步，你一自证，它将成为新的案子。"这与德休威兹的见解一致，"我们最大的危险是流审。沙克说，你如果上证人席，至少要延长一个月。我们只剩两个候补陪审员。一旦陪审团低于十二人，达顿已经说过，他绝不接受，那就是流审。这可是他们追求的。"

虽然法律允许陪审团低于十二人，但是需要双方同意。一方不干，就是流审。贝雷最后说："我一向支持你自证，但是这一次，我投票反对你上证人席。"

还有什么说的？无一支持，全票反对。辛普森默然，压去那炽烈的欲望。

考克兰带来的第二个消息，是伊藤就佛曼写了一纸对陪审团的指示，已经交给控辩双方，征求反应。

"探长马克·佛曼不能作为本案的证人出现，他不出现这个因素可供陪审员裁决此案时评估他的证人身份。"

在指示中，伊藤承认，当下进程对辛普森不公。他听到辛格、豪格和麦金尼做证，没有获得继续质证佛曼反应的机会。佛曼对拜尔做过反应，宣称对她无印象。在控方案子质证时，贝雷曾经问及。

加州法律明文规定，已知证人要行使第五修正案特权，再传他是违法的。这也是伊藤起草"指示"的由来，算是对辛普森不公的补偿。

辩方自然不会反对，他们生怕陪审团忘了佛曼。控方读后，克拉克立刻跳起，态度极为激烈："行使第五特权是公民权利，不能因行使这个特权而惩罚他们。"这个"指示"就是在惩罚佛曼，伊藤明显是哪壶不开提哪壶。克拉克要上诉，推翻伊藤这个指示。克拉克的论据不无道理。但是一面是对辛普森不公，一面是因行使第五特权惩罚佛曼。这种困局可有先例？众人搜尽肚肠，也找不到成例。因此，对指示不看好者多。

伊藤听到克拉克反对，尤其是上诉，也是大为光火。他只给克拉克一小时去完成上诉文书。话说出口，又觉不妥，改口给克拉克一夜时间。于是，陪审团又是枯坐一天，被送回旅馆。

（一百二十三）伊藤的指示被上诉法庭推翻

9月8日，上午难得清闲。大家在等上诉结果。中午，克拉克出去办点琐事。路上，被一个记者截住："玛莎，好消息，伊藤的指示被上诉法庭推翻！"

克拉克毫无准备，本是不得已而为之，不抱任何希望。她未及反应，已被飞奔而来的摄像机围了个水泄不通。不远处，控方团队正在午餐。消息传开，整个团队都跳在了空中。他们太需要胜利了，哪怕是一点点，哪怕是微不足道。这个裁决绝非微不足道。

克拉克在上诉中写道：伊藤犯了法律上的错误，他超越了自己的司法权限。第二巡回上诉法院支持，要求伊藤彻底放弃这个指示，或者亲自去上诉法庭申辩，陈诉该指示的理由。

"停止该庭进一步的命令。所建议的'指示'，即涉及佛曼探长不能到庭的指示，不准发布。"

伊藤选择了服从。

这是死命令,考克兰得知不服,明告伊藤,辩方也将上诉,而且要上诉到更高级的法院,理由是佛曼并未完成质证。他们要继续质证佛曼,就在陪审团面前。在上诉法院未下裁决时,辩方不"休息"。所谓休息,就是结束反证。

因此,伊藤期望辛普森公开表明自证与否,将不能如愿。

当晚,辩方内部爆发了论战,前所未有。考克兰告诉诸位同事:既然上诉法院不准"指示",那辩方就不得寸也进尺。要求佛曼现身法庭,面对陪审团,公开宣布行使第五特权。否则,决不结束,决不休息。

"检方已经知道要输,我们应做的是保护此案不要流审……总之,这些补救是那么美好。删除他的证词,放更多的录音。你可以提出任何事,他们也可全部拒绝。拒绝,拒绝,拒绝!"

夏皮若口气强硬,在同事面前,再也不肯韬晦了。所有人都呆住,一时难以发表看法。

"这位法官会说,叫下一个证人,你知道我们没有证人了。"夏皮若继续,"我们必须休息!"

"如果,星期一他要证人,你会传辛普森?我们必须休息!"众人静默,只听夏皮若一人在那里滔滔不绝。

"我不信伊藤会逼我结案。"考克兰反驳,但是口气不硬。

"他当然会让我们现实一点,忘掉愤怒,让我们处理新到的DNA结果。他们将带来好的,坏的,丑陋的。我们必须集中精力对付坏的,丑陋的。"

"也许我们应该谈6月17日,试图自杀。"夏皮若开始满嘴跑舌头,讥讽考克兰。

"在这个世界上,门都没有。为什么你提这个?"考克兰暴跳如雷。

"强尼,我只是把东西从脑袋里扔出来,我希望各位考虑它。"

"你有抵触情绪,你有敌对态度。"

"不,我没有。"

"我绝不休息!×他,我,决不休息。"考克兰一口一个我,表明谁是老大。

"我们所有的上诉都会被否决。请正视它。"两人僵持。

"我们必须说下一个证人是佛曼。"沙克开始插嘴了。

"我们是否有权利把佛曼带到陪审团面前?"道格拉斯明知故问,只为冲淡二位的火爆冲突。

"我们为什么不说,我们将传陪审团?等他们进来以后,我们再说,对不起,法官,我们传佛曼。"众人笑,气氛缓和下来。

这句玩笑启发了德休威兹:"我有一个伟大的想法,这是非常严肃的。我们何不传辛普森?等我们传完了,要求休庭,在陪审团回来之前……"话未完,夏皮若接下:"我们再宣布,辛普森行使第五特权。"

众人哄笑,笑声中,德休威兹仍然继续:"真是精彩至极,各位好好想想。"

所谓以其人之道,还治其人之身。

(一百二十四)伊藤瞪着火眼:"现在!"

次日,9月11日,考克兰火气消尽,率队站在伊藤面前,皮笑肉不笑的。

伊藤想知道,考克兰一夜之后的态度:"考克兰先生,辩方现在的立场是什么,既然你们不打算休息?"

"法庭早就知道,辩护永无终止。不过,就这个具体的案子而言,我们……无法……休息!"

考克兰告诉伊藤，辩方决心上诉，要求佛曼坐回证人席。重复那些话，让陪审团确认，那是他的声音。既然控方攻击麦金尼的诚实，他就用麦金尼增加上诉的厚度。

这个要求显然过分，但是也有作用。伊藤不得不同意：辩方暂不休息，直到上诉法院的新裁决。其时，考克兰还未动笔，有意拖上一阵。

伊藤转向克拉克，要求控方开始他们的辩证阶段。克拉克抗议："我们怎么可能在对方案子完结前，就开始辩证？"

"我要你把证人传到陪审团面前。"伊藤瞪着火眼，"现在！"

伊藤如此强硬，近乎霸道，也因为他有尚方宝剑。就在第二上诉法院的裁决中，还有一条命令："不准延误任何其他法庭进程。"就法理而言，允许检方上诉，就不能不许辩方上诉。这样，这一剑只好悬在克拉克的头上。

克拉克已经在上诉中得到好处，最大的，眼下只好顺着伊藤的意，退而求其次。控方的辩证阶段由是开始。

算是服从上诉法院的命令，开了一个先例：反证未结，先开辩证。

美国刑事控诉大体分四个阶段：控方举证，辩方反证，控方辩证，辩方反辩。后两个阶段属补充，只能针对对方的证据，原则上不允许再出新证。每个阶段都有传证，质证，再传，再质。再传再质，视需要，可做可不做。也有重复多次的再传再质。

（一百二十五）天上又掉下一块馅饼

从哪里跌倒，就从哪里爬起来。克拉克的第一组证人是手套证人。

在开传前，辩方提出，彻底删除佛曼的手套证词。控方则反动议，如果非要继续质证佛曼，应部分豁免佛曼对 N 词的证言。双方是各避所短，各取所需。

伊藤一一拒绝。正是应了夏皮若的话：拒绝，拒绝，拒绝。

辩方不肯罢休，又有新说：这组手套照片，早在控方举证阶段已经收到，是控方自己没有使用，并没有任何人强迫。现在拿出来，应归于新证据。这是辩证阶段不允许的。控方所为是有意操弄，追求奇袭效果。

伊藤还是拒绝。理由？在控方认真评估之前，不必提出。

马克·克鲁伊领头，克拉克一口气传了六个业余摄影师。他们提供的照片都出自自发，都在达顿手套试验之后。照片也皆是辛普森为 NBC 现场采访美足球员和教练，时间都是冬季。克拉克本想借助卫星摄影技术对照片做技术处理，但是沙克明说，展示处理过的照片，要经过 Kelly-frye 听证。此听证耗时甚巨，又会引来一队队专家对战。此一说把克拉克吓了回去，只好使用证人提供的原件。

看照片，辛普森采访所戴，与现场的手套近似，只是颜色不一。有黑色，也有棕色。此外，克拉克还提供了一段录像，也是辛普森戴着手套接受采访。

每个证人传得很简洁，却也用去半天。本组的大证人儒宾在庭外坐等。

下午，李查德·儒宾坐上证人席。为了这双手套，他已是四进宫，轻车熟路了。

儒宾的证言不出意外，猜都猜得出来。现场手套是 ARIS 手套，型号为 ARIS 超轻款。他再次强调，此款手套，只生产过三百套，仅在美国销售过二百四十套。控方此前已举证，妮蔻曾在布鲁明黛尔买过两双，虽然颜色款号在收据上未显示。

这位 ARIS 前总裁没让控方失望，他做证照片中的手套都是 ARIS 超轻款。

巧也不巧，就在布莱希尔质证前，辩方收到了儒宾的笔记，随之的还有一封信。考克兰打开阅读，布莱希尔伸头在后。读完后，两人相视一笑。天上又掉下一块馅饼。

（一百二十六）布莱希尔精彩震撼的大戏

9月12日，布莱希尔质证儒宾。他先问了一个问题，照片里的手套是不是现场的手套。所谓打蛇打七寸，儒宾承认无法确认。

"儒宾先生，在此案中，你真正努力保持完全没有择边？"

"绝对的。"

"现在，你不曾拍马屁，取悦一方或另一方？""拍马屁"三字很沉重。

"绝对没有。"

"你在此前没有个人私谋，对一方或另一方？"

"我没有。"

"你不曾采取任何方式流露你的倾向，偏向一方或另一方？"

是个人都听出来了，这堆问话后面有文章，可是儒宾仍然回答："绝对没有。"

布莱希尔轻描淡写，提起那封信，先问几个小问题，铺垫一下，然后雷霆一击："你可曾在信的结尾处说：也许我能借此开一个胜利庆祝会？"

儒宾陡然变色，惊讶片刻："正确。"

"这个庆祝会可是在辩方反证之前就计划好的？"

"这只是一句玩笑话，自我做证的第一天，就没什么不同。"儒宾尽力保持平静，"当我出去时，我希望辛普森及各位幸运。我没有任何希图。"

布莱希尔理都不理，依然如雷贯耳："你希望得到一个请帖？"

"不,我从来没想得到请帖。"

"你自认为是控方的一员?"这就不需要请帖了。

"不,不,我没有!"儒宾终于乱了方寸。

布莱希尔,这个唯一被克拉克说过好话的辩方律师,这时峥嵘毕露,将一个不起眼的结尾,演绎成一出精彩震撼的大戏。谁说人可貌相?他看起来就是一个文弱的教书匠。

(一百二十七)抽血护士改了口

儒宾之后是辛姆斯,加州司法厅罪证室主管。他做证在野马车变速箱上的血污,被他三处合一,获得足够的 DNA。他做了 RFLP 的 DNA 检测,证明与他的罪证室做的 PCR 结果一致,分别与辛普森和勾德曼的 DNA 代码一致。

这项检测结果本属新证据,结果出来得晚。辩方并没有抵抗,没有强力反对入证。

哈门传证极为专业,可是陪审员一个笔记都不做。即使是律师们也听得十分吃力。在旁人眼里,辛姆斯的大餐足够丰盛,只可惜陪审团有如古稀老人,面对丰肴盛馔,实在是吃不动了。

沙克还是故技重演,句句暗示,警察有栽赃之嫌。他不忘提醒陪审团,这些血样取自 8 月 24 日,距案发两个月零十天。其间,野马车无锁,也无人看管。

今天最不可思议的,是克拉克传证了检察院的探长史蒂芬·欧普拉。他只是个托儿,证明不久前,曾经为护士帕拉蒂斯录了一段证词。该护士在录像中说，他在大陪审团和预审的证词有误。监狱护士还说，他在家中重复了抽血试验，发现并没有抽 8 毫升血，顶多是 6 毫升多一点。

这段证词，一未经过宣誓，二未经过质证。伊藤也把它放了进来。控方宣称，提供录像乃是因为帕拉蒂斯刚刚做了开心手术，遵医嘱无法出庭。控方并未解释，这份录像已有几个星期了，为何他仍不能出庭。

这个 8 毫升困扰着克拉克们。在沙克的计算下，1.5 毫升无法追踪。范纳特又将这份血样带到过现场。在录像中护士改了口，算是圆了说。

辩方将帕拉蒂斯的大陪审团和预审的录像入证，是因为他以医嘱为由，拒绝出庭。而控方用另一段录像辩证，不愧为本案最荒唐的一页。毕竟，辩方入证的录像，有宣誓，有质证。现在控方这段录像什么都没有，很有点此地无银三百两的意思。

即使这看起来是个笑话，纽费尔德也不愿放过。他质疑欧普拉在此事中的角色是导演，帮助他回答勾德伯格的问题。克拉克不得已，又传了摄像师，证明欧普拉没有导演。让这场戏看起来更加滑稽，越描越黑，然后是越黑越描。

这天的结尾又是个火爆的收场。在克拉克们传证之前，本有个听证，可是控方没有出庭。让伊藤至为恼火，到了收庭才发力算账。控方本以为这一天可以忽忽过去。可是伊藤张口就是罚克拉克二百五十美元。克拉克不服："辩方也有迟到不来之时，为何不见惩戒？"这一顶撞，伤了伊藤法官的官颜。他又大嘴一张，罚她一千美元。

庭后，嘎塞提召开新闻发布会，宣布将送律师去上诉法院，拒交那一千美元。毕竟伊藤罚款实际是动了检察院的腰包，检察院迟早要为克拉克们买单。

最终，伊藤退了下来，仍罚二百五十美元。早知如此，何必当初？

这一日，另有三项发展：

第一件事，辩方终于递上上诉的状子，要求佛曼应庭，当着陪审团的面，宣布行使第五特权。不旋踵，被第二上诉法庭驳回。

第二件事，辩方动议传 FBI 马尔兹的同事，证明 FBI 有潜规则，为各地司法裁剪证词。这个探员曾在 1993 年纽约世贸大厦爆炸案中做证，证明曾奉命修改证词，有利政府的诉控。

FBI 这方面的劣迹，时见报章。最新一例是 2010 年 8 月 19 日的报告：北卡的 FBI 罪证室。他们那里的专家，剪裁血检的结果，迎合当地政府控案的需要。这些经过剪裁的证据导致三项死刑。还有一例是篮球运动员乔丹父亲被杀案，两人被无辜入狱。此项调查源于两位 FBI 前探员。他们指控，同事们自 1987 年至 2003 年，不断配合当地司法，剪裁证据，助政府定罪，这些专家还对辩方隐瞒关键脱罪的证据。这种行为涉及 190 个案子。

这位探员与此案唯一的联系仅仅是马尔兹的同事，这个马尔兹是控方 EDTA 防腐剂的证人。即使如此，伊藤还是同意传他。不过，辩方最终也没有传。

第三件则是近乎自杀。辩方动议驱逐某位陪审员。此事肇因长期隔绝。这位白人陪审员无法追回房客所欠房租，经济上蒙受极大损失。伊藤以法庭的名义，为她补亏。辩方得知，分析一番，认定在所剩的两名白人妇女中，定是那个年长的。这是辩方急于清除的那位"魔女"。这个动议立即被伊藤枪毙，他明言不许任何一方再碰他的"同事"。

（一百二十八）控方反击李昌钰的两个杀手说

克拉克们没有忘记李昌钰，一句"此事蹊跷"或"某事不对"，让他们伤筋动骨，耿耿于怀。

9月14日，控方重新传证两个FBI探员迪德瑞克和博兹埃克。他们重点反击李昌钰的两个杀手说。

克拉克先传迪德瑞克。此人号称专精痕迹与布料纹路，他攻击的目标是信封上的，纸片上的，还有勾德曼牛仔裤上的平行血痕。他做证说，这些痕迹更可能来自勾德曼外衣的纤维纹路。纸片上的血痕更可能来自勾德曼的牛仔裤。他整个做证到处是"更可能"一词。更可能是这，更可能是那。

克拉克问："证人是否知晓，李博士并未对勾德曼的衣服做任何测试，去支持他的平行线鞋印的主张？"

迪德瑞克就势附和："你怎么能下这样的结论，当你对衣服纹路的制造一无所知呢？"

沙克的质证还以颜色：迪德瑞克号称有毛发和纤维的专长，血形分析和重建现场却从未涉猎过。即使在毛发和纤维上，比他更有资格的也大有人在。

沙克问出迪德瑞克也从未做过此类测试。这位FBI探员在沙克的追问下，承认在他做证过的一百多桩案子里，撞倒后逃离现场的车祸案占去绝大多数。此时，人们才知道，原来他是一个轮胎痕迹专家，离毛发、纹路差得很远。好一个滥竽充数的南郭先生。

沙克还逼他承认，平行血痕也可能来自鞋。这样，克拉克的努力归于无用。

下午，克拉克传证了FBI的鞋专家。他曾做证，现场留下的鞋印来自意大利一家鞋厂，鞋底纹路极为罕见，三百美元一双，美国只进口了一百双。

博兹埃克做证，信封和纸上的血形痕迹并非来自血。因为痕迹太小，这些纹路与任何鞋都不符。他同意迪德瑞克的说法，应是来自布料纹路，即勾德曼的裤子或外衣。

这就很有趣了。轮胎专家说，可能来自鞋，更可能来自布料。而鞋专家则说应是来自布料。这两者都不是各自的专业。

"李博士做证提及的平行纹路，你有何见解？"她指着照片上走道中的血痕。

"不可能是血痕，也不是鞋印。"

"那是什么？"

"那只是水泥板上留下的痕迹。"他指出是工人留下的瓦刀痕迹。

这也许是克拉克今天的唯一收获。

沙克的质证极为激烈，但是博兹埃克表现得很沉稳，死也不松口。兵来将挡，水来土掩，让沙克一无所获。

（一百二十九）琼·伊兰的模拟投票结果

9月16日，琼·伊兰面临期末大考。她将二十四人的模拟陪审团请入密室，听布莱希尔和查普曼的模拟结控结辩。这是应夏皮若的要求。但是夏皮若的真意不是模拟结果，他只想通过模拟决定谁更适合做结辩词。他自认是人选之一。虽然如此，他却没有出席。只有琼·伊兰在现场观察，透过单向玻璃。

布莱希尔模拟控方，"陪审员"们对他的结控词听得十分投入。等到查普曼入场，自觉布莱希尔威力十足，冷汗淋漓，无法比他更好。

模拟完毕，琼·伊兰将他们分成两组，每组十二人。讨论案情时，非裔们离开本题，大谈自己与警察的经历过节。而白人"陪审员"则听得入神，不惊讶，不反感。真正讨论案情的，一个都没有。

投票结果,第一组,无罪。第二组十无罪对二有罪。日后,真是这个结果,就会是悬判。那个模拟"魔女"的人物,白皮肤,女性,年长,真真实实投了"有罪"。

这个结果让考克兰们兴奋,好得令人不可置信。离胜券一步之遥,败局则绝对没有。顶多是洗牌重来。

(一百三十)众人笑考克兰幻想

9月18日,沙克质证最后一个FBI探员。旧话重提,老生常谈,人们听得毫无生趣。突然地,控方结束了辩证阶段。不过,这个结束乃是有条件的。辩方的位置实为模糊。是反证阶段还是进入反辩阶段?(庭审程序四阶段:控方举证、辩方反证、控方辩证、辩方反辩)佛曼已经行使第五特权。考克兰的上诉也被上诉法院驳回。辛普森尚未正式表示放弃自证,仍在证人名单上。这意味着辩方反证阶段并未结束。程序走得如此独特,全因上诉法院的命令,伊藤的从权所致。

伊藤继续从权:如果辩方提出新证人或新证据,控方可以补充辩证。

星期天,考克兰们定下后续的证人:麦克达诺(麦当劳先生),血形分析专家。这是针对控方辩证手套照片的。其后是范纳特,辩方没有传过他,应属反证阶段的证人。最后两个证人,身份神秘。考克兰故意卖个关子,只提个头,详情保密。

众律师听到名字,哈哈大笑。他们知道得比考克兰一点不晚,媒体早就传播过了。只有考克兰还在世外桃源,幻想着一鸣惊人。

也许还有伊藤,正是他在签押房里正式知会考克兰,有这么两个人,有那么一件事。

麦克达诺告诉法庭，他做了一个实验，抽自己的血，抹在手套上，让它过夜，其结果是没有任何紧缩。这是针对达顿的理论的。这个实验早就被千百个好奇的平民百姓试过了。有用血的，有用水的，有的甚至用牛奶或油参照对比，结论大致相同。

之后，伊藤宣布一个裁决。拖延之久，人们几乎忘记。辩方曾提出要传蔻曼，克拉克曾经的闺中密友，这个动议被正式否决，伊藤为控方筑起一道防火墙。

（一百三十一）夏皮若宣布范纳特为敌意证人

9月19日，范纳特坐上证人席。夏皮若上来就宣布范纳特为敌意证人，这样就不必为什么开放问题所限，可以直捣黄龙，逼他回答是与不是。

"在那个房间里（警察证人间），你可曾向任何人表达过，你们去辛宅是因为他是嫌犯？"夏皮若没有指明何人揭发。

在辛案庭审的同时，范纳特在另一个案子中与两个FBI的污点证人邂逅，曾聊及辛案。夏皮若直指此事。

范纳特自然矢口否认，否则怎么会被宣布为敌意证人？

"如果有些事可以以讹传讹，或者只是玩笑话，我无法回答这个问题。"范纳特如是答。他一改说一不二，变得圆滑了。沙克们的警察屠杀，让他不寒而栗。

"你可曾说过丈夫永远是嫌犯？"

"任何人和受害者有私人关系，在排除以前，都是潜在的嫌犯。"回答得非常技巧，吸取了佛曼的教训，绝不把话说死，"我希望自己到达犯罪现场，能在一小时内就查出谁是凶手。那实在是太棒了。"

夏皮若不需要他承认。他要是承认了，后面的戏就演不下去了。这一切仍在剧本中。

"那一刻，辛普森就和你夏皮若一样，不是嫌犯。"范纳特补充。

夏皮若让范纳特重复旧说，他们四人去了罗金汉，只是通知辛普森，他前妻的死讯，并准备移交两个孩子。而越墙无搜查证在手，是担心宅中有人伤亡。

夏皮若又念了一段在3月质证范纳特的记录，把他的说法砸死。夏皮若借机重提伊藤对警官们无证越墙的指斥：鲁莽，漠视申请搜查证的正当程序。因为法院有法官昼夜值班，一个电话即可申请。

伊藤指斥警官时，陪审团不在庭。这次是专门为他们补课，终于让陪审团听到了。

轮到凯尔伯格，他的质证纯属解围，给范纳特机会表白。

"你是否觉得，你被诬指，作为警官卷入陷害无辜公民辛普森的风波？"

"你可以打赌，我为这座城市付出了25年的辛勤工作。我看到许多人被谋杀，无辜的人被谋杀。我试图成功，在尽力侦破。"

顺便一提，在琼·伊兰的模拟庭审中，凯尔伯格的分数最低，低得不可思议，没有人喜欢他。

（一百三十二）FBI 探员的报告

下一组证人，极具娱乐性质，也符合考克兰终生与腐败警察作对的宗旨，算是合了他的意。

瓦克斯，FBI探员，在联邦特别项目下工作，专门伺候联邦级的线人，保护他们的安全，带他们到全国各地法庭去做污点证人。这次洛杉矶之行是带着菲亚图兄弟为一个罪案做证。此案发生在1982年，是黑社会买凶的案件。在洛杉矶，具体的保护，就来自范纳特。被该项目称为当地的保姆。

范纳特多次访问他们，一次在旅馆，一次在法庭，都留下了话柄。第二次谈话被瓦克斯听到，秘密写下报告，通报上司。这就是这一组人被带入此案的肇因。克拉克无从反对，只因消息源自伊藤，这个渠道铁硬。FBI到法院，谁能挑战？

考克兰传他也是冒了风险，让一个FBI探员去指证警察之谎，也算是破天荒。但是范纳特被辩方定为警察腐败的二号目标，毕竟是他把辛普森的血样带入现场。有一就应该有二，越多越好。考克兰乐得一试。

瓦克斯告诉考克兰："那是有点到那个程度，他们去罗金汉不是仅为拯救什么生命，而是因为辛普森是嫌犯。"

凯尔伯格质证问他："在听到范纳特说话时，他的口气如何？"瓦克斯回答："以我的观点，那完全是嘲讽玩笑。"

他说他没有告诉任何人，直到上个星期写了报告。既然是玩笑，何须向上级通报？他解释，怕辩方已经知道。其实他是此事的唯一来源。听话听音，这个天女，无端地来个锦上添花。

（一百三十三）辩方传唤FBI的污点证人

菲亚图兄弟入庭时，伊藤命令关掉摄像机，只保留声音。这是惯例，FBI

它不合手 何罪之有 | 辛普森案实录

要求的,让证人得到保护,免遭追杀。这二位可谓把地下黑社会都得罪光了,人人欲生而啖之。

庭里的人都看得到这两位兄弟。好在都是良善之辈,不在FBI防范之列。

两兄弟一入庭,立刻引人侧目。人们在电影中看到无数黑社会大佬小弟杀手马仔,再比不过二人具体。一过眼,果然不凡,真神来也。

卡达辛一向是媒体嘲讽影射的目标。只因他装束特别,与众不同。他有一头油亮的黑发,大梳大背到脑后,额头明光锃亮,一身超级豪华的西装,服饰笔挺配上精心的发式,富气有余,帮气十足。再加上那从来不笑的脸,怎么看都是反派人物的模子。所以,媒体常将他挑出,讥为黑帮分子。暗讽辛普森帮,都由他代表了。仅凭卡达辛的外观,发泄对辛普森律师的不满。

与两位兄弟相比,小巫见大巫矣。

赖瑞·菲亚图,哥哥,头顶半秃,脑后却系着一绺马尾辫。毛色油腻,若编织成辫,足以去扮演清朝的附教刁民。他身材沉重,着一身黑,黑得伸手不见五指。上身没有外套,只是衬衣,外套一个方格编织的马甲。

他对夏皮若的问题随和爽快,有问必答。

在陪审团入庭之前,夏皮若告诉伊藤,准备问他弟弟与德尼丝·布朗的关系。

"克莱格·菲亚图,告诉凯尔伯格和豪格曼先生,他和德尼丝·布朗有男女关系。"夏皮若在伊藤面前如是说。这让检察院非常尴尬。

陪审团入庭后,夏皮若向赖瑞求证:"你弟弟可与你说过此事?"

"他提到过。"赖瑞证实。

这一节乃是辛普森钦定的段子,千叮咛,万嘱咐。虽然这与本案无关,与范纳特也无关。辛普森就是要报那"耻骨"的一箭之仇。

论及本案:"精确地说,我不记得。反正是那种程度,他跳墙过去,因为辛普森是嫌犯。"

这印证了瓦克斯的说法。赖瑞听到此说时，正在喝啤酒。一个月后，范纳特在法庭外抽烟，也说了类似的话。

弟弟克莱格，圈内外号"畜生东尼"或"罗马畜生""那个畜生"。身材细高精壮，须发浓密，一头雪白，根根直立。左耳一个金耳环，圆圆的，大大的，在那里招摇。身着一件黑色鲨鱼皮便装，在人们眼前晃，精黑耀眼。

这位德尼丝的情哥哥就不那么合作了。他挑战考克兰的每一个问题，不肯给出痛快的答案。他说："只听到范纳特说，丈夫永远是嫌犯，他没有说辛普森。"但他相信是指辛普森。

对两个联邦级的线人，克拉克们无话可说，无疑可质。FBI 的品牌，标签就是诚实可靠，证无虚词。否则怎么会随 FBI 打天下，惩治那些有组织犯罪的黑手党？质疑二位就是政治不正确。

但是，德尼丝·布朗可不干，这不是毁了本姑娘的清誉吗？庭后立即发表声明：她和"那个畜生"没有男女关系。只有一点无法否认，她确实和克莱格在公众场合里出双入对过。

对此，辛普森乐不可支，大呼爽快。而辩方这一场收官，也是情色盈盈，让世人口舌生津，大快朵颐。

（一百三十四）布希无奈的证词

9月20日，本案最后一个证人坐上证人席。他的名字叫克石·布希，洛警局最高阶警官，刑侦司令。这是控方的证人。所谓对辩方最后一组证人的应辩。

布希告诉法庭，是他命令菲利普斯探长去罗金汉通知辛普森的。因此，对四个探长去罗金汉做了最官方的解释。他要求菲利普斯，尽可能快、尽可能人道地通知辛普森。他说辛普森的儿女是本命令的核心，他不希望家属从新闻中听到噩耗。这是前几位探长早就做过的解释，老生常谈矣。

那么为什么一口气送去四位探长？布希解释，这并非那么不寻常。考虑到那边也许有潜在的证人，也许需要询问，孩子的处理也在考虑中。因此，四个探长不为多。这个解释勉强了一些。

考克兰质证，最后一单生意不能落入他人之手。

他搬出洛警局政策说事。洛警局对凶杀案有规定，明文的。在介入凶案时，首先通知受害者的最近亲人。妻子丈夫父母儿女，而后才是兄弟姐妹。辛普森与妮蔻已经离婚，不在亲人序列。因此，洛警局应该首先通知布朗夫妇。

布希无话可辩，只是说明这个决定有现实考虑。辛普森住得近，通知起来更方便。

考克兰追问，此类情况可有先例？这一击还真厉害。布希无奈，承认送出四名探长、通知前夫，这类事从来没有过。

辛普森案的双方传证，就这样落幕。场面不咸不淡，不温不火，不尴不尬。

这一天足够清闲，双方略有小战。

辩方提出，准备在结辩时使用若干录像。控方坚决反对。柴瑞·路易斯主辩，认为经过剪辑的录像往往会歪曲真相。此话真真不假。另外，摄像机高高在上，有时并没有对证人取像。那些不同寻常的角度，容易歪曲证人的真实反应、真实表情。这听起来就有几分不那么在理。总之，伊藤批准了辩方的动议，允许使用录像片段。

这一天，伊藤对辩方再传两个 FBI 专家打了回票。陪审团太累了，大家省省吧。

最后一个裁决，对控方极重要。辩方提出限制结控结辩的时间，既然陪审团已经累了。克拉克不干，自觉有太多的话要说。

伊藤支持克拉克的反对！不过警告，如果过于冗长，他保留砍的权力。

（一百三十五）最后一位证人

那个洛警局的刑侦司令真是最后一位证人？理论上不是。在证人名单上还有一人，而且是最重要的，那就是奥兰索·简姆斯·辛普森，本案的唯一嫌疑犯。

他即使不自证，还有一点事情要料理。很重要，很经典。控方起诉之初定的是两个一级谋杀罪。所谓一级，就是有预谋。出手那一刻，致死对方早就深思熟虑，并非临时起意，怒自心头起，恶向胆边生。

随着案情的深入，控方自觉吃力。尤其是勾德曼，应该是在错误的时间，出现在错误的场地。

因此，要求法庭改变罪名，指示陪审团同时考虑一级谋杀和二级谋杀，允许他们选择，这样定罪空间骤然扩大。

辩方当然不干。"允许一级谋杀和无罪之间的其他考虑将破坏本方的辩护。允许罪名混淆。"

控方担纲的是凯尔伯格，他提出"豪伯森"选择的概念。这个豪伯森是英国的一个马主。他拥有许多马匹，出租给客人骑乘。为了节省马力，在自己马厩定下一条规矩，客人不许挑选。进来后，请牵最近的那匹马，不愿意牵，就走人。他自己则让马儿们排队按先后顺序贡献。这个版本称为豪伯森选择，也就是 YES 或 NO。

"一个思维正常的陪审员,能够既相信辛普森杀了妮蔻·辛普森和荣·勾德曼,又可不相信那是精心策划和预谋的。"

"陪审团并没有处在这种位置。"即豪伯森选择的位置。伊藤接受他的争辩,重点解释,尤其是勾德曼可能处在凶手无预谋冲动的境地。这种境地,属于二级谋杀罪。因此,应该允许陪审团考虑二级谋杀的存在。

如果辛普森被定为两个一级谋杀,或一个一级,一个二级谋杀,他将被判为终身监禁,无保释。如果定为两个二级谋杀,不管什么年限,都有机会保释。

当日,伊藤处理了双方的动议,一连串。真正是洒扫庭除。

辩方为陪审团指示,提出若干动议。要求对五项证据,血、毛发、纤维等,从提取到保存,严格设限,要求明示陪审团考虑证据是凶手留下还是人为制造。

控方反对的理由是这将影响限制陪审团的思路,不公平。

伊藤决定采用常规指示,明示陪审团,如果他们认为证据链,没有合理建立,可以抛弃任何证据。比辩方要求模糊,但还是给了陪审团某种暗示。

伊藤接受了辩方一个动议,即随机抽样统计不等同犯罪的可能性。他举例,如果某证人指出现场毛发极类似某人的毛发,不等于代表这毛发来自那个人。

辩方还要求删除"梦"的证词,伊藤指示,陪审团首先决定,他们是否相信,辛普森曾有过这种表达。如果相信,再考虑那个梦意味着什么。

（一百三十六）克拉克让全场震惊

9月22日，世界终于看到庭审的最后一天。尽管所有各方都知道，辛普森不会出庭自证，但是程序还是要走的。在最后走这道程序之前，贝雷给出一个备忘录，促同事们做最后慎重抉择。

他写道：证与不证，将有四种结局：（1）如果陪审团相信辛普森，无罪定可保证。（2）如果陪审团喜欢他，无罪定将有可能。（3）如果陪审团不喜欢他，将有大麻烦。（4）如果陪审团不相信他，认定他撒谎，辛普森将失去一切。从喜欢到相信，很显然，辛普森走起来难上加难。

克拉克提出动议，辛普森不自证，有个书面文件即可，不必大费周章，搞什么亲口宣示。

伊藤自有主张："我的理解是，辩方今天将休息了（结束反证或驳辩），考克兰是否已经告知被告的权利？"

"辛普森将对此做个简单声明，如果法庭允许。"考克兰回答。

伊藤点点头。此时，陪审团尚未入庭。即使如此，克拉克也立时毛发竖起，疾呼："尊敬的法官，人民反对被告做任何声明，除去宣布放弃自证。"

伊藤看着她发愣："陪审团不在场啊！"言外之意，你怕什么？

"我们都知道本案的现实。这明显是辩方再次企图通过亲友访问或电话，把法庭不准陪审团知道的，偷运进去。"

伊藤未及回答，克拉克神情急躁，慌不择言："请不要批准，尊敬的。我求你，求求你。"克拉克的"求求"让全场震惊。这个铁娘子，一向钢牙铁齿。怎么在这最后时刻，如此无助，如此失态？软得像一摊泥？

考克兰不等伊藤回答，一步踏入，声严目厉："这里有人害怕事实，恐惧真相。这里还是美国！我们能说话，我们能发言。无人能阻止我们。"一个特大的帽子飞起来。

"他有权对放弃自证发言。他们不能阻止。这是为什么他们要发怒。他们还对法庭按常规程序行事发怒。"

发怒？克拉克就差跪下来了。此刻铁娘子已经瘫在了座位上。全场望着伊藤，紧张，等待。

"辛普森先生，早安！"

辛普森立刻站起来："早安，尊敬的法官。"一副恭恭敬敬的神态，但是嘴却不停，快如机枪，"我愿对关于我和妮蔻共同生活中的流言误解，尽最大可能澄清，但是我担忧陪审团的精力和状态。"

"我极为相信，它看起来，与克拉克的相比，远远超过，相信陪审团的正直诚实。他们将发现，就法庭记录而言，我没有，也不能，更无意图去犯这个罪！

"我有四个孩子，其中两个，至少一年没见到了。他们每个星期都在问：爹地，还有多长？我希望这个审判立即结束。"

辛普森话中带出哭声，双肩抽搐，头则更低了。这段话，他已演习过很长时间了。

克拉克腰杆直了起来，铁娘子回过神了。全场的腰也都直了起来。

伊藤最后问道："辛普森先生，你理解你有权自辩？"

"是的，我理解。"

"你选择在此刻放弃？"

"我选择放弃。"

"谢谢。"

全场静默，在等待。几分钟长得有如一个世纪。

"我能也要求法庭，问问辛普森先生？在他简明宣告后，我希望有机会问问他这个宣告。"

她把头转向辩方:"他能坐上那个蓝色的椅子,我们来一场讨论吗?"

伊藤一声谢谢,了结此事,留下克拉克在那里两眼放火。

(一百三十七)陪审团终审判决

9月26日,克拉克和达顿分别结控。

9月27日,9月28日,考克兰和沙克分别结辩。

9月28日,克拉克再结控。

10月2日,陪审团审议双方证据,只用了不到四小时,即达致判决。中间重听了出租汽车司机帕克的部分证词。

10月3日,判决:一级谋杀:无罪。二级谋杀:无罪。

后　记

这个后记本来没有，在出版之际，再写点东西。毕竟25年过去了，尽个弥缺补遗之意。

1995年10月2日，陪审团闭门审案。

媒体和公众日日话题天天娱乐的日子到头了。口味瞬间清淡，日子突见无趣，唯一的念想就是判决。媒体的估计有心无力，审案三天不多，五天不少，要是十天半月也不意外。公众念及此，陷入无聊等待之恐惧和恐惧等待之无聊。

既然判决难期，控辩双方各自排班，免得浪费同事们的私务公干。当天值班的是克拉克和考克兰，大主控和大主辩。法官伊藤自应天天在庭，应付陪审团的任何要求。

一小时过去，两小时不到，陪审团传出话来，要求法庭为他们复读有关证词。他们要听礼车司机帕克的。

媒体立刻将画面切到法庭，庭上空空如也。但是舆论公众都松了一口气：毕竟，陪审团开张判案了，接下来应有更多的证词复读。猜谜语也不失为一种快乐。

谁知读了片刻，也就是片刻，陪审团又传出话来：够了。至于读了哪一段，则无人知晓，至今仍是个谜。

人们期待更多的复读，一场猜谜大赛也近在眼前。

| 后 记 |

也就是4个小时,大约太平洋时间下午2点,陪审团送出条子:我们有了判决!

于是举世大惊。判决有了?!只用了4个小时?!

这一下沸反盈天,法官伊藤立刻向州政府求援,请政府出力维持宣判时的社会秩序。判决是什么,他本人并不知道。判决都是当庭拆封宣布,不经任何人之手。伊藤法官随之做了庭示,推迟陪审团的判决公布,将在1995年10月3日太平洋时间早上10点钟正式揭晓。

不旋踵,联邦司法部宣布,所有联邦司法部门全力支援洛杉矶法院。这就是说维持宣判的社会平静,已经被联邦行政接手,又岂是仅针对洛杉矶那小小的范围?

媒体高兴了:双方举证9个月,证人过百,只选了一位的证词,还是克拉克的心肝宝贝?他的诚实他的透明连辩方都没有质疑过。加上联邦政府的介入,更在有罪的棺材上钉下一枚封棺之钉。

联邦政府怕什么?当然是某种肤色公民的暴动。而他们为什么要暴动?这个问题傻瓜都能回答。

舆论的指针迅速摆向有罪!

控方脸上开始泛出得色,而辩方脸色多云转阴。电视上的贫嘴们开始预支各自的英明。

次日,在宣判之前,总统克林顿对联邦政府司法、FBI、国民警卫队做了简单指示:防止暴动!

美东时间中午,纽约42街一幢三十四层的三楼,笔者和同事们正在为录制节目做前期准备。这里人心惶惶神难守舍,生怕错过历史的那一刻。可是,制片人却百般挑剔,这不行那要改。灯光布景,唠唠叨叨。

终于,他发现什么不对了。问道:主持人呢,他跑哪儿去了?

一位同事迫不及待,指指表:还有二十五分钟。制片人一惊,继而一声高叫,啊——!快走!

话音未落,人已在楼道里了。

我们的演播室虽然在三楼,但是中控、制作、器材、办公和休息都在地下室。整个地下一层都是我们的,那里有五六十台监视器/电视。楼梯上人们匆匆下行,没人有耐心去等电梯。当然都是奔着我们的地下室去了。

这个时刻,太平洋时间 10 点前,火车停驶飞机停飞。所有的人都聚集在电视前,各种各样的。全美国全世界计十亿观众屏住呼吸。

我们回到休息室,人们已经挤满,生面孔不少。趁着人们的等待,有个小伙子好事,就地开通了民意测验:同意有罪的请举手。

于是手臂齐刷刷地举向天花板。小伙子发现笔者没举手,就问道。你怎么想?笔者答道:无罪。

当时在场的还有两人投票无罪。一个西语裔一个法国籍。黑皮肤的同事们都对"有罪"举了手,无一例外。

一个同事调侃道:嘿,他天天给我们讲这个案子。现在他却说辛普森无罪?

在场三个投无罪票者,不过是"民主"的点缀。美人眉上的痣,有它更加妩媚。

现场洋溢着欢乐的气氛。

到了 10 点,法庭已经挤入一百五十人。面对法官,仍是辩左控右。辛普森左有考克兰,右有卡达辛。控方这边克拉克居中,左为豪格曼,右为达顿。

法官伊藤的开场白:"……宣判结束后,我,法官,不接受任何媒体的采访,好了,罗伯森将宣读判决。"

"好了,考克兰、辛普森,请你们站起来,面对陪审团。"

| 后记 |

控辩双方的律师齐齐站起，转向陪审团。

太平洋时间 10 点 07 分。

罗伯森读道："加利福尼亚人民控告奥兰索·辛普森一案，案子 BA097211，经我们，获授权的陪审团判决，辩护人在妮蔻·布朗·辛普森谋杀指控一案，无罪 (not guilty)！"

辛普森头一摆脸一弛，喜色横溢。考克兰则从侧后搂住辛普森的肩膀，把头靠在他的肩上。无力承受周身瘫软的那一刻。

罗伯森继续，勾德曼谋杀一案仍是无罪。

法庭里传来哭泣声。镜头摇到家属席，是勾德曼的妹妹！

辛普森这边，和考克兰拥抱。然后夏皮若，然后卡达辛。

镜头再次回摇：达顿面无表情，克拉克憔悴失望，豪格曼瞠目无语。

镜头继续摇：妮蔻家属，辛普森家属。辛普森的儿子杰森喜极，在埋头无声痛泣。

法庭外面，天边海角。黑皮肤公民跳在空中。白皮肤公民则无语仰望天穹！

我们这个小小的休息区，黑皮肤的同事们率先离开，脸上看去堆满公事，眼里却流动着快意。走在过道里，就像毛线球，随手一扔就能蹦蹦跳跳，能滚动多远就多远。他们可是都投了有罪票的。

亚裔同事，就那么几个。离开时目不斜视，无嗔无喜。

白皮肤同事，眉头紧锁，牙关紧扣，拳儿紧握，一片怒气。那个做民测的小伙子则一屁股坐在地上，把头深深埋入膝间。

这就是美国，顷刻露了原形。

到了办公室，电话来了，是大老板的："嘿，卫，你真的投了无罪？"

"对。"

"嘿，不可思议！"

你看闲话传得有多快？也就是那一刻，写本书的念头有了肇端。

判后，检察长嘎塞提召开了新闻发布会。口气很硬：我们不打算重开审判，但是我们相信嫌犯有罪。

两句话，两个强词夺理。

第一，美国司法规定，一罪不二审。只要是无罪判决，不允许重开审判。第二，法律只接受"证明"，不允许"相信"！

案后，探长佛曼伪证罪成立。监外执行，定期向司法当局报告。媒体无一报道，集体噤声。

克拉克离开了检察院，做了电视台法律记者，从此消失在人海中。

达顿也离开了检察院，做了法学院的教授。

1997年，辛普森民事案判决，辛普森需付三千三百五十万美元给两位死者的家属。这个数字远超过辛普森的资产。而且，辛普森的资产，他的律师有优先权。付完办案酬劳，才是苦主家属的。因此，苦主家属其实所得无几。辛普森的运动员退休年金受法律保护，大约每月6000美元。

此后，辛普森的左右，考克兰和卡达辛因癌症谢世。卡达辛的三个女儿承父荫成了真人秀社交名媛，所谓卡戴珊三姐妹是也。

此案的名人都已消失在尘世中，只有我们的华裔大侦探还在为正义奔忙。

还是10月3日，但却是13年以后的2008年。辛普森又有了判决，终于锒铛入狱去服刑，因为拉斯维加斯的武装抢劫案。2017年10月1日，他获得假释。现下已经70有余，垂垂老矣。不过也算省去纳税人一笔钱。

从荣耀到耻辱再到残喘余生，辛普森完成了一个拍案惊奇的轮回。

谁能说老天爷不懂得幽默？

2019年3月，大主控克拉克消失25年后卷土重来，重新回到公众视野。

| 后 记 |

身份变成大制片/大编剧。一部崭新的电视连续剧《纠枉》在ABC电视网开播。剧中主人公玛雅，曾为检察官，刑控某电影明星失败。隐居5年后，又被征召，刑控同一人，那位明星。这次是凶杀案。此剧正在热播，结局为何？剧名《纠枉》足以说明一切。ABC说，这不是辛普森双杀审判案的复仇版。CNN却说，《纠枉》成全了克拉克戏剧版的辛案重审。

——2019年4月